马克思
人类解放思想论

刘同舫 ◎ 著

Study on Marx's
Human Emancipation Theory

人民出版社

刘 同 舫

　　浙江大学马克思主义学院院长、教授、博士生导师。教育部长江学者特聘教授，享受国务院政府特殊津贴，入选国家高层次人才特殊支持计划领军人才、全国文化名家暨"四个一批"人才、"百千万人才工程"国家级人才，被授予国家"有突出贡献中青年专家"荣誉称号，获评"高校思想政治理论课教师年度影响力标兵人物"。担任中央马克思主义理论研究和建设工程首席专家、国家社科基金重大项目首席专家。主要研究领域为马克思主义哲学，在《中国社会科学》《哲学研究》《马克思主义研究》《人民日报》《光明日报》等报刊发表论文近 300 篇，其中在《中国社会科学》中英文版发表论文 9 篇，出版学术专著、译著、教材 21 部，主持国家社科基金项目 7 项，获省部级优秀成果奖一等奖 4 项。

内 容 提 要

　　为人类求解放是马克思一生的价值追求和思想主题。马克思人类解放思想批判性地吸收了人类文明史上丰厚的理论资源，并在历史发展长河中释放出思想本身的恒久生命力、解释力和创造力。马克思从市民社会决定政治国家的立场出发，通过对市民社会与政治国家关系的辨析与重释，推开了研究人类解放思想的门扉，创造性地提出涵盖政治解放、经济解放、劳动解放和文化解放等多维解放的理论设想，建构了人类通往全部社会生活领域总体性解放的现实道路，揭示出在技术进步中实现实质正义和臻于人的自由全面发展的终极价值取向。西方学者从不同视角对马克思人类解放思想的阐释与回应存在局限，但从总体上拓展了马克思人类解放思想的研究视域。进入新时代，中国式现代化新道路和人类文明新形态作为马克思人类解放思想的实践探索，充分彰显了当代中国马克思主义、21 世纪马克思主义的理论魅力和真理光辉。

自　序

　　高中时候，我便开始喜欢哲学。我对哲学的痴迷源于其言简意赅的抽象话语背后所蕴藏的对社会历史的回溯反思、对现实问题的观照回应以及对未来前景的先知展望。哲学博大精深的奥妙对我而言具有极大的吸引力。一头扎进哲学的海洋后我却发现，越是细致阅读群书，越使自己常常身处各种学理矛盾之中，于是吸收、辩解与批判成了我的学习常态。如泰戈尔所说，"真理引起了反对它自己的狂风骤雨，那场风雨吹散了真理的广播的种子"。从似懂非懂、一知半解，到渐渐拨开迷雾、恍然大悟，广博的知识积累带给我饱腹般的充实与快乐。青少年时期对问题寻根问底的韧性和毅力在不经意间培养了我潜心读书、乐于思考的心性品格，在我心底深深埋下了执着求知、求真的种子。

　　学术是一种寻求真理、至善的打开方式，踏入学术探索的道路，仰望、追逐真理助力我走向成熟豁达。对话与论辩激活创意、磨砺思想，让真理的深邃和神秘"欲盖弥彰"，让求真体验充满魔力，让人对真理心生敬畏却又难以抵挡求真的吸引力。老一辈学者学术钻研的切中肯綮、朋辈同仁交流对话的前瞻性、年轻学者洞察问题的创新性，丰富了学术探究的不同视界。学术思想交流碰撞、切磋砥砺，共同推使理论研究走在回应与超越时代问题的潮头上，致力于提升时代背景下学术研究对社会发展的解释力与现实问题的导向力。于我而言，在探索理论道路的历程中沉淀了一种以学术为业的情结与决心，不断鼓舞着我前行。

回顾潜心科研的三十余载，不失问题聚焦也不拘泥于领域分野的学术思考与探索，带给我超越学理层面的思想收获。"人类解放"是马克思主义哲学的核心主题，是汇聚信仰的力量，引导着我执着追求的方向，构成了我学术生涯的关键词。我相信，思想只有置身于现实之中才能愈加彰显其价值，"人类解放"思想同样如此。在思想深层追问中获得对现实的体悟与推进，恰恰呈现了学术研究嵌入现实而产生影响时所焕发的思想魅力。

从解密宇宙人生的哲学思考到深入马克思主义哲学的思想研究，从省思学人应当如何严谨治学到在教学相长的感染与鼓舞中培养学术同路人，都是我多年学术生涯孜孜探寻的问题，谨以些许体会，以期与学者在学人品格、学术态度和为师之道等方面交流、共鸣。

是为序。

一、哲学价值：解密宇宙人生

当今时代，时常有人谈论哲学有无功用的问题。哲学曾经有过"万能论"的时代，其根本主张是哲学能够直接或间接地解决与人们现实生活密切相关的衣、食、住、行等问题。"万能论"的存在具备一定的思想基础和现实前提，但其诉诸实用性、功利性的视角审视和评判哲学是否科学合理，则值得进一步深究。

古希腊哲学思想中便隐含工具性和实用性的倾向，以哲学思维方式来把握"对象"，内在地包含了限制和支配对象发展的动机，导致哲学时常被当成一种实用技术。通过使用者主观地个性化解读而获取，并在被任意地加以运用中施展功能，哲学在"实用理性"的视域中无所不能、无所不为。随着近代理性思维方式的发展，哲学的工具性特征在理性实体化的推动下愈显"万能论"的功用倾向，在理性实体化思维的改造下，哲学成为脱离了现实内容和载体的"万能法则"，致使有用性取代了真理性，真理被置换为价值。哲学"万能论"立场在社会中形成了全民学哲学、全民用哲学的状况。少数人甚至把"研究马克思主义哲学"当成获取名利、地位的途径，认为只有通过哲学思维，才能将全体社会成员培育成理性的人，进而建立美好的现代生活，而不是如马克思、恩格斯本人那样，纯粹地将"人类解放"的光明未来作为学术研究的根本追求。

哲学致力于为人的存在和"人类解放"的终极价值提供本体论向度的理论允诺，其并非是脱离具体条件限制的"万能法则"和免受任何实质性内容羁绊的"万能规定"。于是，另一个极端——哲学"无用论"甚嚣尘上，认为哲学不能解决社会生产问题，也不能解决日常生活问题。社会中日渐抬头的轻视哲学、贬低哲学乃至忽略哲学的态度和现象迫使哲学走到了社会生产、日常生活的边缘。哲学批判的理论本质在资本增殖与物质利益生产发展需要不断膨胀的时代显得格格不入和无能为力，并在遭遇"毁灭"性的扭曲中陷入"哲学贫困"的窠臼。

哲学究竟有没有用呢？我的观点是，哲学只有与各种具体的经验、科学知识相结合，只有与化解人的生活世界中多重冲突的需要相交汇，只有与实现人类解放的超越性意向相契合，才能发挥其作为世界观和方法论所内蕴的"认识世界""改造世界"的作用，当其脱离一切而纯粹依靠哲学自身则什么问题也不能解决。假如我们将经验、科学知识比作面粉，哲学便是酵母。面粉能单独食用，酵母却不能单独食用，所以经验、科学知识有用，哲学单独来看却是"无用"的。但作为酵母的哲学一旦与经验、科学知识相结合，就会成为有用的原材料，能够使得面包比死面团香甜可口。即便是古代圣贤诉诸逻辑思辨来解释宇宙人生的时候，也要结合当时极为有限的知识与经验，正如古代哲学本体论思维用水、火等来解释一切物质存在的根基一样。经验、科学知识同哲学难解难分，其区别只在于在历史发展的不同阶段处于不同的地位：在古代，哲学发挥主导作用；近代以来，经验、科学知识承担主导作用。当许多问题可以用科学知识来解决即科学成熟以后，我们不能持哲学"无用论"的态度。哲学"无用论"内在隐藏着急功近利的狭隘思维，这一思维在科学知识力量的勃发中仍然活跃。伴随科学技术在生产、生活中发挥的作用愈加明显，有人则开始宣传科学知识本身的权威性，相对忽视科学研究内蕴的人文解放意涵，遮蔽了哲学与科学的深层关联。哲学是科学的先导,科学变革需要哲学的指导,即使在知识层面,哲学知识为科学知识的研发和投入使用提供辩证逻辑,科学知识必须持有哲学研究的理性思维,才能摆脱对刻板公式和独断原则的盲目追求,最终发挥自身独具一格的解释力。马赫的相对论和休谟的怀疑论哲学,曾对爱因斯坦扬弃牛顿力学建立相对论发挥过重要作用。值得注意的是,哲学与科学之间各有边界、各有其用,哲学不能作为标签随意贴在经验、科学知识上,否则,哲学便会陷入被庸俗化的危险。哲学是思维的最高层次,哲学的理论用途在于:它能为科学理论和实践提供开放、流动的思维方式。任何科学问题并非必然自发上升到哲学层次,如果某一科学只是贴上哲学话语的标签,并不等于它达到了哲学思维的层次,反而是对哲学与科学之间内在边界的混淆。

如果哲学期冀实现繁荣兴盛且易于被人理解和接受的理想,需要更为清晰的学科定位。哲学是人最高层次的思维,其研究对象是"人的根本问题"。从人类思想的探索历程来看,"人的根本问题"可概括为"人与世界的关系"和"人自身的命运与境界"问题。哲学总体上是研究、探讨人与世界的关系的假说和论证。作为哲学主体的人生活在经验和超验两个世界之中,在经验世界中存在人的自我命运问题,在超验世界中则存有人的思想境界问题。哲学研究人自身的命运与境界,以最凝练的方式提升人们的人文素养和境界,是帮助调整、改善、升华人的品性的学问。真正掌握现实的人的命运与提升思维境界,应当基于人与世界关系的大背景对人的真正本质予以探究,从人自觉、自为的活动视域理解人的命运和人的境界。

哲学的价值不在于提供实用的技术和知识,而是帮助人们记录、积淀、传承人类知识和文化,帮助人们透过世界万象认识事物的本质、探求真理。有没有哲学底蕴,直接反映出人在看待问题、思考问题时方法与思路上的差异性。哲学没有急用而有缓用,没有近用而有远用,没有小用而有大用,哲学无用之用乃为大用。正如罗素所说的,"哲学讲述的是我们不知道的事情,当我们沉迷在科学崇拜中,以为科学可以控制一切的时候,哲学像一盏导航的明灯,驱散了愚昧的浓雾,让我们保留一份对自然的敬畏心"。在冯友兰先生看来,即便于自我的人生而言,正是由于哲学以"超人的灼见,或非常的技能,解释世界之秘密",因而其功用及目的在于"为吾人批评人生及行为之标准",是人追求理想人生的必然要求和内在约束。

二、返本思源:重释马克思主义哲学

马克思主义哲学是庞大哲学体系中的一个分支学科,它存在于马克思的思想体系之中,却被不少人误以为其始于苏联的研究。苏联形成的辩证唯物主义与历史唯物主义传统教科书体系只是马克思主义哲学发展过程中形成的一种历史样态。现在看来,苏联传统教科书体系对马克思主义哲学的逻辑表达(马克思主义哲学被划分为两大部分:辩证唯物主义和历史唯物主义,唯物论、辩证法与认识论构成了辩证唯物主义的根本内容,而历史唯物主义是辩证唯物主义在社会历史领域的运用。将这两大部分并列实则不合乎逻辑,因为不能把一个原理与该原理的运用放在同一个层次)、理解阐释与马克思本人的哲学概括相差甚远,其在一定程度上是对马克思主义哲学精髓的遮蔽甚至是歪曲,消解了马克思主义哲学观照人类解放和现实社会历史的整体性特质,致使开放性的马克思主义哲学本身失去了应有的发展活力。但苏联的传统教科书体系也不可被全盘否定,它是适用于俄国的社会理性启蒙和构建无产阶级需要的哲学体系。在苏联社会主义建设中发挥了历史性作用,为马克思主义哲学研究留下了深刻的历史启示:一方面,我们既不能全盘否定马克思主义发展中形成的任何一种历史形态,因为自马克思开始,马克思主义哲学研究致力于反思和解答所处时代与客观世界的问题,形成了关于自然界、人类社会和思维方式的一般规律,反映了不同时期马克思主义哲学研究者的理解水平和探索路径,都存在可取之处;另一方面,中国的马克思主义哲学研究需要不断结合实践经验的发展进行理论创新。艾思奇、李达等人的哲学体系是具有中国特色的苏联传统教科书的翻版,这一传统后来被萧前、李秀林、李淮春、夏甄陶和高清海等人予以批判性继承并形成新的马克思主义哲学版本,他们可被视为当代中国马克思主义的主要传承者和发展者,为马克思主义哲学的拓展研究作出了具有内在巩固性和坚实性意义的贡献。

关于如何理解马克思主义哲学,笔者倾向于将其看成是作为认识论的实践唯物主义和作为历史观的历史唯物主义的统一。

20世纪70年代末80年代初,学者们展开了以"实践主体性"和"实践唯物主义"为核心问题的哲学争论,深入探讨了实践本体论、实践唯物论、实践认识论、实践辩证法以及实践主体论等相关问题,并在探讨中确立了实践唯物主义的历史地位。以实践唯物主义概括马克思主义所开辟的哲学道路,确立了实践原则和解读马克思主义哲学理论性质的新视角,这一新视角不仅关涉马克思主义哲学的"称谓"问题,更重要的是它为哲学彻底超越传统形而上学及一切形式思维的理论范式以解决人与世界存在关系问题提供了深层逻辑和全新的方向,体现了对马克思主义哲学本质的理解。这种理解是以实践唯物主义诠释马克思主义哲学,视实践为超越传统唯物主义与唯心主义的新视野,突出了马克思所确立的实践观点所代表的认识论转向的意义,即主张人类的实践活动是认识的来源,强调人的认识是在实践基础上产生和发展的,只有借助于人的实践力量,才能融合认识的任务和人现实生活的方式。在人的认识活动中,认知、情感和意志等非理性因素以及理智、思维和逻辑等理性因素都是人自身存在与实践的反映,一方面人通过生存实践活动显明和展露自身的存在处境,另一方面在实践中认识并体悟自身存在的方式。实践发展史的积累造就了非理性思维与理性思维,世间万物存在于人的生存实践展开的认识活动中。实践唯物主义是中国学者在特定社会历史情境中创造性地解读马克思思想的理论成果。从实践唯物主义研究产生的成果来看,把马克思主义哲学首先定位于认识论的"实践唯物主义",是将对人生存实践活动的分析提升为认识和解决存在问题的基础本体论,并未全盘否定苏联传统教科书体系,而是将其定性为"前马克思主义"。这一定性没有全然否定苏联教科书体系的价值，而意在说明它并未达到马克思主义哲学的高度，仍停留于费尔巴哈哲学和黑格尔哲学阶段，且融入了斯大林某些偏颇的观点，是低于马克思主义的标准的理论性阐释，结果造成以坚持马克思主义为由拒斥理论改革创新而扼杀了马克思主义哲学生命活力的命运。从近年来高等教育出版社出版的"马克思主义理论研究和建设工程重点教材"《马克思主义基本原理》中哲学部分的体系结构来看，虽然在一定程度上蕴含向实践唯物主义靠近与整合的因素，但传统教科书哲学体系的痕迹似乎依然存在。

与传统哲学研究范式以一种静观的态度揭示马克思主义哲学的理论意蕴相比，相关学者基于实践论观点的探究开启了崭新的思想境域。实践唯物主义启示人们：人是在自身本源性存在的基础上认识并改变现实世界的，即在人的感性生命活动的意义上理解人的真实世界与社会生活。人不是立于生存实践之外的主观、片面的认识者，而是通过实践活动来改变现存事物和一切既定的运动形式，以在此过程中证明自身具有自主意识和独特认知的社会存在物。自古以来，"人"就是思想家研究的永恒主题。但以往的思想家只是借助人以外的某个实体或人以内的某种属性来理解"人"。马克思的思想革命在于从实践的意义上来理解"人"，即将人的历史性存在与人自身的生存实践活动内在地关联起来，克服了以"辩证唯物主义"形态出现的马克思主义哲学"见物不见人"的缺点，实践的"人"成为哲学建构的新基点，从而使马克思主义哲学研究聚焦于现实的人及其历史实践，展现了实践唯物主义的真正意蕴，还原了马克思站在"世界历史性"维度把握人的生命活动的理性自觉。

对于实践唯物主义，有学者认为这一理论创见也存在一些问题：应该如何融合中国传统哲学、如何解决"实践唯物主义是以实践概念为基础而建构的哲学理论体系，仍然是本体论思维方式，局限在理论哲学而非实践哲学的范围"以及如何处理实践唯物主义与历史唯物主义的关系问题等。我以为，问题的存在正是理论前进的起点和动力，理论的推动与创新是马克思留给后世研究工作者最为基本的方法论原则。创新是扬弃不是丢弃,前人的思想是财富不是包袱。实践唯物主义是结合现代社会发展的现实而涌现的人的生存实践及其历史发展本身所具有的哲学范式与结构,尽管它的研究成果与问题同时呈现,但总体趋势是在不断向前推移,并支撑了马克思主义哲学研究的主体框架。

中国学术界对实践唯物主义的讨论与对历史唯物主义的深化研究密切相关。随着对马克思主义哲学文本解读的不断深入,在反思历史观上的传统理解范式时,人们越来越深刻认识到,历史唯物主义把作为人类历史展开前提的物质实践当作分析社会历史规律的前提,是马克思实现历史观革命的积极成果,构成了马克思主义哲学的最高智慧。它主张人类的物质生产活动是历史的基础,生产力与生产关系的相互作用构成生产方式的矛盾运动是人类历史发展的第一推动力,人类解放是人类社会发展的终极目标。在马克思强调的各种"动力因素"中,物质生产方式对人类社会发展起决定性作用,这是历史唯物主义的基本内涵,逾越这一范围就超出了历史唯物主义范畴。马克思从未将外在于人的活动的自然存在、物质实体作为历史的基础和本原,其借助人的自由活动和自觉活动超越了旧唯物主义,并廓清了异质于自然进化的人类社会发展模式,描绘了复杂而独特的世界图景。伴随世界历史的发展和普遍交往的延伸,历史唯物主义逐渐成为中国马克思主义哲学研究关注的焦点,但研究者们可能并非将实践观点作为历史唯物主义的解释原则,而是在分析实践唯物主义与历史唯物主义的关系时展现出从实践推向历史的主导性趋势。我认为,马克思旨在揭示一种唯物主义的历史观,实践唯物主义可看作是唯物主义历史观的一个理论前提。人的思想观念植根于人的生活实践,人是"世界历史性"的感性存在,实践构成了表征人存在方式的本体论范畴,这就说明思想观念没有独立的历史,历史的根本动力不是思想观念而是生产实践,这要求必须坚持实践理性高于理论理性的立场。将实践唯物主义视为历史唯物主义的理论前提,正是拥有将社会历史维度置于马克思主义哲学研究核心地位的理论自觉,而坚持生产方式的矛盾运动、生产实践发展史的解释框架就是作为历史观的历史唯物主义。

以作为认识论的实践唯物主义和作为历史观的历史唯物主义的内在统一来界定马克思主义哲学应该更加符合马克思主义的本真思想,这也是改革开放以来中国学者在马克思主义哲学研究方面所取得的实质性进展。尽管黑格尔的辩证法以追溯万物存在的本体论根基为旨趣而盛名于世,但其将理性视为"最高目的"的观点终究无法解决历史的生成性问题,马克思批判性地继承了传统辩证法思想,并在认识论和历史观上实现了根本性革命。马克思的实践唯物主义旨在澄明"现实的人"的存在本质及其通过实践变革现存状态的必然逻辑,饱含了他致力于实现人类总体性解放的根本价值承诺。倘若离开实践唯物主义的维度,马克思主义哲学研究很可能会退化到黑格尔的思辨辩证法甚至康德理性主义至上的时代;倘若以背离了人类历史总体性的观点来解读马克思主义哲学,马克思主义哲学被分裂和抽象化的后果将成为必然。现当代理论研究中已出现的种种离间了哲学与人存在根本命题的观点,根本原因可能在于此。以认识论的实践唯物主义和历史观的历史唯物主义相统一的方式把握马克思主义哲学的理论命脉,体现了马克思主义在理解人的生存法则问题上的理论优势。深刻把握认识论的实践唯物主义和历史观的历史唯物主义的理论智慧是领会马克思主义哲学的本真精神并促进其当代发展的关键所在。

实践唯物主义和历史唯物主义并非马克思主义哲学的全部。近年来,中国马克思主义、国外马克思主义对马克思主义政治哲学、文化哲学、历史哲学、社会哲学等思想的开掘,所呈现的正是马克思主义哲学的其他重要组成部分,部门哲学的研究是马克思主义哲学研究在不同领域衍生而出的理论形态,根本上属于马克思主义理论这一整体。如何全面准确地理解马克思主义哲学,在确立方法论自觉的基础上使之成为中国文明进步的推动力量,这是中国马克思主义哲学学者不得不加以回应的问题。要真正把握马克思主义哲学的理论内涵和实践旨趣,必须切实澄清马克思主义哲学与哲学史整体发展的理论关系,发掘马克思主义哲学真实的理论根基及其在指导现实运动中的方法论原则,使得我们结合不同历史发展阶段所展开的对马克思主义哲学的阐释饱满充实、有据可依。

三、明辨是非:科学对待马克思主义哲学

在马克思主义哲学发展史上,与"什么是马克思主义哲学"问题的理解所呈现出的诸多误解和歪曲倾向具有相似性,"如何对待马克思主义哲学"的选择和行动问题同样存在需要予以矫正的错误倾向,主要包括马克思主义哲学的教条主义、形式主义和思辨主义的倾向。科学认识和深入发展马克思主义哲学必然要求辨析并匡正各种对待马克思主义的错误倾向。

其一,理论上的片面化倾向和实践上的机械式运用表现出对待马克思主义哲学的教条主义倾向。这一倾向长期存在于马克思主义哲学的产生和发展过程中,是马克思主义创始人及其后继者始终警惕并需要及时纠正的现象。早在马克思主义哲学的创立阶段,马克思、恩格斯曾就法国"马克思派"中存在的教条主义倾向表示了不满并提出告诫,指出教条主义的马克思主义不是真正的马克思主义,是对待马克思主义哲学的非马克思主义态度。马克思逝世后,恩格斯对关于"怎样对待马克思主义哲学"的问题曾作出经典论述:"马克思的整个世界观不是教义,而是方法。它提供的不是现成的教条,而是进一步研究的出发点和供这种研究使用的方法。"然而,对待马克思主义哲学的教条主义倾向仍频繁显现。教条主义地对待马克思主义哲学具有理论和实践上的双重特征,理论上表现为片面化对待马克思主义哲学基本原理和重要观点,刻板、僵化地接受马克思主义哲学在特定历史条件下的特殊历史现象或事件的论述与论断。理论上的片面化倾向主要表现为以伯恩施坦为代表的修正主义者否定马克思主义的行为和第二国际中的机会主义者扭曲马克思主义的现象;实践上表现为机械地运用马克思主义哲学原理和方法,不以实际情况为转移,不结合现实特点地用马克思主义指导实践,也不顾本国经济、政治、文化的具体国情,照抄照搬马克思、恩格斯的某些论断。实践中的机械式运

用不仅不能发挥马克思主义哲学对现实的指导作用,反而因不切实际和脱离实际而阻滞社会生产力的发展甚至偏离社会主义的轨道。将马克思、恩格斯在特定时期、对特殊情况所作的个别论断以及践行方案视为金科玉律的行为,抛弃以辩证、发展的眼光对待马克思主义哲学基本原理的思维都将陷入教条主义的泥潭。

其二,以口号化和符号化等表现方式存在的形式主义倾向。马克思主义哲学以其对世界产生的持续、广泛而深刻的影响和效应,受到了世人的普遍关注和高度推崇。关注的背后内在包含肯定马克思及其哲学理论的成分,但这并不意味马克思主义哲学是全人类普遍接受的意识形态或价值理念。从马克思主义哲学发挥理论效应的地域范围来看,无论是在中国还是在西方国家,都存在口号化、符号化马克思主义哲学等倾向,这种倾向降低了马克思主义哲学的思想境界和理论层次,部分所谓的马克思主义者实际是打着马克思主义的旗号掩盖其非马克思主义的信仰甚至反对马克思主义的本质。中国共产党把马克思主义哲学作为自己的看家本领,体现了中国共产党人对待马克思主义哲学持之以恒的严谨态度和高标准,以及对党内存在的形式主义倾向予以彻底清除的决心。然而,少数共产党员仍存在口号化马克思主义哲学的形式主义倾向。因此,党员干部切实做到真学、真懂、真信、真用马克思主义哲学仍然是一个事关重大的理论问题和实践问题。在国外马克思主义哲学研究者和现代西方哲学家中,对马克思及其理论持肯定态度的支持者不在少数,但其实质能否视为对马克思主义哲学的真正认同则需要高度的学术鉴别力和思想辨别力。无论是以争取“无产阶级文化领导权”为理论旨趣的意大利共产主义者葛兰西,还是质疑马克思主义哲学存在“人学的空场”但坚信其“不可超越”的法国哲学家萨特,抑或是在批判“历史终结论”中高呼“世界不能没有马克思”的法国哲学家德里达等,都并非名副其实的马克思主义者。从理论本质上看,葛兰西是认同“实践哲学”却与马克思主义哲学本质相异的唯心主义者,萨特是声称与马克思主义哲学具有同一内核的人道主义者,德里达则是与马克思主义哲学精神全然不同的解构主义者。

客观而言,他们从马克思主义哲学经典文本出发对马克思主义哲学进行了全新的解释,区别于教条主义式的马克思主义,对丰富和发展马克思主义哲学提供了思维路径和理论借鉴。但从理论立场、出发点和根本目的维度加以审视,他们与具有坚定的人民立场、从理论上批判资本主义并在实践上变革资本主义,进而追求无产阶级解放和人类解放的马克思主义哲学本质要求不同,都存在将马克思主义哲学符号化的倾向和行为,他们表面上不反对马克思主义哲学却根本否定社会主义,批判资本主义却不主张彻底变革资本主义制度,追求自身解放却不寻求无产阶级与全人类的普遍解放。马克思主义是指导行动的实践理论,而非停留于口头的形式主义话语或掩饰个人主义立场的"遮羞布"。形式主义倾向的根本问题是言行不一以及理论旨趣与政治立场不一,应以马克思主义哲学的彻底信仰洗清其"虚伪"行径。

其三,以学院化、书斋式倾向为主要表现形式的思辨主义倾向。在《关于费尔巴哈的提纲》中,马克思曾对以往哲学进行了批判性反思,提出全部哲学包括其"新唯物主义"的根本任务,既应以解释世界为前提,更应以科学的解释致力于根本性变革现存世界。基于理论旨趣和终极目的的维度,马克思主义哲学本质上归结为改造世界。与马克思主义哲学创始人的意志与嘱托存在偏差的是,在马克思主义哲学研究的历史进程中呈现出愈加浓厚的以纯粹理论思辨为旨趣的学院化和书斋式趋向。马克思主义哲学基本原理自传入中国开始,就被作为一种关乎现实的科学理论直接或间接地指引了中国革命、建设和改革的实践走向成功。但随着实践的发展,马克思主义哲学日益成为一种学术话语。实践唯物主义的兴起引起了大众对马克思主义哲学实践维度的关注,但其关注仍局限于学术和理论研究层面而未实质性进入日常生活领域。进入 21 世纪,对马克思主义哲学研究似乎存在着一种"悖论性"现象,即当我们似乎离马克思主义哲学越近,对马克思主义哲学的原则和词句越熟悉甚至倒背如流的时候,马克思好像离我们越是遥远;当我们似乎离马克思主义哲学越远,我们把眼光放到中国人的现实实践上,马克思好像就在我们身边。学术界对马克思主义哲学研究存在的"悖论性"现象进行了理论反思,力图通过"走近马克思""回到马克思"等方式对马克思主义哲学研究中远离实践的思辨主义倾向予以匡正和纠偏。时至今日,"回到马克思"的呼声犹在,但对待马克思主义哲学的思辨主义倾向似乎更加突出。基于理论延续和发展的角度,马克思主义哲学内在蕴藏近乎人类社会各领域的丰富思想资源,值得被作为一种指导学术研究、拓展学术视野、开辟学术领域的基本方法和可行途径,挖掘马克思主义哲学中"取之不竭"的思想资源,既是发展马克思主义哲学的必要之举,也是马克思主义哲学研究者提升自身理论研究能力、增添学术贡献的重要途径,对此不应过于苛责,而应予以充分肯定;基于实践发展和马克思主义哲学政治性的角度,马克思主义哲学的当代发展离不开坚实的理论研究基础,马克思主义哲学创始人也是在全面研究和批判性继承前人理论成果的基础上才得以开创出这一科学理论。但是,不仅马克思主义哲学的诞生是起源于马克思、恩格斯分析和批判资产阶级的时代需要,而且全部理论研究根本上是回归于现实和服务于实践的需要,远离甚至无涉实际问题的需要无疑背离了马克思主义哲学的初衷。

在"如何对待马克思主义哲学"问题上,应以真诚而非应付的态度看待马克思主义哲学,以辩证思维接受与发展马克思主义哲学的基本立场、观点和方法,在以严谨的态度研究马克思主义哲学的基础上凸显其学术性维度,并将马克思主义哲学的最新研究成果回归实践、指导实践,在"远离"马克思主义哲学的过程中"走近"和创新马克思主义哲学。

四、与时俱进:发展马克思主义哲学

澄清对待马克思主义哲学的诸多错误倾向,为进一步研究和发展马克思主义哲学准备了前提条件。马克思主义哲学始终是指导实践并依循时代和实际变化而不断发展的理论,其在以科学思想引领实践和以实践成果丰富理论的双向互动中实现自身发展。进入新时代,马克思主义哲学存在的历史条件及其所面对的任务与对象发生了巨大变化,要求我们必须持续发展 21 世纪马克思主义哲学和当代中国的马克思主义哲学。中国共产党人理应在运用马克思主义哲学原理指导和引领新时代中国特色社会主义建设进程中,攻克各种艰难挑战并获取更恢宏的历史成就,同时运用马克思主义哲学为人类化解全球性问题提供中国智慧,为马克思主义哲学的持续发展汲取养分。

马克思主义哲学强调,事物发展必然经历"肯定"到"否定"再到"否定之否定"的螺旋上升过程。在马克思主义哲学发展史上尽管存在对马克思主义的诸多曲解、误解乃至"肢解"现象,但这恰恰使马克思主义哲学历经了"否定"环节,进一步推动了对"什么是马克思主义哲学、怎样对待马克思主义哲学"这一问题的澄清及其当代发展,构成马克思主义哲学发展过程中的"否定之否定"环节,意味着马克思主义哲学本真精神的真正彰显及其历史地位的重新确立,为确立科学的马克思主义哲学观进而推进马克思主义在新时代的创新发展提供了思路。

第一,坚持学术研究与现实观照的内在统一,以经典文本为依托研究马克思主义哲学,从理论维度与实践维度发展马克思主义哲学,构建中国特色哲学社会科学学术话语体系,提升新时代中国马克思主义哲学的话语能力。马克思主义哲学以其科学性和批判性享誉于世,但它绝不仅仅是科学的批判理论,本质上更是彻底的革命理论和实践理论,理论性与实践性的内在统一是马克思主义哲学的理论本性。马克思主义哲学被作为批判的武器和武器的批判延续至今,呈现出理论性与实践性相互交织、此消彼长的现象,时至今日实践性趋于弱化,马克思主义哲学存在沦为学术研究工具的危险。在整个世界范围内,马克思主义哲学愈渐褪去其实践性和革命性维度,作为一种学术研究对象而存在。在马克思、恩格斯的时代,无产阶级与资产阶级的根本矛盾渐趋尖锐化,但欧洲无产阶级革命运动的时机尚未到来,马克思主义哲学创始人将其理论作为科学分析资产阶级的思想武器,马克思主义哲学的理论性与实践性维度未能完全统一于变革现实的运动中;20 世纪初帝国主义兴起,马克思主义哲学被视为变革社会的实践武器运用于指导俄国社会主义革命,其理论性与实践性维度第一次彰显于现实的革命运动之中,但因质疑与批判"正统"马克思主义哲学的庸俗化倾向而颇负盛名的西方马克思主义哲学,在面临与俄国不同的革命环境条件下走向另一条道路,即以强烈的问题意识、批判意识和反思意识推进马克思主义哲学的发展,马克思主义哲学理论性和实践性相统一的现实变革功能与定位趋于淡化,沦为了学术性的理论话语表达。在马克思主义哲学中国化的历史进程中,马克思主义哲学传入中国后长期作为研究中国问题的科学分析理论,以其变革现实的批判性力量深刻改造了中国社会,马克思主义哲学的理论性与实践性统一于中国共产党推进马克思主义哲学中国化的理论逻辑与开辟中国道路的实践逻辑中。在理论逻辑与实践逻辑的统一推进中发展马克思主义哲学,是中国共产党人成功开辟的有别于西方马克思主义哲学的独特的理论发展道路。改革开放以来,马克思主义哲学在日益融入中国社会生活各领域的过程中,面临失去其"改造世界"之功能的危险,存在过于依赖从学理层面推进马克思主义研究的导向,致使马克思主义哲学可能逐渐脱离其发展的实践根基。发展 21 世纪马克思主义哲学和当代中国的马克思主义哲学,尤其要关注马克思主义哲学本身所具有的理论性与实践性内在统一的理论特质。以学术性与现实性的内在统一纠正发展马克思主义哲学的非统一性倾向,既要彰显马克思主义哲学的理论性与学术性,以扎实的马克思主义哲学经典文本研究深挖马克思主义中的重大理论问题,持续激发新时代马克思主义的创新意识,撑起并厚植马克思主义发展的理论维度,又要凸显马克思主义哲学的实践性与现实性,将学术研究着眼和落脚于中国社会的重大现实问题,以马克思主义哲学的理论研究推动构建中国特色哲学社会科学学术话语体系,提升新时代马克思主义哲学的话语能力,回归并拓宽马克思主义哲学发展的实践维度。

第二,坚持中国立场与全球视野的内在统一,以中国道路的实践经验提升马克思主义哲学,以全球化进程中的中国与世界的实际问题为内容和导向,丰富马克思主义哲学的时代内涵。马克思主义哲学坚定的无产阶级立场和人民立场,决定其具有强烈的意识形态性,发展当代中国的马克思主义哲学必然要坚守中国立场,强化中国意识,以中国问题和中国经验为发展基点;马克思主义哲学以人类解放为价值旨趣的理论特质也使其必然成为应对全球性问题的文化武器,发展 21 世纪马克思主义哲学要求具备全球视野,树立人类意识,以人类问题和世界经验为重要补充。在中国道路基础上的 21 世纪中国马克思主义哲学是中国化与全球化的内在统一。一方面,始终坚持中国立场并构置中国语境,在分析和审视中国道路的过程中,以中国道路的实践经验提升马克思主义哲学品格。将马克思主义哲学的立场、观点、方法运用于中国的具体实践,并在实践中不断反思、汲取经验,是中国共产党发展马克思主义哲学以及持续推进马克思主义哲学中国化的优良传统。早在延安整风时期,以毛泽东同志为代表的中国共产党人意识到,作为以西方社会为主要实践基础而形成的马克思主义哲学理论,在中国的研究、运用和发展中必然存在本土化、民族化的问题,从而指明研究、运用和发展马克思主义哲学的根本原则和方法,即应确立以研究中国革命实际问题为中心的原则和方法。新民主主义革命时期的中国实际情况成为中国人民发展马克思主义哲学的实践基础,中国特殊的历史条件和实践任务赋予了马克思主义哲学中国化的时代属性。以毛泽东思想的形成为标志,马克思主义基本原理在指导中国革命实践、融合中国革命文化、凝聚中国革命力量的过程中实现了理论飞跃,开辟了马克思主义哲学中国化的宏伟道路。改革开放新时期,中国人民在运用马克思主义哲学批判性地反思历史问题的过程中,拓展了如何推进中国发展的理论视野,以经济建设为中心的中国现代化之路得以开辟,为推动马克思主义基本原理的新飞跃提供了契机与实践基础。以邓小平理论的形成为标志,马克思主义基本原理在指导中国改革实践、融合中国改革文化、铸就中国改革精神的过程中发展出自身的理论新形态——中国特色社会主义理论体系。在新时代,我们仍须坚守中国立场,以马克思主义中国化的最新成果——习近平新时代中国特色社会主义思想分析中国的全新变化,在新的历史语境中积极应对富有新时代特征的问题并予以解决,推动马克思主义哲学在分析新时代中国的发展情况、提出新时代中国的发展问题以及化解新时代中国的主要矛盾的历史进程中深化和发展当代中国的马克思主义哲学。另一方面,进一步扩大对外开放的程度和提高对外开放的水平,在融入世界发展潮流以及回应与解决全球发展问题的同时,强化21世纪马克思主义哲学的"类"本质维度和人类解放意蕴。马克思主义哲学始终致力于指导无产阶级解放全人类以及自身,马克思主义哲学的"类"本质维度规定了对其研究、运用与发展都不能仅仅局限于某一地域或人群,对于有广泛影响的思想理论,都应该看作是人类认识和真理发展中的重要环节,给予继承和发展。马克思主义哲学创始人及其后继者不断以全人类的智识成果丰富马克思主义哲学,形成了马克思主义哲学的诸多流派,使得马克思主义哲学发展与研究经久不衰。在全球化趋势不可逆转的当今世界,马克思主义哲学已成为人类应对日益深刻的全球性危机的批判工具和文化武器,全球化境遇中的马克思主义哲学及其发展具备了全新时代语境、理论内生空间和外部环境,全人类的正反经验、理论得失和实践成败都将构成发展21世纪马克思主义哲学和当代中国马克思主义哲学的重要补充。

第三,坚持马克思主义哲学与中华优秀传统文化的内在统一,以马克思主义基本原理的指导作用引领传统文化的发展方向,以传统文化中的优秀思想资源补充新时代马克思主义哲学的发展需求,在增强民族文化自信的过程中发展新时代马克思主义哲学。马克思主义哲学中国化具有三重性,即马克思主义哲学的民族化、时代化和大众化,三者的发展无法割离中国社会和中国文化的传统根基,这表明马克思主义哲学中国化的基本问题是科学处理中国传统文化与马克思主义哲学的关系问题,要求以中国文化创造性地改造马克思主义哲学,将中华民族基因和优秀传统文化融入马克思主义哲学,使其既能保持自身核心思想和理论本性又兼具本土特色和文化气韵。与此同时,以中国传统文化滋养马克思主义哲学,是马克思主义哲学理论本身发展的内在要求。马克思主义哲学诞生并浸润于19世纪的西方社会和西方文明,带有鲜明的西方文化印记和异域特色,以马克思主义基本原理指导中国实践必然要求其了解并符合中国的基本情况;从马克思主义哲学的理论指向和研究对象看,尽管马克思主义哲学的理论主要来源于西方文明,但其理论并未局限于研究和改造西方社会及其民众,而是将视野延伸至遥远、广袤的东方社会和东方文明,马克思主义哲学创始人在鸦片战争期间曾对东方问题尤其是中国人民的解放问题给予了极大的关注,在晚年更将其研究重点转向东方社会,其理论以及后世研究都具有自觉地融合东西方文化的理论特征和实践特质。但近代以来,中国人民对本土文化与外来文化的关系长期存在非理性的认识,影响其对待传统文化与马克思主义哲学关系的认识,阻滞马克思主义哲学中国化的推进和深化。在封建社会沉迷于"天朝上国"的迷梦之际,西方文明以先进科学技术破开国门,西方社会思潮涌入中国,从观念形态上冲击了中国数千年的传统文化根基,"崇洋媚外"的文化自卑心态成为近代以来中国人民的文明观,最终诱发以彻底否定中国传统文化而盲目追随西方文明为主要特征的历史虚无主义和文化虚无主义现象。中国共产党人是坚定的马克思主义者,始终坚守马克思主义哲学立场,致力于以马克思主义基本原理指导和发展中国特色社会主义,但中国共产党人不是历史虚无主义者,也不是文化虚无主义者,中国共产党人始终致力于推进马克思主义哲学中国化。发展新时代的马克思主义哲学,在新的历史起点上进一步推进马克思主义哲学中国化的历史进程,必然要求中国传统文化与马克思主义哲学的内在统一,摒弃历史虚无主义、文化虚无主义、政治虚无主义等错误意识形态倾向,给予中国传统文化应有的历史地位,充分发挥其当代价值,在筑牢马克思主义意识形态领域指导地位的同时以高度的文化自信推进马克思主义哲学在新时代的创新发展,这是新时代马克思主义哲学研究者责无旁贷的历史任务。

五、人类解放:汇聚信仰的力量

潜心学术研究的三十余载,社会现实的迁移变换与身体力行的生活实践,让我深刻地体会到了理论蕴藏着指导实践的力量。我时常在想,无论是理论研究者还是实践工作者,只有在开启巨大的理论思想资源、深入社会生活的各个领域与各个层面时,才能在历史的境遇下真正发挥思想的作用,最终实现人类本真意义上的解放。在学术研究的过程中,我一直在寻求理论的智慧火花,试图寻找思想力量与社会现实的连接点。不断的学术积累和探索使我在马克思的理论魅力和人格魅力中找到了理想与现实的契合点。马克思毕生执着于人类解放的信仰与追求,他将解放全人类视为生命活动的全部主题,这与当今社会发展的终极目标在本质上是一致的。在马克思及马克思主义者的思想宝藏中构建现实性人类解放的思想体系,保持敏锐的现实触角,关注全球化视野下马克思主义理论动态和当代世界社会主义运动走向,及时把握世界历史进程中的社会主义与资本主义的新变化,深入挖掘人类解放的现实路径,对真正意义上实现全人类的解放具有重大的指导意义和时代价值。当前,对马克思学说的深刻探究,关键在于把握人类解放思想的深层内涵,使马克思的人类解放思想在新的历史境遇和社会背景下真正成为推动当今社会发展的不竭动力。

或许有人会不解甚至误认为"人类解放"这一命题过于遥远而与现实相脱节,实则不然。人类解放是所有人应当追求的终极目标,只有深刻认识人类解放的现实性,才能充分体会到人类解放的重大意义。为此,首先必须对人类解放进行科学的解读,这里涉及"人类"和"解放"两个关键词。对"人类"的理解包含三个层面:个体的人、群体的人和作为类的人。我们追求的是全人类的解放事业,是在三个层面中"作为类的人"的层次上实现对社会关系和自然限度的超越。"解放",从某种意义上讲是指人的自由全面发展,"自由"强调人发展的超越性,"全面"突出人发展的丰富性。自由而全面发展的人,应该是工具和目的、生产与消费、享受与贡献、权力与责任的有机统一,也就是自我主客体的有机统一。人类解放作为人类追求的终极目标,同时也体现为一种运动过程,是目标和过程的有机统一。人类解放的过程性特征,必然要求将人类解放的目标分成不同阶段,每个阶段都有自身阶段性的分目标,且阶段性目标与人类解放的总目标相一致,且前者以后者为指引。我们今天研究人类解放,就是要明确人类解放的总目标,设计出不同阶段和层次的发展目标以及通向目标的可能途径。全面建成小康社会,基本实现社会主义现代化,建成富强民主文明和谐美丽的社会主义现代化强国等奋斗目标,既是历史条件下的重大发展任务,也是人类解放总目标之下的若干分目标。它们与人类解放的方向一致,人类解放的实现有赖于社会发展各个阶段目标的依次推进、逐步完成。

我们今天已完成或正在完成的工作都与马克思的人类解放主题具有一致性。无论是"摸着石头过河"还是"顶层设计"的探讨,都是人类解放一步一个脚印的尝试,是为了实现人类解放最终目标的现实努力。我们对人类解放主题的深入研究是有价值的,兼具理论依据与实践意义。人类走向解放是马克思主义的整体性视角,而这一整体性视角往往会被人类的历史性斗争与分裂所忽略。时代发展到今天,在西方中心主义、霸权主义、利己主义统摄下的西方治理理念和体系,始终无法跳出"中心—边缘"式利益分配的格局和"零和发展"模式的桎梏。人类社会急需一种能够应对全球风险、保障整体安全、实现和平与发展的全新理念,人类整体视角必然成为重要前提。作为马克思主义理论研究者,当前关注这个问题的落脚点应聚焦于探讨"人类整体解放何以可能"。我的学术研究正是对这一问题的进一步追问:在现实社会中深入探讨理想性和现实性之间的关系,探索如何将理想转化为现实,又通过现实实现理想。从根本上看,社会现实的思想关怀是学术研究的最高标准。人文社会科学研究者的学术研究应当有益于对社会现实问题的破解以及人类文明的延续和发展。离开这些,学术研究只能是舍本逐末。

将理论研究上升为对学术理想的追求,是学人以学术为业的一种境界诉求。具有普遍意义的学术理想应当是通过学术研究,打造学术的精品之作、传世之作,努力使自己的观点达到理性上的共通性,对社会产生正面影响,在一定程度上推动国家的发展和社会的进步。做学问是我一生的理想和追求,研究马克思主义哲学,特别是马克思主义政治哲学,是希望能对"改变世界"的未竟事业尽一份绵薄之力;即使"改变世界"未有可能,也可以在与学界友人、学生进行学术交流的过程中找到人生价值。哲学家汉娜·阿伦特曾经指出:"要对卡尔·马克思进行思考或写点什么,决不是一件容易的事情。"所有的学术研究都绝非轻而易举,更像是"孤勇者"的潜心修炼。我们必须有一种执着精神,耐得住寂寞,要让超越的心灵在寂寞中凝聚内心的智慧,要对自己的人生有所定位。在明确了自己的研究方向之后,踏踏实实地往前走,希望能够影响我身边的人——我的学生、我的朋友以及与我一同信仰人类解放的人,以不同的方式为人类解放事业作点自己的贡献。

信仰本身就是一种具有超越性的价值,这种超越性的价值具备高于现实的意义。信仰的力量因人们的精神追求和价值向往所凝聚而成的向心力变得难以比拟,抓住了信仰力量的主心骨,便是掌握了改造世界的强大助推器。如果说,马克思的人类解放作为信仰之源是人类自身发展最深层的本质要求,同时也是时代变迁中历史进步的不竭动力,能够深入浅出地普适到社会各个领域、各个层次岗位上的人们之中,为人们所理解和信奉,成为人们生活和实践的根本追求,那么,在历史发展中彰显马克思人类解放核心主题的理论魅力时,或许人类解放将成为理想与现实最具有爆发力的契合点。人们愈将人类解放对现实的指导意义和重大价值发挥得淋漓尽致,就愈接近真实解放的"中心"。通过对现实状况和热点问题的关注,我回归学术,将人类解放这一课题的根源考究及其实现方式探索作为最重要且艰巨的任务。当学界普遍对这个问题的追问愈加深刻时,相互碰撞的智慧火花或许能够在某个范围之内获得现实的肯定和推进。当学术研究能够嵌入真正现实而对身边的人与事产生影响的时候,学术的魅力会显得更加绚烂,这对我而言是莫大的鼓舞和动力。

六、学术视角:聚焦人的生存发展

回顾我相对短暂的学术研究过程,我的学术视角始终聚焦于人的生存发展问题,追问"究竟什么是当代人面临的迫切而重大的问题"?研究的展开有一个由具体到抽象、从微观到宏观的总体变化过程,这与不同时期现实生活给予我对哲学的思考存在一定的联系。从学术研究的角度上看,对具体、微观问题的研究具有重要性,它有助于对问题的深度探讨;对抽象、宏观问题的研究则可能产生更为广泛的学术影响,它凸显问题研究的广度和高度。同一主题不同维度的研究对学者的学术生涯来说,各自的独立是相对的。不同研究维度之间互为前提是基本的关系,无论是宏观的大课题还是微观的小课题,我力图求真务实,努力做到大题小做、小题深做。

在我个人从事学术研究的初期,恰逢网络科技起步发展。可以看到,现代技术构建的不仅是虚拟的网络世界,也是充满问题的矛盾世界。面对这种现实境遇,我研究的着眼点主要在部门哲学和分支哲学上,倾向于从技术的角度出发来思考网络科技时代应当引起关注的理论与现实问题,将视角与哲学世界观基本要素结合起来探索技术哲学领域的前沿问题。例如,着眼网络问题思考网络道德建设的现实意义和实践路径,以纠偏在网络社会中可能存在的道德堕落现象;对科学技术活动的现实生存性质进行思考,揭示科学技术活动在本质上是理性和非理性的统一,强调在历史的视野下辩证地把握理性和非理性在科学技术活动中的张力问题;对技术的本性进行思考,认识到技术的工具性是人性与物性的统一,但两者之间不同程度的彰显而导致的失衡,是造成技术化过程中种种危机和困境的根源;思考现实的人的生存方式问题,将技术的边界和人的底线结合起来探讨,寻找克服技术的非人性效应的可能出路;揭示技术与政治的双向互动关系,尝试提出诗意化对待自然以及构建生态社会政治;引进和评析了当代英美马克思主义代表人物芬伯格的技术政治学观点,探索技术的微政治学转化,提出责任文化是技术转化不容忽视的重大问题。由现实科技的发展问题辐射出对技术与生存的哲学思考,在提出现实困境的同时挖掘解决问题的途径,是我早期对人以及社会现实的具体的、微观的研究径路,相关观点的阐述主要呈现在我学术研究初期的论文成果之中,如《技术的理性与非理性——关于技术合理性的思考》《技术发展的非人性效应及其克服》《技术与政治的双向互动》《激进民主的理性重建与技术转化的微政治学——芬伯格的技术政治学评析》《网络文化:技术与文化的联姻》《构筑科学与人文的和谐》《技术的边界与人的底线——技术化生存的人学反思》《论技术与思想的内在关联性》《怨恨的滋生和技术合理性秩序的建构》和《怨恨对技术合理性的反叛》等。

时代问题的变化引导了我的学术转向,以致在研究的视野上发生了一些变化:从技术的辐射性视角转向人类发展的宏观方向,注重对具有学科意义的学科整体性问题进行综合研究及跨学科探索,从理论探讨和实践探索两个维度来研究马克思人类解放的理论体系,其主要包含四大板块的内容。

一是马克思人类解放理论研究。通过重读经典文本,以结构化的手法试图厘清马克思对人类解放必然性论证的逻辑叙述与历史叙述,探讨马克思人类解放理论与社会形态理论之间的内在关联,阐释马克思人类解放理论的思想源泉、演进逻辑、多重维度的解放与人类解放之间的张力,马克思人类解放理论的后续效应、思想延伸、现实追问等;分析马克思人类解放理论的叙事结构,展现马克思认识人类社会的根本方法、实现人类解放的根本路径和社会形态嬗变的根本目的。我认为,站在历史的高度把握人类解放的意义,创建现实性的马克思人类解放理论,对深度透视相关现实问题、深化实践探索具有重大的指导价值。这一领域的研究,较为集中地呈现于以下成果之中:专著《马克思人类解放理论的演进逻辑》《理想与现实之间的人类解放境界》《马克思的解放哲学》《青年马克思政治哲学思想研究》和《马克思对个性解放的探索之路》,论文《马克思人类解放理论的叙事结构及实现方式》《人类解放的进程与社会形态的嬗变》《政治解放、社会解放和劳动解放——马克思人类解放思想再探析》《马克思人类解放理论的理想性与现实性》《从显性到隐性的主奴辩证法——〈精神现象学〉与〈1844年经济学哲学手稿〉关系注解》《从继承到建构:马克思以解放为轴心的哲学革命》《启蒙理性及现代性:马克思的批判性重构》《现代国家的解放限度与历史命运——马克思〈论犹太人问题〉释义》《马克思论证"人类解放何以可能"的维度》和《马克思文化解放的维度及其政治旨趣》等。

二是西方马克思主义基本问题及其中国意义研究。构建现实性的马克思人类解放理论体系，不能仅局限于对马克思主义经典文本的"深耕"，还应当将西方马克思主义与中国的本土问题结合起来，发掘西方马克思主义研究对推动中国马克思主义发展的重要意义。在研究过程中，我着重突破中国语境下对西方马克思主义人物的细碎化及其文本的局部性研究，从整体视角认识西方马克思主义。从问题逻辑的角度切入西方马克思主义的基本问题和研究中面临的紧迫问题，结合国内学术界研究中的争论，把问题逻辑性地贯穿起来集中讨论，尤其对"西方马克思主义是什么"和"为什么要研究西方马克思主义"两大问题做出了回答；运用"家族相似"理论对西方马克思主义的基本性质、理论对象、理论特质、历史和逻辑边界问题进行探讨，强调西方马克思主义并不是地域性的概念，而是与正统马克思主义不同的另一种马克思主义解释框架，在这一意义上，西方马克思主义获得了开放性的哲学内涵。我的《西方马克思主义的理论性质与中国意义》《西方马克思主义辩证法的理论特色及其局限》《技术可选择还是现代性可选择？》《激进民主的理性重建与技术转化的微政治学》和《英国文化马克思主义：人道主义与结构主义之辩》等论文尤其凸显了对这方面问题的思考。

三是"人类命运共同体"思想基础理论问题研究。构建人类命运共同体是习近平新时代中国特色社会主义思想中一项具有战略高度和现实紧迫感的伟大构想。构建人类命运共同体作为破解全球性治理难题的中国智慧和中国方案，充分彰显了当代中国共产党人的理想追求和智识精神，是对21世纪历史唯物主义理论发展的原创性贡献，也是对"资本主义永恒化"或"历史终结论"的有力回应与反驳。本人试图从唯物史观的视域出发，探讨"人类命运共同体"若干基础理论问题，即"人类命运共同体"的社会历史作用、政治哲学基础、政治经济学基础及其在现代性进程中的未来发展，揭示中国特色社会主义实践对世界历史的重大意义。代表性成果有：《构建人类命运共同体对历史唯物主义的原创性贡献》《人

类命运共同体的价值超越》《全球现代性问题与人类命运共同体智慧》和
《唯物史观视域中的人类命运共同体与新型全球化》等,论证了人类命运
共同体的历史唯物主义哲学基础,从哲学立场、现实指向、解放路径等方
面阐释人类命运共同体,既拓展了研究取向和研究视野,也进一步深化了
对人类命运共同体丰富蕴含的理解和把握。

四是马克思主义基本原理的实践问题研究。从理论走向实践,彰显
马克思人类解放理论在实践中的现实指导意义,关键在于推进马克思主
义基本理论的应用研究,缩小理论研究与社会实践之间的距离。基于此,
以马克思主义基本理论为基础,我对现实重大理论与实践问题开展了研
究,如对马克思主义的当代发展、改革开放的历史必然性和社会主义核心
价值观等问题进行了探讨。代表性论文有:《当代中国马克思主义的哲
学境界》《马克思唯物史观叙事中的劳动正义》《马克思主义哲学研究中
的三重解释张力及其认知变化》《马克思文本解读的价值反思与方法论
自觉》《马克思主义哲学中国化 70 年及其历史贡献》《继往开来开创马克
思主义中国化新境界》《马克思主义经典著作百年研究历程与经验启示》
《百年马克思主义中国化的发展动力》《"伟大社会革命"论的马克思主义
理论逻辑》《深刻认识改革开放的历史必然性及其实践价值》《改革开放
让中国更加自信》《新时代社会主要矛盾背后的必然逻辑》《社会主义核
心价值观的人权意蕴》《凝心聚力的一面旗帜》《理解中国式现代化新道
路需要把握的几对重要关系》和《在增进文化认同中坚定文化自信》等。
同时我拓展性地尝试将马克思主义基本原理与教育学、经济学、历史学、
心理学等学科相结合,运用马克思主义基本原理探讨教育的公平公正、心
理学的技术主义倾向、当代社会思潮等问题,如把人置于马克思人类解放
的视域中来讨论教育的技术化倾向、教育公正、教育目的等问题,倡导在
教育中树立马克思"每个人的自由而全面的发展"的观念;强调面对当代
社会思潮,马克思主义者必须以历史唯物主义为武器,变"被动回应"的
消极态度为"主动挑战"的积极态度,在挑战当代社会思潮中,真正发挥
作为普遍真理的马克思主义的威力等。学术观点主要体现在《在应对当

代各种社会思潮的挑战中发挥马克思主义的威力》《人类解放视域中的教育价值合理性探析》《康德道德观及其对现实道德教育困境的开解》《罗尔斯教育公正理论情结及方法论原则批判》《海德格尔面向思的教育及其理论困境》和《马克思主义历史哲学:在史学与哲学之间》等论文中,推进了马克思主义基本理论的现实应用问题研究。

总体而言,基于对世界性社会制度矛盾困境的焦虑及对人类命运、人类社会共同福祉的关切,我个人的学术研究主题前后是一致的,研究核心聚焦于"人"的问题,并始终将其作为贯穿我学术探索道路的唯一主题。只是在不同的研究阶段,由于自身所积累的理论素材广度以及自我学识修养的变化而使得我所探索的视野和侧重点有所不同而已。近年来,我将研究重心放在"人"的类群体上,即关于"一般人""一切人"的解放与发展的哲学本体论追问,焦点越来越集中于更为宏观的普遍性层面和永恒性话题,逐渐形成一个较成体系的学术领域。与此同时,我逐渐将与人的生存相关的技术问题探讨由显性变成隐性而潜含于宏观层面的研究之中。可以说,我学术探索初期形成的哲学基本观点构成了后来学术见解与研究的理论基础及其理论验证。

七、研究方法:发掘问题意识

发掘问题意识,关涉到学术研究的方法论问题。学术研究要以问题为导向,问题意识不足会使学术研究贬值。马克思曾经说过:"一个时代所提出的问题,和任何在内容上是正当的因而也是合理的问题,有着共同的命运:主要的困难不是答案,而是问题……世界史本身,除了通过提出新问题来解答和处理老问题之外,没有别的方法……问题就是公开的、无畏的、左右一切个人的时代声音。问题就是时代的口号,是它表现自己精神状态的最实际的呼声。"问题是时代的声音,而理论是问题之树盛开的花朵、结出的果实。

什么是问题意识? 我以为,学术研究的"问题意识"是学者通过对深藏在客观事实与万千现象背后的矛盾及其复杂性的敏锐感知,从而产生解释或解决矛盾的自觉与体悟,它体现了学者思维品质的独立性和创新性,体现了学者在学与思之间构筑彼此相通的桥梁的细致性和深刻性。一个完整的问题意识链条大致包括发现问题、提出问题、分析问题、解决问题和验证问题等若干环节。培养问题意识,首先必须学会如何获取知识,在一定的学识积累和生活历练之中,才易于发现问题。

　　获取知识,需要进行大量阅读,而阅读的关键在于把握继承和批判的关系。在获取知识、积累知识的过程中,我认为要有接受、继承、借鉴的心态与精神。我特别强调要根据自己的研究领域,在研读学科经典的基础上,高度关注具有独树一帜地位的权威学术刊物《中国社会科学》杂志的引导性观点;关注本专业所属一级学科顶尖刊物的最新成果,如哲学一级学科中的《哲学研究》《哲学动态》等杂志;马克思主义理论一级学科中的《马克思主义研究》《马克思主义与现实》等杂志,因为它们像镜子一样反映了学术发展动向,代表了该学科的最高研究水准。积极阅读,尤其精读与我们兴趣点相关的论文,有利于我们透视学术前沿,把握学者的研究状况,也有利于我们提出问题、分析问题,强化"问题意识"。在研读这些论文时,还要注意把握学者的问题意识、研究视角、结构框架、逻辑思维、写作方式以及语言措辞等,并分类做好笔记,以便深入学习、接受、继承、借鉴与消化。特别对年轻的学者而言,首先应该尊重前贤,抱着学习的态度和精神对待其他学者及其学术成果。没有"我注六经"作基础,就不可能有"六经注我"。当然,这并不排斥对某些学术问题提出质疑,甚至批判。看书不能看什么信什么,不能成为"俘虏",不要轻易相信现存的结论,要提高批判性思维的能力,要用批判的态度和怀疑的精神来表达坚定的学术信念,做到"和而不同"。获取知识、从事研究的过程最忌讳的就是跟随大众、随波逐流,学术成果能够有所突破往往总是建立在反流行之道而行之的基础上。只有经过深刻而有力的批判才有可能真正拥有充满学术思想的力量。但是,批判性思维不等于摆出一副横扫一切、推翻一切的姿态对待已有的学术研究成果,没有一定的思想基础与学术积累不能妄自得出结论。批判性思维的前提在于求真,在于摆事实、讲道理,通过摆事实、讲道理才能认清是非观念，并提出有价值的思想。批判性思维是"省视"和"自省"的统一，即省视社会与自省精神的统一，身为教育者应该先教育自身、反思自身，形成自我批判和自我超越的自觉意识，才能真正完善自我、提高自我。不善于批判自我的人，其批判性思维是片面的。学术研究始于问题，而问题有虚实、深浅与真假之分，是否正确地抓住问题，善于或敢于正确地提出问题，往往决定了学术研究的大致方向。学术研究贵在有自己的真问题，要靠自己的积累选定真问题，并坚持不懈地追问和思考，以此推动读书、用书。如果没有自身一以贯之的真问题，只是不断地追随别人的问题，就终难有成。

问题既来源于现实世界，也来源于不同维度的对话。一方面，问题来源于对现实世界的思考。从对现实世界的关切中不断形成"问题意识"，尤其是"中国问题意识"，从社会发展的成就以及凸显的矛盾中凝练问题，在充分调查研究的基础上，经过体会、感悟、酝酿和探索来感知现实，最终形成有现实指导意义的学术成果。要认真阅读不断变化的现实世界这部大"书"，在纷繁复杂的现实世界中体会学问与现实之间的内在关联，不能闭门造车，不能只在书房里进行思考，要在现实实践中发现问题，在理性批判中求得真知。现实世界的种种问题常常给我们带来困惑，我们要敢于直面困惑而又勇于消除困惑，深入现实，从现实中汲取理论素材，只有把现实中的重大问题提升为理论问题来思考，才能够显明问题的当代性，形成有价值、有生命力、贴近现实的高质量的理论文本，才能从现实世界中升华出智慧，直接或间接参与公共政策研究，发挥思想库作用。对于当代中国学者来说，我们不仅要能够传承"中学"和"西学"两大传统，还要能够在两大传统之间的张力中体会蕴含于当代中国实践经验并通往未来之路的新的可能性。在这个意义上说，思想不仅是对过去的解释，同时也参与了对未来的创造。从哲学层面关注现实要面对的难题是如何保持理论高度，用哲学思维回答现实问题，学会价值判断和评价的"精准化"，避免大而无当的空泛口号。另一方面，问题还来源于对话，并在对话中得以生成和提升，在对话、思想碰撞与论辩中激活创意、磨砺思想之锋,在对话中积累思想。学者缺乏问题意识,其中的一个原因就是与自身形成的固有的研究套路即"学术惯性"有关。这种"学术惯性"可能限制学者的学术创新能力。要克服自身的"学术惯性",不能故步自封,应该视野开阔,在对话中虚心接纳新的学术理念和学术方法。对话不是统一思想,不是让我的思想覆盖或同化别人的思想,对话要承认差异,要尊重别人的思想,要抱有讨论的真诚。学术对话是全方位的:可以与历史、现实对话;可以与理论、实践对话;可以与他人、自我对话;可以与传统文化、流行文化对话;可以与自然科学、社会科学的新成果对话;等等。学术对话也是多层次的:最为直接的对话是学者个体在自我学术研究活动中与不同学者的对话,向老一辈学者学习对问题研究的深刻性,向青年学者学习对问题思考视野的开阔性;较高层次的对话,是通过阅读与历史上卓越思想家的对话,它可以提升自身的思想水准,构成学术发展的内在动力;更高层次的对话,是围绕学术传统、学术理想、学术方法、学术流派的对话,是学科内部思想的深层次交流与碰撞;最高层面的对话是跨学科对话,它关系到自身研究方法及学科体系研究存在的问题及其真正破解的问题。为什么需要进行跨学科对话? 因为事物本身具有复杂性,在某一学科提出的问题,答案很可能要在另一学科去寻找。而把复杂的事物拆分给各个学科的同时,跨学科对话显得尤为必要。跨学科对话是共同面对复杂事物而进行的专业性对话,并不是放弃各自专业的泛泛而论。所以,既要加强学科内部之间的对话,又要走出学科内部进行跨学科的对话,这样的对话才是建设性的对话,才能形成高质量的"问题"及对问题的可能解决方案。

就自身而言,我力求在治学上不拘泥于哲学内部的领域分野,并以问题为中心进行系统性探索。我力图从现实生活中发现问题、思考问题,同时,抓住有客观普遍性的问题,像打井一样往深里挖。例如,在对教育问题进行思考的时候,我发现不少学者的专著、文章、博士学位论文等都时常引用罗尔斯的教育公正理论作为正面阐述的佐证,但在现实中它却未能使教育公正问题得到切实的改善和解决。因此,我大胆设想:罗尔斯的教育公正理论能否对我们的教育公正问题起到实际作用,或者说它是否适合于解释中国当前教育体制之下的公正问题,是否能够对我们的教育现状产生直接的或间接的指导作用?针对这一问题,我以批判性的视角形成了论文《罗尔斯教育公正理论情结及方法论原则批判》,从抽象的理论前提——人性的虚拟假设、片面的理论视角——尺度统一的正义原则以及乌托邦式的理论归宿——平均主义的倾向三个维度呈现了我的观点。又如,在探讨西方马克思主义的基本问题时,通过广泛深入的学习和研究,我发现,学界对西方马克思主义的研究倾向于孤立、零散地思考西方个别人物的理论观点,而对一些基本问题的整体性把握较为欠缺。在思考过程中,一系列的问题浮现在面前:是否应该对西方马克思主义加强整体性视角的考察?西方马克思主义究竟是不是马克思主义?等等。带着这些疑问,我尝试对西方马克思主义的基本问题进行整体性研究,形成成果《西方马克思主义的理论性质与中国意义》,直面西方马克思主义的理论性质,揭示其研究对于中国社会发展的意义。

问题意识和自身独到的见解,有利于呈现学术成果,丰富学术资源并推动资源共享。但需要注意的是,问题意识的精准把握和有效展开有其前提——符合学术规范,即缺乏问题意识、不够"精细"的成果容易走向缺乏学术规范的歧途。对学术问题的理解和探究张弛有度、严谨缜密,是从事科研和治学的学者们应该持有的一贯作风。

当前,学术规范在"百家争鸣"的学术氛围中受到不同程度的忽视甚至扭曲,产生了不少诸如学术失范、学术失真等令人忧心的现实问题,着实需要引起重视。无论是从学术研究者自身学术涵养和学术受益的角度上看,还是从为学术界营造良好学术氛围,推动学术在思想撞击中走向发展的高层次高水平的角度上看,规范学术愈来愈凸显其极为重要的地位和作用。

是否符合学术规范,归根到底涉及学术尊严、学术品格、学术理念等深层问题,是理论工作者的社会责任和历史担当。学术具有规范性和严谨性,这是由学术本身的内涵及其本质精神决定的。只有用严谨、严肃的态度去做学问,才有可能通过学术来正确反映客观现实,发现客观真理。

以维护学术尊严的严谨自律的学术态度,通过规范性和原创性的话语表达来展现学者的创作意境,是学术规范的本质所在。这也是我们在从事学术研究过程中,弘扬学术自由的同时必须强调的关键要点。在学术研究中,我更青睐于一些原创性的思考。我以为,站在巨人的肩膀上,凝练出原创性的结晶以形成学术成果,不仅是根源性意义上的学术自觉和学术规约,更是对学术尊严的捍卫、对自我学术探究之路的激励和挑战。

八、学术传承:培养同路人

身为集教学、科研和育人的责任于一身的理论教育工作者,我深刻体会到,教师的成就感并不仅仅在于自己的学问所产生的影响力,还在于成为学生成长道路上的陪伴者,培养科学研究的同路人,并引导同路人进行学术思考与探索。

在我看来,一个负责任的导师不会放弃任何有才气、有智慧的学生。导师的职责,不外乎引导学生走进学术,并授予学生学术使命感。导师对学生的学术指导,必须是实实在在的。教学与科研之余,我与学生联系比较频繁,根据学生自身的兴趣、特长和未来发展方向有针对性地对其进行学术指导。我以为,不要轻易对学生的能力表示失望,每位学生身上都有独特的闪光点,导师的关键作用在于帮助学生发掘、探寻自身的潜力与资质,启发学生的学术兴趣,授之以学术方法,引导学生在学习过程中找到规范严谨的治学之道,根据学生的不同特点传递研究思路与方法。通过我的指导和学生的努力,我的研究生在《教育研究》《马克思主义研究》《哲学动态》《中国社会科学内部文稿》等刊物发表学术论文100余篇,多篇被《新华文摘》《中国社会科学文摘》以及人大报刊复印资料等转载;获得国家社会科学基金青年项目、教育部人文社会科学规划项目、中国博士后科学基金、省哲学社会科学规划项目等立项60余项;获得与学术相关的各类奖励130余项。在具体的指导和接触中,我以平等的学术情怀敞开心扉与学生交流各种意见和见解,在把握学生学习进展的基础上,从对话交流、经典研讨与论文写作等方面,培养学生的问题意识、思维能力和写作能力;尊重学生,以包容的心境和学习的心态与学生分享思想资源,共同探讨学术焦点问题和社会问题。通过相互学习交流,不仅使学生收获了知识,也时常给我充电或带来学术灵感,保持对学术前沿的敏锐性,达到了师生共赢的效果。

人的一生,时常会因为某个人、某件事、某句话的影响改变了人生的发展轨迹和奋斗方向,这是耳濡目染的力量,我颇有感触。因而,在与学生的学术交流和生活交往过程中,我十分注重以身作则、言传身教,在工作、学习和平时的言谈举止中,希望通过自己的治学态度、为人处世、人生心境和责任担当感染与熏陶学生,为学生传递学业和生活的正能量,尤其引导学生把做人、做事、做学问结合起来,认真做事、严肃做人,超越功利,涵养性情,保持心灵的平衡。教育学生在树立学术使命感中学会约束自己、学会管理自己的精力。培养学生的学术信仰和学术使命感,贵在精神引领,重在学术创造,引领学生用踏踏实实的行动领悟科学研究的深远意义、解读潜心学术的内在价值、发掘学术研究的原创力。具有深沉的人文关怀与高尚的学术追求以及真诚地与学生讨论具体学术问题而不离题,同时自己的研究产生了成果,除了与学生低调交流外,绝不额外鼓噪与炫耀,静静地等待同行的评论,或者留给时间去检验,这是学术之源传承发展的强大内力,是展现精神魅力与学术尊严的重要路径,也是治学的一种境界。学生对导师的敬意,并不主要来自于导师的头衔、"帽子"或光环,而主要来自于导师的思想智慧、言行举止、品格德行。正因为持有这份由衷的崇敬,才会有对学术的敬畏之心,才会有学术精神的接续和传承。

学术道路上,培养同路人是一件快乐的事,更是学术使命感之于导师的重任,是延续学术生命之所在。引导学生走上学术的道路,看到学生学有所成,我很是欣慰。学生们潜心积累、厚积薄发的点滴进步,不仅是学术魅力与尊严的释放,更是学术生命的延续和人类文明成果的传递。学术生命的延续不仅仅是各个时代思想巨匠们毕生创造力的累积,更重要的是千千万万的普通学术追随者一步一个脚印,孜孜不倦地追逐推动着学术研究的繁荣发展。培养有潜力的学术同路人如同增强学界的造血功能,为学界增添新鲜血液,注入源源不断的生命活力,这也是我平凡工作中的人生追求。

我经常教诲学生,学术研究没有"捷径"可走,如果我们选择绕过荆棘,就看不到美丽的风景;学术的世界就像一盘中国象棋,个人是这盘棋中的小卒,需要一步一步往前走,每天进步一点点;学术的人生像一盘围棋,你无法想象你的潜力有多大,当你走得越远越宽广,你的收获和影响就会越来越大。因此,在学术人生中,要以严谨自律的治学态度,踏踏实实地进行研究,怀揣"百花齐放"的包容胸襟,坚持严密求证的学术精神,享受简单而纯粹的科研生活,拥有一份宁静淡泊的情怀,保持一份清醒与理智,我们的气质会更加清新脱俗。

良好心态是做好学问的前提之一,我始终要求学生对人、对事保持积极心态,对待社会秉持包容之心。从一个学者的角度看,我盼望学生能够对社会提出理性的建设性意见,致力研究国际哲学界和马克思主义理论界关注的前沿性问题,在批判性反思现实的同时拥有对社会包容、开放的视界和积极、正面的心灵品性。哲学研究是中华民族精神的历史呈现和现实体现,指引当代人理智地选择自身的生存方式以及所要趋向的目标。只有秉持辩证的理性思维并在实践中为之深思和前瞻的人,才能彰显自身前途与全人类命运之关联的实践自觉。从事马克思主义理论研究的学生理应保持一份社会责任和历史使命,在任何负面消极的现象面前,坚持人类历史发展的宏观视角,表达自己的独特见解,解答人们的迷惘。当国家发展遇到困难时,传播一种什么情绪并非小事,它潜藏着人们对自身生存方式、身心状态以及社会发展现状的困惑。颓靡的情绪可能造成大家丧失信心,传播正能量可能促使大家凝心聚力。面对困难应该避免消极情绪的产生;面对问题可以"挑毛病",但决不能捕风捉影、断章取义、杜撰虚构和歪曲事实,应该秉持实事求是的科学态度。社会发展是一个曲折前进的过程,求真务实是我们应该把握的分寸、尺度和方向盘。有的人或是凭着自我感受来评论社会,描绘心目中的乌托邦,用幻想的图景来裁量社会;或是对复杂的外界抱有事不关己、高高挂起的否弃态度,仅仅逗留于自身的研究领域兜圈子,且肆意回避复杂关系的变动对研究结论的影响,常常炫耀自身理论研究的高尚性以掩盖其守旧立场,结果势必造成理论研究的跛足。真正的学者在面对社会所取得的成就和存在的问题时,应该慎重思考我们究竟应当做什么？怎样去做？我们当下最重要的事情无疑是将全面深化改革开放真正落到实处,理论研究者要有勇于变革、面向未来的襟怀和勇气,不轻易臣服存在的权威,坚持以发展的眼光来理解现存的生活和世界。为此要善于为政府支招、出谋献策,提出对社会、对人民负责任的真知灼见,成为探索未知领域的先锋和社会中坚。在理论问题特别是理论热点面前应当心无旁骛,谨言慎行,客观对待,以智慧和严谨取得人们的信任,建设一种"说理的文化",彰显理论内在逻辑的力量,提高学术的境界,维护学术的尊严,延续无止境的学术生命。这既是时代的呼唤和要求,也是我们每一位理论工作者的使命担当。序末赋七言古体诗一首,为本书述怀:

西子湖畔忆往昔,潜心耕读醉清霜。

浅笔淡痕书拙诗,抛砖引玉共考量。

哲理情怀豆蔻展,博雅苑中称痴狂。

学海踏浪味如芥,品典情深梦犹香。

斗转星移寻规律,明理求是拨雾茫。

紫荆园里筑理想,哲魂缕缕入肝肠。

字斟句酌求精粹,经世致用雕文章。

学海迢遥凝眸处,坚守初心梦未遥。

培李栽桃育春笋,绒衾做衣护绿苗。

伊始新元萼蕊早,不负使命品华光。

拙作一本难载梦,砥砺前行追群舫。

待到嫣红多烂漫,绵延拓荒力自强。

2022 年金秋　于杭州西子湖畔

目　　录

导　　论

习近平总书记在纪念马克思诞辰 200 周年大会上明确指出："马克思主义博大精深,归根到底就是一句话,为人类求解放。"为人类求解放是马克思主义的鲜明主题。

人类解放是指人类不断地消灭现存状况、实现人的自由而全面发展的现实运动,是人类在经由政治解放、经济解放、劳动解放和文化解放所创造的社会物质精神条件下,把握与超越外部自然限度,并全面颠覆资本逻辑,消除私有制,以自由人的联合体取代市民社会体系和国家,建立起共产主义社会的运动过程。人类解放既是运动过程,也是历史目标,是过程与目标的统一。

追求人类解放,是马克思一生不变的思想主题,也是马克思终生为之奋斗和献身的目标与根本价值诉求。在马克思多维度、多层次的学说体系中,关于人类解放的思想无疑是具有统摄意义的核心思想。这一思想不仅构成马克思全部思想的出发点、目的和归宿,而且也渗透在他的全部思想体系之中。

马克思的人类解放思想超越时空,它既具有阶级性、革命性,也具有人类性。马克思的学说就其本质而言是批判资本主义的理论,它始终要表达的是一种革命性的本体论追求,致力于把人从资本主义的一切异化状态中解放出来。马克思的理论之所以是迄今为止对人类历史进程影响最大的思想体系之一,之所以是人类进步的不竭的思想源泉,之所以有着经久不衰的生命力,之所以成为人类进步的行动指南和思想源泉,其根本原因就在于实现全人类的解放是该理论的根本命题或最高价值追求。衡量一种理论和实践是否是马克思主义的,必须看这种理论和实践是否符合马克思的这一根本价值和最高命题。① 可以说,只要人类存在,只要人类对追求自身幸福的理想依然存在,马克思的思想就始终与人类息息相关,对人类解放的讨论始终是马克思思想主题中的应有之义。寻求人类自身的自由,摆脱被奴役、被蔑视的悲惨境遇,达致人类解放的崇高历史状态,始终是马克思思想的核心。

人类历史包含思想史,研究思想史对于深入认识人类历史及其发展具有重要意义。关注马克思人类解放思想的目的:一是在于全面、完整、科学地理解马克思本来的思想,进而在实践的基础上进行理论的阐释和创新。因为,马克思的人类解放理想"不是基于道德原则,也不是基于信仰的宗教千年王国,而是由一系列基本原理的科学论证作为理论支撑的"②。二是在于坚持用马克思人类解放思想指导实践,尤其是对中国特色社会主义进程的理论指导。笔者认为,对马克思人类解放思想进行准确而深刻的把握,具有深远的理论价值和实践意义。

一、理论价值与实践意义

马克思人类解放思想作为马克思主义的核心,其力量和价值在于以对人类社会发展规律的深刻把握与对人类发展进程的历史性洞察为基础,展示社会发展与人类文明进步的必然趋势,彰显马克思主义的科学性、历史性与实践性。自马克思主义创立以来,人类解放的理想一直激励着世界人民承担世界历史使命而努力奋斗。

本研究的理论价值在于:

---

① 参见俞可平:《努力实现人的自由而全面的发展——谈〈共产党宣言〉与中国特色社会主义》,《马克思主义与现实》2008年第3期。

② 陈先达:《论马克思主义基本原理及其当代价值》,《马克思主义研究》2009年第3期。

1. 人类解放思想的学术史意义

对于古希腊的政治哲学家而言,宇宙是本体,城邦是本位,坚持社会本体论是正当的、合法的。对于古希腊城邦的公民而言,宇宙和城邦尚未异化成为另一种力量,而是与公民的利益息息相关,坚持宇宙本体、城邦本位,即坚持"共同体本位论",并不意味着对公民的剥夺;宇宙、城邦与"社会"是一个连续的、封闭的有机整体,人类依附于这一系统之上得以安身立命和追问人生真谛。

然而,晚期古希腊思想界出现的一位"异端"人物——伊壁鸠鲁,他把这种"共同体本位论"彻底打破。伊壁鸠鲁的原子论思想把本位论从"共同体"下调到"个体",这意味着"封闭"边界的下调。对于坚持"共同体本位论"的哲学家而言,城邦和公民是一体的,城邦从各个方面维系、保护和满足公民,公民爱护、保护和建设城邦,形成了一个城邦和公民互相依存的整体;对于伊壁鸠鲁派而言,即对于在原子论基础上坚持个体本位论的哲学家而言,城邦是开放的而不是封闭的。原子式的公民,即个体才是封闭的、本位的。而城邦只不过是原子式的公民由于在社会生活中深感不安全从而通过社会契约建立起来的聚合体,真正具有本位意义的是个体的解放。由此,形成了"共同体本位论"和"个体本位论"之间的矛盾。

"共同体本位论"和"个体本位论"之间的矛盾并没有随着古希腊城邦和其思想政治文化在中世纪的消退而消失,相继兴起的文艺复兴和启蒙运动承续了古希腊罗马文化并深受其影响。马基雅弗利、霍布斯、卢梭和黑格尔等人在构建自身的政治哲学理论时,无不挣扎徘徊于"共同体本位论"与"个体本位论"之间的矛盾。如何才能既实现社会共同体的和谐而又不压制个人的解放与自由,从而使得个体能够解放和自由全面的发展? 如何才能坚持个体间的平等、个体的解放与自由,而又不会使得社会堕入混乱之中,使得个体陷入失去心灵秩序感的虚无主义之中? 这成为启蒙以来政治哲学家最纠缠于心、最无可奈何的问题。

具有深厚的古典学养、秉承启蒙运动的理念与激情、深受黑格尔影响的哲人马克思,也致力于破解困扰了无数哲学家关涉人类前途的根本问题,即"人的解放"问题。在其早期的博士论文《德谟克利特的自然哲学和伊壁鸠鲁的自然哲学的差别》中,马克思认为,即使在自然哲学中,也深含"个体本位论"与"共同体本位论"的矛盾问题。这就是"个体本位论"所持有的抽象的、个别的自我意识原则所必然导致的自我否定,即把个别的自我意识设定为绝对的原则,否定人的意识的普遍性,从而否定一切真正的和现实的科学;"共同体本位论"所持有的把抽象的、普遍的自我意识提升为绝对原理,为迷信和不自由的神秘主义大开方便之门。青年马克思踏上了寻求超越"共同体本位论"和"个体本位论"的"人类解放"之途。"共产主义"社会和"人的自由全面发展"的人类解放理想的提出是对"共同体本位论"和"个体本位论"之间矛盾的克服与超越,并且这种探索在其后来的《黑格尔法哲学批判》《论犹太人问题》《〈黑格尔法哲学批判〉导言》《德意志意识形态》和《哥达纲领批判》等一系列著述中得到了愈加深刻的阐发,进而成为一种共识性的价值理想而推动全人类为之不懈奋斗。

因此,从思想史视域重读经典文本,专门梳理马克思人类解放思想,以结构化、规范化的手法厘清马克思人类解放思想的发展史,有助于站在历史的高度把握人类解放的学术史意义。

2. 人类解放思想作为一种科学体系的意义

18 世纪启蒙思想开启的"现代性方案"①,在特定的意义上可以被视为解放的一种方式,但由于资本主义理性自身的历史规定性以及资产阶

---

① 现代性为启蒙运动所开启,是指"启蒙"以来的"工业文明性"或"工业文明特质"。现代性是由于科学技术革命而产生的概念,是现代理性成功或胜利的标志。与中世纪和古代社会相区别,它表征一个新文明时代的到来,并具有"进步"的意义。强调现代与前现代的根本区别在于生产方式的不同,这是资本主义生产方式与其他生产方式的区别,也是马克思主义者应该持有的立场。现代有别于前现代的基本特征包括:在经济领域表现为生产工具的区别,即手推磨和蒸汽磨的差异,政治领域表现为民主法治与专制人治的区别;精神领域表现为理性及相应的独立人格与蒙昧及奴性的区别。前现代、现代、后现代三个阶段分别对应农业文明、工业文明、网络文明,

级狭隘的阶级本性,决定了文化视野中的解放具有历史局限。世界历史进程中的全球化并没有因为地域性的个人被经验上普遍的个人所代替而突破其历史局限。所谓西方的价值观念和体制具有普遍性的意义,始终仅仅是意识形态上的阶级狭隘性的表现,是依照资本的固有逻辑和文化逻辑对现实社会历史做出的主观设定。改变当今人类的生存困境以及因技术理性泛滥所造成的人性异化状况,迫切需要科学信仰加以引导并赋予力量。

人类解放的最高理想确立了某种具有普遍性的价值尺度和价值规范,能够批判和超越社会生活所存在的束缚和奴役,它指示着人类的终极价值目标,是一切哲学观念"辩证"发展到最终的落脚点。超越资本主义的历史限度,迫切需要从马克思人类解放思想中获取灵感。

人类解放思想体系作为反映社会进步实质内容的主导范式,为认识和理解社会发展和文明进步提供了科学的方法论。这一科学方法论无疑是建立在唯物史观所开辟的对人类社会历史发展规律的概括和总结基础之上,它同时为我们评价历史与社会是否进步提供了客观的历史尺度和普遍的价值标准。社会发展是一个自然历史过程,这个过程并没有因为资本主义在世界历史中的确立而宣告结束,相反,根源于资本主义生产方式所衍生的占有方式无法通过克服自身的矛盾及其矛盾运动,为人类的进一步解放创造条件。"资本主义生产由于自然过程的必然性,造成了对自身的否定。这是否定的否定。这种否定不是重新建立私有制,而是在资本主义时代的成就的基础上,也就是说,在协作和对土地及靠劳动本

即与非中心、中心化、去中心相对应。农业文明体现为非中心的割据,工业文明体现为中心化即现代理性政府,法西斯主义、斯大林主义、凯恩斯主义等都是中心化的种种呈现。当下的网络生产、网络文明则体现为去中心化,其在哲学上必然要求反理性,这是时代的又一次前进,个人与集体的关系等面临再重构。现代性至少有三种意义或功能:一是用来对一个全新时代的内涵和特征等加以把握,二是在从传统社会向现代社会转型过程中,用来标识一种文明进步的方向,以引领和推动社会的进步;三是在已经进入现代文明的国家中,这一概念又在一定程度上转换为对现代社会进行批判反思的框架,从而具有了批判、反思的意义。

身生产的生产资料的共同占有的基础上,重新建立个人所有制。"①

由此可见,对于作为一种科学体系的人类解放思想的研究具有深远的历史指导意义。它既有助于深刻理解资本主义自身的历史局限性,也有助于深入把握人类社会历史发展的客观规律性,并在此基础上阐释、发展和创新马克思的人类解放思想。②

3. 创建现实性马克思主义政治哲学的需要

马克思的人类解放思想作为一种科学体系,是对人类理想性社会的科学探索,在历史唯物主义的基础上揭示了人类社会的客观发展规律,指明了人类努力奋斗的方向。它是一种理想性的政治哲学理论——如果我们认为政治哲学是对政治理想的热切求证与对人类美好生活的探寻的话。③

人类目前尚未实现最终意义的解放,还只是处于走向解放之途。人类解放是一个长期的、艰难的历史过程,也是一个具体而复杂的历史过程。而理想性的政治哲学理论虽能够给我们描绘出宏远的未来,却无法给出适合当前社会环境的理论指导。那么,基于当代中国的发展状况,构建切合当前社会实际、面向"中国问题"的现实性马克思主义政治哲学则是一种迫切的需要。当然,这并不意味着理想性的政治哲学理论失去了存在的必要性。现实性的马克思主义政治哲学的存在首先必须以理想性的政治哲学的存在为指导。不同时期的现实性马克思主义政治哲学的最

---

① 《马克思恩格斯文集》第 5 卷,人民出版社 2009 年版,第 874 页。

② 参见刘同舫:《人类解放的进程与社会形态的嬗变》,《中国社会科学》2008年第 3 期。

③ 对于政治哲学的概念、存在价值和承担使命的理解,目前学术界还存在分歧。一般认为,政治哲学是哲学的重要分支,是对根本性政治问题的哲学反思,包含了对政治价值的理性省思以及对政治理想之普遍必然性的热切求证。政治哲学要回答什么样的政治生活才是应该的、有价值的或合理的,在最抽象的意义上理解社会政治生活并向社会输出价值观念。故而,凡是为政治活动提供理念支撑,关乎人的解放、自由、民主、平等、正义等问题的价值导向和价值判断,都应当是政治哲学予以关涉的主题。马克思对人类解放的探讨无疑归属于政治哲学领域。

终目标都在于逐渐地趋近理想性的马克思主义政治哲学,从而实现人类解放的最高理想——共产主义。因为每一时期的现实性马克思主义政治哲学不免有其自身的弊病,致使其所实现的人类解放在程度上不能超出社会的经济结构以及由经济结构所制约的社会文化的框架。而正是存在一定缺陷的社会在某种程度上促使了人们对理想性社会的追求。

因此,人们既不能彻底脱离现实的社会而跨入理想社会,又不满足于当前存在着种种缺陷的社会,自然要对现存的社会进行必要的改造,这便需要理想性的马克思主义政治哲学的引导和规范,需要在以理想性目标作为参照的情况下对现实社会做出改造。①

没有完满,便无所谓缺陷;没有理想,现实的缺陷便无以彰显,改造便无从着手,从而也就失去了目标。理想社会构成了有缺陷的现实社会的理念性补充,理想性的政治哲学也构成了现实性政治哲学的一种补充。对作为一种理想性的政治哲学的马克思人类解放思想的研究,就不仅仅具有深远的理论意义,其实践意义也凸显出来。

本研究的实践意义在于:

1. 有助于为当前的社会实践提供理论依据和现实解释

回顾中国改革开放的历史,社会的各领域发生了翻天覆地的变化。在经济体制改革领域,具有划时代意义、真正使得中国发生社会变革的则是确认市场经济是社会经济形态发展不可逾越的历史阶段,确立建设和完善社会主义市场经济体制的战略目标。这一重大变化背后隐含着对马克思人类解放思想的把握和重新认识问题。市场经济是社会经济形态发展不可逾越的历史阶段,根据经济基础决定上层建筑这一原理可知,与社会主义经济体制改革相适应的政治体制改革成为不可逾越的重要内容,政治体制改革客观上需要马克思主义政治哲学的科学引导。

为此,我们需要以理想性的马克思主义政治哲学为理论参照,构建一

---

① 参见王南湜:《从"理想国"到"法治国"——现实性的马克思主义政治哲学何以可能》,《天津社会科学》2006 年第 5 期。

种现实性的马克思主义政治哲学,指导中国特色社会主义的建设,需要在完善社会主义市场经济的基础上促进作为马克思人类解放思想科学体系组成部分的政治哲学的发展,由此为最终人类解放的实现创造条件。就此而言,研究马克思人类解放思想具有切实的实践意义,有助于在理清马克思人类解放思想阐释逻辑的基础上,运用马克思人类解放思想来解释当前社会实践背后的依据,促进中国特色社会主义建设向深度与广度健康发展。

2. 有助于进一步明确中国特色社会主义的历史定位

研究马克思人类解放思想的发展史,可以帮助我们在"世界历史"的语境中,从马克思人类解放的理论高度,深刻把握人类社会的发展规律,以此审视和推进中国特色社会主义的建设与发展,总结与反思中国社会发展的历史经验与教训;深度透视相关现实问题,进一步明确中国特色社会主义的历史定位,以期科学预示和准确研判中国社会的未来发展方向。

马克思的人类解放思想既是探索人类社会发展规律的思想,也是探索社会的有序运转及未来理想社会建构的思想。开掘马克思的人类解放思想的丰富内涵,就是要继续探索人类社会发展的客观规律,并在遵循客观规律的基础上,发挥人的主观能动性,使主体选择具有合规律性与合目的性。研究马克思的人类解放思想,可以帮助我们深入认识人类社会的发展规律,确定中国特色社会主义的历史方位和理论根基。立足于中国特色社会主义的建设、改革和发展,将马克思人类解放思想与中国特色社会主义建设实践结合起来,既是创新与发展马克思主义理论研究的需要,也是中国特色社会主义建设与发展的前提。

3. 坚持社会主义道路,坚信共产主义理想的需要①

东欧剧变、苏联解体之后,世界社会主义运动处于低潮,西方资产阶

_____

① 此小节参见刘同舫主编:《马克思主义基本原理》,人民出版社 2006 年版,第1—4 页。

级及其御用的右翼文人为此欢呼雀跃，"马克思主义已经过时""社会主义走进了历史的死胡同"等讥讽、攻击甚至仇视马克思和马克思主义的不善言论，一时间风起云涌，甚嚣尘上。其中日裔美籍学者福山的"历史终结论"因颇具迷惑色彩而最有代表性。福山在其著作《历史的终结及最后之人》（该书部分内容在苏联解体前曾公开发表，因预言苏联解体而轰动一时）中指出，历史发展到以美国为代表的现代资本主义社会，大众生活日渐宽裕，民主越来越普及，历史就此"止步"，并且终结于自由资本主义，不可能出现更好的社会制度来取代当今的资本主义民主制度。言下之意，社会主义是历史的多余物，马克思主义已经完全失去了历史的合法性。一些西方国家颇有名气的研究机构也改弦更张，从研究国际共产主义转为研究东欧地区，如哥伦比亚大学的"共产主义研究所"改为"前苏东地区研究所"。我国国内主张全盘西化、宣扬资产阶级自由化思潮的少数别有用心的人士，也卖力地随声附和，公开变相地否认或贬低马克思主义的时代价值。

马克思主义真的过时了吗？社会主义真的走进了历史的死胡同吗？"共产主义信仰"真的荒谬吗？人类解放真的只是马克思的幻想吗？

就在这些西方资产阶级及右翼人士弹冠相庆之际，西方一些在国际学术界闻名遐迩的思想家却做出了让这些右翼人士错愕不已、引人注目的举动。

法国的解构主义大师德里达（Jacques Derrida，1930—2004）从来都不是一位真正的马克思主义者，他也不以马克思主义者自居。但他针对苏联解体后西方右翼学界对马克思主义、社会主义口诛笔伐这种极不公正的一边倒状况，于福山的《历史的终结及最后之人》出版的次年（1993年）专门作了题为《马克思的幽灵》的国际性演讲，并称自己的这次演讲是"挑了一个好时候向马克思致敬"。他在演讲中公开呼吁："不能没有马克思，没有马克思，没有对马克思的记忆，没有马克思的遗产，也就没有将来；无论如何得有某个马克思，得有他的才华，至少得有他的某种精神。"他还自我检讨说："就我个人而言，把《共产党宣言》中最为醒目的东西忘记得如此彻底,这肯定是一个错误。"①

当代西方最负盛名的美国文艺评论家、理论家詹姆逊②(Fredric Jameson,1934—),在20世纪末就明确指出,马克思主义是关于资本主义的科学,或者更确切地说,是关于资本主义内在矛盾的科学,而且是关于资本主义的唯一科学,因此,"庆贺马克思主义死亡正像庆贺资本主义取得最终胜利一样是不能自圆其说的"③。詹姆逊还指出,当代真正的理论家,应该明确地认识到,自己的理论工作实际上还是建立在马克思主义问题域之上的,比如经济基础和上层建筑问题、意识形态的本质问题、表象的问题,等等。④

德国的大思想家哈贝马斯(Jürgen Habermas,1929—),是一位涉猎广泛、功力深厚且极为多产的思想巨匠,被誉为德国当代的"黑格尔"。他和马克思、马克思主义的关系颇为复杂,20世纪70年代前后,他宣称马克思的生产力和生产关系辩证运动理论、剩余价值理论、阶级斗争理论等内容不合时宜并进而主张"重建历史唯物主义",获得了西方学界、思想界的满堂喝彩。在马克思主义者看来,这显然与经典马克思主义渐行渐远,但他自己并不认为这是背叛了马克思主义,他始终以西方马克思主义者自居。无论如何,难能可贵的是,苏联解体后,面对西方学界、思想界一些人不遗余力地诋毁马克思和马克思主义的局面,哈贝马斯不但没有随波逐流,匆忙和马克思主义划清界限,而是面对逆流挺身而出,严正地为马克思、马克思主义声援和辩护,认为东欧剧变并不意味着马克思主义

---

① [法]雅克·德里达:《马克思的幽灵:债务国家、哀悼活动和新国际》,何一译,中国人民大学出版社2016年版,第15、14页。"幽灵"是此书的重要关键词之一,它是一个中性概念,所指认的是在与不在的关系,具有若隐若现、不可或缺之意,这和我们日常在贬义上的惯用存在差异。

② 有学者译为詹明信或杰姆逊。

③ [美]弗里德里克·詹姆逊:《论现实存在的马克思主义》,《马克思主义与现实》1997年第1期。

④ 参见[美]詹明信:《晚期资本主义的文化逻辑》,陈清侨、严锋等译,生活·读书·新知三联书店2013年版,第2页。

的失败,社会主义仍然具有广阔前景。20世纪90年代后,哈贝马斯的理论立场出现了向经典马克思主义逐渐趋近的迹象。

　　英国著名的理论社会学家吉登斯(Anthony Giddens,1938—　)是一位学养深厚、擅长综合创造的思想巨擘,因提出"超越左与右、走第三条道路"而赢得了广泛赞誉。严格说来,吉登斯也不是一位真正的马克思主义者,他也不以马克思主义者自居。但东欧剧变后,当被问及"到了90年代,当人们纷纷想要全面抛弃马克思的时候,你却争论说,摈弃他实际上是一个错误。鉴于这一发展轨迹,你现在如何评价马克思的贡献?"①时,吉登斯回答说:"在我撰写《资本主义与现代社会理论》的时候,非马克思主义者们忽略马克思,认为马克思的著作过时了。例如,帕森斯就是这样认为。由于共产主义的失误(苏联社会主义的失误——笔者注),现在许多人有更强有力的理由重新持这种观点。但我对马克思的看法基本上是没有改变的。这就是,马克思有关现代资本主义发展问题的许多论述仍然是正确的……马克思关于资本主义四分五裂性质的论述是正确的。"②因此,"也许不再时髦,但是我仍看重马克思"③。

　　这些都有力地表明了马克思主义没有过时,马克思主义还充满活力地活着。当然,对于那些叫嚣马克思主义完全过时甚至死亡的人来说,这无疑也是一记非常响亮的耳光。马克思主义不仅恒久地活在那些正直、有良知的人民心中,而且仍将在历史的深处熠熠生辉。

　　更为深入人心的是,改革开放以来,中国社会主义现代化建设的成功实践,使国际共产主义运动以崭新的形式得以延续和发展,这向世人展示了社会主义的巨大优势,展示着共产主义信仰的强大力量,展示着马克思

---

　　① 　[英]安东尼·吉登斯、克里斯多弗·皮尔森:《现代性——吉登斯访谈录》,尹宏毅译,新华出版社2001年版,第36页。

　　② 　[英]安东尼·吉登斯、克里斯多弗·皮尔森:《现代性——吉登斯访谈录》,尹宏毅译,新华出版社2001年版,第36—37页。

　　③ 　[英]安东尼·吉登斯:《第三条道路:社会民主主义的复兴》,北京大学出版社2000年版,第166页。

人类解放思想的恒久魅力,也在一定程度上激励了国际共产主义事业的发展。

对马克思人类解放思想进行全面、科学的研究具有深远的理论和实践意义,既能对中国特色社会主义建设提供理论基础,也是回击那些叫嚣"马克思主义已过时"的理论家的有力"武器"。

二、国内外研究现状述评

马克思在西方大传统的滋养下,形成了科学的人类解放思想。国内外相关研究成果较为丰富,为本书提供了现实语境与思想资源。

在国内,学界对马克思人类解放思想的研究主要分为三个阶段:

第一阶段,20世纪80年代初关于人道主义和异化问题的讨论。这一阶段的讨论与我国的改革开放和西方现代哲学的引入有着紧密的关系。改革开放之后,受译著中的西方学术思想的影响,对人的本质、人的异化、人道主义精神的探讨成为这一阶段的热点。但总体而言,这一阶段学界对马克思的人类解放思想的认识还相当粗浅,对人类解放与市民社会、政治解放的关系的探讨还缺乏一定的理论积累与实践紧迫感。

第二阶段,20世纪90年代到党的十八大对马克思人类解放思想的研究。在这一阶段,关涉马克思人类解放思想的研究,主要在人学、政治哲学等研究领域。在人学框架中表现为对人的本质与异化、人的个性与主体性、人的现代化与发展,以及马克思主义与人道主义、人本主义之间的关系问题的探讨。从根本上说,这些探讨都是围绕着"人类解放"这一历史主题展开的。认识人和人类,消除人的异化,注重人的主体性,寻求人和人类的发展,可视为人类解放的基本内容。在政治哲学中,学界对市民社会、自由、民主、平等、正义之价值导向及政治解放等问题的研究也关联到马克思人类解放的主题。从政治解放到人类解放,是马克思的重要政治思想与政治追求,马克思人类解放的哲学理念为马克思主义政治哲学体系的构建提供了理论指导,也强化了马克思主义政治哲学传统的当代意义。

在20世纪80年代关于人道主义和异化问题的讨论中,学者们对马克思的人类解放思想的认识还是相当模糊的。但进入 20 世纪 90 年代以后,随着改革开放的发展和学术界研究的深入,许多治学严谨的学者通过自己的辛勤劳作,解读和阐释了马克思人类解放思想,提出了有一定影响力的观点。有学者提出,"马克思全部思想学说的宗旨:人类的解放"①。也有学者提出,"马克思主义的实质是什么? 从根本上说,它就是人类解放的学说。整个马克思主义,就是围绕着'人类解放'这个历史主题,以阐明人的社会本质,展示人的发展方向,寻求人的解放道路为基本内容而形成和发展起来的"②。还有学者认为,整个马克思的学说是以人类解放为轴心的理论,是一部人类争取自由、争取自主的悲壮史诗。③ 该时期具有代表性的相关著作还有:夏甄陶的《人是什么》(商务印书馆 2000 年版)、王锐生等的《读懂马克思》(四川人民出版社 2001 年版)、陈学明等的《走近马克思——苏东剧变后西方四大思想家的思想轨迹》(东方出版社 2002 年版),以及贺来的《边界意识和人的解放》(上海人民出版社 2007 年版)等。

这一时期也出现了关于马克思人类解放思想的高质量论文。代表性的观点为:马克思的学说就是关于实现人的全面发展的学说,也就是关于人类解放的学说,这一学说既表达了人类解放的旨趣,即对人的全面发展的价值理想的承诺,又表达了人类解放的历程,即对人的全面发展的实现过程的揭示,也表达了人类解放的尺度,即以人的全面发展的价值标准,反思人类全部历史活动和整个历史进程;④马克思揭示了人类社会生活形态发展的规律,为人类解放思想提供了基本的生活逻辑架构,揭示了解放内在于社会形态的历史性规定之中的规律,社会形态的历史嬗变与人

---

① 杨适:《人的解放——重读马克思》,四川人民出版社 1996 年版,第 51 页。

② 杨魁森编:《马克思主义与当代思潮》,吉林大学出版社 1998 年版,第 105 页。

③ 参见洪镰德:《人的解放——21 世纪马克思学说新探》,扬智文化事业股份有限公司 2000 年版,第 21 页。

④ 参见孙正聿:《人的解放的旨趣、历程和尺度——关于马克思人的全面发展学说的思考》,《学术月刊》2002 年第 1 期。

类解放具有内在的历史一致性;①从政治解放到人类解放是马克思政治哲学思想的主题,这一主题构成了 1844 年以后马克思作为中心工作的政治经济学研究的前提和基础。② 这一时期还出现了以马克思的人类解放思想为博士论文研究主题的相关著作,比如李兵的《论马克思的人类解放的哲学主题》(吉林大学 2005 年博士学位论文)、杨兆山的《马克思人的解放思想的时代价值——科技革命视野中人的解放问题探索》(清华大学 2004 年博士学位论文)等。

第三阶段,党的十八大至今学界对人类命运共同体的相关问题探讨,呼应并推进了马克思人类解放思想的研究。在深刻阐明人类命运共同体的思想渊源、具体内涵、逻辑体系等的基础上,国内学者一般从理论和现实层面揭示了人类命运共同体的历史唯物主义意蕴,并将其与世界历史的发展以及人类解放的实现紧密相连。

一是重视理论研究,突出人类命运共同体对历史唯物主义的阐释和创新,从而指向人类"自由联合体"的生成。有学者提出,"'人类命运共同体'是马克思历史唯物主义的理论逻辑和现代人类文明发展的历史逻辑的辩证统一,是人类探索 21 世纪世界治理方案,实现共生、共担、共建、共享的伟大实践智慧,是人类逐渐实现从'虚幻共同体'向'自由人联合体'的历史跨越的重大战略"③;也有学者以唯物史观为视野,以马克思主义社会共同体、世界历史理论逻辑与当代世界和中国发展的历史逻辑、实践逻辑相统一为视角,认为人类命运共同体的建设反映的是世界和中国发展逻辑的要求④;本人对人类命运共同体问题给予了充分关注,认为构

---

① 参见杨楹、李志强:《论马克思解放理论的内在逻辑》,《哲学研究》2006 年第 8 期。

② 参见郁建兴:《从政治解放到人类解放——马克思政治思想初论》,《中国社会科学》2000 年第 2 期。

③ 田鹏颖:《历史唯物主义与"人类命运共同体"》,《马克思主义研究》2018 年第 1 期。

④ 参见张雷声:《唯物史观视野中的人类命运共同体》,《马克思主义研究》2018 年第 12 期。

建人类命运共同体是对 21 世纪历史唯物主义发展的原创性贡献,通过对人类命运共同体的建构性阐释,历史唯物主义也必将成为全球化时代的一种建构性世界观①。

　　二是强化现实意义,明确人类命运共同体是人类解放思想在新时代条件下的现实发展,也是推进人类解放的必经之路。有学者提出:"'人类命运共同体'意识同马克思、恩格斯的'自由人联合体'理想,既有根本区别,又有密切联系,它是在新的时代条件下推进人类解放进程的必经阶段。"②还有学者认为,"'人类命运共同体'概念的提出是对冷战结束以来世界历史和中国崛起过程的科学总结,是邓小平'和平与发展'时代判断合乎逻辑的延伸,也是对马克思通过'人类解放'概念所提出的人类命运观在新的时代条件下的现实发展"③。

　　从学理基础到现实发展,新时代国内学界对人类命运共同体的深入研究既吸收了马克思历史唯物主义的理论精华又开显了人类解放的现实阶段与中国道路,为进一步拓展人类解放思想奠定了基础。这一时期将人类命运共同体与人类解放思想相关联,还产生了一些具有影响力的著作:江时学的《人类命运共同体研究》(世界知识出版社 2018 年版)、常培育的《世界历史与人类命运共同体》(河北人民出版社 2018 年版)、王公龙等的《构建人类命运共同体思想研究》(人民出版社 2019 年版)、马俊峰等的《构建人类命运共同体的历史性研究》(人民出版社 2019 年版)等。

　　在国外,关于马克思人类解放思想的专门研究虽然相对较少,但是卢卡奇、布洛赫、马尔库塞、弗洛姆、哈贝马斯、吉登斯、詹姆逊、鲍德里亚、德

---

　　①　参见刘同舫:《构建人类命运共同体对历史唯物主义的原创性贡献》,《中国社会科学》2018 年第 7 期。

　　②　陈锡喜:《"人类命运共同体"视域下中国道路世界意义的再审视》,《毛泽东邓小平理论研究》2017 年第 2 期。

　　③　张学广、秦海力:《从"人类解放"到"人类命运共同体"——马克思主义人类命运观的演进历程》,《西北大学学报(哲学社会科学版)》2018 年第 5 期。

里达、福柯等诸多学者,都或多或少地涉及马克思人类解放这一论题,已经有了较为丰硕的成果。不过,直接以人类解放思想为研究重点,对马克思人类解放思想进行整体性、系统化与规范化研究的学者并不多见。而且,此类研究多受制于一时之物质环境与理论风潮,在拓展马克思人类解放思想的同时也存在曲解之意,其与马克思本意的差异尚需辩证审视。

着力倡导人类解放思想的主要代表人物是马尔库塞(Herbert Marcuse,1898—1979)和弗洛姆(Erich Fromm,1900—1980)。马尔库塞的人类解放思想主要体现在他的著名论著《单向度的人》一书中;弗洛姆的人类解放思想则主要体现在《马克思关于人的概念》《人的呼唤》《健全的社会》与《占有还是生存》等相关著作中。总体而言,他们在人类解放研究上的贡献在于:一是对社会现实的批判,特别是现实文化状况的批判;二是对人类社会理想的重建。

首先,关于文化批判理论。以马尔库塞为代表的法兰克福学派,把自己的批判对象定位于一切统治人、束缚人的物化力量或异化力量,并认为现实的物化力量或异化力量对人的统治已实现转向:经历了从政治力量的压迫、经济力量的剥削转向为文化力量的束缚。他们的批判理论本质上也直接转向以异化理论为依据的文化批判理论,其批判主题直接涉及人的本质与人的存在问题,并最终指向人类解放。文化批判理论的价值在于通过对现代世界和现代人的深层文化异化进行深度剖析,从而唤醒人们的自我意识,激发人们自我解放的需要。法兰克福学派的文化批判理论展示了自身的独特性。

其次,关于对未来社会的设想与人类社会理想的重建。弗洛姆积极吸收了马克思的科学社会主义理论,认为人们有能力把人从非人化的困境中解放出来,建立一种能够使人发展成为"完全的人"的人类社会,这一社会就是"人本主义共有制的社会主义"社会,并提出要靠自然主义与人道主义才能实现其理想。马尔库塞也对未来社会进行了乐观的理性设计,并提出必须从根本上改变人的生存方式,确立非压抑性的文明。弗洛姆、马尔库塞的设想遭到了现实的拒绝,但都能够反映对传统的文化价值观念的超越,也反映了对新的生活方式的美好憧憬,展示了他们对人类命运和人类前途深切的现实关怀。

此外,哈贝马斯通过工具理性和生活理性的区分展开的理性批判,福柯对微观政治的考察而展开的权力批判,都在某种程度上承继了马克思的人类解放研究。哈贝马斯认为工具理性对生活世界的渗透是人的异化的重要原因之一,摆脱异化,回归人的本质,需要限制工具理性的无限扩张,建立生活理性。福柯则认为,权力完全是非人格的、不可名状的力量,独立于人类主体的行为和意向而运作,却能够控制人的行为与意向,扭曲并剥夺人们自身的人格,使得人自身沦为顺从知识和道德的奴仆。因此,重建真正的人类生活需要进行具体的解构,以揭开传统制度和道德所极力掩盖的事物真实面目。

自东欧剧变后,一些西方学者或把马克思主义视为"经济决定论",或把马克思主义特别是马克思主义哲学归结为"人学空场"或"宏大叙事"。对马克思人类解放理想的质疑主要表现为以下三个方面:

第一,认为马克思的人类解放思想是"现代乌托邦"。如当代美国最著名的中国问题研究专家莫里斯·迈斯纳(Maurice Meisner,1931—　)在《毛泽东与马克思主义、乌托邦主义》一书中明确地表达了当代西方学者以"乌托邦主义"称呼马克思主义。① 波兰哲学家柯拉柯夫斯基(Leszek Kolakowski,1927—2009)在其代表作《马克思主义主要流派》中指出:"马克思主义之所以有影响,绝非因为它是科学,而是因其具有预言的、空想的因素和准宗教功能。"②一些西方学者认为,马克思主义对现实世界的批判方式及其实践,其结果不是一种现实的科学,而是一种特殊的乌托邦。

第二,认为马克思的人类解放思想是"宿命论"的预言。从马克思主

---

① 参见[美]莫里斯·迈斯纳:《毛泽东与马克思主义、乌托邦主义》,中共中央文献研究室编译,中央文献出版社1991年版,第5—23页。

② L.Kolakowski,*Main Currents of Marxism*,Volume 3,New York:Oxford University Press,1978,pp.525-526.

义诞生后,马克思的人类解放思想究竟是神话般的预言还是科学的判断,一直是一个争论不休的问题。当代英国科学哲学家卡尔·波普尔(Karl Popper,1902—1994)在其《历史决定论的贫困》中就把马克思歪曲成社会拯救论和历史决定论者。他认为社会拯救论和历史决定论是宿命论的特殊形式,是关于历史趋势的宿命论。而德国基督教思想家保罗·蒂里希(Paul Tillich,1886—1965)在其《政治希望》一书中,揭示了马克思人类解放历史观与基督教历史观的根本对立,但又指出马克思把人类的处境包括人的历史理解为完全受时间束缚,"它期待着在空间和时间中出现的和谐,因而它导向乌托邦主义,导向每一个乌托邦之后都会发生的失望,并最终导向恐怖"①。如此论述都是把马克思的人类解放理想当成受时间空间束缚的历史"宿命论"。

第三,认为马克思人类解放思想已经过时,因此需要被"修正",使其适应当今时代的变化。美国社会学家丹尼尔·贝尔(Daniel Bell,1919—2011)就曾针对东欧剧变和社会主义阵营的分化瓦解,明确提出"意识形态的终结"②。美国学者福山认为西方国家实行的自由民主制度是"人类意识形态发展的终点"和"人类最后一种统治形式",并因此提出了"历史终结"。近年来,"后马克思主义者"拉克劳(Ernesto Laclau,1935—　)与墨菲(Chantal Mouffe,1943—　)则在他们的《霸权与社会主义战略》一书中提出要为社会主义寻找一条新的出路而作出理论努力。美国学者安德鲁·芬伯格(Andrew Feenberg,1943—　)则在其《技术批判理论》《可选择的现代性》中揭示了如何在人类解放进程中实现由技术的激进民主转化达致一种"责任文化",从而把人逐渐从各种各样的物化、异化中解放出来,等等。

总体而言,国内外关于人类解放思想的研究成果众多,但研究还缺乏

---

① [德]保罗·蒂里希:《政治期望》,徐钧尧译,四川人民出版社1989年版,第129页。
② [美]丹尼尔·贝尔:《意识形态的终结——50年代政治观念衰微之考察》,张国清译,中国社会科学出版社2013年版,第20页。

整体性、系统性与规范性,对于诸如马克思为什么提出人类解放思想? 人类解放思想是怎样形成和演进的? 人类解放何以可能?"解放谁"?"解放什么"?"解放的动力"是什么? 这些相关问题的研究还有待深化与明晰。本书借鉴以往的优秀研究成果,试图在对马克思人类解放思想进行文本研究的基础上,结构化、系统化地阐述马克思人类解放思想的发展史,并与当代中国社会主义实践相联系探讨相关现实问题。就马克思人类解放思想的地位、历史演进以及人类解放思想与社会形态的内在关联、后马克思时代对人类解放思想的不同理解、马克思人类解放思想的理想性与现实性、马克思人类解放在中国的实践与探索等相关问题做进一步研究,以期对马克思人学理论与政治哲学研究的深化和推进有所裨益。

三、主要观点与研究方法

笔者充分吸收现有的理论研究成果,对马克思人类解放思想进行历史的、逻辑的和现实的思考与阐发:揭示马克思人类解放思想形成的理论源泉、现实背景与历史前提,在对马克思人类解放思想体系展开文本研究的基础上,结构化、系统化地论证马克思人类解放思想的演进史;以市民社会与政治国家的纠结关系为逻辑起点,将政治解放、经济解放、劳动解放、文化解放等多维度解放与人类总体解放之间的张力视为逻辑主线,将人的自由全面发展视为人类解放的最高境界和逻辑归宿;以马克思人类解放思想为指针,剖析西方学者的理论延伸与现实追问,并与当代中国特色社会主义实践相联系寻求人类解放的现实道路,倡导在实践中实现马克思人类解放思想的理想性与现实性的有机统一。

主要观点如下:

第一,马克思人类解放思想具有多元文化渊源和深层现实根基。封闭、单调的传统意识只能造就保守、狭隘的观念,唯有繁盛、丰富的内涵才能孕育高深的思想。马克思的人类解放思想是在充分汲取人类发展史上丰厚的理论营养基础上绽放出来的思想果实。生于、长于西方文化传统之下的马克思,其思想不可避免地受到古希腊—罗马的古典哲学思想、犹太—基督教的神学思想、文艺复兴和启蒙运动以来的理性思想等西方传统文化的影响。马克思人类解放思想的直接来源主要有空想社会主义者关于未来社会的构想、黑格尔的"绝对精神"与世界历史观、费尔巴哈的人本学和人类学思想,这些思想构成了马克思人类解放学说的深层理论背景,为形成马克思人类解放思想提供了丰厚的理论资源,使得马克思人类解放思想具备了广阔的历史视野和厚重的思想根基,获得了一个可信的理论支点。马克思的家庭教育、人生经历与其自身的志向以及所处时代的社会矛盾则是马克思人类解放思想形成的现实根基。

第二,市民社会与政治国家的纠结关系及其化解是马克思人类解放思想的逻辑起点与逻辑基础。市民社会理论在马克思的学说中具有极其重要的地位,它已同生产力、生产关系、经济基础、上层建筑一起,构成了马克思历史哲学的理论基石,并作为一个基本范畴深深积淀于历史唯物主义体系的根部。马克思思想体系的形成以及唯物史观的创立以黑格尔法哲学为突破口,通过批判黑格尔的国家理论,研究市民社会与政治国家的纠结关系,得出与黑格尔相反的结论——不是政治国家决定市民社会,而是市民社会决定政治国家,从而深化了对市民社会的认识,以一个新的视角——市民社会,找到了理解社会历史的钥匙。以市民社会及其超越为基点,从法哲学研究到经济学分析,马克思抽象出了"生产关系""经济基础"等重要范畴,摆脱了黑格尔和费尔巴哈哲学的局限性,洞悉了人类社会发展的客观规律,创立了唯物史观。在马克思唯物史观的创立过程中,市民社会及其超越既是基点,又是中心线索。正是伴随着从"市民社会"动态地抽象出"生产关系"和"经济基础"的过程,市民社会与政治国家的纠结关系及其化解构成了马克思深刻、复杂的人类解放思想的逻辑基础与逻辑起点。

第三,多维度解放与人类解放的张力构成马克思人类解放思想的逻辑主线与逻辑展开。马克思构建人类解放思想的逻辑过程是在市民社会的阶级矛盾与阶级冲突中寻找人的解放和人类解放之路。马克思立足于市民社会批判,以对政治解放与人类解放之间张力的辩证审视为核心,将人类解放具体化为社会力量和个体主体性的解放,将政治解放拓展为经济解放、劳动解放与文化解放,从而建构了唯物史观的客体向度与主体向度(其中政治解放、经济解放偏重于从社会力量维度与唯物史观的客体向度来论及解放;劳动解放、文化解放偏重于从个体主体维度与唯物史观的主体向度来论及解放)。多维度解放之间的逻辑关系是:政治解放是实现人类解放的历史前提,经济解放为人类解放创造物质基础,劳动解放为人类解放提供革命动力,文化解放展现人类解放的智识策略。政治解放的条件与实质内容是宗教批判与理性精神解放,国家是政治解放的主要实现形式;经济解放思想的核心是消除社会层面的异化力量,主要指使生产力不再是劳动者异己的力量而成为他们能够自觉掌控的力量,生产关系不再表现为物与物的关系而成为人们自己的关系,这最终要求消灭资本主义私有制;劳动解放的核心是将异化劳动转变为自主活动,其动力来自异化劳动本身固有的积极力量和消极力量的斗争,资本主义私有制的消灭是其前提条件;从对文化话语权的争夺到实现平民的、大众文化的建构,再到以文化解放对抗市民社会的权力与资本逻辑,文化解放在马克思的人类解放思想体系中充当智识策略的作用。政治解放、经济解放、劳动解放与文化解放具有历史必然性和现实可能性。马克思对当时社会现实问题的思考,既没有脱离政治解放、经济解放、劳动解放与文化解放的时代要求,也没有囿于政治解放、经济解放、劳动解放与文化解放的历史框架,而是着眼于多维度解放与人类总体解放之间的历史转换,把解放的现实问题的出发点和基本思路合理地纳入人类解放的价值目标中,通过政治解放、经济解放、劳动解放与文化解放的路径达到人类解放,为人类解放的实现奠定基础、创造条件。对多维度解放与人类总体解放间的张力的精辟分析与理论贡献体现了马克思的伟大智慧。

第四,人的自由全面发展的境界构成马克思人类解放思想的逻辑归宿。通过对市民社会的批判研究以及辩证审视不同维度的解放系统,马克思得出了超越政治解放,实现人类解放的伟大结论。政治解放与人类解放的关系在典型意义上使得世界历史被合乎逻辑地分成前资本主义、资本主义和共产主义三个阶段。这三个阶段与马克思提出的社会发展的"三形态"——人的依赖性社会、物的依赖性社会以及个人全面发展的社会具有内在关联。"三形态"理论着眼于人类解放程度与全面发展的境界,是在人类解放的进程中对社会形态意义上"革命"实践的总结。社会形态嬗变与人类解放进程实际是同一个过程,因而人的自由全面发展的境界构成了马克思人类解放思想的逻辑归宿。从人类解放思想的叙事框架来解读社会形态理论特别是"三形态"理论,可以发现两者是互为表里的关系,内蕴深刻的同一性。同一性视角是不可缺少的方法论原则,掌握和运用这一视角,有助于深化理解马克思人类解放思想和社会形态理论,深刻体会二者有机统一的现实意义。在社会形态的变迁和人类解放的进程中,技术进步促动的生产力发展及其引致的生产关系中的非正义现象,使得解决人类社会正义问题的历史任务成为现代社会发展面临的重大理论挑战和现实危机。从人类历史发展的宏观维度看,人类文明正处于一个紧要关头:一方面技术进步与经济制度向人类展现了超越劳动生产力限度的现实可能;另一方面技术进步引发人类在精神世界和价值信念上的困惑层出不穷。生产领域的劳动技术形式与劳动关系的非自愿性、社会关系总体的非正义性之间的矛盾冲突向人类生存发展的前景提出了质疑。深刻阐发正义问题的表现形式与实质内容,社会形态变迁与技术进步中的正义问题是重要的切入点。

第五,应辩证审视西方学者对马克思人类解放思想的阐释与回应。时代思想潮流风起云涌、现实语境不断变化,马克思身后,西方学者纷纷重新审视马克思对人类解放思想的论述。对于通达人类解放历史状态的途径,学者们的审视展现出了各自的立场与观点,在总体意义上激活了对人类解放思想的研究。其理论立场与观点可视为马克思人类解放思想的理论延伸与多元发展。最具代表性的理论观点主要集中在文化哲学、政治哲学视角的阐释与解读上。从文化哲学的视角看,卢卡奇以物化为社会批判的核心范畴,揭示了资本主义社会中最基本、最普遍的文化现象,希冀通过"总体性"的阶级意识和文化转向克服"片面性"的物化意识,恢复人的真实关系;葛兰西在文化霸权理论中,提出由"知识分子"与普通群体形成"历史集团"的大众解放观;马尔库塞提出爱欲解放思想及人类解放的文化艺术与审美之途;列斐伏尔从日常生活的微观文化心理视角批判资本主义对人的本质的压抑,探求个人的解救之途;鲍德里亚揭露了消费社会、消费文化如何控制人与操纵人的状态,并积极地为人类在资本文明时代的合法生存与发展筹划方案;哈贝马斯以"交往理性"为逻辑支撑的社会解放观,其理论锋芒始终指向现代资本主义社会及其制度文化理念。从政治哲学的视角看,布洛赫强调哲学反思的内在道路与希望哲学的作用,希图通过人类内心的信仰超越现存,克服"类本质"异化,实现人类精神的解放;鲍曼以"理性解放"为轴心,通过对"人的解放"与批判理论、个体化之间共生关系的共时性反思,以及对历史进程中"人的解放"的历时性思考,呈现出对"人的解放"的双重构思路径;福柯从历史与现实中社会个体的具体生存维度,研究政治权力与人类解放的关联,开辟了权力批判路径;德里达通过阅读马克思的文本发现其内在矛盾,对马克思的文本采用"解构式阅读"的策略,企图建构"解构式马克思主义精神",在政治姿态与政治立场上建立自己的系列理论;拉克劳与墨菲针对西方发达国家的社会结构和社会心态所发生的变化,基于话语理论的社会主义新策略,力图构建激进多元民主理论;芬伯格面对当代严重的技术异化,把技术批判理论从技术哲学转向为技术政治学、从技术民主化引出社会的民主化,提出技术"微政治学"观点;哈维赋予社会正义历史情境特征,从理论基础和基本方向的角度明确了"空间解放"构思的规范性原则,嵌入不平衡地理发展空间以及重振时空乌托邦理想的基本思路;齐泽克从存在论角度对当代资本主义社会意识形态尤其是犬儒主义展开了细致的分析与尖锐的批判,最终旨趣是关注生活在由意识形态"编织"的当代资本主义社会中人类的命运与解放问题。西方理论界对于马克思人类解放思想与实践的争议及回应,我们应予以辩证审视。对西方学者关于人类解放的观点予以科学、客观和系统的考察,将有助于我们更为深入地思考所处时代的人类解放与全面发展的问题,更加准确地把握当今时代发展的脉搏。

第六,中国特色社会主义建设是对马克思人类解放思想的现实应用。苏联社会主义建设因并未正确理解和切实遵循马克思的人类解放思想所阐述的基本原理,产生了意识形态宿命论、解放形式的困境以及自由个性的压制等状况,出现了将马克思主义实用化、庸俗化和简单化的错误倾向。苏联社会主义模式,作为"现实的社会主义"模式,在取得举世瞩目的辉煌成果的同时,其在理论和实践上的崩溃也使得马克思的人类解放思想遭受了巨大的非议和诋毁,但这并不意味着马克思的人类解放思想的失败。在中国,学者们曾经对马克思经典著作的理解存在偏差,混同了人类解放思想的理想性与现实性。中国特色社会主义建设的历史进程就是中国人民积极应对外界挑战、探寻实现自身解放和发展道路的过程,尤其是党的十八大以来理论和实践的双重探索是对马克思人类解放思想的整体性继承和阶段性实现,突出体现在:创新、协调、绿色、开放、共享的新发展理念是对马克思人类解放思想的现实探索和理论升华;实现中华民族伟大复兴的中国梦是在马克思人类解放思想力量及过程性特征的总支撑下,中国共产党和中国人民所探索、制定的实现人类解放的阶段性目标;"人类命运共同体"是具有全新思想高度的理论议题和现实紧迫感的区域性及全球性的人类解放实践。马克思人类解放思想的现实化运用所获得的伟大成就,充分确证了这一思想本身具有的科学性与真理性。马克思的人类解放思想是崇高理想性与实践现实性的统一,辩证理解其所包含的理想性与现实性特质,有助于在中国特色社会主义实践中,既坚持马克思人类解放的崇高理想,又寻求人类解放的现实道路,从而适应社会主义的自我完善。

本书的研究方法如下:

本书的研究以马克思主义作为总的指导思想,自始至终坚持马克思主义的辩证唯物主义与历史唯物主义的基本原理,并综合运用了下列方法:

第一,逻辑与历史相统一的方法。历史是逻辑的基础,逻辑是历史的抽象与再现,逻辑与历史的统一既是辩证逻辑的基本原则,又是辩证思维的重要方法。马克思的著作写作时间跨度长,且关于人类解放的探讨大多分散于其大量著作之中,因此本书的研究既运用逻辑分析的方法进行关联性地整合,又运用历史分析方法进行纵向梳理,从浩繁的经典著作中挖掘马克思关于人类解放的诸多论述,力求使之理论化、系统化。因为脱离历史方法与具体的历史条件,离开产生问题的实践基础,非现实性地或观念性地提出的问题,往往就只能形成虚假而空洞的概念。本书坚持逻辑与历史相统一的方法,认真分析马克思人类解放思想研究的历史,力求归纳出马克思的人类解放思想演进的逻辑。

　　第二,系统分析的方法。马克思认为,"观念的东西不外是移入人的头脑并在人的头脑中改造过的物质的东西而已"①。一个时代的思想理论,作为一种意识形态,虽然具有相对的独立性,但从根本上不过是那一时代的经济基础和上层建筑的反映。研究马克思某一时期的思想理论,必须联系当时的社会状况,特别是当时所处的经济、政治状况。本书为了避免孤立考察马克思的人类解放思想,依据社会存在与社会意识相统一规律,把马克思人类解放思想的演进规律置于社会的经济、政治状况与马克思的实践活动相结合的系统中进行研究。

　　第三,比较研究的方法。为了深入总结与探讨马克思人类解放思想的发展史,本书对马克思的市民社会理论与亚里士多德、黑格尔等人的相关理论进行比较研究;以马克思人类解放思想为参照,对西方学者的相关阐释及具有代表性的观点进行比较研究,如将马克思人类解放思想与葛兰西、布洛赫、马尔库塞、德里达、福柯、哈贝马斯、拉克劳、墨菲、芬伯格、哈维和齐泽克等人的解放观进行比较。通过比较,对马克思生前和身后的理论与实践及其争议做出必要回应,辩证说明西方学者思想的合理性和今天应当放弃的主要内容,揭示他们的思想存在的问题实质,从而进一步彰显马克思人类解放思想的真理性。

---

　　① 《马克思恩格斯文集》第5卷,人民出版社2009年版,第22页。

第四,跨学科研究的方法。鉴于马克思人类解放思想的宏观性与复杂性,本书在马克思主义的框架下,贯通西方马克思主义、中国化马克思主义,兼收并蓄政治学、人学、社会学、逻辑学等多学科的理论知识和方法,试图多角度、多层面综合分析与辩证探讨相关问题,形成学科交叉的优势。

第五,理论联系实际的方法。理论与实际相结合是马克思主义学说的一个重要特点和原则。研究马克思人类解放思想的相关问题,既要紧密联系马克思当时所处的社会历史状况,又要密切结合当代中国社会建设的实践需要。只有这样,才能使理论获得现实性的品格和革命的性质,发挥"解放的理论"对"解放的实践"的指导作用。马克思人类解放思想的当代运用,既来自于认真研读马克思论述人类解放的经典著作,并按照马克思主义方式使之系统化、理论化的建构,也来自于结合时代发展、现实实践要求的重构。对马克思人类解放思想的研究不仅仅是纯粹的思想史研究,更重要的是应将其作为历史活动加以考察。本书试图跳出对马克思文献进行一般的考古学解释的窠臼,试图把历史的马克思当代化。

四、创新与不足之处

本书运用多学科视域交叉的视角及多种方法,系统化、结构化地阐述马克思人类解放思想的整体逻辑演进,在研究视角和方法论上具有新意。内容上的创新之处表现为:

第一,在较为充分占有与把握国内外学术资源的基础上,通过对马克思文本的细心梳理,相对完整地解释了马克思人类解放思想发展演变的基本脉络和历程。本书试图对马克思散见于其大量著作中的人类解放思想进行系统化整合,阐发了马克思思想结构中作为人类解放思想逻辑起点的市民社会,论证了马克思构建人类解放思想的逻辑过程,揭示了人类解放的实现条件等。

第二,从逻辑上分析马克思的市民社会概念。源自古希腊的市民社会概念到黑格尔那里发生了"分水岭"性质的变化。黑格尔第一次在与政治国家相对应的意义上来使用这一概念。马克思直接接受了黑格尔这一术语。但是,除了在与黑格尔相同的意义上使用这一概念之外,马克思还赋予它新的含义。特别是在 1844 年之后,曾经在资产阶级社会意义上使用的市民社会概念,日益被归约为社会的生产关系、交往关系,原来意义上的市民社会一词则逐渐淡出马克思的视野。如何解释这一现象成为学术界的一道难题。本书拟从逻辑的角度分析这一现象,指出马克思市民社会概念意义上的这一变化,只不过是认识复杂事物过程中明确概念的逻辑路径,是在先有外延(指称)的前提下,通过科学分析和理论抽象明确其内涵的认识方法。

第三,马克思人类解放思想在发展演变中分化为侧重点不同的层面,即政治解放、经济解放、劳动解放与文化解放层面。政治解放、经济解放偏重于从社会客体向度来揭示人类解放的动力根源和历史必然性,而劳动解放与文化解放则偏重于从主体向度来揭示人类解放的动力根源和历史必然性。这种分析和指认,在已有的研究中,还不多见。本书进一步分析了历史唯物主义形成以后被科学重建的劳动解放、经济解放与文化解放的主要内容。关于人类解放,马克思最初的思想是克服市民社会和超越政治国家。对于这点,学界已经有不少人注意到,并给予了相关的阐述。但马克思的经济解放思想还存在更为具体的内容,即消除社会层面的异化——资本主义制度下生产力、生产关系的异化,关于这方面的内容学界关注到的并不多。而关于劳动解放、文化解放,学界只有个别篇章涉及,研究还显得比较薄弱。笔者认为,不但要分别研究政治解放、经济解放、劳动解放与文化解放的各自内容,而且还要把它们结合起来研究,这有助于完整地把握马克思人类解放思想,有助于维护整体性的马克思主义即科学性和人文关怀相统一的马克思主义。作为一种科学的社会历史理论,马克思人类解放思想宏大精深的叙事结构涵涉历史唯物主义、多向度的解放形式和共产主义运动三大部分,全面地阐述了认识人类社会的根本方法、实现人类解放的根本路径和社会形态嬗变的根本目的,彰显了人类解放思想的彻底的革命性及其与社会现实生活的紧密关系。

第四，马克思人类解放思想与社会形态理论特别是"三形态"理论之间的内在联系，学术界早已注意到，但把这种联系作为一个问题进行专门的研究仍为少见。从政治解放到人类解放，这一发展过程内涵"两次飞跃"，其意义不仅在于"飞跃"这个质的规定，而且还在于"两次"这个量的规定。因为"两次飞跃"必然使得全部历史被逻辑地切分成"三个阶段"：前资本主义、资本主义和共产主义。但这三个阶段是否就是马克思在《1857—1858 年经济学手稿》中提出的人的依赖性社会、物的依赖性社会以及个人全面发展的社会这"三大形态"呢？笔者通过有理有据的逻辑分析得出肯定的回答——"三个阶段"即"三大形态"。笔者进一步指出，"三大形态"理论着眼于人的发展状况与解放程度，决定了它与人类解放思想不可分割地联系在一起并在整个社会形态理论中位居主导地位。这就意味着人类解放的理论同时还兼有社会形态的意义，人类解放的进程与社会形态的嬗变实际是同一个过程。本书抓住正义问题的历史逻辑、现实逻辑和理论逻辑之间的内在契合点——劳动，揭示了在社会形态的变迁中劳动本体的根本意义，在分析正义问题的过程始终注重澄明劳动在历史生成中获得的自我理解能力，破除对劳动习以为常的工具论印象，使劳动本身在正义问题的推演中获得并发挥一种思想的可能性。

第五，对马克思社会形态理论的普遍性与根本性问题进行了进一步研究。学界关于这一问题的不同看法，主要集中在"三形态论"与"五形态论"对于各国家、民族的社会历史发展来说，何者更具有普遍性与根本性。尽管目前学术界对该问题的探讨已非"热点"问题，但这并不意味着问题已经得到解决或已达成共识。因而重新对该问题作进一步分析，是有价值的。笔者认为，这一问题的解决应与马克思人类解放思想紧密联系在一起，并置于"人类解放"这个宏大的背景之中。马克思一生的理论主题就是人类解放，马克思的学说就是关于人类解放的学说，他对社会形态问题的探讨没有离开人类解放这个唯一主题。所谓"三形态论"与"五形态论"何者更为根本、何者更具有普遍性的问题，实际上应该理解为何者更具有解放的维度。于是，上述引起争论的问题就有了答案：人类解放思想与"三形态论"在某种程度上实现了"视域融合",作为人类解放思想之组成部分的"三形态论"更为根本,也更具有普遍性。

第六,在马克思之后,西方国家出现了对马克思人类解放思想的不同理解与各种不同的理论立场。对于通达人类解放历史状态的途径,学者们也各自提出了不同的观点。本书对葛兰西、布洛赫、马尔库塞、德里达、福柯、哈贝马斯、拉克劳、墨菲、芬伯格和齐泽克等西方学者的解放观进行了述评。即对葛兰西的"历史集团"的大众解放观、布洛赫的希望哲学与人类解放的价值取向、德里达对马克思的解放精神在"异延"中解构、拉克劳与墨菲的激进的多元民主理论等进行了分析与评价。特别是对布洛赫、芬伯格的思想进行了独到分析。

第七,构建人类命运共同体是新时代中国特色社会主义的基本方略之一,是对马克思人类解放思想的重大发展,也是对"资本主义永恒化"或"历史终结论"最有力地回应与反驳。如何在人类解放的理论视野中准确而深刻地理解、审视和把握人类命运共同体的内蕴,并通过构建人类命运共同体所带来的理论效应和原创性贡献推动人类解放思想在新时代的创新发展,是学术界面临的重大理论课题。从目前理论界对于人类命运共同体的研究取向来看,主要还是注重勾连其与马克思共同体理论的关系,这种研究当然值得重视,但也存在研究取向单一、研究视野较为狭窄的局限。虽然人类命运共同体是马克思共同体理论的延伸和发展,但其作为全球化时代的美好图景,对其丰富内蕴的理论阐明,不能仅仅停留于运用马克思共同体理论进行阐释论证。本书运用历史唯物主义理论,从马克思人类解放的哲学立场、现实指向、解放路径三个方面阐释人类命运共同体,既拓展了研究取向和研究视野,也进一步深化了对于人类命运共同体丰富内蕴的理解和把握。

笔者在研究的过程中清醒地认识到本书的不足之处,对马克思人类解放思想还尚需更深入、系统地进行研究与论述。

第一,笔者对源于西方话语的"市民社会"概念给予了较多关注,而对于当前国内外学界关于马克思市民社会理论的一些具有代表性的观点,没有进行足够的回应,特别是对能否解释中国的具体现实问题,本书涉及较少。

第二,关于对马克思生前和身后的理论与实践及其争议进行回应,说明其合理性和当今应当放弃的主要内容等的论述不足,视野还不够开阔。

第三,通过对马克思人类解放思想发展的研究,自觉意识到如何从实践层面上科学认识并解决中国特色社会主义的发展问题,对其进行有深度的分析并给出令人信服的回答,这是有待继续探讨的重点,这一重大课题也是本书深化研究的主攻方向。

虽然本人自身的学识视野已经在研究坐标之内,但由于学术功力的有限性,粗浅、疏漏与牵强之处尚存,还有待不断地鞭策且倾注更多的心血而进行后续研究。

第 一 章

马克思人类解放思想的源泉

　　荒芜、单调的传统只能造就贫瘠的观念,唯有繁盛、丰富的传统才能孕育高深的思想。马克思的人类解放思想是在吸收了西方古今丰厚理论营养的基础之上绽放出来的,在其整个理论体系中处于核心地位。生长于西方传统之下的马克思,其心灵不可避免地受到古希腊—罗马的古典哲学思想、犹太—基督教的神学思想、文艺复兴和启蒙以来的理性思想的滋养。他对人类社会和自由解放的丰富而深刻的思考,是以对前人思想的批判、继承和超越为基础的。马克思的人类解放思想直接的理论资源来源于空想社会主义者关于未来社会的构想、黑格尔的"绝对精神"与世界历史观、费尔巴哈的人本学和人类学思想,这些思想成为马克思哲学与其人类解放思想的永恒生命力、解释力和创造力。马克思的家庭教育、人生经历与其自身的志向,以及所处时代的社会矛盾也是其人类解放思想形成的现实根基。还原历史语境、厘清马克思思想的思想史资源,有助于清晰、准确地把握人类解放思想。

第一节　空想社会主义者的理论构想

　　19 世纪资本主义的胜利为人类社会创造了空前的财富,但是也产生了广泛的社会问题。面对种种社会问题,一些理论家开始反思、批判资本主义制度的不合理,构想美好的未来社会。在马克思科学社会主义提出以前,托马斯·莫尔、罗伯特·欧文、克劳德·昂利·圣西门以及夏尔·傅立叶等人已经提出过对未来社会构想的政治哲学理论,我们称为空想社会主义和空想共产主义理论,有时统称为"社会主义"理论。绝大多数早期社会主义者对人类社会的发展都有美好的理想和信念,将探索人类社会的前途命运视为毕生事业,他们的社会构建理论已经初步显露了深远的历史眼光,同时也构筑起社会主义理论的基本框架。空想社会主义的三大代表人物——法国的圣西门、傅立叶及英国的欧文,他们的理论探讨及其实践运动形成的政治哲学遗产,总体上提供了一种资本主义批判的视角,以及呼唤实现社会主义的信心,展示出为未来社会形态理论范式探究的勇气,为马克思社会历史理论奠定了坚实基础,也为马克思人类解放思想的形成提供了丰富的理论资源,构成了马克思人类解放学说的深度理论背景。空想社会主义的"空想"之处体现在构设了与资本主义社会相对立的"未来社会"形态,空想社会主义者基于构成社会的人的本质尚未具备自我解放的力量这一立场,寄希望通过系列改良的方式实现社会主义的主张。社会主义如何从空想走向科学? 对于马克思人类解放的理论源泉与背景的探讨,有利于在思想史视域,深化对马克思人类解放思想的整体理解。

一、实证哲学体系与社会主义蓝图

法国的昂利·圣西门(Henri Saint-Simon,1760—1825)一生追求社会成员的全面发展,努力为社会的一切成员创造最广泛的可能性空间以促使他们的能力得到提高,并形成了具有指导意义的"实证哲学体系",为了彻底摆脱传统政治和社会理论的神学基础,以建立实证性的政治途径为目标,设计了一套以"实业制度"为核心的社会主义的基本蓝图,通过实证的方式完成对社会主义制度的体系化建构。

圣西门强调应冲破封建神学的束缚,反对以封建神学为主要代表的"形而上学",认为应该在实证的前提下建立自然科学与社会科学体系,实证态度与思维方法是未来理想社会设计的哲学基础。因此,他将自身的理论体系称为"实证哲学体系"。这从根本上坚持了从实际问题本身来解释事物的原则,是哲学观念史上的巨大进步。圣西门秉承实证的治学方法与原则,认为实证哲学的方法是人类社会的知识和思想的发展方向,将实证哲学的方法规定为按数学分析的模式来联系社会各部门的系统,并将这种方法与原则运用在自然领域和人类社会领域,从事物本身的特性出发来对待事物。在圣西门看来,人类社会是一个有规律的、运动着的有机整体,因而能够运用实证的方法与原则对社会进行有效的观察研究,这就将宇宙万物理解为物质及其运动的现象,把数学的研究方式视为放之宇宙皆准的基本原则,进而用数学计算的方法和精确制度来对未来进行预见。圣西门的弟子奥古斯丁·孔德继承了这一思想,并经过艰辛探索,精编成《实证哲学讲义》一书,不仅在方法论上求证了实证科学,而且在对世俗历史和文明概念的理解上深化人类历史发展与实证科学之间的必然关联,对后人所进行的社会科学研究贡献巨大。虽然圣西门及其弟子孔德的哲学思想没有突破唯心主义历史观的局限性,但他们利用自然科学和社会科学的成果来进一步阐释和探索人类社会自身规律的研究方法与原则却为马克思、恩格斯所肯定并加以继承,他们在理论的深化研究中逐渐将实证哲学运用于社会的历史演进问题中,将政治哲学从法国大革命时期的人民主权还原为具体的政治设想。在马克思、恩格斯历史唯物主义的产生过程中,我们可以明确地觉察到这一研究方法与原则所起的作用。

圣西门在"实证哲学体系"的框架内,结合自己的亲身经历,批判了资本主义社会制度的不平等,并展望未来——设计了关于社会主义的理想蓝图。圣西门亲身经历了法国大革命的全过程,也观察到大革命之后所遗留下来的种种问题。在圣西门看来,法国大革命失败的原因就在于人们把各种政治问题的解决都寄希望于政治结构与政府形式的改变上,而大革命的理论底色是自然权利论,由于政府与个人之间缺乏社会的中介予以调节,二者直接的构成关系容易转化为政治暴力;旧的政治势力在大革命之后仍然企图在新的制度体系下获得生存,致使社会重建不断遭受政治斗争和暴动的冲击。他认为,三权分立的政治结构与政府形式并不能够解决一切问题,不能真正地使处于底层的老百姓的生活得到改善,也无法实现其对自由政治、民主生活的追求与向往。圣西门强烈反对资本主义制度本身,否弃政治上的国家主义和个人主义以及激进的人民主权倾向,从社会科学的视角揭示资本主义社会的内在矛盾,并希望通过设计基本图式来取代资本主义制度,从而改变劳动人民的根本地位。在圣西门看来,科学和艺术构成了最具统治性的生产部门,从事科学和艺术的劳动者也是最重要的社会生产者。于是,他设计了一套以"实业制度"为核心的社会主义图式。

圣西门认为,商人、工厂厂主等"实业阶层"是向社会成员提供物质财富、满足社会成员需要的人,应该受到特别尊敬。而政府与社会各种组织却把实业阶层置于社会的最末位,对非实业家的关注与尊重程度大大超过了对实业阶层的重视与尊敬。[1] 圣西门不满于这种"本末倒置"的现实。他的观点是,"实业制度"的核心原则是助益于社会生产,实施这一原则的路径是促使政府的军事统治形式转换为实业阶级的运作方式,即实现政治制度的实证化,而法国在历史发展进程的"当前"阶段,一定意义上说,人们各方面的活动正逐渐"实业化",因而实业阶层的地位应当位于社会所有阶层的首位,即社会的第一阶层地位,其余的阶层都应该处于服从的地位。在理想社会里,实业阶层中最优秀的实业家将制定法律来规定其他阶级各自应居的地位,并且无偿地担负起管理公有财产的相关义务,他们将按照不同阶级对于实业贡献的大小而给予该阶级以相应的评价,政治、宗教和道德等领域都必须服务于实业制度和体系,且为了防止传统社会体系中的因素对社会实业运转的干预,强调通过构建社会科学与实业体系之间相互配套的关系来为实业运行提供具体的社会内

---

① 参见[法]昂利·圣西门:《圣西门选集》第2卷,董果良译,商务印书馆1982年版,第51—52页。

容,由此赋予实业制度内生于社会系统的动力机制,提升实业制度的自发性。只有到达这样的发展阶段,社会才会真正安宁,人们才会真正享有幸福的生活。这就是圣西门关于"实业制度"基本设想的主要内容。圣西门的"实业制度"设想是在对资本主义从政治、经济、道德等方面进行尖锐的批判基础上形成的,它展露出通向"未来社会"的基本趋势:政治制度和社会治理的科学与否取决于科学知识及思想的精确程度,而不是政府决策者的主观偏好和臆断。圣西门的实业制度和体系的建立,不仅重置了国家与社会的关系,而且通过实业运行来改变社会组织自身的原则,以此重构人与人之间的社会关系。圣西门从社会科学的角度对社会主义历史处境的把握在马克思的"社会关系"概念中得到深入阐发。虽然马克思没有承继圣西门的这一空想社会主义式的"实业制度"设计,但却延续了其政治识见与人类解放精神——消灭资本主义制度的政治觉悟的形成以及使人民群众得到解放的高尚情操的养成。

在人民群众是否得到解放的衡量标准问题上,圣西门的思想也是独特的。他反对传统制度框架下人与社会的抽象联系,鼓动激进的民众为政治革命提供动力支撑,进而提出有别于人民主权的全新路径,推动人民在致力于社会实业的过程中理解社会和自身,逐渐摆脱神学和形而上学的影响;倡导人的全面发展,并把欧洲文艺复兴时期出现的一些多才多艺的人作为衡量"全面发展的人"和人的解放的标准。在他看来,欧洲文艺复兴时期出现过多才多艺的、各种各样的非凡人物,他们都是那个时代最卓越的人物,为人类的进步奉献了最杰出的智力成果。这些人兴趣广泛,在各个领域都能够更有激情地热心工作、积极实践,与才艺缺乏的人相比发展得更为全面。圣西门认为,通过艺术和工艺所引领的劳动生产,能够促使人的实业行动趋向科学的本质,体现了文艺复兴内含的建构性力量对社会自我运转机制的推动,以及能够为实现社会解放提供必要的物质生产条件。圣西门对欧洲文艺复兴时期多才多艺人物的向往与追求,表面上看是对欧洲文艺复兴时代的留恋,实际上则展现了其对人类未来解放的美好追求,表达了人民根据社会解放的目标指向来规划自身解放的现实路径,即"未来社会"的自主性产生于社会成员的自我结合,反映与折射出他对自身所处的资本主义时代客观现实状况的不满。圣西门对衡量解放标准的判断与认识突出了社会的优势地位,为科学社会主义的诞生提供法国革命经验,内在包含着历史性进步意义。

虽然圣西门在社会、人的全面发展的社会主义蓝图制定上,认识还不够充分与深透,对社会主义制度的设计总体上脱离实际,具有空想性。但是,圣西门对社会主义和解放思想的前瞻性与深刻认识在于将社会科学的政治性、社会性双重维度严格区分开来,站在"未来社会"的理想性上审思现实问题,并从实证哲学的角度剖析资本主义社会的固有矛盾,他在对资本主义制度批判的前提下,从提高劳苦大众的生活水平出发来设计未来的社会理想与社会制度,为社会实业制度的现实施行提供了科学的思想样本,却是值得赞赏的。

二、劳动问题意识与社会制度和谐

法国的夏尔·傅立叶(Charles Fourier,1772—1837)在对未来理想社会的设想中,十分关注"劳动"范畴,强调社会制度和谐,提倡建立和谐制度以保障劳动成为人的自觉需要与享受,他认为在资本主义社会制度下的劳动只是构成幸福的要素,却不必然创造幸福。在人类解放、人的发展的途径与视角的认识问题上,傅立叶强调建立和谐制度以取代文明制度,帮助人们获得真正的幸福和解放,较之昂利·圣西门有了明显的进步。

傅立叶认为,教育的理想目的就是人类的发展与解放,并赋予了教育目的的具体内涵与实现途径。他强调教育的目的在于使体力和智力得到广泛而全面的发展,将儿童教育视为以人类文明为根据、立足于人的"全面发展"需要又面向未来社会理想的事业。培养这种"全面发展"的人的理想教育途径,需要从儿童开始训练。而要让儿童表现出更多种能力,就必须强化儿童的劳动问题意识,让儿童从小开始参加多种劳动,以便在劳动中锻炼自己的体力、智力,在劳动中发现问题,通过劳动塑造人类能力。他认为,儿童教育的本质决定了儿童成长的目的和功能,凭借劳动教育的方式促进儿童自身的文化和主体性的生长,在儿童主体逐渐重现文明历史的过程中,劳动使其摆脱了思想上的贫困、痛苦和灾难,在习得劳动知识、技能和价值时也获取了行动经验,他强调儿童在个体的劳动感悟中形成智慧和价值建构。傅立叶的劳动问题意识的旨趣在于:通过劳动培养"全面发展"的主体——人,包括社会全体成员,尤其指向在发展与解放的问题上深受资本主义社会制度扭曲与阻碍的成员,指出资本主义社会中人的现实发展并未朝向自然指引的"目的地"行进,社会成员的文明观已经显现出为工业化发展服务的退化倾向。傅立叶虽然继承了柏拉图通过劳动培养"全面发展"的人的思想,却将这一思想进行了改造,主张个体的人能够自觉趋向"善",而社会公职人员为实现个体的人的"善"不断完善教育模式和劳动方式,促使每个人都能获取真正的幸福,这正是其伟大与进步之处。

傅立叶基于敏锐的劳动问题意识对未来理想进行了制度性设想。在傅立叶看来,所谓的资本主义"文明时代"之后的"新的时代"就是建立在公平正义上的和谐制度时代,这是人类社会从低级到高级的循环上升的辩证运动的必然。通过对资本主义生产劳动过程的理论透视,傅立叶揭露出资本主义抽象地将劳动力的价值视为在其预设的价值框架中的肯定性命题,再由这一伪命题来建立对劳动本身价值的强制性误读,最终致使生产劳动力的抽象过程导向虚假性。傅立叶试图通过人人参与劳动、人人成为劳动者的途径,融合各个阶级的冲突与矛盾,达到分配上的一致,从而实现公平正义的社会和谐制度,进而保证个人劳动不再经过曲折复杂的社会关系获取成果,而是直接作为人类社会总劳动的构成部分存在着,也就以社会生产总体运行的规律对劳动者个体的具体劳动方式进行质的规定,确定了人在劳动中发现社会矛盾、促进人类社会发展的永恒前提。

傅立叶认识到,资本主义制度是人世一切罪恶的渊薮,在资本主义制度和资本逻辑的辉映中,一切社会生产和生活都会不可避免地沾染其抽象劳动价值论的色彩,资本主义社会的生产逻辑就是在一个不断追逐财富与制造混乱的恶性循环中存在和运行。只有彻底消灭资本主义制度，才能克服资本主义制度所产生的各种矛盾与弊端，才能超越资本主义的生产方式和对劳动的数量计量方式，才能真正建立和谐的未来社会制度，进而保证和谐制度下的生产劳动能够展示人类获取真正幸福的愿望。建立和谐社会制度，必须以批判资本主义制度为前提。

傅立叶在批判资本主义社会的视角上，着眼于经济制度。这与圣西门主要从政治制度的视角对资本主义进行批判相比显得更为深刻，深刻之处在于，他通过科学的经济制度来为政治变革开辟新的路径，并寻求医治资本主义制度罪恶的药方。傅立叶是一个有济世情怀的商人，他一直从事商业活动，能深刻洞见资本主义经济制度的弊端。他将资本主义社会的经济制度所导致的主要后果归结为两个方面：第一，金钱成为整个资本主义社会的指挥棒。对于金钱在资本主义制度中的作用，身为商人的傅立叶具有切身的体验。建立在金钱和商业的积累及其对政治权力实施控制性影响的现实基础上，资本主义经济制度逐步成为固化的社会形态并不断构建国家权力，傅立叶实质上缔造了金钱与权力相互支撑的资本逻辑，将化解社会矛盾的矛头对准自身，以便借助于金钱力量来塑造资本主义根基。三权分立的政治结构、议会制度，看似完美无瑕，其实最终都受制于商业与金钱，在资本主义制度下，政治和文化始终是金钱的奴隶。金钱是整个社会最权威的标准，指挥社会所有阶层的一切活动，人的全面发展在金钱面前"不值一文"，结果反而造成资本主义内在矛盾的外化及对社会经济稳定性的损坏，资本主义世界中的"边缘"成员和人们的生活濒临毁灭，这无疑是对当时资本主义经济制度的巨大反讽。第二，资本主义经济制度的竞争机制导致贫富悬殊。作为一名商人，傅立叶虽然无法科学揭示资本主义制度的实质，却充分体察了资本主义制度的非人性。在这两点认识的基础上，他主张建立一个在物质生产上更有效率、在分配上更加公正的经济制度，并防止人口的无限增长，由此走向"未来社会"的协作制度。傅立叶所处的时代正是自由资本主义迅速发展的时期，由于竞争的残酷性与激烈性，人们常常陷入混乱的经济秩序和急剧的利益冲突之中,利益的争夺是人类最大的恐惧,获取利益最大化的企图成为人们最持久的激情。在资本主义经济制度与政治权力的勾连中,资本主义重新扩展了社会生产的边界,为实现财富积累和政治剥削创造新的环境,使人们经历着竞争不断加快的生活节奏,不断消解个人的认同与欲望,个人主体性被商业化和工具化,个人的自我利益与幸福往往是以牺牲他人的利益为前提条件,这就不可避免地使整个社会和人性的发展受到不同程度的扭曲,并导致社会不公、贫富差距现象的出现。

不可否认,傅立叶的许多设想存在空想的痕迹,有很多不完善的地方。他把劳动的动力和根源归结为人的"情欲"彼此吸引和相互合作,即"情欲引力",认为是人所具有的十二种情欲的内在作用推动着人进行劳动。[1] 这种以劳动为中心,将人的幸福与人的情欲的和谐直接关联起来,忽视了社会生产与人们的生活需要的客观性,由"情欲引力"到劳动再到人的"全面发展"的演进理路缺乏科学的前提性基础与理论支撑,其理论基础与前提是唯心的。同时,他未能理解"未来社会"生产关系的本质,难以抓住当下社会人口的再生产与物质生产的关系,也就无法把握资本主义社会生产条件下人口相对过剩的真实原因,但他对劳动范畴探讨的问题意识,却对后人具有启示性意义。在傅立叶所设想的和谐社会制度中,劳动将不再是谋生的手段,不再是沉重的负担,而是一种享乐,并可使人的全身心得到充分的发展。劳动构成了傅立叶透视资本主义制度问题的基本视角,也是其解析"未来社会"生产方式和形态的着力点。在傅立叶看来,人并非天生厌恶劳动,而是不合理的资本主义文明制度使劳动者丧失了对劳动的兴趣。只要社会制度和谐,劳动就能恢复其本来的功能,他所提出的"劳动乐生"的思想从原则上说是正确的。傅立叶对劳动在资本主义生产过程中的突出地位及其作为塑造"未来社会"制度的基本动力的肯定,鲜明体现了劳动价值对于资本主义批判与重构社会制度的

---

① 参见[法]夏尔·傅立叶:《傅立叶选集》第 1 卷,赵俊欣、吴模信、徐知勉等译,商务印书馆 2017 年版,第 163 页。

深化作用,使得劳动的问题意识在资本主义的生产平台和具体过程中显示出来。劳动本身的问题意识启发了早期的马克思,马克思批判性地继承了这一观点,提出了"劳动将成为人们生活的第一需要"的主张——"在共产主义社会高级阶段,在迫使个人奴隶般地服从分工的情形已经消失,从而脑力劳动和体力劳动的对立也随之消失之后;在劳动已经不仅仅是谋生的手段,而且本身成了生活的第一需要之后;在随着个人的全面发展,他们的生产力也增长起来,而集体财富的一切源泉都充分涌流之后,——只有在那个时候,才能完全超出资产阶级权利的狭隘眼界,社会才能在自己的旗帜上写上:各尽所能,按需分配"①。这是马克思在 1875 年写作的科学共产主义重要纲领性文献——《哥达纲领批判》中的精辟阐发与论述。劳动方式及其价值理论构成了马克思研究政治经济学的起点,使其在研究中逐渐将资本主义批判与劳动异化的批判相结合,并与恢复体现人本质力量的劳动方式和劳动关系紧密联系。

三、反思分工与"新和谐公社"试验

英国的空想社会主义者罗伯特·欧文(Robert Owen,1771—1858)在英国资本主义大工业的社会背景下对人类未来理想社会进行了设计与实践探索(圣西门和傅立叶都是以资本主义手工业为历史背景来分析人类社会发展问题的)。英国当时的资本主义大工业生产方式还处于"上升时期的最初阶段",资本主义的社会矛盾日益加剧,但并未充分展开和爆发,这种不成熟的资本主义生产状况决定了化解矛盾的方法必然隐藏在不发达的生产方式和经济关系中,欧文从头脑中产生出来的思想方法只能归之于资本主义大工业的社会背景的产物,并不具有构建社会主义的普遍意义。

欧文的社会主义设想是他亲身参加具体实践活动的产物。欧文深入实际进行观察,经过多年的实践,逐渐认识到资本主义制度本身的弊端,

---

① 《马克思恩格斯文集》第 3 卷,人民出版社 2009 年版,第 435—436 页。

认为资本主义制度是一套欺骗与伪善的制度。他强烈反对资本主义私有制,认为正是这种私有制度使得财富成为个人的财富,成为全世界的上帝,每个人的奋斗都是为了获得更多的财富。但他同时表明要在资本主义大工业背景下对生产方式和社会制度进行改造,建立一种全新的、完全适合人类天性和生存本能的社会体系,对工人进行"交换市场"和全社会"生产部门大联盟"的思想教育,进而制定了社会主义的全新制度方案。欧文认为,社会环境决定了人性的善和美德的产生,而受制于理性原则支配的资本主义生产环境是产生罪恶的根源,对于资本主义而言,高尚的品德根本无助于获得财富的能力得到提高,人类对高尚品德的追求遭到藐视,而追逐财富的内在动力使得一切疯狂的、直接的无理性行为渗透到整个社会。资产阶级作为财富代表,企图依照理性原则建立资本理性王国,使其成为衡量一切社会行为的标尺并统摄人的无理性行为。

在欧文看来,资本主义制度阻碍了人类劳动,阻碍了人类脑力劳动与体力劳动的有效结合所形成的"价值标准"——"从原则上讲,人类劳动或人类所运用的体力与脑力的结合是自然的价值标准"[1],他揭示了资本主义将黄金和财富作为价值准则的不合理性和非正义性,指责它是造成资产阶级贱卖贵买这一市场交换混乱现象的根本所在,交换混乱现象阻碍了商品交换的价值准则与劳动时间的本质关联,这种阻碍作用的发生机制是由社会分工导致的。固定化、专业化的社会分工方式,有利于生产力的提高,但也存在限制人的活动范围、违背人的本性、造成人的片面发展的缺陷:社会通过分工,人类的脑力劳动和体力劳动被区分;社会通过分工,国家的进步与繁荣被圈定在某些特定的利益领域;社会通过分工,个体的成长与发展被一定的社会力量所束缚;社会通过分工,压抑了人的"轻浮情欲",不利于人的自由本性的发挥,丧失了人性本身的"完善和优美"品质。在欧文看来,社会分工成为人的劳动天赋与能力差异的原因

---

[1]　[英]罗伯特·欧文:《欧文选集》第1卷,柯象峰、何光来、秦果显译,商务印书馆2017年版,第312页。

而非结果,其在现实中必然导向消极分工,导致阶级的进一步分化和社会矛盾日益加深。

随着资本主义社会分工程度越来越精细而深入,由此所造成的罪孽也越来越沉重。欧文曾激进地指出:"一般人都主张劳动必须仔细分工,利益必须分占。但是,很明显,仔细分工与利益分占不过是贫困、愚昧、各种浪费、整个社会里人与人之间普遍地对立、犯罪、痛苦、身心两方面十分无能等等的另一种说法而已。"①面对这一困境,虽然欧文无法像马克思那样,通过揭示社会的客观发展规律来披露社会分工的历史作用与局限,进而建构出共产主义社会来彻底解决社会分工问题,但也提出了"消灭分工"颇具操作性的方法。欧文对资本主义大工业生产劳动的改造是他变革整个社会制度的缩影,例如,他提出职业多面性的要求,即利用教育和劳动的多样性塑造人,改造工人阶级的性格和情欲以促使其更好地塑造良好的生产环境,要求人们参加共产主义社区中的多项劳动,鼓励人们通过有节制的工作以满足生活需要,交替轮流从事各项劳动,通过实行劳动变换的制度,劳动就会由"苦差事"变成吸引人的娱乐活动。

与圣西门、傅立叶相比,欧文的未来社会思想更具深刻性。因为他不仅将资本主义的罪恶归结于金钱和社会分工,更将资本主义私有制视为罪恶之源。同时,欧文在对资本主义私有制的深入研究中意识到,资本主义利润真正来源于对工人的残酷剥削,如果要实现未来美好社会的理想,社会变革就不能只停留在一般层面的行动上,需要采取更广泛、更深入的具体措施,才能确实改变工人的生活条件。他曾具体阐释了关于"劳动公社"联合体的理想社会模型,以"人的性格是环境的产物"思想为立足点,推动人与环境的和谐适应,进而提出建设共同劳动、财产公有和权利平等的"劳动公社",认为"劳动公社"就是合作新村,是社会的基本单位或"细胞"。欧文明确提出了改革资本主义社会和建立社会主义的方案。

---

① [英]罗伯特·欧文:《欧文选集》第 1 卷,柯象峰、何光来、秦果显译,商务印书馆 2017 年版,第 350—351 页。

他着重强调人的性格主要是由其所在的外部环境形塑的,进而指出了在资本主义社会中摆脱工人阶级的愚昧与苦难的路径,即建设以公有制为基础的集体劳动的工农合作公社,废除或修正增长人们各种恶习的旧制度,并努力创造良好的公共事业环境。① 他始终致力于探寻既不损害资本家利益又能保障工人阶级合法利益的折中改良方法,并从分配方式入手处理社会各阶级和各领域的利益关系。

为了实现"劳动公社"规划,欧文在美国投资兴建了"新和谐公社"移民合作示范区。"新和谐公社"是建立在公有制基础上的独立的经济组织和社会单位,是"由农、工、商、学结合起来的大家庭"。在建设"新和谐公社"制度的过程中,欧文发现资产阶级对理想原则的普遍规定性的追求可以被适当运用于实践中,尤其是理性对人通过劳动实现自由发展和获得平等权利的承诺,使其从理性视角探讨人的情欲和理想,通过理性来教化和改造在人的性格中与新公社环境不相适应的部分。他试图通过"劳动公社"化试验,来吸引资本主义制度下的开明统治者。他考虑到"劳动公社"的大规模建立会威胁到现存的资本主义制度,但他依然坚信政府在施行"劳动公社"实践中能够认识到其优势并逐渐扬弃资本主义统治的单一性,以期逐步将劳动公社的模式推广到全世界,最后实现理想社会。"新和谐公社"历经三年便解体,究其失败原因,除了经营管理、人才和市场竞争冲击因素之外,最根本的原因在于:资本主义私有制深层次的社会矛盾并未在"新和谐公社"中得以解决。

在对社会主义设想的探索中,欧文没有把分工的局限性与资本主义制度的根本弊端紧密关联。尽管他得出来资本主义制度是产生一切社会罪恶的根源,但他并不支持对资本主义进行政治斗争和暴力革命,而是寄望于开明的资本家将追逐财富的视线转向整个社会,以改造资本力量取向来改良社会运行形态。追求不经斗争的社会主义难以真正推翻资本主

---

① 参见[英]罗伯特·欧文:《欧文选集》第 1 卷,柯象峰、何光来、秦果显译,商务印书馆 2017 年版,第 202—203 页。

义制度,注定了欧文理论的空想性以及实践的溃败。根本原因在于欧文不了解社会分工产生的历史条件,不懂得"消灭分工"的物质基础,提出"消灭分工"仅仅是因为社会分工违背了人的本性、人的发展,幼稚地幻想寄希望于统治者的改良政策并通过理性的力量来感化大众,而不是依靠物质的力量去"消灭分工",导致其关于理想的生产和组织制度的设想脱离了社会背景;在"新和谐公社"试验失败后,也没有认识到"新和谐公社"失败的真正根源,加上过度依赖大工业生产环境的改造力量,忽视了环境在资本主义剥削制度下难以生发的现实。因此,欧文社会分工批判与"新和谐公社"试验所得出的结论不可能成为科学的政治哲学理论。但是,欧文对分工的批判反思精神以及力图将社会主义设想赋予"新和谐公社"的现实努力,并在"新和谐公社"改革失败之后将活动对象转向了工人阶级,开始领导全社会的合作社运动并逐步促成了劳动市场交换的形成,为科学社会主义的产生奠定了实践基础。他提出的"生产资料公有制"和"按需分配"等设想为科学社会主体提供了难能可贵的理论资源。

四、空想社会主义的政治哲学遗产

空想社会主义者所处的社会历史境况是大革命之后的法国以及工业革命之后的英国,虽然资本主义自身的某些具体问题已经暴露出来,但资本主义的根本矛盾仍未被揭示,无产阶级作为阶级群体还未完全形成,以至空想社会主义者所提出的人类解放思想缺乏牢固的实践基础,没有找到实现未来社会理想的真正力量和革命途径,其思想更多的是受18世纪启蒙思想的影响。空想社会主义者的思想带有浓厚的启蒙理性色彩,在探讨资本主义生产方式和社会现象时所采用的是一种社会的逻辑分析方法,他们立足于工人阶级现实生活的立场,对作为资本主义庇佑者的政府持批判态度。他们继承了启蒙思想所提出的自由、平等和博爱等观念,没有把唯物主义贯彻到社会领域与历史领域。不成熟的空想理论与不成熟的资本主义生产方式以及阶级状况相适应,空想社会主义者没有认识到资本主义制度和环境的改变与人的实践活动的变革相一致,尚未深入资本主义制度的根源并提出废除私有制以改变工人阶级生活状况的必要路径,也就未能确定人的现实革命实践方向。

但是,空想社会主义者关于人类解放的政治哲学主张,远远超越了启蒙运动前的思想家及资产阶级启蒙学者的理想,发生了由启蒙思想向共产主义思想的转换,将启蒙时期的平等、自由的中心思想向人类解放的层面推进了一大步。空想社会主义者致力于制度革新以构建和谐的社会秩序,把政治平等推向社会平等,让每个社会成员都能在社会活动中各尽其能、各享其得,宣扬人类理性以达到解放工人阶级的最终目的。空想社会主义者在改变人类生活命运的意义上致力于人类解放的主张,归属于政治哲学范式下的思考。无论是圣西门为人们构设的“普遍幸福”的实业制度以及傅立叶设立的“和谐社会”,还是欧文创建的“新和谐公社”,都是以民主共和制为基础的理想制度的设想,都在不同程度彰显了实现民主和谐社会的政治哲学思想。他们在政治哲学研究中所提出的有价值的见解同样属于当时的社会科学成果。空想社会主义即使是“空想”,其政治哲学理论与成果也曾经代表整个世界社会主义进步思潮,空想社会主义具有超越时代的进步意义。

第一,空想社会主义者的解放思想着眼于劳动人民群众。人类思想发展史上,许多思想家都曾提出过人的解放的相关思想和主张,尤其是启蒙哲人,在自身的知识探索中积极地设计人类的未来社会,促进了科学的发展和政治的民主化。但他们往往忽视广大人民群众的利益,只代表本阶级的利益,站在本阶级的立场上,强调本阶级成员的解放。空想社会主义者将受益主体进行了置换,坚定地站在劳动群众和无产阶级的立场上对资本主义进行深刻地批判与天才般地控诉,其理想主体在范围上不再限于统治阶级内部,而是扩大到劳动者。他们创见性地推行生产资料公有制,尽可能保证生产资料归属于劳动者所有;实行产品合理分配制度,以按劳分配的原则保障人们的生活需要;重视对儿童的劳动教育,培养全面而自由发展的理念。较之启蒙思想家,空想社会主义者拥有把广大劳动者从异化状态中解放出来并力求使广大劳动者过上幸福生活的执着追求。

第二,空想社会主义者分析了劳动范畴的积极作用,提出了人的全面发展思想,并对未来社会进行了一些极具启发意义的预言,如未来社会的全民劳动、科学发展、教育普及等思想;空想社会主义者初步认识到物质生产对于社会发展的重要性,经济决定政治的思想开始萌芽。比如圣西门曾提出"所有制是社会大厦的基础""政治是关于生产的科学"等思想。空想社会主义者对劳动范畴的积极探索,体现了物质资料生产过程中人与自然的关系状况,反映了人们在生产过程中必然结成的相互之间的关系。初步显现出解决人们的生活问题要从生产力层面解析物质基础,也要从人与人的劳动关系或社会制度层面改进生活水平的思想先见。

第三,空想社会主义者之前的思想往往无法揭示束缚人发展的主要症结;而空想社会主义者则能够坚持社会发展演变思想,试图总结历史发展规律,并已经意识到资本主义旧式分工、资本主义社会制度对人类解放实现的负面影响。他们都清晰把握了资本主义制度下劳动者生活的悲惨现状,揭示资本主义生产过程和社会制度致使人的片面化和不自由。为克服旧式分工的局限性,空想社会主义者还明确提出了对旧式分工实行改造甚至"消灭分工"的相关主张,以建立新型的生产资料公有制为基础的社会制度,并具体构设了理想社会中大众的劳动状况,从而实现社会解放和人的本质的复归。同时,空想社会主义者反对古典经济学把资本主义美化为"自然的"、永恒的社会形式,反对将人的自由的生产劳动变成动物式的维持基本生存的自然活动,指出资本主义必将被更美好的、没有剥削和压迫的社会主义社会所取代,初步显露出以劳动确证人的生存本质的发展方式,即促使无产阶级和劳动者在生产活动中为自身的生存与发展创造条件。

对于空想社会主义者的政治哲学主张,马克思产生了强烈的共鸣且给予高度评价,并以之作为自己理论的重要来源。1843 年 10 月中旬,马克思离开德国前往巴黎,社会主义和共产主义的话题已是时事要闻,他"彻夜不眠地埋头阅读这些早期社会主义和共产主义的著作,阅读这些小册子和各种机关刊物"①,并从中汲取思想资源,在政治哲学立场上开始实现由革命民主主义向无产阶级立场、共产主义的转变。透过马克思主义的经典文本和基本原理,我们不难觉察空想社会主义者的思想对马克思主义理论特别是科学社会主义理论、人类解放思想构建的影响,马克思关于人通过劳动所实现的解放与社会解放相结合的思想也受到空想社会主义者的启示。如马克思历史唯物主义思想中的实证精神与圣西门的"实证哲学体系""实业制度"设计的关系,马克思的劳动思想与傅立叶的劳动问题意识的关系,马克思社会分工、私有制问题与欧文对分工的批判性反思的关系,以及马克思的无产阶级范畴与空想社会主义者视野中的底层阶级的关系,等等。当然,这些影响与启迪不仅是由空想社会主义给予的,也与空想社会主义浸润其中的西方文化传统密切相关。马克思对"未来社会"的设想也是建立在对社会生产劳动基本地位的确证上,表明人只有在自由自觉的劳动中才能挣脱一切外在束缚并肯定自身的发展。空想社会主义思想对于未来社会制度形态的构设也从反面启示马克思必须把改造理论置于具体的社会条件下才能摆脱抽象,才能在相对的历史语境中发挥充分的现实效应。马克思批判地继承了空想社会主义的政治哲学主张及西方思想传统精神,并将其论证为科学真理。我们不能否认空想社会主义者为马克思所提供的"科学"认识方面的思想资源,不能否认空想社会主义对马克思的启示性和借鉴价值。

马克思的人类解放思想在吸收了西方古今丰厚理论营养的基础之上充分绽放,空想社会主义的政治哲学遗产为马克思人类解放思想提供了直接理论资源,他们对"未来社会是人的解放的有效原则和必然形态"的理论,与马克思将共产主义和"自由人联合体"的社会存在视为人与社会发展的必要环节的观点具有相同之处,构成了马克思人类解放思想的重要理论基础。对空想社会主义理论学说的分析,有助于厘清马克思的思

①　[日]城塚登:《青年马克思的思想——社会主义思想的创立》,尚晶晶、李成鼎等译校,求实出版社1988年版,第78页。

想史资源,从而使我们能够更为全面地把握马克思的整体思想。在新的历史条件下,回溯马克思对空想社会主义思想的分析、继承与超越,对于探究社会主义社会中人的生存状态、科学理解社会主义生产过程中劳动价值和解放思想源泉问题,具有至关重要的理论意义。

第二节　黑格尔的"绝对精神"与世界历史观

梳理马克思人类解放思想的理论源泉,尤其需要关注黑格尔(Georg Wilhelm Friedrich Hegel,1770—1831)的思想。黑格尔与马克思的关系是学术史上一个经久不衰的课题,但同时又是一个充满困惑的话题。纵观马克思的文本和思想,他对黑格尔给出了肯定与否定的辩证态度,表明黑格尔对于实现人的自由和解放的路径并不能突破理性主义的方案,必须揭开黑格尔思维方法的神秘性并加以扬弃才能使人类解放的议题回到现实的社会进程中。马克思深受黑格尔和青年黑格尔派思想的影响,对黑格尔的思想既有继承,又有批判,马克思对黑格尔的思想究竟是批判多于继承还是继承多于批判?纵观国内外学者把马克思和黑格尔联系起来所表达的"关系"问题的探讨,意见始终难以达成一致,马克思与黑格尔的思想"关系"似乎超越二者的理论观点而成为整个近现代西方哲学发展的重要论题。两者之间的关系一直以来处于"剪不断、理还乱"的理论境况。明确两者的真实关系,直接涉及我们对黑格尔理论的评价,影响我们对马克思的思想来源问题的认识和对马克思思想实质的把握。笔者认为,他们之间存在深刻的思想渊源关系。从思想环境看,黑格尔是马克思的重要先驱,是马克思进行哲学思考的起点,对马克思的影响深远而广泛。"黑格尔的影响,几乎决定了马克思根本的思维结构和思维范式;黑格尔的思想,也几乎为马克思思想的每一方面提供了框架和基础,为他的经济理论和政治理论提供了一个定位。"①黑格尔哲学特别是黑格尔的

---

① 〔英〕肖恩·塞耶斯、林进平:《当代马克思主义研究:从理论走向现实》,《马克思主义与现实》2013年第1期。

"绝对精神"与世界历史观对作为马克思理论主题的人类解放思想具有深远意义,黑格尔从"绝对精神"把握人的历史性存在和解放目的,以及对人在世界历史中主体地位的积极肯定,成为马克思进入政治经济学研究和批判中把握人类解放需要的理论养料,是马克思建构人类解放思想的理论动力之源。马克思正是在对黑格尔通过"绝对精神"和世界历史理论追寻人的解放的理论体系的批判中逐步构建起自身的解放思想,进而在政治经济学深入研究和批判中揭示人类社会的奥秘和解放的指向。

一、"绝对精神"的内在本质与基本原则

在黑格尔的哲学体系和思维理路中,本体论是一个重要范畴,"绝对"是黑格尔的本体论,指宇宙的本原和根据。黑格尔认为,运动的"自我否定"正是世界本原自我思辨的过程,它通过人们的理性思维展现出来。就黑格尔的哲学体系构建理路来看,"绝对"并非被解释为一种僵化的概念性存在,而是被视为拥有丰富的内在力量和内容的过程,这就为"绝对精神"包罗万象地在世界历史中持续性生发提供了解释力。思辨的结果必然要体现出对本体的决定意志,黑格尔将对本体的思辨与决定意志称为"绝对精神",这一概念本身已经包含了绝对的、确定的界限,人们在"绝对精神"中只能投身其中以把握"绝对"性。德国古典哲学的"接力棒"传递到黑格尔,形成了将达到绝对观念的认识当成世界历史终点的核心思想。就黑格尔"绝对精神"的哲学思想而言,其在超越传统哲学的基础上达到了新的哲学高度与历史境界。

黑格尔认为,自然界、人类社会和人类思维都是"绝对精神"的显现,而自由与解放是"绝对精神"长期演化的必然结果,自由、解放的发展程度与"绝对精神"的认识程度具有密切相关性。黑格尔哲学中的自由、解放依托于人的意识和认识能力的无限拓展,认为人的意识能够在由"绝对精神"构成的世界中充分展现为自由意识,并逐渐深入到无限的"绝对精神"之中,表明自由与解放是在经验现象之外的无限存在,不断向人类的自我意识开放,等待人类理性认识去发掘,体现了人类追求自由与解放

的历史活动推动了主体意识的自我规定和自我创造。因此,自由与解放构成了"绝对精神"的内在本质与基本原则。

从"绝对精神"的本体意义上肯定人的自由与解放的合理性及其合目的性,并追问"绝对精神"的自由、解放内在本质与基本原则,既是黑格尔对传统哲学的反思、批判的结果,也是其批判、继承启蒙运动的主体性和理性原则的结果。黑格尔提出"绝对精神"的目的是拯救上帝、激活人类理性的本质以及恢复真理,"绝对精神"是从自我意识、理性中不断发展出来的概念,在澄清自由与解放的真实意义过程中逐渐与理性的本质和真理之间形成"三位一体"。早在 1795 年,青年黑格尔就从康德的"实践理性"中敏锐地觉察到人的自由、解放、价值与尊严,并宣称人类的尊严与被尊重的程度是时代精神的标志,他洞察到作为真善美统一体的上帝要想证实自身的无限自由性和真理性,必须将自身降世为人类的意识和理性,并意识到人类理性构成其自我认识和自我活动的要求;他同时也感叹道:"为什么,到这样晚的时候,人的尊严才受到尊重? 为什么,到这样晚的时候,人的自由禀赋才得到承认?"①通过启蒙运动所创立的带有现代新观念、新思想的世界是主体性的确立和人的价值与尊严受到肯定的新世界,高扬启蒙精神是对人的价值、尊严与自由的高度承认。但是,黑格尔没有盲目崇拜启蒙精神,他发现了启蒙精神的局限性,指出启蒙运动中的理性与自由始终纠缠于自然和道德的对立诠释中,以及个体与整体在本体论上优先地位的争论导致理性精神与现实世界的分离,表示启蒙精神无法把握理性,只有根源于人是精神性的存在才能将自由当成内在需要来追求。他认为启蒙精神是"以伦理学中的功利主义、社会观中的原子主义、人学中的分析性为其基础和内容的"②。对于这一局限性,黑格尔针对性地提出应将原子式人际关系的个体塑造成为处在共性与个性和谐统一的共同体关系中的社会成员,尽管人的生命的原子式存在是个人实现自由

---

① 苗力田译编:《黑格尔通信百封》,中国人民大学出版社 2015 年版,第 46 页。
② 郁建兴:《自由主义批判与自由理论的重建——黑格尔政治哲学及其影响》,学林出版社 2000 年版,第 73 页。

意识的自然前提,但这一前提的合理性与必然性归根结底源于人是精神的主体性存在,如果坚持将原子式的存在等同于人的自由本质的全部内容与现实表现,那么这种自由表现极易遭到倾轧或剥夺,并可能导致人的精神追求与必需的物质生活不相匹配。人要解脱原子式的孤立状态,不仅仅表现为真正摆脱神的束缚或人对自然状况的征服能力的提高,更在于通过人的感性物质实践活动,将单个的我、你、他改造成为相互联系中的我们、你们、他们,并在对共同自由意识的自我探寻和实践中产生自发的秩序,将自身秩序外化为获取人类理性与自由的本质要求,借助于人类实践的具体发展来促进意识活动的全部内容得以展开、主体解放的目的得以实现。黑格尔将时代的主题确定为"全人类的解放",而不是"单个人的解放"。

"绝对精神"的内在本质就是自由与解放,自由与解放是"绝对精神"真正的欲望,是"绝对精神"冲破自身、发展自身的"冲动"与目的。黑格尔哲学体现了以意识自由和主体解放为最高目的的理论体系,表明精神走向"绝对精神"的历史活动即是自由在现实世界中得以实现的过程。黑格尔的本体论在其真正的意义上,是对人的自由与解放何以可能的追问,而他对这种追问的回答与论证,本身就是"绝对精神"的自我运动和自我认识。黑格尔为表达对"绝对精神"的内在本质与基本原则——自由和解放的不懈追求,他把以自然、社会、思维领域所体现出的"绝对精神"视为无限的、完全自由的、神圣的精神,并力图揭示"绝对精神"的自我运动、自我发展、自我展开的规律性、目的性与过程性。黑格尔将"绝对精神"作为世界存在的终极真理,划清了与经验性的、暂时的以及直接的感性确定性的界限,这就确证了"绝对精神"是一种自我实现并在实践中永恒运动的自由精神,体现了人具有一种超越意识的个别性而上升到思想普遍性高度的自觉。他的"绝对精神"是以概念自我运动的形式即概念发展的辩证法展现人类理性的自由运动,反映了人类不满足滞留于某一现存的自由状态或存在方式而寻求自由意识的全面实现的历史创造性活动,展现个体理性、普遍理性相融合的进程中所实现的理性自由、理性解放,也就是为人的自由与解放何以可能提供根据。

显然,黑格尔把对人类解放追求的表达及人类解放何以可能的追问都限定在精神范围之内,强调人的精神力量、观念世界的革命化对现实实践的重大影响。"绝对精神"的实现和显明过程,实际上是寻求自身在外部世界中人类理性和精神本质的对照物,它作为实现自由和解放的真理,蕴含在不断返回精神与反映人类实践辩证发展的进程中。从本质上说,黑格尔局限于精神维度揭示"绝对精神"的内在本质与基本原则,并不具有现实性与实在性。他所追求的现实性是每个个体作为自由意识的主体的现实意义,当人类的自由意识、理性精神同现实的社会生活发生冲突时,通过意识的自我创造来改变冲突,就会使得走向自由与解放目标的路途成为自我认识和改造的永恒历程,社会实践的现实性就此隐匿起来。黑格尔并未切实认识到真正摆脱必然王国的桎梏、实现自由与解放,不仅在于对必然性的精神把握与精神认识,更为重要的是需要达到对现实改造与对必然性的超越;没有认识到只有改变压迫、奴役人的社会关系并通过人类感性的、物质性实践活动的途径与条件才能获得自由与解放。

二、"整体发展"过程与"自由意识"实现

社会历史的发展是有规律的,是一个不断从低级向高级发展的过程,人类历史在客观上必然有其自身的终极目的。然而,在黑格尔之前,"历史不是被看作一大堆偶然事实的凑合,就是被看作按照自然规律而运行的自然过程。康德的历史目的论则只是人类从自己的道德立场出发对自然的一种'反思判断力'的设想,而不是历史本身的客观规律。但黑格尔从'绝对精神'的自我认识和自我实现出发,使自己的历史观超出了他的所有的前辈"①。黑格尔强调人类社会的全部历史都是以精神为起点和终点,揭示了世界历史发展中民族史与人类史相统一的过程,以及世界历史实现的方式并非不断生成自由的现实过程,而是本身自由外显的必然

① 邓晓芒:《马克思从黑格尔那里继承了什么?》,《马克思主义与现实》2008 年第 2 期。

结果。因此,黑格尔哲学体系中显露的"绝对精神"所返回自身的实现路径,并非借助外在技法或纯粹主观设计的理论原则,而是人类自觉追求解放与实现发展的自我创造活动的历史必然。

第一,世界历史是人类"整体发展"的过程。黑格尔思考的对象是现实中的作为整体的世界历史,关涉人类文明的整体史和人类自由的实现史。黑格尔的"整体发展"的世界历史观注重从认识论和本体论的角度反思人类历史整体的过去、现在和未来,囊括了一切历史阶段和文明对人类社会发展的贡献。但他经常提到甚至常常盯着发生在特定时间、一定地域和特殊政治形态的"民族历史"。黑格尔认为,世界历史是一个局部与整体紧密联系的完整链条,各个民族都是这一链条上的一个环节。世界历史整体的形成根源于世界历史普遍联系的确定,各个民族与世界之间是局部与整体的关系——只有当一个民族真正走上世界历史舞台与世界历史建立普遍联系时,才是"世界历史民族"。一个民族对于世界历史而言,民族仅仅只是世界历史的"个体",作为局部——"个体"民族,其历史性成果并不被承认,只有同整体——世界历史相联系,世界才能真正形成普遍的联系,民族才能演变成具有深刻意义的"世界历史民族",历史作为世界历史才有可能变成现实,并标志着历史"新纪元"的开辟。各个民族不论其历史和现状如何,整体性是各民族在世界历史上生成与出场的方式及地位的表现,通过"世界历史民族"的作用,使得其他"个体"的民族也相继成为世界历史的一部分,也都必然加入世界历史的进程之中,体现整体对局部的影响与制约作用。世界历史的"整体发展"过程不仅是黑格尔自我意识确立的形式,而且是他自我期许的历史结果。黑格尔认为,整个世界历史最终发展的目的是保障精神自由的实现。

黑格尔曾肯定了世界历史进程中的真实事件——法国大革命的世界历史内容与世界历史意义,站在世界历史的高度对法国大革命做出了准确的历史定位。对法国大革命的研究使得黑格尔将自身青年时期的革命理性转化为理性哲学,并在理性的深刻思辨和对政治的规范性阐述中将世界历史的整体关联性推向了高峰。黑格尔指出法国大革命是属于世界历史的民族精神,对人类灵魂产生了巨大的影响力,为人类生活的世界化统一铺平了道路。他相信法国大革命与世界历史性质之间的深刻联系,认为它是世界普遍"精神"的一种表现和自觉意识。黑格尔对法国大革命历史意义的评价与定位,深刻洞察了整个西方政治哲学运行的历史进程,也在个人自由与国家整体的核心问题域中孕育了革命性思想力量。在人类精神的历史理性尺度内反思民族自身的发展,显示出黑格尔深远的世界历史的整体发展眼光。

第二,世界历史是人类"自由意识"的实现。黑格尔认为:"自由意识"具有自我运动、自我发展、自我目的实现的能力,世界历史就是潜伏在自己本身之内的"自由意识"活动的表现,世界历史是"自由意识"自己表现自己、自己实现自己的场合与舞台;"自由意识"产生的绝对理念能物化成自然,自然能异化产生人类精神;"自由意识"发展的程度不同是我们划分世界历史的标准和依据,"自由意识"的进展体现世界历史的进程。精神的实体与世界历史的本质共享同一目的,即在精神世界中寻求"自由意识"的内在必然性,从精神出发而为获取整个世界精神的发展寻求现实的、定在的自由。世界历史的进程就是"自由意识"实现与发展的过程。黑格尔从自身的哲学世界观——"绝对精神"外化为"存在"出发,在逻辑上先验性地推理出人类历史是"绝对精神"的外化史,是一个不断地追求自由、实现自由的过程。"自由的主要本性,——其中包含绝对的必然性,——将显得渐渐意识到它自己(因为依照它的概念,它就是自我意识),并且因此实现它的存在。自由本身便是它自己追求的目的和'精神'的唯一的目的。这个最后目的便是世界历史。"①自由是人类所追求的最终目标和世界历史发展的本质,世界历史的本性显现为自由意识的发展。他致力于将自由的形式提升至纯粹的精神普遍性,确定人能够通过自身的精神性活动不断获得自由意识并无限趋近于"绝对自由"。世界历史理论要解决的基本问题就是必须考察"自由意识"是如何发展的,

---

① [德]黑格尔:《历史哲学》,王造时译,上海书店出版社 2006 年版,第 18 页。

即人类是如何获得"自由意识"的问题。黑格尔在《历史哲学》中以"自由意识"为核心线索,依据不同国家与民族的社会历史发展特点,在确定世界历史总的进步过程及其历史发展的终极原因是"绝对精神"的同时,把世界历史过程分为四个递进的发展阶段:"东方王国"—"希腊王国"—"罗马王国"—"日耳曼王国",阶段的划分标准在黑格尔《法哲学原理》和《历史哲学》中具有一致性体现。在黑格尔看来,世界历史作为精神的自我展开,内在支撑是贯穿于历史整体脉络中的自由观念,在世界历史的实际进程中,自由仍在历史的空间维度上成为无限追寻的需要。"东方王国"阶段的精神原则是"实体性精神",是不存在"自由意识"、绝对专制的君主制的个人自由阶段;"希腊王国"阶段的精神原则是"美的伦理性的个体性",个性在希腊奴隶制下得到了发展,但希腊人的自由是部分人的自由,其自由又是以牺牲另一部分人的自由为前提的;"罗马王国"阶段的精神原则是"抽象的普遍性",严酷的法律代表罗马世界的精神,一切人(个人、民族)都必须为国家做出牺牲,抽象的国家、政治和权力凌驾于个人之上,一切人的意识是一种抽象的"自由意识";"日耳曼王国"阶段的精神原则是从"无限对立那里返回的精神",精神与自然的对立被消除,一切人都具有自由,现实的"自由意识"得以实现。从"自由意识"在不同国家的实现手段和程度看,除了依靠内在自觉的精神动力,还要依托于人类的欲望这一外在形式得以进行。黑格尔因此揭示出"世界历史民族"发展与"自由意识"发展(君主的个人自由—部分人的"自由意识"——一切人抽象的"自由意识"——一切人现实的"自由意识")之间的深刻关联。"黑格尔通过运用历史哲学的剪刀,将历史剪裁为'自由意识'的演进过程,这样一来,历史呈现在人们面前的就不再是一幅杂乱无序的图画,而是自由和必然的统一体:世界历史不仅具有了它的规律性和普遍性的本质,而且还呈现出由低级向高级渐进发展、由简单向丰富不断展开的特性。"①"自

---

① 涂成林:《世界历史视野中的亚细亚生产方式——从普遍史观到特殊史观的关系问题》,《中国社会科学》2013 年第 6 期。

由意识"将世界历史规定为自身运动的场域,同时也就突出了"绝对精神"这一终极目的在运行过程中发挥的指引作用,即"自由意识"在"绝对精神"的昭示下必将成为"绝对自由"。

应该指出的是,世界历史的"自由意识"实现的历史目的论在黑格尔的视野中是以"理性的狡计"的形态呈现的。人类的行为受"自由意识"所控制,"自由意识"以狡猾的手段来诱导人类的行为,历史借助于人类"自由意识"与行为的特殊关系来发展自身被黑格尔称为"理性的狡计",即是指特殊的事物之间相互斗争,最终都遭受损失。这意味着作为世界历史外在推动力的人类本性虽然在"整体发展"中呈现出一定的主观性和任意性,但其作用力依然潜藏在"自由意识"的控制力中,黑格尔"理性的狡计"凭借思辨逻辑证明了"自由意识"通向"绝对精神"路径的唯一合理性。而表征"自由意识"的普通观念并不卷入对峙和斗争当中,卷入是有危险的。它始终留在后方,不受骚扰,也不受侵犯。它驱使热情去为它自己工作,热情从这种推动里发展了它的存在,因而热情受到损失,遭到祸殃。① 通过"理性的狡计"即在理性利用热情的巧妙安排的神本形式下,"自由意识"获得了客观存在性。

黑格尔对世界历史基本问题的揭示与回答具有辩证性,但自始至终是以唯心主义为其哲学基础的纯粹逻辑推演,并带有狭隘的民族主义情结——把"日耳曼王国"阶段理解为世界历史之巅,"自由意识"是"日耳曼王国"阶段的"专利"。在黑格尔的理解中,世界历史本质上是精神的历史,世界历史的经纬线汇合到精神之中,精神发展自己和实现自己。"黑格尔对历史方法的哲学提升依然缺乏科学的基础,不可能科学揭示世界历史的实质"②。因为世界历史中的个人活动整体上是按照特定的自由原则来追求自身的解放,个人进入世界历史中并非直接以"整体发

---

① 参见[德]黑格尔:《历史哲学》,王造时译,上海书店出版社 2006 年版,第33页。

② 赵士发:《世界历史与和谐发展——马克思世界历史理论的当代研究》,人民出版社 2006 年版,第61页。

展"为目的,而是不自觉成为世界历史追求"绝对精神"的工具,这就导致
无法真正地揭示世界历史的形成原因和人类历史发展的真实走向。

三、黑格尔的哲学终点与马克思的思想起点

黑格尔对马克思的影响是毋庸置疑的。马克思深深感到黑格尔思想
的合理性,但与黑格尔的诸多哲学范畴判然有别。他虽然承认黑格尔世
界历史观的整体性意义,但在讨论黑格尔历史哲学视域中世界历史时所
采用的是"历史""人类历史"的概念,更关注的是人如何通过现实手段实
现解放。马克思对待黑格尔唯心主义哲学遗产的态度并不是全盘否定,
而是留有余地。在马克思看来,与庸俗唯物主义用具体的生理学的观点
去解释人的精神现象及社会现实状况相比较,黑格尔以抽象思辨的思维
方式来表达人类的现实状况更具有真实性。马克思承认黑格尔对哲学范
畴作出了"逻辑规定"的伟大贡献,肯定黑格尔对历史方法的哲学升华,
继承了黑格尔关于实现自由和解放思想论证的合理内核。黑格尔哲学遗
产在现代的真正继承者是马克思,马克思创立科学的人类解放思想也得
益于黑格尔哲学的启示。

第一,黑格尔"绝对精神"的内在本质与基本原则是自由与解放,在
"绝对精神"的自我运动的基础上,黑格尔建立起自己相对完整的自由、
解放观:人类的自由与解放的本质意义与获得源头只能从"绝对精神"的
整体中去引申;自由与解放的实现通过"主体—实体"的辩证否定运动呈
现出来;人类终极关怀不是上帝,而是依赖于世界的本原——既作为实体
又作为主体的"绝对精神"。黑格尔在否定上帝的终极关怀观后,给人预
定了一个抽象的环境世界,并用精神的抽象来表现人的自我创造历史活
动的意义。马克思认识到黑格尔这一辩证思想的深刻性,认为意识和精
神活动中的自由只是现实生活的理性反映,与人类社会中真正的自由根
本不同,承认在世界历史中追求自由和解放必然经历曲折前进的辩证发
展过程,同时又用实践的观点改造了黑格尔的"绝对精神"的抽象运动,
把在宗教里通向超越性彼岸的神的解放,变成了通过现实的社会历史实

践所要实现的人类解放,将每个人的解放与历史向世界历史转变的方式和过程视为一致,由此描绘了历史发展的形态,同时确认了历史展开的过程与人的自由观念呈现、自由程度提升相呼应的规律;将人应该向何处去的形而上学追问转变为人依靠自身的能力往哪里去的现实解放的设问。

第二,黑格尔"绝对精神"所蕴含的自由与解放的真意及在"绝对精神"的框架内将人的精神与物质结合的努力,在本体论意义上充分肯定人的自由与解放的存在,是马克思建构人类解放思想的理论之源。虽然在理性主义的发展史上,黑格尔始终坚持思辨理性主义的辩证法,其哲学体系以纯粹精神现象为主线,然而,黑格尔对精神与物质两者之间的界限及结合的重要性存在清醒认识,现实物质状况在黑格尔的视野之内。马克思在延续黑格尔这一思想的基础上,认识到人的精神是人具有的重要现象,但过分夸大精神的作用,而忽视物质与精神之间的内在关联,甚至轻视现实的物质追求,是失之偏颇的天真幻想。应该将两者结合起来,强调解放目的与世界历史推进的现实性和实践性,将人追求解放的历史活动视为人类物质生产和交往的历史,认为具体的物质性活动能够不断创造精神冲突解决的现实条件,将人与社会的关系同历史紧密结合起来,并从经济发展、社会运动的角度考察人类社会发展及探索实现人类解放的终极目标。黑格尔曾试图将人的精神与物质状况结合起来的努力,直接启发了马克思,成为马克思建构人类解放思想的直接理论来源。

当然,马克思也认识到黑格尔"绝对精神"的局限性——把人的物质现实还原为意识,未能抓住人类感性实践的全部内容,未能在理论与实践的统一中真正实现精神与物质的有机结合从而转向人类解放的实践。马克思认为,对人类解放的规律与必然性把握不仅在于精神认识,还需要在现实中不断改造与超越,而黑格尔对"绝对精神"自我发展过程的论述,不仅刻画了世界历史由低级向高级的进化,而且说明了人的解放由自我意识向自由意识的跃升,还原了历史与现实生活境遇之间的关系,隐藏了对历史进步的真正动力的关注。由此,他把黑格尔"绝对精神"本体论对纯粹的、永恒理性的自我运动的追问,变革为对人和人的物质关系的理论探索,以探寻人类历史演进的客观物质基础和发展的规律,并把自己的本体论定位为对"人类解放何以可能"和"人类解放何以必要"的寻求。人类解放的可能性根据与解放的必要性根据构成了马克思主义哲学的本体论。

第三,黑格尔的世界历史观虽然以唯心主义为前提,"但通过这种唯心主义形式所包含所表达的历史观见解,不仅比那些罗列各个民族的历史材料的历史编撰学家深刻,而且也比那些从这些历史材料中寻找表面的共同性或抽象的普遍性的思想家深刻。黑格尔对世界历史的总体性或整体性特征的揭示,不仅阐释了世界历史的整体性,而且揭示了世界历史同各民族历史之间的整体与部分的辩证关系,承认世界历史进程中的每个民族国家存在的个体性和独特性,对人类历史发展中的特殊性与普遍性关系的分析,透过貌似散乱无序的经验事实而寻求其'内在联系'的致思路向,通过'精神'基于自由本质实现的自我否定而对人类历史辩证运动过程的描述,无疑都是非常闪光的思想"①。黑格尔的闪光思想与思考方式为马克思铺平了道路,其历史洞见对马克思历史观及人类解放思想的形成产生了巨大的影响,是马克思人类解放思想最为直接的理论来源。黑格尔世界历史理论被誉为近代资产阶级世界历史理论的最高成就,黑格尔是第一个系统阐述世界历史规律的哲学家,"黑格尔的思维方式不同于所有其他哲学家的地方,就是他的思维方式有巨大的历史感做基础。形式尽管是那么抽象和唯心,他的思想发展却总是与世界历史的发展平行着"②。恩格斯曾评价指出,"这个划时代的历史观是新的唯物主义世界观的直接的理论前提,单单由于这种历史观,也就为逻辑方法提供了一个出发点"③。黑格尔的世界历史观对马克思历史唯物主义的创立具有奠基性的意义,是历史与逻辑相统一的历史观的前奏,也为马克思人类解

①　马俊峰:《马克思世界历史理论的方法论意义》,《中国社会科学》2013 年第 6 期。

②　《马克思恩格斯文集》第 2 卷,人民出版社 2009 年版,第 602 页。

③　《马克思恩格斯文集》第 2 卷,人民出版社 2009 年版,第 602 页。

放思想的构建提供了强有力的理论武器。马克思哲学思想本身作为世界历史发展的产物,继承了黑格尔关于世界历史是有机整体的思想论述,即哲学是关于"世界的一般哲学"的论述,在哲学阐述的过程中把握世界历史的普遍性与特殊性的辩证关系及其渗透到现实生活领域中所呈现的规律,以此为依据考察了人的实践在世界历史中的发展历程。

从世界历史观表达的核心观点看,马克思继承了黑格尔的思想遗绪。黑格尔世界历史观的核心思想为:世界历史是人类"整体发展"的过程;世界历史是人类"自由意识"的实现。其命题充分展现了黑格尔对人类历史发展认识的整体性、辩证性思想以及对历史发展规律性的把握。黑格尔的世界历史理论直接影响了马克思,马克思世界历史观的核心思想为:世界历史是一个合乎规律的发展过程,世界历史表征的是不可逆转的"历史向世界历史的转变"的总体趋势。从世界历史观核心观点的对比看,黑格尔世界历史的整体性、辩证性、合规律性思想构成了马克思社会历史哲学的直接理论前提。而马克思注重从人与自然、人与人以及人与社会的关系维度审思实践在世界历史不同进程中的表现形式,得出只有以现实的人的自由全面发展为标志的共产主义社会才是世界历史真实存在的可能。他的社会历史哲学的重心是对人的存在状态的展开,是奠基于实践基础上对人类解放历史命运的终极关怀。可以说,马克思把黑格尔世界历史观核心思想与对人类未来命运的关切自觉地联系起来。

从批判性维度与人类解放的关系看,黑格尔世界历史观启迪马克思真正将制度批判与人类解放相链接,这种创造性链接是马克思主义哲学发展史上的重要篇章。马克思认为,哲学的主要任务是批判和揭露,以便唤醒德意志的政治革命。他对资本主义制度毫不妥协的辩证性批判,构成了人类解放思想的根本精神。马克思在社会存在本体论的维度和历史唯物主义的基础上超越了黑格尔的历史本体论,但从历史方法论维度批判性继承了黑格尔的世界历史理论。马克思从早年人类解放思想的提出开始,在世界历史的视野与对物质利益问题的反思中,始终坚持对资本主义社会制度的剖析,把批判的对象与主体确立为社会根本制度,从社会基本矛盾运动与矛盾规律来说明世界历史的成因和人类历史的新走向,从而建立了全新的哲学体系——以制度批判为主题的人类解放的政治哲学体系——彰显了他对人类解放追求的价值立场的彻底性。这种制度批判既体现了马克思理论的前瞻性,也为无产阶级革命与人类解放运动的展开做好了理论"护航"的准备。正如有学者所言,"马克思主义哲学学术体系,无论是在过去还是现在,都立足于人类解放"①。而从马克思批判精神的根源上看,马克思是从研究黑格尔的《法哲学原理》开始的。"马克思对黑格尔国家法哲学的保守主义定位及其展开的国家主义批判与市民社会批判,决定性地确定了马克思主义社会政治思想以及整个唯物史观的理论起点。"②《法哲学原理》是黑格尔实现自我意识并运用于社会现实中产生具体的世界历史内容的资产阶级社会哲学,自我、自由、理性、自然法同市民社会、财产权、世界历史与国家法分别有了千丝万缕的联系,这是黑格尔超越浪漫派并吸引马克思关注的地方。马克思通过对黑格尔法哲学的批判揭示了人类历史的生成与演进规律,并基于历史唯物主义对世界历史运行逻辑的把握,把黑格尔的法哲学思想确立为整个世界进程中自由主义的理论典型,将其理论不足扬弃于政治经济学研究和人类社会的阐释中。马克思发现了黑格尔法哲学中批判财产权所引发的对阶级斗争问题的思考,接受了黑格尔关于财产权与阶级斗争的思想,从而将哲学引入经济领域,认识到自由与解放的实现终将从经济问题的解决开始。在马克思后期的著作中,尤其是在《资本论》的写作中,也可以清晰看到黑格尔法哲学中的经济学内容对马克思产生的影响。如马克思关于人类解放最终决定于经济领域内阶级斗争中无产阶级力量的观点,在《法哲学原理》中就可以看到黑格尔类似的革命情绪的表达。马克思在转向经济学研究后,深刻认识到对生产过程中不同领域和维度的批判,

---

① 张文喜:《在学术和体系建构中的当代中国马克思主义哲学》,《中国社会科学》2020 年第 2 期。

② 邹诗鹏:《马克思对黑格尔国家法哲学的批判及其理论效应——自由主义批判视域下的重理与检视》,《哲学研究》2020 年第 4 期。

只能是现实的批判而非思辨批判的具体化,因此真正理解了黑格尔《法哲学原理》隐含的革命与批判的本意,揭示出黑格尔《法哲学原理》中对主体内容的批判与批判方法论之间的割裂,从而将关注点由黑格尔哲学逻辑移向法哲学中的经济学内容的研究上,这种关注点的变化为马克思的人类解放思想注入了革命性与现实性的因素。

马克思对现存资本主义社会批判的立场是坚定的。他通过对现实社会制度及社会关系的内在矛盾运动过程的揭示与批判,对人类解放的实现路径的阐明,推进了对历史发展的内涵及其意义的思考,对资本主义社会及其内在矛盾展开全面的批判,在批判中重新建构世界历史,使得无产阶级被提升和规定为世界历史的主体,将无产阶级的物质生产劳动的一般历史生成性与资产阶级生产逻辑的特殊性分离开来,为世界历史提供新的希望,并逐渐形成了自己的人类解放思想。作为对私有财产的"积极扬弃"的共产主义运动就是从黑格尔"世界历史"的终点向马克思的"人类历史"和"人类解放"的直接过渡。

当然,在人类解放实现途径的思维前提下,马克思完全超越了黑格尔。黑格尔以"精神"为前提,主张"精神地"理解世界历史,通过"精神"的辩证运动来把握世界历史,世界历史归根到底是世界精神实现自己目的的过程,是自由意识发展的结果,把人的活动下降为历史的工具范畴;而马克思以"实践"为前提,以"现实的人"的实践超越了黑格尔抽象的"绝对精神"的唯心主义世界历史观,将"绝对精神"的历史观提升为科学的世界历史观,主张从"现实的人"的实践活动出发来理解世界历史,人类解放的过程与物质生产实践密切相关,是资本主义生产方式扩展的历史。通过对资本主义社会在世界范围内扩大生产逻辑的考察,马克思发现了人类历史推进的动力机制以及生产转化方式,并进入人类社会生产的历史进程中审视"自由观念"的内容,促进世界历史从西方中心向人类社会的转变,进而突出了社会革命和无产阶级作为承担人类解放使命的普遍阶级的地位。马克思认识到,黑格尔以精神、理性作为历史进步的前提和动力,没有看到历史与现实之间的关系。而马克思本人把对人类解放何以可能的寻求诉诸对人的现实的历史性实践活动的理解,从而变革了黑格尔本体论以唯心史观为依托所进行的对人的意识活动的追问,实现了以唯物史观为依托的理论基础的变革。在唯物史观逐渐确立之后,马克思对黑格尔和资本主义社会批判的主要思想取向是破除国家与个人之间二元分离的逻辑,确认个体的人同时也是作为类存在的现实,确定现实的人扬弃世界历史中异化的政治关系的必要性,以及发展作为人自我存在方式的社会关系,并直接通向人类解放的存在状态。马克思以人类历史演变的客观现实实践为前提和基础,指出历史转向资本主义世界历史的时代是历史性的、暂时性的,它必然被共产主义世界历史时代所取代。

黑格尔哲学思想所达到的终点,正是马克思理论研究的起点。马克思社会政治和人类解放理论的出发点,是对黑格尔精神哲学和法哲学原理中内蕴的神秘性与保守主义本质的揭示,同时针对黑格尔哲学关于资本主义和现代自由主义的解读,彰显了马克思在批判黑格尔哲学中确立以人类解放为核心议题的超越性思想史效应。黑格尔哲学给了马克思广泛而深刻的启迪,也只有马克思真正继承了黑格尔哲学的"合理内核",又超越了黑格尔哲学思维的局限性,并从历史发展的全过程与整体观视角反思人与自然、人与社会的关系,揭示人在与自然、社会的相互作用中人类的解放与和谐的规律。

第三节　费尔巴哈的人本学与人类学

"盘点"马克思人类解放思想体系的理论资源,费尔巴哈(Ludwig Andreas Feuerbach,1804—1872)是一位非常值得重视的人物。费尔巴哈是马克思之前最伟大的唯物主义哲学家,其人本主义的哲学思想把他和欧洲哲学史上其他唯物主义者区分开来,其唯物主义的自然观为马克思批判唯心主义提供了有力的武器。而其人本学、人类学思想及其建立在人本学、人类学思想之上的人道主义更是对早期马克思的研究路向带来了深刻的影响,在马克思早期著作中论及颇多的诸如人的"类本质"和"异化"等都与费尔巴哈的学说密切相关。马克思基本承认费尔巴哈对人的感性现实性的确定,但同时指出支撑人感性现实性得以实现的内在活动原则,认为人是受动性与能动性的统一体,人既要接受现实世界的影响并与其建立起对象性关系,又能主动认识世界运动的规律并避免与其相对立的状态。从马克思对费尔巴哈忽视人的能动性的洞悉,向前追溯费尔巴哈的人本学与人类学思想,有助于我们清晰、准确地理清马克思人类解放思想的理论之源,并向后拓展马克思的人类解放思想。

一、人本学:费尔巴哈对人的本质的表达

费尔巴哈的哲学是从批判黑格尔哲学开始的,他是德国哲学界第一个指出黑格尔哲学头脚倒置特性的人。通过从人本主义出发,批判黑格尔的唯心主义哲学,他获取了直观唯物主义立场,从人的立场出发批判神占据的至上位置,突出人是一切宗教中心的地位,唯物主义地解决了哲学的基本问题,建立了人本学唯物主义,通过把一切宗教生活的内容归还于人来促使宗教的本质复归于人的本质,将人理解为思维与存在相统一的主体和基础,对人的本质进行了精妙阐释。

费尔巴哈在其最具革命性的哲学著作《基督教的本质》中贯穿了唯物主义思想,他明确指出:"神学之秘密不外就是人本学!"①此外,费尔巴哈的其他一系列著作,诸如《未来哲学原理》《宗教的本质》等都充满了其直观唯物主义人本学理论的精粹,主要立于人本主义的基本原则,对思维与存在的哲学问题进行了唯物主义的解读和解答,捍卫了哲学必须以具有质的规定性的人为出发点的唯物主义思想。

费尔巴哈人本学的核心是关于"人的本质"的学说。即便费尔巴哈

---

① [德]费尔巴哈:《基督教的本质》,荣震华译,商务印书馆2017年版,第270页。

转向了唯物主义,他也十分谨慎地和庸俗唯物主义区分开来,不屑于与庸俗唯物主义处于同一个哲学派别中。从费尔巴哈直观唯物主义的立场上看,人和自然浑然一体,但两者截然不同,而人和自然的关系却被庸俗唯物主义者直接等同起来。费尔巴哈在其后期著述《遗言》一书中指出:"在我看来,唯物主义是人的本质和人类知识的大厦的基础;但是,我认为它不是生理学家、狭义的自然科学家如摩莱肖特所认为的而且从他们的观点和专业出发所必然认为的那种东西,即大厦本身。向后退时,我同唯物主义者完全一致;但是往前进时就不一致了。"①费尔巴哈以独特的论证依据和方式确证了变革宗教的唯心主义与机械论的庸俗唯物主义哲学立场的必要性,开创了自身的人本主义的唯物主义哲学思想。这非常清晰地表明了他的直观唯物主义哲学与庸俗唯物主义在人的本质问题上的区别。

转向唯物主义之后的费尔巴哈,其伟大之处在于:以唯物主义的视角来探索人的本质,建立了自己的人本主义理论。费尔巴哈注重从自然性维度来解释人的本质,以证明人的本质属性是感性自然性,将这一特性视为思维与存在、人与自然、主体与客体相统一的本质根据,这不仅使费尔巴哈与庸俗唯物主义者区别开来,而且也使得费尔巴哈与欧洲哲学史上其他唯物主义者区别开来。人本主义理论是以人为本位的学说,即人本学,其内容包括:人是自然的产物,但人与自然不能等同;人是一个感性的、肉体的存在;理性与意识皆为大脑之属性;人的自然本性是人的本质的核心属性;人的生活应当符合其自然本性;人类的罪恶行为的出现,乃是人的本质异化的结果;异化的原因是宗教,故必须扬弃宗教,回复到人的本质状态,尽管自然在时间上相对于人的优先性无法被改变,但是在现实作用上突出人在自然界中的优先地位,从而确定了人的本质存在于人自身的真理;人乃是自己之上帝,无须在自身之外寻求外在之上帝的绝对价值。

---

① 转引自《马克思恩格斯文集》第4卷,人民出版社2009年版,第281页。

那么,费尔巴哈是如何建立自己的人本学理论的呢?

首先,费尔巴哈基于人与自然的关系探索人的客观存在。费尔巴哈坚信人与自然之间的紧密关系,他指出,人是自然的最高产物,是自然的一部分,生命起源于自然,自然是人的根据,故而,只有在人与自然的关系中才可能正确地理解与认识人。同时,费尔巴哈确定了自然作为人生成和发展的物质前提,认为自然界是人类社会整体演变的现实基础,而人是自然系统的核心组成部分。自然作为人赖以生存的基础,作为人的根本依赖对象,决定了人的本质首先在于它的自然属性,即人是物理的、生理的人,是一个有血有肉的感性的实体,也是感性的、具体的实体存在者。在人与自然的这种关系中,人的肉体与精神皆来自于自然且精神、思维的规律与事物世界运动的规律具有一致性,感性的人就是其思维与存在一致性与统一体的主体。费尔巴哈对这一问题的基本表述是:存在是思维的基础,思维从存在而来,即存在第一性,思维第二性,两者是统一的,而其统一的基础和主体就是人,这便成为费尔巴哈"人本学"唯物主义的基本命题。因此,在费尔巴哈从人与自然的关系维度来把握人的本质思维中,"自然学"是前提,"人本学"是最高目的。费尔巴哈坚持了唯物主义基本立场,对思维与存在的统一性问题提出了颇为可取的生物学意义上的见解,有力地批判了宗教神学和把人理解为精神实体的纯粹思辨哲学观念与体系。

其次,费尔巴哈从感性存在的角度深入阐释了人的本质。"以自然为基础的现实的人"是哲学的最高对象,新哲学的任务就是要认识人及其本质。费尔巴哈指出,人是感性的实体,是现实的存在,人的存在只归功于感性,总之,人是现实存在的感性实体。费尔巴哈对人的感性存在本质的确定与其对宗教所赋予人的神学本质的取缔是同一过程,指责宗教将"爱"视为促进人性复归的虚幻性,同时批驳理性主义将"思维"当成人存在的本质依据的主张,并凭借理性批判走向根本的人性批判,逐步确立人是理性尺度的基本观点。在一系列对人的本质的定性论述中,费尔巴哈最重视的乃是人的感性属性。思维是人的思维,而不是独立于人即独立于感性实体之外的思维。人作为思维与存在相统一的基础与主体,其本质存在、自然本性就是感性的存在,并且其本身也就是现实的存在。人作为感性的实体具有伦理学的意义。从伦理学的角度看,人的本质表现在追求幸福的种种欲望与情感之中。对此,费尔巴哈曾经指出:"生就是活着,感觉着,表露着感觉。而你的感觉越强,就越须要表露;总之,你的感觉和情绪越真实、越强烈、越是本质的,它便越表示为外部的、感性的。……不给人以快感的,不在步伐、姿态、举止、目光中,一言以蔽之,不在人的整个感性本质中表现出来的德行和自由,只不过是一种似是而非的、虚伪的、想像中的德行和自由。感性便是现实……只有感觉得到的、看得见的本质才是完成了的本质。感性是完全性。所以,当你越出感性、生命直观的观点时,你便把完全的本质,转变成不完全的。"①人作为感性的实体不仅具有伦理学的意义,而且也具有认识论的意义。人是能思维、有感觉的感性实体,人的感性不仅包括人的感官欲望,也包括人的感觉直观。费尔巴哈之所以将直观的自然和感性人视为独立存在的本体,并论证人本主义的唯物主义哲学从感性确定性的实在之物出发的合理性,是因为他秉持人是以身体为基础的思维与存在、主体与客体的统一体;也正因为人所具有的认识论前提,人才能认识自然界,能动地反映外部世界,并且认识人本身。

总之,费尔巴哈建构自己的唯物主义人本学理论,既与黑格尔的唯心主义哲学彻底划清了界限,也超越了之前的唯物主义哲学,他把宗教本质异化的批判与人的本质揭示紧密联系起来以改变德国唯心主义哲学的思维方式,对马克思的唯物主义哲学产生了重大影响。

二、人类学:费尔巴哈哲学体系的核心

费尔巴哈的人本学思想建立于直观唯物主义哲学基础之上,其对人

---

① ［德］路德维希·费尔巴哈:《费尔巴哈哲学著作选集》上册,荣震华译,商务印书馆1984年版,第208—209页。

的认识不仅在于描述个别的人,而且在于阐发人的"类本质"。他把人的本质看作是"单个人所固有的抽象物",以全新的方式理解"人"这一个体。也就是说,费尔巴哈将人本学提升到了人类学的高度,从人本学视角来理解唯物主义,希望人们从人类学的高度来把握现实、感性的世界。将人类学关于人的"类"理解问题置于费尔巴哈哲学体系的核心位置,即明确了人类学哲学的目的在于建构人与客观世界相互作用的世界观,进而形成了以人类学为根基的新的哲学思维。

费尔巴哈曾经将"类本质"作为对象进行描述:"只有将自己的类、自己的本质性当作对象的那种生物,才具有最严格意义上的意识。动物固然将个体当作对象,因此它有自我感,但是,它不能将类当作对象,因此它没有那种由知识得名的意识。……在生活中,我们跟个体打交道,而在科学中,我们是跟类打交道。但是,只有将自己的类、自己的本质性当作对象来对待的生物,才能够把别的事物或实体各按其本质特性作为对象。"①这种将"自己的类、自己的本质性当作对象来对待的生物"即是人。费尔巴哈人类学哲学思维的出场,摒弃传统哲学本体论和认识论的思维方式,致力于恢复人及其赖以生存的自然世界作为哲学的研究对象,他确切说明了人与动物的本质性区别:人不仅具有自我意识,能够在理性与精神中感受到自身的存在,更为重要的是能够感受到自己作为具备某种共性的类而存在。"在动物,内在生活和外在生活合而为一,而人,却既有内在生活,又有外在生活。人的内在生活,是对他的类、他的本质发生关系的生活。人思维,其实就是人跟自己本人交谈、讲话。没有外在的另一个个体,动物就不能行使类的职能;而人,即使没有另一个人,仍旧能够行使思维、讲话这种类的职能,因为,思维、讲话是真正的类的职能。人本身,既是'我',又是'你';他能够将自己假设成别人,这正是因为他不仅把自己的个体性当作对象,而且也把自己的类、自己的本

---

① [德]路德维希·费尔巴哈:《费尔巴哈哲学著作选集》下册,荣震华译,商务印书馆1984年版,第26页。

质当作对象。"①在费尔巴哈看来,意识、思维只是人身体存在的构成部分,人的"类"意识是人成为人的基本保证,作为单个人力量集合的人类力量总和,是人的"类"意识和文化的产物,人最重要的属性之一以及人之所以为人的属性之一就是人的"类"意识状态或"类"观念状态,"类"意识状态或"类"观念状态构成了人的"自我意识"与"类意识"的双重生活,这种双重生活的两个方面既相互区别又相互统一,只有当"类"意识发展到较高水平,人才能将自身双重化为自身与他者,使得个人有限的感性直观结合成无限的力量,并从自身与对象的联结中探索自由和解放。

而此种"类本质"究竟是什么呢? 费尔巴哈的一段话道出了其对"类本质"的规定,"一个完善的人,必定具备思维力、意志力和心力。思维力是认识之光,意志力是品性之能量,心力是爱。理性、爱、意志力,这就是完善性,这就是最高的力"②。理性、意志和心是感性的、现实的人的存在标志,也正是人的"类本质",即人的本质只能被理解为一种内在的、人与人之间的普遍关系。因此,人与人之间的统一被视为"类"哲学的最高原则。在对人的肉体和精神关系之间的理解上,费尔巴哈认为:"精神本是与肉体、感官、一般的人一同发展起来的;精神联系于感官、头脑、肉体上的一般器官。"③费尔巴哈把精神和肉体都视为感性的人的属性的观点,是历史的巨大进步,这与唯心主义宣扬人的意识和肉体相分离的观点以及黑格尔的"绝对精神"学说完全对立。"过去的思辨哲学以'思维本身'作为考察的对象,而费尔巴哈却以思维主体的'人'作为考察的对象。"④相比较而言,费尔巴哈的唯物主义具有更强的生物学与生理学的自然科学意义。

① [德]路德维希·费尔巴哈:《费尔巴哈哲学著作选集》下册,荣震华译,商务印书馆1984年版,第26—27页。
② [德]路德维希·费尔巴哈:《费尔巴哈哲学著作选集》下册,荣震华译,商务印书馆1984年版,第28页。
③ [德]路德维希·费尔巴哈:《费尔巴哈哲学著作选集》下册,荣震华译,商务印书馆1984年版,第656页。
④ 萧焜焘:《从黑格尔、费尔巴哈到马克思》,商务印书馆2018年版,第11页。

费尔巴哈从他对人的"类本质"的总体看法中又推演出理想的人应该具有的道德品质与价值取向。在道德品质上,他提出人最重要的是能够实现自我节制和利他主义。因为既然个体的人能够意识到人的"类本质",能够意识到"类本质"乃是理性、意志和心,那么,个体的人自然就具备了推己及人的精神能力。费尔巴哈不仅把人的"类本质"当成思维观念的真实来源,而且促使其成为普遍性真理的标准,由此将真正的唯物主义哲学视为自我与他者之间"类"关系的确认。约德尔(Friedrich Jodl)(《费尔巴哈全集》第二版的主要编者、费尔巴哈的弟子)曾对费尔巴哈的道德性强调发表看法:"费尔巴哈的伦理学有了一种更现实主义的(realistic)、更阳刚的(virile)倾向,与道德历史更加吻合。"①在价值取向上,费尔巴哈认为,理性、意志和心是人生存的目的,与人的生命同存亡,是人的本质的基本规定,是人的根本价值取向所在。费尔巴哈人类学思想与道德品质、价值取向的结合,是启蒙时期以后的哲人第一次把人的本质、人的"类本质"和人的道德、人的价值相结合。

戴维·麦克莱伦(David Mclellan)评价费尔巴哈的人类学理论时指出,费尔巴哈"类的观念所包含着人类的根本统一性来自于人不是自满自足之物这样一个事实;他们具有完全不同的品质和能力,所以只有加在一起才能形成'完全的人'"②。麦克莱伦肯定了费尔巴哈的"类本质"不是从个体的人抽象出来的概念,而是整个的人,是自在自为地具有感性存在的具体人的总体,人与人之间的交往与结合,就是为了共同展示出"类"和人存在本质的完善,"类本质"在费尔巴哈那里挣脱抽象得到了解放。这表明费尔巴哈已经把人的本质与其所处环境和时代紧密联系起来,在突出人的自然属性的同时也强调人与他人的类属关系,一定程度呈现出人的社会性存在维度。

---

① Friedrich Jodl, *Max Stirner und Ludwig Feuerbach*, Osterreichische Rundschau. Vol.26,1911,p.427.

② [英]戴维·麦克莱伦:《青年黑格尔派和马克思》,夏威仪、陈启伟、金海民译,商务印书馆1982年版,第95页。

三、马克思人类解放思想创立的新平台

在人本学上,费尔巴哈把人理解为"自然"之人,他也力图超越人的"自然性",把人理解为"社会性"的人,这种思考蕴涵了社会关系和历史发展分析的成分,但没有切实从人的社会经济关系、阶级关系来考察人,未能达到基于社会历史活动来把握人的本质的深度,未能摆脱对人的生物学意义的把握;在人类学上,他没有对人的现实的本质进行批判,具有形而上学性,同时他对类的理解本身存在着很大困惑,甚至在表达上是混乱与自相矛盾的;他此时并未将人的"类本质"以及人与人之间"类"的关系加以系统论述,更未能对人的文化活动与交往实践进行经验性研究,这决定了他对人的理解未能达到历史唯物主义的高度。这是费尔巴哈人本学与人类学理论的局限性。

费尔巴哈人本学与人类学理论虽然存在局限性,但并不能够因此而否认其产生的反响及其伟大贡献。"费尔巴哈的著作在德国自由主义知识分子中间引起热烈反响并不奇怪,因为他的学说兼具简洁的形式和独到的内容。"①马克思对费尔巴哈曾经也有过高度评价:"和黑格尔比起来,费尔巴哈是极其贫乏的。但是,他在黑格尔以后起了划时代的作用,因为他强调了为基督教意识所厌恶而对于批判的进步却很重要的某几个论点,而这些论点是被黑格尔留置在神秘的朦胧状态中的。"②费尔巴哈的人本学和人类学思想是那个时代最有别于黑格尔"神秘的朦胧状态"的唯心主义哲学的学说。他把人理解为现实的感性实体,而不是抽象的精神实体,彻底否定了宗教神学和黑格尔思辨哲学;把人的本质理解为"类"和许多个人"自然地"联系起来的普遍性,把人本学提升到了人类学的高度。"我们往往强调费尔巴哈的唯物主义对马克思的影响,却很少注意到费尔巴哈的唯物主义恰恰是从属于

① ［美］劳伦斯·S.斯特佩勒维克:《论施蒂纳与费尔巴哈》,林钊译,《学海》2011年第1期。

② 《马克思恩格斯文集》第3卷,人民出版社2009年版,第17页。

其人类学哲学的旨趣的。"①只有把费尔巴哈的"类本质"和人本学思想理解为感性的活动,才能使人与人、人与社会多方面的社会关系显露出来。

费尔巴哈的人本学和人类学对马克思思想的形成产生了强烈影响,也使马克思人类解放思想的创立站在了新的哲学平台上,从人存在的本质维度上看,马克思将作为"感性对象的人"理解为从事"感性活动的人",并在费尔巴哈人类学哲学的影响下揭示人存在的社会属性。这种"强烈影响"主要体现在下列几个方面。

第一,促进了马克思早期"哲学共产主义"思想的形成。马克思提出的"共产主义"可以细致地区分为"哲学共产主义"和"科学共产主义"。"哲学共产主义"是马克思1845年以前处于"哲学阶段"(马克思从哲学原则出发来思考、解决各种问题,哲学是马克思思想发展的核心内容)的产物。在"哲学阶段",特别是在费尔巴哈《基督教的本质》发表到马克思撰写《1844年经济学哲学手稿》的三年间,马克思在费尔巴哈的人本学和人类学理论之上进一步阐述了"哲学共产主义"的理论构架。人的本质属性、人的"类本质"、人与自然的关系等重要论题出现在马克思的理论视野范围之内,人的解放和自然的解放纳入人类解放的体系与统一环节中,而费尔巴哈从人与自然、人与他人的交往关系中突出人存在的自然属性所实现的哲学从彼岸世界向此岸世界的转变,激励马克思从现实的世界去思索人的社会属性,进而从社会关系的维度把握人存在的本质。英国学者大卫·利奥波德在《青年马克思——德国哲学、当代政治与人类繁荣》关于"人的丰富性"一章中围绕人类解放问题探讨了青年马克思与费尔巴哈的关系。他认为费尔巴哈深刻影响了马克思的人类解放观。费尔巴哈认为人的本质只能在共同体中才能得以实现的人类学理论深刻影响了马克思,马克思也"效仿"了费尔巴哈,将共同体视为人性得以完善

---

① 谢永康:《人类学作为第一哲学——马克思与近代哲学精神》,《学习与探索》2012年第2期。

的理想场所,并提出超越政治国家的人类解放命题。① 他发现了费尔巴哈感性存在的人的抽象性实质,指出其感性存在论不应仅仅指向自然世界与属人世界相统一的需要,而且理应表征哲学逻辑起点的地位,进而确定感性存在向感性实践转换的理论前提,确证现实的人通过感性实践形成共同体中的社会存在者,并在共同的社会活动中探讨人的本质的发展逻辑的必然规律。

第二,使马克思自觉地与唯心主义哲学立场划清了界限。在费尔巴哈的影响下,马克思返回到唯物主义,站在费尔巴哈人本学的"唯物主义"高度,与黑格尔的唯心主义哲学立场划清了界限。正是费尔巴哈使得马克思摆脱了黑格尔哲学的羁绊,扎根于唯物主义的坚实基地之上。正是费尔巴哈对宗教的批判使得哲学真正摆脱神学的束缚重返现实世界,从虚无缥缈的神圣彼岸转移到人与自然的世俗此岸,并进一步使人真正成为哲学首要的、中心的问题,对人的本质包含在团体或共同体中的理解表明只有存在于社会中的人才符合其真正的本质要义。马克思认为费尔巴哈对人与人之间关系的指认彰显了社会性的基本原则,使得马克思进一步意识到人的现实性在于一切社会关系的总和,并以人的尺度来认识和衡量世俗世界,改造现实世界。"马克思所否定的只是费尔巴哈对人的类本质的抽象理解以及他对人的本质加以抽象化的观念,但并没有因此否定去追问和寻求人区别于其他存在物的'普遍本质'这一根本问题。"②这为马克思人类解放思想的创立提供了必要的理论前提。

第三,使马克思理论研究的境界得到了进一步提高。马克思自从告别黑格尔转向费尔巴哈之后,哲学的视野与境界达到了新的制高点:运用费尔巴哈的唯物主义哲学批判黑格尔的唯心主义和神秘主义,认识到批判环节与批判方式的价值;借鉴费尔巴哈的哲学原则提出了超越政治解

---

① 参见 David Leopold, *The Young Karl Marx*: *German Philosophy*, *Modern Politics*, *and Human Flourishing*, Cambridge: Cambridge University Press, 2007, pp.219-220。

② 贺来:《马克思哲学的"类"概念与"人类命运共同体"》,《哲学研究》2016 年第 8 期。

放走向人类解放的创造性见解,意识到政治解放的意义与限度;要洞察人类历史的发展过程,必须回到"市民社会"中来寻找钥匙,在政治经济学语境下探讨社会规律的决定性意义。马克思新人类学哲学的深刻转向"导引新人本学诞生,它促动了哲学主题深入人本化和新唯物主义人本之路的开启,这是一个起点式的转向"①。新唯物主义的开启离不开对费尔巴哈感性存在论的继承与超越,马克思将费尔巴哈视野中直观的实践观改造为现实的社会实践观,在改造世界的社会实践中使感性存在的理论得到证实并与深入展开的实践更加契合。从问题域转换的视角来看,如果说费尔巴哈人本学与人类学的轴心问题是人的"自由"的话,那么马克思新的人类学的轴心问题则是人类的"解放",在对费尔巴哈的继承与超越中,马克思摒弃了理性主义的信仰,主要借用本质主义的方式来探索人的解放,在国家、社会和人的辩证关系中发掘无产阶级实现人的解放的现实载体与力量。实现全人类的解放是马克思进行理论思考的根本旨趣与最高境界。

第四,对马克思的历史观形成具有铺垫作用。费尔巴哈对马克思的影响还表现在其唯物主义的人本学与人类学理论。青年马克思对人的本质、人的"类本质"的认识,对人的异化和人道主义的理解,深深地打上了永不消失的费尔巴哈人本主义的烙印。正是费尔巴哈的"人成为人的类本质"观念,使得马克思提出了"对人的自我异化的克服和扬弃"和"人类历史的运动就是历史的人道主义的实现"的观点;"人道主义的共产主义"成为青年马克思的社会理想目标。马克思将人类社会追求解放的实践引入现实的生活世界中,其实践论作为人类生存的本体论,蕴含着深刻的社会历史性并不断生成鲜活的生命力,表明人的社会历史活动构成了生活世界的内涵逻辑。马克思后来从人的现实物质生活出发,创立了唯物主义历史观。唯物主义历史观的形成与青年时期的人道主义历史观、

---

① 郑丽娟:《新唯物主义"人本"内禀的理论奠基之路——关于马克思理论的一种整体性解读》,《广东社会科学》2011 年第 4 期。

世界观的铺垫作用密切相关。

　　费尔巴哈人本学与人类学理论对马克思思想的启迪,最终都可以归结为对马克思人类解放思想意图的影响。马克思人类解放的思想意图直接受到费尔巴哈的启发:使马克思能够进一步查明和扫除阻碍人们通达人类解放、人类自由的主要偏见与障碍,探索实现真正的人类解放与人类自由的路径。其中,马克思的早期著作《德谟克利特的自然哲学和伊壁鸠鲁的自然哲学的差别》《论犹太人问题》《〈黑格尔法哲学批判〉导言》和《黑格尔法哲学批判》,主要是查明阻碍人们通往解放之路的原因,引导人们摆脱偏见与错误,为走向真正的人类解放做好准备;《1844年经济学哲学手稿》则是教导人们如何通过"哲学共产主义"获得真正的解放与自由。马克思的人类解放理念就是通过哲学的革命和建构"共产主义"(从"哲学共产主义"和"科学共产主义")展现出来的。"马克思哲学决不是传统意义上的哲学或作为一种学科创制的哲学。对马克思来说,哲学从来就不是纯粹形而上学的思辨,不是什么重建本体论的努力,而是人类解放的精神武器。"①马克思的哲学始终以现实的人的社会历史活动及其批判为根基,以实现现实的人所需的"自由王国"和主体性维度的"自由个性"为根本目的,这一解放的理论逻辑使得社会历史内容的转换与实践活动的批判性得以显明。

　　马克思早年在接受与继承费尔巴哈的人本学和人类学哲学思想的基础上,建筑了"哲学共产主义"的宏伟蓝图,晚年又深入探析"人类学"的研究动态,写下几十万字的人类学笔记,建基于此的"哲学人类学"催生出了崭新的人类学观念。马克思一生孜孜不倦地追求"人类解放"——终结阶级社会,解放全人类,旨在揭示现实的人的历史实践与发展经历了从有限到无限、由孤立到联系的发展过程,是促使民族历史向世界历史的转变过程以及地域性的人向世界性的人的解放过程。他提出的人类解放

―――――――――

　　① 张汝伦:《马克思的哲学观和"哲学的终结"》,《中国社会科学》2003年第4期。

思想所达到的高度迄今无人能够比拟,并且越来越彰显其超越历史语境的理论力量和先知先觉的灿烂光彩。

第四节　人生经历与家庭背景的影响①

一、求索知识的道路与宏伟志向的确立

作为千年最伟大思想家的马克思,在青年时期已开始受到时代和社会环境的洗礼和熏陶,他在对漫长的人生道路的思考和选择中逐渐展现出其为人类解放事业奋斗终生的宏伟志向,并义无反顾地投身于艰辛的求索之路。实现人类解放是马克思哲学思想的主旨,对现实的个人解放问题的探索,倾注了马克思的毕生心血,而他所生活的时代与环境使现实的个人与类在资本主义社会中产生了严重割裂,社会运动过程中无产阶级与资产阶级的对立日益明显,使得马克思对亲身经历的现实世界产生浓厚的理论兴趣和实践探索的欲望。

1818 年 5 月 5 日,马克思出生在德国莱茵省南部的特利尔市一个犹太知识分子家庭。他的父亲亨利希·马克思是一位学识渊博、精通法学的非常有名望的律师,这对于马克思严密的逻辑、丰富的思维和雄辩的演说才能的培养与形成影响很大。他的父亲具有很高的哲学理论素养,思想活跃,爱好文学特别是古典文学,非常崇拜被誉为"思想之王"和"法兰西最优秀的诗人"的启蒙思想家——伏尔泰和法国资产阶级民主革命前夜最杰出的思想先行者——卢梭等人,推崇他们的资产阶级人道主义精神。他的父亲也是坚定的自由主义者,对马克思在专业与职业的选择上给予充分的自由和支持,常常提醒马克思要清醒、实际地看待生活和世界,表示只有发挥大自然赐予的才智,人类未来才能充满希望和无限可能性。用马克思的话说,他的父亲是一位"以自己的纯洁品德和法学才能

---

① 本部分参见刘同舫主编:《马克思主义基本原理》,人民出版社 2006 年版,第 11—22 页。

出众"的人。马克思的父亲的至交、后来成为马克思岳父的冯·威斯特华伦男爵，是一位文学修养深厚并具有强烈的人文关怀的人，马克思很喜欢和他来往，称赞他为"父亲般的朋友"。马克思的幼年深受这二人的影响，从小就稳健地播下了启蒙主义追求进步、人道关怀的思想种子，启蒙的人道主义精神在年幼的马克思对生活的理解与思想境界中留下了深刻的烙印。

1830 年，12 岁的马克思进入特利尔中学学习。特利尔中学有一批以校长维腾巴赫为代表，认同启蒙立场并宣扬理性、科学与进步，以及反对愚昧专制的进步知识分子。马克思不仅学到了科学知识，而且还进一步受到启蒙思想的熏陶。再加上同期父亲和威斯特华伦给予的启蒙思想教育，年轻的马克思已经初步形成了人道主义和民主主义的思想。马克思已经开始把关切的目光投注到周围贫苦的人民大众身上，他们的悲惨遭遇时常激起马克思无限的义愤和深深的同情，并由个人的情感逐渐上升到对人性的思虑，他以德国的贫苦民众为例进行了深刻的人性分析，初步设想贫困阶级与施压者最后的结局。在这些因素的共同作用下，少年时期的马克思形成了崇高、非凡的志向，他要选择最能为人类幸福而劳动的职业。年轻时代的马克思就已确立了自己普罗米修斯式的济世理想，确立了自己一生的理想追求与志向选择——做人间的"普罗米修斯"。马克思的一生，就是崇高志向不断实现的真实写照。

1835 年，马克思中学毕业后，遵从父命进入波恩大学学习法律。在波恩大学度过一段放荡无为的生活后，马克思转到学风更为严谨的柏林大学。这期间，马克思和其父亲经常有书信来往交流。其父在去世前写给马克思的那些书信中，主要是对马克思进行世界观教育，告诫马克思现实中被刻画得过于崇高的形象中可能并不存在内在深蕴的灵魂，现实生活中美好的事物背后往往隐藏着阴谋和邪恶，锻造马克思以全局的眼光看待贫困者的普遍存在及其与资产阶级尖锐对立的事实，以达到培养马克思具有真正的人道主义世界观的目的。比如 1836 年 12 月 28 日父亲在写给在柏林大学的马克思的信中说："不管我把你的智力估计有多高，要是没有一颗善良的心,你的智力对我来说就失去了任何意义。"①其父以启蒙思想的"善良天性"和"理性"为标准的人道主义世界观教育作为整个家庭教育的基础,启示马克思任何脱离理性谈论人的生活现状或与生活世界相脱节的思维都会流于形式和抽象范畴,以高尚的伦理道德促使马克思对真理的渴望与对知识的追求。不仅如此,在马克思的交友问题上,父亲也提出过要求:要慎重选择交友,应该同有"教养的人"交往,同有自信成为未来优秀公民的人交友,避免同"放荡不羁"的人往来。②父亲对马克思的教育始终把世界观教育放在首要位置,并且渗透于家庭教育的各个方面,这对马克思一生世界观、人生观的养成都产生了深远的影响。

到了柏林大学之后,马克思非常喜爱学校的学习环境,并"专心致志于科学和艺术"。从反映这一时期思想的诗作看,马克思对无限崇高的事物充满渴望,对脱离尘世的最高存在强烈憧憬,对神秘的梦想世界迫切向往,尽管这些诗歌显得"模糊不清和平庸无力",尽管马克思后来对青年时代孩子气的傻事发出由衷之笑。③ 青年马克思进入柏林大学开始求学生涯时,是一个绝对的理想主义者,潜藏的批判性的理想主义价值取向构成了马克思这一时期自由主义思想的重要基地。马克思所爱戴的校长约翰·胡果·维滕巴赫是一位坚定的康德信徒,对他的理想主义思想具有启蒙意义;马克思在《青年在选择职业时的考虑》带有明显的康德式思想痕迹,深受康德道德论的影响。这种绝对的理想主义把马克思推向了遥远的彼岸,理想与他遇到的客观现实状况之间存在巨大的差异与对立。这种差异与对立所显现的问题以及如何解决这些问题,促使马克思进行了思考,他认为只有通过哲学才能够获得"安顿"。马克思发现"没有哲学,我就不能前进"。于是,他逐渐将注意力转向哲学,把主要用在科学、

---

① 《马克思家书集》,人民出版社 1985 年版,第 20 页。
② 参见《马克思家书集》,人民出版社 1985 年版,第 9、17 页。
③ 转引自[法]奥古斯特·科尔纽:《马克思恩格斯传》第 1 卷,刘丕坤、王以铸、杨静远译,生活·读书·新知三联书店 1963 年版,第 75、73 页。

艺术和法学上的精力转而用在哲学上,甚至是"专攻哲学",把"写诗"仅仅作为消遣。在学习哲学的过程中,马克思很快就被黑格尔的辩证法思想所吸引,参加了由坚持黑格尔辩证法的青年黑格尔派组成的"博士俱乐部",在共同的批判宗教和封建专制制度的斗争中,马克思成为"博士俱乐部"中最年轻的"思想巨人",并成为活跃的革命民主主义者。为了大学毕业后能留在大学讲坛进行民主主义的革命斗争,1839年起,马克思开始埋头钻研古希腊哲学史,准备撰写博士论文。1841年5月,马克思的论文体现了其"才智高超、见解透彻、学识渊博",因而,没有经过答辩就获得了哲学博士学位。① 这促使马克思坚定了在现实中寻求理想目标的哲学研究倾向,他并未像青年黑格尔派那样将辩证法仅仅依托于自我意识这一绝对原则,而是提出了探索精神所对应的"现实性"内容的严格要求。

虽然获得了博士学位,但马克思谋取波恩大学教职的愿望却没有取得成功。马克思走出大学校门,以一个自由撰稿人的身份投身于火热的社会生活中。从1842年起,马克思开始站在革命民主主义立场上,运用黑格尔的理性主义国家观,频繁地为《莱茵报》撰写政治性时论文章,肯定出版自由是保证一切真理问题得到切实探讨的前提,为贫苦群众呐喊,猛烈地抨击德国的专制制度和反动当局的反动政策与措施,并于同年10月成为主编。此时理性自由主义依然在其思想活动中占主导地位,在马克思的影响下,《莱茵报》很快成为德国影响最大的民主派报纸。这引起了普鲁士②反动当局的惊恐和仇恨,他们强行查封并命令《莱茵报》停刊,避免对社会现实物质利益研究的深入不断侵害到他们的权力,即使马克

---

① 参见顾锦屏编著:《马克思的伟大一生》,北京出版社1983年版,第14、19页。

② 普鲁士是欧洲历史地名,一般指17世纪至19世纪间的普鲁士王国。普鲁士在短短两百年内崛起并统一德国,建立了以普鲁士王国为首的德意志帝国。普鲁士拥有德意志帝国三分之二的人口和五分之三的领土,并且在军事、经济、工业等方面远远超过帝国内其他王国,从17世纪起,它一直影响着整个德意志的历史。普鲁士有时也是德国近代精神与文化的代名词。

思退出编辑部也未能挽救报纸的命运。

离开《莱茵报》后,马克思来到莱茵省一个比较僻静的小镇克罗茨纳赫会见已秘密订婚七年的恋人燕妮,两人不久就举行了婚礼,结束了长期的相思之苦,从此开始了共产主义革命史上伟大的同生死、共患难的夫妻兼战友的革命生涯。蜜月刚过,马克思就投入紧张的工作中。他急于要解决的是《莱茵报》时期已经形成的、困扰自己已久的难题:法和物质利益之间到底是什么样的关系?在马克思信奉的黑格尔哲学那里,国家是"伦理理念的现实"和"自由的现实",是理性与公正的。但现实中国家和法律不过是用来维护特权阶级的私人利益尤其是物质利益的工具。然而,马克思越接触物质利益的生产情况和贫苦阶级的生活境遇,就越对社会现实的残酷展开激烈批判,这越发冲击着马克思原有的哲学信念,他逐渐对以往深刻追求的理想自由主义和"自我意识"哲学产生怀疑,动摇了马克思对黑格尔哲学的信仰,他开始用批判的眼光对待黑格尔哲学。而费尔巴哈通过发表一系列文章(1841 年的《基督教的本质》、1843 年的《关于哲学改造的临时纲要》和《未来哲学原理》)确立了一般唯物主义基本原则:先有现实的、具体的、有限的存在即感性可以直观到的客观的具体事物,然后才会在此基础上形成抽象的思维和概念。黑格尔的思辨唯心主义正好把两者颠倒过来,它把感性的客观事物看成是抽象概念(绝对精神)演化而来的。费尔巴哈对黑格尔哲学基石的批判对马克思产生了深深的触动。通过对现实生活和理想主义之间矛盾的反思与批判,马克思对贫苦阶级生活状况的关注使他开始思索当时盛行的空想社会主义和自由主义的社会理论,在此基础上他更想把握的是黑格尔法哲学、国家哲学错误的实质,他想完成的是《黑格尔法哲学批判》。为了达到这一目的,马克思潜心研读了大量的历史学和政治学著作,并做了厚厚的读书笔记,这就是著名的《克罗茨纳赫笔记》。在这本笔记中,马克思认为黑格尔法哲学的实质错误在于:它把国家的观念视为更原生的东西,把现实的国家形式视为国家观念的产物,完全颠倒了它们之间的关系。这一思想在稍后的《黑格尔法哲学批判》中被进一步推进为黑格尔错误地颠倒了市民社会和政治国家之间的关系,历史的事实是市民社会决定政治国家,而不是相反的。市民社会决定政治国家,用更通俗的话说,就是客观的社会经济利益决定社会制度和社会观念。青年马克思已经能够初步站在唯物主义的立场上看待国家现象,对理性自由主义的现实性维度的探索使马克思开始对黑格尔"自我意识"的哲学进行反思与质问,转而从唯物主义立场和视角分析动因,从而孕育了历史唯物主义的思想萌芽。

二、流寓亡命的征程与解放道路的探索

1843—1848 年,马克思流寓亡命于巴黎、布鲁塞尔、科伦和伦敦,饱受颠沛流离和饥寒交迫之苦的他并没有停止其为人类谋求幸福的探索之路。他在艰难的生活压力和恶劣的斗争环境中,深层关注了贫困的农民阶级的生活状况,将对人的关注点由"自我意识"哲学中抽象的存在者转向进行现实的物质生产和具有一定物质利益的人,实现了理论研究的创造性突破,并在革命的第一线为无产阶级带来了锐利的思想武器。

1843 年 10 月中旬,马克思离开德国前往巴黎,以便在那里与事先约定好的另一位著名革命民主主义者卢格一起创办《德法年鉴》刊物。巴黎是著名的革命圣地,不仅各种社会主义思潮汇集于此,而且还经常发生工人阶级举行的社会主义革命活动。在创办刊物期间,马克思开始广泛接触巴黎的工人阶级,经常参加他们的集会,深入了解工人阶级被剥削、被奴役的悲苦处境,也看到了无产阶级革命力量的伟大。马克思还同法国工人运动的领袖和正义者同盟的领导成员建立了密切联系,结识了流亡在法国的各国革命家。马克思已经认识到自身早期思想的不成熟,敏锐洞悉青年黑格尔派将国家视为宗教批判基本路径的根本原因在于,国家本身隐藏着被市民社会控制和替代的可能。巴黎的斗争生活促进了马克思向科学共产主义的转变,并开掘现代国家与市民社会矛盾的未来出路。为此,马克思在发表于《德法年鉴》上的《〈黑格尔法哲学批判〉导言》中指出,要想实现全人类的解放,"就在于形成一个被彻底的锁链束缚着的阶级",这个阶级,就是无产阶级。这表明马克思实现了政治立场

上由革命民主主义向无产阶级及共产主义的转变。马克思理论活动的重心转向为无产阶级解放和社会主义革命寻求科学的理论指导上以及理论如何为广大群众所理解和掌握的问题上。他将黑格尔的理性和精神作为人对现实社会的意识反映，从人学视角出发对自身的批判理论予以现实性观照，从而摆脱抽象的理性思维的虚幻外衣。马克思全面考察了在法国流行的各种社会主义和共产主义思潮，如圣西门派与傅立叶派社会主义、基督教社会主义、国家社会主义、无政府主义的社会主义和小资产阶级的社会主义等，他发现，这些社会主义思潮虽然揭示了资本主义的社会矛盾，批判了它的各种罪恶，并提出一些改革措施，但它们否定无产阶级的伟大作用，而且对资本主义缺乏根本性的正确认识。

如何正确认识资本主义，以及在这一基础上解决"历史从何处来"，发现人类社会演进的基本趋势等根本问题呢？马克思在《黑格尔法哲学批判》中就已经坚信，要想正确把握资本主义社会，必须重点关注资本主义的市民社会，而对市民社会的解剖应该到政治经济学中来寻求。马克思认识到从政治国家的维度来分析市民社会的解放路径是对现实活动与其目的的本末倒置，揭示现代民主国家代表资产阶级特定利益和意志的实质。恩格斯同时发表在《德法年鉴》上的《政治经济学大纲》提供了从经济学角度分析资本主义的成功范例，有力地强化了马克思这一思想，也给予马克思极大的启发。恩格斯在这篇文章中，从人道主义立场出发，系统地研究了许多政治经济学文献，仔细考察了英国各种客观的社会现象和社会事实，天才般地揭示了资本主义危机和各种反人道罪恶的根源是资本主义私有制。私有制的发展必然引起工人阶级的社会革命，这意味着私有制的发展必将推翻自身，社会主义的实现就在于消除私有制。恩格斯的这篇文章，被马克思称为"天才大纲"。

马克思开始系统地研读大量的政治经济学文献，并计划像恩格斯那样写作和出版两卷本的《政治和国民经济学批判》，这个任务最终没有完成，却为后人留下了为写作这本书而准备的《巴黎笔记》和《1844 年经济学哲学手稿》。《1844 年经济学哲学手稿》是马克思主义形成史上极为重要的一部文献。在这部手稿中,马克思深受费尔巴哈人本主义宗教异化史观的影响,并在宗教批判的路径中实现了对宗教解放理论本身的思想超越,开始探索一种能够复归人的本质属性的社会组织。费尔巴哈认为:人类的历史就是人性异化的历史,人天生的自然本性是善良、友爱与和谐相处;自从有了宗教,人开始迷失自己,变得伪善与自私自大。宗教和上帝的实质是什么呢? 费尔巴哈振聋发聩地说:"神学之秘密不外就是人本学",不是上帝创造了人,而是人创造了上帝,上帝是人的本质的投射,但上帝因此拥有了一切,而人却一无所有,丧失了自己的本质,宗教和上帝是人的本质的丧失和异化。历史的未来、人类的解放就在于消除宗教异化,恢复人的自然本性。青年黑格尔派思想家赫斯在此基础上进一步提出人的本质的异化不仅仅是宗教异化,更重要的是金钱的异化,人创造了金钱,但却沦为金钱的奴隶,确证了金钱与资产阶级的物质利益是导致人自身异化的根源。马克思受到费尔巴哈和赫斯思想的影响,认为人的本质不是人的自然本性,而是充分体现生命的创造性、充满幸福和愉悦、能按各种尺度创造对象的自由的有意识的劳动。在现实社会里,人的本质丧失的根源在于自由自觉的劳动变成了异化劳动。无产阶级的解放,就在于消除异化劳动这个一切社会罪恶的根源。虽然马克思在《1844年经济学哲学手稿》中的劳动异化史观与费尔巴哈的宗教异化史观具有相关性甚至共性,但《1844年经济学哲学手稿》中已存在着历史唯物主义和科学社会主义思想的萌芽;针对宗教是"天国的幻想"的本质思想,马克思将批判对象指向现实的社会生产过程和生活世界,为转向国家与市民社会关系的政治批判奠定了理论基础,初步体现了人的本质是"一切社会关系的总和"的理论雏形。这一思想萌芽和理论雏形既是马克思进行政治经济学研究的结果,也是恩格斯非常强调的从客观存在的经济现实出发研究社会历史现象这一思想影响的结果。

　　1845年1月,马克思被法国政府驱逐出境,同年2月来到了比利时王国的首都布鲁塞尔。他开始批判费尔巴哈唯物主义的局限性,写下了《关于费尔巴哈的提纲》。《关于费尔巴哈的提纲》简明扼要(全文只有 1400 多字),思想深刻,是为了深入批判费尔巴哈哲学并与其划清界限而撰写,它被恩格斯称为"包含着新世界观的天才萌芽的第一个文件"。唯物辩证法观点和社会实践思想是贯穿其中的主线,唯物主义的论述思路进一步被提升为"新唯物主义"的阐释方案,它不仅作为马克思主义与其他学说的基本分界线,而且有助于理清《关于费尔巴哈的提纲》与后来文本之间的内在关联,使人们能够以唯物主义与唯心主义相对立的新表现为参照系来把握马克思的哲学思想逻辑。因此它也是马克思主义哲学纲领性文件之一,标志着马克思哲学的基本思想的形成。

1846 年 4 月,马克思和恩格斯合作《德意志意识形态》的主要部分基本完成。这本书是马克思主义形成史上极为重要的一部经典巨著,它标志着马克思历史唯物主义和科学社会主义思想的基本形成。从 1846 年起,马克思、恩格斯越来越重视把自己的科学理论同工人运动密切结合起来,并且逐渐认识到工人阶级要想取得真正的胜利,必须成立革命组织和自觉的阶级政党。正是出于这种考虑,马克思、恩格斯在进行科学理论研究的同时,于 1846 年 2 月,创立了布鲁塞尔共产主义通讯委员会,积极地同西欧各国工人阶级组织加强联系。马克思、恩格斯为了促进工人阶级运动的健康发展,一方面在工人中努力传播科学理论,另一方面积极同社会主义运动中的各种错误思潮展开斗争。马克思、恩格斯批判了德国早期工人运动活动家威廉·魏特林(Wilhelm Weitling,1808—1871)的空想社会主义,也批判了以德国的海尔曼·克利盖(Hermann Kriege,1820—1850)和卡尔·格律恩(Karl Grun,1817—1887)为代表的所谓超阶级"博爱"的"真正社会主义",指出它们蔑视革命理论、反对工人阶级武装革命以及幻想和平改良等错误实质。此时马克思、恩格斯的迫切任务不是要构建新的唯物主义理论形态,而是立足于工人阶级的现实活动基础来超越传统的哲学范式与思维框架,思考符合工人阶级合法利益的、超越唯物主义与唯心主义二元对立的新型理论。随着马克思、恩格斯历史唯物主义思想和政治经济学理论的进一步成熟,他们开始深刻批判披上理论外衣、更具有欺骗性的蒲鲁东①的小资产阶级社会主义,蒲鲁东的思想在很大程度上是"真正社会主义"的理论来源。马克思于 1847 年为此写就并出版了被恩格斯称为"我们的纲领"的《哲学的贫困》。在《哲学的贫困》中,马克思用自己精熟的经济学知识和历史唯物主义基本原理,系统地批判了蒲鲁东经济学方法的肤浅性、改良主义的空想性、无政府主义的荒谬性以及历史观上的唯心主义性质,指出任何从逻辑范畴出发的理论论证,都有可能导致运动的抽象和对社会关系正常运行过程的破坏。与此同时,生产力、生产关系等基本概念及社会历史发展与生产力、生产关系辩证运动的关系已经被清晰地表述出来,马克思主要从人类社会的历史关系演变中澄清社会存在的基础在于生产力和生产关系的矛盾运动,从而回应了蒲鲁东等庸俗唯物主义的宿命论和历史观。

随着马克思、恩格斯同各种错误思潮斗争的不断深入,历史唯物主义、科学社会主义的影响逐渐增大。共产主义者同盟的成立是这一阶段重要的胜利果实。马克思、恩格斯参加了正式确立同盟章程和纲领的同盟第二次代表大会。在大会上,马克思以其渊博的学识、严密的逻辑与令人信服的论据,系统地阐明了科学共产主义的基本原理,论述了无产阶级政党的纲领和策略原则,深入批判了各种"冒牌"的社会主义思潮。大多数工人和工人领袖都心悦诚服地接受了科学共产主义。在马克思、恩格斯的影响下,共产主义者同盟成为以科学共产主义为指导并按民主集中制原则组织起来的国际性的无产阶级革命政党。大会闭幕后,马克思、恩格斯接受大会的委托,联合制定了一个公开发表的纲领。这就是所有社会主义文献中传播最广的《共产党宣言》。《共产党宣言》是马克思、恩格

---

① 法国政论家、经济学家皮埃尔-约瑟夫·蒲鲁东(Pierre-Joseph Proudhon, 1809—1865),是小资产阶级社会主义、无政府主义奠基人之一。于 1840 年发表《什么是财产? 或关于法和权力的原理的研究》,提出"财产就是盗窃"的论点而蜚声于世。该书从小资产阶级立场出发批判资本主义大私有制,认为可以通过保护小私有制摆脱资本主义的各种弊端。1846 年发表《贫困的哲学》,企图以政治经济学来论证自己的改良主义思想,反对工人阶级的革命斗争。蒲鲁东的学说和政治活动对巴黎公社前的法国工人运动颇有影响。

斯根据刚刚创立的历史唯物主义基本原理为无产阶级政党起草的第一个政治纲领,向世界发出了人类社会革命的必然发生与无产阶级必然胜利的宣告,是历史唯物主义基本原理在革命实践的第一次运用,是科学社会主义思想第一次完整和系统的表述,体现了以人类解放为核心价值的生成逻辑,确定了社会革命的本质是人类革命实践不断解放的过程,进而揭示人类在社会联合体中获得自由和解放的必然结果。列宁非常中肯地评价说:"这部著作以天才的透彻而鲜明的语言描述了新的世界观,即把社会生活领域也包括在内的彻底的唯物主义、作为最全面最深刻的发展学说的辩证法以及关于阶级斗争和共产主义新社会创造者无产阶级肩负的世界历史性的革命使命的理论。"[①]马克思、恩格斯对资本主义社会取代封建社会的历史动因与局限进行了深刻透视,对蕴含于历史运动中生产力与生产关系的矛盾这一客观基础予以细致分析,从而逐步推论新的社会革命的发生与共产主义社会的到来。但由于《德意志意识形态》在马克思、恩格斯生前并没有发表,因而,《哲学的贫困》和《共产党宣言》的相继发表,标志着马克思主义的公开问世和基本形成。

1848 年,欧洲大陆爆发了一场规模巨大的革命,这是以工人阶级为主力的资产阶级民主主义革命。马克思、恩格斯开始到法国去指导工人阶级参加革命,但很快返回德国指导并直接参加工人阶级的民主主义革命,克服种种困难创办《新莱茵报》以作为无产阶级革命的红色机关报。但无产阶级的民主主义革命在反动势力的联合镇压下还是失败了,马克思又开始了流亡生涯。流亡伦敦后,马克思不顾自身的拮据和贫困,联合其他同盟盟员积极救济和安顿革命失败后的流亡者,想方设法把他们团结起来,鼓舞斗志,重建信心。为在这一基础上恢复并强化同盟的组织工作,马克思、恩格斯还专门起草《告共产主义者同盟书》。与此同时,马克思、恩格斯认真总结革命失败的经验教训,进行自觉的理论反思。马克思著名的《法兰西阶级斗争》和《路易·波拿巴的雾月十八日》就是其成果,

---

① 《列宁选集》第 2 卷,人民出版社 2012 年版,第 416 页。

这两部著作进一步发展了马克思的无产阶级革命和无产阶级专政学说，表明无产阶级推翻资产阶级的社会革命只是走向未来社会和实现解放的开始，只有进一步深化革命和对生产方式的变革才能同落后的思想文化与社会制度决裂。在整个欧洲大陆范围内，反动势力日趋嚣张，按照马克思的建议，1852 年共产主义者同盟解散。由于著作被反动势力封锁而无法发表，马克思一家几乎被断绝了收入来源，经常因不能按时支付房租而遭驱赶，陷入了一生最为艰苦的时日。繁难而庞杂的琐事不但浪费了马克思大量的时间和精力，而且严重损害了他和家人的健康。正是这种极端困苦的生活，使马克思在短短的几年时间内，相继失去了三个孩子：1850 年底刚满周岁的幼子患肺炎而死，这使燕妮痛不欲生；1852 年 4 月刚过周岁生日的幼女因病而死，马克思当时穷得连小孩的棺材都买不起；不久，马克思最疼爱的儿子也被疾病折磨去世。然而，即使是在这种情况下，马克思也从来没有放弃自己的伟大志向，他始终关心无产阶级如何深化社会革命运动并考虑他们在取得胜利后何以开展社会主义的建设工作，始终不惧任何磨难坚定地走向自己的目标。

三、永恒不息的战斗与社会规律的把握

反思革命失败的原因，马克思进而从经济学领域展开全面深入的研究。在面临机遇和挑战的境遇下，马克思和恩格斯带领无产阶级创立了国际工人协会，并指导广大工人进行大胆的尝试和顽强的革命斗争，不断地把理论向前推进。直至 1870 年，年过半百的马克思在与病魔抗争的同时，依旧孜孜不倦地继续他的科学理论研究和传播工作，满腔热情地关心、指导各国的无产阶级政党的斗争，生动展现了无产阶级的社会革命思想与实践在国际共产主义运动史中的现实在场，包括人类社会革命的现实过程以及社会关系全面变革的历史进程，在奋斗和斗争中度过了最后的岁月。

1848—1849 年因革命而暂时中断了政治经济学的理论研究，为了扎扎实实地迎接新革命高潮的到来，马克思又返回书斋，继续重点致力于探

讨政治经济学,为未来的革命斗争提供更科学的理论武器。为了革命的坚定信念,无论面对来自敌对势力还是昔日同路人的各种误解、讹传甚至恶毒的攻击和污蔑,他都毫不介意地"把它们当作蛛丝一样轻轻抹去"。在关心西欧无产阶级革命运动及工人领袖发展的同时,马克思、恩格斯人道的目光还投射到饱受殖民侵略和殖民统治的亚洲人民,认识到经济文化落后的国家进行社会革命和社会主义建设的艰巨性,以及意识形态的复杂性、政治思想斗争对捍卫社会主义政权的关键作用,竭力声援中国的太平天国运动和印度的民族起义。

经过十几年对政治经济学的刻苦研究,1867 年 9 月,马克思的具有划时代意义的巨著《资本论》第一卷问世了。他为此前前后后共花费了大约 25 年的时间,仅笔记摘录和手稿就多达几万页。在《资本论》及其手稿中,马克思科学地阐明了劳动价值论、资本主义经济运行规律和资本主义灭亡的历史必然性,深刻地揭示了资本家剥削工人的秘密,阐释了资本主义生产逻辑与社会关系对生产力发展的阻碍作用,从根本上要求实现生产资料和生产关系的社会占有,明确指出了无产阶级革命运动的任务、条件和措施,这无疑是向资产者(包括土地所有者在内)发射的有力"炮弹"。

19 世纪 50 年代末 60 年代初,欧洲各国工人运动重新高涨,在马克思、恩格斯的支持下,代表各国无产阶级大联合的国际工人协会于 1864 年 9 月在伦敦成立。受协会委托,马克思为协会制订了《成立宣言》和《章程》,号召"全世界无产者,联合起来"。协会成立后,马克思、恩格斯积极投身于谱写工人运动新篇章的革命活动中,并作出了重大贡献。因为他清楚地懂得正在发生什么和应该做什么,他对革命形势和革命环境有着无与伦比的清醒而又深刻的把握。在马克思的悉心领导下,国际工人协会组织开展了有计划的、富有成效的革命活动,马克思成为真正的国际工人协会领袖和灵魂。

自 1870 年普法战争以来,年过半百的马克思一直是在高度紧张和极度疲劳中度过的。长期的劳累严重损害了他的健康。为了继续完成《资本论》的撰写和出版工作,要求社会革命分子彻底抛弃对资产阶级理论权威的痴迷,保持无产阶级的革命斗争热情,以及结合战后国际革命运动的新形势进行理论研究,马克思、恩格斯不得不放弃国际工人协会的领导岗位。尽管不再直接参加领导工作,他们仍始终倾力关心国际工人运动,努力促使在对资本主义世界的整体批判中确保无产阶级革命的现实基础。在这一必要前提下,当奉行改良主义的拉萨尔派逐渐占据协会的重要岗位并制定了改良主义的新纲领时,马克思及时发表了《哥达纲领批判》,对拉萨尔主义进行了深刻而透彻的批判,有力地阻止了拉萨尔派势力的蔓延。

1871 年 3 月 18 日,巴黎人民爆发了旨在推翻普法战争失败后所成立的卖国、反动政府的大起义。起义开始后,马克思毫不犹豫、满腔热情地给予了支持。巴黎公社成立以后(巴黎公社是无产阶级专政的第一次伟大尝试),马克思对它所实行的一些共产主义措施进行了高度赞扬,称赞它是一个"具有世界历史意义的新起点"。巴黎公社的领导人经常写信向马克思、恩格斯请教,马克思、恩格斯不论是在斗争策略、军事防御,还是在社会经济措施方面,都提出了不少宝贵的建议和意见。马克思还随着革命形势的不断发展,不时提出一些有益的忠告,他发现了公社的土地制度涉及了个人私有制的起源问题,指出公社成员必须制定依靠劳动获取财产的法律。而公社没有慎重考虑和采纳这些忠告,是致使它很快失败的一个重要原因。巴黎公社失败后,马克思及时总结经验教训,撰写了著名的《法兰西内战》。《法兰西内战》进一步发展了无产阶级专政理论,首次明确了一些基本的政治原则和政体问题。马克思还尽自己所能救援公社流亡者,与恩格斯一起深刻批判了以巴枯宁为首的机会主义者、无政府主义者的错误实质,并粉碎了他们分裂国际工人协会的企图。

19 世纪 70 年代中晚期,欧洲各国无产阶级革命运动大规模爆发的迹象已经越来越小。在这种情况下,马克思的视线明显从西往东转移。马克思越来越关注与西欧发达资本主义制度迥然不同的、建立在农村公社基础上的东方国家的民族革命和社会主义革命问题。他重点研究了俄国和印度,提出了著名的东方社会发展理论。马克思创立的东方社会理论是东方社会的非资本主义发展的特殊理论,是研究东方社会不同于西方社会的特殊结构、特殊道路的社会发展理论。马克思晚年不顾体弱多病,夜以继日地查阅各种文献,尤其是古代村社制度方面的文献,完成了著名的《人类学笔记》,科学归纳了东方社会历史形成特征,弄清了土地关系和地租的起源,在更加宽阔的范围内探索人类解放的复杂性和社会革命多样性,在此基础上把握住了整个人类社会发展的趋势,为现代资本主义世界的批判提供了重要的材料支撑和理论方向。

纵览马克思的一生,从早年家庭教育中的人道主义世界观,到中学择业时期的立志为人类幸福而献身,再到后来在大学时期对哲学的追求,参与无产阶级革命运动,以及对政治经济学和人类学的研究,可以说,马克思毕生关注、思考与解决的问题始终如一,即关于人类的彻底解放,马克思的一生就是为人类解放而奋斗的一生。其人类解放的思想,既有思想史资源的滋养,也与他的家庭教育、人生经历有着密切的关系,正是在考察贫困的现实中促使马克思开启了论述历史和社会关系的思想转变,进而使他重新审思财富积累与贫困问题的深层关联;正是在生活实践中遭遇人类生活的困苦与悲惨,马克思才如此迫切地追寻可以解救万民于水火之中的真理,并最终形成了科学的人类解放思想。

第 二 章

超越市民社会的逻辑必然性

　　如果说人类解放思想是马克思多维度、多层次的学说体系中的统摄者,那么,市民社会及其与政治国家之间的关系则是马克思深刻、复杂的人类解放思想的逻辑起点与逻辑基础。马克思对市民社会与政治国家二元分裂的批判主要集中在早期的《黑格尔法哲学批判》和《论犹太人问题》两个文本中,逐渐形成了在市民社会中从事生产劳动的"现实的人"的概念,以及人与人之间实现实体性统一的观念。

　　马克思思想体系的形成是以黑格尔法哲学为突破口,通过批判黑格尔的国家理论,研究政治国家与市民社会的纠结关系,从而认识到"市民社会"对国家、政治的基础作用,同时马克思还从历史发展的角度看待"市民社会"及其与国家的关系,得出与黑格尔相反的结论,即市民社会决定政治国家,而不是政治国家决定市民社会,进而深化了对市民社会的认识,以一个新的视角——市民社会,找到了理解社会历史的钥匙。在费尔巴哈感性存在论的影响下,马克思立足于社会实践的基本观点,对黑格尔理性国家观进行了彻底的反思与否定,指出一切时代的国家得以成立的基础都是从生产和交往实践中生成的,重新恢复并奠定市民社会在国家发展中的基础地位与作用。市民社会理论在马克思的理论特别是哲学体系中的地位十分重要,甚至可以说构成了马克思整个理论体系关于解释世界与哲学超越的起点。因此,理解这一理论,就成为理解马克思全部学说不可缺少的环节。可以说,没有市民社会理论,就没有马克思人类解放思想。研究马克思人类解放思想除了探讨其理论源泉外,还必须对市民社会理论进行全面阐述。

以市民社会及其超越为基点,从法哲学研究到经济学的分析,马克思科学地超越了黑格尔和费尔巴哈的哲学思想,抽象出了社会发展的基本范畴,揭示了社会发展的普遍规律,发现了唯物主义历史观。在马克思唯物主义历史观的发现过程中,市民社会及其超越既是基点,又是中心线索。马克思在《黑格尔法哲学批判》中对市民社会与政治国家进行了主谓颠倒,确立了市民社会决定政治国家的唯物主义立场,揭示在黑格尔政治国家框架下的市民社会与古典政治经济学中"市民社会"概念的差异,由此转向了对国民经济学和市民社会真实内涵、地位的研究。政治国家和政治解放都必须建立在市民社会的基础上,其基本的功能就是维护市民社会成员个人的基本权利。正是伴随着从"市民社会"动态地抽象出"生产关系"和"经济基础"的过程,市民社会与政治国家的纠结才得以解开。市民社会与政治国家的纠结关系及其化解构成了马克思深刻的、复杂的人类解放思想的逻辑基础与逻辑起点。

马克思通过对市民社会的辩证法所具有的双重维度——时间维度与空间维度的研究,得出了市民社会必然被克服的逻辑结论:市民社会在时间维度上的辩证法预示市民社会被超越的必然趋势,其空间维度上的辩证法揭示了这一趋势的内在根据。

第一节　市民社会范畴的历史演变

市民社会范畴在西方思想史上的演变可以概括为三次分离:市民社会与自然社会相分离;市民社会与政治国家相分离;市民社会与经济社会相分离。市民社会理论发展的第一阶段是由亚里士多德开创的,黑格尔则开创了第二个阶段,马克思的市民社会理论同样处于第二个阶段,但它是对黑格尔市民社会理论的扬弃,马克思在承认个人在政治国家中拥有权利的同时,批判了个人对一切自然权利的无偿占有,竭力反对市民社会领域以外的私人权利,主张人在类本质意义上拥有公共权利,而公共权利必须在市民社会中得到肯定与保障。葛兰西对市民社会提出了独特的见解,主张市民社会从经济社会中分离出来,这是市民社会演变的第三个阶段。① 这些理论大师的思想对市民社会理论的发展产生了巨大影响,同时,他们的市民社会理论之间的差异也是非常明显的。

一、从亚里士多德到黑格尔

"市民社会"是一个相当古老的范畴,其源头可以追溯到古希腊的亚里士多德。据考证,英文的"市民社会"(Civil Society)译自拉丁文Societas Civilis,而后者又是由西塞罗于公元前 1 世纪转译自亚里士多德《政治学》中的"Politike Koinonia"一词。"'Politike Koinonia'在亚里士多德的著作中是指政治共同体或城邦国家。"②他注重从城邦的民主意识与现实活动的维度把握"市民社会"的基本概念与规定,作为对城邦生活或国家生活状况的描述,"市民社会"在亚里士多德那里是指"文明社会"或"政治社会",这是市民社会的古典意义,其主要理论在于探讨公共伦理生活和政治共同体中公民的自由、民主问题,包括经济往来、社团交流等活动。

亚里士多德对市民社会范畴所赋予的这一古典意义,对西方思想界产生了深远的影响。在中世纪,由于基督教势力在罗马帝国的兴起,政治思想家们聚焦探讨教会与国家之间的关系,"为教会和王国所应拥有的权力进行论证,原来用于描述城邦或共和国生活状况的市民社会概念就被弃而不用了"③。亚里士多德的"市民社会"概念指向由个体的目标、利益和自由环境共同构成的公共生活领域,即真实参与了政府的社会管

---

① 葛兰西继承了马克思市民社会理论,但又根据西方革命的具体情况提出了自己的理解。他的市民社会思想,将在后面的章节中加以论述。
② 何增科:《市民社会概念的历史演变》,《中国社会科学》1994 年第 5 期。
③ 何增科:《市民社会概念的历史演变》,《中国社会科学》1994 年第 5 期。

理过程的正是所有公民。但到了公元 13 世纪,也就是亚里士多德的著作被译为拉丁文后不久,这种状况得到了改变。理论家们从亚里士多德的市民社会范畴中获得理论启迪。意大利的神学家和哲学家、被称为"最著名的亚里士多德主义者"的托马斯·阿奎那(St.Thomas Aquinas,又译圣托马斯·亚奎那,约 1225—1274)是其中的一个典型代表。阿奎那吸收、保存了亚里士多德关于市民社会的基本思想,不止一次地在市民社会问题讨论中上溯到亚里士多德,并认为:人们天然是社会的政治的动物,政治权利构成了人与人相互联系的现实基础,尽管政治社会中存在不合群的个体,但这些个体依然追求自身的政治主权而形成独特的社会团体;国家、文明社会是人们要过社会生活的天然需要等。这些都根源于亚里士多德的市民社会思想。同时阿奎那也改造了亚里士多德的市民社会思想,提出了合成亚里士多德的逻辑和基督教神学。他用亚里士多德的演绎逻辑论证上帝的存在,使上帝的存在不仅成为真理,而且成为最高的第一真理,其目的是要为教权辩护。阿奎那认为,"市民社会"是指一切的团体的综合,这些综合体连同国家在内,在真实存在的意义上都是个体的集合。古典意义上的市民社会范畴并不仅仅在中世纪被使用,在近代启蒙运动时期,一些契约论思想家也广泛使用市民社会一词。

从古希腊罗马到中世纪再到近代,人们所使用的市民社会一词,虽然几经变化,但其基本内容并没有超出亚里士多德所赋予的最初内涵,都是在政治社会或文明社会的意义上来使用的。这就意味着,古典市民社会理论家是在与野蛮社会或自然社会相对应的意义上来使用市民社会范畴的,他们确定个人属于社会存在的基本观点,指明公民存在的首要任务是要如何成为社会公共道德原则的公民,而国家和政府的功能是提供制度设计来帮助个体实现这个目的。正是基于这一点,市民社会也被称为政治社会或文明社会。

如果说古典市民社会理论侧重于市民社会的道德判断,坚持"文明社会—野蛮社会"的二分法,那么,现代市民社会理论则强调市民社会的非政治性质,坚持"政治国家—市民社会"的二分法。"这种现代意义上的市民社会概念主要是由黑格尔提出并由马克思加以完善的。但在他们之前,已有不少理论家认识到了国家和社会的区别并据此提出了不少有价值的思想,在客观上为市民社会理论的创建作了有益的准备"①。黑格尔将公民社会和公共生活领域提升为高度分化的复杂社会形态,强调个体自我存在的自由和解放的需要;而马克思则突出了市民社会存在的对立面:去个体化的社会整体性存在,将重点转移至资产阶级社会和资本主义的发展逻辑。

与古典市民社会范畴一样,现代市民社会范畴也是对现实的反映。所不同的是,黑格尔时代的现实与亚里士多德时代以及中世纪的现实存在很大差别。法国大革命(18世纪末)大大促进了政治国家与市民社会相分离。黑格尔在这种现实背景下,对市民社会的经济本性进行了深入论述,提出了现代意义上的市民社会范畴,第一次明确地将市民社会与政治国家区分开来。黑格尔对市民社会与政治国家的分离式的解读是建立在特定的理性意志基础之上,他肯定个体自我的特殊意识构成了与传统公共伦理生活和政治国家截然不同的市民社会领域。黑格尔用历史辩证法的眼光去洞察时代的发展和剖析"市民社会"。他把市民社会视为伦理观念"三段式"发展链条中的第二个环节,是处于家庭和国家之间的一个重要阶段,家庭—市民社会—国家构成了一个由个别到特殊再到普遍的正—反—合的过程。"国家高于市民社会、决定市民社会"是其家庭—市民社会—国家(正题—反题—合题)的逻辑发展的必然结果,是黑格尔研究政治国家与市民社会相互关系后得出的重要结论。

二、从黑格尔到马克思

在黑格尔看来,不是市民社会决定国家,而是国家高于市民社会。马克思对市民社会的研究在某种意义上沿着黑格尔的思路前进,但同时又以对黑格尔法哲学批判为理论批判的突破口,得出了批判的最重要成

---

① 何增科:《市民社会概念的历史演变》,《中国社会科学》1994年第5期。

果——市民社会决定国家的结论,最终揭示了市民社会的秘密,彻底摆脱了黑格尔哲学体系的历史局限性。尽管黑格尔开创性地将现代的个体性原则视为市民社会得以实现的基础,但这种个体性仍然是在抽象的范畴和思辨的逻辑展开过程中得以完成,这就导致形成了市民社会与政治国家既相分离又在国家的绝对控制下实现统一的伦理体系。"正是在对市民社会的批判中,马克思才真正理解并超越了黑格尔。"①在以市民社会为起点与中心线索的基础上,马克思提出了社会发展的若干范畴,进一步揭示了社会发展的若干历史规律,创立了唯物史观。

在《莱茵报》工作的后期,马克思第一次遇到了要对"物质利益"发表意见的难题。作为黑格尔主义者的马克思在这一过程中屡屡碰壁,使他意识到了"物质利益"与"纯粹的精神思辨"之间的尖锐对立,从而对黑格尔哲学特别是对其唯心主义的国家哲学和法哲学产生了信仰危机。马克思对市民社会的研究正是从批判黑格尔的法哲学开始的。通过对黑格尔法哲学的批判和对欧洲各国历史的充分考究,马克思认识到,市民社会并非黑格尔所说的是自由意志发展的产物,而是历史发展的结果,是资产阶级政治革命的结果,是政治解放的结果。他指出黑格尔的市民社会理论虽然在需要和伦理生活的层面涉及国民经济学原理的内容,但实质上对"市民社会"概念的现代内涵的认识不足,无法体现现代资本化生产对市民社会的奠基作用。马克思指出黑格尔颠倒了社会存在与社会意识的关系(不是社会意识决定社会存在,而是社会存在决定社会意识),颠倒了政治国家与市民社会的关系(不是政治国家制约市民社会,而是市民社会制约政治国家)。马克思已经不再停留在"私人利益决定国家"的简单命题上,而是站在市民社会决定政治国家的一般唯物主义层面,认为不同的市民社会必定衍生不一样的国家,而国家反过来构成了市民社会治理的重要主体,并且市民社会与国家只有在确保社会大多数人的普遍利益得以实现的特定条件下才能达到统一。在法哲学批判中指明了无产阶级

---

① 仰海峰:《市民社会批判:从黑格尔到马克思》,《哲学研究》2018 年第 4 期。

的伟大历史使命,将政治解放与人类解放进行了区分,提出只有人类解放才能在真正意义上克服市民社会与政治国家的二元分裂。这从根本上揭开了一切政治现象的谜底,为历史唯物主义的诞生奠定了基础。

从1844年前后开始,马克思的理论兴趣从黑格尔法哲学批判研究转向政治经济学研究。这一转向的深刻原因在于:第一,黑格尔的市民社会理论具有明显的政治经济学背景;第二,马克思认识到仅仅从法哲学批判的角度并不能解决根本问题,停留在法哲学的研究领域来把握市民社会并不能使人类解放具体化,因为从这一角度研究市民社会,不是针对现实的原本,而仅仅是针对现实的副本,无法克服市民社会与政治国家的二元冲突。"市民社会"本质上是与政治国家相对应的经济体,在市民社会中占主导地位的是社会物质生活关系,应该从物质生活关系的政治经济学根源中来"解剖"市民社会。① 正是在这个意义上,恩格斯甚至说,马克思"关于市民社会的科学,也就是政治经济学"②。马克思通过对黑格尔市民社会观念的集中批判,确认了市民社会的非伦理性,论述了市民社会的问题并不能在政治国家的框架中得到根本解决,应该从政治经济学的角度分析市民社会的私有财产基础。

《1844年经济学哲学手稿》是马克思理论兴趣与研究转向的第一大理论成果体现。在这一著作中,马克思通过深入研究市民社会内部的物质关系,从具体的、客观的经济实际出发,提出了意义深远的异化劳动理论。他清醒地意识到工人阶级同资产阶级之间的阶级矛盾与阶级对抗性质,意识到蕴藏在异化劳动中的其他阶级关系,以明确而规范化的语言揭示了资本主义经济运行过程的普遍规律与私有财产的运动规律。其结论不是单纯思辨的结果,而是立足于具体的社会经济事实,是通过对经济关系的深入考察所得出的科学结论。马克思提出了赋予市民社会物质内容的观点,他认为市民社会既不具有政治国家的等级性内涵,又不是以纯粹

---

① 参见《马克思恩格斯文集》第2卷,人民出版社2009年版,第591页。
② 《马克思恩格斯全集》第16卷,人民出版社1964年版,第409页。

的自然界为基础,但市民社会中的等级性表现为财富占有的不平等,反映了生产劳动与私有财产获得之间的落差,即市民社会中人与人之间关系的抽象化,这实际上已经接触到市民社会范畴的核心部分。尽管其观点还只是有待进一步从深度上深化、从广度上展开的潜在思想,异化劳动理论也还残留着费尔巴哈人本主义的痕迹,然而在马克思的问题意识中,已经抓住了市民社会问题的本质规定与本质特征,处在了历史唯物主义的入口处。

随着对市民社会认识的深入,在《神圣家族》中,马克思的思想又向前迈进了一步,唯物主义的一些基本范畴已初步形成。在这部著作中,马克思对物质生产劳动进行了深层次分析,把物质生产劳动视为历史的发源地,并探讨了人们在物质生产过程中形成的人与人之间的相互关系,提出了"生产方式"这一历史唯物主义范畴,强调生产方式对社会发展起决定性的作用,同时指证了市民社会中"自由"生产原则的虚幻性:依然被现代资产阶级的权力原则所统摄,导致人与人之间生产关系的核心内容走向攫取和剥夺。这有力地批驳了布鲁诺·鲍威尔等人的自我意识哲学的致命问题,即夸大意识特别是自我意识能动性的思想倾向。

在《德意志意识形态》中,科学的唯物史观得到了全面、完整的展开。马克思以社会的物质生活条件即人类的第一个历史活动——物质性创造活动作为唯物史观的前提条件与出发点,发现与分析了社会的生产力与生产关系的基本矛盾运动是社会前进与发展的根本动力。唯物史观的实质就在于揭示了一切历史冲突都根源于生产力与交往形式之间的矛盾;现实的生产过程的矛盾阐述要从直接的物质生产出发;共产主义取代资本主义的历史必然性;经济基础对上层建筑具有决定作用,这些都是马克思历史唯物主义最基本的观点。尽管在《德意志意识形态》中,经济关系仍用市民社会来描述,但市民社会已经被理解为包含社会发展的各历史时期的经济制度在内的意义。马克思通过对市民社会的经济学分析已经归纳出新的经典唯物主义历史观,他强调,"这种历史观就在于:从直接生活的物质生产出发阐述现实的生产过程,把同这种生产方式相联系的、它所产生的交往形式即各个不同阶段上的市民社会理解为整个历史的基础,从市民社会作为国家的活动描述市民社会,同时从市民社会出发阐明意识的所有各种不同的理论产物和形式"①。从生产方式的维度把握市民社会内部的权力关系,凭借对市民社会的解析来揭露资产阶级统治结构和权力的实质,进而揭示市民社会在形式上表现自由、在内容上依托资本生产逻辑的理论性质。从《黑格尔法哲学批判》到《德意志意识形态》,"从市民社会决定国家到物质生产是整个历史的基础,马克思形成了从物质生产出发揭示社会存在的基本思想,确立了物质生产在历史唯物主义中的基础性地位和理论起点。"②这就指明了现代政治国家被资产阶级支配的市民社会内化为生产环节的事实,明确了资本主义物质生产与自由主义政治制度的市民社会模式难以维系的现实。

综上所述,马克思通过对黑格尔市民社会理论与国家理论的深入分析,并秉持扬弃的立场来研究政治国家与市民社会的关系,通过对市民社会进行经济学解剖最终完成了历史唯物主义的全面论证,从一个新的视角——市民社会及其问题域中,找到了理解社会历史的钥匙。马克思的市民社会理论与历史唯物主义具有共生关系,即马克思市民社会理论形成和发展的过程就是他创立历史唯物主义的过程。我们只有认真研究和理解马克思的市民社会理论,才能准确把握马克思的历史唯物主义。"根据马克思对市民社会的解释来解释历史唯物主义的发生,是马克思哲学史研究的既定思路。"③他从市民社会中劳动者的产品与其自身相分离的状况出发揭示出资本主义生产的非正义性,通过异化劳动的分析阐明了私有制的起源与本质,为在事实性与价值性相统一的历史唯物主义立场上深入探究市民社会的发展奠定了基础。

---

① 《马克思恩格斯文集》第1卷,人民出版社2009年版,第544页。
② 魏传光:《马克思正义思想的历史唯物主义转向——以市民社会为核心的考察》,《哲学研究》2020年第5期。
③ 李佃来:《论马克思市民社会理论的两种逻辑》,《哲学研究》2010年第12期。

第二节　市民社会范畴的理论深化

现代意义上的市民社会范畴是经黑格尔提出并由马克思加以完善的。黑格尔在现代政治哲学的范式下坚持政治国家和市民社会的二分架构模式而使用市民社会范畴。马克思对黑格尔的市民社会范畴既有相同理解,又进行了必要修正:青年马克思是在"资产阶级社会"意义上使用市民社会范畴,1844 年之后市民社会日益被归约为"物质生产关系"或"社会经济基础",原来黑格尔意义上的市民社会范畴则逐渐淡出了马克思的视野。对这一变化的解释,学术界众说纷纭。笔者拟从外延内涵逻辑关系的视野进行分析,认为马克思对市民社会的范畴的深刻剖析已然包含了对生产力和经济基础在人类历史运动中的决定性地位的把握,指出马克思对"市民社会"用法上的这一转变,并不是一般意义上的视角转换,而是建立在认识论基础之上的从描述性到分析性的逻辑必然与理论深化。

一、市民社会与资产阶级社会:等同还是相异

对马克思市民社会范畴的理解,必须厘清市民社会与资产阶级社会两者之间的关系。马克思使用的市民社会一词即"Bürgerliche Gesellschaft"具有多义性,使学者在理解马克思这一范畴时产生了分歧。比较流行的观点是,马克思的市民社会范畴与资产阶级社会范畴具有同等意义。在中文版《马克思恩格斯全集》的翻译中,"Bürgerliche Gesell-schaft"除在极个别情况下被译为市民社会以外,绝大多数情况下都被译成资产阶级社会,认为马克思使得市民社会回到具体思维形式的路径是借助于对资本主义生产方式的分析,证明其潜在逻辑仍是通过资本主义批判使得市民社会范畴得到系统的阐释。据此,不少学者得出结论:马克思的市民社会范畴就是指资产阶级社会。

笔者认为,"市民社会"与"资产阶级社会"之间存在密切联系,但把

"市民社会"与"资产阶级社会"等同起来,必然引出的结论是:市民社会只存在于资本主义社会。这一结论并不符合马克思的原意。马克思在自己的学术生涯中,曾多次在"市民社会"一词的前面加修饰语来指称前资本主义的状态,诸如"旧的市民社会""中世纪的市民社会""先前的市民社会""封建社会和行会市民社会",等等,力图把它们与资本主义时期商品经济条件下的市民社会相区分。这表明马克思的市民社会固然包含了资产阶级社会,但不单指资产阶级社会,它还包括了非资产阶级社会。把市民社会范畴与资产阶级社会范畴等同的观点所产生的后果是:使市民社会理论在马克思理论体系中成为消失的范畴,而失去了应有的生命力。① 将马克思的资本主义生产方式的批判逻辑与对市民社会的批判性重构等同起来,难以从整体上把握马克思的市民社会的理论,同时也会一定程度上阻碍超越市民社会本身发展的可行性路径。

在马克思的思想中,市民社会范畴是在与政治国家相对应的矛盾关系中使用的,它们相伴而生:只要政治国家还存在,就必然拥有一个与之对应的市民社会存在。市民社会当然不一定就是资产阶级社会,它还可以是其他形态的社会,如封建社会等前资本主义社会。马克思的"旧的市民社会"范畴指的就是这样的社会。"市民社会从经济层面强调人与人之间的交往关系体系,以及由此所形成的社会组织,它仅仅构成资产阶级社会的某一层面,并不能等同于资产阶级社会。"②因此将市民社会等同于资产阶级社会,是对马克思市民社会范畴的简单化理解,不具有恰当性。

马克思的市民社会范畴与资产阶级社会并非等同,两者具有差异性。对此日本有学者倾向于这种观点,他们的认识或许对我们有启迪作用。在 20 世纪 60 年代,日本出现了一股新的马克思主义学派——"市民社会派"马克思主义,同日本传统学派强调生产关系与资本主义视角相比较,

———————

① 参见[日]望月清司:《马克思历史理论的研究》,北京师范大学出版社 2009 年版,第 2 页。

② 王代月:《回归历史:基于马克思市民社会批判视角》,中国社会科学出版社 2016 年版,第 206 页。

"市民社会派"马克思主义更强调从生产力和市民社会视角来考察社会。① 这些学者把市民社会与资产阶级社会进行了严格区分,他们并不是把马克思的市民社会范畴理解为一个"过渡性"的范畴,即没有把马克思市民社会范畴理解为马克思历史唯物主义未形成之前而仅仅只是暂时借用黑格尔的表述而已,市民社会是马克思本人固有的视角。他们明确指出,市民社会是以私人所有制为前提,具有交换关系的商品经济社会;资产阶级社会是以剥削及剩余价值榨取为核心的阶级社会,由此将马克思的"市民社会一般"理解为资本主义生产条件下的完整形态。显然,这一区别性理解强调了市民社会比资产阶级社会具有更为宽泛的外延。"市民社会派"马克思主义的创始人之一——平田清明(Hirata Kiyoaki,1922—1995)甚至提出,市民社会是贯穿于人类历史始终的基本范畴与基本事实,必须恢复市民社会范畴的权威性。② 日本学者石井知章(Ishii Zhizhang,1960—)在《平田清明的市民社会论——"生产"与"交往"是否能够突破"亚细亚式"的挣扎?》一文的结束语中简要概括了 20 世纪末日本和中国学界对马克思市民社会理论的研究状况,并批判性地指出了他们的产生的共同误读,就是把市民社会与资产阶级社会等特殊用语相等同,否定了市民社会本身的意义;在其尾注中指出,将市民社会与资产阶级社会等同理解,"从而完全忽视了市民社会独特的'贯通历史的其下层结构',甚至否定了社会主义社会成立的主要前提"③。这启示我们必须在马克思的历史唯物主义视域下解读其市民社会范畴,既要承认人类历史上的物质生产和交往实践作为资本主义生产条件的必然征兆,又要

---

① 参见韩立新:《望月清司对马克思市民社会历史理论的研究》,《南京大学学报(哲学·人文科学·社会科学版)》2009 年第 4 期。

② 参见韩立新:《马克思历史理论的新解释——关于望月清司〈马克思历史理论的研究〉的译者解说》,《现代哲学》2009 年第 4 期。

③ [日]石井知章:《平田清明的市民社会论——"生产"与"交往"是否能够突破"亚细亚式"的挣扎?》,载张一兵主编:《社会批判理论纪事》第 5 辑,江苏人民出版社 2007 年版,第 173 页。

看到马克思对市民社会范畴的使用是在整体的高度上把握"市民社会一般"与资本主义特殊性的历史意义。总体而言,日本学界对马克思市民社会范畴的独特理解,是对长期以来学术界认为马克思市民社会与资产阶级社会相等同的意义上进行使用的回应,深化了对马克思市民社会范畴的研究。

马克思没有把市民社会完全等同于资产阶级社会,但又常常在与资产阶级紧密相联、在资产阶级社会的意义上使用市民社会。其原因在于资产阶级社会全面而完整地体现了市民社会的本质,市民社会的特征在资产阶级社会条件下得到了充分的暴露,资产阶级社会构成了市民社会最为典型的形式,成为研究社会与国家发展现实维度中的主要范畴。马克思认为,在资产阶级占统治地位的时期,社会"市民要素"的发展达到了顶峰。作为"最后一个对抗形式"的资产阶级社会,"是最发达的和最多样性的历史的生产组织。因此,那些表现它的各种关系的范畴以及对于它的结构的理解,同时也能使我们透视一切已经覆灭的社会形式的结构和生产关系"①。资产阶级社会既是阶级社会的典型形态,更是市民社会的典型形态。马克思的市民社会范畴贯穿于整个人类历史进程,作为与上层建筑相对应的经济基础,市民社会总会依托于一定的生产方式及其开展过程,而资本主义生产过程容易以其强势逻辑投射到各历史阶段,为了简洁而充分地说明市民社会的本质,有时马克思便直接在资产阶级社会的意义上使用市民社会的范畴。

马克思的市民社会范畴除了包括资产阶级社会的典型形式之外,还包括了前资本主义的"旧的市民社会"等非典型形式。尽管其非典型形式的市民社会没有从政治国家中分离出来,还是作为"内部二重因素"以胚胎的形式包含在政治国家的母腹之中,但必须承认它们也是市民社会的存在形式。这表明市民社会在不同社会形态中的客观存在及市民社会自身有一个从萌芽到成熟再到消亡的过程。马克思也强调,生产、交换、

---

①　《马克思恩格斯文集》第 8 卷,人民出版社 2009 年版,第 29 页。

消费的发展阶段与社会制度、家庭和阶级组织及市民社会三者之间紧密关联,他始终关注市民社会的"过程性"特征。在马克思看来,对市民社会和政治国家矛盾的认识,主要是要了解这些矛盾形成的必然性与"过程性"特征,即从这些矛盾的发展过程的本来意义把握矛盾。市民社会自身发展的逻辑与"过程性"特征,是克服市民社会与政治国家矛盾的根本性力量。马克思对市民社会范畴的界定与使用,归根结底是为了依靠市民社会内蕴的革命动力以消解其本身固有的政治镣铐,从而粉碎市民社会的资本主义羁绊,为实现人类解放奠定基础和寻求力量。

根据市民社会辩证的"过程性"特征及其逻辑学的原理,我们可以对市民社会进行逻辑划分,如把市民社会分为资产阶级社会和非资产阶级社会,这是一种"二分法"。而在"二分法"的基础上,我们还可以将非资产阶级社会进一步划分。以此划分为前提,市民社会范畴的外延就会变得明确。当然,市民社会究竟划分成哪些小类,这不仅是逻辑问题,而且是历史哲学的问题,甚至是一个处于争论中的历史哲学问题。但可以肯定的是:资产阶级社会必定属于市民社会,市民社会至少包括了资产阶级社会。对市民社会范畴的剖析反映了马克思对现实的人的社会生活与活动的关注,这决定了市民社会是马克思历史唯物主义与政治哲学融为一体的桥梁,马克思对市民社会现存状况的批判明确了超越资本主义生产发展阶段的必然性。因此,资产阶级社会与市民社会两个范畴之间的逻辑关系是:资产阶级社会是市民社会的外延描述。市民社会与资产阶级社会之间的关系,不能理解为范畴与其内涵之间的关系,而应该理解为范畴与其外延描述之间的关系。

二、市民社会与物质生产关系:弃用还是衔接

一个范畴的明晰性就是要明确范畴的外延与内涵。市民社会的外延描述是具有市民社会特有属性的那些社会,市民社会的"特有属性"就是市民社会内涵。对市民社会的特有属性问题的回答与分析,是描述市民

社会外延的前提。

范畴的内涵分析既是逻辑推理问题,也是对具体客观历史事实的抽象概括。马克思在 1844 年以后,由于关注点与研究重心的转变,常常用"物质生产关系"或"社会经济基础"来替换市民社会,开始从外延式描述转变为从实体性内涵式分析来表达市民社会,从而把握市民社会范畴的另一个逻辑特征,即内涵分析意义上的特征。理清"市民社会"范畴在马克思不同文本中不尽相同的用法、思想内涵和意义指向,有助于窥探马克思历史唯物主义视域下的市民社会形成所需的物质生产条件及其现实变化。

马克思走出书斋,对市民社会的探索由法哲学研究转为面向现实资本主义政治经济学研究,转向研究的初步成果为 1844 年 4 至 8 月写下的《1844 年经济学哲学手稿》。他曾经为自己的这一转向作过说明,"法的关系正像国家的形式一样,既不能从它们本身来理解,也不能从所谓人类精神的一般发展来理解,相反,它们根源于物质的生活关系,这种物质的生活关系的总和,黑格尔按照 18 世纪的英国人和法国人的先例,概括为'市民社会',而对市民社会的解剖应该到政治经济学中去寻求"①。在书中,马克思以异化劳动理论展开了对市民社会的剖析,揭示出资本主义生产方式主导下的市民社会中人与人的关系相脱节的现实,即有产者对无产者的压迫以及社会贫富分化的加剧,得出了异化劳动是私有财产的本质的结论。

在其后的《德意志意识形态》中,马克思又发现了劳动内含着双重关系:人与自然的关系,表现为一定的生产力;人与人之间的关系,表现为一定的社会关系。生产必须以个人之间的交往为前提,而人们之间的交往关系是以分工为基础的。分工发展的不同阶段,同时也反映出所有制的不同形式。分工又是由生产力所决定的,是生产力发展的结果和表现,"一个民族的生产力发展的水平,最明显地表现于该民族分工的发展程

---

① 《马克思恩格斯文集》第 2 卷,人民出版社 2009 年版,第 591 页。

度。任何新的生产力,只要它不是迄今已知的生产力单纯的量的扩大（例如,开垦土地),都会引起分工的进一步发展"①。生产力是社会发展的最终动力,它决定所有制关系,从而决定整个社会关系。在《德意志意识形态》中,马克思还把市民社会理解为"受到迄今为止一切历史阶段的生产力制约同时又反过来制约生产力的交往形式"②;"这种社会组织在一切时代都构成国家的基础以及任何其他的观念的上层建筑的基础"③。此时已经显露出马克思的历史唯物主义阐释方法与"观念意识"范畴的主要冲突:"观念意识"作为生产力发展的结果,表现为物质劳动和精神劳动的内在关系,物质劳动反映了人特有的意识能力,而精神劳动则构成物质劳动的动因。马克思对物质生产力与社会关系的表述与1859年的《〈政治经济学批判〉序言》中把市民社会界定为"社会的经济结构"已非常一致。马克思晚年在《资本论》的写作中,从生产、流通等物质领域深入分析资本主义生产方式,揭示资本家与工人阶级在"物质生产关系"中的存在状态。马克思晚年对市民社会的理解发生了重大变化:1844年以前曾经在资产阶级社会意义上使用的市民社会范畴,日益被归约为"物质生产关系"或"社会经济基础",原来意义上的市民社会一词则逐渐淡出了马克思的视野。

在解读马克思市民社会的变化上,不少学者指出,市民社会原是马克思早期从黑格尔那里借用的一个不科学的范畴,在其后期成熟的著作中,马克思已弃之不用,而以"物质生产关系"和"社会经济基础"等范畴来取而代之。加拿大政治哲学家查尔斯·泰勒(Charles Taylor,1931—)在《市民社会的模式》一文中就认为,马克思秉承了黑格尔的市民社会范畴,并把它几乎完全限定在"物质生产关系"领域,"从某种角度讲,正是由于马克思这种化约观点的影响,'市民社会'才一直被人们从纯粹经济

---

① 《马克思恩格斯文集》第1卷,人民出版社2009年版,第520页。
② 《马克思恩格斯文集》第1卷,人民出版社2009年版,第540页。
③ 《马克思恩格斯文集》第1卷,人民出版社2009年版,第583页。

的层面加以界定"①。这种观点认为马克思主要从经济基础的维度理解市民社会,进而将市民社会仅仅阐释为在物质生产的社会关系基础上不断追求私有财产和物质利益的私人生活领域。

这种理解的困境是明显的,在马克思的著作中存在着不少否定性的例证。例如,前面所引那句话——"对市民社会的解剖应该到政治经济学中去寻求",是马克思在1859年说的;1871年他又说,"以其无处不在的复杂的军事、官僚、宗教和司法机构像蟒蛇似的把活生生的市民社会从四面八方缠绕起来(网罗起来)的中央集权国家机器,最初是在专制君主制时代创造出来的"②。马克思去世之后,恩格斯在1886年所写的《路德维希·费尔巴哈和德国古典哲学的终结》一书中,多次使用"市民社会",并提出了以下著名论断:"国家、政治制度是从属的东西,而市民社会、经济关系的领域是决定性的因素。从传统的观点看来(这种观点也是黑格尔所尊崇的),国家是决定的因素,市民社会是被国家决定的因素。"③马克思对市民社会的理解和运用,并非只是马克思、恩格斯早期的用语,相反,它们都出现在马克思、恩格斯中期和晚期的著作中,在这些著作中,尽管市民社会范畴没有直接出现,但它以历史性、现实性的生产和交往形式不断生成,恰恰证明了市民社会本身不能根据单向度的生产劳动来概括其完整内容,体现了市民社会生产和生活内容的复杂性。

市民社会不是马克思"早期借用"和"晚期弃用"的不成熟用语,它在马克思历史唯物主义体系形成中是一个非常基本的范畴。不过,马克思的后期著作确实在很多场合用"物质生产关系"或"社会经济基础"替换市民社会范畴。这种替换不是弃用而是有效"衔接",其"衔接"意味深长。

"衔接"意味着"物质生产关系""社会经济基础"和市民社会之间在

---

① [加]查尔斯·泰勒:《市民社会的模式》,载邓正来、[英]J.C.亚历山大主编:《国家与市民社会——一种社会理论的研究路径》,中央编译出版社2002年版,第19页。

② 《马克思恩格斯文集》第3卷,人民出版社2009年版,第191页。

③ 《马克思恩格斯文集》第4卷,人民出版社2009年版,第306页。

某种意义上指称同样的对象,即具有相同的外延。逻辑学的研究表明,相同的对象可以用不同的范畴或语词来指称。例如,"能从事生产劳动的动物"和"人"是两个不同的范畴,其含义各不相同,但它们指称的对象是相同的,因而在适当的语境中可以相互关联与衔接。能够相互替换的范畴,往往可以相互定义或相互解释。"能从事生产劳动的动物"正是"人"这个范畴的内涵。同样,马克思以"物质生产关系"或"社会经济基础"等范畴来替换市民社会,其逻辑依据也不例外。但不能把"物质生产关系"与市民社会相等同,因为市民社会还包含着其他丰富多彩的社会交往活动。物质生产力的发展和分工的细化致使市民社会中的物质劳动脱离符合人的本质力量的劳动,促使劳动成为人们满足基本生存需要的手段和市民社会发展的组成部分,由此促成全新的生产需要和社会关系。马克思为了对资本主义展开深入的分析,并揭示资本主义市场经济的本质,必然侧重于对"物质生产关系"进行剖析,这种剖析是出于研究问题的需要。马克思通过对典型形态的市民社会——资产阶级社会的政治经济学解剖,发现了市民社会的秘密:"人们在自己生活的社会生产中发生一定的、必然的、不以他们的意志为转移的关系,即同他们的物质生产力的一定发展阶段相适合的生产关系。这些生产关系的总和构成社会的经济结构,即有法律的和政治的上层建筑竖立其上并有一定的社会意识形式与之相适应的现实基础。物质生活的生产方式制约着整个社会生活、政治生活和精神生活的过程。"①这正是市民社会区别于其他社会的"特有属性",也就是市民社会的实体性内涵。1844 年以后,马克思对市民社会理解上的深刻变化,说明马克思已经初步把握到了市民社会范畴的另一个逻辑特征——市民社会的实体性内涵,实现了市民社会与"物质生产关系"的衔接。

三、逻辑外延描述到内涵分析:转变还是深化

明确范畴的外延与内涵的认识过程,可以采用先描述外延然后再分

---

① 《马克思恩格斯文集》第 2 卷,人民出版社 2009 年版,第 591 页。

析内涵。对于普遍范畴(反映同类事物的范畴)来说,在内涵不确定的前提下要描述外延,"典型性个体原则"是一种解决方案。在同类事物中存在着一些个体,其个体集中了该类事物的特有属性,使得最早被注意到,这就是所谓的"典型个体"。通过对典型个体的解剖,人们逐步把握其"类特性",通过"类特性"分析与反映就成其为范畴的内涵。在马克思看来,离开现实的社会生产方式和社会关系框架,难以把握市民社会的真实内容及其在人类历史进程中的演变逻辑,只有在资本主义现代社会的特殊性中才能探寻市民社会的普遍性意义。马克思的市民社会研究正是遵循这一逻辑理路而演进:通过对资本主义这一市民社会"典型性个体"的解剖,认识到市民社会的一般特征并赋予市民社会以特定的内涵,从而深化了对市民社会的理解。

不同的"物质生产关系"赋予市民社会不同的规定性。作为典型形态的资本主义市民社会,相对于非资产阶级社会在本质上具有差异性。其差异性主要体现在"物质生产关系"条件下,市民社会与政治国家之间"合"与"分"的矛盾。在"旧的市民社会"中,社会的"物质生产关系"使市民社会还没有从政治国家中独立出来,市民社会还被政治国家的蛛网层层包裹,市民社会与政治国家相互重叠。国家政治权力的影响无所不及,整个社会生活高度政治化而具有政治性质。"旧的市民社会"等级和政治社会等级是同一的,市民社会甚至就是政治社会。"旧的市民社会"是未完成和不成熟的市民社会,不是市民社会的典型形态。把握马克思市民社会范畴的哲学思想内涵,既要理清市民社会在其后期思想中的地位,又要通过资本主义社会生产方式的典型性剖析,推动实现市民社会在逻辑推演和认识深化过程上的一致性。

真正典型的市民社会成熟于比较发达的资本主义社会。资本主义的来临,使得市民社会与政治国家的同一性被打破——由"合"发展为"分",市民社会取得了资产阶级社会内在的特殊规定性。资本主义市场经济的发展,内在要求个人的物质生活摆脱政府的干预,成为在政治领域之外的纯经济活动。社会利益体系分化为私人利益与公共利益两大部分,整个社会分裂为市民社会和政治社会两个领域。分裂的结果是,社会中的每个成员因其活动所属领域的不同而具有了双重身份——市民社会成员与政治国家成员——必然导致双重生活,即天国的生活和尘世的生活。前者是政治共同体中的生活,在这个共同体中,人把自己视为社会存在物;后者是市民社会中的生活,在这个社会中,人作为私人进行活动,把别人视为工具,把自己也降为工具。市民社会与政治国家之间的二元分裂以及所导致的异化现象,正是资本主义社会区别于以往历史时代的典型标志。市民社会在资本主义"物质生产关系"中异化,同时又借助于这种异化得到充分发展。"经过异化的炼狱,市民社会的各抽象规定性才能获得充分发展。"①马克思早在分析黑格尔的市民社会与政治国家的关系理论时已认识到市民社会的利己主义和逐利本性,指认市民社会中人与人相敌对的社会关系,而资本主义生产逻辑却通过人支配的劳动需要造成劳动者在具体生产过程中的割裂关系。资本主义时代,成熟的市民社会的本质属性或特有属性得以充分显露,市民社会范畴的内涵才更清晰、更丰富,与此同时,其外延也逐步明确。

古希腊罗马时代的市民社会范畴,是在"文明社会"道德范式的宽泛视野下加以使用的,内涵相对较少,其外延是整个庞大的社会。到了黑格尔所处的时代,对市民社会的理解发生了变化,它不再在外延宽泛的意义上使用。黑格尔将市民社会这一使用了数世纪与"政治社会"混同的古老范畴发展为与国家相对的比较性范畴,仅指与政治国家相对应的司法制度、警察组织等政治机构及经济交往领域,范围是整个社会的一部分。这一意义上的市民社会相比古希腊罗马时代的市民社会,内涵扩大、外延缩小了。而马克思将市民社会中司法制度、警察组织等政治机构从市民社会中清除出去,还原给政治国家,同时认为市民社会是人类在生产力发展到一定阶段上的一切"物质交往",将市民社会的内涵定义为个人"物

---

① 王代月:《抽象具体关系视野中的马克思市民社会理论》,《现代哲学》2011年第6期。

质的生活关系的总和"。① 马克思的市民社会范畴比之黑格尔的市民社会范畴，其外延进一步缩小，内涵则相对扩大。马克思将市民社会的逻辑外延聚焦于资产阶级和无产阶级的生产关系，将市民社会的思想内涵诉诸人类社会全部历史的发源地和"舞台"，展示了马克思对市民社会的批判性超越以为实现人类解放提供物质基础和文明前提的价值旨趣。

马克思对市民社会范畴的使用经历了历史性变化。在外延内涵逻辑关系的视野中，马克思使用市民社会的变化，实质上并不是"转变"，而是"深化"。这种"深化"如果不站在逻辑思维的维度来分析，确实容易让人产生误解。正如日本学者城塚登（Shirotsuka Noboru,1927—2003）提出的所谓"双重形象说"，即1844年以前马克思所说的市民社会，指的是作为近代政治革命结果的资产阶级社会等"具体形象"，而《德意志意识形态》中所论及的市民社会，指的是作为生产关系总和的经济基础等"抽象形象"，他以为，马克思的市民社会范畴在1844年以后发生了转变——从原来"资产阶级社会"的意义转变为"物质生产关系"或"社会经济基础"的意义。笔者认为，"双重形象说"的"转变"观是对马克思文本的误读。马克思市民社会范畴的演进并不是表现为后期否定前期的过程，根本不存在青年马克思和晚年马克思思想"断裂说"与"转变说"。马克思市民社会思想前后具有一致性，只是在后期使用的时候，由于整个理论体系的成熟而深化了对市民社会的分析。对马克思市民社会思想解读的前后一致性与考察其不同阶段社会发展的现实基础密切相关，客观评价马克思市民社会理论对现实社会关系的反映程度，有助于切实把握市民社会的真实面貌及其在不同历史进程中引发种种问题的原因。因为从逻辑思维的方式看，"资产阶级社会"意义上的市民社会是基于外延上的描述性理解，属于外延定义；"物质生产关系""社会经济基础"意义上的市民社会是基于实体性内涵上的分析性理解，属于内涵定义。从外延描述到内涵分析，是马克思研究市民社会的逻辑演进与认识深化理路。马克思对市

---

① 《马克思恩格斯文集》第2卷，人民出版社2009年版，第591页。

民社会范畴的研究充分体现了逻辑学与认识论的高度统一。

综上所述,市民社会虽然不是马克思哲学所特有的理论范畴,但并不能因此就否认它在马克思主义体系中的基础地位。正如阶级和阶级斗争的概念一样,尽管它们在马克思之前就已被历史学家和经济学家做过分析和研究,但阶级和阶级斗争的范畴仍然构成了马克思主义学说的重要组成部分。同理,市民社会作为一个源自亚里士多德的古老范畴,经过马克思的改造和创新,它已同生产力、生产关系、经济基础和上层建筑一起,构成了马克思历史哲学的理论基石。尽管马克思较少将市民社会与人类解放理论结合起来研究,但他在阐释市民社会时对人的劳动状况与生活方式的关注,以及对人的社会关系本质的澄清,深刻蕴含了马克思对人类解放完成后的社会运行方式和力量的探寻。市民社会作为一个基本范畴深深地积淀在历史唯物主义体系的底部,它在不同历史阶段的表现及其与政治国家的纠结成为马克思人类解放思想的逻辑基础与逻辑起点。

第三节　超越市民社会的独特主题

一、市民社会被超越的逻辑必然性

市民社会概念作为逻辑范畴与历史范畴的双重身份开始变得愈加清晰。市民社会作为一个逻辑范畴,对应于私人生活领域与活动领域的抽象,市民社会的对立面是在公共活动领域获得抽象的政治国家。政治国家与市民社会两者构成一个辩证的统一体,在这个辩证矛盾的统一体中,起决定作用的不是政治国家而是市民社会;市民社会作为一个历史范畴,反映与表征的是人类社会历史发展到一定阶段上的产物和特定现象,它与政治国家一样,有其自身的产生、发展与灭亡过程。同时,在一定的历史时期,它将与政治国家在新的基础上再度合而为一。虽然市民社会的实际运行能够促进财富的增长和生产力发展,但现存的财富积累却难以用来化解和防控贫困和非正义等问题,贫困阶级的不断增加和整个生产链条的瘫痪,必然致使市民社会走向自我消亡,从而求助于国家和政府的力量予以强制性调和。市民社会与政治国家之间的这种"合—分—合"的发展模式,借用黑格尔的说法,正是一个否定之否定的过程,它从时间的维度展示了市民社会的辩证法。

市民社会的辩证法决定了市民社会被超越的逻辑必然性。以这种逻辑必然性为前提,马克思展开了进一步的追问:超越市民社会,人类向何处去? 这一包含"终极关怀"的历史观问题,如此牢固地抓住马克思的理论神经,以至他的一生都在为这个"苦恼的"问题孜孜不倦地探索。最终答案找到了,这个答案归结为一点就是:马克思哲学中不同于以往哲学的独特主题——人类解放。对整个人类历史的发展趋势而言,人类解放意味着新的人类社会的诞生,"人类社会史前时期的结束及其向世界历史的转变,直接表现为从现存的资产阶级社会及其市民社会向未来人类社会的转变"①。马克思从市民社会向人类社会视角的转变,不仅体现了对于社会现实运行状况认识的深化,在深层次上彰显了人的存在和发展观念的跃升,从人类社会的语境探索现实的人的具体生产和生活过程。

马克思哲学不同于以往哲学的独特主题——人类解放,从改变世界的意义上说,就是哲学的现实实现途径。在这个实现过程中,资产阶级社会背景条件下所产生的被压迫阶级——无产阶级必须把哲学当成自己的精神武器,哲学必须成为无产阶级的头脑。对无产阶级来说,其艰巨任务就是要彻底消灭生产资料私有制,生产资料私有制制约着无产阶级而使自身走向了无产阶级的对立面。对立面——生产资料私有制的消灭,意味着无产阶级的同时消灭。"哲学不消灭无产阶级,就不能成为现实;无产阶级不把哲学变成现实,就不可能消灭自身。"②马克思哲学的命运与无产阶级的命运高度统一,要想实现对旧哲学思维方式的革命,就不能以外在革命的简单方式斩断哲学继续发展的可能,而要依靠无产阶级的劳

---

① 邹诗鹏:《马克思的社会存在概念及其基础性意义》,《中国社会科学》2019年第7期。

② 《马克思恩格斯文集》第1卷,人民出版社2009年版,第18页。

动活动力量推动哲学的内在变革;只有以符合无产阶级解放需要的劳动方式来克服异化劳动,才能获取无差别的人类劳动过程并趋近全人类的解放。

在马克思构建人类解放思想的逻辑过程中,人类解放并不是马克思哲学中关于解放问题出现的"第一"范畴,而是由逻辑在先的"政治解放"所推演出的范畴,在此确定的范畴基础上开启一条从哲学革命到政治革命以消解人的"政治异化"、从市民社会生产的内在批判到实现人的解放的思想历程。从神学话语统领一切的中世纪到资本主义早期,市民社会与政治国家从融合状态到分离状态,是在历史的自觉中形成的,是资产阶级政治革命与科技革命在互动中前进的结果。而资产阶级政治革命就其实质而言,就是政治解放。

政治革命与政治解放之所以是同一个过程,根本原因在于政治革命打碎了中世纪封建专制制度套在人们头上的政治枷锁。在前资本主义的中世纪,市民社会与政治国家是浑然一体的,国家从市民社会中夺走了全部权力,整个社会生活高度政治化。在中世纪的市民社会里,一切私人领域都具有政治性质,市民社会的等级与政治意义上的等级是同一的,市民社会各等级的存在与活动也就是国家的存在与活动。封建专制制度是最典型的具有残暴性的"人治",极大地压制了"人性",使人不成其为人。马克思得出结论,中世纪的原则不是现代政治的原则,而是自然的原则。因此,马克思提出通过政治革命消灭市民社会的政治性质,对于市民社会的政治性质的演化逻辑,马克思既未从市民社会本身的发展过程进行解释,也未站在人类历史整体运动的一般性原则来予以阐述,而是从人的具体生产劳动结成的社会交往中发掘消除政治国家强权的力量。市民社会的政治性质被"消灭",不是指政治国家从此消失,而是指政治国家从市民社会中撤出,上升为"普遍事务",市民社会从此成为一个独立的领域而不再受到政治国家的"家长"式干预。正是在这个意义上,资产阶级的政治革命与政治解放取得了同义。

政治解放的意义是毋庸置疑的。但是,政治解放作为人类解放进程中的一个驿站,不可避免地存在历史局限性。政治解放的一个实际结果,就是以表面上的平等掩盖了事实上的不平等。这种表里不一的"二元结构",集中地暴露了政治解放的不彻底性。资产阶级的政治解放打着人权、自由、平等的旗帜,似乎触及人的本质规定,却未能实现其普遍性和彻底性。以确立所谓人权为标志的政治解放,并没有如资产阶级所标榜的那样,把自由和平等洒向人间,为全体人民所占有。恰恰相反,它们成了少数人的专利。对于大多数无产者来说,市民社会实现的普遍人权只是形式上的。这就造成了无产阶级在现实中的极端不自由和不平等,造成了市民社会中人的本质的严重异化,无产阶级正是这种异化的最全面的体现者——他们具有诞生于市民社会之中又处于市民社会之外的双重本性。无产阶级一方面表现为市民社会的成员,另一方面又被剥夺了作为市民社会成员资格的权利。这种"一分为二"的矛盾结构,从空间的维度再一次体现了市民社会的辩证法。

于是,市民社会的辩证法便具有了双重维度——时间的维度与空间的维度。双重维度蕴含着双重意义。如果说市民社会在时间维度上的辩证法预示了市民社会被超越的必然趋势,那么,其空间维度上的辩证法便揭示了这一趋势的内在根据。这种内在根据即内在矛盾在政治解放完成之后并没有随之消失,反而以更加极端的形式表现出来,所以马克思得出结论:政治解放不是解放的最后形式,政治解放、市民社会被历史地超越具有逻辑的必然性,是一个合乎规律的"自然历史过程",是历史之链上不可跨越的逻辑环节,这一逻辑环节的哲学表达,马克思称之为"人类解放"。

人类解放作为对政治解放的扬弃和超越,它不再局限于某个阶级或某个层面,也不再满足于"抽象词句"的理论构造,而是以"现实的人"为出发点,它承认政治解放作为人的解放的重要历史环节,从人类自身发展的大历史观发掘摆脱"人的依赖关系",以无产阶级为物质力量,以"每个人的自由发展"为前提条件,以"一切人的自由发展"为终极指向的现实的自我解放运动。通过这种运动使人彻底摆脱被蔑视、被侮辱和被奴役的一切关系。马克思人类解放思想的实质就是要把人从"非人"的状态或"异化"的状态中拯救出来,扬弃人的片面性,实现人的全面发展,从而在完成了的人道主义的意义上实现人性的复归。

二、马克思人类解放思想的独特性

马克思的人类解放思想之所以是独特的,其原因大致有三:

第一,马克思所理解的"人",不是黑格尔式的"抽象的精神的人",也不是费尔巴哈式的"直观的自然的人",而是生活在社会关系中、可以通过经验观察到的活生生的现实的人。在唯物史观和辩证法的理论基础上,马克思深刻辨别并占据了"人类历史的制高点",透彻揭示资本主义生产阶段制度框架和价值增殖的虚伪性,从一开始马克思对人的认识就紧紧抓住人的现实性,旨在超越作为市民社会的成员的个人及私人利益,从人所处的社会关系维度认识人,进而推动人类整体从资本主义生产框架下的异化的个体向拥有自身本质力量的劳动者前进。马克思认为,任何人类个体都处于丰富的社会联系之中,都不是孤立的"离群索居"的人类个体,都在从事着各种实践活动。他从现实的人出发,以人所处的现实的资本主义社会为基点,探讨人类解放的现实道路问题。这就避免了人类解放的盲目性和空想性。以现实的人为出发点,人类解放就不再是悬浮于空中的"类人"的观念解放,而是植根于个人实际生活的现实运动。以"现实运动"来诠释人类解放,就使得马克思的历史观获得了坚实的唯物论基础从而与唯心史观区分开来。

第二,马克思的人类解放思想内在地蕴涵着对空想社会主义者某些观点的拒斥。空想社会主义者"并不是想首先解放某一个阶级,而是想立即解放全人类"①。马克思则认为,人类解放首先是无产阶级的解放,无产阶级的解放是实现"全人类"解放的直接前提。无产阶级社会地位的显明与对市民社会的超越,使得马克思认识到实现无产阶级的解放所

---

① 《马克思恩格斯文集》第 3 卷,人民出版社 2009 年版,第 526 页。

必须要进行的生产方式变革与具备的现实物质力量,以及无产阶级作为改造异化关系和制度根源的先进物质生产力已经萌芽的现实。因此,在《〈黑格尔法哲学批判〉导言》中,马克思明确地把克服市民社会、实现人类解放的使命赋予无产阶级。无产阶级就是既反对统治阶级,同时又不需要维护任何特殊的阶级利益与权利的阶级,无产阶级革命将会消灭阶级以及建立无阶级的社会。

第三,马克思的人类解放思想彻底扬弃了唯心史观的"虚假人道",解决了人类历史上长期存在的"每个人"与"一切人"之间的矛盾即"个体"与"类"之间的矛盾,使得"以人民为中心"的思想真正落到实处。以往的思想家从抽象的人道主义出发,把人的发展的归宿点置于"类"上,鼓吹"一切人的发展是个人发展的前提"。这就颠倒了"个体"与"类"之间的关系,把最真实的个人变成了最不真实的幽灵。"类"的生存与发展常常要以"个体"大众的悲惨和不幸为代价,一部分人的发展要以牺牲另一部分人的发展为条件。马克思颠覆了这种关系,他指出:"每个人的自由发展是一切人的自由发展的条件。"[1]显然,马克思的致思重心是"每个人的自由发展"。以"每个人的自由发展"作为衡量"一切人的自由发展"的前提和条件,不仅真正体现了"以人民为中心"的价值理想,而且正确地把握了两者之间的逻辑关系。因为"每个人的自由发展"与"一切人的自由发展"之间在逻辑上是必要条件的关系。换言之,只有具备了"每个人的自由发展"的前提,才会有"一切人的自由发展"的结果。但反过来却不一定成立,因为"一切人"所构成的"类"(即"人类")作为一个集合范畴,与构成这个集合体的"个体"之间是排斥关系而不是属种关系,这就决定了"人类"这个集合体所具有的属性并非必然地为其中的每个成员所具有。因此,即便整个"人类"在某种程度上能够"自由发展",也不等于其中的"每个人"都能"自由发展"。马克思对旧哲学在人类解放论题上的基本立场和思维方式的颠倒,得益于历史唯物主义与唯物辩证法。

---

[1]　《马克思恩格斯文集》第 2 卷,人民出版社 2009 年版,第 53 页。

他结合市民社会的现实的生产过程找到了在政治经济学领域寻求批判的"解剖刀"和解放的"助推器",通过唯物辩证法的科学运用揭示出资本主义主导下市民社会的历史局限,以及从制度变革的历史继承性与跨越性的辩证统一中廓清人类解放的基本方向。马克思的倒转堵死了这一漏洞。通过这一倒转,把原先悬浮在空中的"一切人的自由发展"建立在了"每个人的自由发展"这一坚实的基础之上,达到了对立面的高度统一。这种统一所形成的共同体,不再是以阶级成员的身份参加的"虚假的共同体",而是以个人身份参加的"自由人联合体",这才是真正意义上的共同体。在"真正共同体"中,每个人的自由发展不仅不是以牺牲他人的发展为代价与前提,反而是为其他一切人的发展创造有利条件。这种高度和谐的共同体,无疑是对"一切人反对一切人的战场"的市民社会的扬弃和超越。

第 三 章

多维解放与人类解放的张力

在马克思人类解放这一大系统中,包含了政治解放、经济解放、劳动解放、文化解放、个体主体解放和社会力量解放等不同的方面。从类型学的角度看,这些方面处于不同的层次中,不是依据一个标准划分的,马克思是在不同的层次和关系中谈及解放问题的。

从总体上看,马克思构建人类解放思想的逻辑过程是在市民社会的阶级矛盾与阶级冲突中寻找人的解放和人类解放之路。马克思立足于市民社会批判,以对政治解放与人类解放之间张力的辩证审视为核心,将人类解放具体化为社会力量和个体主体之解放,肯定政治解放在实现政治国家与市民社会相分离的问题上推进了人类解放的道路,进而拓展政治解放为经济解放、劳动解放与文化解放,建构了唯物史观的客体向度与主体向度(其中政治解放、经济解放偏重于从社会力量维度与唯物史观的客体向度来论及解放;劳动解放与文化解放偏重于从个体主体维度与唯物史观的主体向度来论及解放)。它们的逻辑关系是:政治解放是实现人类解放的历史前提;经济解放为人类解放创造物质基础;劳动解放提供人类解放的革命动力;文化解放展现了人类解放的智识策略。政治解放的条件与实质内容是宗教批判与理性精神解放,为实现无产阶级领导的社会解放和全人类解放吹响历史前奏,国家是政治解放的主要实现形式;经济解放思想的核心,是消除社会层面的异化力量,主要指使生产力不再是劳动者异己的力量而成为他们能够自觉掌控的力量,在不断追求生产力高度发展的同时促进人们普遍交往的建立和生产关系的健全,生产关系不再表现为物与物的关系而成为人们自己的关系,这最终要求消灭资本主义私有制;劳动解放的核心是将异化劳动转变为自主活动,其动力来自异化劳动本身固有的积极力量和消极力量的斗争,资本主义私有制的消灭是其前提条件;文化解放是通过对文化话语权的争夺,促使人们辨清资本主义发展过程中片面的物化特征,实现平民的、大众文化的建构,以文化解放对抗市民社会的权力与资本逻辑,并深入批判资本主义文化,为无产阶级精神世界的建设奠定基础。政治解放、经济解放、劳动解放和文化解放具有历史必然性与现实可能性。马克思对当时社会现实问题的思考,既没有脱离政治解放、经济解放、劳动解放和文化解放的时代要求,也没有囿于政治解放、经济解放、劳动解放和文化解放的历史框架,而是着眼于多维度解放与人类总体解放的历史转换,把解放现实问题的出发点和基本思路合理地纳入人类解放的价值目标中,通过政治解放、经济解放、劳动解放和文化解放的路径来达到人类总体解放,在社会实践中不断丰富无产阶级的解放维度,促使现实的个人能自觉批判并抵制"物的依赖性"的关系和主体性的失落,为人类解放的实现奠定基础、创造条件。马克思最伟大的智慧体现在对多维度解放与人类总体解放的张力与交接点上的贡献。作为一种科学的社会历史理论,马克思人类解放思想宏大精深的叙事结构涵涉历史唯物主义、多向度的解放形式和共产主义运动三大部分,全面地阐述了认识人类社会的根本方法、实现人类解放的根本路径和社会形态嬗变的根本目的,彰显了人类解放思想的彻底的革命性及其与社会现实生活的紧密关系。在把握马克思经典文本的基础上深入其思想的内在逻辑,揭示马克思人类解放理论的叙事结构,是拓展马克思主义理论研究的重要思想路径。

第一节 个体主体与社会力量维度的审视

马克思对人类解放的认识有一个发展历程。他最初(1843 年前后)

对人类解放的论述主要集中在对资产阶级政治解放的论证上,得出政治解放是有限度的,必须走向人类解放。对资产阶级政治解放的辩证审视与扬弃主要集中在社会力量维度的解放方面,进入经济学研究以后,马克思的人类解放思想明显地具体化为社会力量与个体主体两个维度,他既确定了人存在的本质是"一切社会关系的总和",同时又坚信人类社会的整体推进表现为个体发展的历史,个体与社会成为马克思阐释人类历史发展和解放的基本范畴。历史唯物主义形成以后,这两个维度分别蕴藏于历史辩证法的客体向度和主体向度中并相应地演变为政治解放、经济解放、劳动解放和文化解放思想。

一、人类解放的个体主体维度

人类解放究竟应该解放什么以及如何实现解放?马克思在《论犹太人问题》中,站在人本主义立场上对什么是人类解放进行了回答——"任何解放都是使人的世界即各种关系回归于人自身"①。在马克思的哲学视域中,个体主体指的是从事感性实践的现实的人,而与之相对的社会整体则是个体之间形成的共同生活和关系,强调个体的对象化实践及相互之间的整体性与共在性。从马克思论述人类解放的实现路径的角度来看,也阐述了包含两个相对分立的维度:个体主体维度(个体的实践活动维度)与社会力量维度(人的"类本质"维度)。

所谓人类解放的个体主体维度,是指个人从旧的分工体系的束缚中解脱出来,获得全面丰富的社会关系,人的社会特性充分实现,人的自然属性、社会属性和精神属性全面地得以发展。马克思哲学语境中的个体主体是生活在一定社会关系中的历史的、具体的、具有个性和自由意志的独立个人,是具有社会性的人。

马克思所关注的个体主体(现实的个人)是马克思人类解放思想的现实起点和根据,是马克思人类解放的依靠力量;实现每个人的自由发展

---

① 《马克思恩格斯文集》第 1 卷,人民出版社 2009 年版,第 46 页。

是马克思人类解放的宗旨。

第一,现实的个体主体(现实的个人)是马克思人类解放思想的现实起点和根据。对于人的现实处境的关注是马克思进行实际斗争与理论探讨的前提。马克思对于现实的个人的解读经历了深刻的哲学转变历程,在对资本主义社会中的个体生存状况与黑格尔的自我意识哲学展开双重批判时揭示了人存在于一定阶级的实质,在《德意志意识形态》中逐步确立现实的个人作为历史唯物主义的出发点,并展望在未来社会实现自由全面发展的解放意境。马克思人类解放思想的现实起点与根据是处在一定历史条件下能够从事实践活动与认识活动、具有自我意识的、现实的个人,不是处于虚幻中并与世隔绝的自然人。同时,任何现实的个体主体都只能依赖于其自身的实际生活而存在。尽管人的活动在一定发展阶段上处在一定的社会关系和社会条件之中,只能在一定的历史条件下和社会关系中进行活动,并且所处的社会关系和社会条件日趋复杂,但现实的个体主体的实际生活仍然是个人的基本生活方式和基本形态,这种活动方式和基本形态支配着现实的个人的存在,个体主体总是以自己为出发点来进行活动并获得独立自主性。所以,马克思说,"个人怎样表现自己的生活,他们自己就是怎样"①。个人是社会历史存在和发展的第一个前提。作为人类历史第一前提而存在着的现实的个人,其存在或活动是生成和演化全部人类发展史的起点和根据,也是生成和演化人类历史活动的起点和根据。马克思人类解放中的"人"的范畴,就是从处在一定社会关系中的现实的个体主体那里取得本体论上的依据的。

第二,现实的个体主体(现实的个人)是马克思人类解放的依靠力量。马克思寻找到了在客观现实中而不是在虚幻的观念形态中实现人类解放的力量:扬弃市民社会的依靠力量不是国家,而是依靠现实的个体主体(尽管市民社会中的现实的个体主体是有种种缺陷的个人),依靠在市

---

① 《马克思恩格斯文集》第 1 卷,人民出版社 2009 年版,第 520 页。

民社会中从事实践活动的个人所组成的联合体——无产阶级。由现实的个体主体所组成的无产阶级具有诞生于市民社会之中又处于市民社会之外的双重本性,这种"一分为二"的矛盾结构,使无产阶级具备了克服市民社会、实现人类解放的可能。因此,无产阶级"作为克服市民社会中人的自我异化状态,即完成人类解放的担当者"①。但在资本主义社会中,无产阶级的个体主体作为阶级成员处于资本逻辑、私有制关系与劳动异化的条件下,他们并不以相互的人身关系为准则来确证自身的现实存在,而是依据彼此在资本市场上客观价值的抽象关系形式,导致现实的个人的交往关系被外化为物的关系的生存状况。生产方式与交往方式同现实的个体主体相对立,对个体主体来说,命运完全受异己的力量所支配。在某种意义上说,人类解放是靠牺牲依靠力量——个体主体为代价的。而马克思所面临的历史任务就是要揭示社会发展规律,探讨作为依靠力量的无产阶级的个体主体的发展途径,寻求无产阶级的个体主体发展和社会力量发展的统一。

第三,实现每个人的自由发展是马克思人类解放的宗旨。在马克思的研究视域中,现实的个体主体不仅是解放的出发点,而且是以无产阶级自我解放为前提的终极价值指向。马克思在科学分析资本主义社会所固有的基本矛盾的基础上,揭示了人类社会发展的客观规律,将人类解放的终极关怀定位在每个人的自由发展上。现实的个体主体的解放状况成为检验马克思人类解放思想现实化的最高尺度与最根本的原则。马克思以前的思想家,把人仅仅看作抽象意义上的个体主体,他们最终都不能科学地解决人类根本命运,即人的自身解放的问题。在马克思关于人类解放的理论逻辑中,个体实现真正的自由必须以自身与社会的和谐关系为前提,也就是要彻底地变革现有的生产方式和社会关系。每个人只有实现自身的解放,经由自我解放而达到自由人联合而成的社会,才是真正理想社会的实现。

———————

① 郁建兴:《马克思的政治哲学遗产》,《中国社会科学》2006 年第 6 期。

二、人类解放的社会力量维度

所谓人类解放的社会力量维度,是就个人的外部关系和外部生存环境而言的,其内容包括生产力状况、生产关系状况和社会制度等环境因素。

马克思所追求的解放不是仅仅驻足于个体主体维度的解放,更重要的是社会力量维度的解放,更多的是把社会与类的解放作为其理论分析的轴心。因为,社会是人生存和发展的条件,只有把人的解放上升为社会的解放,才能使个人获得自我解放的社会保障。马克思明确要求不再把社会力量当作政治力量,这意味着在真正的民主制中政治国家的消失。在市民社会与政治国家的绝对联系中,体现出市民社会决定政治国家的真实现状。人在市民社会中的异化(人变为唯利是图、自私自利、视别人为获利手段甚至互相敌对的人,而金钱成为社会关系的主宰者)、人与人之间的交往异化和社会关系异化,是深层次的异化。市民社会的异化境况决定了政治国家只能是异化的存在。由此,社会解放的关键就在于克服市民社会,只有当社会发展为真正体现人自由的劳动和生存需要的共同体,现实的个人才能实现自身本质的复归和自由全面的发展。正是在这个意义上,马克思说,"犹太人的社会解放就是社会从犹太精神中解放出来"①,即改变金钱主宰的、唯利是图的市民社会,把人与人的复杂的敌对关系与个人世界转变为人的类生活关系与社会力量维度关系。

从人类解放的个体主体维度与社会力量维度两者比较而言,在1844年前后,马克思偏重于社会力量维度,注重从社会关系的视域中透视人类解放。这显然是受到了青年黑格尔派学者——赫斯从社会关系的角度看待人的本质思想的影响。

在马克思的第一次政治经济学研究中,马克思涉猎赫斯的理论成果,借助于赫斯的观点,提出人类解放的根本任务就是恢复人的本质。什么

① 《马克思恩格斯文集》第1卷,人民出版社2009年版,第55页。

是人的本质呢？马克思认为人的本质是社会关系的总和，而社会关系却被客观现实所污染，异化为人与人之间的金钱关系、奴役和剥削关系，而这是资本主义的抽象性和阶级性的形式共同体发展的必然结果，处于资本主义社会关系中的人的实践能力的普遍性只能通过物质生产形式展现出来，现实的个人沦为拥有形式自由和片面发展的抽象个体。在赫斯那里，社会关系在现实世界中被异化为物与物的交换关系，金钱这个中介却成了交往的主宰，人和社会因此异化了。赫斯提出人的本质的异化不仅仅是宗教异化，在现代社会更重要的是金钱异化，人创造了金钱但却沦为金钱的奴隶。在1844年前后，马克思认为人的本质在现实历史中是不存在的，是价值虚构和设想出来的。马克思此时的历史观与费尔巴哈人本主义异化史观的区别只在于，费尔巴哈把人天生可能具有的友爱等自然属性视为人的本质，这种没有社会性规定的人只是生物学意义上的人而不是现实的个人，而马克思从物背后的人与人之间的社会关系出发透视人的本质。一直到1845年底，这种人本主义异化史观始终占据着马克思思想的主导地位。在《1844年经济学哲学手稿》中，马克思提出了著名的"劳动异化史观"。

马克思在1844年前后时期的人类解放思想与劳动异化理论虽然异质于费尔巴哈，但它不是建立在历史唯物主义基础之上，而仍然是在人本学构架之中，他把人类解放归结为对人本主义的道义批判上。马克思所谓的与人的本质相适应的自由劳动，指的不是现实中客观存在的历史事实，而是唯心的先验的价值设定，这是青年马克思当时的主导思想。

虽然青年马克思还没有指出造成社会异化乃至劳动异化的根源，也没有找到如何消除社会异化的正确路径。但马克思通过政治经济学批判为异化理论寻获了现实基地，揭示了私有财产与劳动异化的紧密关联，促使对人的异化的批判转向对政治经济学领域的劳动异化的驳斥，此时他已经能够明确地把劳动对象化和劳动异化区分开来。马克思认为，劳动对象化是劳动者的目的、能动意识和力量凝结在劳动对象上，并且通过所创造的世界和劳动的"作品"体现人的能力。它是标示劳动过程最一般特征的范畴,劳动的实现就是劳动的对象化。劳动的对象化是在任何时代人类生产和生活永恒的必然,而劳动异化是历史的,是与特定社会形式相联系的历史现象,同时现实的异化劳动是积极力量和消极力量的统一。黑格尔、费尔巴哈只看到异化劳动的积极方面,而没有看到它的消极方面,只看到物质形态的变化与人的劳动目的的实现,而看不到人与人之间的社会关系,看不到生产方式中的阶级矛盾与阶级对抗。

马克思曾揭示了异化劳动的积极作用与消极作用,他指出:"自然科学却通过工业日益在实践上进入人的生活,改造人的生活,并为人的解放做准备,尽管它不得不直接地使非人化充分发展。"①这里的"工业"可以视为"异化劳动"的同义词。社会力量维度的社会解放的动力来自异化劳动本身固有的积极力量和消极力量的斗争,社会力量维度的社会解放的完成,恰恰依赖于异化劳动所积累的物质力量。异化劳动下的物质生产不仅为社会发展创造了丰富的客观条件,为个体能力的拓展和社会交往活动的发展开辟了道路,奠定了人的个性片面发展走向自由全面发展的现实基础。然而在阶级社会尤其是资本主义社会中的劳动者并不是自由的,劳动者成为奴隶,不劳动者却坐享其成,劳动中的主人成了现实中的奴隶,从事争取自由的劳动实际是受剥削被奴役的表现。这种矛盾与反常就是劳动异化现象。异化劳动的消极方面只有通过考察劳动的社会方面才能发现和认识,而黑格尔、费尔巴哈对劳动缺乏社会性的规定,把劳动对象化与劳动异化加以混淆,因此,他们不可能科学解释异化劳动。

人类历史并不首先表现为人的本质异化的历史,而是现实的经济运动的历史,是物质生产运动的历史,所谓世界历史不外是人通过人的劳动而发展的过程,这种"劳动"是现实的物质生产劳动,也就是马克思所憎恶并批判的"异化劳动"。"异化劳动"构成马克思资本主义异化及其批判理论的主要环节,为马克思的批判视角从哲学、政治维度延伸到物质利益的经济学维度奠定了根基。现实的人类历史建立在异化劳动的基础

---

① 《马克思恩格斯文集》第 1 卷,人民出版社 2009 年版,第 193 页。

上,现实的异化劳动为未来的人类解放提供了物质基础,因而,要想真正实现人类解放就必须从现实的异化劳动中寻找现实依据。

在《1844 年经济学哲学手稿》中得出以异化劳动规定现实的人的结论的基础上,马克思接着在和恩格斯合写的《神圣家族》中,第一次提出生产方式的概念,认为历史诞生地就在尘世的粗糙的物质生产中,即在现实的异化劳动中而不在天上的云雾中,①尘世的物质生产就是现实的异化劳动,而对异化劳动的消除只有通过劳动本身才有可能解决。马克思在 1845 年撰写的《关于费尔巴哈的提纲》中对费尔巴哈及一切旧唯物主义的主要缺点进行了彻底批判,明确提出了社会生活在本质上是实践的,第一次把社会实践作为世界观、历史观和认识论的基本范畴提出来,揭示了实践所具有的现实性、社会性和能动性。在马克思看来,关于社会的历史,不应该从抽象的人和先验的劳动出发而应该从现实的社会实践出发来看待,不能用先验的、抽象的自由劳动取代异化劳动,因为异化劳动与其现实生产过程中形成的社会关系密切相关,劳动能力不再是个人发展的主观需要和能力的体现,而成为其谋生的必要选择,劳动异化也由此成为催生资本主义社会整体异化的根源;关于社会异化的原因,不应该在"人的本质""类"的观念中去寻找,而应该从人类实践活动所创造的客观条件和社会环境中寻找,只能在异化现象发生的每个发展阶段的现成物质世界中去寻找这个本质。马克思固然还站在社会力量维度的社会解放立场上强调为消灭国家和市民社会而斗争,但他更为关注的是发展人类自身能力的物质条件和社会条件的改善问题。

在马克思看来,个体主体解放与社会力量解放是辩证统一的过程。没有社会力量解放,就不会有个体主体解放;没有个体主体解放,也不会有社会力量解放。要真正实现全人类的彻底解放,有待于它所依存的个体主体解放和社会力量解放。就个体主体解放与社会力量解放两者的关联而言,社会力量解放是个体主体解放的前提,个体主体解放是社会力量

---

① 参见《马克思恩格斯文集》第 1 卷,人民出版社 2009 年版,第 351 页。

解放的保证。实现个体主体全面解放,需具备两个基本条件:一是社会力量解放的全面性、丰富性取代片面性、狭隘性;二是社会力量解放由人之外在异己的统治力量转化为联合起来的个体自觉的支配与控制。社会力量的解放不是依托于个体之间非此即彼的竞争性活动,而是内在取决于个体劳动实现的自由程度,对于现实的个人而言,不同的社会活动蕴含的自由程度迥异有别,在相互结合的实践中形成的社会关系趋向于为主体解放所需的自由力量。社会发展的历史是个体主体全面获得人的本质存在的根基——社会关系的历史,人的社会特性的充分发展与人的社会关系的全面性、丰富性生成是一致的。因此,社会力量维度的解放构成了现实个体主体解放和发展的基础与前提,规定了个体主体存在的方式与现实本质,制约着个体主体解放与发展方向、水平。而个体主体维度的解放程度越高,不合理的社会关系和社会制度也愈加得到改善,人的本质力量越能得到体现,社会关系越能得到全面性展开,个体主体解放为社会力量解放提供了保证。人的本质具有开放性,人是变化发展的,人的本质也是变化发展的。在资本主义社会运行中处于相互对立的人与社会,作为生产过程内部因素也具有相互统一的可能,社会生产过程将人与社会合并在一起,不仅表现为人的劳动力与社会力量在促进生产发展中的内在相融,而且逐渐显示生产力为劳动者所拥有并被用于特定目的的意义,即人们每天都在再生产出自己和社会,人的全面性是生长着的全面性,并没有一个预定的"完成"状态,也可以认为每天都在完成,但不会最终完成。因此,个体主体解放与社会力量解放的辩证关系也是动态变化的过程。

　　人类解放的个体主体维度与社会力量维度及其关系问题中的"个体"与"社会"概念,强调的是个体与个体的社会环境的关系,并不是讨论"个体"与"集体"问题,也不是讨论"个人"与"类"的关系。诚然,马克思的人类解放思想是关于人的理论。而作为"载体"的人指的是什么,是我们不可回避的问题。目前学术界有两种观点:一种观点认为马克思的人类解放中的"人"指的就是个体人的层面,即个人,认为人类解放就是指人的解放。另一种观点认为马克思的人类解放中的人指的是全人类,包括一般

的人、一切的人。这两种看法都是不全面的。马克思的人类解放是在三个
层面进行论述的,即包括:个体层面的解放;局部地区、民族、国家等中间层
面的解放;全世界、全人类的类层面的解放。因为,解放并不是仅限于某一
方面或某一层面的解放。个体解放、局部地区范围内解放以及整个人类的
解放的关系都是紧密联系的。"真正意义上的人类解放在客观上必然是一
个世界性或全球性的命题,而不是区域或民族国家范围内的任务。"①只有
整个全人类的自由全面发展的实现,才达成了马克思所设想的为之奋斗
的目标,"人们只有在人的'类本质'的意义上,才能理解人类实践所追求
的人类解放的整体目标"②。与此同时,"虽然真正意义上的人类解放是
一个世界性的普遍命题,但人类解放又是以'每一个单个人的解放'为前
提与条件的"③。马克思从个体主体与社会力量相结合的维度阐释人类解
放的逻辑理路,隐含了一种"功能性"的主张。不同的社会历史发展阶段之
所以形成确定的社会生产关系,根本原因在于社会关系推动生产力发展的
动力与人的实践潜力和功能相匹配,这证明了社会关系及其变革在历史演
进中的决定性作用。作为终极目标的全人类的解放必须以局部地区、民
族、国家的解放以及个体人的解放为前提和基础;人类解放是实现人的解
放以及局部地区的解放的最终形式与必然结果。

第二节　多维度解放形式及其作用

一、政治解放:人类解放的历史前提

政治解放是实现人类解放的历史前提。如果没有政治解放,造成

---

① 韦定广:《马克思主义核心主题及其在当代中国》,《社会科学》2009 年第
8 期。
② 田海平:《"实践智慧"与智慧的实践》,《中国社会科学》2018 年第 3 期。
③ 韦定广:《马克思主义核心主题及其在当代中国》,《社会科学》2009 年第
8 期。

"个人主体性"与"社会共同体"分裂的现实社会政治根源就不可能得到克服,也不可能超越个人与共同体的抽象对立和实现人的真正自由。只有消除使人陷入抽象的市民社会以及建立在市民社会基础上的抽象的虚幻共同体即国家,才能实现一种既能承认、保存和容纳个人主体性,又能培育社会整体的秩序与和谐的新的共同体模式。

马克思的人类解放首先是在与政治解放相对应的意义上来说的。政治解放是人作为政治动物自由的完成,政治解放对于促进社会稳定性和指明变革的发生与方向上具有重要历史意义,它符合马克思所阐明的人类社会关于上层建筑与经济基础之间辩证统一的历史规律。但这还不是最终的人类解放,人类解放只有同时具备了物质和精神两方面的条件才可能完成。

(一)政治解放的内容与形式

宗教批判、宗教改革是政治解放的前提条件,在宗教批判完成之后,政治批判就成为其新的任务。

在西方,无论是马克思生活的年代,还是当代世界,宗教在生活体系中始终占有重要的地位。在相当长的历史时期,宗教的学说和观点比任何其他理论都更深刻地影响着西方的文化,即使是像马克思主义一样对西方世界乃至整个人类社会具有深远影响的理论,同样不能避开所受到的影响。可见,对宗教的态度问题是任何哲学家尤其是西方哲学家都无法回避的问题。深入研究马克思的思想,我们可以看到,在其思想形成的最初阶段就对宗教的存在做出直接回应。按照马克思自己的理解就是,"对宗教的批判是其他一切批判的前提"①。马克思政治解放的思想内涵包含了解放宗教和无产阶级政治解放两个方面,前者具体展开为现实的政治制度为确证宗教的本质提供前提准则,政治解放是促使人从宗教中挣脱出来的必要路径;后者则引申为无产阶级是政治解放的主体,无产阶级的政治解放是人的解放的基础。

----

① 《马克思恩格斯文集》第 1 卷,人民出版社 2009 年版,第 3 页。

马克思没有专门论述宗教问题的专著,但并不能由此否认他对宗教问题具有系统认识。他的宗教观零星地散见于其著作中,他对宗教的认识有一个从不成熟(带有旧哲学痕迹)到成熟的转变。

马克思在中学时代是一个有神论者。他相信上帝的存在,承认上帝的地位至高无上,上帝是智慧与正义的化身,是最高的伦理实体。从保存下来的马克思最早的手写材料——中学毕业考试作文及其他习作中可以清晰看出这一点。"马克思的文章中没有任何超验的上帝的痕迹:上帝、自然和创造这些词语是可以互换的,历史过程是内在的。"①他以一个基督徒的身份来论证人与基督结合对人的作用及对人存在的必要性。他认为,人们要实现对真、善、美的追求并达致完美,必须与基督融为一体,因为基督、上帝是完美的,基督、上帝的力量是无穷的,而这正是信徒与基督之所以结合为一体的真正原因。"同基督结合为一体可使人内心变得高尚,在苦难中得到安慰,有镇定的信心和一颗不是出于爱好虚荣,也不是出于渴求名望,而只是为了基督而向博爱和一切高尚而伟大的事物敞开的心。可见,同基督结合为一体会使人得到一种快乐,这种快乐是伊壁鸠鲁主义者在其肤浅的哲学中,比较深刻的思想家在知识的极其隐秘的深处企图获得而又无法获得的。"②马克思在博士论文中承接了近代哲学进行宗教批判和本质审视的任务,指认人的异化以宗教异化的形式表现出来的现实弊端。他在继续发掘宗教本质的过程中推动批判矛头指向世俗社会,得出宗教批判的任务在于求解人的异化。

中学时代的马克思,受基督教氛围的强烈影响,对宗教信仰并没有产生怀疑。但是,他对宗教作用的看法总体上是积极实用的。马克思虽然承认上帝,但他限定了上帝的活动范围,只是从伦理道德方面肯定上帝的

---

① ［英］戴维·麦克莱伦:《马克思传》,王珍译,中国人民大学出版社 2016 年版,第 10 页。

② 《马克思恩格斯全集》第 1 卷,人民出版社 1995 年版,第 453 页。此处"伊壁鸠鲁主义"是指产生于公元前 4—前 3 世纪古希腊的一个哲学派别。因其创始人伊壁鸠鲁在雅典自家花园中宣讲"原子说"和"无神论"等,也称为花园学派。

作用。马克思已经开始从人的主体选择与主体能动性的角度去探寻宗教存在的必然性,人的主体能动性选择本身就意味着深刻的解放。这种思想为后来马克思坚决选择反对宗教、封建神学,并与宗教、封建神学彻底决裂打下了坚实的思想基础。从中学时代的马克思的习作看,"洋溢着要通过一种方式把人的个性完全发展出来的热情,即规避权力和荣誉、用自我牺牲的精神来为人类整体谋福利"①。他所表现出来的人生追求与人类解放理想,都显示出其潜在的反宗教倾向,这为他后来宗教思想的实质性转变开启了智慧的大门。中学毕业后,马克思进入大学学习,由于受到黑格尔思想的强烈影响而使其宗教思想产生了动摇,特别是大卫·施特劳斯和布鲁诺·鲍威尔通过对《福音》故事的历史考察得出的关于宗教是集体无意识的结论,更使马克思倾向于从哲学的高度宣扬人的自我意识,进而对宗教进行系统批判,明确宗教批判的长远目标消除其在中世纪的中心地位及其对人的绝对支配,提出不能仅停留于宗教领域来使人摆脱宗教的异化和控制,而要将批判的对象转向宗教得以产生或运行的世俗世界。

1839年马克思开始撰写博士论文,1841年完成博士论文写作,在此期间,马克思对宗教问题进行了钻研,形成了新的宗教观。在马克思的博士论文《德谟克利特的自然哲学和伊壁鸠鲁的自然哲学的差别》中,他"把哲学当成一种救赎方式,深入到实践和时代的深处去挽救那些遭受宗教的魅惑的人们"②。由于实践需要的影响,在其后的相关著作中,马克思深入分析了宗教产生的根源,指出宗教的根源来自生产和交往的方式。在阶级存在的社会里,宗教实际上是对充满了阶级压迫、残酷剥削的社会进行辩护和美化的道德证明。这种虚假的道德证明为残酷的世界涂上了一层美丽的色彩,从而使处于颠倒世界的、被压迫的人们甘于忍受现

① [英]戴维·麦克莱伦:《马克思传》,王珍译,中国人民大学出版社2016年版,第9页。
② 陈晓斌、刘同舫:《哲学作为一种救赎方式——马克思〈博士论文〉的政治哲学思想解读》,《哲学动态》2009年第3期。

世的苦难,帮助占统治地位的剥削者。同时剥削阶级总是千方百计地利用宗教、扶植宗教为自身服务。罗马帝国在取得政权之后,利用基督教为其添加有利于统治阶级的内容,把基督教作为统治人民工具的国教就是一个典型的事例。对于被剥削、被压迫的人民来说,宗教所起到的只是欺骗作用。正如马克思所描绘的,宗教给人民以"虚幻幸福",为禁锢人民精神的枷锁装饰"虚构的花朵"。① 作为人们可感知和认识的对象,宗教成为全知全能、不容置疑的信仰,在上帝形象自然化的过程中促使人们重新审思宗教与物质世界的关系,由此打开颠倒宗教虚幻性的缺口。既然宗教只是虚构的,那么宗教就只能给人们以暂时的慰藉,使人们得到虚假的解脱,并使人们丧失自己的斗志,安于被剥削的现状。对于推翻现实社会的剥削与统治阶级的压迫,它却起不到丝毫的作用。

在 1845 年马克思所撰写的标志其哲学思想基本成熟的著作《关于费尔巴哈的提纲》中,他对费尔巴哈的宗教观进行了比较全面的分析梳理,并在现实性基础上提出了实践范畴,认为只有借助于人的实践方式,宗教才能被消除。这为马克思在《德意志意识形态》中站在历史唯物主义的高度与立场阐发宗教问题迈出了关键的一步。从《论犹太人问题》到《〈黑格尔法哲学批判〉导言》,再到《德意志意识形态》和《关于费尔巴哈提纲》,"我们可以看到对宗教的批判在马克思的理论创立过程中的重要作用"②。对宗教批判的直接成果之一就是马克思关于人类解放思想即历史唯物主义的形成。③ 对宗教的批判是历史唯物主义理论的形成前提与其他一切批判的前提,马克思紧接着展开了针对此岸世界中法哲学、意识形态和政治的批判。

马克思认为,国家是政治解放的主要实现形式,马克思从市民社会与

---

① 参见《马克思恩格斯文集》第 1 卷,人民出版社 2009 年版,第 4 页。

② 邹广文、邵腾:《宗教批判对马克思理论形成的作用》,《吉林大学社会科学学报》2004 年第 1 期。

③ 参见邹广文、邵腾:《宗教批判对马克思理论形成的作用》,《吉林大学社会科学学报》2004 年第 1 期。

国家的相关性上讨论了政治解放的实现形式问题。

1843 年,马克思为了解决在《莱茵报》任主编时期就遭遇到的、困扰自己已久的难题(法和物质利益之间到底是什么样的关系?)展开了深入的探讨。按照黑格尔的观点,国家和法是理性的化身,它应该体现的是人民普遍的权利,比如生存权和自由权,但现实中法律不过是用来维护特权阶级私人利益尤其是物质利益的工具。黑格尔把国家和法的发展史看成理性逻辑演绎的历史进程,并以理性的必然规律建构"绝对精神"完整世界,从主观意识的维度开辟解读人类社会现实的路径,这对马克思从社会异化的视角着眼于宗教和政治批判具有重要启示。经过对市民社会与政治国家关系的梳理,以及对市民社会的逐层批判,马克思已经开始意识到,自己原来所信奉的黑格尔哲学有可能是错误的。而费尔巴哈通过发表一系列文章,确立了其一般唯物主义基本原则,并批驳了黑格尔的思辨唯心主义。费尔巴哈对黑格尔哲学基石的批判,对马克思产生了深深的触动。在这种触动下,马克思完成了著名的《克罗茨纳赫笔记》,为批判黑格尔的法哲学做了理论准备。在这本笔记中,马克思认识到,黑格尔法哲学错误的实质在于:颠倒了主客观关系。此时的马克思已能初步站在唯物主义的立场上来看待国家现象。在马克思早期的研究中,他对社会问题的探讨主要从国家精神即国家理性方面对国家作出理解。把国家精神建立在"自由理性"的基础上,国家依据人的解放建立起来,人类就可以在国家中实现政治解放。当然,马克思早期还仅仅是从国家理性本身的"观念思考模式"对国家形式进行思考,虽其思考模式突破、摆脱了宗教的束缚,但不是从经济事实、改变现实世界的角度对国家形式进行思考。

在重新考察市民社会与国家关系的基础上,马克思揭示了国家的本质:国家是阶级统治的政治形式。从某种意义上说,国家是所有政治问题的核心。国家在其产生过程中,虽然与经济运动过程具有契合性,但它又具有本身的发展过程,在其现实性上,国家构成了现代经济活动的外部条件,并成为资产阶级内部各派别利益冲突的舞台。在《路易·波拿巴的雾月十八日》中,马克思较为详细地分析了法国国家内在构成的演变,认为市民社会和家庭是国家的前提,市民社会的形式决定国家的发展,提出谁占有国家,谁就具备占有现代社会的合法性前提,当资产阶级不同派别以国家为舞台,以人民利益为口号时,就掩盖了资本主义本身存在的内在矛盾,他们为争取政权所宣扬的自由、民主和平等的口号决定了其所追求的政治解放是对有限的物质生产水平和阶级对立现实的忽视,根本目的是为资本主义的发展提供了合法性保证。

　　基于对国家的理解,马克思对于这种国家形式实现的政治解放,充分肯定了其积极的方面,认为它剥去了封建制度的"神圣形象",是人们追求多维解放必经的一步。国家形式实现的政治解放为人们勾勒了一个自由平等的"理想社会"。但马克思同时也指出,在这种理想社会里,"神圣外衣"的旧的束缚被摆脱,国家产生的新的束缚与压迫又随之而来,市民社会批判中发生的"非神圣形象的自我异化"暴露了资产阶级国家和法的现实困境,人们依然没有彻底挣脱被束缚的状况。

　　(二)政治解放的意义与限度

　　1843 年初,带着"物质利益难题"的困惑,马克思重返书斋,围绕着国家、市民社会、法之间的相互关系,阅读了大量的历史学、政治学和社会学著作。马克思批判、戳破了黑格尔理性主义国家观的神秘主义实质问题——市民社会是国家的前提,同时超越了费尔巴哈把人的本质归结为人的自然属性的抽象的自然主义人本观,把宗教批判从费尔巴哈人本异化批判的角度转变为对颠倒世界观的国家进行批判。"人的自我异化的神圣形象被揭穿以后,揭露具有非神圣形象的自我异化"[1]的历史任务的完成体现了马克思高度的理论自觉和使命担当。完成这一使命的过程同时也是马克思对资产阶级政治革命所带来的政治解放的实质与局限性揭露和批判的过程。

---

① 《马克思恩格斯文集》第 1 卷,人民出版社 2009 年版,第 4 页。

马克思明确指出，"政治解放当然是一大进步"①：

第一，政治解放使国家能够摆脱一切宗教的束缚。在西方国家，中世纪的世袭王权、封建特权是与作为国教的基督教相互勾结在一起的，王权、贵族特权对人权的统治与神权对人权的统治相互支援、相互联系。基督教用神的统治代替人的统治，形成了欧洲历史上被称之为"中世纪黑暗统治时代"的精神支柱。这种神化了人对人的统治的宗教式的种种说教，成为长期阻碍人类谋求解放的精神枷锁。政治解放是促使市民社会与政治国家相分离的过程，直接结果是促成具有政治性质的封建社会的解体，进而促使具有普遍现实性意义的政治国家的建立，在理论维度确立了人民主权的政治理念，在现实中推动了共和制国家的形成。更具体地说，就是使政治国家返回现实世界，而不再是基督教国家。基督教国家，决不是基督教在国家的实现，而是基督教对国家的否定。基督教国家不是宗教的人的基础的真正实现，因为它还诉诸非现实性，诉诸这种人的本质的想象中的形象。政治解放使宗教不再是国家公权力量和国家精神，它完成了宗教从国家向市民社会的转移，使宗教成为个人私事。政治解放使国家"不信奉任何宗教，确切地说，信奉作为国家的自身"②。马克思肯定了政治解放是人类解放的最初形式，将保障个人自由权利的实现寄望于共和政体国家的建立，即将政治国家的抽象性消解于人的自我规定过程。

第二，政治解放使市民社会从政治中获得解放。政治解放使市民社会的等级差别完全变成社会差别，即没有政治意义的私人生活的差别，完成了政治生活同市民社会的分离。政治解放推翻了封建贵族世袭专制制度，使市民社会从专制和封建特权的束缚中解放出来，解除了各种封建人身依附关系，消除了封建等级制，使等级制转变为代表制，市民社会成员享有政治选举权，在政治生活中享有法律上平等的社会地位，并由此享有

---

① 《马克思恩格斯文集》第 1 卷，人民出版社 2009 年版，第 32 页。
② 《马克思恩格斯文集》第 1 卷，人民出版社 2009 年版，第 28 页。

得到法律保障的人权和公民权。

以人权、自由与平等为旗帜的政治解放，乃是市民社会从政治中获得的解放。但政治解放实现了，人是否就真的获得了完全的解放？马克思于 1844 年 2 月发表在《德法年鉴》上的《论犹太人问题》一文中，第一次把克服市民社会与超越政治解放联系起来，对这一问题做出了回答：政治解放是人类政治文明的一次历史进步，但绝非历史的终结。"国家摆脱宗教达到的只是政治解放，人的解放只有诉诸政治解放及其本质的批判才能实现。"①马克思看到了资产阶级政治革命所实现的政治解放的局限性，提出并论证了超越政治解放的人类解放目标。他告诫人们，"我们不要对政治解放的限度产生错觉"②。政治解放的局限性源于个人生产能力及自由实现的限度，要求通过建立共和制政治国家来间接克服限制并实现自由的路径难以克服市民社会的逐利需要和利己主义的弊端。

马克思更深刻的地方、远远超越包括费尔巴哈在内的青年黑格尔派之处在于，他清醒地认识到政治解放并不是彻底的没有矛盾的解放，它不过是完成了市民社会从政治中的解放而已；相反，政治解放在完成宗教批判和对封建等级制度的批判，完成对"神圣形象"宗教异化的克服时，也形成了"非神圣形象的异化"，并导致"双重异化"的发生：人既在市民社会生活中发生异化，又在国家政治生活中发生异化。

就人在市民社会生活中的异化而言，市民社会虽然消灭了以出生血统、政治身份为主要标准的封建等级差别，但人被再次异化，形成了市民社会阶级差别。市民社会中的人并没有超出利己主义权利，人在市民社会中成为异化了的人，而市民社会成为异化了的社会，在异化社会里，"人绝对不是类存在物，相反，类生活本身，即社会，显现为诸个体的外部框架，显现为他们原有的独立性的限制。把他们连接起来的唯一纽带是自然的必然性，是需要和私人利益，是对他们的财产和他们的利己的人身

---

① 袁文华：《犹太人问题与人的解放的逻辑进路》，《马克思主义研究》2019 年第 9 期。

② 《马克思恩格斯文集》第 1 卷，人民出版社 2009 年版，第 32 页。

的保护"①。市民社会把人的世界变成相互隔绝和敌对的个人世界,是人们因自私自利彼此相互冲突的场所,政治解放中所实现的"自由"只是满足了市民社会成员追求个人利益需要的权利,权利获得建立在人与人相分离和对立的基础之上,现实的个人被归类为孤立的、原子化的个体。

就人在国家政治生活中的异化而言,政治国家没有因为自己是普遍利益的代表而运用共同体的原则来克服和改正市民社会的"唯物"的自私自利性。恰恰相反,在国家中即在人是类存在物的地方充满了非实在的普遍性。以政治解放为标志的国家利益代表人民的真正利益只是在形式上存在,这种国家利益成了一种客套。政治解放虽然使政治国家摆脱了宗教束缚、封建等级传统的制约和控制,成为相对独立的政治共同体,但政治共同体并没有真正代表市民社会中社会成员的广泛利益和根本诉求;政治共同体中的个人主体,虽然是有主权的人,却并不意味着个人摆脱了宗教枷锁的束缚、封建等级传统的限制与影响。政治解放实现了对宗教即"颠倒的世界意识"的颠倒,但没有实现对"颠倒的世界"本身的颠倒,即没有改变宗教的世俗基础和消灭现实生活的奴役制。政治解放只是把个人主体在政治领域从宗教中解放出来,但并没有消灭个人主体的实际的宗教信奉,而只是以信仰奴役制代替了信神的奴役制。马克思在《论犹太人问题》中阐明了政治解放后的国家对宗教束缚的挣脱,揭示了国家充当人民获得自由的中介者的实质,表明自由权利并未超出与社会共同生活相分离的现实的个人层面。因此,宗教转移到市民社会领域中,成了市民社会利己主义的精神表征。因此,政治解放之后,人并没有回归于自身本质之中,反而由于拜物教的日益弥漫而陷入更彻底、更全面的异化状态中。

因此,人在市民社会生活中和国家政治生活中,不可能扬弃人的肉体与精神上的异化;不可能充分发挥和发展自己的完整本质与独立个性,使人的各个方面和各个层次相互协调、兼容并包;不可能过上类生活而实现

---

① 《马克思恩格斯文集》第 1 卷,人民出版社 2009 年版,第 42 页。

对自由、自觉的"类本质"的片面发展的克服。

　　基于对政治解放限度的深刻认识,马克思清晰地意识到市民社会和国家政治的各种弊病,同时意识到资产阶级革命的极端片面性与根本局限性,提出了超越政治解放、走向人类解放的思想,并根据亲身目睹的现实开始寻找关于人类解放的科学答案。这一思想规定了1843年以后马克思工作的重心,构成了马克思全部政治思想的主题,同时也是马克思政治经济学研究的前提和基础。1843年马克思在《论犹太人问题》《〈黑格尔法哲学批判〉导言》等文中,对人类解放的思想作了最初的论述;在《共产党宣言》《资本论》《法兰西内战》和《哥达纲领批判》等重要著作中,对人类解放问题进行了相对系统的论证,并构成了马克思主义整体学说的宏大视野。以《论犹太人问题》中政治解放本身还不是人类解放的论述为起点,"论证人类解放目标,探讨实现人类解放的手段与途径,成为了马克思政治思想发展的一根红线"①。政治解放只是无产阶级解放的一个驿站,只是将公民身份贬低为满足市民社会利益需要的手段,未能完全克服市民社会与政治国家的分裂状态,还需继续推进到人与市民社会共同进步的人类解放进程。从政治解放到人类解放是马克思历史唯物主义理论史上的一个支柱性命题。

二、经济解放:人类解放的物质基础

　　哈贝马斯指出,像实践这样"客观的活动一方面被马克思理解为先验的成果(世界的建造同这种成果是一致的,现实是在可能的对象的客观性条件下出现在世界中的);另一方面,马克思又把这种先验成果看成是建基于现实的劳动过程"②。所谓"先验的成果"是指人类物质生产活动的结果,确切地说,主要就是生产力和生产关系。历史唯物主义初步建立以后,从生产力和生产关系辩证运动角度揭示人类社会发展的规律和

---

①　郁建兴:《马克思国家理论与现时代》,东方出版中心2007年版,第71页。
②　[德]哈贝马斯:《认识与兴趣》,郭官义、李黎译,学林出版社1999年版,第22页。

资本主义灭亡的历史必然性,成为马克思的基本思路。马克思在《关于费尔巴哈的提纲》中开始使用"人类社会"的概念来阐述超越市民社会、创造人类解放共同体以及唤醒无产阶级自觉使命的内涵。与此相适应,马克思一生十分关注作为人类解放的社会力量维度的经济解放。马克思的经济解放思想侧重于从社会历史的客体向度即生产力、生产关系辩证法的角度寻求社会力量异化之源和解决之道。

（一）资本主义社会关系的异化

在标志着历史唯物主义初步形成的《德意志意识形态》中,马克思、恩格斯站在唯物主义立场上强调了社会力量层面异化(工业、农业)具有历史必然性规律。马克思、恩格斯指出,"只有在现实的世界中并使用现实的手段才能实现真正的解放;没有蒸汽机和珍妮走锭精纺机就不能消灭奴隶制;没有改良的农业就不能消灭农奴制;当人们还不能使自己的吃喝住穿在质和量方面得到充分保证的时候,人们就根本不能获得解放"①。从历史的建构性意义而言,人类解放是一个逐步获得的"自然历史过程"与运动过程,这一发展过程是由历史关系与社会力量层面即生产力与生产关系状况、交往关系状况、社会制度等个体的社会环境因素状况促成与决定的。从这个意义上讲,资本主义社会及其"工业劳动"(即《1844年经济学哲学手稿》中的"异化劳动")具有历史合理性和必然性。从马克思整个政治经济学研究和批判的理论脉络看,自由自觉的劳动活动构成人的"类"本质,社会关系的总和是人的本质规定,资本主义生产促动形成的"工业劳动"以特定的生产逻辑呈现出人的本质特征,必然落脚于现代社会生产关系。"工业劳动"是人类和人类解放走向更高层次与更高阶段的需要。之后的《共产党宣言》把这一思想非常鲜明地表达出来。

在历史唯物主义的视域中,资本主义在社会力量层面的异化是如何表现的呢？马克思通过对市民社会的深入解剖和对经济学的深入研究,

---

① 《马克思恩格斯文集》第1卷,人民出版社2009年版,第527页。

认识到社会层面的异化不仅表现为政治力量的异化和社会力量相对立，而且表现为经济力量的异化，后者是更深刻的社会力量层面的异化，"经济上的异化成为整个资本主义生产过程的永恒特征"①。经济力量的异化首先表现为"不同个人的共同活动产生了一种社会力量，即成倍增长的生产力……这种社会力量在这些个人看来就不是他们自身的联合力量，而是某种异己的、在他们之外的强制力量"②，这种"'不堪忍受的'力量"③就是异化。生产力之所以不是生产的力量而是破坏的力量，是因为"生产力和交往手段在现存关系下只能造成灾难"④，资本主义社会关系的异化才是造成社会异化的根源。马克思在《1844 年经济学哲学手稿》中运用德国古典哲学的"异化"概念，对私有制造成的"人的异化"现象展开批判。他认为，私有制使人们变得片面和愚蠢，人的感觉（肉体与精神）都绝对地受私有财产这种"异化"存在的支配而贫困化，变成追求占有私有财产的欲望。马克思的异化批判理论主要围绕社会关系问题域展开，作为他批判核心的资本范畴并不具有实体性的存在意义，而是体现在物所掩蔽的人与人之间的社会关系，这样，人不再是一个全面的人和对自己的生命本质全面占有的人，马克思对现代资本主义社会关系批判的同时也开始了社会关系本体论的构建。私有制社会生产关系采取了物的形式，以致人和人在他们的劳动中的关系表现为物与物彼此之间的和物与人之间的关系。劳动中生产关系（物质交往关系）的物化造成了整个社会关系的物化，也导致了人们其他的社会关系在社会的政治结构、经济结构与文化结构中进一步发展为各种拜物教。人们的社会关系沦为商品拜物教、货币拜物教、资本拜物教和知识拜物教等物与物的关系形式。同时，因资本表现为异化的社会权力，这种权力作为物而与社会相对立，另

---

① 陈飞:《马克思对资本主义分配正义的四重批判》,《马克思主义研究》2016年第 4 期。
② 《马克思恩格斯文集》第 1 卷,人民出版社 2009 年版,第 537—538 页。
③ 《马克思恩格斯文集》第 1 卷,人民出版社 2009 年版,第 538 页。
④ 《马克思恩格斯文集》第 1 卷,人民出版社 2009 年版,第 542 页。

一种形式的异化力量——资本异化力量就此形成。

（二）社会层面异化力量的消除

归根结底,经济解放的核心是消除社会层面的异化力量,主要是指使生产方式中的生产力不再是劳动者异己的力量而成为他们能够掌控的力量,生产方式中的生产关系不再表现为物与物的关系而成为人们自己的关系,这最终要求消灭资本主义私有制。上述所有异化及异化力量,都源于资本主义私有制,因而消除资本主义私有制是经济解放最基本的要求,否定资本主义私有制是实现人类解放的现实途径与手段。只有私有财产制度的废除,才意味着一切属于人的感觉和特性的彻底解放。随着私有制的消灭,生产力不再作为盲目的力量来统治生产者,人们关于自己产品的异己关系将被消灭,人们自主支配自己产品的生产、分配、交换、消费等生产过程及发生的社会关系方式。通过对现实生产过程中产生的社会关系与人的本质变化的思索,马克思认识到仅依靠资本主义异化的批判并不能对社会历史的运行规律进行科学澄明,必须借助于政治经济学批判来扬弃对社会发展的实然与应然的抽象思辨,转而走向经济解放以把握现实的人与物之间的关联。从此,个体生存斗争停止了,而人才最终地脱离了动物界,从动物的生存状况进入真正人的生存状况,市民社会由此被克服。

经济解放会使市民社会被克服、私有制被消灭,公共权力将失去政治性质,先进阶级将在人类解放的道路上创造一个没有阶级与阶级对立的社会来代替旧的市民社会,用先进的社会制度代替落后的社会制度,从此再不会有原来意义上的政权,因为政权正是市民社会内部阶级对立的明显表现。人类社会被推向了更高的阶段,随着历史的生成与历史的现实运动,国家将自行消亡,因为它不过是从社会中产生但又自居于社会之上并且日益同社会相异化的力量。市民社会被克服,国家就缺乏存在的基础。

市民社会的完全克服和国家的消亡是一个长期的历史过程。无产阶级通过革命夺取政权、实行无产阶级专政具有历史的必然性和合理性,这是马克思主义和无政府主义的关键区别之一。但工人阶级夺取政权是社会解放的手段和重要任务而并非目的,"国家再好也不过是在争取阶级统治的斗争中获胜的无产阶级所继承下来的一个祸害;胜利了的无产阶级也将同公社一样,不得不立即尽量除去这个祸害的最坏方面,直到在新的自由的社会条件下成长起来的一代有能力把这国家废物全部抛掉"①。通过经济解放使社会所有等级、阶级都得到解放,也就是社会不再划分为不同的等级,在社会各领域建立人与人之间平等的社会关系,将"属人的关系还给人自己",它是社会力量层面的人类解放。马克思对经济解放的本质和功能的揭示,既肯定了一般意义上的生产劳动之于人类社会存在的基础性地位,又开启了对资本生产逻辑和经济运行规律的揭示,使得现代社会的经济解放获得了唯物主义的阐释。

马克思的经济解放思想与生产方式紧密联系,体现了马克思社会历史辩证法的客体向度。经济解放思想与生产方式即生产力、生产关系的紧密关系使得经济解放超越了价值应然,成为历史发展的必然。生产力与生产关系的发展及其矛盾运动客观上要求创造并积累社会力量,甚至通过异化形式本身消除与克服异化的力量。从这个角度而言,社会异化力量是推动历史发展与前进的动力之一。资本主义的大工业和它所创造的发达的生产力,使经济解放成为现实的运动,这一现实运动的经济解放为人类解放提供与创造了社会物质基础,并走向未来的发展道路。

三、劳动解放:人类解放的内在动力

马克思在关注作为人类解放的社会力量维度的经济解放的同时,并未忽视人类解放的另一个维度——个体主体维度。这一维度立足于劳动活动来理解社会历史的发展,它是作为历史辩证法主体向度的劳动解放。劳动解放在马克思人类解放学说中占据核心地位。劳动解放与异化劳动深刻关联,我们有必要理解马克思对异化劳动概念所作的具体分析。

---

① 《马克思恩格斯文集》第3卷,人民出版社2009年版,第111页。

（一）表征人的生活状态的异化劳动

马克思充分肯定了人类劳动对社会发展的决定意义,认为劳动是理解人类整个历史的钥匙,同时又指出资本主义社会中工人的劳动是异化劳动。

与同时代的思想家比较起来,马克思的深刻之处在于其经济哲学的独特眼光,他不仅从作为资本主义特征的现代社会的生活现象——商品、货币和资本的角度出发,对资本主义文明的历史作出诊断(商品分析是马克思诊断的起点,马克思通过对物质在现代社会中的具体表现——商品及货币拜物教现象的分析,揭示出现代社会中人与人之间的真实的社会关系;资本分析是其诊断的核心),而且也从造成这些对象的人的行动——生产劳动出发,对资本主义文明的历史作出更深层次的反思。对此,马克思经常使用"异化"这一概念,他在考察资本主义生产方式和社会关系结构的基础上继续探讨现代社会关系的基本规定,从人的劳动生产过程进入生活领域,着重研究了抽象劳动如何在人类社会生产的历史中产生社会关系,进而探索在资本主义发展史中形成的异化关系。在马克思那里,异化概念具有如下特征:其一,异化借以实现自己的手段是实践的;其二,异化的表现形式是普遍的;其三,异化在现代社会中通常与物化结伴而行。毋庸讳言,马克思的异化理论是解读资本主义文明的一把钥匙。[1]

马克思把黑格尔的"自我意识"的异化思想和费尔巴哈关于宗教是人的本质异化的思想加以扬弃,同时受赫斯关于货币金钱异化思想的影响,通过对斯密、萨伊、李嘉图、穆勒等资产阶级经济学家的著作的大量研读,并结合对现实的资本主义经济事实的考察,撰写了《1844年经济学哲学手稿》这部影响深远的著作,并在著作中提出"异化劳动"的概念。此时马克思已经认识到从现实出发澄清抽象理念中异化劳动的重要性,明

---

① 参见俞吾金:《马克思对现代性的诊断及其启示》,《中国社会科学》2005年第1期。

确指出异化劳动对人的自由意识与类存在物关系的颠倒,在理论逻辑上,异化劳动是资本主义劳动对象化活动的必然表现;在历史逻辑上,异化劳动是人的历史阶段性的生存方式,必将在劳动的自我超越中走向以人的本质回归为标志的价值性存在方式。异化劳动理论是马克思在形成其科学世界观过程中富有创建的探索,是完成其新理论的过渡性思想,它在马克思思想发展进程中起着重要作用。

要理解异化劳动,首先必须理解"劳动"本身。从发生学和人类总体角度看,社会的历史是人的历史,是人通过自己的劳动不断扬弃社会的过去,从而得到社会的现在和未来的历史。没有人及人的劳动就既不会有人的社会,也不会有人的历史,更不会有生产力的发展史。马克思主义创始人"在劳动发展史中找到了理解全部社会史的锁钥"①,但历来人们对劳动范畴有不同的理解。

在古典经济学中,劳动是作为一个经济学概念来使用的。古典经济学家认为劳动是创造财富的手段,财富增长是主体,劳动必须服从于物质财富这一主体,古典经济学家关注的是财富增长(劳动产品与资本);黑格尔却把劳动范畴由古典经济学的经济学领域的运用提升到了哲学领域,劳动被赋予了历史性与主观性特征。他认为劳动是自身在塑造世界时的外化,把劳动看作人的本质及抽象的精神活动。法国空想社会主义者傅立叶则将劳动看作"天赋人权"和"娱乐活动",一种比跳舞和看戏更加诱人的事情。这些回答都没有对劳动给予科学说明。真正对劳动做出过系统分析和科学界定的是马克思。马克思对传统哲学劳动观的超越性体现在将人类意识的自由性转化为自我创造的能动性,承认人类意识和理性是认识世界的需要,但在实践中改变这种需要的是人的创造能力。当然,由于劳动范畴具有丰富的规定性,马克思对劳动范畴的分析是结合对资本主义生产方式的分析而进行的,他在某一情况下对劳动内涵所做的说明不可能囊括其全部规定,对劳动的正确理解只能从他的若干说明

① 《马克思恩格斯文集》第 4 卷,人民出版社 2009 年版,第 313 页。

中综合把握。

马克思在他的巨著《资本论》中对劳动曾做过三种规定:

规定之一:"劳动力的使用就是劳动本身。"①这是从劳动与劳动主体的关系来看的劳动。这一规定表明,劳动即劳动力的使用,而劳动力则是人的个体的能力,是体力和智力的总和。

规定之二:"劳动首先是人和自然之间的过程,是人以自身的活动来中介、调整和控制人和自然之间的物质变换的过程。"②这一规定表明,人类劳动并不仅仅是劳动力的使用,只有将劳动力用于调整、控制人和自然之间的物质交换,即创造使用价值以满足人类自身需要时才能称为劳动。

规定之三:劳动是"制造使用价值的有目的的活动,是为了人类的需要而对自然物的占有"③。这是从人类活动的特点来看劳动。目的性是人类活动的特点,也是人类劳动的特点。

上述三个规定表明了人类劳动内涵的三个侧面:人类劳动是劳动力的使用,是人与自然之间的物质变换的过程,是为满足人的需要而进行的有目的的活动。人类社会发展到现在,精神文明的地位和作用越来越明显,我们不妨把马克思对劳动进行的规定同现代实际结合起来,对"什么是劳动"这一问题做出如下回答:劳动是人类为满足自身需要而进行的创造物质产品与精神产品的有目的的活动。因而,"在《资本论》中,劳动既是人的实践的社会形式,又是自然的物质过程"④。马克思通过《资本论》及其手稿的阐释,认识到资本主义工厂大机器的使用对工人的劳动方式和组织结构的冲击,并揭露出现代技术型生产方式对工人自由权利的侵害。

在对劳动范畴的理解上,马克思不仅实现了黑格尔思想与古典政治

---

① 《马克思恩格斯文集》第 5 卷,人民出版社 2009 年版,第 207 页。
② 《马克思恩格斯文集》第 5 卷,人民出版社 2009 年版,第 207—208 页。
③ 《马克思恩格斯文集》第 5 卷,人民出版社 2009 年版,第 215 页。
④ 张盾:《马克思的"新唯物主义"如何可能?——论实践哲学的构成和限度》,《哲学研究》2019 年第 2 期。

经济学的结合,而且实现了对黑格尔和古典经济学家劳动范畴的超越。"黑格尔书写了一部人类精神劳动的百科全书。马克思创建了以人类劳动这个范畴为基础的政治经济学。"①马克思对劳动范畴的把握注重从主体和客体两个方面的关联来理解,并确证劳动反映了人作为人的本性的特征,是人的本质力量的集中体现。在马克思的研究中,劳动已经不仅仅是一个经济学的概念,而是进入了哲学领域,对异化劳动的剖析使得劳动仅仅成为人谋生手段的本质被揭示出来。在现代资本主义的生产环境下,劳动者在实践中的能动性完全被剥夺,他们寻求消除异化并实现解放的路径仍然需要依赖劳动方式的变革和生产力的发展。这无疑将对劳动的理解诉诸人的本质及其存在方式。这种理解自然会延伸出异化劳动和人的"类本质"这两个概念。

在马克思看来,人区别于动物的根本特征是自由自觉的活动,即劳动。劳动体现了人类的"类生活"和"类本质",劳动是与人的本质相连的,而在资本主义状态下,劳动发生了异化。劳动生产的不仅是劳动产品(主要是商品),它还生产作为劳动产品的工人与劳动自身。作为异己存在物——劳动产品,同劳动本身相对立,工人同劳动产品的关系就是同一个异己力量及异己对象的关系。

在私有制社会,人的生产物主要包括劳动产品(商品),甚至还包括国家、宗教等,人的生产物对人都发生着异化,成为摆脱人的控制并反过来支配人、与人敌对的异己力量。在这种异化现象中,劳动的异化是根本性的异化。异化劳动最初产生于人类的自发分工,在私有制逐步形成以后,异化劳动和私有制是相互作用的。在资本主义这个最后的、也是最发达的私有制社会里,异化劳动达到了顶峰。马克思从人的"类"本质出发,将劳动理解为人类基本的生产和生活条件,劳动构成了一切社会历史中共有的活动形式。资本主义的雇佣制度使得劳动成为劳动者谋生的手

---

① ［美］诺曼·莱文:《马克思与黑格尔的对话》,周阳、常佩瑶、吴剑锋等译,中国人民大学出版社 2016 年版,第 369 页。

段,异化劳动成为资本主义创造财富的"合理"内容。马克思在《1844年经济学哲学手稿》中以黑格尔的思辨哲学和费尔巴哈的人本主义为理论基础,对异化劳动进行了具体的分析,阐述了异化劳动的产生、发展和灭亡的过程,即异化劳动与私有制、共产主义的关系。同时指出了异化劳动的主要内容与主要形式。

正因为在资本主义社会中人同其创造的对象及其活动相异化,导致人对于对象、工业和自然科学认识的片面性,至多只是把它们看作对其有"效用"的因素,而看不到其本质。人们通常只从外表的"效用"来理解工业以及与之相关联的自然科学的意义,而没有把它们同人的本质联系起来加以理解。由于人在现实中找不到自己的本质,加之对现实生活的失望,人就试图到宗教中去寻找自己的本质、安慰和希望,或到带有抽象性的政治、文艺等之中去寻求自己的本质和理想。因此,宗教的、政治的、文艺的活动成为异化劳动的一个特殊部分而表现出来。

异化劳动作为马克思窥视资本主义的一个视角,揭示了人在资本主义条件下的生存状态,具有明显的价值倾向。劳动是人的自由自觉的本质的实现,是人的自我实现的基本方式,而异化劳动则体现了人的资本主义的现实。"正是这种'异化劳动',在为资产阶级创造物质财富的同时,却造成了工人阶级自由本性的丧失。本来作为人之自由本性的内在肯定的劳动,却变成了对人的外在否定。"①对于人的这种异化、物化的状态,马克思显然是持否定态度的:资本主义最终确立的是物对人的统治关系,把人和人的关系变成为物和物的关系,使得劳动者在异化劳动中丧失自身并失去与"类本质"的内在关联,劳动的自由本性被否定,且异化劳动在资本生产逻辑的促动下显露循环性、强制性的弊端,批判资本主义必须否定异化劳动。不过,马克思深知单纯否定并不是解决问题的方法,必须拥有扬弃的辩证态度,把对异化的扬弃规定为异化自我实现的道路,通过对异化的扬弃使人的本质得到实现,最终达到人类解放。

---

① 白刚:《劳动的张力:从斯密、黑格尔到马克思》,《哲学研究》2018年第7期。

应该看到,马克思在《1844年经济学哲学手稿》中的异化劳动理论存在一定的缺陷:把私有制社会的基本矛盾理解为理想劳动与异化劳动的矛盾,没有深入到私有制社会本身所具有的内在矛盾层次,对私有制社会的分析还不够科学;把人类历史理解为人的"类本质"的异化及其扬弃的过程,从根本上消除资本主义私有制度,借助已经形成的资本主义物质生产力量来否定其自身固化的运动过程,通过提高生产力发展水平扬弃资本主义生产方式。把人类解放理解为异化的消除,人向自己的"类本质"的复归。

但是,马克思用异化劳动表征资本主义条件下人的生存状态,无疑有助于描述资本主义制度的特点并且揭露它的矛盾性。"作为人类文明一个特定的历史阶段,资本主义时代比以往任何一个时代更加直观地展现了一种充满悖论的人类存在方式。"①马克思对资本主义的无情抨击与全面揭露,主要是出于对资本主义社会中人的那种存在方式的强烈不满,他对资本主义的批判归根到底是对资本主义社会中人的存在方式的批判,他把对资本主义生产方式的批判与对资本主义社会中那种人的存在方式的否定紧密联系起来,批判前者是为了否定后者而不是为了维护和实现后者。他要建立新的社会形态的根本目的实际上就是为了构建一种与资本主义社会中那种人的存在方式截然有别的新的存在方式。② 马克思也认识到代表资本主义条件下人的生存状态的异化劳动,是反映资本主义这一特定历史现象的历史范畴,不是从来就有的,也不可能永恒存在下去。马克思对异化劳动的研究和批判是立足现实的社会历史发展状况,在资本主义的物质生产中发掘自我否定的力量,促使人们把握扬弃异化劳动以实现自由和解放的路径不仅止于自我意识反思或感性直观的认识,还要依仗于劳动主体自身的生产劳动。由此,可以说,马克思的异化

① 陈学明、罗骞:《科学发展观与人类存在方式的改变》,《中国社会科学》2008年第5期。
② 参见陈学明、罗骞:《科学发展观与人类存在方式的改变》,《中国社会科学》2008年第5期。

劳动理论对于费尔巴哈的人本主义而言,前进了一大步,是由费尔巴哈的人本主义向成熟的马克思主义——历史唯物主义转变的中间环节。

(二)劳动解放力量源泉的积聚

劳动解放是人类解放的一个应有维度。在社会生产高度发展基础上的劳动解放是人的全面解放、彻底解放与最终解放的根本,"劳动解放论"是一种深刻而广泛的人类解放思想。资本主义的雇佣劳动形式是劳动演进的必经阶段,"它已经自在地、但还只是以歪曲的头脚倒置的形式,包含着一切狭隘的生产前提的解体,而且它还创造和建立无条件的生产前提,从而为个人生产力的全面的、普遍的发展创造和建立充分的物质条件"①。这表明自由自觉的实践活动、劳动解放和人的全面发展、人类解放具有某种意义的一致性。

在《德意志意识形态》中,马克思从社会力量维度确认资本主义生产力、社会关系(尤其是物质交往关系)为社会异化力量,同时又指出:"在这里,劳动仍然是最主要的,是凌驾于个人之上的力量。"②"消灭劳动"同样是共产主义运动的必然要求。这里的"消灭劳动"指的是消除异化劳动、解放劳动的自由本性。在历史唯物主义的生产逻辑中,劳动解放是历史性的范畴和实践过程,任何社会形态下的劳动方式都存在一定矛盾,而资本主义社会矛盾丛生,必须走向新的解放。

劳动之所以会成为异化力量,是因为"分工是自然形成的,还不是出于自愿"。不过,"分工和私有制是相等的表达方式,对同一件事情,一个是就活动而言,另一个是就活动的产品而言"③。由资本主义私有制所造成的异化的生产力实质上是受分工制约的不同个人的共同活动所产生的一种社会力量。劳动异化不是自然出现的,而是由一定的社会条件尤其是私有制度造成的。对于个体劳动者而言,人类解放离不开劳动解放。

马克思在《德意志意识形态》中指出了劳动解放的实质。劳动者"同

---

① 《马克思恩格斯全集》第 46 卷上册,人民出版社 2003 年版,第 520 页。
② 《马克思恩格斯文集》第 1 卷,人民出版社 2009 年版,第 556—557 页。
③ 《马克思恩格斯文集》第 1 卷,人民出版社 2009 年版,第 536 页。

生产力并同他们自身的存在还保持着的唯一联系,即劳动,在他们那里已经失去了任何自主活动的假象,而且只能用摧残生命的方式来维持他们的生命。而在以前各个时期,自主活动和物质生活的生产是分开的,这是因为它们是由不同的人承担的,同时,物质生活的生产由于各个人本身的局限性还被认为是自主活动的从属形式"①。"自主活动"是与异化劳动相对立的自由自觉的活动,是人的"类本质"规定,它在历史上曾以片面的形式而存在。马克思在唯物史观形成的成熟时期,把劳动与"自主活动"紧密联系在一起,就使得这种劳动观与马克思早期的劳动观有了实质意义上的区别,因为它不再是理想化的、带有费尔巴哈人本主义痕迹的劳动观,而是能动的生命创造活动。《德意志意识形态》写作时期的马克思实际上已经有了把人从这种"异化"的状态中"解放"出来的价值理想。因此,从个体主体角度而言,人类的发展,就是结束"史前时期",不断争取和创造人成为人的历史,也就是使所有人都成为劳动者,非劳动者不复存在,从而达到劳动的解放。在马克思的解放思想中,劳动解放是摒除异化劳动形式、扬弃私有财产以及消解资本家和无产者之间的劳动占有关系,根本指向彻底革命资本对劳动的剥削关系。劳动解放的核心和实质就是由异化劳动转化为自主活动,恢复人的自由自觉的本性。全面的自主活动就是异化劳动的解放形式。

1844年前后,马克思就认识到,异化劳动在资本主义社会以前是"自主活动的从属形式";在资本主义社会却"失去了任何自主活动的假象"。马克思在转向经济学研究之后,进一步对各种异化劳动形式进行了深刻评价,"在奴隶劳动、徭役劳动、雇佣劳动这样一些劳动的历史形式下,劳动始终是令人厌恶的事情"②。与此同时,马克思还对异化劳动的历史生成进行了分析。他认为,在古代公社所有制下,劳动者和生产资料还没有分离,劳动者与劳动的客观条件结合方式的特点是:"个人把劳动的客观

① 《马克思恩格斯文集》第1卷,人民出版社2009年版,第580页。
② 《马克思恩格斯文集》第1卷,人民出版社2009年版,第174页。

条件简单地看做是自己的东西,看做是使自己的主体性得到自我实现的无机自然。"①社会异化性在这一时期的劳动过程中不会体现。在前资本主义社会时期,异化性、否定性力量也非常薄弱。但到了资本主义社会,随着生产力的不断提高,人类劳动——创造性劳动与重复性劳动②的不断增长,构成了社会生产力进步的核心内容和根本力量,劳动所带来的文明成果得到快速扩展,而服从于分工的异化劳动对人而言就成为一种异己的、对立的力量,这种力量驱使着人,而不是人驾驭着这种力量。异化劳动在生产过程中是工人劳动所有的外化,私有财产诞生于资本家所占有资本的异化,资本主义主导的生产过程是异化劳动的手段,私有财产是异化劳动的结果,过程与结果之间具有内在关联性,异化劳动与私有财产之间任何一方的消退都必然引致另一方的衰亡。异化劳动的消极因素与反人性的特征也随着异化力量不断加强,物的世界的增值同人的世界的贬值成正比。异化劳动问题及其解决引发了马克思《1844年经济学哲学手稿》的写作,并构成理解与阐释该文本的切入点与关注点。而劳动解放就是要使劳动摆脱私人规定与自然的外在束缚而回归社会化劳动,回归社会化劳动是对现代市民社会的根本性颠覆。

在资本主义阶段,劳动已经表现为全面的异化,"古代的观点和现代世界相比,就显得崇高得多,根据古代的观点,人,不管是处在怎样狭隘的

---

① 《马克思恩格斯文集》第8卷,人民出版社2009年版,第134页。
② 从劳动的具体过程来分析人的现在劳动与以往劳动的关系,可将劳动分为创造性劳动和重复性劳动。创造性劳动的实质是对现实的超越,是新的内容或形式、新的结构或功能的生成,是在人与自然的关系中,主体自觉能动性的重要表现。强调创造性劳动在社会发展中的作用,无疑是正确的。但笔者认为,重复性劳动的作用同样重要。重复性劳动是按既定的方法、形式、规范去从事劳动,加工、制造原先已有的事物,再现先前发生的情形、状态或动作。重复性劳动是有作用的,如社会中的传统产业的延续,就是靠千百万人平凡的重复性劳动来实现的。重复性劳动是创造性劳动的前提,没有重复就不可能有积累,也就很难有所创造。它既扩大了原先创造性成果的应用范围,又为新的创造性劳动准备了条件。在现实的具体劳动中,主体劳动的创造性和重复性是很难分开的,重复之中有创造。多方面的重复整合起来产生新的效用,这本身也不失为创造。

民族的、宗教的、政治的规定上,总是表现为生产的目的,在现代世界,生产表现为人的目的,而财富则表现为生产的目的"①。但相对古代而言,马克思并没因此而主张放弃现代回到结绳记事的原始状态。对原始状态的留恋是可笑的,返璞归真只是一种不现实的幻想。只有立足于人类历史的整体性客观规律和转变人类社会的生产逻辑,才能真正在劳动所显明的人类学意义上把握未来社会生产的历史进路。我们不能、也不应该回到受制于自然界的原始状态,因为"我们越往前追溯历史,个人,从而也是进行生产的个人,就越表现为不独立,从属于一个较大的整体"②。

　　不可否认,马克思不赞同对雇佣劳动进行片面的道义批判,也多次强调雇佣劳动的历史进步性。雇佣劳动是对原始的氏族、部落以血缘为纽带的共同体的消解;是对奴隶社会农奴关系、贡赋关系共同体的克服;也是对封建社会的人身依附关系或依附人格的否定;促进了以物的依赖关系为基础的人的独立性特征及以法律形式上平等的"政治共同体"为特征的社会形成。马克思也并没有因此放弃对雇佣劳动的坚决批判,他将雇佣劳动概念作为社会批判理论的基础性概念,将价值标准与历史尺度有机统一起来,对劳动雇佣关系进行了经济分析与道德分析的界限区分,科学地指出了雇佣劳动导致的异化现象,就其实质而言,是"由必要性和外在目的规定要做的劳动"③,劳动对于劳动者来说,还只是单纯的谋生手段和可以出卖的商品,具有明显的非人性和主体发展的被动性,它必须也必然会走向自己的对立面——彰显人性光辉和人性之美的自主劳动。

　　对异化劳动的克服与消除就是要消除异化劳动得以产生的生产关系,用自由联合劳动制度取代雇佣劳动制度。那么,其动力根源于何处?劳动解放的动力并非来自某种外部的强制力量,而是来自于劳动本身,来自于异化劳动本身固有的积极力量和消极力量的斗争。马克思认为,只有通过劳动本身才有可能消除异化劳动本身,同时,仅仅对异化劳动进行

---

① 《马克思恩格斯文集》第 8 卷,人民出版社 2009 年版,第 137 页。
② 《马克思恩格斯文集》第 8 卷,人民出版社 2009 年版,第 6 页。
③ 《马克思恩格斯文集》第 7 卷,人民出版社 2009 年版,第 928 页。

道义批判与伦理批判,用"抽象劳动"来置换"异化劳动"概念无济于事,此时马克思已经认识到必须跳出劳动异化史观的逻辑,深入到对资本主义社会生产和交往的内部结构与内在矛盾运动的分析中,才能探寻资本家和无产者之间劳动占有关系、实现劳动解放的可能路径。

考察人类的劳动史可以发现,一方面是异化劳动的非人性不断加深、异化不断强化的过程,马克思强烈地谴责了资本主义社会中工人阶级所遭受的非人待遇,这是从道德的视角评价异化劳动;另一方面则是异化劳动自身不断创造和积累解决自身矛盾的条件和力量的过程,马克思曾经肯定了异化劳动在历史上的必然性与积极的意义,这是从历史的视角评价异化劳动。马克思作为历史唯物主义的创始人,在谴责异化劳动的同时,始终清醒地意识到异化劳动在历史上的积极作用。在他看来,不经过这种普遍异化的炼狱,就不可能实现个人能力的全面发展。正是在这个意义上,马克思强调,必须看到资本主义社会的异化与人的全面发展之间的辩证关系。资本主义的分工造成了个人的片面发展,但普遍异化又为人的全面发展奠定了物质基础。① 为了摆脱劳动异化长期控制物质生产的现象,马克思提出要把握"劳动一般"概念对人类社会发展的基础性意义,即确定"劳动一般"创造"财富一般"的工具地位,不以人类社会任何形式和特权为转移,并突出了物质生产是在劳动发展中理解全部社会史的原因。

正是人类现实劳动中积极方面和消极方面的矛盾构成了劳动解放的动力和源泉,现实异化劳动本身所蕴含和创造的劳动者、劳动能力及其物化的社会财富,推动和促进劳动解放的实现。资本主义雇佣劳动阶段为克服异化劳动准备了实现的充分条件,正如马克思所说:"只有完全失去了整个自主活动的现代无产者,才能够实现自己的充分的、不再受限制的自主活动。"②现实劳动者——现代无产者本身集聚了克服异化劳动的巨

---

① 参见俞吾金:《在实践中丰富马克思关于个人全面发展的理念》,《学术界》2001 年第 5 期。

② 《马克思恩格斯文集》第 1 卷,人民出版社 2009 年版,第 581 页。

大的积极创造力量。实现异化劳动向自主活动的历史性转变,其动力根源于现实劳动本身所蕴含、生产与创造的劳动者、劳动能力和劳动产品。"正是通过揭示异化劳动的本质和内涵,马克思既抓住和理解了古典政治经济学和古典哲学劳动观各自的片面性,又获得了批判和超越它们的有力武器,从而开辟了一条从'异化劳动'到'自由劳动'的'劳动解放'之路。"①马克思在劳动的内容与形式、过程与结果、实然与应然的维度阐释了"劳动异化"对劳动者本身的割裂与对抗性,从"新社会的形成要素和旧社会的变革要素"中发掘并释放现代劳动解放的潜力,为劳动者争取大量的自由时间以从事展现自我生命价值的实践。

　　作为人类解放在不同向度上的表现和要求,经济解放和劳动解放在深层次上具有一致性。资本主义的异化不仅表现在生产力对个体劳动者来说是一种异己的社会力量,生产关系、社会关系对人来说是一种物化的关系,而且还表现为产品对生产者的支配、物对主体的支配、正在实现的劳动对已实现的劳动的支配。资本关系不仅使生产力和社会关系具有异己性、反人性,而且也使工人处于和他自己劳动的实现条件完全无关、相外化和相异化的境遇下,资本主义社会的私有制同时也是资本家这种异化劳动所有制,经济解放就是对这种不合理生产方式的彻底解放。但生产力、生产关系的矛盾运动即生产方式的辩证运动根源于现实主体在劳动中的积极力量和消极力量的矛盾运动。由此,从根源上说,经济解放和劳动解放具有一致性。马克思也曾揭示过经济解放和劳动解放的密切关系:"不言而喻,要不是每一个人都得到解放,社会也不能得到解放。因此,旧的生产方式必须彻底变革,特别是旧的分工必须消灭。代替它们的应该是这样的生产组织:在此组织中,一方面,任何个人都不能把自己在生产劳动这个人类生存的必要条件中所应承担的部分推给别人;另一方面,生产劳动给每一个人提供全面发展和表现自己的全部能力即体能的和智能的机会,这样,生产劳动就不再是奴役人的手段,而成了解放人的

---

① 白刚:《劳动的张力:从斯密、黑格尔到马克思》,《哲学研究》2018 年第 7 期。

手段,因此,生产劳动就从一种负担变成一种快乐。"①他在《法兰西内战》中指出,巴黎公社所建立的人民主权既是"使劳动在经济上获得解放的政治形式",也是"社会解放的政治形式"。② 马克思清晰把握资本主义由于固有矛盾和雇佣制度的弊端必然会走向自身对立面,认为只有发展具有共产主义性质的经济,才能保障个人的自主活动以及人与社会的和谐。

经济解放和劳动解放两者的侧重点和立足点具有明显区别。经济解放侧重于从社会历史的客体向度即生产力、生产关系辩证法的角度寻求社会力量异化之源和解决之道,而劳动解放则具有直接的主体人文关怀意味。从社会力量层面的经济解放来理解甚至界定马克思社会发展理论、人类解放思想,正是传统研究的主导思路。但倘若忽视历史唯物主义的主体向度的劳动解放,会使历史唯物主义的主体向度、马克思主义的人文关怀无以彰显,因此,全面把握马克思的人类解放思想,必须把经济解放和劳动解放两个层面结合起来考虑。而且,只有在历史唯物主义的基础上把马克思的人类解放思想进一步具体化为经济解放和劳动解放,马克思的人类解放思想才能避免重蹈抽象人本主义的覆辙。

四、文化解放:人类解放的智识策略

虽然在马克思的经典著述中,并没有明确将"文化解放"作为特有概念展开论述,但我们不能因此而否认马克思人类解放思想体系中包含有对"文化解放"这一问题的思考。一直以来,学术界对马克思人类解放思想的研究,着重强调物质资料生产的基础性,是理论研究的基本方向。但这也使得学界在重视物质生产基础性之同时,却似乎忽视了文化生产的价值性,或将文化生产降低为庸俗文化产品的无创造性批

---

① 《马克思恩格斯文集》第9卷,人民出版社2009年版,第310—311页。
② 《马克思恩格斯文集》第3卷,人民出版社2009年版,第158、195页。

量复制,由此导致在认识马克思人类解放思想体系上,只重视经济解放等物质利益方面的理论论述,而相对忽视深入地阐发马克思在文化解放方面的思想论述。

从马克思人类解放思想的立场、观点和方法来看,人类社会的文化解放维度与政治解放、经济解放、劳动解放维度一样,体现了连续性与阶段性的统一。文化解放是一个长期的历史过程,从古至今人类社会总是处于不断的文化解放状态之中;在文化发展史中,文化的枷锁与文化的解放往往呈同步并行状态,人们不断地批判旧文化的束缚,却难免陷入新文化的泥潭。文化解放正是在不断地摆脱异化所造成的文化枷锁中逐步前进,展现为人类解放的智识策略,与政治解放、经济解放、劳动解放呈互动之势,最终消灭异己的政治力量,实现人向自身本质的回归。马克思文化解放理念建立在政治解放、经济解放、劳动解放的基础之上,在解释社会现实的同时,为我们指明了改造现实和创造真正文化的历史道路。在历史唯物主义原则的指导下,马克思不仅将人类解放的任务落实到政治经济学和物质生产领域,而且投注于无产阶级的阶级意识和思想文化的建构层面,突出文化解放作为无产阶级实现自由的精神武器及其全人类走向解放的必然选择。因此,我们应当辩证地分析马克思人类解放思想的多重性,在发展和完善马克思人类解放思想的基础上,认识与挖掘马克思关于"文化解放"的思想。

(一)从"文化话语权"到文化解放

为了更清晰地分析理解"文化解放"的思想实质,必须对"文化"概念追本溯源,厘清其在历史沿革中的具体内涵,从而弄清马克思人类解放思想体系中的"文化"概念。

文化(culture)概念,在西方最初与农业活动有关,意为"照料、培育、居住",指的是对自然的化育;到古罗马时期,政治家马库斯·图留斯·西塞罗(Marcus Tullius Cicero,公元前106—前43)定义"文化"为通过智慧教养人,拓展了文化的内涵;文艺复兴时期,托马斯·莫尔承继西塞罗的观点,认为文化是对人的本性的培养,提倡人类必须摒弃本身的恶习,培育灵魂深处热爱智慧的本性。可以说,启蒙运动之前的西方思想界普遍认为"文化"是对人的本性或说天性的化育培养,其目的是教养出卓越之人。启蒙运动之后,文化的内蕴不断扩展,直至属于专指与物质领域相对的精神领域,包括精神生产能力与精神产品。比如,英国人类文化学家爱德华·伯内特·泰勒(Edward Burnett Tylor,1832—1917)在其名著《原始文化》中认为:"文化,或文明,就其广泛的民族学意义来说,是包括全部的知识、信仰、艺术、道德、法律、风俗以及作为社会成员的人所掌握和接受的任何其他的才能和习惯的复合体。"①这是人类学意义上的文化概念,它表明文化的历史地位得到了显著的提高。后来,文化的地位一再被抬高,直至被认为是人类及其社会发展的最高目标。而在现代人看来,文化作为对现代社会的一个批判概念,文化批判能极大地帮助我们摆脱目前的现代性困境,因而它不仅关系个人,更关系社会,它将成为自觉的社会目标。如英国著名的新马克思主义文艺理论家雷蒙德·威廉斯(Raymond Williams,1921—1988)指出,"文化成为制度的最终批评者,成为取代和改善的过程,然而在根本上又超乎制度之外"②。文化多用于广义上的思想观念,表明人的感觉经验进入自我意识并形成系统。从人的自然属性跃升为人的社会属性和文化属性,体现了思想文化或观念意识的凝练与其转化为科学知识及实践指导的密切关联。

以上从历史沿革的角度探讨了文化概念的演变,充分展示了人们对文化理解的丰富性与多重性。正如学者阿格尼丝·赫勒(Agnes Heller,1929—2019)在《现代性理论》中提出,能够区分出三种不同的文化概念:"被理解成'高级文化'(high culture)的文化,被理解成'文化话语'(cultural discourse)的文化,以及最后,人类学的文化概念⋯⋯'高级文化'的概念的出现要早于文化作为话语的概念,而人类学的文化概念是相当晚

---

① [英]爱德华·泰勒:《原始文化》,连树声译,上海文艺出版社 1992 年版,第 1 页。

② [英]雷蒙德·威廉斯:《文化与社会》,吴松江、张文定译,北京大学出版社 1991 年版,第 406 页。

才出现的"①。仔细分析即可发现,赫勒对文化概念的此种区分,表明文化是一种政治力量。

在赫勒看来,"高级文化"中的"高级"一词,指的是在日常生活与思想层面之上的空间,故一旦进入了高级文化的领域,即意味着上升,也就是获得了提升自己的能力与空间。这与西塞罗和莫尔所倡导的文化是对人类天性的教化的含义存在相通之处。然而,作为"高级文化"的文化概念,却原初地凸显了文化的政治意涵,标示了统治者对被统治者的文化压制与精神束缚。高级文化的出现自然以低级文化作为参照,而最初的低级文化并不是同"原始"相联系的,而是同不高雅、异己和粗陋相联系的。这种区分是由罗马人提出的。他们以希腊文化为基础,区分了"有文化"的人(会说希腊语和理解希腊文化的人)和"没文化"的人(也就是那些不识希腊语和不懂欣赏希腊文化的人),后来遂演变成高级文化和低级文化的区分。占统治地位的文化精英决定了什么是高级文化,并由此达成了对被统治者的精神统治,在现代政治社会的发展进程中,不断加强文化建设是紧迫的任务,尤其是在现代"自由""民主"的政治建制中,文化表现出极强的个体性与独立性,愈益彰显出政治社会中充斥不同意义的文化世界。

虽说赫勒并不否认高级与低级文化之间的区分带有明显的政治性,但她却否认作为文化话语的文化概念具有政治意涵。在她看来,这是一种文雅的交谈(conversation)文化,没有高低级之分,且也不"意味着上升",不与个人的能力空间相联系,只是同个人态度的改变相关联。而交谈的文化却毕竟有谈话的规则、谈话人的身份的区分,以及谁掌握交谈主导权的问题,这都使得交谈的文化并不像赫勒所说的那样能够避免两极对立、避免统治与被统治的政治问题。

作为人类学概念的文化意味着所有的人类社会都是文化的表征,

---

① ［匈］阿格尼丝·赫勒:《现代性理论》,李瑞华译,商务印书馆 2005 年版,第164 页。

"因为它们向它们的居民提供规范、法则、叙事、形象、宗教等等。没有独一无二的文化,也不会只有两种文化(比如说,人文主义的和科学的,或高级的和低级的),而是存在着多元的文化"①。在人类文化的生产和交往实践中,人类学意义上的文化发展趋向在现实社会中常常表现为伦理与政治的思想智慧,每一种生活方式都是一种文化,每一个民族都有自己的文化,这些文化之间是平等的。但是,生活在一定文化族群之中的人类不可能不偏爱某一种文化,不可能不进行文化之间价值高低的比较,由此可能导致文化上的"种族中心主义"。而且,无论是在民族之间抑或在阶级之间,都不可避免地会导致文化上的暴力。就此而言,文化的区分必定是以经济、政治上的区分为基础的,文化始终是有政治性和阶级性的。"当意识形态与经济基础相互作用,并且对公众的生活世界予以再现和引领时,必然要以文化话语的方式来表达自身的思想内涵。"②意识形态作为思想文化的核心构成部分,不仅包含认识论层面的意义指向,而且构成人类社会实践以及由此衍生的经济学、政治学、伦理学等科学的理论反映。

马克思既承续了前人文化研究的优秀成果,又以人类解放的宏大视域,科学地阐释了文化的具体内涵。概括而言,马克思文本中的文化概念具有广义和狭义之分。广义文化,其本质含义是自然的人化、社会和人的存在方式三者的合一,映现的是历史发展过程中人类的物质和精神力量所达到的程度、方式和成果,具体包括物质文化、精神文化和行为文化三个方面。狭义文化,其实质为精神文化,指的是观念形态和社会心理、习惯、习俗的总和,具体包括以意识形态为主要内容的观念体系,以及由人们长期的实践经验积淀而成的具有相对稳定性和持续性的社会心理、习惯和习俗等。马克思认为,文化的本质是人的本质力量的对象化,包含在

---

① [匈]阿格尼丝·赫勒:《现代性理论》,李瑞华译,商务印书馆 2005 年版,第 188 页。

② 梅景辉:《文化自信与马克思主义意识形态话语权的当代发展》,《马克思主义研究》2017 年第 5 期。

人认识、改造内部生活与外在世界的实践过程中,宗教、道德和艺术等都是文化的特殊存在方式,文化的实践本性取决于人的自觉劳动,并由资本主义工业历史特殊的时代背景塑造而成。因此,马克思的文化认识涵盖了文化的多重性意涵,强调了文化的现实基础和政治性。马克思的文化解放理念既要求批判继承传统文化,也要求抨击统治者的文化压制和精神束缚,是一个创造正确反映和促进社会文明进步的观念文化以及形成与此相适应的社会心理、风俗和习惯的过程。

马克思在基于文化认识的基础上,对文化话语权进行了区分。所谓文化的话语权,就是文化的权利与文化的领导权。从古代到现代,文化权与经济权、政治权从来都是紧密相连的,没有经济权与政治权,也不可能有文化权,在文化上只能处于被领导、被压迫的地位。马克思、恩格斯在1850年发表的批判英国历史学家卡莱尔的书评中尖锐地分析了由贵人、贤人和智者来统治的阶级统治的荒唐性。"高贵的人之所以高贵,是因为他聪明而博学。所以必须在独享教育权利的阶级即特权阶级中去寻找这样的人;而这些阶级本身也将在它们当中找出这样的人,并对他们想当贵人和贤人的要求作出决定。因此,特权阶级现在即使不成为十足的贵人和贤人的阶级,至少也是说话时'吐字清晰'的阶级;而被压迫的阶级当然是'哑巴,是说话吐字不清晰'的阶级,因此阶级统治又重新得到肯定。"①所谓"吐字清晰"与"哑巴"的区分,就是文化话语权有无的结果,谁拥有文化话语权,谁就能"吐字清晰",谁就能获得"贵人、贤人和智者"的资格而成为统治者。在这种结构关系中,劳动大众必须自认倒霉。马克思注意到资本主义工业社会中文化话语权的同质化和极权化,指责文化话语权的封闭根源在于资本主义社会意识形态的单向度生产与输出,并指出真正的文化话语权的实现要以现实的人获得一定的批判精神为目的,从而构建起与高度发达的生产力发展相匹配的文化话语体系和权利机制。文化话语权的区分被马克思、恩格斯历史地还原为阶级的区别与

---

① 《马克思恩格斯全集》第 7 卷,人民出版社 1959 年版,第 307 页。

对立,对文化占有和使用的权利,被具有经济和政治特权进而独享教育权利的统治阶级所垄断。因此,从客观上说,文化话语权的实质乃是阶级对立事实的存在,统治阶级通过独占社会经济、政治、文化权力与权利寻求着统治的合法性依据。由此可见,终结特权阶级的统治合法性,从而消除阶级之间的矛盾对立,必然会解决文化话语权的垄断问题。文化解放的过程必然也是政治解放、经济解放的过程,马克思的人类解放思想是对"由贵人、贤人和智者来统治"的阶级统治模式的否定,彰显了其超越文化话语权视域,实现文化从贵族、贤人和智者模式向平民的、大众的和科学的文化转化的"文化解放"理念。

当然,争夺文化话语权只是马克思"文化解放"的一个方面,除此之外,"文化解放"与市民社会也存在密切关系。封建社会关系的解体诞生了市民社会。在市民社会中,人类生存的各领域出现了分野和相对独立性,其中政治和经济领域分别代表着权力和金钱对人类生活的支配与控制,文化领域则是人类从精神层面抗衡和反思权力与资本逻辑的有力武器,"文化解放"正是市民社会中人类智识的解放策略。通过这种智识策略,我们对现实社会的批判就能被放置于更广阔的文化视野中,赋予人类解放以更广泛的意义,也就是将自然和人置于更广阔的文化维度内加以审视。因此,文化解放的实质是反思和探寻:反思我们经验的前提与条件,探寻历史境遇下的新的可能性。

(二)文化解放与无产阶级意识的建构

从对文化话语权的争夺,到实现平民的、大众文化的建构,再到以文化解放对抗市民社会的权力与资本逻辑,文化解放在马克思的人类解放思想体系中发挥着一种智识策略的作用。马克思对现实的资本主义社会的批判并不局限于政治、经济的批判,也并不仅是着眼于揭露资本主义生产关系的弊端,而且还深入地批判了资本主义文化,这一批判过程隐含了建构无产阶级意识的基本要求,促使无产阶级将哲学作为自身革命实践的理论武器,为建构无产阶级的精神世界奠定了基础。

1843 年前后,马克思的理论视野更加开阔,指向了一个终极的主题——将人类从自然与社会的束缚中解放出来,实现从政治解放到人类解放的超越,也含有文化解放的维度。在这一时期,费尔巴哈的人本主义既是马克思对文化理解的出发点,也是文化解放的落脚点。马克思从人本主义的角度出发,提出任何一种解放都是把人的世界和人的关系还给人自己,这种"归还"或"复归"既包括政治解放、经济解放、劳动解放,也内在地包括文化解放。而这种解放理念的提出,正是为了抗衡市民社会中权力和资本逻辑对人类精神文化的支配,最终从解决现实的政治经济关系入手,克服人类精神的异化状态,使得文化精神回归自身。文化解放的理念基于马克思对人类解放理想的追求,也缘于当时德国的社会现实。

19 世纪初期,德国资产阶级逐渐壮大,其利益诉求也更加明确,与封建社会传统形成了鲜明的对立,但马克思失望地觉察到,人类的文化解放并没有受到重视,资本的逻辑支配、控制和鄙视精神文化。如傅立叶所指出的:"光荣之神已经不是把她的一百个声音献给诗神及其弟子们,而是献给商业和商业的英雄们。"[1]金钱至上的利己主义观念战胜了崇高的文化理念,资产阶级意识形态在利己主义的物质生产逻辑支配下不仅表现为实践意识,而且呈现出社会的文化意识,以动态的社会文化结构附和德国资本主义社会的总体发展。

马克思无法忍受这种庸俗的拜金主义,他要维护文化精神的独立与尊严,批判德国资产阶级的权力和资本逻辑,批判市民社会中的利己主义原则。在马克思看来,资本逻辑支配人类,造成人们对理论、艺术和历史的无知与蔑视,体现的正是对人的蔑视。资本的逻辑、商品拜物教的异化现象成为在市民社会和商业领域阻碍文化精神解放的重要因素。资本逻辑是实现人类解放的重大挑战,因为只要资本逻辑存在,资本逻辑就会发生作用,而不遵循资本逻辑的资本根本不是资本。我们既要利用资本又要节制资本,把资本逻辑限制在一定范围内。文化解放必须解决束缚人

---

① ［法］夏尔·傅立叶:《傅立叶选集》第 3 卷,汪耀三、庞龙、冀甫译,商务印书馆 2017 年版,第 138 页。

类的政治经济关系,也必须克服精神文化活动领域的异化现象。"'文化解放'需要无产阶级形成革命的阶级意识"①,马克思既将解决人类解放的问题落脚到现实社会的经济关系领域,又重视通过文化解放建构无产阶级的阶级意识,将文化解放作为建构无产阶级意识的策略。作为一种代表未来文化的主体力量——无产阶级和人民大众,只有在文化解放的过程中建构起自身的主体意识,克服资本主义市民社会的弊病,才能使文化解放与政治解放、经济解放与劳动解放相统一,在历史进程中彻底改造现实社会,实现人类的最终解放。

(三)文化解放的历史辩证法

在马克思的人类解放思想体系中,文化解放作为一种智识策略,有其自身的历史地位与历史作用,但要正确地认识文化解放,除了需要理解文化解放的内在本质之外,还需要在社会形态的理论构架中考察文化解放的历史形态。

马克思曾将人类社会的发展变迁划分为三大形态,我们可以据此勘察文化解放与社会发展的互动关系,大致确定文化解放的历史形态。

在"最初的社会形态"中,人类只能在范围狭隘的区域内进行劳动,这种人类劳动以生产和占有实物为目的,并不存在交换的活动。与此种社会状态相适应的社会关系是以血缘关系为基础的"人对人的依赖关系"。在该社会形态中,文化精神的实践活动主要依附于物质生活世界,文化没有自身独立存在的空间而只能被动接受物质生活的统合,文化缺乏对政治和经济生活的功能自主性力量,文化作为独立的领域并未凸显,也没有丰富的文化精神产品,人类尚未在文化消费中实现文化享受,更多的是存在一种体现原始崇拜的图腾、仪式活动或乐舞等原初意义的人类信仰行为。

在"第二大社会形态"里,人类分工有了很大发展,交换成为必需的

---

① 牟成文:《人民意志:马克思法哲学的思想特质》,《中国社会科学》2020年第3期。

生活方式。在交换关系中,一方面形成了以物的依赖性为基础的人的独立性,另一方面又建立起普遍的社会物质交换、多方面的需求以及全面的能力体系。正是基于历史的社会分工逻辑,文化实践活动形成了拥有具体内容的社会规定性,与政治、经济共同成为社会运动中的客观事实,在此种社会形态中,文化领域的发展速度令人惊异,建构了巨大的文化空间和文化市场,且文化与政治、经济的关系得到展现,人们的文化实践关系从相对独立逐渐走向同一资本逻辑下的彼此依赖。现代资本扩展逻辑下的文化形态表现为封闭性话语与辩证性思维之间的交融和博弈,文化话语权的封闭式建构与意识形态的单向度发展密切相关。由于文化的发展以政治和经济利益为取向,文化不断地被推向了平庸:标准化、齐一性和无风格,且抹杀主体性、泯灭个性和创造性,实际上导致的是一种文化异化,也加剧了人的异化过程。

在"第三个阶段"的社会形态里,伴随着生产力的巨大发展,消费产品得到极大丰富,社会分工的合理化发展推动人们交往与合作的层次和空间不断提升,不仅发达的物质生产使人们有充足的物质产品消费,而且精神文化领域的生产也令人们有多彩多样的文化产品消费,同时人自身的文化需要和发展诉求的重要地位得到不断提高。人类由此能够进入第三个阶段,即进入共同的社会生产能力成为他们的社会财富这一基础上的自由个性全面发展阶段。在这一阶段,马克思倾向于在哲学的范围内探讨文化解放与人的自由本性的紧密关联,文化发展的目的理应成为人追求解放的需要,本真的文化应该是人的生命自由的表现形式,人能够通过文化解放展现出生命活动的创造性和自由性,人通过改造对象化的文化领域,让文化成为属人的"作品"。每个社会成员能在人类物质和精神文化活动的全部成果中,自由地选择它们、占有它们,在最符合个体本身的兴趣、爱好的各种社会文化活动中,最大限度地发挥自己的聪明才智和创造能力,以至形成充分的文化创造和实现充分的文化享受。实现文化和精神的内在复归及其向人的本质与自由全面发展诉求的还原,是文化解放的最后历史形态,也是文化解放的最终完成。

依据社会形态变迁可对文化解放进行历史定位,即在"最初的社会形态"里,文化创造限于原初的信仰行为,文化解放尚未成为一个历史的任务;在"第二大形态"里,随着商品经济及市场经济的日益发展,文化领域充分发展,但资本主义制度的狭隘性使其负面作用极端地凸显出来,人类的文化解放未能得到充分开掘与发展;在"第三个阶段"的社会形态中,伴随发达的物质生产和商品经济的消亡,人也摆脱了对物质需要和"物的关系"的依赖,在文化的创造实践中形成了多方面社会关系并存发展的局面,文化解放的实现以人在自由而全面发展中的文化创造和文化享受的方式出现,人的本质在现实历史中呈现出多方面展开的丰富性,走向人对自身本质的真正占有。这正是文化解放在社会形态中彰显出的历史辩证法。

马克思哲学道路的选择过程与马克思人类解放目标的确立过程是同一的。值得深思的问题是,面对同样的时代问题、时代遗产与时代任务,为什么马克思同时代的哲学家走上了和马克思不同的哲学道路?如叔本华、克尔凯郭尔、尼采等人走上了人本主义道路;孔德、穆勒、斯宾塞等人走上了科学主义道路。他们分别做出了和马克思不同的理论选择。原因在于他们与马克思相比,各自代表的社会利益主体不同;对时代遗产的领悟不同。正是因为马克思代表的是广大人民群众的根本利益(人本主义者和科学主义者代表的主要是知识分子利益),确立了人类解放的理想,经过对传统哲学的批判,跳出传统哲学理论本身的框框,才使马克思对自己的哲学任务有了更深的理解。马克思将人类社会视为真正的解放哲学体系的根基,根本促使人被当成物质条件的产物转向到作为社会历史发展与解放的主体,指明现实的人在追求解放的路途中发挥自身先天的本质,将人改造世界的功能转变为解放自身的实际力量,促使人类达到无限展露能动性和创造性的条件。哲学的重大任务就在于指明"解放"的必然道路,提供"解放"得以实现的蓝图,描绘"解放"所要达到的终极状态,并通过行动把这一切付诸实践。马克思最终完成了自身的哲学变革,通过探求"解放何以可能"而将

"改变世界"作为自己的使命,争取实现全人类的解放。

第三节　人类解放思想的叙事结构

马克思人类解放思想体系作为一种科学的社会历史理论体系,有其自身的内在逻辑,有支撑其理论叙事与论证的结构框架及结构元素,可称之为"叙事结构"。① 马克思人类解放思想宏大而精深的叙事结构涵涉历史唯物主义、多维度的解放形式和共产主义运动三大部分,全面地阐述了认识人类社会的根本方法、实现人类解放的根本路径和社会形态嬗变的根本目的,充分彰显了这一理论的彻底的革命性及其与社会现实生活的紧密关系。马克思人类解放思想本身涵括了哲学叙事与现实叙事的双重维度,哲学体系与现实实践之间也具有相互转化的可能性,当解放的哲学叙事集聚成为社会共识时,它必然转向为自觉的革命实践。

就文本形式而言,马克思不曾将自身的学说体系化,但从实质内容上看,马克思的思想有极其严密的内在结构。文本研究作为探析马克思思想的基本途径与方法,是精准理解马克思学说的前提,但我们不能因此陷入文本的"迷宫",满足于文本表层的耕犁,仅仅纠缠于细枝末节的语词考证和特定情境下的论断,更需要的是高屋建瓴的洞察能力和整体的驾驭能力,从而透过对经典文本的严密论证去把握马克思思想的内在结构

---

① 作为一门学科建制的叙事学(narratology)是 20 世纪 60 年代中期,在结构主义及形式主义先驱的支持下西方兴起的文学理论。这一理论的广泛传播与发展给当代文学艺术作品的创作实践带来了深远的影响,使传统情节结构的研究得以与叙事学研究相结合,形成了对文学艺术作品所具有的"叙事结构"的研究。在叙事学学科领域,"叙事结构"是对创作性较强的文学艺术作品的架构方式、骨骼与脉络的分析。一个作品的"叙事结构"可以是多元的、多变的和多线索的,具有人为性和表象性特征。但本书并非借用文学理论中的叙事学方法,而是在另一种意义上使用"叙事结构"一词,即将其视为马克思人类解放的理论阐述体系与表达方式。因此,笔者力图用"叙事结构"来表征马克思人类解放思想阐述体系的整体性、连贯性和清晰性,揭示其理论自身的内在逻辑和支撑其论证过程的结构框架和结构元素。

和马克思学说的核心与精髓。马克思一生留下的文本纷繁复杂,论题涉及的内容相当广泛,思想探索之路也曲折多变,但是,"人类解放"却始终是其整个思想体系的核心,在其学说中占据提纲挈领的地位。研究马克思人类解放思想,应该深入、全面地剖析这一理论的叙事结构,即支撑起马克思人类解放思想叙事与论证的结构框架及结构元素。

从马克思思想本身及人类解放的理论性质上看,人类解放思想不是一门具有独立意义的纯粹的学问,而是建立在社会实践基础上的科学的社会历史思想。其是在 19 世纪风起云涌的世界历史趋势下,回答资本主义向何处去、无产阶级的历史使命和人类社会的历史走向等根本性时代课题的基础上生长出来的。历史唯物主义是这一理论蕴含的世界观和方法论,政治解放、经济解放、劳动解放和文化解放等多维度的解放形式,是实践这一理论的根本途径,共产主义则是这一理论的根本目的。这三者构成了马克思人类解放思想的叙事结构,而以这三者为核心的相关命题则构成了该理论的结构元素,它们之间相互渗透、相互补充,在理论上和逻辑上具有严密性、完整性与一贯性。

一、历史唯物主义:社会现实的澄明与革命性改造

列宁曾深刻地指出,马克思特别强调"历史"的唯物主义,[①]它表明历史唯物主义作为马克思人类解放思想叙事结构之一的关键之处在于:历史唯物主义不只是一种唯物主义的历史观,也不只是一种历史哲学,而是揭示出人的历史实践性存在的唯物主义哲学,是根本的世界观和方法论。马克思、恩格斯在探究和阐述历史唯物主义时,"历史"具有比人类社会的现实历史更深层的思想意义,甚至与人的思维逻辑和社会实践结构发生了本质关联。历史唯物主义中的"历史",强调的是"历史"作为唯物主义的理论根基和解释原则,而不是研究领域或解释对象。马克思将"历

---

① 参见《列宁专题文集——论辩证唯物主义和历史唯物主义》,人民出版社 2009 年版,第 115—116 页。

史"作为最高的范畴植入西方的唯物主义哲学传统中,摒弃了将人类社会归结为精神因素主导其发展的历史唯心主义的观念,他所阐释的"历史"是用研究经济学的历史观念和方法,旨在突出社会发展的历史建立在物质生产的基础之上。人类社会不再被理解为某种抽象实体,而是被把握为由历史实践规定的存在关系和存在方式。时空中的一切感性存在物绝不是始终如一的抽象实体的显现,而是历史实践的产物。从历史唯物主义的角度看,自然也是历史性的,是"人化的自然""历史的自然",如马克思所指出的:"在人类历史中即在人类社会的形成过程中生成的自然界,是人的现实的自然界;因此,通过工业——尽管以异化的形式——形成的自然界,是真正的、人本学的自然界"①。历史是以"对象性的实践活动"来规定的,世界不过是人对象化的本质力量的展示,"对象性的实践活动"具有与理论相对的现实原初性,所以,历史成为马克思人类解放思想的原点或自明性前提,历史唯物主义就是这一理论的根本方法论,是对现实世界的澄明。

历史唯物主义对现实世界的澄明,不仅解释了世界的存在内容、存在关系和存在方式,而且作为无产阶级的科学理论和意识形态,彰显了认识世界发展的向导性以及如何改变世界的实践革命性。正是凭借历史唯物主义以现实社会存在为基本载体的方法论,推动马克思从现实的社会生产、分工等领域探索政治制度与社会关系产生的根源,促使马克思对人类解放的现实性认识得到进一步深化,也使得历史唯物主义构建与人类解放相适应的内在原则得到彰显。

首先,历史唯物主义是"关于现实的人及其历史发展的科学"②,是探索历史发展真理的方法。摒弃主观的道德诉求和价值理念,通过对作为对象化实践结构的"生产方式"范畴的阐述,彻底地把握复杂的社会现实,客观地描述人类的历史运动,是在人类解放思想体系的视野下展开对各种历

---

① 《马克思恩格斯文集》第 1 卷,人民出版社 2009 年版,第 193 页。
② 《马克思恩格斯文集》第 4 卷,人民出版社 2009 年版,第 295 页。

史事变和历史现象的科学叙事的基本路径,换言之,历史唯物主义是以"自然科学的精确性去研究群众生活的社会条件以及这些条件的变更"①,从而把"经济的社会形态的发展理解为一种自然史的过程"②。历史唯物主义方法推动马克思从政治经济学的视域把握资本主义社会的生产和交往活动,使他认识到资本关系在维系现代社会生产发展中的决定性作用。

其次,历史唯物主义"把伟大的认识工具给了人类,特别是给了工人阶级"③,是无产阶级积极改造世界的理论武器。人类通过社会实践活动改变历史、创造历史,彰显自身在历史中不断自我创造的实践本性,在整体的历史中获得自身的解放。马克思曾指出:"理论一经掌握群众,也会变成物质力量。理论只要说服人[ad hominem],就能掌握群众;而理论只要彻底,就能说服人[ad hominem]。"④历史唯物主义就是最彻底的理论,也只有它才能够说服无产阶级,成为无产阶级的意识形态,确立无产阶级在历史发展过程中的主体性地位,从而阐明了历史进程中主客体之间的辩证关系,揭示了无产阶级作为历史的主体性力量与生产方式作为历史的客体性力量之间的相互作用。而历史唯物主义的理论和方法以无产阶级通过自身劳动实现解放的深切眷注为最高价值指向,因此,只有无产阶级才能对历史唯物主义的思想精髓产生真切的认同并在现实行动中加以运用与发展。马克思、恩格斯对历史唯物主义原理的阐释包含了对无产阶级进行社会革命的物质生产前提的确证,表明无产阶级如果没有充足的物质基础,必然走向社会革命与建构的普遍贫困化;只有在生产力发展的同时促使社会交往的建立,全世界无产阶级共同的社会主义革命阵营才有可能形成。

然而,科学理论与意识形态的二重属性使得历史唯物主义备受误解:

①《列宁专题文集——论辩证唯物主义和历史唯物主义》,人民出版社 2009 年版,第 336 页。

②《马克思恩格斯文集》第 5 卷,人民出版社 2009 年版,第 10 页。

③《列宁专题文集——论辩证唯物主义和历史唯物主义》,人民出版社 2009 年版,第 335 页。

④《马克思恩格斯文集》第 1 卷,人民出版社 2009 年版,第 11 页。

或过分地强调主体自身的理性力量,最终陷入历史唯心主义;或被理解成机械唯物主义、庸俗唯物主义。作为支撑人类解放思想叙事结构根本方法的历史唯物主义,在对社会现实的澄明和革命改造中所凸显的科学理论与意识形态的二重性质,是其内在逻辑和张力的充分表现。通过历史唯物主义,马克思将科学的真理性与哲学的价值性统一起来,既从描述社会历史发展客观进程的角度说明无产阶级的历史地位,又从论述无产阶级历史使命的角度达到对整体社会发展的科学阐明。一方面,马克思用历史唯物主义的"科学的真理性"批驳了忽视历史发展的科学客观性、只强调社会现实的伦理特性的历史唯心主义,论证了人类社会发展的自然历史特性;另一方面,马克思运用"哲学的价值性"拒斥将历史的发展完全描述为经济运行规律或宿命论的机械唯物主义,保留了价值性是对认识与改造社会现实的规约性这一伦理原则。可见,历史唯物主义作为方法论不是纯粹的社会认识工具,它还强调无产阶级对社会现实的革命改造负有价值理性责任。"科学的真理性"是历史唯物主义对世界的实然描述,而"哲学的价值性"是其对世界的应然论断。所以,无产阶级在认识与改造世界的过程中,不仅要通过对社会现实的澄明来审慎地预测可能的结果、谋划实现目的的手段,而且必须能够彻底地贯彻其追求人类解放的意志。通过对无产阶级运用历史唯物主义来通向解放路径的论证,马克思已然超越了历史唯物主义创立时回避传统哲学思辨逻辑的弊端,确立了自身独特的价值话语。历史唯物主义既是关于社会现实的知识或思想体系,同时在对人类解放进程的叙事中确立了无产阶级的绝对价值性,从而使对世界的实然描述与应然论断在整体的历史运动中达致统一,论证了人类解放的真理性与价值性的辩证统一,显示了人类解放理论叙事结构的科学理性与人文品质。

二、多维度的解放:人类解放的路径阐述与历史转换

历史唯物主义奠定了人类解放思想叙事结构的方法论根基,使马克思能够据此解剖和分析社会历史的内在结构及发展进程,阐释资本主义

物化的社会关系及现成世界的对立冲突,并在市民社会的阶级矛盾与阶级冲突中寻找人类解放的根本路径。在马克思看来,受社会历史条件的制约,人类解放并不是能够一蹴而就的历史活动,它需要经历不同层次与阶段的历史发展,通过社会分工和交往实践促进世界范围内的生产力不断扩展,并创造出多维领域中发展的新需要和新内容。人类解放将具体地内化为政治解放、社会解放和劳动解放等维度的解放形式。这些解放形式作为人类解放思想叙事结构的元素,受到马克思的充分重视。人类自我解放的能力伴随社会历史的发展而不断增强,当这种能力发展到一定历史阶段,人们就必然在政治、经济和文化等社会领域的关系中依照自身的需要与目的进行自我改造,进而证明人类解放的必然性。马克思对社会现实的唯物史观考察中,他既没有脱离政治解放、社会解放和劳动解放的时代要求,也没有囿于政治解放、经济解放、劳动解放和文化解放的叙事框架,而是着眼于从多维度的解放到人类解放的路径阐述,辩证地审视多维度的解放与人类解放之间的内在张力与历史转换,从而把推进社会现实向前发展的出发点和基本思路合理地纳入人类解放的价值目标中,凭借对社会现实中的现象与本质、感性与理性等矛盾关系的分解,表达了人的现存社会关系不断解构和重建的需要,并通过政治解放、经济解放、劳动解放和文化解放的具体实践路径来为人类解放的实现奠定基础、创造条件,最终达到人类解放。

对马克思来说,着眼于从多维度的解放到人类解放的路径阐述,必须对政治解放、经济解放、劳动解放和文化解放的内涵与局限做出严谨客观的阐明。

在 1843 年的《论犹太人问题》一文中,马克思在批判鲍威尔的基础上,就系统地阐述了政治解放的本质与局限。政治解放是资产阶级的政治革命即市民社会革命的结果,是"同人民相异化的国家制度即统治者的权力所依据的旧社会的解体"①。旧的市民社会是封建主义性质的社

---

① 《马克思恩格斯文集》第 1 卷,人民出版社 2009 年版,第 44 页。

会形态，直接具有政治性质，它的生活要素以各种形式上升为国家的生活要素，并以这种形式规定了单一的个体对国家整体的关系。但是政治革命消灭了旧的市民社会这一政治性质，展开了建立理想国家的政治解放构想，政治解放促使了封建专制制度的灭亡，使市民社会与政治国家相分离，重新确立了个体与国家的关系。马克思肯定了这一解放形式的历史意义："政治解放当然是一大进步；尽管它不是普通人的解放的最后形式，但在迄今为止的世界制度内，它是人的解放的最后形式。不言而喻，我们这里指的是现实的、实际的解放。"[1]同时，马克思也尖锐地指出政治解放的历史局限：尽管政治国家与市民社会相分离但却无法压制自己的前提——市民社会及其要素，政治国家的建立仍然需要重新承认、恢复和服从市民社会的统治。由于市民社会的经济本质以及经济的决定性作用，导致市民社会取代了原来国家所拥有的统治地位而主宰国家，国家被迫沦落为市民社会的附庸。因此，通过政治革命达到的解放不过是挣脱了"人的依赖关系"的历史阶段，转而进入了"以物的依赖性为基础的人的独立性"的发展阶段，实质上走向了以资本主义生产为支配力量的新的束缚。政治解放的主要内容是如何消解宗教与政治国家之间的二元对立，政治解放的实质是从国家层面保证人们获得宗教信仰自由的过程，它开辟了国家主导政治生活的全新的历史阶段。政治国家"只有同自己的生活条件发生暴力矛盾，只有宣布革命是不间断的，才能做到这一点，因此，正像战争以和平告终一样，政治剧必然要以宗教、私有财产和市民社会一切要素的恢复而告终"[2]。对政治解放路径局限性的揭示必将转向对市民社会的批判，这就客观要求实现社会解放。

在资本主义性质的市民社会中，私有财产天然不可侵犯，社会生产关系采取了物的形式，人和人在劳动中的关系表现为物与物、物与人之间的关系。于是，生产关系的物化导致整个社会关系、文化关系的物化。在市

---

① 《马克思恩格斯文集》第 1 卷，人民出版社 2009 年版，第 32 页。
② 《马克思恩格斯文集》第 1 卷，人民出版社 2009 年版，第 33 页。

民社会中,人与人之间的共同活动产生了一种社会力量,这种社会力量是异己的、在人们之外的强制力量,不是人们自身的联合力量。而经济解放、文化解放就是在实现政治解放的历史前提下消除这一市民社会的异化力量,这取决于对资本主义私有制的消灭。私有制的消灭,有赖于"劳动阶级在发展进程中将创造一个消除阶级和阶级对抗的联合体来代替旧的市民社会;从此再不会有原来意义的政权了。因为政权正是市民社会内部阶级对抗的正式表现"①。资本主义政权的消亡表征公共权力失去了政治性质,也不再作为异己的社会力量制约人,但这并不代表人类解放的最终实现。因为,即便无产阶级在革命实践中夺取政权、实行无产阶级专政,"在经济、文化、道德和精神方面都还带着它脱胎出来的那个旧社会的痕迹"②。经济解放、文化解放还只是客体向度的社会力量的解放形式,真正的人类解放还需要进一步实现主体向度的主体性解放,即立足于劳动活动来理解社会历史发展的劳动解放。

"劳动是人在外化范围之内的或者作为外化的人的自为的生成"③,劳动对人而言,不仅仅是客观中性的事实规定,而且是人的自我生成、人的个性以及人的类本质的价值性体现。马克思认为,劳动作为人类生活的全面的和本质的因素,本应是自由自觉的、创造性的活动,但是,在资本主义私有制条件下,甚至在无产阶级专政的情况下,由于社会生产力的限制,劳动带有异化的、强制性的消极特性。尽管马克思尚未对劳动与社会行动进行明确分工,但他对劳动创造了人本身、劳动构成人的本质的积极意义的肯定,表明劳动解放思想已经触及政治自由的问题,他力图将劳动从雇佣劳动的异化状态中解脱出来,实现对与资本主义生产方式相耦合的现代政治自由观念的批判与超越。劳动解放要求在一定的社会条件下,消灭剥削和实现劳动联合,促进社会生产力的发展,从而为个人生产力全面的、普遍的发展创造和建立充分的物质条件。"无产者,为了实现

---

① 《马克思恩格斯文集》第 1 卷,人民出版社 2009 年版,第 655 页。
② 《马克思恩格斯文集》第 3 卷,人民出版社 2009 年版,第 434 页。
③ 《马克思恩格斯文集》第 1 卷,人民出版社 2009 年版,第 205 页。

自己的个性,就应当消灭他们迄今面临的生存条件,消灭这个同时也是整个迄今为止的社会的生存条件,即消灭劳动。"①"消灭劳动"就是要消灭阻碍人的全面发展、奴役人的异化劳动。对于人类解放来说,自由自觉的劳动是目的,不是手段,是个人的生命和个性特点的直接表现,是对人的本质和社会的本质的证实和实现。就此而言,劳动解放作为人类主体向度的解放及崇高价值性的体现与人类解放高度一致。

　　总之,在实现政治解放的历史前提下,人类解放的路径呈现出政治、经济、文化解放和劳动解放两个向度,政治、经济、文化解放侧重于从社会历史的客体向度即社会力量的角度寻求人类解放的路径,而劳动解放则具有直接的主体人文关怀意味,强调建立在个人全面发展基础上的自由个性。然而,人类解放并不表明完全从一切现实的政治、经济、文化等领域的限制中挣脱出来,而仅仅意味着从资本主义特定的生产逻辑和生活世界中解放出来。辩证地审视多维度的解放形式与人类解放之间的关系,我们必须明确,在唯物史观的视域中,社会历史的发展具有客观性、规律性和阶段性,经济的社会形态以及与之相应的社会政治形态的发展,都包含了不可取消的、合乎规律的、不可超越的各个历史阶段,政治解放、社会解放和劳动解放作为实现人类解放的具体化路径,是人类从"物的依赖性"到"自由个性"的历史转换,是一种由社会现实的变迁凸显的人类自然史道路。只有经过政治、经济、文化和劳动等领域完整意义的解放,人类解放才能在充分的基础上得到真正推进,人类解放实现个人自由全面的发展目标才能得以论证,它们作为马克思人类解放思想叙事结构的元素,反映了人类解放的阶段性和层次性,并与历史唯物主义一起,将历史的科学叙事指向共产主义。

三、共产主义运动:自由个性的物质保障与理论构想

　　共产主义作为马克思人类解放思想叙事结构的指向,是由历史唯物

---

① 《马克思恩格斯文集》第 1 卷,人民出版社 2009 年版,第 573 页。

主义的双重属性(科学理论和意识形态)与多重维度的解放形式共同支撑的,这三者相互渗透、相互贯穿地架构起马克思的人类解放思想体系。作为马克思人类解放思想叙事结构的根本指向和根本目的,共产主义是一场总体性的历史转变运动,它是人在批判与革命的实践中形成的社会历史总体。总体性的历史运动不仅在生产方式和制度组织等物质形态层面将发生颠覆性的改变,而且在价值理念和心性结构等精神气质层面也将焕发出全新的面貌。马克思对共产主义的阐发集中凝聚在对"自由个性"的物质保障分析和理论构想之上。马克思认为,共产主义运动所要实现的"自由个性"是人类社会发展的第三大形态的表征,是人类最大的历史转变,即从纯粹自发的发展阶段转变到自觉的完善阶段、从物对人的统治阶段转变到人对物的自由支配阶段、从"必然王国"转变到"自由王国"。人的解放成为立足于人的存在及其现实实践基础之上的共产主义的内在需要。

"马克思把共产主义看作是否定社会生活所有异化和对抗形式的一个历史过程,根本没有把它同某种绝对的、更加完备的社会发展体制联系在一起。而过去和现在的很多空想家们的缺点恰恰就反映在这一点上。"①马克思人类解放思想叙事结构所指向的终极目的——共产主义不是某种僵化的、死板的制度组织,而是不断变化革新的历史过程。在这个历史过程中,共产主义作为科学性的社会理想,表征合目的性和合规律性的社会结构安排,在对现实的反思中促使人们不断生成一种立足历史、面向未来的思想意识;共产主义作为伦理性的道德理想,表征合乎人性的"自由个性"模式,在人的劳动实践中彰显有意识的生命存在和自由自觉的需要。其中,社会结构安排是"自由个性"模式实现的物质保障,"自由个性"模式是社会结构安排的理论构想,人与人之间的社会关系不再是自然界和社会统治阶级从外在强加形成的结构,而是人们在自由活动中

---

① [俄]鲍·斯拉文:《被无知侮辱的思想——马克思社会理想的当代解读》,孙凌齐译,中央编译出版社 2006 年版,第 50 页。

所达到的预期结果。这个转变过程既具有科学真理性，又富含价值理想性；既需要客观的物质生产的飞跃，也需要主观的心性气质的革新。

　　在马克思看来，"自由个性"作为共产主义运动的目标，只能以高度发达的社会生产力为基础，并且这种生产力的发达不是地区和民族的现象，而是具有世界历史性的现象，否则，"就只会有贫穷、极端贫困的普遍化；而在极端贫困的情况下，必须重新开始争取必需品的斗争，全部陈腐污浊的东西又要死灰复燃"①。资本主义是处于"必然王国"阶段的社会形态，在其社会关系中，机遇和竞争占绝对的统治地位，大多数人与生产方式的关系是异化的关系，从事的劳动是外在目的规定性的劳动，"现实的个人"的自由联合还未能进入人类的实践视野。随着社会生产力的世界历史性发展、对资本主义私有制的彻底否定以及共产主义所有制的确立，生产力作为人类的社会力量，将不再是个人压迫、剥削和奴役他人的手段，而是成为社会的人的自身力量。"这种无情的社会劳动生产力才能构成自由人类社会的物质基础"②，从而奠定人类社会向"自由王国"飞跃的可能性。在由"必然王国"向"自由王国"的跃升中，人类对自然规律的认识有了质的提升，逐渐意识到将自然的外在必然性转化为解放所需的内在必然性以达到真正的自由，并在自由的活动中感受到创造历史的主体性力量。马克思开始勾勒社会主义或共产主义理论，"现实的个人"的自由联合也进入人类的实践视野。因此，共产主义不仅仅是关于人类社会未来形态的具体描画，更是对现实的人实现自我发展和解放的深刻洞悉。

　　通过马克思对"自由个性"物质基础的分析可以发现，其根本的指向是劳动者的解放。"自由个性"物质基础的积累过程也是社会结构的转变过程与人的精神气质等内在结构的历史性生成过程。马克思认为，"必然王国"的社会形态中，个人是原子式的分散个体，个人的劳动是自

①　《马克思恩格斯文集》第 1 卷，人民出版社 2009 年版，第 538 页。
②　《马克思恩格斯文集》第 8 卷，人民出版社 2009 年版，第 469 页。

发的、被迫的,个体之间的自发交往与联系所产生的社会力量对人来说是异己的力量并与人自身相对立。而社会生产力发展到极高程度,物质资料充分涌流,"自由时间"就会出现,在这种客观条件下,从前被异化的个体将得到解放,人存在的世界、国家和社会的异化性质将被彻底扬弃,植根于人感性—对象性活动中的自由本性重新被唤醒,自主的活动将成为人类生命的自由自觉的本质,人们将在全新的社会形态中转变为完整的和全面发展的人。从"必然王国"向"自由王国"的转变过程,不仅是生产方式、制度组织的转化,更是人自身的焕然一新,是人的精神气质等内在结构的革新。在"必然王国"的国度里,由于资源的有限性、资源分配的多元性与复杂性,利己主义成为"偶然的个人"即原子式的异化的人无法克服的缺陷。为了自身生存和发展的利益需要,竞争成为其核心价值理念;在"自由王国"的国度里,社会发展不再仅仅受制于"自然必然性",个人得到全面发展从而成为有"自由个性的个人",他们是社会化的人,是以人为核心价值理念联合起来的劳动者,人类社会共同休的高度发展将促使人的需要和能力体系的不断丰富,"自由人的联合体"这一理论构想成为真正的社会现实,在共产主义社会中人的存在直接成为感性意识的对象,"偶然的个人"向着有"自由个性的个人"转化的历史过程,是一个历史事实。因此,共产主义不仅是全新的社会结构的生成,更是全新的人的历史性生成。

历史唯物主义、多维度的解放形式和共产主义是马克思人类解放思想叙事结构的核心元素,三者环环相扣,构成了马克思对人类社会历史发展的科学叙事。离开历史唯物主义的指导,就无法明确多维度解放的阶段性和层次性,对共产主义的认识也会沦为乌托邦式的幻想;如果不承认多向度的解放形式是人类社会的政治革命和社会革命中不可逾越的阶段,就会坠入历史唯心主义的泥潭,产生急躁冒进的平均共产主义运动;无视共产主义这一社会实践根本目的指引,关于历史唯物主义和多向度的解放形式的探索与践行就会失去科学的目标与方向,"遗失"其崇高的意义和价值。历史唯物主义的核心任务是探索在人类历史发展中起决定作用的主体力量与运作规律,在解放的哲学语境中为人类进步提供基本标尺。作为阐释人类社会历史规律的科学,历史唯物主义经历了哲学革命到政治经济学研究和"历史合力论"的三重生成逻辑,最终指向无产阶级促进人类解放和实现个人自由全面发展的价值旨趣上。历史唯物主义和多维度解放形式呈现了人类解放鲜明的实践意蕴,构成了共产主义理想的理论与现实基础,为共产主义社会实现人类解放的趋向提供了深层的理论合法性解释。将马克思人类解放理论叙事结构中的任何一个元素割裂和分离,都会使它丧失自身原有的性质,导致对马克思人类解放理论体系的曲解,也必定不可避免地对马克思人类解放理论的实现方式带来深刻影响。

第　四　章

社会形态嬗变与全面发展及公平正义

在马克思人类解放思想的内在逻辑中,政治解放、经济解放、劳动解放和文化解放都是从手段方面去理解人类的解放。如果从目的论来理解人的解放,就必然回到人的自由而全面发展这一问题上。马克思通过对市民社会的批判研究以及辩证审视,得出市民社会必然被克服,个体与共同体的分裂必然被超越的逻辑结论。其克服的过程也正是超越政治解放,完成"两次飞跃",实现人类解放的历史进程。因此,政治解放与人类解放的关系在典型意义上使得世界历史被合乎逻辑地分成前资本主义、资本主义和共产主义。这三个阶段与马克思提出的社会发展的"三形态"——人的依赖性社会、物的依赖性社会以及个人全面发展的社会具有内在关联。"三形态"理论着眼于人类解放程度与全面发展的境界,是人类解放的进程在社会形态意义上"革命"实践的总结,社会形态嬗变与人类解放进程实际是同一个过程,因而人的自由全面发展的境界构成了马克思人类解放思想的逻辑归宿。

人具有自然和社会双重属性,人的社会性维度的延展和外化体现为人类在历史中始终以共同体的形式存在,共同体以其与人的密切联系而成为哲学的聚焦点。西方哲学从伦理、信仰和先验理性多维度的探讨中,形成了城邦共同体、信仰共同体、契约共同体、先验理性共同体和爱的共同体等主要共同体思想。传统共同体思想的共性都是以抽象的、直观的形式来把握共同体,把对共同体的认识引入抽象的领域。马克思通过批判传统共同体思想的抽象性局限,以实践的方式指明社会关系是维系共同生活的根本纽带,走向"自由人联合体"是共同体的发展方向,从而在共同体的生成前提与基础以及内部成员之间的联系、发展方向等核心问题上开启了革命性变革。

人类解放是马克思的主导价值取向,是人类不断地消灭现存状况、实现人的自由全面发展的现实运动;发展的自由性与发展的全面性针对的是人性的不同方面,自由发展涉及的是人的超越性及人所获得的解放的程度,全面发展涉及的是人的丰富性及人所获得的解放的广度;人的自由全面发展,只有在共产主义社会形态中才能够真正得以实现;人的自由全面发展是马克思人类解放思想形成的现实可能性的深刻结论,它寄托了人类的不懈追求与美好理想,是人类解放的最终目标和归宿。

在社会形态的嬗变中,正义困境是与人的自由本性和存在方式根本相关的历史命题。社会形态变迁中的技术进步将正义的这一基本矛盾转换为生产领域中"资本正义""经济正义"与"劳动正义"之间的冲突。技术进步中的正义困境在技术劳动方式的强制运行中趋于自行"消解",劳动无形中成为实现资本增殖和经济增长的工具,现实生产中"劳动正义"的基本诉求被消极搁置。面对技术进步中的现实正义困境,必须秉持实践的辩证理性逻辑,扬弃技术进步,构建正义实践,还原劳动属人的本质力量,建构与人本源性存在方式相契合的正义性社会关系,在社会关系正义性的总体逻辑中实现伦理正义与政治正义的辩证统一。

第一节　人类解放视域中的社会形态理论

"每个人的自由发展是一切人的自由发展的条件"这一高度浓缩的命题,不仅鲜明地表达了马克思"人民主体"思想的特征,而且准确地揭示了马克思人类解放思想的全部内涵。因此,若要给"人类解放的学说"寻找一个替代的说法,则"关于人的自由而全面发展的学说"就是现存的答案,因为人的解放与人的自由而全面的发展本来就是可以相互替代的同义语。正是在这个意义上,我们发现,马克思的人类解放思想作为其整个学说的"硬核",还存在一个与之对应的"保护带",这就是社会形态理论,具体来说就是"三形态"理论,因为社会发展的"三形态"即人的依赖性社会、物的依赖性社会以及个人全面发展的社会,正是基于人的自由与发展状况从而也是基于人类解放程度来划分的。"三形态"与人类解放之间的这种逻辑关联性表明:人类解放思想不是一个自足的封闭体系,它的独特的理论视野决定了它是开放的,决定了它需要别的理论来滋养和支持。社会形态理论特别是"三形态"理论就是这样的一种理论。它从时间的角度揭示了人类解放的阶段性特征及其形式外观,构成了人类解放思想的一个不可或缺的有机组成部分。"要言之,'三种社会形态论'本身就是蕴含着历史规律性与主体能动性的有机统一。"①因此,遵循社会发展规律的客观本质,人类对解放问题的探讨最终不得不落实到对社会形态问题的探讨。

长期以来,学术界在理解人类解放这一理论时,往往只注意到"硬核"本身,却忽视了环绕在它周围的"保护带",忽视了"硬核"与"保护带"之间的内在联系,这不能不说是一个方法论上的缺失。因为人类解放的逻辑不可能是封闭而自足的,它统摄其他理论同时又植根于其他理论之中。因此,孤立地理解马克思学说中的任何一个理论都将造成意义上的缺失从而导致分歧的产生。

关于马克思社会形态理论的普适性与根本性问题的不同看法,主要集中在"三形态说"与"五形态说",对于各国家、民族的社会历史发展来说,何者更具有普适性与根本性。学术界对该问题争论已久,但并未达成共识。转换学术视域与背景,将具体社会形态的考察置身于全人类解放演进的动态链条之上,有利于解决旷日持久的"社会形态理论的普适性

---

① 郗戈:《"三种社会形态论"与"四种生产方式论"再研究——以〈资本论〉及手稿为中心》,《马克思主义研究》2017 年第 4 期。

与根本性"问题上的理论之争并澄清某些错误附加。

一、"三形态说":人类解放语境下的表达

马克思人类解放思想指向人类的终极价值目标,人类解放既是一种理想境界,又是一种发展现实。然而,人类解放的进程不可能是一个笔直的"线性"过程。作为辩证发展的形式之一,它必然存在着曲折或"飞跃"。这就是从政治解放向人类解放的飞跃。

青年马克思在早期最重要的两部著作《论犹太人问题》与《〈黑格尔法哲学批判〉导言》中,揭示了资本主义社会存在五大异化力量:剥削制度、剥削阶级、专制政治、私有财产、宗教,它们正是劳动者遭受压迫与奴役的主要来源,①马克思阐述了资产阶级政治革命所引发的对五大异化力量的解放——政治解放的重大意义。马克思也清醒地认识到政治解放并不是没有矛盾的彻底解放,不是真正意义上的人类解放。对政治解放的剖析和批判,与马克思所致力的人类解放历史使命有重大的关联性。正是基于对政治解放限度的深刻认识,马克思提出了超越政治解放、走向人类解放的思想,并对人类解放的必要性与可能性进行了缜密论证,对人类解放实现的主要条件、基本途径等理论与实践问题进行了深刻分析。

马克思所论证、分析的政治解放与人类解放两者之间是有原则区别的,它们是两次飞跃或两次否定。这似乎印证了黑格尔的名言:"一切伟大的世界历史事变和人物,可以说都出现两次。"②政治解放与人类解放,作为人类历史的两次"事变",其价值绝不只在"解放"本身。在"解放"这一质的规定之外还存在着量的制约,不能忽视"两次"所蕴藏的意义。"两次否定"所造成的两次断裂,使得全部历史过程在时间的先后关系上被逻辑地切分成三个阶段:前资本主义、资本主义和共产主义。这意味着

①　参见林锋:《马克思〈问题〉与〈导言〉人类解放理论新探——兼评所谓"〈问题〉、〈导言〉不成熟论"》,《东岳论丛》2011年第4期。
②　此句名言是马克思转述的,参见《马克思恩格斯文集》第2卷,人民出版社2009年版,第470页。

人类解放思想具有表达社会形态的功能性意义。

三个阶段切分所形成的内在关系与马克思在《1857—1858 年经济学手稿》中从经济关系与人的发展的角度提出的"三大形态"具有相对的统一性,人类解放思想与"三大形态"理论作为一个问题的两个方面由此实现了"视域融合"。这种辩证统一所形成的新视角,有助于我们全面理解马克思的社会形态理论并廓清引起学术界争论的某些问题。

有一种观点认为,"前资本主义"是马克思经典著作中未曾使用过的概念,不能够对应与指称"三大形态"中的第一形态,"三个阶段"与"三大形态"不具有统一性。笔者认为这种观点值得商榷。

马克思曾经在《1857—1858 年经济学手稿》中对"三大形态"有过经典表述:"人的依赖关系(起初完全是自然发生的),是最初的社会形式,在这种形式下,人的生产能力只是在狭小的范围内和孤立的地点上发展着。以物的依赖性为基础的人的独立性,是第二大形式,在这种形式下,才形成普遍的社会物质变换、全面的关系、多方面的需要以及全面的能力的体系。建立在个人全面发展和他们共同的、社会的生产能力成为从属于他们的社会财富这一基础上的自由个性,是第三个阶段。"①马克思把人的发展过程与演进规律精辟概括为:人的依赖性社会的第一大形态、物的依赖性社会的第二大形态、人的自由全面发展社会的第三大形态。这一被学者反复引用而又存在理解分歧的经典表达是一种内涵式的描述,没有进行外延式的规定,没有明确指出每个形态具体被指称的历史阶段,特别是没有使用"前资本主义"这一概念,这决定了"三大形态"与"三个阶段"之间是否具有同一性确实成为一个问题。而我们不能由此推断"三大形态"与"三个阶段"不具有统一性关系。从马克思对"三大形态"经典表述的上下文,我们可以找到它们之间具有一致性的根据。

根据之一:"前资本主义"与马克思的"资本主义生产以前的各种形式"的意义相同。马克思在《1857—1858 年经济学手稿》第二编第二部分

---

① 《马克思恩格斯文集》第 8 卷,人民出版社 2009 年版,第 52 页。

"资本主义生产以前的各种形式"中,以"三大形态"的划分为基础进一步比较了两种"社会关系"即两种社会形态的不同特征①:

第一形态("人的依赖性关系"形态),"表现为人的限制即个人受他人限制的那种规定性",人处于"依附关系"而存在和发展的状态——依附于一定的群体(血缘群体或权力共同体)才能生存,形成了以对血缘与权力的"人身依附关系"为前提和基础的非主体性存在方式。第一形态的根本特征是:个人之间"只是作为具有某种规定性的个人而互相发生关系"。

第二形态("物的依赖性关系"形态),"表现为物的限制"的规定性。"物化社会关系"打破了"人身依附关系"对人的存在、发展的束缚,促使了独立人格的萌芽与发展,但这种独立以人对物的依赖为前提,把人置于"物的依赖"之下,货币关系、交换制度发达起来,人的依赖纽带、血统差别、教育差别等被打破。第二形态的根本特征是:人处于被"物"所支配、所奴役、所蒙蔽的"物化性"发展状况。

马克思通过对第一、二形态的根本特征的比较,使"三形态说"的经典表述在内容上更充实、更完善。他将氏族公社、亚细亚所有制、奴隶制、封建制的社会关系即前资本主义的社会关系概述为"人的依赖关系"的第一形态;而跨越"人的依赖关系"的第二形态,就与资本主义私有制时代相对应。马克思正是以资本主义社会为坐标原点,深入资本主义社会肌理,对资本主义社会现实状况进行了基础性研究,挖掘了资本主义社会以前的各种生产关系形式的共性——"人的依赖关系"的存在。阿尔都塞在《读〈资本论〉》中就指出,"如果从封建生产方式结构自身的分析出发,那么所得到的历史会不同于而且必然不同于从分析资本原始积累所得到的历史"②。这表明马克思的社会形态理论建立在对资本主义批判的无产阶级理论立场之上。马克思在对资本主义社会批判的基础上揭示

---

①　参见《马克思恩格斯文集》第8卷,人民出版社2009年版,第57—58页。

②　Louis Althusser, *Reading Capital*, London: NLB, 1970, p.280.

"资本主义生产以前的各种形式"的共性——"人的依赖关系"的存在,使我们能够把"前资本主义"这一具有概括性、派生性的概念,与"人的依赖关系"形态勾连起来:第一形态即"人的依赖关系"形态,所指称不是别的,乃是"资本主义生产以前的各种形式"的总和,即前资本主义时代。

根据之二:"前资本主义"是对"个人相互之间的统治和从属关系为基础"的简明表达。马克思在《1857—1858 年经济学手稿》中对社会的"三形态"划分后,接着相隔两个自然段就明确指出,"一切劳动产品、能力和活动进行私人交换,既同以个人相互之间的统治和从属关系(自然发生的或政治性的)为基础的分配相对立(不管这种统治和从属的性质是家长制的,古代的或是封建的)(在这种情况下,真正的交换只是附带进行的,或者大体说来,并未触及整个共同体的生活,不如说只发生在不同共同体之间,决没有征服全部生产关系和交往关系),又同在共同占有和共同控制生产资料的基础上联合起来的个人所进行的自由交换相对立"①。其中"一切劳动产品、能力和活动进行交换"的社会,即物的依赖性社会,指的就是资本主义社会;"个人相互之间的统治和从属关系为基础"的社会,即人的依赖性社会,它包括"家长制的、古代的或是封建的"社会,指的就是前资本主义时代。

"前资本主义"概念并非随意的理论虚构,它的出现有着切实的文本依据。否认"前资本主义"概念的逻辑合法性,如将第一、第二形态的分界点确定在封建社会之前是值得商讨的(有学者甚至把奴隶社会也包含在第二形态——物的依赖性社会中,如奚兆永教授在《教学与研究》2006年第 2 期上发表的《关于五种社会形态理论的讨论》一文)。

通过政治解放、人类解放将全部人类历史发展切分的"三个阶段"(前资本主义、资本主义和共产主义)与"三大形态"(人的依赖性社会、物的依赖性社会以及个人自由全面发展的社会)具有一致性的结论表明:人类解放思想与"三形态说"作为一个问题的两方面,达到了某种程度的

---

① 《马克思恩格斯文集》第 8 卷,人民出版社 2009 年版,第 53 页。

融合;人类解放思想不只是单纯地具有追求解放的意旨,还具有表达社会形态的意义。人的依赖性社会、物的依赖性社会、人的自由全面发展社会之间的依次更替,从时间维度上描述了人类解放进程的阶段性特征。"三形态说"并非马克思重新构筑的新体系,而是蕴含在人类解放思想之中而又体现解放进程的具体模式,是"人类解放"语境下的另一种表达。①

二、背景选择:社会形态问题之争的破解

作为社会形态理论,马克思着重关注的是"显著的一般的特征,因为社会史上的各个时代,正如地球史上的各个时代一样,是不能划出抽象的严格的界限的"②。马克思强调根据历史和逻辑统一的方法论来认识人类社会各个形态依次更替的基本过程及普遍规律。作为统一整体的人类社会发展与演进规律,是对世界历史发展过程共性的反映,是"世界历史"范围内的概括总结与逻辑抽象,不是具有特殊性的各个国家历史的简单相加。当然,这种逻辑抽象应该与时代特征紧密关联,不能脱离时代"精神",尤其不能脱离处于世界历史发展"中心"地位、具有时代典型性特征的社会有机体类型与所有制类型,因为这种社会类型的存在深刻影响到当时人类历史发展的进程。恩格斯在晚年研究东方社会落后国家过渡到社会主义的可能性时曾指出:"在商品生产和单个交换以前出现的一切形式的氏族公社同未来的社会主义社会只有一个共同点,就是一定的东西即生产资料由一定的集团共同所有和共同使用。但是单单这一个共同特性并不会使较低的社会形式能够从自己本身产生出未来的社会主义社会,后者是资本主义社会的最独特的最后的产物。"③

正因为逻辑抽象与时代特征的紧密关联,在不同时期,"两形态""三形态""四形态"和"五形态"等多种不同的思想表达出现在马克思不同著

---

① 参见刘同舫:《人类解放的进程与社会形态的嬗变》,《中国社会科学》2008年第3期。

② 《马克思恩格斯文集》第5卷,人民出版社2009年版,第427页。

③ 《马克思恩格斯文集》第4卷,人民出版社2009年版,第442页。

作中。其差异性思想表述之间的关系是什么,马克思本人对此未有专门的论述。马克思在不同时期对社会形态问题的探讨几乎又都是从不同视角展开的,他在历史分期问题上表现出了"多元化"取向。"马克思多次提出过社会形态依次更迭的论说,每次论说的时代背景、语境、历史指向和列举的社会形态名目和更迭顺序都不相同,但有一个共同点,就是列举那些形态和更迭顺序都只是作为'大体上'讲的历史例证。"①这表明马克思的社会形态理论不是结构单一的"线性"系统或描绘"一般发展道路"的公式,而是层次繁多却又不够统一的"非线性"系统。它最终导致人们对马克思社会形态理解上的分歧并为此长期争论不休。其中,"三形态说"与"五形态说"之争尤为激烈。

"五形态说"即指人类社会的发展表现为原始社会、奴隶社会、封建社会、资本主义社会和共产主义社会(社会主义社会是它的初级阶段)等五个阶段的依次更替,它是长期以来在我国流行并被视为经典的历史分期理论。然而,自从 20 世纪 70 年代末出版了马克思《1857—1858 年经济学手稿》中译本之后,"三形态说"开始现身,并因其适用上的普遍性和表述上的明确性而备受关注。以此为契机,人们以"三形态说"反观"五形态说",认识到"五形态说"的局限性,"三形态"与"五形态"之争由此产生。

"三形态"与"五形态"之争主要是围绕着两者之间的关系问题而展开的,即"三形态"与"五形态"何者更为根本? 何者更具有普适性? 两者是否可以"通约"? 对这些问题的回答表面上看只涉及社会形态的理论问题,而实际上不单纯是社会形态的问题——它们与人类解放问题密切关联。深刻原因在于:人类解放思想全面渗透在社会形态理论中,社会形态理论自然也就具有了解放的意义。因此,社会形态的根本性、普适性之争的解决应该置于"人类解放"的宏大背景中。

---

① 庞卓恒:《马克思社会形态理论的四次论说及历史哲学意义》,《中国社会科学》2011 年第 1 期。

　　我们选择"人类解放"作为社会形态问题解决的宏大背景,其思路的合理性还在于:既然马克思一生的理论主题就是人类解放,马克思的学说就是关于人类解放的学说,那么,他对社会形态问题的探讨不可能脱离其人类解放的唯一主题。马克思没有专门的社会形态理论著作,只是根据主题需要而"临时"论及与展开的,这一主题就是人类解放。所谓"三形态"与"五形态"何者更为根本、何者更具有普适性的问题,应该理解为"何者更具有解放的维度"。于是,上述引起争论的问题便有了答案:作为人类解放思想组成部分的"三形态说"更为根本,也更具有普适性。

　　这一回答会使我们面临下列困境:"五形态说"为何不具有普适性与根本性?尽管有学者否认这一问题本身——他们仍然坚持"五形态说"的主导作用,我们还是免不了进一步地思考:"三形态"与"五形态"之间究竟是什么关系?两者是否可以"通约"?不少学者已经指出:既然"三形态"与"五形态"都是对人类历史所作的逻辑划分,它们之间就必定是可以"通约"的。我们只要将"三形态"中的"人的依赖性"社会理解为包括原始社会、奴隶社会和封建社会在内的前资本主义社会,"三形态"就可以展开为"五形态","五形态"也可以化归为"三形态"。

　　"三形态"与"五形态"之间的转换关系早被学术界论及并被大多数学者所接受。但是,这种转换关系所暴露出的隐含在"五形态"中的逻辑问题却没有引起人们的足够关注——"五形态"在划分上存在着层次的重叠,它的五个"子项"没有处在同一个层次上,而是分属于两个层次。"五形态"不是一次划分的结果,而是两次划分的结果。具体而言,由于"资本主义生产以前的各种形式"相对于资本主义存在着共性,使得"前资本主义"这一概念具有了和资本主义、共产主义相提并论的逻辑地位。第一次划分的结果,只能是如下的三个"子项":前资本主义、资本主义和共产主义。在此前提下,如果以欧洲为背景继续对"前资本主义"进行划分,才会有原始社会、奴隶社会和封建社会这三个子项出现,但这已经是经过了第二次划分。显然,"五形态"是把两次划分的结果进行了重叠。从严格意义上说,"五形态"不是一个标准的划分,在逻辑上缺乏层次的统一性。这正是它不具有普适性、根本性的主要原因。

"五形态说"在逻辑上的缺陷没有影响人们对它的正常理解,因为两次划分的标准是统一的,都是生产资料的所有制形式。但这一缺陷却使它付出了另外的代价——它的普适性被打了折扣。普适性与抽象性成正比,越是抽象的东西越具有普适性,反之则越没有普适性。"前资本主义"是一个抽象概念,第二次划分使它具体化为三个子项,抽象度明显降低,其普适性也就相应地变小。"所谓历史发展五阶段直线演进模式,其实只适用于西方局部地区,夸大这一模式的应用范围,是犯了西方历史中心主义的错误。"[1]"不少东方学者简单地把欧洲社会演进的'五大社会形态'搬用到对东方社会历史发展进程的分析上。这种教条主义的态度表明,他们既未挣脱'欧洲中心论'的羁绊,也未把握马克思关于'亚细亚生产方式'理论的本真精神。"[2]历史事实证明,将"前资本主义"展开为原始社会、奴隶社会和封建社会后所形成的"五形态"发展图式,很少在欧洲以外的社会找到例证。"五形态"发展图式只适合欧洲社会而不适合其他社会。不能把这一模式推广到整个人类社会,它没有揭示人类社会发展的普遍规律。

三、人类解放:社会形态理论的意义之源

"三形态说"扬弃了"五形态说"的局限性:它的关注焦点不是区分原始社会、奴隶社会和封建社会等社会状态,而是着眼于人的发展状况与解放程度并将它们抽象为一个整体。这种高层次的抽象度以及大尺度的着眼点,不仅决定了"三形态说"在普适性和根本性等重大问题上超越了"五形态说",而且使得"三形态说"与人类解放思想不可分割地联系在一起并构成了人类解放思想的一部分。

---

① 孙承叔:《打开东方社会秘密的钥匙:亚细亚生产方式与当代社会主义》,东方出版中心 2000 年版,第 43 页。

② 俞吾金:《重新理解马克思:对马克思哲学的基础理论和当代意义的反思》,北京师范大学出版社 2013 年版,第 5 页。

"三形态"的发展图式不是针对某些民族和地区的局部性概括,而是洒向整个人类社会的"普照之光"。从"三形态"所折射出来的,不是社会客体的"单向度"指标,而是从作为历史主体的人的发展状况的视角对整个人类社会发展的一般规律的综合性表征。正是这种具有宏阔历史包容性的独特理论地位决定了"三形态说"在整个社会形态理论中的主导作用,决定了"三形态说"不可比拟的优越性——它的统摄力和解释力。国内一些学者也从各自的角度进行了论述,来揭示"三形态说"的普适性与根本性。笔者把具有代表性的相关结论列举如下:

以马克思《政治经济学批判(1857—1858 年草稿)》中相关论述为基础的分析表明,"马克思没提出过'五种社会形态理论',而只提出过'三大社会形态理论',即人类社会的发展表现为由前资本主义社会到资本主义社会再到共产主义社会的依次演进"①。

"惟有从现实个人发展的三个历史阶段的划分,揭示人类历史从低级阶段向高级阶段依次发展的历史过程,才具有普适性。迄今为止的历史发展,前两个阶段已经成为历史的事实,没有哪个民族、国家是例外。第三阶段今天还只是人类的理想;虽然离这一理想的实现还相当遥远,但前两个阶段的历史发展已经为这一阶段的历史发展创造了条件;这个美好理想实现的可能性已充分显示出来。"②

"'三形态说'有两种不同的表现形式:就其抽象的表现形式来说,它揭示了人类社会演化的普遍规律;就其具体的表现形式来说,它有差异地揭示了欧洲社会与东方社会不同的演化模式。"③

"马克思的'三形态理论',不仅不否定这些具体的地区形式,而且承

---

①　段忠桥:《对"五种社会形态理论"一个主要依据的质疑》,《南京大学学报(哲学・人文科学・社会科学)》2005 年第 2 期。

②　叶汝贤:《现实的人及其历史发展的科学——深入解读〈德意志意识形态〉所阐发的唯物史观》,《哲学研究》2008 年第 2 期。

③　俞吾金:《社会形态理论与中国发展道路》,《上海师范大学学报(哲学社会科学版)》2011 年第 3 期。

认地区特色的多样性和丰富性。正因为如此,马克思的社会发展理论,才成为把历史的必然性与偶然性、普遍性和多样性统一起来的那样一种丰富的思想体系。"①

至此,一个必须回答并且已经回答的问题展现在面前:究竟应该在何种意义上理解马克思的社会形态理论? 笔者的结论是:人类解放与"三大形态"作为社会进步的实质内容与主导形式,构成了社会形态的应有之义。人类解放思想与"三形态说"视域融合所铸造的新视野,不仅有助于我们更加深入地理解马克思人类解放思想,更重要的是为我们正确理解马克思社会形态理论点燃了一盏指路明灯。探讨马克思社会形态理论,很大程度上就是要理解马克思人类解放的学说。只有从人类解放的学说中才能找到社会形态理论的理论之根与意义之源。

第二节 "自由人联合体":共同体发展的方向

在西方哲学史上,先哲们围绕个体与个体、个体与群体之间的关系进行了思索,产生了各种共同体思想。马克思的共同体思想在汲取西方传统共同体思想养分的同时,通过批判传统共同体思想的抽象共性,以实践的基本方式实现了对传统共同体思想的超越。通过梳理西方传统共同体五种代表思想并指明其理论局限,进而明晰马克思共同体思想的超越方式,对于理解马克思共同体思想的理论要旨,把握共同体思想与社会形态及其"自由人联合体"的关系,明确共同体的发展方向具有积极意义。

一、作为超越对象的传统共同体思想

作为马克思共同体思想超越对象的传统共同体思想,在西方哲学史上由来已久。古希腊的柏拉图学派、中世纪的基督教哲学、近代的先验理性主义以及费尔巴哈的人本学唯物主义等诸多哲学流派都对共同体问题

---

① 刘佑成:《马克思的社会发展三形态理论》,《哲学研究》1988 年第 12 期。

予以了高度关注。对西方传统共同体的代表思想及其内在理路进行系统
梳理，是把握马克思共同体思想理论精髓的必要前提。在马克思之前，西
方哲学史上主要产生了以下五种具有代表性的传统共同体思想。

　　第一种是追求"善"的城邦共同体思想。受生产力水平低下的限制，
早期人类的生产和交往活动只能在有限的范围——城邦中展开。古希腊
哲学家在探索城邦组织形式的视域中产生了最早的共同体思想。苏格拉
底认为，共有制度凝聚了城邦最大的善，最完美的城邦形式是能够消除人
与人之间的利益争端并使个人利益与城邦整体利益保持一致的共产城邦
制。苏格拉底的共产城邦理念影响了他的学生柏拉图。柏拉图主张实行
消灭家庭及私有财产的共产制度，并认为"妇女儿童共有制"使城邦得到
最大的善。① 柏拉图甚至主张完全消灭致人贪婪和堕落私心的家庭和私
有财产，提出构建由"哲学王"执政的城邦共同体，因为只有哲学家才能
摆脱物质欲望的困扰，专注于追求知识和美德，从而教化城邦万民从德从
善。在亚里士多德看来，城邦是最大的共同体，城邦共同体的存在价值在
于引导一切成员追求"至善"。在比较了各种城邦政体后，亚里士多德认
为贵族政体是最好的城邦共同体形式。将城邦共同体作为追求"善"的
手段是古希腊哲学家的共识，明显的分歧在于城邦共同体究竟应当采用
何种政体才更有利于达成"善"的目标。

　　第二种是维护神权的信仰共同体思想。狭小城邦的解体和更大疆域
的罗马帝国的建立，证明了仅靠"善"这一德性目标难以维系庞大的帝国
统治。罗马君主试图利用宗教信仰来维护与巩固统治，共同体进入神学
的论证领域。基督教哲学的集大成者奥古斯丁在《上帝之国》一书中，将
人类分为由上帝信徒组成的"上帝之国"和由对抗上帝之人组成的"人间
之国"，分别代表人类的精神生活和物质生活。奥古斯丁认为，"上帝之
国"与"人间之国"争斗不休，争斗结果是前者必然战胜后者。中世纪的
信仰共同体论证的是上帝权威的合法性，其目的在于征召更多的信徒扩

---

　　①　参见［古希腊］柏拉图:《理想国》，王扬译，华夏出版社 2012 年版，第 189 页。

散基督教的精神垄断。在信仰共同体中,上帝的信徒代替了现实的个人成为共同体的主要元素,人与人之间的关系则被解读为人与神的关系,共同体的联系纽带从德性的"善"转为更为抽象和神秘的宗教信仰。

第三种是以不同形式为基础的契约共同体思想。文艺复兴和启蒙运动时期,淹没于宗教信仰之中的人性开始觉醒,基督教哲学逐渐式微,以"人的发现"为旗帜的近代哲学登上历史的舞台。当共同体的关注焦点从虚幻的上帝转为现实的个体,契约共同体思想适时填补了信仰共同体思想衰落的权力真空。社会契约论者认为,共同体是为了保障和实现人的基本权利,在成员认同授意的前提下,以签订契约的形式所创造的人类联合。霍布斯构想了一种人与人相互攻击、朝不保夕的自然状态,为了克服自然状态中的暴力攻击和死亡恐惧,他主张人民与君主签订契约并将个人权利让渡给君主,建立集权力于一人的——一种名为"利维坦"的专制国家共同体,由君主为人民提供保护。卢梭否认了霍布斯假想的人人对立和冲突的自然状态,反对人民向君主让渡权利,主张人民之间以签订契约的形式,将权利赋予一个具有道德人格的共同体,即一个基于人民"公意"的、规模格局不大不小的契约共同体。卢梭的努力方向在于寻找个人自由和集体主义之间的平衡,认为这才是"社会契约所要解决的根本性问题"①。虽然卢梭指出私有制是人与人之间不平等的起源和基础,但他不主张废除私有制,而是希望以财产平均化的手段来遏止财富过度集中与弥合社会裂缝。在孟德斯鸠那里,"法"是另一种契约形式,体现法律精神的共同体才是完美共同体,因为法律才是政府用以维护国家稳定团结和实现社会安定平和的主要手段。

第四种是追求自由的先验理性共同体思想。18世纪中叶到19世纪中叶,启蒙运动的理性浪潮与德国哲学的自由传统在共同体思想中交汇。在康德看来,自由是人的普遍精神本质和内在需求,道德法则来自于人的

---

① [法]让-雅克·卢梭:《社会契约论》,黄小彦译,译林出版社2014年版,第15页。

先验理性。如果所有人都遵循道德法则行事,则所有人都将因遵从自己的理性而获得自由。由遵从道德法则的主体结成的共同体,就是能够实现自由的完美共同体,这其实是将先验理性作为共同体的形成前提和基础。在人与人的关系上,康德认为,每一位理性存在者既应当将自己,也应当将他人作为"目的"。黑格尔认为,从先天的道德理性出发来解释的自由,仅能反映人的部分本质。黑格尔按照理念自身的行程,设计了伦理理念的发展轨迹,将"绝对精神"作为个人哲学的基础,主张建立一种"能够全面地认识和了解到人自身自由和理性本质的全部表现、外在客观存在及其实践活动所创造的道德、政治和法律的伦理世界"①。绝对精神占据黑格尔哲学理念的统摄地位,家庭、市民社会和国家等共同体都派生于绝对精神,是绝对精神在追求自由进程中外化的产物。"作为黑格尔辩证运动主体的绝对精神本身就是一个怪诞思维的神秘产物,它不知自己由何产生,是为何物,却在人类和自然界出现之前就以概念演进和外化的形式,生成了自然界和人类社会。"②而共同体成员之间如何联系,甚至是否存在联系都是无关紧要的话题,因为绝对精神早已主宰和设定了一切,"个体存在与否,对客观的伦理秩序是无所谓的,唯有客观的伦理秩序才是用以治理个人生活的持久东西和力量"③,人丧失了在共同体中的主体地位。

第五种是人本色彩的"爱的共同体"思想。费尔巴哈戳穿了基于宗教的信仰共同体和绝对理念的先验理性共同体的思辨性和抽象性,试图在对共同体的认识上恢复唯物主义的权威。费尔巴哈的学说本质上是一种关于人的学说,在对共同体的理解上,费尔巴哈遵循"个人—共同体"的理解范式,以揭示人的本质作为理解共同体的起点。费尔巴哈将人理解为一种感性对象性的存在,认为自然界是人存在的物质前提,人是自然

---

① 罗朝慧:《自由与权利的必然性和现实性:从黑格尔的政治哲学出发》,中国社会出版社 2011 年版,第 51 页。

② 张奎良:《论辩证法的合理形态》,《马克思主义与现实》2018 年第 4 期。

③ [德]黑格尔:《法哲学原理》,邓安庆译,人民出版社 2016 年版,第 285 页。

界中独特的、有意识的特有存在物,意志、理性、情感等自然属性是人的绝对本质和生存目的。相比于传统唯心主义将人视为孤立的存在物,从人与自然的对象性出发来理解人的本质是一种显著的进步,但费尔巴哈并未意识到客观的感性世界来自于人的实践塑造,在考察人的本质时就缺失了社会和历史的维度,而仅仅是在自然维度上将人的本质归结为"抽象的自然人"。这种对人的本质的片面认识也影响了费尔巴哈对共同体的理解。在人与人之间的关系上,费尔巴哈并没有回归现实社会和实践活动,而是将爱、友谊和情感作为人与人之间的基本关系,通过这种联系结成的共同体是一种"爱的共同体":源于人类自然本质的爱、友谊、情感等伦理因素既是共同体生成的前提和基础,也是人与人之间的联系纽带。

作为一种社会意识,共同体思想的产生不可避免地受到社会形态嬗变、社会存在的决定。西方五种传统共同体的产生都基于一定的社会需求,带有鲜明的时代烙印和阶段性特征。尽管对共同体的认识各异,但传统共同体思想都聚焦于三个问题:一是共同体形成的前提与基础问题,二是共同体内部成员之间的联系问题,三是完美共同体的设计与追求问题。在对这三个基本问题的探思与解答中,传统共同体思想既展现了先哲们的理论智慧,也暴露了自身的理论局限,它们为马克思共同体思想提供了理论基础、突破入口和超越可能。

二、传统共同体思想的抽象性共同本质

传统共同体思想的共性在于以抽象、直观的形式来理解和把握共同体,将对共同体的认识引入抽象的领域。传统共同体思想的这种抽象性共同本质的局限性集中体现在其对三大基本问题的解答之中。

其一,在共同体的形成前提与基础问题上,传统共同体思想表现出脱离现实生活和客观世界的倾向。从柏拉图到亚里士多德,他们都认为"善"是城邦存在的意义,追逐"善"是共同体形成的前提,现实的共同生活被贬低为一种工具性的手段和存在,成为"善"这一价值的附庸。然

而,"旧道德哲学家所说的那种终极的目的和最高的善根本不存在"①,
"柏拉图提出的苏格拉底政治哲学与追求正义和善好生活的政治共同体
同样虚无"②。奥古斯丁将超越自然和现实的"上帝"作为共同体的形成
前提,但上帝显然并非一种真实的存在,而是人类按照自身形象在头脑中
塑造的幻想物,"上帝之国"是彻头彻尾的虚幻泡影。社会契约论者将
"契约"作为共同体何以可能的立论核心。然而,社会契约以何种形式签
订,契约签订者是否能够代表全体公民的意志,当时订立契约者又何以代
表后来者的意志? 这些都是社会契约论者无法回答的问题。正如马克思
指出的,"过去的联合决不像《社会契约论》中所描绘的那样是任意的,而
只是关于这样一些条件的必然的联合"③。"契约"只是卢梭等人用以构
建政治哲学理论而设想的逻辑起点,不可能成为现实共同体的形成前提。
康德和黑格尔抽离现实经验,从先验理性和绝对精神出发,完全将共同体
放置于唯心主义的视域之中,使之沦落为抽象理性或绝对精神的表征。
黑格尔的根本错误在于把理念视为主体,而不是把真正现实作为主体,彻
底颠倒了物质与意识之间的关系。费尔巴哈的视野仅仅锁定"抽象的自
然人",忽视了人的本质蕴含的社会维度和历史维度,导致其对共同体的
认识只能建立在对人的本质的片面判定基础上。在共同体的形成前提与
基础问题上,传统共同体思想并没有回归现实生活和客观世界,不是以实
践的而是以抽象、能动的或客体、直观的形式来把握,这决定了传统共同
体思想难以揭示共同体形成真实前提和基础。

其二,在共同体内部成员的联系问题上,传统共同体思想的通病在于
以抽象的联系代替了现实的联系。柏拉图等人认为,人与人之间的联结
纽带是对"善"的共同价值追求,这不过是一种一厢情愿的主观臆想。奥
古斯丁将人们之间的联系归结为对上帝的无条件信仰,"上帝之国"体现

---

① 〔英〕霍布斯:《利维坦》,黎思复、黎廷弼译,商务印书馆1985年版,第72页。
② 〔美〕尼柯尔斯:《苏格拉底与政治共同体——〈王制〉义疏:一场古老的论
争》,王双洪译,华夏出版社2007年版,第226页。
③ 《马克思恩格斯文集》第1卷,人民出版社2009年版,第573—574页。

的是信徒和虚构的"神"之间的关系。卢梭等人将"契约"作为人与人之间联系的桥梁也是一种假想,马克思批判指出,"卢梭的通过契约来建立天生独立的主体之间的关系和联系的'社会契约',也不是以这种自然主义为基础的。这是假象,只是大大小小的鲁滨逊一类故事所造成的美学上的假象"①。康德以"人是目的"来搭建普遍联系的观念在实际生活中缺乏存在的可能,因为"手段和目的总是不可避免地交织在一起。假如手段在普遍的意义上被摒弃,那么单纯的目的自身也会随之而消失"②。联系抽象化的趋势在黑格尔那里发展到了顶峰。马克思曾批判指出,"如果说有一个英国人把人变成帽子,那么,有一个德国人就把帽子变成了观念"③。而这个德国人就是黑格尔,他剥夺了作为联系主体的共同体成员的现实性,把"人"幻化为抽象的"观念"存在,将人与人的关系演化为"观念与观念"之间的关系。尽管费尔巴哈对这种抽象化的趋势有所矫正,但他最终未能摆脱传统形而上学的束缚,而是将人与人之间的关系理解为一种基于爱和友情的伦理关系,依然偏离了注重物质生产实践关系的历史唯物主义视域。将共同体的联系归结于契约、伦理、观念等抽象物的观点,不仅将现实的联系引为抽象,也潜在地否定了共同体内部成员之间联系的有机性和内生属性,将这种自然生发的联系等同于一种机械的、人工创制的联合。

其三,在共同体的发展方向上,对完美共同体的设计和追求仅仅停留在抽象思维的层面。完美共同体的设计在逻辑前提上体现为一种先验预设性,哲人依靠抽象的思维演绎来建构理论的空中楼阁。无论是主张废除家庭和私有财产的共产主义城邦,抑或是建构于宗教信仰之上的"上帝之国",还是小国寡民的契约共同体,都因为脱离现实生活和社会发展的客观规律而不具备现实操作性,带有程度不同的乌托邦色彩。"马克

---

① 《马克思恩格斯文集》第 8 卷,人民出版社 2009 年版,第 5 页。
② 俞吾金:《如何理解康德关于"人是目的"的观念》,《哲学动态》2011 年第 5 期。
③ 《马克思恩格斯文集》第 1 卷,人民出版社 2009 年版,第 597 页。

思以前的所谓完美共同体,不过是把自然、道德或理性这三者之一看作是人类不变的最终本质,以此为出发点所构建的共同体仅仅存在于人们的思想领域当中"①,其不过是一种"想象的共同体"。同时,通达完美共同体目标的手段也缺乏实践性和现实性。柏拉图构想了一个"哲学王"执政的理想王国,但他诉诸人的向"善"之心来实现"善"的目的。奥古斯丁将完整的人类生活割裂为精神生活和物质生活,强行制造"上帝之国"与"人间之国"的对立,并期望人类依靠虔诚的信仰进入"上帝之国"。康德和黑格尔诉诸理性、绝对精神的运动来达致完美共同体,他们的设计实质上只是在逻辑层面达到了自洽。费尔巴哈从人的生理需要和利己欲望出发,将消解人的异化状态并建立"爱的共同体"诉诸精神上的变革。但问题在于,不管哲人的精神世界如何天翻地覆,如果不诉诸实践的手段,物质世界依旧岿然不动。"尽管这种变革的观念已经表述过千百次,但这对于实际发展没有任何意义。"②即便存在如传统共同体思想论证的完美共同体,仅仅依靠抽象的伦理、信仰、先验理性和意识也不可能达成目标。

　　传统共同体思想对三大问题的解答闪现着人类理性的光辉,但仅从伦理、先验理性、意识或臆想的"神"等虚幻观念出发,显然无法触及"共同体的形成前提与基础""共同体内部成员之间的联系""完美共同体发展方向"等问题的根本。扬弃传统共同体思想需要超越纯粹思辨的局限,以实践的方式来揭示共同体的本真面目。

三、超越传统共同体思想的实践方式

　　在马克思的共同体思想中,我们能够找到传统共同体思想浸润的痕迹。例如,认为人是共同体的基本元素,揭示人的合群属性,关注和探寻人与人、人与群体之间的关系等。马克思的共同体思想在继承传统共同体思想的基础上实现了革命性变革:马克思摒弃了西方传统共同体思想

---

　　① 胡寅寅:《走向"真正的共同体"——马克思共同体思想的致思逻辑研究》,哈尔滨工业大学出版社 2016 年版,第 27 页。

　　② 《马克思恩格斯文集》第 1 卷,人民出版社 2009 年版,第 545 页。

的抽象、直观的理解方式,而是以实践的方式来认识共同体,并在共同体的形成前提与基础、内部成员之间的联系、发展方向等问题上实现了对传统共同体思想的最终超越。

其一,在共同体形成前提和基础问题上,马克思以物质资料生产实践取代了传统共同体思想的伦理、信仰、先验理性等抽象物。从柏拉图到奥古斯丁,从卢梭到黑格尔、费尔巴哈,他们都试图以抽象的伦理、信仰、契约、先验理性和人的自然本质来说明共同体的形成前提,把共同体视为观念和意识的派生物,将共同体的形成和存在作为抽象思维演绎的结果。马克思认为,只要深入现实生活和物质世界就能清醒地认识到共同体形成的前提在于人类开展的物质资料生产实践活动,而不是伦理、信仰、契约和先验理性等抽象的精神活动。一方面,人是构成共同体的基本元素,而现实人的存在必须以物质资料的生产实践为根本前提;另一方面,"生产本身又是以个人彼此之间的交往[Verkehr]为前提的"①,实践活动要依赖人与人之间的交往关系才能展开,"'现实的人'除了从事'生产'活动这个根本的物质活动之外,还需要进行'交往'活动"②,脱离了群体,单个的、孤立的个人难以进行有效的生产。这两方面的结合,决定了人们必须共同生产和共同生活,二者构成了共同体形成的前提和基础。共同体并不是观念或者精神的产物,而是"现实的人"在实践活动中结成的现实联合体。伦理、信仰、契约、宗教等精神性的存在,都是人类实践活动的产物。如果将伦理、信仰等抽象物作为共同体形成的前提和基础,就完全颠倒思维与存在、意识与物质之间的关系,彻底消解生产实践在共同体生成中的基础性作用。

其二,在共同体内部成员的联系问题上,马克思以实践方式中结成的社会关系作为共同体成员之间的根本联系。传统共同体思想认为联系共同体成员之间的纽带是"善"、宗教、契约、先验理性等抽象的事物,马克

---

① 《马克思恩格斯文集》第 1 卷,人民出版社 2009 年版,第 520 页。
② 李包庚:《世界普遍交往中的人类命运共同体》,《中国社会科学》2020 年第 4 期。

思并不否认情感、伦理在共同体整合过程中的重要作用,但从来不将这些因素作为联系共同体的根本,也不将他们视为人与人之间真实关系的表达。马克思认为,联系是自发产生的,"这种联系是由需要和生产方式决定的,它和人本身有同样长久的历史;这种联系不断采取新的形式,因而就表现为'历史',它不需要用任何政治的或宗教的呓语特意把人们维系在一起"①。"这种联系"就是人们在物质资料的生产实践中生成的社会关系,它"是指许多个人的共同活动,不管这种共同活动是在什么条件下、用什么方式和为了什么目的而进行的"②。在马克思看来,社会关系内在地生成人的现实本质,是人的本质展开的必然产物,因而是牢固、不以人的意志为转移的联系。马克思将生产关系作为人类社会最为主要的社会关系,相比于传统共同体强调的"爱""信仰""契约"等抽象要素,在人类实践之上生成的社会关系才是人与人之间最为根本、最具有生命力和黏合力的联系。生产关系作为共同体成员之间的根本联系,是一种内在的、自发生成的联系,并非传统共同体思想中人工创制的、机械的联系。正如滕尼斯在考察共同体时认为,"关系本身即结合,或者被理解为现实的和有机的生命——这就是共同体的本质"③。马克思对生产关系的揭示,恰恰还原了共同体成员联系的有机属性。

其三,在实践方式中解答了共同体的发展方向和实现道路问题。马克思认为,在对完美共同体发展方向的设计与追求上,传统共同体思想依然停留在以"神秘的东西"来"解释"共同体这一层面。他们沉溺于用一种静态的目光审视共同体,为自身所处的共同体寻找合理性依据。即便是发现共同体存在诸多不合理之处,也缺乏与不合理共同体彻底决裂的勇气,而是以现实的共同体为蓝本,通过抽象的思维来建构一个所谓的"完美共同体",并将实现目标的期望寄托在思辨的力量之上。马克思指

① 《马克思恩格斯文集》第 1 卷,人民出版社 2009 年版,第 533 页。

② 《马克思恩格斯文集》第 1 卷,人民出版社 2009 年版,第 532 页。

③ [德]斐迪南·滕尼斯:《共同体与社会:纯粹社会学的基本概念》,林荣远译,北京大学出版社 2010 年版,第 43 页。

出,"理论的对立本身的解决,只有通过实践方式,只有借助于人的实践力量,才是可能的"①,以实践的方式回答了共同体的发展方向和实现道路问题。具体而言:第一,共同体不是以静态而是以动态的方式存在的。共同体的形成和发展根植于人们的实践活动,"个人在其中从事生产的社会关系,就是社会生产关系,它是随物质生产资料、生产力的变化和发展而改变的。生产关系在其综合中构成所谓社会关系,构成所谓社会,而它总是处于一定历史发展阶段上的、具有自己的特征的社会"②。物质资料的生产实践决定了社会关系和共同体的具体形态特征。人类的生产实践活动不断发展,共同体的形态也必将随之嬗变。第二,"自由人联合体"是共同体的最终发展指向。随着人类生产实践的发展,私有制和分工相继出现,人的本质也不可避免地出现异化。马克思清醒地认识到,人的异化状态在资本主义共同体中达到了巅峰。为了将人的本质复归于人,就必须彻底超越资本主义共同体,建立一个将社会生产控制在全体人的联合之下并能够实现人的自由而全面发展的共同体——"自由人联合体"。第三,只有以实践的方式才能通达"自由人联合体"。颠覆资本的统摄地位,终结资本主义生产方式,消灭"虚幻的"资本主义共同体,必须回归现实生活,在经济上彻底消灭私有制度和分工,"推翻一切旧的生产关系和交往关系的基础"③。第四,承担超越资本主义共同体走向自由人联合体历史使命的力量,只能是资本主义生产实践催生和塑造的无产阶级,只有一无所有的无产阶级才能迸发出最强烈的革命诉求。但彻底的革命意识和共产主义意识并非无产阶级与生俱来的,需要无产阶级通过不断革命的实践淬炼锻造。

传统共同体思想将共同体引向抽象和神秘的领域,建构于实践方式上的马克思共同体思想"合理的解决"了这一理论局限。这种"解决"直接奠定了马克思在共同体思想历史谱系中的独特地位:当其他哲人满足

---

① 《马克思恩格斯文集》第 1 卷,人民出版社 2009 年版,第 192 页。
② 《马克思恩格斯文集》第 1 卷,人民出版社 2009 年版,第 724 页。
③ 《马克思恩格斯文集》第 1 卷,人民出版社 2009 年版,第 574 页。

于在精神世界或思维王国遐思共同体时,马克思深入社会生活的最深处挖掘共同体的本质,找回传统共同体思想缺失的现实之维,将共同体从抽象的"天国"拉回到了现实的"人间";当其他哲人沉醉于对现实世界的解释和修补时,马克思意识到问题的根本在于改变世界。马克思关于如何超越资本主义共同体,走向自由人联合体的深刻论述,使他的共同体思想绝非象牙塔内供人评鉴赏玩的小众哲学,而是广大无产阶级用以打碎旧世界和建立新世界的理论武器。

第三节　自由全面发展:人类解放的
最高境界与归宿

马克思人类解放思想作为马克思主义的核心,其力量和价值在于以对人类社会发展规律的深度把握与对人类发展进程的历史性洞察为基础,揭示社会发展与人类文明进步的必然趋势,彰显马克思主义的科学性、历史性与实践性。人类解放是一种具有非凡崇高性与实践性的人类理想,达致这样一种"自由人联合体"的历史状态是人类一直以来孜孜不倦的追求,"自由人联合体"也是共同体的最终发展指向。马克思人的全面发展理论的实质在于重视人类解放与自由,充分体现了马克思主义的时代精神——解放与自由精神,揭示了人的全面发展是人类解放的最高境界与逻辑归宿。自马克思去世以来,众多论文与专著论及人的全面发展,就其内容的科学性以及深刻性而言,它们都还未能超越马克思。马克思人的全面发展理论仍是对时代精神的表达,并居于时代精神的制高点。

一、"生存论"意义上的自由发展与全面发展

在马克思经典著作中,关于"自由"和"全面"的具体论述,是在"生存论"意义上使用与展开的。"人的自由全面发展"中的"自由",既非认识论意义上的自由,也非政治学意义上的自由,"全面"不是当今素质教育

所指德育、智育、体育等各方面之意(从"生存论"的视野来看,无论是培养者还是被培养者,所从事的活动能力的发展还是片面的而不是全面的,还不是真正自由发展的结果),而是"生存论"意义上的自由与全面,即是人的一种生存状态。"自由全面发展"是相对于"异化"而言的,其对立的概念是"异化":人不能获得自由全面发展,就是异化;消除异化,人才能真正获得自由全面发展。①

"自由"针对的是劳动者在劳动中存在的不自由、人格的依附性、个性的模式化等生存状态,"自由发展"指劳动不是出于生存的逼迫或社会关系的强制,也不被劳动产品所统治及被占有产品的人所统治,而是以人自己占有和享受自身的全面本质为出发点和归宿点。马克思所追求的人的"自由发展",要求人的个性、人格、创造性和独立性在生存状况中最大限度地"不受阻碍地发展"。人在超越外在自然的限度,不受制于社会任何外在目的束缚和压迫的情况下,依据自己的兴趣和爱好取向,自觉、自愿和自主地发展,而存在于社会现实中的活生生的个人正是发展的主体。"全面"针对的是资本主义社会中因劳动异化而导致人的身体部分及能力的畸形和片面发展的生存状况,以及少数人的发展总是以牺牲多数人的发展为前提和条件的不平等生存状况。马克思所追求的人的"全面发展",既是人在生存状况中的类特性、个性、能力、知识的整合与开发的协调性、充分性、广泛性,也是人的自然素质、社会素质和精神素质的共同提高,同时还包括人的政治权利、经济权利和其他社会权利的充分实现。因而我们在理解其含义和实质时,不能采取实用主义的态度,而应该关联马克思论述问题的历史背景与使用语境。

"生存论"意义上的自由发展与全面发展两者之间是有一定区别的。在对马克思自由全面发展思想的研究和论述问题上,过去人们对自由与全面没有太多加以区分。其实,它们描述的是人的生存状况中人性的不

---

① 参见王金福:《对马克思关于实现人的自由全面发展理论的再思考》,《南京政治学院学报》2010 年第 5 期。

同方面:自由发展涉及的是人的超越性及人所获得的解放的深度,全面发展涉及的是人的丰富性及人所获得的解放的广度。

人的自由发展与人的全面发展在相互区别的基础上实现了辩证统一,两者互为前提和保证。

第一,人的全面发展是人的自由发展的前提。要使人真正成为自由发展的人,人的个性、能力和知识的协调发展就必须要达到一定的全面性程度,自由发展必定表现为全面发展。人的个性、知识、能力与素质协调发展的全面性程度越高,人自由选择按照自己的兴趣和爱好来发展自己的时间与空间就越大,自由发展的条件也就越充分,人的独立性就能够最大限度地不受限制地发展。相反,当人的个性、知识、能力与素质发展的总体水平低且呈现出不协调的片面发展状况时,人就不可能获得较多的自由发展空间,其发展也势必局限在相对狭小的范围内,且难以按照自身的兴趣和爱好真正自由发展。马克思关于"建立在个人全面发展"这一前提下的"自由个性"充分发展的未来理想社会的设想,①明确地揭示了人的全面发展对于人的自由发展而言的基础性地位。

第二,人的全面发展是人的自由发展的结果。没有人的自由发展,就没有人的全面、充分发展。在人类社会发展的早期阶段,社会权力、社会复杂关系并没有与个人产生丰富的关系,单个人显得比较自由,但这是一种自然产生的原始的自由,个人、社会都不可能会有自由而充分的、丰富的和全面的发展。在未来的共产主义社会中,个人自由发展的充分实现必然带来个人的全面发展,个人的全面发展从可能性变为现实性。需要指出的是,目前在中国特色社会主义建设进程中,也要特别重视自由范畴的运用与人的自由发展。社会主义市场经济的发展要求劳动者有更大的自由,没有劳动力的自由(流动)就没有市场经济。我国经济、政治、文化乃至家庭等社会生活的各个领域都需要注入解放活力与自由精神,都需要人的自我觉醒和独立自主人格的确立。因此,如同理直气壮地宣传民

---

① 参见《马克思恩格斯文集》第 8 卷,人民出版社 2009 年版,第 52 页。

主一样,我们也应理直气壮地宣传自由。讲自由不等于自由主义,更不等于资产阶级自由化。我们要划清马克思主义自由观与资产阶级自由观、小资产阶级解放自由观的界限,反对资产阶级自由化和小资产阶级的无政府主义。①

第三,人的全面发展和人的自由发展不仅相互依存、相互联系,而且相互渗透,不能把两者截然分开。人的全面发展本身就蕴含着人的自由发展的成分和要素,如人的个性、知识、能力与素质等各方面的全面、协调发展,内在包含着爱好、兴趣、主动性与创造性等与人的自由发展相关的成分、要素。同时人的自由发展也内在包含着人的全面发展的相关因素和成分,如自觉自愿的、自立自主的自由发展本身蕴含着人的社会职能得到全面的发展,即人在实践活动中可以交替运用不同职能,而不是只能单一承担一种职能;蕴含着人的充分发展,即人的一切天赋都得到充分发展。人的全面发展和人的自由发展两者之间不仅互为前提,而且互为目的,其思想实质和实现过程总体上都是一致的。如果把人的全面发展和人的自由发展割裂开来,只强调一方面的发展而忽视另一方面的发展,那么这两者就都会被扭曲。

当然,人的自由发展与人的全面发展并不意味着个体之间没有任何差异的同等程度、同等状况、同等水平和同等模式的发展。这就如同社会主义的"共同富裕"一样,不是平均主义的共同富裕,而是有差别的共同富裕。"全面"代表着人的体力、个性和能力等诸方面的普遍性,是个人最丰富多彩的发展;而"自由"则表明个人有别于他人而在发展过程中表现出的内在差异性,是人所应有的发展。正是不同个体之间在生命长河中因兴趣、爱好等呈现的多样性与差异性,造就了人类社会历史发展目标实现过程中的丰富性和多样性。

---

① 参见许全兴:《马克思对德国古典哲学自由精神的继承和发展》,《中共中央党校学报》2005 年第 3 期。

二、人的自由全面发展的历史运动

人类要在政治解放、经济解放、劳动解放和文化解放等多维解放所创造的社会物质文化成熟的条件下把握与超越外部自然限度,并通过全面颠覆资本逻辑来消除资本主义的私有制和消灭国家,并以新的机构取代现行的市民社会体系和国家,在全面深刻的社会变革基础上实现"人自身的解放",即实现人的自由而全面发展。政治解放、经济解放、劳动解放和文化解放等多维解放必然导致人类从"奴隶般的分工"中摆脱出来,成为没有资本统治的"自由人联合体"。而要达到人类的理想境界就必须实现多维解放,将政治、经济、文化与劳动生产方式结合起来,发挥自身的才能总和,使劳动者在真正意义上占有全部生产力。同时,只有在"自由人联合体"中,即在共产主义社会形态中,才能真正实现人的自由个性的全面发挥,实现人的自由全面发展,这正是马克思人类解放哲学思想的最终结论。①

人的自由全面发展是一个由初级阶段向高级阶段不断发展的历史过程。"人的自由全面发展,既不是人的'非历史'本质的实现,也不是人的某种'超历史'本质的获得,而是生活在当代社会的'个人'基于现实而面向未来的'筹划'。"②通过社会实践使自己成为具有超越有限性规定的人是人的自由全面发展的必要方式。作为最终目的的人的自由全面发展,只有在共产主义历史运动中才能够真正得以实现。

马克思认为,历史运动既是人与世界分化的基础,又是人与世界统一的桥梁,人正是在改造世界的实践活动中深入自然而又不断超越自然;实践活动是人的存在方式和基础,也是人自我发展、自我肯定的形式和动力。由于人是有限和无限的存在,是不断超越现实又不断创造世界和自身的开放性存在,人的发展就是人通过自身的实践活动不断超越有限性

---

① 参见仰海峰:《超越市民社会与国家:从政治解放到社会解放——马克思的国家与市民社会理论探析》,《东岳论丛》2005 年第 2 期。

② 吴向东:《人的自由全面发展:社会主义最高价值观》,《福建论坛(人文社会科学版)》2011 年第 1 期。

的规定,为自己敞开自我超越的空间而逐步走向解放与自由的过程。"在认识活动和实践活动中,只有自我认识能力和改造能力有了极大的提高,才能表现出一种自由状态和自由的境界"①,因此,实践是使人的发展从自由、全面的可能性向现实性转化的根据。马克思强调,只有借助共产主义的历史运动,才能实现人性的复归,才能为个人自由全面发展的理念创造现实的条件。"这种实践方式,从作为客体的物来说,一切物都是人的对象,它们按照人的方式与人发生关系;从人对物的现实关系来看,人对物的把握是超越了占有和拥有的真正的活动和享受,是实现自己的本质的途径;从主体的人来讲,是人的一切感觉和特性的彻底解放。"②

马克思学说的宗旨是为了实现人的自由全面发展与全人类解放,对人的自由全面发展与全人类解放的论证构成了马克思全部学术活动的核心内容。由于历史条件的限制,马克思的主要工作是通过对私有制前提下普遍存在的异化现象的揭露,阐明资本主义社会中人的全面发展必然陷入的困境。马克思曾经指出,我们必须"在私有财产的运动中,即在经济的运动中,为自己既找到经验的基础,也找到理论的基础"③。资本主义社会较之前资本主义社会最根本的进步表现在人的生存与发展状态上,与此同时,资本主义的弊端也表现在人的生存和发展状态上。资本主义社会通过制度、现代性和技术理性等因素所取得的巨大成就并没有能够真正解放现实的人,而使人处于畸形发展的完全异化状态。马克思认为,理解人的自由全面发展的合理途径和条件就在于:从现实实践出发,即从资本主义私有制的运动出发,从异化的人的感性物质运动表现出发,以现实实践的人与人的现实实践的双重角度来理解人的自由全面发展。资本主义社会的分工使人成为高度抽象的存在物以及使人变成肉体与精

---

① 秦刚:《马克思的自由思想及其当代价值》,《马克思主义与现实》2017 年第 3 期。

② 刘秀萍:《重新理解马克思对共产主义的"人学"论证——〈巴黎手稿〉思想再辨析》,《哲学研究》2011 年第 12 期。

③ 《马克思恩格斯文集》第 1 卷,人民出版社 2009 年版,第 186 页。

神上的畸形的人;资本主义社会异化的物表现为对人的全面统治。"对私有财产的积极的扬弃,作为对人的生命的占有,是对一切异化的积极的扬弃,从而是人从宗教、家庭、国家等等向自己的合乎人性的存在即社会的存在的复归。"①马克思关于人的全面发展的理念既是对未来社会的憧憬,也是对资本主义社会的批判。

共产主义既是一个历史实践活动过程,也是一种对这一历史实践活动过程的科学理论概括即科学的理论体系。"共产主义对我们来说不是应当确立的状况,不是现实应当与之相适应的理想。我们所称为共产主义的是那种消灭现存状况的现实的运动。这个运动的条件是由现有的前提产生的。"②历史是共产主义的自在自为的运动,是人们在科学的共产主义理论指导下改造旧世界、创造新世界的实践活动。"马克思不仅对历史进程有了新的诠释,也使他的人的全面发展的理想具有巨大的历史感和现实感。"③通过共产主义社会的实践,在现有的各种前提之下不断地消灭现存的状况以及现存的社会关系,从而使得现实的个人将抽象的公民复归于自身并成为类存在。人类社会自然形成的依存关系、共同活动的最初形式,本来是作为完全异己的力量威慑和驾驭人类,但由于共产主义的运动与革命,这些异己的力量得到控制,尤其不再是以政治力量的形式出现,人类的解放也真正全面实现,人类社会进入共产主义社会。共产主义是"人和自然界之间、人和人之间的矛盾的真正解决,是存在和本质、对象化和自我确证、自由和必然、个体和类之间的斗争的真正解决。它是历史之谜的解答,而且知道自己就是这种解答"。④ 在共产主义社会形态中,社会的物质财富充分涌流,人类的视野完全超越资本主义制度的狭隘眼界,不再把劳动作为人类谋生的手段与艰苦的活动,不再将在竞争中实现征服与掠夺视为崇高的荣誉与精神。由此人类进入自由全面发展

---

① 《马克思恩格斯文集》第 1 卷,人民出版社 2009 年版,第 186 页。
② 《马克思恩格斯文集》第 1 卷,人民出版社 2009 年版,第 539 页。
③ 吴向东:《论马克思人的全面发展理论》,《马克思主义研究》2005 年第 1 期。
④ 《马克思恩格斯文集》第 1 卷,人民出版社 2009 年版,第 185—186 页。

的时代,真正实现每个人的自由而全面的发展。

三、真善美统一的人类解放最高境界

人类解放是马克思的主导价值取向。马克思在继承西方传统思想精华的基础上,把解放无产阶级进而解放全人类作为自己一生孜孜不倦地追求的理想性价值目标。人类解放始终是马克思的终极追求,这一追求在马克思科学的世界观和方法论的指导下,从空想"质变"为科学,获得了得以实现的蓝图和所要达到的终极状态。马克思为人类解放这一主导价值取向奠定了最终的目标和归宿——每个人的自由全面的发展。

人类解放无论是作为一种历史运动过程,还是作为一种历史状态,它都以人的自由全面发展为终极目标和最终归宿。恩格斯曾在《共产主义信条草案》《反杜林论》等论著中多次提出关于实现人的自由全面发展的主张。马克思也多次指出,在生产力发展水平低下导致物质生活资料的生产只能满足少数人需要的时候,为争夺生活资源的斗争就会充斥整个社会,少数人的发展必然以损害和牺牲多数人的发展为代价。但是,随着社会的发展,高度发达的生产力成为人的自由全面发展的基础;先进的生产关系成为人的自由全面发展的保证;先进而具有成效的教育成为人的自由全面发展的重要途径;个人自身良好条件和勤奋努力成为人的自由全面发展的主观条件。这些具体条件与要素所构成的优化系统的现实运动,必定会使人类历史走到理想未来社会:全社会的每一个人都能得到充分发展,而不是一部分人的发展和另一部分人的不发展或欠发展并存。

马克思、恩格斯在《德意志意识形态》中从现实个人发展的角度对未来共产主义社会进行了生动而形象的描绘:"在共产主义社会里,任何人都没有特殊的活动范围,而是都可以在任何部门内发展,社会调节着整个生产,因而使我有可能随自己的兴趣今天干这事,明天干那事,上午打猎,下午捕鱼,傍晚从事畜牧,晚饭后从事批判,这样就不会使我老是一个猎人、渔夫、牧人或批判者。"①到了共产主义社会,生产力高度发达,物质资料充分涌流,被动性、强制性的社会分工以及由社会分工所产生的人的异化力量已不存在,人不再受异己力量的支配,现实的个体成为真正有个性的、能够自由全面发展的人。人们的思想觉悟与自觉性达到相当高的程度,能够从事任何职业(当然不是指人们可以"随心所欲"选择任何职业),并能使自己的兴趣与社会的需要保持一致。

马克思认为,通过日益社会化的生产形式将逐渐解决资本主义社会生产方式的内在矛盾,使人类、社会和自然之间的矛盾关系得到彻底解决,人真正成为社会的人或社会化的人。社会化的人在"自由人联合体"的形式下,将按照合理的方式来调节人类和自然之间的物质交换,把物质生产放置在共同的管理之下,由社会调节整个生产,从而实现最小的消耗和最适合人性的生产。在此状况下,可以并且最终能够实现人的自由个性的全面发挥。

人的自由全面发展标志着人与自然、人与物的最优整合、人与人的最佳融合以及人自身的生理与心理的和谐,是人类社会发展到真善美统一的最高境界与必然归宿:人的自由全面发展思想体系是人类历史发展和资本主义内部矛盾运动的科学概括,是符合社会发展规律的"真";人的自由全面发展的最终实现,使人的经济、精神、活动方式得到重要发展,是符合人类需要的"善";人的自由全面发展的最终实现也是共产主义社会制度的实现,美好的共产主义社会制度,是符合无产阶级和全人类理想的"美"。人的自由全面发展是马克思人类解放思想形成的现实可能性的深刻结论,它寄托了人类的不懈追求与美好理想,人的自由全面发展在真善美统一的高度与深度上,成为人类社会发展的最终目标和必然归宿。

我们不禁联想起 20 世纪社会主义和共产主义运动的兴衰史。20 世纪 80 年代末 90 年代初,东欧各国及苏联社会主义纷纷"变色",全世界知

---

① 《马克思恩格斯文集》第 1 卷,人民出版社 2009 年版,第 537 页。

识分子为之叹息,感受到空前的失败感与挫折感。世界社会主义和共产主义运动一度跌入低谷,左翼与右翼的形形色色的"社会主义终结论"随之而来。然而,如果人们从一开始就意识到社会主义理想和现实并非完全步调一致,换言之,意识到作为一种希望的未来理想,社会主义本身就包含着迂回曲折、挫折和失败的可能性,那么面对 20 世纪社会主义与共产主义运动的兴盛衰退,也就不至于会如此心灰意冷;如果人们历史地审视东欧各国及苏联的社会主义,追问究竟终结的是"哪家的社会主义",那么也就不至于悲观绝望。我们应该看到历史的总趋势和人类的远景:"尽管 20 世纪的社会主义和共产主义运动遇到了各种历史畸形,但它将最终战胜资本主义,因为社会主义和共产主义代表了人类永恒的梦想和理想,表现了人类历史发展的基本趋势和远景。"①

第四节 人类解放进程中的技术
进步与正义问题

正义问题是关涉人的生存实践方式和社会价值旨趣的重大课题。在人类解放进程中,它伴随人存在样态的历史变迁和社会结构的变动而呈现出不同的形式,正义问题形式的多样表现与正义观念的差异形态密切相关,马克思在历史维度上揭示了正义的社会经济基础。社会分工推动形成了带有鲜明阶级差异性的正义观念,不同阶级的正义观念反映了各自独特的生产能力和利益需要,势必会在实现自身正义价值诉求的比权量力中形成冲突。尽管正义问题的形式依循正义观念形态的更新而不断变更,但正义观念对人的自由本质和劳动实践的深层关怀始终深嵌于历史发展之中,私人领域的正义观念与公共生活的正义原则之间的矛盾成为人类社会历史发展中的重大挑战。伴随技术进步和技术理性逻辑的延

---

① 金寿铁:《恩斯特·布洛赫哲学思想引论》,《马克思主义与现实》2007 年第 2 期。

伸,正义问题的表现形式发生了新的转变,人类基本生存生活中的正义困境①逐渐转换为生产领域的正义难题,并构成近现代人生存发展的根本困境和自我反思的聚焦点。技术进步中的正义问题与历史发展逻辑中伦理正义、政治正义等问题存在根本区别,其寄生于生产领域的"劳动正义""资本正义"和"经济正义"的现实逻辑之中;而技术进步所依附的理性神话及其与资本逻辑的勾连最终阻滞了劳动生产的现实生成,历史发展中现实逻辑的"劳动正义"沦为资本增殖与经济增长的附庸,与人的生命存在内在关联的劳动丧失了本质个性和理论品性。技术进步中正义问题的形式转换显露出诸多深层疑问:技术进步中的正义问题究竟如何实现对基本伦理和政治维度中正义价值的内在消融? 劳动层面的正义赖以存在的合法性根据是什么? 本体论意义上的正义理念以何种方式存在? 这些困惑的核心在于技术进步中正义理念的形式转变何以构成对正义理论根基的挑战。审视进而突破正义困境必须立足于彰显人的正义实践的根本载体,扬弃技术进步中正义理念沦为与人的本源性存在方式和现实生命发展相对立的抽象原则状况。

一、正义概念的演变与正义价值观念的分裂

正义是社会历史性的范畴,形成于人对自身生存方式和所处生活世界存在境况的思维意识和话语表达,在设计人类社会秩序和维持社会关

---

①　关于"正义困境"的概念和理论内涵,英国著名社会学家戴维·米勒对此进行了总结:一是每个人对权利和资源的分享低于全球底线标准,二是正义理念的实现过程对国家自主的理念提出了挑战,三是相同的正义原则适合于所有场合的人类实践和人际关系(参见[英]戴维·米勒:《民族责任与全球正义》,杨通进、李广博译,重庆出版社 2014 年版,第 5、20、272 页)。"正义困境"表达的是正义的理念和价值在现实中不能完全或难以实现的难题,即将正义理念误读为非历史的准则以批判每个时代的社会生活方式,是在文明社会现实发展的范围内普遍使用的说法。本书是在"技术进步"的特殊语境中来使用这一概念,技术进步是文明社会进步的现代表征,尽管其"正义困境"具有特定的表现形式,但与通常"正义困境"理论表达的基本内涵相一致。

系的稳定中始终扮演着重要角色。人的生命中涌动着一股试图达到和谐统一的正义秩序的希望与冲动,并在构筑正义秩序、框架和模式的尝试中积淀了与一定历史时期的社会现实相契合的正义概念。正义概念及其思维方式的核心一般关涉人生存的良善生活方式和普遍遵循的权责关系,在它对人类社会存在形态的理论设想中,包含着使人从现存的历史局限中解放出来而进入符合人对正义基本需要的理想生命状态的渴望,蕴含了一种憧憬、演绎和建构正义图景的思维轨迹和价值旨趣。正义概念的表达伴随人类历史的发展而改变。人类历史的发展是由人的实践活动所主导和决定的演进过程,实践在这一过程中支撑历史克服并超越与人的生存发展需要相违背的非正义性因素,推动人构想并创造出通达至善境界的正义概念。正义概念的演变体现为时空的双重维度:在时间上是从过去、现在到未来,在空间上是从政治、法律到伦理等领域,不同时间段的正义概念可能对同一领域产生交叉作用,不同领域的正义概念在塑造同一时间内的正义秩序上也会有所侧重。当双重维度中的诸多正义概念在同一时空发挥作用时,必定会使个体正义与社会公共生活的正义相矛盾,造成在面临诸多正义概念时如何选择的困难。

正义历来是人的生存方式和社会发展领域所关注的焦点,国内外学者从多维角度对正义概念予以阐释,形成了较为丰硕的理论成果。正义概念本身的演变始终与人的存在状态和社会结构的变换保持内在关联,从人与社会结构存在维度入手,可以更恰切地揭示正义概念的历史演变及其命运。人的生存方式的演变和社会结构的变换一般被划定为从传统向现代的变迁。传统社会的典型特征是同质性,人的社会生活在政治、经济和文化等领域并未呈现明显的差异,政治生活在其他领域中占有优势地位,规定其他一切领域的思想价值并促使它们向政治生活的中心集中统一。在人与社会的关系上,社会公共生活主宰着人的私有生活,致使人的生存方式表现为完全依赖社会共同体的结构变动而无法彰显自身独立存在的空间。孕育于传统社会结构中的正义概念指向一种社会生活习惯,规定个人在社会生活中理应得到的"福利"。人们为了获取生存所需便只能依附于社会公共生活中由政治力量界定的正义概念和价值。传统的正义概念具有高度的同一性和强制性特征,表明只有形成并依赖同一的正义价值信念,人与社会的存在才能保持有序的发展;社会公共生活只有凭借必要的强制性手段,才能保证正义的价值规范得到普遍遵循。在同一和强制的正义价值规范作用下,社会生活的多维领域在需要与功能上缺乏自主空间及互补性,人的社会活动尚未形成充分分工的基础以及在扩大交往中自主联合的能动性,因而个体的价值观念在传统的正义概念中陷入被忽视的境地。

随着人的生存方式和社会结构从传统向现代的转换,正义概念在不同生活领域呈现出多元性的表达,诸多正义的价值观念和规范相互之间分化与碰撞而滋生的困境由此凸显。现代社会具有鲜明的分裂性和异质性特征,在资本主义社会生产模式的推动下,社会生活的政治、经济和文化等多领域都获得了相对独立的发展空间,形成了为实现自身发展而设立的目标和行动意向,社会力量和价值的整合主要依靠各领域彼此在功能上的相互补充与完善得以实现。社会生活多维领域相对独立的发展推动了现代人生存方式的转变。个体生活领域逐渐从社会共同体中分离出来,人的主体性意识获得了前所未有的展露,人对利益和权利的追求也得到社会公共权力的普遍承认,人在现代社会结构中的思想表达和行为举止展现了以自由为核心价值诉求的意志。在自由价值的观照下,正义概念带有明显的现代性特征,尤其是在资本主义现代性发展对自由主义理论的推行中,形成了以权利为核心或以功利为基础的观念①,即人们在谋取权利或展开功利性行为时必须遵从符合财产权的契约制度,在社会合作中必须公平地享有权利并承担责任。现代社会的正义概念衍生了个体与公共生活领域的价值分化,制造了个体对正义概念多元的价值理解和践行的局面。个体形成了自身特有的目标和追求,但都是围绕权利和利益而进行的局部性活动,并在争取有限的权利资源时产生了冲突。因此,

① 参见廖申白:《西方正义概念:嬗变中的综合》,《哲学研究》2002 年第 11 期。

现代社会中的正义概念指向权利掌控者对社会价值的宰制,以及个体正义价值与社会正义规范相矛盾的处境。

从正义概念的演变中可以看出,其在不同的社会历史发展阶段塑造的价值规范所侧重的内涵各不相同。正义概念的发展始终与人的生存方式和社会结构性质的变动内在相关,正义问题的生发与正义概念价值规范作用的发挥也内在地联系在一起,"正义是一个规范性概念,它谈论的是交往活动领域中某种行为、规范或制度是否符合人们对生存价值的理解"①。正义概念为人类社会规范了良善生活形态与和谐共处方式的秩序框架,以之作为人追寻的最高目的。在正义概念的演进中,人类历史被揭示为不断迈向这一目的的发展进程,只有与正义概念的价值和制度取向相匹配的历史阶段,其正义价值形态才具备合理的规范性意义。正义概念所悬设的目的以批判现实具体的正义价值为前提,本身埋藏着引致正义价值观念分裂的种子:一是人们在反思现存正义规范中试图寻求超越其局限的内在逻辑,企图在正义概念的抽象性意义上确立其超越现实的规范地位;二是借助政治力量、经济利益和社会权利等外在手段为人类设置必须实现的正义目的,由此塑造社会整体的正义秩序。正义概念的形成语境与现实环境未能完全连接,正义概念的内涵逻辑与话语表达也会与现实社会发展对正义价值的需要形成一定落差,以将达成某种预设的目的视为固有之义的正义概念,其结果是对人现实生命活力的漠视。在规范性意义的正义价值的引导下,人们必然把它当成一种实践遵循,并在此过程中不断趋向其设置的目的,但在面临社会固定的正义秩序和多维正义价值分裂的情况下,势必遭遇如何抉择正义概念和如何实现其所蕴含的理想价值的双重难题。

明晰正义价值观念分裂的存在,是人摆脱现存困境走向充盈正义性生活的题中之义。自觉意识到正义概念本身的不足,将构成人对自身存

---

① 罗骞:《作为交往活动领域根本价值的正义概念》,《中国人民大学学报》2020 年第 5 期。

在的更高层次的正义价值需要的前提。正义概念对现存正义价值观念分裂作出真实反映并在此基础上指导人们构建更为正义、合理美好的生活方式,是其理论的现实性意义。在马克思主义哲学视野中,正义是现实的和动态发展的概念,它关注现实正义问题存在的内在机理,并为正义问题生发的态势划定明确界限。"正义,也称'公正'。对政治、经济、法律、道德等领域中的是非、善恶的一种道德认识和价值评价。作为道德范畴,既指符合一定社会道德规范的行为,又主要指处理人际关系和利益分配的一种原则,即一视同仁和得所当得。"①这一正义概念表明,正义若要成为维持社会诸多领域和谐共处的基本准则,必须具备两个条件:一是具有契合人类生存所需的道德价值意蕴,二是根本关涉人们在社会公共空间的交往活动领域所需的价值原则。马克思主义哲学中的正义概念建立在现实实践的基础上,把正义概念视为正确认识现实实践中的正义原则,发现并反思正义价值观念的分裂的对象化过程,使得正义概念的现实生成转化为改变正义价值观念分裂的实践力量。马克思主义所强调的正义问题建立在现实的物质生产和社会交往活动之上,实现了正义的道德情感与物质利益双重因素的动态统一。如果失去了统一性的思维,对正义的阐释必然会囿于诸多领域彼此分化的框架中,现实的正义价值观念分裂难以被揭示和消除。

随着现代人生存方式的转变以及社会结构的领域性分化,正义的价值形态及其社会作用的维度也发生了局部性的分离。正义价值规范在不同领域的分化、个体与公共生活的割裂以及正义原则解读与使用的主观化和技术化倾向,构成了现代社会正义的主要特征。正义价值的分化特征既是现代人生存方式和社会结构演变的产物,同时对现代人与社会的发展具有能动的反作用,一方面促使人清醒认识到现存正义价值观念的分裂并诱发人尝试从其中解脱出来,另一方面又伴随社会结构新的变化

---

① 金炳华主编:《马克思主义哲学大辞典》,上海辞书出版社 2003 年版,第673 页。

而相应衍生出新的正义价值观念,并使得人再次陷入新的正义价值共识难以达成的思维困局。

二、伦理正义与政治正义的矛盾纠缠

在人类解放的进程和社会历史的变迁中,正义一直被人们视为基本的价值追求,而正义问题事关正义价值的确立与实现,正义价值是否可能以及如何实现成为困扰现代人生存境况和现代哲学所关注的突出问题。正义问题在社会历史中引发的矛盾集中表现为私人化的正义观念与社会共同体内部正义原则之间的冲突,其表现形式依附于特定的实质内容,生成于人类社会发展的历史进程之中。伴随人类生产生活领域的扩展和丰富,正义问题逐渐呈现复杂多样的形式,从私人生活领域的自我良知判定、群体交往活动的规约到社会共同体中普遍价值体系的构建,都是正义问题在人类生产生活中的表现样态。随着正义理念演变为公共生活和社会发展所不可或缺的价值规范,正义问题也在人类社会日趋频繁的交往中趋于分化、趋向庞杂,表现为宗教神学、伦理道德、法律、政治、经济等多维领域正义立场、观念之间的矛盾纠缠。尽管正义问题的表现形式纷繁复杂,但其实质内容植根于伦理正义与政治正义之间的矛盾关系中,即正义价值在私人领域和共同体之间形成的悖反关系。从实质内容上确定伦理正义与政治正义之间的矛盾纠缠问题有助于揭露隐含在其背后的理性思维,抓住矛盾的深层根源。

人类历史进入文明社会以来,正义一直被人们视为基本的价值追求,是维持人类社会生活有序性的基本伦理信念。然而,正义价值的理想形态必定受制于不同时代人类的生存方式及社会结构,与现实的正义形式存在一定程度的偏差,具体表现为现实社会生活中正义问题的生发与凸显。现实生活中诸多正义问题得以生发和凸显的根由在于,人们在生产、交往实践范围不断扩大之际,基于生存需要和分工依附性形成横向联合的社会关系,在社会整体运行的政治权威力量尚未确立的社会结构中,不同社会主体倾向于塑造迎合自身利益需要且相互独立的价值准则,利益需要的差异、价值准则的独立以及公共性伦理规范的缺失必然滋生各种正义问题。现实生活中正义问题的凸显可以进一步理解为社会关系中非正义性因素的集聚与显现，其必然阻碍社会公共权力和制度的正义化进程，酿成社会正义关系难以建构、社会正义秩序无法维持的恶性循环，从而迫使人们思索正义价值观念本身存在的严峻问题：作为一种伦理道德规范的正义价值能否在多元的社会条件下获得普遍认同和遵循？能否成为社会共同体交往原则和基本制度的建构依据？笔者认为，伦理正义的问题本质上是伦理正义原则的运行与社会正义秩序稳定发展的关系难题。

伦理正义原则的运行与社会正义秩序的调整关涉人的生存方式转换和社会结构变更的问题，这一问题显示出政治活动在调节人们伦理正义价值和社会生产秩序中扮演的中介角色，根本表现为伦理正义与政治正义的矛盾纠缠。作为正义问题的实质内容——伦理正义与政治正义之间的矛盾纠缠，伴随私人领域和共同体在正义理念上差异形式的演变而逐渐澄明。人类生存方式的多样和公共生活空间的扩展致使正义理念在政治、经济和文化等领域呈现出迥然不同的具体形式，正义理念的不同具体形式与人们生存和社会整体发展需要的正义价值之间盘根错节，现实正义问题愈加复杂。学界对正义问题的解读通常聚焦于伦理正义与其相关领域性正义理念之间的矛盾关系。首先，将正义问题归诸伦理正义与社会正义的矛盾运动。有学者认为，伦理正义是评判个人行为正义的根本依据，并将正义划分为个人正义和社会正义，"个人正义的实现要依靠社会整体正义"①，对个人正义观的制度引领是正义原则广泛实现的必然要求。其次，有论者针对个人正义与社会正义的矛盾运动，从伦理正义与法律正义之间的关系角度考察正义问题，认为伦理正义与法律正义是社会正义的两大基本构成，"法律与道德的本质联系，决定了法律正义与道德

---

① 仲崇盛:《论政治伦理的正义主题》,《道德与文明》2001 年第 4 期。

正义的互动结构"①,进而推导出构建伦理正义与法律正义的良性互动以保障基本社会正义的命题。再次,有学者以个体固有的伦理正义观念及其如何实现的问题为切入点,将正义问题归结为伦理正义与权利(法权)正义之间的差异性运动,指出,"为了'保护人的自然权利','伦理正义'被肢解为'法权正义'的两种形态:一个是'平等正义',即保障个体在享有社会财富方面的机会均等;一个是'自由正义',即保障个体在维护自身财产权利方面的天然正确"②。而个体在意志自由的驱动下往往忽视甚至侵犯其他理性主体获取平等自由的权利,造成伦理正义的"道德自律"与权利正义的"道德应当"之间的矛盾。对正义问题进行伦理正义与法律、权利正义等之间矛盾关系的分析,揭示了由伦理正义衍生的领域性价值分裂及其相互交织所产生价值指涉歧异的正义问题形式,但仍未彻底厘清社会秩序、法律和权利内容的合法性、正当性与伦理正义的关系问题。社会秩序、法律和权利内容的合法性与正当性本身是伦理正义评判的对象,事关正义问题的根基,即政治权力和资源分配的制度方式问题。尽管政治正义与法律、权利正义之间存在交叉关系,正义问题在具体的生产生活领域通常以法律、权利正义的制度形式为中介与伦理正义的矛盾运动交互展开,而这恰恰证明政治正义与伦理正义在内容上直接相对,政治领域的正义样态决定了伦理正义的实现情况。政治正义是构建正义性社会生活结构和秩序的基础与保证,内在包含法律正义等制度形式,关涉政治权力和个体主体权利之间的冲突。只有深入政治领域追问政治正义与伦理正义之间的关系,才有可能真实把握正义问题的本质。

伦理正义与政治正义的矛盾纠缠在理论目标上表现为二者彼此独立却又相互渗透。正义的内在矛盾实质上是理论预设目标与其现实贯彻之间的偏差,把握正义目标的设定、运行是审视伦理正义与政治正义矛盾关

---

① 窦炎国:《法律正义与道德正义》,《伦理学研究》2008 年第 1 期。

② 高广旭:《"伦理正义"的解释力——马克思正义观研究的思想背景和可能视角》,《道德与文明》2018 年第 6 期。

系的先决条件。其一,伦理正义旨在以伦理道德的方式确保个人在公共生活中的权利和义务获得指认和维护,建构个体赋予德性生活与社会交往"公共善"之间的正义协调关系。亚里士多德认为,正义具有伦理政治性,他从总体德性的角度突出正义的首要地位,指出在德性伦理上的正义具有双重目标:使人"做事公正,并愿意做公正的事"①;"产生和保持政治共同体的幸福或其构成成分的行为"②。伦理正义最终关切共同体中的个体德性能否发展成为与"公共善"相契合的正义价值,其目标本身带有内蕴与整合公共德性的价值诉求。其二,政治正义旨在通过构建政治共同体以建立合理正当的社会分工体系与合作关系,其在对社会关系进行政治规范的过程中致力于实现个体追求的"内在善"和伦理情感,即政治正义的目标追求内含个体德性的伦理要求。伦理正义与政治正义在目标的理论设定上具有内在一致性,均趋向于构建个体"内在善"与社会"公共善"的良好正义关系。但两种正义目标在现实运行中因侧重点不同而产生矛盾,政治正义目标倾向于维持整个共同体的利益关系,往往形成对特殊利益群体正义观及其解释力的偏袒,且依托国家制度和法律的强制手段容易造成将政治共同体中的正义价值原则强加于个体正义信念的侵犯行为,甚至可能背离伦理正义目标对自由、平等道德理想的诉求。

　　伦理正义与政治正义的矛盾纠缠在功能上体现为二者具有相反相成的关系。正义价值的领域性分化推动正义功能的多样化生成,个人与公共生活领域的相对分离以及个人正义价值空间的扩展促使伦理正义与政治正义在功能上交错影响,反映了正义问题与其衍生的社会发展问题之间的内在关联。伦理正义关乎个人权利的实现以及私人生活领域权利—义务关系的正义性问题,希冀以个体内在的善和美德准则来维系正义"道德命令"的有效性,从而推动现实的伦理正义规范趋近理想的正义价

---

　　①　[古希腊]亚里士多德:《尼各马可伦理学》,廖申白译,商务印书馆 2003 年版,第 127 页。

　　②　[古希腊]亚里士多德:《尼各马可伦理学》,廖申白译,商务印书馆 2003 年版,第 129 页。

值诉求。与伦理正义将个体权利视为人与共同体生存和发展关系的基础、竭力寻求平等与自由价值内在一致的关切不同,政治正义基于政治权力追问平等与自由价值何者更具优先性的理论难题,依据政治权力安排公民权利与义务的分配制度,使维持社会公共生活中的平等交往成为保障个人获取自由权利的先决条件。尽管对个人"权利"和公共"权力"各有偏重是伦理正义与政治正义的鲜明差别,但二者对"权利"与"权力"的社会定位均来自于"权益"和"正义"的基本范畴。伦理正义的功能是确证个体"权益"存在的正当性,涉及社会生活的各个方面;政治正义的功能在于保障公民"权益"的同时实现共同体"权益"的最大化,是伦理正义理念的具体化,关涉共同体中的政治生活领域。因而,作为基本权利—义务范畴的道德规范必定被政治正义选择吸收,但作为实现每个人平等自由的崇高道德理想在政治正义的选取中则可能通过立法和制度安排被主观过滤,政治正义通过法律制度等权力机构的落实僭越了伦理正义的根本要求。伦理正义要求社会个体对正义价值的绝对"道德命令"无条件遵守,而政治正义规定在"权益"交换规则的运作体系中实现正义价值的相对性,认为个体或群体的非正义性行为会导致社会共同体正义秩序的崩溃。当伦理领域既定的"道德"正义观念与政治共同体中的"权益"发生冲突时,人们便会对共同体"权益"的正义性产生疑虑。人们在共同体中的"权益"意识与个体正义价值之间的矛盾冲突,根源于政治权力的强制性及其对正义在个体伦理道德体系中基本地位的动摇。

伦理正义与政治正义的矛盾纠缠在具体实现进程中表现为实质正义、形式正义和程序正义之间的相互推进、相互制约。正义价值的实现是由实质正义向形式正义和程序正义转化的过程,伦理正义与政治正义之间的矛盾运动必然体现在实现正义价值的三个环节中。伦理维度的实质正义理念是衡量公共生活领域的"外在善"趋向个人"内在善"的标尺,其形式正义理念牵涉个人权利—义务关系在公共生活中如何确认的目标问题,程序正义理念侧重于考量德性规范在共同体中如何得以普遍推行的规则安排问题。政治维度的实质正义理念偏重于考察社会利益关系是否符合特定时代政治共同体的最高原则,其形式正义理念关注政治权力和社会制度如何贯彻政治共同体的既定原则,程序正义理念强调法律程序制定与各项制度设计过程的正义性取向。形式正义理念和程序正义理念均以实质正义理念的方式呈现出来,只有通过形式正义理念和程序正义理念的充分展开与实现,实质正义理念的深层内涵才能在真正意义上获得映射和显现。实质正义、形式正义和程序正义构成正义理念的内部结构,是正义价值实现过程中紧密相连的三个环节。三个环节的正义理念交织融合凸显了伦理正义与政治正义实现过程的动态矛盾。伦理正义在实现自身"道德命令"普遍性过程中依托于政治力量,个人的权利与义务关系是伦理正义理念关涉的基本主题,个人自由平等的实现伴随社会分工和价值分化的扩大愈加依赖于政治正义;伦理正义在共同体中的属性和内容由政治正义设计适宜的制度等程序予以限定,国家的政治制度决定了伦理社会的基本结构和秩序。政治共同体以伦理正义的实质规范作为首要价值,始终秉持道德自律的伦理规范形式,政治正义实现的根本途径是法治和德治相结合。"只有经过道德的审查和评判而建立起来的政治目的,才会被所有公民所认同、所坚信、所追求,才是政治生活持久存在和不断发展的动力因素"①。政治正义的实现最终要通过伦理正义价值的审视才能达到持续有效性。伦理正义的政治化与政治正义的伦理化的交互过程暴露了正义价值实现过程中理想性与现实性、先验性与经验性之间的矛盾关系,伦理正义与政治正义在实现预设理想价值中各自秉持先验的绝对命令,缺乏对现实正义价值分化危机的社会历史性剖析,导致正义在社会生活中究竟如何生成的问题被消极应对。

伦理正义与政治正义的矛盾纠缠是正义理念历史演进的必然结果,正义理念的历史演进与正义问题的凸显是人类生存方式的客观反映。正义理念作为一种价值观念在不同时代的表征不尽相同,其呈现历时性与共时性交叉变更的时空特征,但正义理念的价值指涉在生产方式与社会

---

① 彭定光:《政治伦理的现代建构》,山东人民出版社 2007 年版,第 165 页。

结构的历史演变中具有稳定性特质。正义理念最早出现于宗教神学中的"启示","启示"不仅规定了正义理念作为个体生存方式的德性规范,而且将正义理念作为群体生活中最主要的美德标准,赋予正义在现实运行中的权威力量。在社会分工、个体自主发展和开放交往尚未充分形成的人类早期生存方式与社会生活中,社会秩序正义性的持续维护必须依托自上而下的强制性政治力量,正义理念向政治权威制定的准则倾斜,公共社会生活的政治权力相对于个人生活领域的权利更具主导优势,主宰个人内在的正义美德。深受公共生活中绝对政治权力约束的人们,其生存状态和生活方式暴露出高度的同质性与机械的协作性,对政治正义强制权力的抵触情绪和抗衡力量也蓄势待发。社会分工的扩大和社会结构的分化打破了伦理正义绝对屈从于政治正义的僵化局势,为人们生存方式的转化和对正义美德理想的追求提供了客观条件。公共生活从政治领域占据核心地位的主导模式转向经济、文化、社会等多维领域并重且相对自主发展、彼此制约的模式,个人生活与公共生活相对分离,个人的伦理价值和道德情感获得了不受政治权力干涉的独立空间,个人或群体形成了自身独特的、有别于统一性政治原则的正义价值。这种分化的正义价值造成基于伦理正义的个人正义观念与社会公共正义价值形态的严格区分以及正义终极价值的私人化倾向,致使塑造整个社会共同体的正义价值共识变得愈加困难。

正义理念经历了道德情感和价值观念的历史演变,表明伦理正义与政治正义的矛盾纠缠实现了从道德领域上升到价值领域的视域转换,其背后隐含着理性思维发展的必然逻辑。正义理念在人类理性思维中的反映形式伴随社会结构的变更而相应经历了从道德理性向价值理性的转变。在同质的社会结构中,道德理性是连接私人领域与共同体之间正义关系的主要形式,为了实现个人"内在善"与公共领域"外在善"的高度统一以维系社会结构的机械秩序,政治权力促使自身正义理念道德化,使之成为社会共同体必须遵守的正义原则,实质是发挥政治正义的规范来强制整合社会的功能。日益分化和异质的社会结构使得正义理念呈现出以价值观念为核心的多样式存在形态,不同主体的价值理性呼唤多元化的正义价值领域,通过各领域功能的相互补充和协作实现正义价值的有机整合,进而维持社会共同体价值信念的正义性。但是,游离性、原子式的正义理念难以形成贯通于不同领域的价值共识。正义价值共识的困境在社会分工的精细化和科学技术进步的发展中逐渐凸显:在合乎各自理性立场的伦理正义和政治正义所产生的深刻分化下构成的社会共同体如何保证秩序的正义与稳定? 随着伦理正义与政治正义理论和实践的发展,正义理念已经由道德理性、价值理性推进到技术理性主导的新形态。技术理性基于客观规律审思正义问题并制定符合实证理性的决策,为道德理性和价值理性提供科学的理论支撑,在技术进步的推动下为反思正义问题确立新的参照系。

三、技术进步中正义问题的形式转换

科学技术革命是社会进步的重要动力,推动人类的生存方式和思想价值发生更替。技术进步愈益成为人类生存发展赖以持续的依靠性力量,它是物质生产和经济发展的主要表现形式,其塑造的社会生产基础构成了人们生存观念结构的基本元素。技术进步重塑个体内在生活与公共生活的关系,促使正义观念和正义问题的形式发生转换。技术进步中的正义问题的表现形式逐渐从伦理正义与政治正义的矛盾纠缠转换为物质生产世界中"劳动正义"与"资本正义""经济正义"的秩序悖论和自反。技术与资本逻辑的联合实现了对劳动方式的改造,掩盖了劳动与资本之间根本对立的本质和技术的剥削本性。技术的进步与推广通过物质生产领域的正义困境隐匿人们精神世界根深蒂固的正义问题,借用语言和价值的维度模糊人类伦理正义与政治正义的边界。技术进步中正义问题的形式转换是将正义理念的根基由人的关系转向物的关系,将正义价值的载体由生活实践转向物质生产劳动,截断了人类对生存正义本真问题的追问路径。

技术进步与社会生产之间具有同构性关系。社会生产因人的生存发展需要而产生对技术的需求,推动技术进步及其在生产生活各领域中的广泛使用;技术进步则在嵌入人的生活世界过程中重塑人类观念形态和社会结构,对人既有的正义观和现存的正义问题产生冲击。人的正义观念与正义问题的形成直接相连,在社会分工和生产发展不尽完善的时代,人们在经验生活和文化风俗的影响下确立个人"内在善"与公共生活"外在善"的正义关系,滋生了基于道德理性和价值理性的分歧所产生的伦理正义与政治正义的矛盾纠缠,这一正义问题展现了伦理正义侧重个体而政治正义侧重共同体的不同存在样态。工业化和技术的进步促使人们展开对正义问题的技术理性反思,将正义理念从传统的"伦理—政治"二维视域分化至充分体现个体自由、以经济利益为基础的多维社会生产领域。技术进步是技术革命与生产的主体性和物质性相统一的过程,不同技术形态的技术人性与物性的内在关联度具有差异性。技术进步在不同的历史时期和发展阶段所塑造的主体的正义观念与现实社会秩序的正义要求存在差别,它在社会生产中是兼具目的和手段双重功能的统一体,且双重差异性功能为正义观所提供的参照系作用迥异不同。目的类技术进步指向人自由发展的终极价值,以实现包括在不同领域有机整合的正义价值观念为最高追求,这类技术进步容易受到主观因素影响而被当成理想的预设悬置于空中;手段类技术进步倾向于从物质生产和经济效益层面寻找载体,将人的认知能力、生产工具和生产方式的发展创新确立为进步的标尺。相对于促进人自由发展终极价值的目的而言,技术进步作为社会生产的手段更加契合人的实践能动性与客观物质性的发展需要,它通过影响劳动者生产的主体性而直接作用于正义观念形态的演变,将正义问题转换到物质生产的经验事实中,以"劳动正义""资本正义"和"经济正义"三者之间的矛盾运动形式浮现出来。

在这三种矛盾运动形式中,技术进步中的正义问题集中表现为生产领域的"资本正义"和"劳动正义"之间的异质性与分化性冲突。资本主义生产方式的确立与技术的产生具有深刻的历史同构性,生产领域的正义问题正是通过技术进步与资本在功能上的相互依存得以凸显。资本逻辑在形成资本主义生产方式的过程中证实自身增殖的"天然正义",即资本获取的生产增殖得益于其本身的创造价值而非劳动力的生发价值,从而缔造出社会生产与劳动无关的"资本正义"。技术的产生和进步是依附于资本主义生产方式的动力要素,技术进步在保证资本增殖的过程中确证了"资本正义"的理论基础。"资本正义"的实现饱含对物质财富和剩余价值的极度贪婪、对劳动者无偿劳动的霸权统治以及对个人与社会关系的抽象颠倒,技术进步在加深资本普遍"正义"的同时也在无形中裹挟着统摄整个社会生产领域的强制话语。技术进步对"资本正义"的推崇和对资本抽象统治的社会生产关系的趋附本性通过生产劳动这一主要载体得以实现,它推动生产劳动从体现劳动者本质力量的实践活动转变为资本增殖所需的生产要素,将活劳动置换成积累生产力与剩余价值的手段,促进资本在与劳动的交换中实现资本生产力及其主导的生产关系再生产,促使资本与生产劳动之间的非正义交换关系在技术进步中显露出来。技术进步推动劳动者的自由生产意识和现实生产能力获得解放,使劳动生产率在资本主义私有制的社会生产关系中迅速提升,并迫使劳动者在生产过程中反思"劳动正义"问题。技术进步中关于人类劳动方式与劳动关系的正义问题进入劳动主体的审思视野,人们意识到技术进步中高效劳动成果与产品所有权的分离实质是资本剥削劳动的必然结果,要求伸张劳动在生产领域的本质力量和现实价值。在技术进步尚未达到推动物质生产和经济水平高度发展的阶段,生产关系中存在的正义性问题难以消除,"资本正义"与"劳动正义"之间的冲突将持续存在。

"资本正义"和"劳动正义"之间的冲突依随技术进步的发展逐步突显为"劳动正义"与"经济正义"的矛盾对立。技术进步是"资本正义"及其扩张之路的有力支撑,它为资本逻辑推行强制统治提供动力基础。在技术进步的推动下,资本逻辑从对生产资源的暴力掠夺转化到对经济生活层面和金融资源的全面掌控,表明经济生活领域已经成为资本主义社会意识形态的主要生产领地。资本主义意识形态的产生,"借助的已不再是传统的神权和政治、军事等强权,而是作为'资本逻辑'化身的现实的经济利益和具体的物质力量"①。资本逻辑逐渐将"资本正义"的目的寄托于经济利益领域,将追求经济利益的最大化、合法化的"经济正义"视为资本"天然正义"的现实表征。资本逻辑宰制下的经济增长成为技术进步的判定标准,经济生产与交换的最终目的是为了实现利润增长,技术进步是经济生产中的主要手段,只有取得经济效益增长的技术活动才能称为技术进步。经济系统的单方面发展继而被技术进步推至判断整个社会进步的指标,而技术进步则被推向经济建设和求证"经济正义"的主战场,塑造着社会生产的经济制度、经济结构和意识形态。人类生产劳动是决定社会结构和生产方式的深层基础,而资本逻辑主导的"经济正义"理念却在技术进步中彻底颠覆了劳动之于社会整体发展的根基地位,必定产生"劳动正义"与"经济正义"的矛盾对立。"劳动不仅在范畴上,而且在现实中都成了创造财富一般的手段"②,生产劳动最初以占有和获取基本生存资源为目的,"劳动正义"本质上是符合人自由本性的正义价值,但技术进步中的"经济正义"致使追逐经济财富成为首要目的,劳动异化为服务经济利益的手段,社会关系被嵌入经济体系之中,"经济因素对社会生存具有决定性的意义,排除了其他任何结果"③,人们劳动交往关系中的平等互利规则遭到侵蚀,在根本上体现人自身价值的劳动方式被无情遮蔽。

技术进步中"劳动正义"与"资本正义""经济正义"的对立冲突是转换了形式的伦理正义与政治正义的矛盾纠缠,伦理正义和政治正义的基本问题域在技术进步的整体境遇下被生产领域的"正义"要求所掩盖。技术进步与资本逻辑的合谋使得人类生活实践被强制简化为物质生产活动。技术进步的高效运作推动作为人类基本生存需求的劳动力扩充至社会发展所需的生产力程度,极力促进生活劳动转化为扩大社会生产的手

---

① 白刚:《资本逻辑的三种形态》,《武汉大学学报(人文科学版)》2016年第3期。

② 《马克思恩格斯文集》第8卷,人民出版社2009年版,第28页。

③ 许宝强等选编:《反市场的资本主义》,中央编译出版社2001年版,第2页。

段,其初衷是实现资本逻辑统摄下的"资本正义"和"经济正义"形式,却造成了"资本正义"和"经济正义"的目的与人们现实"劳动正义"诉求之间的矛盾冲突。技术进步通过高效的物质生产促进"资本正义"过渡到"经济正义",巧妙地将"劳动正义"与"资本正义"的尖锐冲突掩饰为现实劳动生产力与经济发展需要之间的非平衡性问题,鼓动现有劳动力融入技术进步浪潮中以成为助推经济利益增长的基本动力。经济生活和行为是人们基本生存的"自主"表达,"经济正义"在维持公共生活领域稳定发展中具有重要作用,但其实质是资本逻辑在技术进步包装下预设普遍"天然正义"的现实表现。这一虚假的"经济正义"形式容易模糊人们对经济利益本身正义性的认知,最终必将导致人类陷入追求更高生活需要而融入经济发展趋向并反思自身劳动限度以趋附技术进步的恶性循环中。技术进步创造了以经济生活为主旋律的逐利场域和生存之道,构成劳动追求经济价值的基本逻辑并沦为资本逻辑的附庸,破坏了"劳动正义"之于人类生命存在合规律性与合目的性相统一的深层逻辑。"劳动正义"所寻求的是劳动创造过程与劳动产品所有权的一致性,内蕴个体生活德性正义与公共秩序正义的双重意义。劳动创造的过程必然充斥伦理正义与政治正义的矛盾纠缠,其正义问题形式符合人类存在本性的历史性、矛盾性和人劳动方式的历史变化、现实生成的特质。技术进步迫使社会劳动方式及社会制度安排屈服于资本逻辑,导致人与自然、人与人之间劳动关系的异化。技术进步制造的"资本正义""经济正义"与"劳动正义"的对立形式影响人们对技术进步中的劳动本质是否符合人的伦理和政治生存方式的正义性反思。

技术进步通过特定语言逻辑设计正义理念的概念式表达以及设置正义问题呈现形式的"语言边界",将伦理与政治两个基本维度的正义问题拦截在"劳动正义"与"资本正义""经济正义"问题形式的"语言边界"之外,以消除人们对生产领域劳动方式和劳动关系的正义问题进行追问的批判性思维逻辑。语言的产生与工具的发明和使用密不可分,人类社会生活的扩展推进了工具的发明和使用,形成以工具为基本动力的生存模式,而语言系统则是人类用以确立社会生活的功能和意义所创造的独特工具。具备工具意义的语言促进人类属性的完善和人类社会的发展,"随着这种生活方式日益复杂,社会和经济协调的需要也增加。在这种情况下,有效的沟通变得越来越有价值。自然选择会因此而稳步地提高语言能力"①。语言的工具属性依靠人的活动得以实现,并在人类活动发展中逐步从反映人生存需要和思维观念的工具系统演变为对整个环境起作用的结构性、社会性系统。技术进步改变人的生存方式并同时推动人类语言系统发生深刻变革,将人类丰富多维的语言系统简化为由实证知识构成的单向度语言体系,并使之愈益成为人类社会生产活动的革命性力量。人类生活和社会生产规律的证实及其理论观念的变化特征都需要依赖技术的语言系统来说明,技术进步便设定了与人类社会生产模式直接相关的"语言边界"。技术进步中确立的"语言边界"将与生产相关的技术劳动、资本增殖和经济利益的正义理念纳入其概念的表达系统中,有关伦理与政治领域的正义问题则被划定为复杂抽象概念的语言表达,进而被排除在技术"语言边界"之外。技术进步中的资本强权为技术"语言边界"提供"终极语言"的解释力,实则是对语言"绝对性"功能的强调以实施对理念形态的强制性规范。技术进步将正义问题的新形式确立为理解正义问题实质内容的存在形态,进而将"劳动正义"与"资本正义""经济正义"之间的冲突归咎为现有劳动方式本身的局限。

技术进步中正义问题在生产领域的新形式依附其设定的"语言边界"的表达方法,这一方法的目的是通过技术生产劳动的语言形式对人的劳动意识产生作用,设立人们认识和理解正义问题的"价值边界",最终划清生产领域正义问题的经验事实性与人的生存正义根本问题的价值应然性之间的界限。"语言边界"对正义理念的概念式表达和正义问题的呈现形式,会促使技术语言创立系统化的知识体系和思维逻辑,语言绝

---

① [英]理查德·利基:《人类的起源》,吴汝康等译,上海科学技术出版社2007年版,第110页。

对性、知识自足性和方法实证性构成知识体系和思维逻辑的基本价值要求。技术进步背景下的物质生产和劳动方式被提升到关涉人类生存命运的高度,确立与劳动方式和生产力发展指标相适应的价值标准,规定促进资本增殖和经济价值增长的劳动方式是正义价值的内涵,这恰恰是"资本正义"和"经济正义"对劳动范畴的狭隘设定。"资本主义的正义概念,像其他法权概念一样,都是预设了某种通常被认为是理所当然的事实的归纳。"①而技术进步通过科学实证方法强化了事实逻辑,即把生产领域的权利正当性视为正义理念的价值,设立了由技术力量支配的"价值边界",与生产权利和经济利益相违背的"劳动正义"理念价值及劳动方式则被称为价值异化形式予以抨击。技术进步追求生产权益的正当性是基于生产力发展水平和经济价值的指标,并不构成实现正义价值原初意义的必要条件。正义价值是关于知识与德性真理的合体,合规律性与合目的性是正义价值之于整个社会进步的理论判据,技术进步中的正义理念是建立在实证知识基础上的控制性和计算性思维,目的在于实现对活劳动的对象化操控,导致对正义问题的审视降格为生产劳动是否满足资本和经济价值需要的事实描述与判断。技术进步设定的"价值边界"反而混淆了对正义问题形式的事实判断与价值规范,未能深入劳动与社会生产的关系维度破解"劳动正义"与"资本正义""经济正义"之间的抽象对立。

四、技术进步中正义困境的"消解"与搁置

在人类解放的进程中,技术进步通过调整社会生产结构以变更人的思想行为和生存样式,其诉诸独特的实证科学方法和经验事实的表达形式对社会发展规律进行总结概括,并在此过程中确证自身的合理性与正当性意义。技术进步依循自身合理性意义维持社会生产方式的技术化常

---

① [美]艾伦·布坎南:《马克思与正义》,林进平译,人民出版社2013年版,第71页。

态,必定要求彰显自身在化解正义问题上的优势及实际效应。技术进步中"劳动正义"与"资本正义""经济正义"之间的对立冲突引起人们对技术本身及其使用的反思,技术支配劳动、主导社会结构的绝对权力遭受挑战。技术进步结合劳动主体需要和社会发展客观效益的联动关系,创造内在组织机制以影响劳动关系和社会秩序;力求发挥科学知识系统、权力结构对劳动主体意识和活动方式的统治作用,从而实现"资本正义"对"劳动正义"准则的覆盖以及"经济正义"对"劳动正义"价值的吞噬,营造劳动与资本权力、经济利益发展相适应的正义价值形态。技术进步制造了正义问题形式"消解"的假象,忽视了劳动主体的自主性因素与劳动关系的全面性在技术进步中生发的现实趋势,未能破除生产领域"资本正义""经济正义"压制"劳动正义"的困境,并进一步激化和凸显了正义理念根基的矛盾和不明确性问题,最终致使正义困境的实质内容被搁置。

"资本正义"与"劳动正义"的冲突形式随着技术进步的不断推进逐渐演化成资本增殖为生产劳动提供权益所得、生产劳动为资本增殖贡献动力支撑的发展格局,呈现出资本与劳动"相辅相成"的运作状态,制造出"资本正义"与"劳动正义"的冲突在技术进步中自行"消解"的假象。技术进步的运作过程处在资本主义生产方式和社会结构中,技术进步必然在增强资本扩张力度的同时深化"资本正义"的抽象原则。资本主义生产方式具有生产物质商品与阶级剥削的天然二重性特征:确立了劳动与所有权统一的"正义"规则,即资本家对工人劳动过程及其产品拥有绝对所有权;构造了劳动力为资本增殖服务的非正义关系。资本主义生产过程的全面展开促使劳动力愈益成为生产剩余价值的依附力量,而技术进步在生产过程中发挥主要推动作用。技术进步通过缩短生产过程中损耗的社会必要劳动时间而改变了资本的有机构成,使得不变资本中的知识信息因素相应增加。技术进步对人力、技能等可变资本的要求不断提升,催促劳动力在生产过程中为获取文化、知识和技能而投入更多的资源,劳动生产力取得了突破性进展。资本主义生产过程在其有机构成的变化中实现了资本积累方式的更新,而资产阶级通过购买高科技含量的机器提高劳动生产率,以获取更多剩余价值来扩大再生产。技术进步通常表现为人类改造自然和社会生产能力的增强,"在给定的技术背景下,技术系统效能的增加,可以很容易被解释为人的能力的增加,以确保该系统所施加的实际行为与人的目标一致"①。技术进步中的生产方式旨在逐渐形成社会生产与人的劳动解放需求相一致的模式,必然依靠绝对客观中立的价值预设作为技术效能的测量标准,以便得出人的劳动在技术进步中实现了社会生产的价值,获取劳动方式的变革及其与所有权相对等的"正义"关系,最终诱导劳动主体否弃"劳动正义"与"资本正义"的对抗立场。

技术进步在提高生产效率的同时抑制了劳动主体性的建构,劳动力在自由竞争的市场经济环境中逐渐演变为屈从于经济利益增长所需的工具,"劳动正义"与"经济正义"之间二元对峙的界限逐渐模糊,资本逻辑主导的"经济正义"获得技术进步的对策性支撑。资本主义视域下的"经济正义"隐含占有劳动产品所有权的非正义性制度,它随着劳动主体意识的增强而遭遇批判性反思,迫使经济生产方式从制度层面为自身合法性展开辩护。技术进步中确立的内在组织机制对经济生活的制度安排与执行产生了重要影响,技术研究及其成果在技术进步中逐渐显示出由技术—经济生活内部的自发生成,转向技术研究植入技术—经济生活之中的形成规律。技术进步确立了对技术—经济活动系统的自组织机制功能。美国经济学家熊彼特阐述了技术进步决定经济社会进化的理论,认为技术进步的内在组织机制是资本主义生产方式的必然结果,必将进化出决定经济活动方式的因子,"资本主义过程的这种进化性质不仅是由于经济生活是在变动着的社会与自然环境里继续下去,而且这个环境的变动改变了经济活动的数据"②。技术进步中确立的组织机制深刻形塑了市场经济条件下独特的分配制度和"正义"标准。技术的进步及其现

---

① 吴国林等:《技术进步的哲学审视》,《科学技术哲学研究》2018 年第 1 期。
② [美]约瑟夫·熊彼特:《资本主义、社会主义与民主》,吴良健译,商务印书馆 2017 年版,第 146 页。

实运用是经济生产对"劳动正义"反抗力量的管控策略,劳动成为"劳动正义"与"经济正义"对抗中的自变量;技术进步通过提高劳动的技术构成确证劳动方式的"自由"本性,促使劳动成为经济生产过程中的自主性力量而丧失支配生活的自由权益,从而强化"经济正义"的合理性空间。

技术进步推动"劳动正义"与"资本正义""经济正义"之间的关系模式发生由抗衡到协调的转化,从而淡化正义理念在不同领域和过程中的具体价值形态,自觉消解正义问题的存在形式和确保资本增殖与经济利益增长的终极价值地位。更加具体地来说,技术进步致使资本主义生产方式的社会化模式得以进一步固化,构建了迎合社会生产需要的正义价值体系以遮蔽生产过程中的非正义性因素,抹杀了劳动在生产过程中的正义诉求以及破除了社会扩大再生产中正义问题的存在形式。技术进步与人的劳动实践相互作用、相辅相成,它是人类社会发展需要演化的结果,其发展进度取决于人类实践经验和既有社会生产条件,因而,技术进步与人的劳动实践具有内在一致的价值同构性。但技术进步的发展在与物质生产和资本逻辑的联动效应中衍生出对生产劳动的控制权力,其作用对象涉及整个社会及社会制度的变替,以至形成一个技术的权力世界。技术权力不同于共同体中政治权力对人与人关系的管控,它来源于科学知识及其在社会生产领域的运用,对整个自然和社会运行状态发挥作用,并创造了全新的劳动方式和生产关系。资本与经济生产以技术进步为工具改造了"劳动正义"的价值诉求,它们强调技术劳动的巨大生产能量,引诱人们投入扩大再生产中以获得对自身的解放,从而规避对劳动与个人所得之间的正义关系的审视。技术进步的推进使得劳动的技术构成逐渐成为资本主义生产链的重要一环,而"劳动正义"在生产链中产生的根本价值却被资本积累与经济增长的价值所吞噬,正义问题的表现形式便不复存在。

技术进步促进了劳动生产力的提高和社会生产需要层次的提升,劳动在技术进步制造的生产模式中与资本增殖和经济增长的目的达成一致,"劳动正义"与"资本正义""经济正义"之间对立冲突的形式得到"消解"。但依托技术进步消解正义价值理念冲突对立形式的途径背后,隐藏着对技术权力所造就的逻辑与价值"王国"的盲目崇拜,拒斥一切人性的现实冲突和劳动生成过程中的矛盾,反映了技术进步追捧技术劳动生产力"终极实在"的知性逻辑和片面的过程论思维局限,势必造成对劳动生产价值的颠覆,导致正义问题的实质内容被消极搁置。技术进步中正义问题"消解"的前提是劳动的技术构成与劳动方式的解放程度、社会生产的需求相一致,即"劳动正义"的诉求在资本主义生产方式制造的正义价值形态中得以"实现"。"资本正义"价值形态归根究底是追求物质世界和利益诉求的观念反映,本身包含内在的悖论:"资本正义"以劳动的历史性、矛盾性为生产基础,却企图在生产过程中摒弃和遗忘劳动的历史性、矛盾性,坚信技术进步能够激发劳动的无限活力以建立摆脱生产有限性的世界。技术进步中生产领域的正义价值形态通过技术权力建构了解决一切难题和挑战的终极意义,以资本主义主导的生产领域的正义价值涵盖并超越了所有正义价值目标,妄图实现不同领域的正义价值观念在生产过程中的统一。技术进步中的生产模式把人的生存本性与物质生产世界的普遍联系割裂开来,把劳动的工具性与目的性分离开来,忽视劳动作为一个整体的关系性存在,瓦解了劳动关系、社会关系与人的存在方式之间的密切关联,造成以"劳动正义"作为评价生产过程的尺度向被动接收生产方式抽象评判的颠覆,最终致使正义问题被消极搁置。

　　技术进步中"劳动正义"与"资本正义""经济正义"矛盾关系的"消解"是对技术权力本身不确定性的忽视。技术进步通过提高劳动的技术构成及其生产效率否定了传统生产模式中劳动作为满足人基本生存需要的本体论根基,在摧毁了劳动的历史性和矛盾性后却并未确立起技术劳动的本体论根基。技术进步中的劳动生产力与体现劳动者生存需要的本质力量相背离,无法作为承担社会扩大生产的载体,致使生产领域的正义问题隐匿未彰。生产领域的正义问题仍处于悬而未决之中。生产领域中"劳动正义"与"资本正义""经济正义"矛盾关系的实质是劳动与资本和经济发展之间的关系。劳动是整个生产过程中的基本要素,技术劳动的无限"活动性"及其对传统劳动局限的克服伴随技术的不断进步而愈益突显,而作为"活动性"范畴的技术劳动所内含的本体论设定却被遗忘。与一般的经济生产活动不同,技术进步中的劳动生产蕴含固有的不确定性,"不确定性即由于信息缺乏而使得准确预期某事的不可能性或区分相关或不相关数据的不可能性"①,技术发展预期的"不可能性"表明技术难以掌握生产需要的发展趋势。技术进步的结果难以预见,其创造的技术劳动方式虽然一定程度展露出劳动在物质生产上的基本功能,但仍无法使劳动的本性得到充分释放,技术劳动事先设定劳动过程与资本增殖、经济增长目的协调一致的结论可能无效告终。技术劳动是劳动特殊的存在形态,其存在根基和载体是劳动本身,技术进步中的"劳动正义"依存于劳动本真正义理念的表达。"劳动正义"涉及四个维度:劳动能力的正义、劳动交换的正义、劳动过程的正义以及劳动成果分配的正义,其中劳动交换的正义是"劳动正义"的出发点,劳动成果的分配正义是"劳动正义"的终极价值目标。技术进步中形成的全新的劳动方式和生产关系是资本主义生产方式和市场经济制度的附庸,而技术进步中的劳动正义理念被迫与经济生产过程的价值需要相契合,难以完成对整个生产过程的对抗性反思和彻底批判。

技术进步搁置"劳动正义"的本性诉求——对技术劳动、资本和经济生产方式现实统一的追求,构筑了以物质生产正义为轴心的劳动关系和社会生产关系,根本上搁置了"劳动正义"的自由本性,忽视了对决定人存在本质的社会关系的正义问题的深究。"劳动正义"的自由本性是人存在本质的现实映现,体现在劳动生产的目的、过程、手段和结果与其构成的复杂劳动关系中。劳动关系是塑造一定社会结构和社会关系的基本内容,而社会关系是在劳动关系的基础上形成的不同生活领域的差异性、多样性关系形态,包括经济关系、政治关系、伦理关系等表现形式。社会关系的总和规定并塑造人的存在本质,其中劳动关系体现社会关系本体

---

① Frances J. Milliken, " Three Types of Perceived Uncertainty about the Environment:State, Effect, and Response Uncertainty", *Academy of Management Review*, Vol.12,No.1,1987.

论意义,人的存在本质及其基本生存样态根本上由人的劳动活动形成的劳动关系所决定。人的本性是追求自由本质的生命存在,"劳动正义"旨在提高劳动实践构建公平和谐的劳动关系,实现符合人自由本性的正义价值。技术进步中的劳动关系在权力逻辑的布控下形成了根深蒂固的非正义的利益分配事实,劳动者在交换过程中的平等地位受到侵害,丧失了凭借相应的劳动公平参与劳动成果分配的基本权利和机会,"正是由于现实的劳动活动及其关系中充满着剥夺和强制,引发了劳动关系中的人与人、人与社会、人与自我以及人与自然之间的深刻对立和紧张对峙,并因此危及到了人类生活得以可能的社会秩序、生态根基和意义居所"①。技术进步的权力逻辑压制了"劳动正义"的反抗,导致与人自由存在本质深切相关的劳动关系的正义性问题难以解决。

技术进步在抑制"劳动正义"的基本诉求中泯灭了体现人存在本质的劳动自由权利,抹平了呈现人自由本性存在方式的伦理正义与政治正义的基本问题域。"劳动正义"对社会生产方式和人的存在样态合理性依据的伦理追问与政治规范构成正义问题域不可或缺的本真诉求。一旦承担审视人的存在方式及其社会关系的"劳动正义"观念失去了对现实劳动活动的约束作用,劳动必定沦为少数特权群体掠夺社会劳动成果的方式。因此,在伦理与政治基本论域追问和检审"劳动正义"的实现问题至关重要。技术进步中"劳动正义"的消逝意味着体现人的根本存在方式的劳动丧失了正义的价值规范,劳动的矛盾性和历史生成性被掩盖,伦理正义与政治正义力量的交锋与矛盾纠缠形式被刻意抛掷。技术进步企图通过提高劳动生产力以实现对人存在本质的实体性设定,试图在物质生产和经济增长中通过扩大人与自然物质的区分来抽取人之存在的根本特质,最终使得体现人的生命存在与伦理存在特性的劳动自由受到技术权力逻辑场域的剥削而逐渐隐匿。伦理正义和政治正义矛盾纠缠

---

① 毛勒堂:《劳动正义:一个批判性的阐释》,《上海师范大学学报(哲学社会科学版)》2016 年第 5 期。

的力量被简化为生产过程中技术与劳动相协调的形式,这种技术与劳动"和谐共存"的状态致使社会主体失去了自身的否定性、发展性以及与世界的普遍关联,人的存在本质和生存结构沦为清除差异性、矛盾性的抽象"幽灵"。

五、技术进步的理性逻辑与正义问题的现实生发

技术进步推动了技术理性逻辑的历史生成,这一逻辑在人的主体理性思维形成和社会生产发展上发挥着重要的导向作用。理性逻辑是科学技术与劳动活动的深层结合,其在技术进步中确立了技术理性对生活世界的实体统一性力量,形成了新的技术理性思维范式,实现了技术理性从满足生产发展需要的工具地位向构造符合现代性社会发展需要的价值功能的转变。技术进步与其理性逻辑之间的相互促进改变了劳动的有机构成,使技术劳动由维持社会生产发展的手段上升为构造生活世界的目的。技术进步的理性逻辑将技术力量渗透到现代社会生产劳动的总体过程,塑造了劳动主体的理性思维,在技术劳动生产过程中形成新的劳动关系和社会关系,诱使人失去对劳动过程及其自身生存方式与生活世界正义关系的理性反思。技术理性追寻劳动范畴的本体承诺而疏忽对劳动本质根基的深究,必将在发达的工业社会和资本主义生产方式中暴露知识论和极权主义的弊端。这一理性逻辑的局限随着技术进步的推进而衍生出现代人理性的生存方式、机会主义、利己主义以及价值虚无主义等现实困境,造成现实劳动关系和社会关系总体正义价值失落的危机,具体表现为现代社会弱人工智能时代的生态正义、交往正义等发展中正义问题的现实生发,以及未来人工智能发展诸多不确定性因素对正义理念的消弭,正义问题在技术进步中的现实生发威胁人的自由本性和正义价值的实现。

人类理性的演变及其赖以发展的知识和权力逻辑的生成是历史进化的必然结果,技术理性是理性逻辑演进中实证化的显现,技术进步的发展强调实证方法对经验事实的绝对认识,促使技术理性逻辑成为一切真理的尺度和认识世界的规范。人类理性的进化经历了从古代先哲关涉存在

本质的规律理论到现代社会人对世界的思维认知能力的总体发展过程，在人类社会的发展中人类理性随着人认识和改造世界的变化呈现出错综复杂的演变形式，其中决定人类理性演变进度和发展程度的根本力量是人的劳动实践。人类在社会实践的过程中建构了政治理性、道德理性、人文价值理性、技术理性等逻辑形式，不同领域的理性逻辑确立了各自发展目标并在社会实践中形成独特的理性结构，这一理性结构与社会关系的构建以及人类社会的发展趋向存在相互制约的关系。资本逻辑支配下社会关系中浮现的正义问题反映了不同领域理性发展不平衡的现状。历史证明，与实践需要密切相关的理性能力往往得以优先发展，其发展的优劣选择取决于理性实践的现实力量，理性实践在现实生产过程中倾向于突出生产权力之于整个社会生产结构的基本功能，其替代并掩盖以反思客观世界为根本目的的主观理性及其塑造社会生产发展的思辨能力。以主观理性批判资本主义生产方式的倾向隐退，技术理性逻辑代替被诟病的资本逻辑而成为维护主导物质生产方式的权力阶级的工具。

　　技术进步的理性逻辑产生于技术力量对资本统治的理性逻辑拯救，即通过激发理性逻辑的强权功能，致使技术理性逻辑的范式成为理解劳动活动最基本的表现形式，进而形成劳动的本体论承诺方式。资本主义生产的理性逻辑制造了非正义的生产关系和劳动模式，这些非正义因素在与劳动目的的对立中逐渐受到政治与道德等主观理性的反思。然而，人们对资本逻辑的理性反思在技术进步中频频遭遇掩饰和阻碍，"以思想的实证主义形式出现的科学技术本身，当其被表达为技术决定论时，它就取代了已被摧毁的资产阶级意识形态而成为一种新的意识形态"①。理性逻辑在技术进步中形成新的理性范式，即确证以技术作为知识和权力生成本质的"决定论"逻辑。技术进步在资本主义生产方式的环境中培育了技术理性逻辑，通过其实证知识优势和权力逻辑将这一理性逻辑

---

　　① ［英］威廉姆·奥斯维特：《哈贝马斯》，沈亚生译，黑龙江人民出版社1999年版，第21页。

推广至整个生产生活领域,建立了以技术劳动为主要运作模式的社会结构,创造性地预设了社会历史的出场方式和运行逻辑。技术进步的理性逻辑在资本逻辑的支撑下借用强势权力改造与现实社会发展需要密切相关的劳动实践,将自身粉饰为主宰社会发展的实践范式。技术进步的理性逻辑实质上是将人类对资本逻辑及其生产关系的攻讦转换为对人与自然关系的省思,将劳动活动的本体论解释为对自然物质具有无限开掘与生产的潜能,以此凸显技术权力通过发掘人的劳动生产潜能化解人与自然矛盾关系的价值和功能优势。

技术进步的理性逻辑发展到极致必将造成技术理性绝对化和技术进步异化的消极局面。技术进步的理性逻辑对劳动本体论的承诺与劳动方式载体的技术设定相关联,其在生产领域以及人与自然的正义关系问题上比传统认识论中的理性观念更具解释力和感召力。但是,技术进步的理性逻辑以一种非反思性的直观思维方式表达人与自然关系的对立、否定和转换的形式,忽视了人们在生产过程中通过劳动形成的人与人之间的社会关系。技术劳动所构造的生产关系是否正义?这一问题牵涉到主体与客体、人与自然以及人与人之间等矛盾关系如何实现合目的性和合规律性辩证统一的问题,其中人与人的社会关系的正义性问题是决定人的存在本质的根本问题,这一根本问题在技术理性逻辑的实践范式中却被束之高阁。人类理性的发展与人自身的进化、人与世界存在关系的改变相伴而生,它必然在运行过程中受制于人实践活动的历史性及社会关系的多重矛盾性而暴露出自身认识功能的逻辑局限。任何理性逻辑主导的实践过程及其成果都是理性与非理性相互作用的结果。如果将理性逻辑视为脱离历史性的绝对存在方式,就会走上非理性的道路,正如黑格尔通过论证理性绝对化存在的概念逻辑而形成的绝对理性历史观是思辨理性逻辑视域中的"理性的狡黠"。技术进步中的理性逻辑否定理性固有的局限和相对性,盲目强调自身理性的绝对权威,其通过创造涵盖一切、不受条件限制的全能概念逻辑,推动自身占据塑构人与世界关系的本体性地位,最终制造了技术理性逻辑的绝对权力和技术进步的异化,即技术进步走上了技术统治的人格化和非理性,进而导致劳动丧失其所固有的本体论维度,遮蔽现实劳动及其活动过程中人的非理性因素应有的理论意蕴。

技术进步的理性逻辑企图将劳动视为无涉价值的中立范畴,其以完全"科学"、实证的方法把握并塑造劳动实践的方式、类型、结构和功能,导致人在劳动生产体系中对正义观念的变革性意义不复存在。技术进步的理性逻辑推崇经验和客观性的流俗方式,深化了人类思维理论中理性对非理性因素的掩蔽,形成了技术理性逻辑统摄生产劳动的理论和实践范式。"范式一改变,这世界本身也随之改变了"①,技术理性逻辑范式的确立改变了劳动者看待其生存方式及规约世界的态度。韦伯指出,随着技术的进步和经济财富的增长,"寻找天国的狂热开始逐渐转变为冷静的经济美德;宗教的根茎会慢慢枯死,让位于功利主义的名利心"②。技术进步的异化致使人的活劳动降格为追求经济理性的机械手段,提高劳动生产率以谋取更多经济利益和财富利润成为人的生存目的。技术进步的理性逻辑正是通过掌控现代工业生产格局来固化技术劳动作为谋取经济财富的畸形手段,具体途径表现为促动生产组织的改进、劳动分工的精细化和社会结构的分化。劳动者在分化的社会结构中获得独立的生活和价值空间,这一事实使得劳动者对劳动价值的观念发生自主性、领域性的分化。"劳动正义"理念的价值在技术进步理性逻辑的强制操控下导致多维分工领域中的形态差异及其相互矛盾的交织,正义价值观念的分化和异质性表征愈益形成对技术理性逻辑的趋附而倒向对经济效益的虚假价值统一形态的追求,这种价值统一形态根本背离了劳动在社会历史发展的现实中生成的正义价值共识,正义理念在技术理性逻辑的支配下,表面上实现了价值观的私人化和自由化,本质上却依然处于为技术理性的

---

① [美]托马斯·库恩:《科学革命的结构》,金吾伦、胡新和译,北京大学出版社 2003 年版,第 101 页。

② [德]马克斯·韦伯:《新教伦理与资本主义精神》,阎克文译,上海人民出版社 2017 年版,第 321 页。

权力阶级所操纵的价值解释范围之内。人的"劳动正义"价值观念受到技术进步理性逻辑的束缚,无法内在生成契合劳动真实本体的批判性、纠偏性的理性反思力量。

技术进步的理性逻辑及其催生的经济理性推动"可计算性原则"和数学逻辑贯穿整个生产过程,将人与自然的生产关系推导为人生命存在和世界本体性的原初关系,造成劳动关系以及整个社会关系与秩序正义性的混沌状态。技术进步的理性逻辑片面发展了理性的知识论和工具化内涵,按照物的价值和意义尺度安排生产制度、设计劳动方式、构建生产关系和社会秩序,将社会政治、经济、文化等多维度之间差异性、矛盾性、曲折性的发展关系压缩到和物质生产休戚相关的人与自然关系的问题域中。劳动过程被技术化分解成抽象单一的局部性操作,"整个过程是客观地按其本身的性质分解为各个组成阶段,每个局部过程如何完成和各个局部过程如何结合的问题,由力学、化学等等在技术上的应用来解决"①,技术理性逻辑加强了社会必要劳动时间的"可计算性原则"及其在整个生产过程中的决定作用,使人的劳动关系沦为可计算的物的关系,"时间就是一切,人不算什么;人至多不过是时间的体现"②,正义理念在生产领域的价值表现为在社会必要劳动时间内获取物质资源的数量和产生成果的丰富程度,人与人之间复杂多样的劳动关系中的正义性问题被转移到人和自然之间物质关系的问题域中。在技术理性统治的生产结构中,技术进步成为人与自然之间矛盾关系实现内在统一的根本依据,并以此构成人与人的劳动关系和整个社会关系的基本准则。技术作为主体改造客体过程的工具,在反映人与自然之间的关系中展现出其作用的限度,但技术进步的理性逻辑却从技术劳动的本体论承诺出发考察人的劳动关系和社会关系,使技术理性拥有从存在论上决定人的生存方式的优势地位。劳动关系和社会关系现实矛盾的调和只有通过与自然存在物的"共

---

① 《马克思恩格斯全集》第 44 卷,人民出版社 2001 年版,第 437 页。
② 《马克思恩格斯全集》第 4 卷,人民出版社 1958 年版,第 97 页。

在"相一致才能得以实现,"劳动正义"的价值和社会关系、社会秩序的正义性必须以满足物质生产的一体性要求为参照,正义问题从人与人的社会总体关系的领域转移到由劳动勾连的人与自然物质的生产关系的范围。

　　人类实践的历史决定了理性逻辑具有时代性局限,技术进步的致命缺陷在于它存在颠倒实践理性与理论理性的关系而遮蔽了人在现实生活世界中面临的危险,悬设对劳动的本体论承诺并以此缔造劳动和社会关系的非正义状态,必然在技术进步的异化演进中招致正义问题的现实发难。在技术进步的理性逻辑统治下,生产过程中的"劳动正义"与"资本正义""经济正义"之间的对立性问题集中爆发出来。技术进步通过"选择性"遗忘人的劳动局限对资本增殖的限制,企图将体现劳动主体的本质力量隔绝于生产领域之外,在与资本主义生产的结合中最大限度地弱化人的活动及其在物质生产和经济增长中的作用,形成了在一切被技术理性逻辑操控、改造的生产领域中由技术代替劳动的模式。同时,伴随技术理性对非物质生产领域的影响,生活的各个方面无不笼罩在技术劳动标准化的程序下。技术进步制造了人类劳动实践所及的一切领域都热衷于投入技术构成的生产格局,以确保资本稳定增殖和经济持续增长的可能性局势,人在劳动过程中的正义观念和行为需要都将被纳入技术理性及其自我完备的封闭性逻辑中。技术进步的理性逻辑及其自主的生产能力在根本上舍弃了人的生活发展需要的基本驱动。在技术进步中掌握理性逻辑的支配力量必定忽视创造生产力的阶级对正义性生产生活关系样态的诉求,固定的技术权力与劳动者之间异化的关系成为无法避免的现存状况。尽管技术进步产生的巨大生产力能够供给劳动者基本的生活保障,但是这些物质补给难以填平劳动者在劳动过程中正义感的缺失和生活意义的空虚。技术理性逻辑支配的生产过程的发展以人的劳动异化为代价,而异化的劳动无法生成符合人的发展需要和创造世界的生产力量,技术进步中的生产力难以达到其所预设的扩大物质生产的"正义"标准。

技术进步的理性逻辑广泛牵涉到人类生产生活各个方面,并显露出技术进步的功能局限及其运行的阶段性特征。技术进步与资本主义生产方式的确立相互促进,其先后经历了从蒸汽时代、电气时代到信息时代的科技革命演变。随着网络信息的自主学习、自我管理以及自我思考能力的突显,技术进步已进阶到人工智能时代,且处于在技术路线和治理环境上具有不确定性的弱人工智能向强人工智能进化的过渡阶段。当前弱人工智能阶段的生产力水平并未达到成为整个社会历史发展的基础和根本保证的程度,技术理性逻辑的弊端及其导致的生产领域正义问题必然在总体社会关系的深层次上引发伦理正义与政治正义基本问题的现实张力。弱人工智能时代创造的社会生产力具有双重特质——衍生出与人的本质力量相违背的劳动生产力和为实现劳动自由创造基本条件的物质生产力。一方面,生产物质财富的能力是资本主义社会中生产力的主要表现形式,弱人工智能时代的生产力进步并未与人的本质力量的发展达成一致;另一方面,弱人工智能时代创造的物质财富并非围绕劳动者的本质力量来实现,弱人工智能技术在片面追求物质财富极大增长的过程中造成了社会整体生产关系的非正常运行,正义问题由生产领域向诸多现实领域衍化。生产领域的制度正义、环境正义、代际正义、时空正义以及生存安全正义问题等随着弱人工智能技术的广泛使用而威胁到人类基本生存权利,导致公共生活中人类生命利益与物质利益之间在道德权利和义务上的正义困惑,使得在社会生活中占有和使用公共权力是否合法合理的政治正义问题备受质疑。

技术进步的理性逻辑始终贯穿于人工智能的发展过程,在强人工智能时代的预想中挑战人类的生存根基,造成人与现实生活世界关系的错位以及符合人性自由的正义关系的迷失。强人工智能时代的设想体现为全面感知、精准决策、实时控制三大关键特征,这一时代被认为是推动人与机器智能展开高效互动以在学习和管理层面替代人类智能的颠覆性创造技术的进步阶段。强人工智能时代的技术理性实现了对人类理性局限的终极超越,形成了逻辑神圣化、绝对化的独立存在模式。这种存在模式打通了虚拟与现实空间的连接通道,模糊了虚拟与现实生活的界限,淡化了在现实生活中区分两种生活空间的逻辑必要性,技术本质的虚化在潜移默化中解构了人的存在本质,使置身于强人工智能时代构想中的人与世界的关系沉浸于智能机器缔造的阴霾中。人类通过劳动实现对自然物质、能量和信息的主体化转换形成特殊的智慧能力,而强人工智能时代预想在自主决策和知识创造上具有鲜明的不确定性特征,往往在现实生活中滋生诸如人工智能是否具有道德主体地位、能否彻底超越人工智能等基本问题,这些问题直接倒逼强人工智能时代人与人之间的关系正义性以及生活世界中的正义价值有无存在必要的伦理和政治难题。强人工智能技术构建人与人工智能之间的交往关系,"人工智能与人类订立的契约是否充满了非平等性和歧视性,这都是即将面临的伦理风险问题"①;强人工智能技术在应对社会生活伦理价值等风险中比政治制度具备更高效的反应能力,可能动摇公共生活领域政治权力的主体性而建立人与人工智能之间的政治关系,但人工智能能否学习并维持政治正义秩序的不确定性超出了人类理性的判断,成为困扰现代人存在方式以及人与世界现实关系的潜在危机。

六、在劳动解放中扬弃技术进步的正义实践

技术进步使其理性逻辑的实体性统治成为构建社会生产结构和社会关系秩序的价值取向,深刻影响人的生存方式及其在社会历史中的自我实现程度。技术进步推动技术理性与资本增殖在生产过程中借助权力逻辑的中介实现了思想合流和制度支撑,在促进社会物质生产、人的社会生活形态发生积极变革的同时限制了劳动活动的思想活性,造成劳动对技术进步理性逻辑的被迫依附及生产领域的"劳动正义"诉求陷入被遮蔽的现实窘境,劳动在技术进步中的异化致使人生存的本质力量被淹没,最终导致与人生命存在本质内在相关的伦理正义与政治正义之间的历史难

---

① 张爱军等:《人工智能与政治伦理》,《自然辩证法研究》2018 年第 4 期。

题被搁置。技术进步的理性逻辑在生产生活中的主导地位发端于其背后所支撑的资本主义制度和生产模式,形成了对人与世界运行关系的知性化、实体化设定,扬弃技术进步必须立足于现实的生存论视域克服资本逻辑对技术进步的僭越式使用及对劳动实践的庸俗化解读,构建面向现实逻辑的正义实践。将扬弃技术进步与构建面向现实逻辑的正义实践融入人们生产生活的统一过程,在扬弃技术进步及其理性逻辑中重塑契合人本源性存在方式的辩证理性逻辑,为正义实践的展开提供理论基础;通过劳动解放,使劳动真正成为人的生存实践活动,推动生产生活领域的正义问题回归到伦理和政治的基本逻辑视域,以伦理正义和政治正义的基本问题为中介,实现与人的生命自由、生命发展的正义需求内在相关的理论价值。

伴随资本逻辑及其主导的社会劳动生产力的提高和科学知识的积累,技术进步使其理性逻辑成为支配劳动方式和生产关系的主要力量,并对现实生产生活的正义实践产生辩证的能动作用。现实逻辑的劳动实践在技术分工的强化运用中使人的自主劳动意识获得了一定程度的解放,人在技术劳动的生产境遇中能够反思现实遭遇,但理论逻辑的"劳动正义"诉求却仍被遮蔽,扬弃技术进步及其理性逻辑呈现出现实可能性与迫切性。技术进步的发展与技术分工的精细化促进劳动实践从传统生产方式中解放出来,推动不同领域的劳动主体在相对自由的生产环节中形成自主多样的正义价值观念,从而促使人的私人生活领域获得更加自由的精神空间,进而对于推进个人自由和人格的独立具有积极意义,为在现实逻辑中构建正义实践提供了重要的环境基础。但技术分工缔造的个人相对自由的正义价值空间不过是技术进步中客观结果的附属品,技术进步的最终目的是为了实现物质生产和经济利益的积累,这意味着技术进步铺设了证明自身理性逻辑合理运行的过程:当体现相对自由性的"劳动正义"价值与社会正义原则处于冲突状态时,技术理性则以拯救正义价值分化的权力逻辑面貌出现,敦促"劳动正义"与技术进步中生产过程的"正义"标准达成价值共识。技术进步中的个人与社会之间"劳动正义"的价值共识实质是基于技术理性控制的抽象认同,技术理性逻辑的统治范式把实践庸俗化为物质功利性和实用策略性活动,使实践所独具的生存论意义和正义价值更为隐蔽,造成"劳动正义"与正义实践之间的现实背离。技术进步创造的生产力和劳动力解放的程度难以弥合人自由生存实践的价值裂隙,只有扬弃技术进步及其理性强权逻辑,才能建构符合现实要求的辩证理性,为构建面向现实逻辑的正义实践营造健全的环境基础。

技术进步及其理性逻辑始终与人的生存方式和社会关系存在深层关联,它既是人的生存方式和生产结构变动的产物,又对人的存在样态产生双重效应。扬弃技术进步及其理性逻辑必须立足于历史唯物主义的理论视域,发挥技术劳动对提高生产力的独特优势,实现劳动过程从物质财富增长向真正体现人本质力量的生产力发展转变。在历史唯物主义视域中,生产力发展构成人的生命存在及其历史进化的基础,是人创造历史和实现自身的本质力量。然而,技术进步和资本逻辑的合谋导致了生产力的异化,对包括人在内的一切要素所具备的物质财富生产能力的追求,导致整个社会生产转变为以物的依赖为本质特征的普遍生产关系,"劳动正义"诉求在这种异化的生产关系中产生了劳动生产力的自我异化。"自我异化的扬弃同自我异化走的是同一条道路"①,自然物质性构成人生命存在的基本特征,人类历史的发展需要既依赖于自然物质,又依赖于对物质财富生产的超越性劳动实践,扬弃技术进步必须辩证对待资本主义生产过程中产生的物质生产力。当物质财富的生产力发展到使人能在劳动中觉察到历史发展演进和实现自身自由的使命的程度时,人才能够逐渐消除劳动对技术进步强制性力量的依赖,使劳动真正成为符合自身生存需要的实践活动。扬弃技术进步必须通过建立非资本逻辑统治的方式来整合技术劳动生产力,真正使物质财富的生产成为人创造世界力量的基础,以便为创造非异化的属人的"劳动正义"关系提供坚实的物质

---

① 《马克思恩格斯文集》第 1 卷,人民出版社 2009 年版,第 182 页。

根基。

　　资本逻辑与技术理性逻辑的相互支撑是技术进步的内在动力,扬弃技术进步及其塑造的技术劳动方式的局限必须深入技术进步与资本逻辑价值共契的历史渊源,突破技术进步对劳动实践的本体论设置的界限与制度框架,克服技术细化分工构建的生产结构及其对社会正义关系的消极解构。技术进步制定了基于技术劳动本体论形态的分工模式与制度框架,理性逻辑的局限及其制造的劳动本体和制度框架的界域必然成为扬弃技术进步的突破点。韦伯在分析技术理性、资本理性和经济理性的实践关系中指出,技术理性的发展导致价值理性的衰弱是人类历史发展不可避免的宿命,他揭示了资本理性和经济理性实质行为中劳动与生产资料的分离滋生于技术进步固有形式的缺陷,但对能否摒弃技术理性及其劳动分工的固定模式却陷入悲观境地。马克思在《德意志意识形态》中指出,"只要分工还不是出于自愿,而是自然形成的,那么人本身的活动对人来说就成为一种异己的、同他对立的力量,这种力量压迫着人,而不是人驾驭着这种力量"①,扬弃异化的实质需要摆脱非自愿的分工以及非正义的劳动关系。技术劳动形式下的异化是非正义性社会分工的产物,其内在症结在于劳动异化,而扬弃技术进步所引致的劳动异化必须揭露技术理性逻辑的局限及其对劳动本体的片面规定。技术的本质是人本质的外化,技术理性逻辑对劳动本体论的设定根本忽视了人的社会关系存在本质,扬弃劳动的技术异化必须消除支撑技术理性逻辑运行的统治力量,既要从政治维度监管技术的研发和使用,在社会分工趋势中构建合规律性与合目的性相统一的正义关系,又要从伦理维度在劳动者的技术选择运用中融入道德因素的规约,引导人的劳动生产与其生命自由本性实现在深层逻辑上趋于一致。

　　扬弃技术进步与构建面向现实逻辑的正义实践是同一过程的两个方面,扬弃技术进步为正义实践的展开提供健全的环境基础;构建面向现实

---

　　① 《马克思恩格斯文集》第 1 卷,人民出版社 2009 年版,第 537 页。

逻辑的正义实践通过彻底批判技术进步的理性逻辑,超越技术劳动方式与社会关系以实现生产领域中现实的"劳动正义",最终与伦理正义、政治正义问题的历史逻辑以及符合人自由本质的正义性存在方式的理论逻辑达成内在一致。技术理性逻辑的思维范式被广泛用于统摄整个社会生产过程,导致如何实现"劳动正义"的诉求成为技术进步中正义问题的现实逻辑,这一现实逻辑构成正义实践的出场语境和基本要求。正义实践通过激发人创造生活方式和社会历史的本质力量实现对技术进步理性的双重逻辑——既创造物质财富又生成了对虚假"正义"意识的现实性批判与超越性重构,最终趋向于现实生产领域的"劳动正义"。针对现实生产中神圣化的技术劳动方式,正义实践致力于摆脱技术进步理性逻辑抽象同一范式的桎梏,抛弃技术理性逻辑的劳动本体观与确立与人的生存本质相适应的劳动本体观,保证劳动生活过程中劳动者的劳动生产力量、劳动交换以及劳动成果分配等各环节的正义。构建面向现实逻辑的正义实践,必须从现实的劳动关系和社会关系逻辑中达成技术理性与人类理性发展的历史统一、伦理正义与政治正义的辩证统一。

构建面向现实逻辑的正义实践需要厘清技术进步理性主导生产过程的现实逻辑,在劳动的技术形式中把握劳动的真实本体,促使劳动逐渐生成对人的存在的关怀和对自我实现的存在论实践统一的本质力量。人的存在本质及其在历史发展中的自我实现本质上表现为实践方式的演变过程,正义实践在人类实践方式的演变中逐渐成为人在社会生产和公共生活秩序确证自我实现的深层依据。以人的存在方式为根基的人类理性逻辑是以人的实践活动为基石的思维范式表征,正义实践是社会生产领域"劳动正义"得以实现的根本理性原则,即人的本源性生存活动的辩证理性。技术进步的理性逻辑在驱动物质生产力的扩大中形成了统治劳动的现实逻辑,造成人的本质力量的自然性与社会性相分离、个人利益与社会整体利益相对立的后果。构建正义实践需要回到技术劳动的现实逻辑中,推动技术理性由执行资本与劳动根本对立的现实逻辑转变为突显劳动自我矛盾、自我否定和自我超越的辩证理性,揭开隐蔽在机械操作流程中劳动技术形式背后的真实本质。正义实践必须在批判反思现实逻辑的"劳动正义"问题中揭示劳动本质。马克思按照创造使用价值和价值相统一的标准来审视资本主义生产方式中的"劳动悖论",认为"劳动的主要客观条件本身并不是劳动的产物,而是已经存在的自然"①,只是资本主义制度及其催生的技术进步剥夺了个人通过劳动获取生存资料的权利。因而,构建正义实践必须在立足于人自我劳动产生的现实基础上把握劳动的本质,促使劳动在突破技术形式的统治过程中彰显属人的本质力量,以实现正义实践的现实目标——劳动自由。

正义实践如何在揭示劳动本质的过程中实现劳动自由的问题关涉正义实践本身能否超越技术劳动形式的现实逻辑而破解"劳动正义"的历史难题。构建正义实践必须深入现实劳动过程的各个具体环节,以化解技术劳动方式和生产关系中的"正义"矛盾,并在批判技术进步理性逻辑的同时明确判定技术劳动现实逻辑的具体呈现形式,以辩证理性的逻辑方法来协调与"劳动正义"内在关联的现实冲突。技术进步中"劳动正义"具有理想性与实践性两种特质,其理想性表明人自由本质力量的充分实现,实践性指向肃清技术理性和资本逻辑的绝对奴役。"劳动正义"的两种特质在现实生产中的矛盾交错表现为劳动生产的时空正义与协调发展、交往正义与共享发展、分配正义与共同发展以及生态正义与持续发展之间的僵化对立,这些冲突形式归根究底是劳动的整体过程在技术进步中被局部肢解且形成劳动环节之间的自我悖反。马克思提出通过劳动实践转变现实的生产方式和制度框架,消除劳动关系和社会秩序的异化,指出"整个的人类奴役制就包含在工人对生产的关系中,而一切奴役关系只不过是这种关系的变形和后果罢了"②。由此,劳动实践的构建与正义性劳动生产关系达到了现实和逻辑的融合。构建正义实践必须对劳动过程整体及其相互关系进行系统剖析,以保证劳动者自由获取劳动能力

---

① 《马克思恩格斯文集》第8卷,人民出版社2009年版,第134页。
② 《马克思恩格斯全集》第3卷,人民出版社2002年版,第278页。

为基础,促使劳动者领会到劳动生产和实现自身自由生活的一致性;建立劳动交往过程的自愿和平等原则,依靠劳动实践的集体力量来消解非正义性劳动关系中由于激烈的生存性价值比较而滋生的怨恨;①承认劳动能力合理差异性的存在,确保整个社会生产劳动关系的基本平衡。

正义实践是具有明确价值性和规范性的总体关系性概念,它指向人自由本性的生存状态。构建正义实践必须在面向现实逻辑的基础上实现内在超越,促使正义实践不仅构成实现人"劳动正义"诉求的现实基础,而且在更深层次形成彰显人存在本质的社会关系总和、澄清人类社会伦理正义与政治正义基本问题的本质力量。社会关系的总体逻辑必然成为立足于人的劳动本质基础上正义实践的内在本性,对社会关系总体旨趣的理论关怀理应成为构建面向现实逻辑的正义实践的题中之义。构建正义实践的理论任务要在揭示劳动真实本质、批判现存技术异化理性逻辑的基础上彰显劳动力量的总体性存在。正义实践在批判技术劳动生产的异化形式中为人们提供了获取"劳动正义"的基本价值与行动取向,但这并不意味它能够独立实现劳动自由的终极目标,正义实践必须促使人们在历史发展中克服现实狭隘的生存状态,追求总体的、具体生成的正义性社会关系。

马克思从劳动解放的角度阐释正义实践的超越性要求,"人以一种全面的方式,就是说,作为一个总体的人,占有自己的全面的本质"②。这使劳动自由成为个人自我实现的本质关系,而劳动自由关系的实现与社会关系的总体生成不可分离。构建超越性的正义实践必须重塑和确立对社会关系总体的自觉意识,"所谓价值论上的批判,就是从主观道德或客观伦理的立场出发,判断某个事实的善与恶、好与坏、正当与否。而所谓社会认识论上的批判,则是戳穿假象和错认而对社会事实、社会关系获得

---

① 参见刘同舫:《怨恨的滋生与技术合理性秩序的建构》,《自然辩证法研究》2009 年第 2 期。

② 《马克思恩格斯全集》第 3 卷,人民出版社 2002 年版,第 303 页。

正确的认知"①。正义实践的超越性是建立在对人的生命存在及其形成的社会关系总体的辩证领会基础上的,且实践本身不再片面构成实现"劳动正义"的现实要求,而是在实现"劳动正义"的现实诉求中激活劳动的本质力量,进而在走向劳动自由的过程中寻求伦理正义与政治正义之间保持相对和谐和必要张力的运动。

技术的不断进步致使"劳动正义"与"资本正义""经济正义"之间的对立冲突取代了伦理正义和政治正义的基本矛盾纠缠而成为主导人现实生产生活的正义问题形式,继续深化技术进步的发展理所当然成为化解正义问题的根本路径。然而,技术进步所衍生的正义问题自行"消解"的方式得益于资本逻辑的理性支撑,同时在技术理性逻辑的支配下,劳动形式的本质力量被转化为物质利益生产的手段,"劳动正义"诉求被降格为满足资本增殖和经济增长需要的现实指标,最终致使植根于人自由本性的正义实践和决定人存在本质的正义性社会关系总体的失落。在这一现实遭遇的逼迫下,必须将扬弃技术进步与重建正义之路合而为一,在立足人的发展需要的基础上处理好理想性与现实性、先验性与经验性的矛盾关系,对公共生活领域的正义价值理念设计进行合理的评价,构建正义实践来克服技术理性逻辑对劳动具体生成特质的"抽象"统治,使与人生命存在密切相关的劳动环节从片面、知性的形式上升为体现人本质的真实力量。但构建正义实践并不意味着为重建正义价值提供现成的答案,内含于正义实践的辩证理性所提供的是思考正义问题的思维方式和解决现实正义困境的可能路径。正义问题是人们生存方式和社会结构变更的产物,正义问题的最终化解必须深入人类解放的现实实践中探寻解决方案。

---

① 冯波:《马克思物化批判视域中的正义理论》,《马克思主义与现实》2019 年第 5 期。

第 五 章

人类解放思想的多元发展

在马克思身后的时代,由于时间的推移、世界环境的变化,西方学者出现了各种对马克思人类解放思想的不同理解与理论立场。对于通达人类解放的历史状态的途径,学者们也提出了各自不同的观点,其理论立场与观点可视为马克思人类解放思想的理论延伸与现实追问。

尽管他们站在不同的理论立场对马克思人类解放思想进行不同解读,但总体而言,都没有放弃马克思人类解放的终极理想,并在这一崇高理想的"观照"下提出了基于不同理论前提的"另类"的通达人类解放的理论体系,力图在其时代状况下,"修正"马克思的人类解放思想。最具代表性的理论观点主要集中在文化哲学、政治哲学视角的阐释与解读上,此类研究对我们当今发展马克思人类解放思想有一定的借鉴意义,但它们多受制于一时的物质环境与理论风潮,在拓展马克思人类解放思想的同时也存在曲解之意,其与马克思本意的差异需要辩证审视。

第一节 文化哲学阐释

从文化哲学的视角看,匈牙利哲学家和文学批评家卢卡奇以物化为社会批判的核心范畴,揭示了资本主义社会中最基本、最普遍的文化现象及其深层次的人类生存危机,希冀通过"总体性"的阶级意识和文化转向克服"片面性"的物化意识,重拾无产阶级革命斗志,恢复人的真实关系;20世纪意大利最著名的马克思主义理论家葛兰西在文化霸权理论中,提出由"知识分子"与普通群体形成"历史集团"的大众解放观;法兰克福学派著名的左翼代表人物、美国当代影响深远的哲学家与美学家之一的马尔库塞提出爱欲解放思想及人类解放的文化艺术与审美之途;法国著名哲学思想大师列斐伏尔从日常生活的微观文化心理视角批判资本主义对人的本质的压抑,力图提高被奴役人们的意识和觉悟,探求个人的解救之途;当代备受关注的法国消费社会及消费文化研究的代表性人物——鲍德里亚,揭露了消费社会、消费文化如何控制人与操纵人的状态,阐明了具有世界历史意义的人类生存经验,并积极地为人类在资本文明时代的合法生存与发展筹划方案;作为法兰克福学派的主要代表之一的哈贝马斯以"交往理性"为逻辑支撑探寻社会解放,其理论锋芒始终指向现代资本主义社会及其制度文化理念。

一、卢卡奇延伸马克思解放思想的关键语

匈牙利著名的哲学家和文学批评家格奥尔格·卢卡奇(Georg Lukács,1885—1971)生活在阶级斗争风起云涌的年代,他以马克思开辟的人类解放思想为指南,怀揣"浪漫主义的反资本主义"革命激情,努力探索通往人类幸福彼岸的现实道路。卢卡奇一生的思想探索路径可谓纷繁复杂、曲折多变。由于历史变局、社会现实变化、政治压力和意识形态批评等因素,卢卡奇曾多次"检讨"自己的理论,甚至有学者将其"检讨"视为理论的断裂,指出卢卡奇前后期对马克思的学说及其历史唯物主义立场发生了转变,对西方马克思主义的研究路向和志趣也产生了新的变化。笔者认为,这种"多变"和"断裂"的背后,有着深层次思想的不变性与一致性,即对人类命运的深度关切和矢志不渝的坚守,体现了卢卡奇对无产阶级意识的觉醒和历史解放的深层眷注。卢卡奇是一位以人类解放为毕生追求的伟大思想家,他继承了早期马克思主义的革命精神,从社会历史的视角对马克思主义辩证法进行了创新性解读和合理捍卫,其对

"总体性辩证法"的规范性阐述开启了法兰克福学派"启蒙辩证法"的批判向度,引领了西方马克思主义思潮,铺就了西方马克思主义社会批判理论的道路,被誉为西方马克思主义的创始人和奠基人,他的哲学思想是20世纪马克思主义演进史中无论如何都绕不过去的一座理论高峰。时至今日,卢卡奇的思想对我们继续探索人类解放之路仍具有重大意义。

(一)物化:社会批判的核心范畴

卢卡奇认为,物化(reification)是资本主义社会中最基本、最普遍的现象,每个个体都面临着同样的商品原则和物化的命运。物化与资本主义社会的生产相辅相成,物化现象在资本逻辑的主导下逐渐蔓延到生活世界的细枝末节,并由此使得资本主义的生产方式和意识形态趋向普遍和深入。卢卡奇并未坚守在社会的表层现象阐释物化问题,而是站在社会的总体性角度,深入资本主义现代性的生产结构,发掘物化生产世界现象背后的本质,揭示出资本主义拒斥总体性的物化结构和历史规律。物化作为一种控制人、支配人的外在力量,不仅存在于人的生存结构和活动方式中,而且越来越深入地、决定性地侵入人的意识领域。人们自觉地认同社会物化结构和现象,并将社会物化结构作为外在"规律"来加以遵守,以致人们丧失了批判的品格和人格精神,失去了批判和超越物化结构的主体性意识。

无产阶级革命是卢卡奇所处时代思想家们所关注的焦点问题。马克思曾认为无产阶级革命会首先在发达的资本主义社会取得胜利,但现实情况并非如此,无产阶级革命发生在相对落后的俄国并取得了成功。在此之后的1918—1923年间,西欧国家曾按照俄国无产阶级革命的模式进行革命,却无一例外地遭遇失败。卢卡奇认为,革命失败的原因在于西欧的无产阶级革命是一种自发的运动,并没有自觉地形成阶级意识,主观意识没有发挥真正的作用。"当展开资本主义最后的经济危机时,革命的命运(还有人类的命运)将取决于无产阶级的意识形态上的成熟性,取决于它的无产阶级意识。"①为了深入探究无产阶级意识的历史地位和作

---

① Georg Lukács,*History and Class Consciousness*,London:Merlin,1971,pp.60-70.

用,卢卡奇对无产阶级所遭受的社会历史条件尤其是思想意识解构的束缚进行了解剖。他指出,取得社会革命胜利的关键点不再是传统意义上的政治体制和经济体制,而应该转向意识形态方面。对无产阶级而言,意识形态既不是斗争的旗帜,也非其目的的掩饰物,而是无产阶级的目的和武器。因此,无产阶级的历史使命不仅仅是对资本主义经济社会和生产关系的批判,还要在更深层次上对资本逻辑的生产思维展开文化和意识形态批驳。卢卡奇认为,推动整个资本主义现实状况的改变以及取得无产阶级革命胜利的当务之急就是确立无产阶级意识,突出无产阶级在伦理道德层面批判现代社会的重要性,强调推动无产阶级主体地位的恢复和革命意识的觉醒。

无产阶级未能自觉形成阶级意识的最大障碍在于资本主义社会的物化现实。在《资本论》中,马克思对商品拜物教进行了深度剖析。他认为,在资本主义社会,商品的使用价值成为交换价值的载体,与之对应,具体劳动也成为抽象劳动,抽象劳动成为遍及生活的全部表现形式,最终形成了以商品、货币、资本为核心的拜物教理念。"卢卡奇不再像马克思那样重视'物化'的经济效应,反而尤其关注其社会效应和文化效应。"①他通过对拜物教的分析指出:"物化"是资本主义社会这一整体中,最基本、最普遍的现象,是每一个人必然面对的直接现实。②无产阶级作为资本主义的产物,必然隶属于资本主义的生存模式,这一生存模式就是非人性和物化,③资本主义社会决定了物化现象的普遍

---

① 刘森林:《物化:文化之思还是经济社会整体之思?》,《哲学研究》2019 年第5 期。

② 卢卡奇在《什么是正统的马克思主义?》一文中首次提出"物化"这一概念,并在《阶级意识》的论文中对其进行了深入论述。卢卡奇在没有看到马克思的著作《1844 年经济学哲学手稿》的情况下,通过对《资本论》的分析,得出的某些结论与马克思关于异化劳动的规定有着惊人的相似,可见他能够敏锐而又深刻地把握资本主义社会的现状和马克思思想。

③ 参见[匈]卢卡奇:《历史与阶级意识》,杜章智、任立、燕宏远译,商务印书馆2017 年版,第 124 页。

性和必然性。卢卡奇所处时代的资本主义生产与分工呈现合理化和精
细化发展的趋势,导致资本主义社会的整体发展出现了极不平衡的现
象,无产阶级革命内部开始滋生了庸俗的马克思主义理论迹象。庸俗
马克思主义理论主张实质上是为资本主义的商品生产与交换过程辩
护,并在推动商品成为资本主义社会普遍范畴中逐渐衍生了物化意识。
资本主义普遍的商品经济揭示了商品的奥秘在于:人们劳动的社会性
质通过商品表现成为劳动产品自身的物性,这意味着人与人之间的关
系也被物化。这种被物化的社会关系越来越深入地、致命地侵入人的
意识领域,"幽灵般对象性"的商品在人的整个意识中留下了印记。物
化的现实造成了物化的意识,具体表现在三个方面:第一,随着劳动分
工和商品交换的发展,人们的职业愈加专门化,人们的生活愈加受到局
限,形成了看似合理化而实质是封闭的社会运行规律系统,狭小的生活
圈子使人们的思想停留在局部思维上,丧失了对整个社会的理解力和
洞察力。正如卢卡奇所说,技能的专门化导致了对整体以及个人创造
力的破坏。① 第二,人们拘泥于对资本、货币和商品的追求,目光越来
越短浅,不再把眼前发生的现实当成历史运动的过程,忽视了对前途和
未来的思考。第三,人的思维随着客体化、对象化的劳动而丧失了主动
性、创造性,主体在物化意识的作用下只能同单面性、零碎化的客体打
交道,无法把握自身作为主体—客体统一的总体。在劳动过程中,劳动
者成了转动着的机械系统的组成部分,当世界变得机械化的时候,人也
必然地被机械化了。② 资本主义社会是异己的物质世界,这一世界既
与自己相对峙而压抑着自己,又决定性地深入人的灵魂,使其心理特性
同整个人格相分离,人的主体性彻底丧失。物化意识在根本上消解了
人们对现实的反思和批判态度,使得人们从心理和意识上认同物化,从

---

① 参见[匈]卢卡奇:《历史与阶级意识》,杜章智、任立、燕宏远译,商务印书馆
2017年版,第152页。

② 参见[匈]卢卡奇:《历史与阶级意识》,杜章智、任立、燕宏远译,商务印书馆
2017年版,第82页。

而难以从总体上把握社会物化的事实,最终固化了整个社会的物化状态。

卢卡奇进一步指出,披着合理性外衣的资产阶级意识形态是造成人们意识物化的又一重要精神因素。资本主义社会的合理性把日常生活的方方面面都纳入可以被计量和规约的貌似"合理"的客观必然性之中,合理性原则在物质生产方面取得了巨大成就,它不仅满足了人们的生存、发展等物质需求,而且为人们提供了安全感、幸福感等精神保障。但这种形式上的合理性并未关涉具体的实质内容,资本主义社会的整体运行依靠局部的合理性得以维持,且在物化意识愈益深化的进程中难以中断局部合理性之间的关联。因此,它对人们的现实生活和思想观念产生的负面影响也是不容忽视的,它使人们在总体上认同了物化具有经济合理性。此外,合理性原则的典型代表——科学技术,产生之初具有客观中立性,而在与资本结合的过程中,逐渐发展为践行资本主义合理性原则的方式和手段,丧失其客观中立的本质属性而成为资本主义意识形态。资本主义凭借合理性原则特别是科学技术,在意识形态层面夺得了领导权,实现了对社会的精神支配。这既扼杀了人们的反抗意志,也压抑了人们的心灵,使得人们的主体意识滞留于物与物的关系或直接的现实表层,还以正当的形式掩盖了现实社会的客观状况,仅仅依据片面的、直观的现象对社会生活的现状予以再现,湮灭人们对整体现实的把握和批判,掩蔽了资本主义社会的历史性过渡和必将转变的客观规律。资产阶级阶级意识所表现出的资本主义意识形态直接导致人们意识的物化。

在资本主义物化现实和资产阶级意识形态的夹击下,人们的主体精神和革命意识被彻底瓦解。物化意识的笼罩使人们完全沦为一种商品,丧失了批判和超越物化结构的主体性维度,自觉本能地认同了这种物化现象和物化结构。物化意识钝化了整个无产阶级对资本主义社会现实的批判性和洞察力,抹杀了工人的个体意识而迫使其投入机械化大生产中,消解了无产阶级的革命性。"物化意识必然绝望地陷入拙劣的经验主义和抽象的空想主义这两个极端之中。"①卢卡奇渴望人们在思想认识上拥有新的思维方式来突破资产阶级物化意识及其所决定的单纯直观的认识思维,运用主体—客体对立统一的思维方式看待资本主义社会存在与人的现存状态的关系,确立对资本主义生产方式和物化现实的"正当性"加以否定的历史性视野与思维方式,这种新的思维方式就是辩证法,即呈现符合现实社会运行的辩证特性的历史方法,而辩证法的核心概念,在卢卡奇看来就是"总体性"原则。

(二)总体性原则:克服物化意识的途径

卢卡奇是一位以关注人的现实生存为基础的革命批判家,他无情批判了资本主义社会,深刻洞察了人类的生存危机——人物化为仅仅具有经济人格的片面人,将资本主义社会物化结构与意识归结为生产发展偶然性的关联,是对社会历史总体必然性的背离,其根本目的是为了寻求变革现实社会的可能性和生长点,终极关怀是现实生活中人的自由和解放。为此,卢卡奇对总体性原则寄予了极大期望,希冀通过"总体性"的阶级意识和文化艺术来克服"片面性"的物化意识,重拾无产阶级革命斗志并恢复人的真实关系。

"总体性"的阶级意识与"片面性"的物化意识相对抗,是人类解放期望的精神力量。要实现人类解放必须重新确立无产阶级总体意识,无产阶级的总体意识与其自身的命运休戚相关。在卢卡奇看来,马克思的辩证方法就是以"主体—客体"的辩证运动为核心的总体性方法,如果不了解这一点,就不能把现有的资本主义社会视为一个具体的总体,也就无法

---

①　[匈]卢卡奇:《历史与阶级意识》,杜章智、任立、燕宏远译,商务印书馆2017年版,第125页。在此段话中,卢卡奇所论及的"拙劣的经验主义",是指意识成了它自己必须顺从而不能加以控制的客观法则的消极观察者。经验主义无限夸大了物、事实、法则的理论,人或主体变得可有可无。所谓"抽象的空想主义"则滑向另一个极端:一方面,它不主张社会革命,而是寄希望于个人伦理水平的提高来实现社会主义,其目光完全停留在个人和社会的局部现象上;另一方面,它无限夸大主体的力量,相信奇迹会改变一切。看着上去,它似乎极端蔑视客观法则的力量,这正是在客观法则的重压下,主体意识茫然失措地表现自己的一种体现。(参见俞吾金、陈学明:《国外马克思主义哲学流派新编·西方马克思主义卷》上册,复旦大学出版社2002年版,第18—19页)

从无产阶级的主体性视角来面对资本主义的世界。要确立无产阶级意识,就必须用总体性的方法来透视现实。卢卡奇审思了现代社会存在的自然辩证法思想和实证主义理论方法,指责这些思想对资本主义社会的直观式考察难以对物化进行深层理性认识,表明社会存在的各个要素都处于总体结构的关联之中,但各要素并不是简单地在总体结构中直接联系在一起的,在整体与部分、部分与部分之间存在着复杂的中介关系,作为总体性辩证法内在规定的中介使得对既存在区别又存在联系的复杂历史现实性本身的认识与描绘成为可能。

"总体性"阶级意识是无产阶级对自身主体地位和革命任务的自觉意识,体现了以历史为基本载体的辩证法。"一切社会现象的对象性形式在它们不断的辩证的相互作用的过程中始终在变。客体的可知性随着我们对客体在其所属总体中的作用的掌握而逐渐增加。这就是为什么只有辩证的总体观能够使我们把现实理解为社会过程的原因。因为只有这种总体观能够揭破资本主义生产方式所必然产生的拜物教形式,使我们能看到它们不过是一些假象,这些假象虽然看来是必然的,但终究是假的。"①总体性的观点和原则伴随对资本主义片面性、同质性的物化的批判而逐渐显露出来,它揭示资本主义生产缔造的"合理化"进程将人的内在意识从总体性人格中分离开来的实质,指明无产阶级完整的人格只能在阶级意识的觉醒中得到恢复。无产阶级意识是对人类生存状况的整体认识,它超越了直接经验的片面性,揭示了对象性的形式背后人与人的真实关系,具有总体能动性、历史首创性和社会变革性。无产阶级的最大优势和唯一武器就是:具备把整个社会看作具体的、历史的、总体的能力;具备将物化形式展现为人与人关系过程的能力;具备对发展内在意义的深刻认识并将其付诸实践的能力。卢卡奇和马克思一样寄望于无产阶级的革命实践走向人类解放,但他更重视无产阶级意识的觉醒对其革命实践

---

① [匈]卢卡奇:《历史与阶级意识》,杜章智、任立、燕宏远译,商务印书馆2017年版,第58页。

的基础性作用,突出无产阶级意识能够把握社会历史主体—客体的辩证关系,在总体性认识方法的指导下,无产阶级要确立无产阶级意识,至关重要的是破除物化意识对无产阶级的奴役,对资本主义社会生活的种种遮蔽进行解蔽,揭示被遮蔽的人与人、人与物的社会关系,避免无产阶级陷入庸俗的经验主义和抽象的乌托邦思想,进而使其真正立足现实历史的主体性位置,这正是人类解放的关键所在。

　　从总体性的观念出发,卢卡奇认为不可能通过解决资本主义社会的某些问题(尤其是马克思所强调的经济问题)来解决资本主义社会的所有问题。要改变无产阶级的历史地位、扬弃物化的资本主义社会,就必须实现总体性的革命。卢卡奇认为社会历史的总体性只能在变化发展的进程中显现,历史中的主体—客体以及不同阶段和要素的展开都是相对的,处于不断的变化和生成当中,资本主义生产方式在总体性的视野下也只是暂时的、可以被改造的形式。总体性视野在现实的社会历史中指向辩证发展的方式,展现了无产阶级作为革命主体必要的自主性与历史自觉性。只有在总体性的视角下,无产阶级才能意识到自身是一种商品存在,才能透视物化意识的真实规定性,资本主义社会中主体和客体的关系才会根本性地发生颠倒,即原来处于客体位置的无产阶级倒转为新的主体——人与人之间关系的主体,人成为一切社会得以存在的尺度。人及其实践活动成为历史辩证运动的真正基础,主体—客体的相互作用成为社会总体性的基本主题。人的生成过程,在思想层面,要有把社会看作总体流动过程的辩证意识;在现实层面,需要在实践中将辩证的总体意识加以实现,而这个过程,既是历史的真实发生过程,也是真正的总体性能够产生的条件。总体意识的获得与人的生成、人类解放是同一个历史过程。"历史正是在于,任何固定化都会沦为幻想:历史恰恰就是人的具体生存形式不断彻底变化的历史。"①历史的过程是把历史

---

　　① [匈]卢卡奇:《历史与阶级意识》,杜章智、任立、燕宏远译,商务印书馆2017年版,第247页。

看作人自由的活动产物而消除物化意识的过程。在卢卡奇的理论语境中,历史不仅是人的活动的结果,也是人生成的境域,辩证法就是历史过程本身的本质与思想表达,总体性不仅体现为社会结构的存在特征,也体现为人生成的目标。历史之所以充当辩证法的基本载体,根本原因在于社会历史本身的存在与运动在本质上反映了人辩证的生成本性。在社会历史的本体与根基中,人类解放与总体性辩证法具有内在的逻辑一致性。

文化与艺术代表着总体性,也是确立无产阶级意识、实现人类解放的重要媒介。纵观卢卡奇的一生可知,他倾注了大量的心血来研究美学,尤其是文化和艺术,以此作为人类解放的一种途径。

卢卡奇认为,文化的根本是超越性的存在,它不愿意受到直接经验的束缚。在成为马克思主义者之前的青年时代,卢卡奇就在内心深处向往古希腊的幸福家园,确立了摆脱异化生活、重建完整文化的心理定式,这一心理定式一直延续到卢卡奇晚期。如卢卡奇早期《海德堡手稿》与晚期《美学特征》两部著作,尽管在写作时间上相隔了近半个世纪,使用了完全不同的概念手段——"完整的人"(the whole man)与"人作为一个整体"(man as whole)——但是它们都致力于解决同一个理论问题:试图在人类活动框架内确立文化的功能与地位,并力图阐释文化与现实的人、文化与日常生活之间的关联,致力于破解现代社会中人的生存困境与文化危机。卢卡奇认为,异化的人所遭遇的是"分裂的文化";自由的人所代表的是"完整的文化"。资本主义社会的文化是前者,是"一些凝固的、异化的事物,是无法再从人内在的精神生活中唤起任何共鸣的意义表达的一种合成(sinngebilde)。它是衰落的精神生活的蒙难所"①。资本主义特有的文化属性决定了其能够掩饰自身意识形态生产过程的虚伪性,卢卡奇在对资本主义社会中文化现象进行批

---

① Georg Lukács, *Die Theorie des Romans:Ein Geschichtsphilosophischer Versuch Über Die Formen Der Grossen Epik*, Neuwied:Luchterhand,1971,p.53.

判之后,又进入资本主义社会文化总体对结构对其内含的非总体性、非批判性思维展开解构。他指出,真正的文化力量是提升生活和丰富生活的力量,它不仅能为人类的日常生活贡献价值意义,而且能够为人类的理想提供目标与方向,并彰显无产阶级主体层面的革命意义指向。

卢卡奇认为,艺术具有"反拜物化"的功能。在《审美特性》中,他试图从马克思主义反映论的立场出发来建立新的审美观和艺术观。卢卡奇曾写道:"这里就提出了审美的反拜物化使命。"①在资本主义社会,随着科学技术和分工的发展,异化和物化普遍地渗透到人们的日常生活和日常思维中,物的主体化和人的物化成为日益严重的现象。艺术和审美也受到了"拜物化"倾向的影响,既失去了从总体上批判资本主义社会的能力,也日益陷入媚俗化、颓废化的窘境。② 在卢卡奇看来,真正的艺术和审美不仅是对日常生活核心的揭示,而且是对它的"拜物化"倾向的批判。他认为,美学的理论旨趣不仅仅限于美学研究领域,它为人的存在意义和解放路径问题提供了钥匙,指出人只有在其所处生活世界及其全部内容趋向美学境界时才能摆脱物化。他在《审美特性》第十章的第一节"人是核还是壳"中引述歌德的诗句——"难道这自然之核,不是就在人的心中?"并写道:"人们可以对歌德诗句的意义如此加以概括,人作为核的存在与对世界的反拜物化眼光是同时确立起来的,而人作为壳的存在是与自身屈从于拜物化偏见同时确立起来的。"③卢卡奇借用歌德的诗句告诉人们,真正的艺术和审美要确保自己自由的地位,就必须与把人视为"外壳"的倾向展开不懈的斗争,强调审美对主体—客体辩证统一特质以

---

① ［匈］卢卡奇:《审美特性》(上),徐恒醇译,社会科学文献出版社 2015 年版,第 506 页。

② 参见俞吾金、陈学明:《国外马克思主义哲学流派新编·西方马克思主义卷》上册,复旦大学出版社 2002 年版,第 58 页。

③ ［匈］卢卡奇:《审美特性》(上),徐恒醇译,社会科学文献出版社 2015 年版,第 544 页。

及自我意识生成逻辑的反映,突出艺术和审美引导人向"人的总体"转换的塑造力量,这才是真正的艺术和审美的批判作用之所在。对艺术特殊功能的阐明体现了卢卡奇从现实社会的物化与人的意识危机中探寻解放道路的审美现代性精神。

卢卡奇将实现人类解放的美好理想诉诸为总体性的无产阶级意识和文化艺术。在卢卡奇的思想中,"总体性"代表了充满诗意的人类生活,是与经验、事实相对立的价值与意义,是与物化相对立的人化,是对资本主义社会生产制造的孤立事实相对的历史运动方式。他认为,马克思思想革命性的关键点就在于:马克思在实现历史主体与客体的统一中,运用总体性方法彻底消解了物化意识。"总体性"代表着超越,标志着思维与存在、自由与必然之间的和谐统一。而文化与艺术是超越功能的具体体现,每件艺术作品都赋予生活以意义并使之上升为自觉的过程,是超越混沌生活状态、对生活"审判"的过程,是征服现存事物的证明。卢卡奇的物化批判和总体性辩证法理论为唤醒无产阶级的革命意识和实践提供了基本的理论指导,为人的劳动解放和物化的扬弃准备了现实基础,对克服理论界关于马克思主义的片面化、主观化和实用化等消极解读具有重要的参考价值,特别是对西方马克思主义的文化批判理论和社会主义革命道路的探究提供了基本的风向标。从卢卡奇开始,西方研究者们以文化立场来理解生活、判断和改变生活,并将马克思的哲学批判聚焦在总体性范畴和历史辩证法上来进行理解,初步形成西方马克思主义的基本理论方向。

(三)承前启后:人类解放思想的文化延伸

卢卡奇的人类解放思想具有局限性。正如国内学者所言,"理性的诚实又使我们不能不指出,卢卡奇还有另一面相"①。"另一面相"指的就是卢卡奇理论的缺陷和局限。卢卡奇也意识到本身理论存在的缺陷,

---

① 王南湜:《我们心中的纠结:走近还是超离卢卡奇》,《哲学动态》2012年第12期。

他曾常常自我反思、自我批判。① 卢卡奇在对人类解放具有重要意义的
无产阶级总体意识的论证中，过多地吸收了黑格尔的思辨因素，贯穿于其
中的核心思想——总体性辩证法，尽管在马克思主义现实历史的诊断下
对黑格尔的辩证法进行了改造以突出其总体性的本质特征，但他对总体
性范畴的理解依然固守历史起源与思想意识发展相一致的原则，未能超
脱黑格尔的概念体系和思辨逻辑的论域，对历史辩证法基本原则的重视
展露出黑格尔精神性历史的思想印记，对此我们需要特别辨明。

　　在论证人类解放最为关键的因素——无产阶级总体意识时，卢卡奇
过多地借助了黑格尔思辨的总体性辩证法。卢卡奇认为，第二国际理论
家像费尔巴哈一样，没有真正理解实践批判和革命的意义，把实践批判和
革命看成一个消极等待的过程，否认上层建筑、意识形态的功能，将马克
思的思想错误歪曲为"庸俗经济决定论"，第二国际理论家的思想给欧洲
无产阶级革命带来了严重危害。卢卡奇迫切需要恢复马克思主义哲学中
的能动性方面，以捍卫正统的马克思主义。然而，这种捍卫却付出了代
价——以黑格尔思辨哲学方式理解马克思，把马克思的理论拉进了唯心
主义的泥潭。黑格尔是德国古典哲学甚至整个西方传统形而上学的集大
成者，他通过精神辩证的自我运动，达到了主体与客体的统一。在黑格尔
那里，总体性辩证法体现于绝对精神的演化、发展并回归自身的辩证运动
过程，只有通过这一历史进程，才能促使现代社会中诸多矛盾关系在主体
精神世界中实现内在统一。

　　正是在这个意义上，为了确立无产阶级革命的主体能动性，卢卡奇试

---

　　①　卢卡奇的自我反思意识在他的著作中并不少见。例如，卢卡奇在《历史与阶
级意识》中将劳动的对象化与外化完全等同于异化；物化与人性是不可分离的。按照
这样的理解，异化不可能被消除，人类解放也永远不可能实现。但是，在 1967 年"新
版序言"中卢卡奇坦言："之所以造成这种情况，是由于经常把两个对立的根本范畴
错误地等同起来的缘故。"（［匈］卢卡奇：《历史与阶级意识》，杜章智、任立、燕宏远
译，商务印书馆 2017 年版，"新版序言（1967）"第 17 页）卢卡奇在晚年讨论社会存在
本体论时从《资本论》的劳动理论出发，将与物化相对抗的阶级意识提升到历史主体
的地位，并深入历史本质之中，重新理解了马克思人类解放思想。

图改造哲学中的黑格尔因素,提出从黑格尔的绝对精神回到现实的人类实践。但这种改造并未获得成功,他指出自己这种改造的败笔——"未能对黑格尔遗产进行彻底唯物主义改造"①;对问题的讨论方式是用纯粹黑格尔的精神来进行的,其哲学基础是在历史过程中自我实现的主客体的同一,而"将无产阶级看作真正人类历史的同一的主体—客体并不是一种克服唯心主义体系的唯物主义实现,而是一种想比黑格尔更加黑格尔的尝试,是大胆地凌驾于一切现实之上"②,他过度强调无产阶级意识对现实革命实践的基础作用,将其作为批判并彻底消解资本主义异化及其制造的危机的最终方案,导致将理论哲学与实践哲学相等同,甚至以理论哲学取代实践哲学,难以真正实现对近代哲学思维范式及其内在困境的超越。卢卡奇以黑格尔哲学视域统摄马克思哲学研究的方式,决定了他不能真正地处理好理论与实践分裂的难题,最终陷入一种过分强调阶级意识的主观主义当中,将社会历史中出现的一切分裂难题都求助于无产阶级理性意识的能动创造,在近代历史舞台上上演了一幕由理性自负造成的悲剧。马克思从历史发展的维度来探讨人类解放,诉诸的是生产的逻辑,并在生产逻辑的基础上确立了历史唯物主义的基本立场和观点,进而将解放理论推向现实的实践层面;而卢卡奇则强调无产阶级意识的觉醒,将总体性辩证法的批判与革命本质的彰显视为与阶级意识的解蔽相统一的过程,诉诸的是观念的逻辑。卢卡奇并未像马克思那样真正超越黑格尔哲学,他只是以偏颇的方式恢复马克思主义哲学的"能动方面",仍然明显地带有黑格尔思辨哲学的理论情结和价值取向;受黑格尔哲学"前视域"的影响和束缚,难以彻底摆脱理性形而上学的束缚,其物化批判理论缺失了马克思感性实践批判的科学视域,降低了马克思哲学的原则高度。因此,卢卡奇在渴求解决现实的社会历史困境时陷入乌托

---

① [匈]卢卡奇:《历史与阶级意识》,杜章智、任立、燕宏远译,商务印书馆 2017 年版,"新版序言(1967)"第 13 页。
② [匈]卢卡奇:《历史与阶级意识》,杜章智、任立、燕宏远译,商务印书馆 2017 年版,"新版序言(1967)"第 16 页。

邦的救世主义泥沼,无法找到克服资本主义物化困境,难以走向实现人类解放的现实道路。

当然,我们评价卢卡奇的思想应该持辩证的态度。总体而言,卢卡奇的理论贡献明显大于其理论局限。其在对人类解放思想的探索上既继承了马克思的人类解放思想,把握了人的总体性生成与历史辩证发展的深层关联,也发展了马克思的人类解放思想,承上启下地构成了发展马克思人类解放思想的纽带。

卢卡奇从批判和建构的双重维度探索了人类解放:以物化为核心范畴的社会反思是对人类解放道路的批判性探索;克服物化意识途径的总体性原则是对人类解放道路的建构性探索。在理论批判的维度上,他认为必须深刻思考资本主义社会的物化结构、物化现象及物化根源;在理论建构的维度上,他认为必须坚持总体性原则,完成主体与客体的历史的统一。卢卡奇批判和建构的双重维度的探索拓展了马克思人类解放思想的问题域,有利于无产阶级阶级文化意识的觉醒;将克服现实物化的途径寄望于无产阶级意识,实质是指向无产阶级的总体性意识以及对马克思主义辩证法真理的掌握,一定程度上为马克思主义的研究清除了庸俗马克思主义理论家的实证主义宿命论,使马克思主义研究返回到真正的哲学视域中,对后来西方马克思主义的现代性批判与文化批判起到了承前启后的延伸作用。

第一,卢卡奇是 20 世纪最早阐述马克思异化问题的思想家,其总体性辩证法激活了马克思哲学中当时所被忽略的能动因素,具有"承上"的意义。卢卡奇通过对资本主义商品经济时代人们现实生存境遇的深沉反思,明确物化是"我们时代的关键问题",认为它导致了无产阶级意识的缺失,而这种缺失正是无产阶级未能承担人类解放使命的重要原因。因此,在总体性视野下使无产阶级冲破狭隘、冲破片面的物化意识束缚,唤起无产阶级创造历史的主动性和巨大的热情成为革命的首要任务。卢卡奇将马克思的总体性提到新的高度,他发现了马克思辩证法思想的黑格尔渊源,认为总体性的范畴是马克思从黑格尔那里接受过来,而又卓越地把它转变为一个全新的科学方法论。① 必须以马克思的总体性范畴来恢复整体对于部分的优先地位,重建哲学的超越性和批判性维度,唯有如此,才能祛除物化的魔咒而使解放获得可能。无产阶级既是主体又是客体,对于历史主体的解答,必须依靠无产阶级的自我意识。卢卡奇强调作为体现马克思总体性的无产阶级意识形态在革命斗争和人类解放中的重要意义,他基于总体辩证法来阐释人类克服物化的无产阶级意识与马克思的异化理论具有同一性,能够帮助我们加深对马克思相关思想的理解。

第二,卢卡奇通过其物化理论,将人的异化从外在的经济、政治、制度等领域深入到人的文化意识领域,扩展到人的整个感性存在本身,为马克思主义生存论阐释的开启奠定了基础,具有"启下"的意义。在卢卡奇看来,人从物化意识到自觉追求总体性的阶级意识,并非无须反思的自明性过程,而是需要在社会历史的现实环境中加以澄清和去蔽,他认为这是符合马克思关于人的存在与解放哲学的更为恰切的途径;而第二国际、第三国际甚至包括马克思主义创始人之一的恩格斯都未能真正领会马克思哲学的革命本意,他们从物质本体论出发,将马克思哲学拉回到近代哲学的窠臼中,阻碍了无产阶级革命和人类解放事业的向前发展。卢卡奇通过正本清源,既继承了马克思异化劳动理论的基本精神,自觉回到人本身来考察人和社会,又扬弃和超越了物质本体论解释路向,为生存论的解释方式开辟了道路,为后来的西方马克思主义者所形成的现代性批判理论、社会文化批判理论,诸如法兰克福学派工业文明批判理论、海德格尔的存在理论等提供了灵感。卢卡奇也因此奠定了其作为西方马克思主义创始人的历史地位。

二、葛兰西文化霸权理论的解放意蕴

20世纪意大利国际共产主义运动活动家、"近50年来最具有独创性

---

① 参见[匈]卢卡奇:《历史与阶级意识》,杜章智、任立、燕宏远译,商务印书馆2017年版,第70页。

的马克思主义思想家"①安东尼奥·葛兰西（Gramsci Antonio，1891—
1937）为表达个人心声与内在信仰，提出具有代表性的观点：文化启蒙具
有对个体与群体的双重解放意义；大众解放的过程是"知识分子"与普通
群体形成"历史集团"的过程；用文化革命代替政治革命推进现实的解放
道路。葛兰西从社会的复杂系统中探讨文化发展与运作的隐秘机制，在
对市民社会理论进行文化阐释的基础上建构文化霸权理论，尤其突出对
马克思主义意识形态的领导权的构建与发展，循着马克思人类解放的终
极理想，通过对现实问题的探讨和阐释，赋予无产阶级主观能动性革命的
创新内涵，推动西方马克思主义文化理论转型与政治阐释框架的转变，为
人类解放的文化进路提供了设想。葛兰西人类解放的文化设想不仅旗帜
鲜明地提出无产阶级应当夺取意识形态领导权，而且深刻揭示了无产阶
级夺取领导权的实现方式，这对探索中国特色社会主义道路、构建中国特
色社会主义的主体文化具有实践意义。

（一）市民社会理论的文化关注

葛兰西文化霸权理论的建构与其对市民社会的理解密不可分。他的
市民社会理论受到马克思、黑格尔思想的启迪，但又不同于马克思、黑格
尔的思想，其独特之处在于，葛兰西从文化视角论述市民社会理论，将市
民社会转换到上层建筑的范畴和领域进行考察，从社会的复杂系统中探
讨文化发展与运作的隐秘机制，从而为文化霸权理论的建构提供了重要
铺垫。

1. 对市民社会理解的视野独特，将解放的议题推进到文化层面

源于长达20年狱中生涯的广泛阅读与深入思考形成的文化霸权理
论，在葛兰西的思想体系中具有鲜明特色和影响力。它凝聚了葛兰西参
与工人运动、直面社会现实的切身体会，是经过实践探索而得出的斗争方
案。葛兰西独特的政治背景、政治身份与历史语境形成的理论直接影响

---

① ［英］戴维·麦克莱伦：《马克思以后的马克思主义》，李智译，中国人民大学
出版社2017年版，第259页。

了阿尔都塞学派、法兰克福学派、英国文化研究学派等西方马克思主义文化理论研究。葛兰西对市民社会范畴的独到视野,开启了对市民社会理论的文化学意义的研究范式,成就了他的文化霸权理论。

现代市民社会理论的鼻祖黑格尔把市民社会从政治国家中独立出来,赋予市民社会范畴以新的内涵。黑格尔对市民社会范畴的理解建立于庞大的唯心主义理论体系之上,他以概念思辨的方式把市民社会理解为精神实体,强调市民社会对家庭和国家存在的中介作用,指认市民社会是独立的个人自由的联合,实现了单个人利益与普遍利益的统一;强调市民社会与政治国家的区别,指出国家无法使得市民社会褪去其私利本性,但并不承认国家与市民社会之间的现实冲突,颠倒了市民社会与国家的关系,突出国家是市民社会存在的前提地位和终极法则,使国家成为市民社会的最后决定者,通过国家理性实现对市民社会结构的整合。

马克思在批判继承黑格尔市民社会理论的基础上,厘清了市民社会与国家之间的关系,强化了市民社会的"先行性",并从经济关系的角度把市民社会理解为社会的经济基础以及复杂的物质关系的总和。尽管马克思与黑格尔对市民社会范畴的理解各异,但马克思的市民社会范畴也是以政治社会为基础开始建构的,且两者都是立足于政治哲学的框架之内,确认在资本逻辑主导的市民社会中打破民族界限而进入世界历史的普遍规律。葛兰西对市民社会范畴的理解超出了政治哲学的范式,既不同于黑格尔也不同于马克思。"葛兰西在积极抓住马克思对于市民社会理解核心内容的同时,将市民社会从新的角度作出了重新的阐释"①,他从社会文化学的视野理解市民社会,将文化领导权视为能够确证统治阶级的潜在力量而推动市民社会走向解放,并在此基础上将解放的议题推进到文化层面。

葛兰西在反思德国、匈牙利、奥地利等西方资本主义国家无产阶级革

---

① 欧阳英:《马克思之后的政治哲学思想:从恩格斯到"后马克思主义"》,中国社会科学出版社 2019 年版,第 221 页。

命相继失败原因的过程中发现,西欧革命失败的根源在于西方国家的发展过程存在一个稳固的市民社会,市民社会的文化根基是现代资本主义国家稳定的基础,工人运动无力抵抗资产阶级文化领导权的渗透。他强调文化领导权对于占据与维持统治阶级政权的前提性作用,要超越资本主义国家,无产阶级必须采取文化革命的斗争策略,发挥意识形态在社会历史中的积极作用,增强自身的文化观点和自由意识来实现自我管理,在推动文化和意识形态的领导过程中形成同其他社会关系的联合,从而维持市民社会的平稳运行。只有占领文化领导权的制高点,才能全面获取政治领导权。为此,葛兰西深入研究市民社会问题,批判庸俗经济决定论,对"市民社会"与"国家"的关系提出开创性的见解。

葛兰西明确地把市民社会从经济基础上剥离出来,划入上层建筑范围,使其成为代表着与"政治国家"相并列的意识形态领域,认为市民社会并不属于基础结构领域,而是属于上层建筑领域,强调市民社会的运行和实践关系受到社会文化与道德规范的影响。市民社会与"政治国家"之间的关系不再是简单的分离关系,在越来越强大的组织化资本主义发展中,市民社会属于国家的一部分。葛兰西不仅仅只是从经济层面来考察市民社会,还以总体性思维打破政治、经济、文化的绝对界分,将政治、经济、文化均纳入社会结构的整体框架中,认为市民社会只有进入自由、民主等高度发展的阶段,社会成员才具备解放的条件。

葛兰西对"市民社会"概念的阐述是在文化意识的论域上丰富和发展了马克思的市民社会理论。"'市民社会'的概念是葛兰西通过社会来解读文化和意识形态的主要途径。"①他不是把意识形态作为社会的副现象,也不是把意识形态作为虚假的意识和观念体系,而是通过"市民社会"范畴,将观念体系的意识形态转变为总体性的、社会实践的、具有物质性特征的意识形态,从而扩大了人类解放的疆域。他指出,市民社会并

---

① 付文忠:《新社会运动与国外马克思主义思潮:后马克思主义研究》,山东大学出版社 2009 年版,第 91 页。

不是马克思所强调的经济关系的总和,市民社会的本质是全部的意识形态和文化交往关系,它是统治集团赢得和实施领导权的核心所在,市民社会与政治社会的集合构成完整的国家,具备形成社会统一的文化价值理念与道德形态的功能。

2. 把市民社会范畴划归到上层建筑的范围,确立了领导权斗争的主战场

葛兰西把市民社会范畴划归到上层建筑的范围,定位了领导权斗争的主战场——意识形态领域。西方国家无产阶级如果要推翻资产阶级的统治,以获得政治力量而达至人类解放的目的,必须注重开展意识形态领域的斗争,特别是要控制作为市民社会重要组成部分的宗教、哲学、伦理、道德、艺术等意识形态领域,与资产阶级展开争夺对市民社会意识形态领域的领导权。"国家 = 政治社会 + 市民社会"①,国家由市民社会和政治社会两个层面的内容组成。当代资本主义国家就是政治社会与市民社会结合的观点,在理论上彻底"打破了传统的政治社会和市民社会二元对立的解释模式,在伦理和文化的支点上,把国家理解成内含政治社会和市民社会的有机统一体"②,由此突出以文化领导权为主要支撑的市民社会相比于社会经济结构中政治社会的优越性。

资本主义所有制国家能否发动革命并取得解放的关键在于:无产阶级能否在意识形态领域掌握领导权,特别是能否掌握伦理—文化的领导权(在相当程度上这种领导权是通过对市民社会中上层建筑领域的意识形态的控制来实现的,并非取决于对经济力量等因素的控制)。而当代资本主义国家已发展成为"整体国家"(integral state),在"整体国家"中,资产阶级的"领导权"不仅体现在对政府的政治行为中,更突出地体现在宗教、哲学、伦理、道德、艺术所渗透的市民社会中,即政治国家要想获取民众的认同,必须将市民社会作为其存在的基础。

---

① [意]安东尼奥·葛兰西:《狱中札记》,曹雷雨、姜丽、张跣译,河南大学出版社 2016 年版,第 217 页。

② 徐强:《论葛兰西的市民社会思想》,《南京社会科学》2008 年第 2 期。

市民社会是一个复杂多面的范畴,"要在有关书籍中寻找关于市民社会的清晰定义自然是徒劳的"①。葛兰西将市民社会置于文化—意识形态关系的领域,把市民社会作为统治阶级传播意识形态、制造合法性最终达到解放的"阵地",这不仅在思维方式上充分考虑上层建筑的作用和政治强制性,彻底改变了人们对意识形态的理解,而且在理论上对整个西方马克思主义思潮产生了广泛而深远的影响。

(二)文化霸权理论的解放构想

葛兰西把文化与政治、意识形态连接起来,将政治上的领导权发展为意识形态的领导权,通过意识形态领导权斗争获得政治力量而达到人类解放。他特别强调文化启蒙的重要意义,并通过对以领导权为核心的社会文化关系的分析以及"知识分子"作用的探讨,强调了"知识分子"对无产阶级革命的创造性指导,为人类解放提供了文化领导的图景。

1. 文化启蒙应关注个体与群体的双重解放状况

葛兰西文化霸权理论承袭了传统启蒙思想,但又不是简单继承。传统启蒙思想强调天赋人权的启蒙作用;葛兰西则强化文化启蒙的作用,认为文化是其政治问题的暗线,政治是文化启蒙的延伸,通过揭示文化发展的隐秘机制所进行的文化启蒙才能达到创造新文化、创建新文明的目的,真正实现人类解放。

传统启蒙思想的核心范畴之一是理性主义,通过理性解放个体的个性,使个体在自然权利的基础之上确立人的各种权利,实现个体解放。康德就认为,理性能够解放个体权利,并且为启蒙运动提出口号,呼吁人们要有勇气运用自身的理性。② 但这种理性基础指向人对道德至上的人性理念的信奉,以此实现人类理性的自由与幸福目标。

葛兰西认为个体离不开群体,个体只有置于群体之中才能认识他人

---

① 〔德〕哈贝马斯:《公共领域的结构转型》,曹卫东、王晓珏、刘北城译,学林出版社1999年版,第29页。

② 参见〔德〕康德:《历史理性批判文集》,何兆武译,商务印书馆2017年版,第23页。

与自身。文化启蒙所要追求的不是单纯的个体的自我权利与解放的结论或结果,而是在具体的历史语境下,个体与群体在互动中相互促进、共同发展。因此,文化启蒙要关注个体与群体的双重解放状况。他不仅从个体出发来考察人的权利,而且在群体中宣扬人的权利。文化启蒙要保证领导权谈判明确、清晰的方向——使群体走向解放而为其创造新文化、新文明的方向。通过"普遍意识"的层层积淀,使群体的认识超越经验性、常识性,使群体的思想提升到较高层次水平的意识状态,即统治阶级在获得政权之后,需要通过文化领域的创造和发展实现对社会成员思想意识的支配,完成"对人民大众进行马克思主义的实践哲学的启蒙"①,形成统一从属的意识形态发展状态,达到对社会生活的自觉,形成新的世界观。

葛兰西认为,文化启蒙的关键是,要依靠群体所形成的"文化组织"来"组织文化",通过国家塑造与教育提高来获得"文化组织"力量,只有这样才能真正走向实质性解放。

2. 大众解放的过程是"知识分子"与普通群体形成"历史集团"的过程

葛兰西指出,"知识分子"是政治国家之外和市民社会之内的统治力量,他们依附于特定的阶级和利益团体,往往以"代理人"的身份自愿行使文化领导权,并依据市民社会的经济运行现状,通过文化领导凝聚民众意志来维持社会经济的稳定发展。葛兰西认为,领导权问题是领导能否合法化、能否被接受的问题。只有领导权具有真正的合法性,"才能使人们自觉不自觉地遵从着统治者的霸权逻辑"②。葛兰西从核心领域、取得方式、根本保障、判断标志等维度全面论证了如何获得与彰显领导权的合法性问题。

关于获得领导合法性的核心领域问题。经济问题虽然构成了葛兰西论述文化霸权理论的"地平线",但葛兰西的文化霸权理论不仅指向经济

---

① 汪行福:《"葛兰西要素"及其当代意义》,《哲学研究》2013 年第 2 期。

② 仰海峰:《西方马克思主义的逻辑》,北京大学出版社 2010 年版,第 106 页。

领域,更指向政治与文化领域,认为政治领域的统治与文化领域的霸权是获得领导合法性的核心,突出思想与文化启蒙在革命进程中的历史功能,开启了马克思主义"文化政治"的论证方式。如果仅仅将领导权定位在经济领域,就会陷入宿命论中。现实性上的领导权力量的对比关系,最终不得不归结为领导同政治、文化的关系。葛兰西强调通过对劳动过程的有效控制来取得无产阶级文化霸权地位,主张无产阶级理应占据市民社会领导权的集中阵营,通过文化和意识形态领导权的阵地战与资产阶级所支配的社会领导现状相对抗,以此激发无产阶级的革命意识和行动意向;通过超越行业集团自身的经济利益,在政治上层建筑与文化等核心领域来获取领导权。

关于领导合法性的取得方式问题。在社会发展的一定时期,采取何种方式取得意识形态的主导地位、获得领导合法性是执政党最为关心的问题。葛兰西认为,统治者与被统治者、领导者与被领导者是政治的第一要素,因而人们必须思考如何有效地领导。[①] 他指出,领导者不是通过暴力、压制被领导者,而是通过双方之间的谈判,与各种政治声音展开对话与讨论,切实维护被领导者的利益,赢得被领导者的真正认可。领导者与被领导者进行谈判是领导合法性的取得方式。如果说政治社会的特征是暴力、强制,是领导者的独白与专断,那么,市民社会的特征就是认可、同意,是领导者与被领导者之间永不间断的谈判与讨论。在发达的资本主义市民社会国家,无产阶级革命必须实现战略的转移,推动无产阶级文化领导权的大众化,发挥文化领导权统一民众集体意志的作用,即从武装夺取政权转向非暴力的领导权争夺,使被领导者自觉自愿地服从政治权威的合法性领导。

关于获得领导合法性的根本保障问题。美国学者卡尔·博格斯认为,葛兰西"是直接将知识分子问题作为一个理论问题来谈论的第一个

---

① 参见[意]安东尼奥·葛兰西:《狱中札记》,曹雷雨、姜丽、张跣译,河南大学出版社 2016 年版,第 108 页。

马克思主义者"①。葛兰西认为,具有开放性与自觉意识的"知识分子"同市民社会联系在一起,在政治与市民社会中扮演了重要角色:一方面,他们承担着对资产阶级进行无产阶级的意识形态改造,实现无产阶级对文化领导权的掌握;另一方面,他们架起了沟通普通群体与国家之间的"桥梁",担当着对普通群体的启蒙责任和教育责任,在制造与维护领导权中起着保障性作用,"知识分子"是意识形态传播的主力军,是获得领导合法性的根本保障。"知识分子的伦理实践和政治实践,为提高普通大众意识,使之达到更高的意识具有指导性的作用。"②任何阶级的文化领导权都建立在竭力发挥其本身的渗透和传播功能上,而"知识分子"成为市民社会中传播文化和意识形态的主体力量,资产阶级为了促使资本逻辑与制度获取广泛的社会认同,依靠"知识分子"来进行意识形态的灌输;同样,无产阶级意识形态被群众接受的程度与传播效应有赖于"知识分子"的作用,他们也需要发挥自身文化和意识形态特殊的感染力量,以使其他社会成员对自身的意识形态观点予以认同。"知识分子"的启蒙与引导可以使普通群体获得认同,主要表现为"知识分子"在革命进程中形成了与人民群众之间统一的思想关系,并使其在认同的基础上具有行动意识。要发挥和实现意识形态、文化的功能,国家就必须依靠"知识分子"的"劝说"与"灌输"作用,使社会构成中的普通群体对国家文化和社会制度产生积极的认同;而无产阶级也需要依靠"知识分子"去"说服"其他社会成员认同其文化理念和社会理想,在社会的总体关系中,将无产阶级的阶级意识灌输到本阶级成员之中,通过"知识分子"的创造性活动来实现对群体的提升,实现对社会关系的政治、文化改造。同时在革命实践中总结经验,并将革命经验提炼为理论,进一步指导无产阶级的具体实践。葛兰西为无产阶级的文化领导权活动确立了实践哲学的基础,认为

---

① [美]卡尔·博格斯:《知识分子与现代性的危机》,李俊、蔡海榕译,江苏人民出版社 2002 年版,第 68 页。

② 仰海峰:《西方马克思主义的逻辑》,北京大学出版社 2010 年版,第 121 页。

只有从具体的文化革命实践中形成新的哲学观和思维方式,才有可能超越既定的资产阶级哲学及其推动的争夺文化领导权的活动,以此形成与现代社会意识形态结构相抗衡的力量,确保改革现存文化运动的推进。这就需要在"知识分子"的文化武装中确立革命实践的哲学观,发挥对人民大众的感染和"劝说"功能。如果缺乏"劝说"者,即缺乏作为"桥梁"的"知识分子",就无法将普通群体在实践中提出的问题进行整理并形成领导权建构的态势,也不可能真正赢得普通群体反对霸权而争夺领导权斗争的胜利。反对霸权、争夺领导权仅靠以"经验常识"为生活基础的普通群体是无法完成的。葛兰西赋予"知识分子"以维护自身文化思想、价值观念等意识形态的新内涵和任务,注重促动"知识分子"走进普通群体,成为国家、无产阶级与普通群体的"结合剂"。与此同时,普通群体也必须不断聚集意识,并融入"知识分子"之中,使"知识分子"得到充实、提高,使之投向更高的精神改革与道德生活目标,从而达到反对共同敌人,实现团结与联盟的策略。

关于获得领导合法性的判断标志。葛兰西提出,国家政权的维护需要国家强制力量的实施与国家秩序的建立,同时还需要"知识分子"与普通群体在理论与实践上达成统一,国家政权建立在大众"同意"的基础之上,在情绪与思想的共鸣中创造出"历史集团"(historicbloc)。这有赖于"知识分子"积极采取策略参与社会实践,主动在应对社会挑战中担负引领社会思想的重任,创造容易被人民和领导认同的文化。如果知识分子与人民、领导者之间的关系有机融贯,感情与热情变成理解的桥梁,"只有在那时,才会发生统治者和被统治者、领导者和被领导者之间个别要素的交换,才能实现作为一种社会力量的共有生活——并创造出'历史的集团'"[①]。在"有机融贯"的整体性"历史集团"中,能够形成"知识分子"与普通群体的历史自觉性,能够获得文化上的稳定性与思想上的有

---

① [意]安东尼奥·葛兰西:《实践哲学》,徐崇温译,重庆出版社1990年版,第109页。

机性,促使人民群众在"知识分子"的引领下发挥越来越大的社会作用,形成以文化领导权为核心的社会组织共同体,同时人们在"历史集团"中才能认识自己,并去发动反对霸权或争夺领导权的革命斗争。"历史集团"的形成并达成无产阶级思想指导下的"集体意志"和"有机的意识形态",是获取领导合法性、赋予"知识分子"在国家中领导地位的根本标志。

对于"历史集团"的理论探讨,构成了葛兰西的思想支点与文化视野解放图景的中心。葛兰西认为,在对领导权的争夺过程中,"历史集团"的形成为获取最终领导权打下坚实的基础。如果未能形成"历史集团",根本无法争夺最终的领导权。葛兰西认为,一个阶级的力量无法完成占有领导权及其解放的历史使命,他使用"历史集团"概念来描述①"知识分子"与普通群体等社会力量在争夺领导权过程中的表现,表述社会力量的聚集;"历史集团"是一个比单一的社会力量——阶级更为复杂的结构,是为争取文化领导权而展开革命斗争的政治团体,体现了在现实的文化革命和领导权运动中理论与实践相结合、"知识分子"与人民大众相统一的致思路径。他强调合力形成的综合性力量以及谈判中相互让步、妥协态度的形成,强调"历史集团"的统一意志对人民群众批判意识形成的关键作用;反对霸权或争夺领导权的革命,以此领导和组织人民群众在批判和革命现实实践中形成共同意识;赢得领导权与大众解放的过程就是"历史集团"内部之间的结合、分离、再结合的过程。

"历史集团"是一个异质性社会力量的统一体,是上层建筑与经济基础有机的、具体的结合体。市民社会和国家等都属于上层建筑的领域,并具有自身独特的文化和意识形态发展诉求,形成从政党、工会到新闻媒体等团体,具备传播统治阶级或特殊利益阶级意识形态的功能。随着社会历史的变化发展,"历史集团"也能够顺应不同的社会历史条件而共同完

---

① 美国学者罗宾斯就认为,葛兰西的"历史集团"是一个"描述性的范畴"。(参见[美]布鲁斯·罗宾斯:《知识分子:美学、政治与学术》,王文斌、陆如钢、陈玉涓等译,江苏人民出版社 2002 年版,第 117 页)

成赢得领导权与大众解放的任务。

（三）解放构想的超越性与现实性

在葛兰西思想的当代效应中,其文化视角下解放构想的思想能量、批判精神与实践向度都值得人们关注。葛兰西文化视角的解放构想既立足于民族国家,又贯穿东西方社会,在某种意义上形成了超越传统马克思主义的基本特色,将传统视域中的市民社会定格为独立于政治活动以外的独特集合体,并突出文化阵地、文化价值观念和文化领导权在无产阶级革命实践中的核心地位,实现了从传统马克思主义对资本主义的经济批判、政治批判向文化批判的理论转向。"回到葛兰西",从葛兰西对文化关注的思维方式中获得思想资源,对我们思考当前的文化现代化问题提供了颇具价值的视角。

1. 解放构想对传统马克思主义的超越

葛兰西文化视角的解放构想在结构与功能上思考发达资本主义国家进行社会主义革命的策略和解放的道路问题,蕴含了深刻的意识形态认同与价值观培育的基本思想,在解释模式、路线选择、内在逻辑建构等方面超越了传统马克思主义。

第一,葛兰西坚持传统马克思主义的历史唯物主义基本观点,强调客观物质条件对解放道路的制约作用,他反对实证主义或机械化对马克思辩证法和实践哲学观的消极解构,指出任何对马克思解放理论的解读都不能遗弃其哲学批判性与革命性的精髓。文化领导权的革命实践正是对马克思的创造性实践灵魂的重启,在历史唯物主义视野中突出阶级意识对解放的作用;但在解释模式上,基于政治、经济与文化的整体性框架思考意识形态在社会结构中的地位和功能,强调意识形态的建构性作用,认为市民社会的发展趋势应该是以道德精神为基础的文化—伦理社会,国家等组织形式将融化于市民社会之中。这种理解突破了传统马克思主义解放道路在分工意义上讨论意识形态的功能以及囿于经济基础与上层建筑关系的解释模式,准确把握无产阶级的批判意识和革命性在现代社会文化范围的笼罩下逐渐消逝的特殊背景,对传统解释框架中分工产生的作用及经济基础与上层建筑的辩证关系进行了深刻反思与重新定位,丰富了马克思市民社会的理论内容,对现代社会的发展具有重要的现实指导意义,这些有益的探索直接影响到当代人类解放思想的建构。

第二,葛兰西在文化视角的解放构想中,向"领导权"范畴注入了特定的智识、道德内容,强调智识、道德政治的融入与改革以及道德氛围的巨大力量。在伦理关怀与底层情结上,他将"知识分子"智识与普通群体的道德相结合,通过智识与道德领导的政治手段达成非强制性的政治效果,对"知识分子"的未来和历史使命做出了前瞻性、革命性的规划,具有划时代的意义,从而"改变了政治解放的远景"①。在"知识分子"群体中划分出"有机知识分子"以突出无产阶级的自我意识并维护其在市民社会中的统治地位,保证其作为新的生产关系的代表发挥社会变革的作用。通过智识、道德改革,使某一社会集团争取其他集团对其表示积极赞同,达到建立新的领导权的目的,这是葛兰西文化视角的解放构想所积极探索的新路线,推动了西方马克思主义文化理论转型与政治阐释框架的转变。

第三,葛兰西在文化视角的解放构想中,强调"历史集团"所形成的集体意志的整合,旨在把握经济基础与上层建筑的历史统一性,重视"历史集团"多元主体的创造性。在内在逻辑建构上,找到并打开了突破传统马克思主义"无产阶级中心论"的缺口,葛兰西的论述"极大地补充了马克思主义关于政治斗争的议题"②。传统马克思主义认为,资本逻辑必然导致阶层的明显分化,导致社会阶级矛盾的对立与冲突,特别是分化出无产阶级与资产阶级两大阶级之间的对立与冲突。这种对立与冲突的根源在于社会的基本矛盾——生产力与生产关系矛盾运动,而无产阶级是解决其矛盾并实现彻底解放的依靠力量。因此,马克思将自己的人类解放思想建立在社会矛盾的批判与解决的基础上,而不是将之归因于某种"知识分子"的天才般的设想。然而,葛兰西对所处时代社会转型中"知

---

① [美]纳迪娅·乌尔比诺蒂:《葛兰西的从属和霸权理论》,载李惠斌、薛晓源主编:《西方马克思主义研究前沿报告》,华东师范大学出版社 2007 年版,第 82 页。
② 林青:《后马克思主义中的阿尔都塞因素》,《马克思主义与现实》2015 年第 6 期。

识分子"及"知识分子"角色转换进行了深层思考,突出无产阶级政党和"知识分子"的主体性及其意识形态作用的重要性,开启了肯定"知识分子"力量与政治历史地位之先河。他所阐释的在拓展社会文化团体的同时对其加以适当的监督和引导的理论,是我们探索意识形态领导权建构的至关重要的方法论资源。

葛兰西文化视角的解放构想充分体现了葛兰西在组织化资本主义时代对解放规划、解放路径与解放策略的探讨和尝试性的努力,推进和扩展了传统马克思主义人类解放的规划,诉诸无产阶级革命占领思想文化的领导权,在总体性的视野下思考实践关系中社会主体的行动指向,这注定了葛兰西不是书斋式的哲学家,而是服务于广大民众的民主式哲学家。

2. 从葛兰西对文化关注的思维方式中获得思想资源

对葛兰西的解放构想进行客观评价较为困难,因为葛兰西文化视角的解放构想不仅内容相当丰富,而且其中的许多命题、范畴都有相对的固定内涵、精确的使用边界以及具体的使用语境。我们不能僵化地以教条主义的态度对待葛兰西文化视角的解放构想,必须在特定的语言环境中,具体、主观经验性地对其进行考察。

对葛兰西文化视角的解放构想与文化运作隐秘机制的深入探讨,对我们的深刻启示更重要地表现在思维方式上,也即从葛兰西具体的解放构想中悟出思考现实问题的一般方法与原则。如葛兰西关于"知识分子"的思想从思维方法上值得我们借鉴。葛兰西的"知识分子"思想的深刻之处与独到意义就在于从事物的内部来解构自身,解除意识形态结构,颠覆传统西方理论和方法,这种基本思维策略与实践活动原则符合历史辩证法的一般分析方法,"对于我们可能意味着是修正当代哲学中平庸的流行趋势的一种极好方法:在一般的标准和地方意义之间、在理论和解释之间的分离意识"[①]。葛兰西的文化解放理路通过对资本主义意识形

---

① ［美］纳迪娅·乌尔比诺蒂:《葛兰西的从属和霸权理论》,载李惠斌、薛晓源主编:《西方马克思主义研究前沿报告》,华东师范大学出版社 2007 年版,第 90 页。

态的理性批判,从无产阶级的革命意识与社会历史文化的关系出发,从文化的历史地位思考意识形态领导权的占有方式,探索意识形态领导权作用的内在机理,为促使无产阶级的自由意识和劳动解放范畴的现实化提供了重要契机。

葛兰西在解放构想中对文化关注的思维方式为我国现代化的发展提供了重要的思想资源。"历史的有趣之处恰恰在于,它给予了葛兰西'文化霸权'理论以实现的机缘,但不是在市民社会发达、无产阶级尚未取得政权的欧洲资本主义国家,而是在东方,在苏联和中国,无产阶级在已经取得政治权利之后,显示出其夺取文化上的'霸权'的迫切需要。"①中国现代化建设所面临的文化现代化问题,要求我们必须对我国的现代化进程与状况有一个基本判断。从现代化的主体观念来看,中国现代化局面呈现三大层次:占中国群体大多数的农民还处于前现代的水准;一部分人已经能够接受现代化的理念;在一部分知识分子中弥漫着后现代情绪。在西方国家的不同阶段以历时态经历过的义化现代化状况,共时态地出现在当代中国,具有时空叠加的性质。面对中国文化现代化复杂性与艰巨性的现状,我们有必要借鉴葛兰西的思维方式,高度关注文化,重视文化的作用,重视意识形态的构建对人们重新审视存在与解放问题的现代意义。

在社会有机体中,政治、经济、文化的基本关系是:经济、政治是骨架和躯干,文化是血肉和灵魂。文化同样是国家综合国力的重要体现。鉴于文化在建构社会未来文明中的特殊作用,葛兰西的"知识分子"理论为当代社会知识分子实现自身的价值提供重要支撑,在当今文化功能发挥力度相对不足的复杂性实践中,我们"回到葛兰西",重温葛兰西的思想,从葛兰西对文化关注的思维方式中获得思想资源——培养大量具有高度自觉性、真知灼见、独立思想的先进知识分子,以知识分子作为建设社会

---

① 张羽佳:《"文化霸权":概念与现实的双重探索》,《哲学动态》2012 年第 8 期。

主义主体文化的主导力量,促使知识分子自觉将个人价值追求与人民解放、社会发展的需要结合起来,构建具有中国特色的社会主义主体文化,提升群体对中国特色社会主义主体文化价值的认同感、归属感,提高主流意识形态传播效应,打造意识形态领域的中国话语权,积极推进马克思主义大众化,既要彰显中国马克思主义的革命精神与传统文化意识,又要重视中国文化与世界多元思想价值的对话和沟通。在国际交往过程中深化对意识形态问题的研究,杜绝将西方特定语境中的文化与意识形态不加辨别地运用于中国的思想内容中,在维护和争夺意识形态话语权的过程中绝不承诺放弃强制性手段,紧紧把握意识形态阵地——是一项意义深远的重大任务。通过文化领导权的建设,抵制西方各种反动思潮,破解国内价值多元化的博弈难题,凝聚大众群体的力量,引导大众走向文化自觉、文化自信和文化自强。当然,在运用葛兰西思想的时候,我们应该创造性地实现葛兰西的思想与其他相关理论的结合,糅合各种理论成果实现综合创新,用群众熟悉的语言方式来传达群众关心的问题。在反映特定时代的精神诉求中推进解放的实践步伐,不断丰富和完善马克思的人类解放思想。

三、马尔库塞的艺术与审美解放论

当代美国法兰克福学派著名的左翼代表人物之一赫伯特·马尔库塞(Hebert Marcuse,1898—1979),因极具批判精神和历史责任感,曾被西方学界誉为"新左派哲学家"以及"青年造反者的明星和精神之父"。他毕生都对西方社会和文化保持着不妥协的批判态度,并在这种批判中积极寻求人类解放与幸福之道。纵观其大部分著作,特别是后期编撰的《单向度的人》《爱欲与文明》《论解放》《反革命与造反》与《审美之维》等专著,表明马尔库塞在新的历史境遇与时代背景下,对现代人生存境况深感焦虑,并由此引发对社会弊病的揭示以及对解放之路的沉思,形成了独具特色的解放美学观。马尔库塞的解放美学思想为我们实现人类解放所进行的理论与实践的双重探索仍然具有重要意义。

（一）扩张量和提高质的爱欲解放

现代发达资本主义社会所带来的科学技术的进步以及物质的繁荣并没有遮蔽马尔库塞深邃的洞察力,他以激进的态度和犀利的笔锋对人所处的现实环境——科技异化、艺术文化的异化等进行了批判。

科技主导生产的资本主义社会,从根本上说是一个"病态的社会"。在这个"病态的社会"里,科技并没有成为造福人民的帮手,而成为统治阶级的统治工具,直接或间接地控制着人们的物质和精神生活。人变成机器的奴隶,受机器的支配,机器成为支配人的异己力量。更令人担忧的是,异己的力量未能被异己的人所认识:技术理性已取得"全面的胜利",人们对生活的态度也逐渐转变为消极的逃避。个人内心的否定性思维严重丧失,社会成为"批判的停顿:没有反对派的社会"①。科学技术同资本主义的合流消解了人的生命活动的全面性和丰富性,人们对现实社会形成了单向度的肯定性思维。

马尔库塞认为,科技异化的同时,艺术文化领域也被工业社会的物质性特征所浸染,使得艺术文化沾染了物质现实的因素,逐渐和物质现实融为一体,已不再是单纯的艺术文化,是剔除了人的本质与欲望的物性文化。问题还在于,发达资本主义国家的艺术文化失去了本身所固有的价值功能,成为国家意识形态宣传和展现资本主义国家制度优越性的工具。

对于一个具有艺术情怀及丰富美学思想的哲学家马尔库塞而言,艺术文化的异化对其是一种巨大的触动。"病态的社会"造就的"单向度的人"如何摆脱痛苦?异化的文化如何消除异化,还以本真意义?马克思哲学的最高主题——人类解放在现代发达资本主义社会又如何能扫清障碍继续前行?

为此,马尔库塞借鉴了哲学巨匠马克思的相关思想,其"《爱欲与文明》显然是精神分析学与马克思主义相互融合的另一种积极尝试"②。马

---

① ［美］赫伯特·马尔库塞:《单向度的人:发达工业社会意识形态研究》,刘继译,上海译文出版社 2016 年版,第 1 页。

② 南帆:《文学批评中的"历史"概念》,《中国社会科学》2019 年第 3 期。

克思认为,人在现实社会受到的各种压抑其实是人的深层本质扭曲的表现,人类解放归根到底就是人的本质的解放。这一点,马尔库塞深表赞同。但对于人的本质究竟是什么的理解上,马尔库塞却与马克思有着大相径庭的观点。他认为,人的本质并非"各种社会关系的总和",而是人的"爱欲",人的解放就是人的爱欲解放。而科学技术、现代文明的发展与人本能的满足此消彼长,马尔库塞由此对社会发展与人的解放相统一的观点持消极态度。

　　马尔库塞之所以会将人的本质视为人的爱欲,把人类解放视为爱欲的解放,是因为他深受弗洛伊德的精神学及心理结构理论的影响。弗洛伊德把人的心理结构分为"意识"与"无意识"。其中,"意识"包括"自我"和"超我"的人格精神,受快乐原则支配的"无意识"大部分是"本我"范畴的人格精神。"无意识"心理结构比"意识"心理结构更能体现人的本质,原因在于:首先,"本我是最古老、最根本、最广泛的层次,这是无意识、本能的领域,无意识是人的本质与欲望遭受遏制的合乎道德的表述。本我不受任何构成有意识的社会个体的形式和原则的束缚。它既不受时间的影响,也不为矛盾所困扰"①,而是遵循快乐原则行事。而人的"自我"和"超我"则受人的意识的支配,无法脱离现实原则的摆布,往往不是人真实意思的显现。其次,"本我"是一股极大的暗流,"自我"和"超我"同"本我"相比,是极小的部分,因此,"本我"的行为根源归结为人的本能,对社会经济的发展具有鲜明的反作用,在解释意识形态与物质基础的关系问题上最具说服力。最后,"自我"只是在外部环境影响下一部分器官逐渐发展形成的。"自我的过程仍然是次要过程。"②弗洛伊德在论证了"无意识"体现人的本质之后,进一步将"无意识"的本能划分为生命本能和死亡本能。但唯有其中的生命本能才是人的本质的表征:因为人首

──────────

①　[美]赫伯特·马尔库塞:《爱欲与文明》,黄勇、薛民译,上海译文出版社2012年版,第20页。

②　[美]赫伯特·马尔库塞:《爱欲与文明》,黄勇、薛民译,上海译文出版社2012年版,第21页。

先必须是作为生命存在才有可能被谈及。"其中生命本能（爱欲）压倒了死亡本能。生命本能不断地反抗和推迟'向死亡的堕落'。"①这种体现"生命存在"的生命本能就是人的爱欲。

马尔库塞接受了弗洛伊德的精神学及心理结构理论关于"生命本能就是爱欲"的主张，也认为在现代资本主义社会，人受到压抑，就是因为作为人的本质的爱欲受到压抑。但马尔库塞也对弗洛伊德的某些观点提出了质疑。弗洛伊德没有明确区分爱欲与性欲，马尔库塞指出两者是有重大区别的：爱欲"是性欲的量的扩张和质的提高"②，是在性欲基础意义上的扩大。就"量的扩张"而言，爱欲的范围从生殖器官扩展到人体的每个部位与整个生命体，进入非生殖性的活动领域，能够表征人的本质需要的普遍属性，弗洛伊德的性欲只是构成人的爱欲的先验形态；爱欲的对象从异性延伸到所有能引起人快乐的外物；爱欲的活动也从单纯的两性行为扩展到人的所有活动，扩大到对人的一切情爱的关系领域。就"质的提高"而言，马尔库塞将仅限于生殖器上的性欲转化为人格上的爱欲，由肉体转向精神，自性感转入美感，指出人的爱欲与社会文明的发展相辅相成，人的本质将伴随爱欲的恢复而得以解放。爱欲从追求生殖器官的局部快乐到消除人的痛苦，达到人的自由全面发展。

爱欲是人的本质，文明社会对人的压抑就是对爱欲的压抑，这种压抑不仅是对人某种功能的束缚，更主要是用现实原则代替了快乐原则，导致意识活动占据和控制了无意识，从而改变了人的本质，并最终让人陷于无限的痛苦之中。科学技术与资本逻辑的合谋，在日常生活中不断满足人们的物质生活需要，并无形中催促人生成对科学技术的依赖，逐渐消解了人对社会的批判与反抗。马尔库塞因此主张，人要真正享受到人的本质得以实现的痛快，在人的爱欲满足中成为高级存在物及具有较高的存在

---

① ［美］赫伯特·马尔库塞：《爱欲与文明》，黄勇、薛民译，上海译文出版社2012年版，第17页。

② ［美］赫伯特·马尔库塞：《爱欲与文明》，黄勇、薛民译，上海译文出版社2012年版，第187页。

价值,就必须恢复人的本质,使人不断遭到歪曲的本性颠倒过来,通过解放爱欲把人从痛苦的深渊中解救出来。

(二)人类解放的艺术与审美之途

在人类解放的途径上,马尔库塞试图在心理学向度上构建一种与马克思的无产阶级革命观相异的解放之路。他认为,艺术和审美才是实现人类解放的有效途径。他从艺术、审美对个体主体力量与社会力量双重维度的影响上进行了展开。

关于艺术、审美对个体力量维度的影响。马尔库塞认为,马克思的革命主体——无产阶级已经丧失了主体地位,必须采用其他途径来培养全社会个体(包括无产阶级)的革命主体意识。这种培养途径依靠的就是艺术与审美。由于受现代工业文明与大众文化的控制与摧残,生活在社会底层的无产阶级已渐渐失去了作为现实生活否定作用的力量。他们依附于所服务的企业,身处异化之中却并未感到痛苦,工人阶级的革命立场日益减弱,由此导致无产阶级革命主体严重缺位。面对这种情况,马尔库塞尖锐而又不失冷静地提出,革命需求的产生首先必须源于个体的主体性,植根于个体的理智、冲动与目标。① 而马克思论及的无产阶级革命主体力量明显不适合当前形势,他们没有革命的需求,没有革命的动力与基础,不可能有无产阶级革命实践,更不可能爆发无产阶级革命。革命最需要解决的是主体力量的培养问题。他们需要的是在自身劳动异化的基础上破除社会文化和思想意识安置在爱欲中的枷锁,社会革命的主体由此被界定为资本主义社会的"新左派"与第三世界的无产阶级。新革命主体关键在于对个体的行为心理基础和本能结构进行改造,以拯救其爱欲、想象、灵性与直觉等感性之维度。"个体的感官的解放也许是普遍解放的起点,甚至是基础。自由的社会必须植根于崭新的本能需求之中。"②

---

① 参见[美]赫伯特·马尔库塞:《审美之维》,李小兵译,广西师范大学出版社2001年版,第194页。

② [美]赫伯特·马尔库塞:《审美之维》,李小兵译,广西师范大学出版社2001年版,第132页。

马尔库塞用"新感性"概念对"爱欲、想象、灵性与直觉等感性之维度"进行了总体概括。"新感性"是相对于被理性压抑的"旧感性"而言的,是一种自由的和"活"的感性。它能突破技术理性对人性的压抑,使人的原始本能得以解放,自由感重获回归。具备这种"新感性"的人们能将具有攻击性和侵略性的能量纳入生命本能的社会解放,达致人与人、人与物、人与自然之间的和谐统一。因为"新感性,表现着生命本能对攻击性和罪恶的超升,它将在社会的范围内,孕育出充满生命的需求,以消除不公正和苦难;它将构织'生活标准'向更高水平的进化"①。"新感性"形成的最佳方式莫过于艺术和审美。第一,艺术通过想象这一基本思维方式为"新感性"的建立奠定基础和动力。想象是一种积极的心理机制,它不拘泥于现实,同现实对抗和决裂,反对现实原则和操作性原则,崇尚快乐原则与自由原则。它能够超越既存现实,创造性地构建一个完全不同于现实的更加美好和幸福的世界。在这一构建美好未来的想象过程中,旧感性被排斥和驱赶,"新感性"得以形成与凸显。这是因为想象是与现实隔离的,它能表现出不自由世界的自由。艺术通过想象对现实的加工与变形,激发了人体内原始本能对美的追求,并在这种追求中逐渐确立和增强"新感性"。"艺术作品从其内在的逻辑结论中,产生出另一种理性、另一种感性,这些理性和感性公开对抗那些滋生在统治的社会制度中的理性和感性。"②第二,"美的东西,首先是感性的,它诉诸感官,它是具有快感的东西,是尚未升华的冲动的对象"③。刺激快感的力量属于美的基本性质而构成美的本质。马尔库塞的"审美救赎"扬弃了传统形而上学思维中的"审美超越",将艺术的"审美救赎"构想置于现实具体的实践中予以审视和检验。他指

---

① 〔美〕赫伯特·马尔库塞:《审美之维》,李小兵译,广西师范大学出版社 2001年版,第 98 页。

② 〔美〕赫伯特·马尔库塞:《审美之维》,李小兵译,广西师范大学出版社 2001年版,第 195 页。

③ 〔美〕赫伯特·马尔库塞:《审美之维》,李小兵译,广西师范大学出版社 2001年版,第 114 页。

出,审美不但能给人带来直接的感性幸福,而且通过审美的调和,还可以强化感性对理性专制的反对,甚至把感性从理性的压抑统治中解救出来。不同于技术理性全面统治与压抑下的人的不自由存在,审美活动能使人的自由存在复归。这样,审美就造就了人的"新感性"或"新感性"的人。

马尔库塞所认为的"新感性"并不只仅仅是存在于个体之中的心理现象,而且是使社会变革成为个人需求的中介,是变革世界的政治实践和追求个人解放之路的调节者。① "新感性"孕育着不受现实与历史限制的独立个体。只有这些个体联合起来并组成具有新的主体性的历史主体,借用艺术审美的形式激发历史主体潜在的批判与革命力量,才能领导人类解放的伟大革命,才能推动历史进程并产生新的社会。艺术和审美造就"新感性"的目的在于培养新的革命主体来重建新世界,并最终使人的本质即爱欲得以解放。

关于艺术、审美对社会力量维度的影响。在人类解放的途径上,马尔库塞的眼界没有局限在塑造"新感性"这一个体力量维度上,他还从社会力量的整体维度上加以全面把握,深刻探讨了艺术、审美对现实社会状态的否定。他认为艺术的本质与特性是"审美形式"与"艺术自律",并以此为基点展开论述,分析了艺术与审美对制约现实社会因素的克服,确定了艺术传播文化与思想的社会功能,从而彰显艺术和审美对社会力量维度的加强效应与功能。

所谓"审美形式",是马尔库塞对艺术本质的独特定义。在马尔库塞看来,"撇开那些审美趣味上的变化不论,总存在着一个恒常不变的标准"②,这就是"形式"。"有了审美形式,艺术作品就摆脱了现实的无尽的过程,获得了它本身的意味和真理"③。艺术构成"审美形式"的本体,

---

① 参见[美]赫伯特·马尔库塞:《审美之维》,李小兵译,广西师范大学出版社2001年版,第120页。

② [美]赫伯特·马尔库塞:《审美之维》,李小兵译,广西师范大学出版社2001年版,第190页。

③ [美]赫伯特·马尔库塞:《审美之维》,李小兵译,广西师范大学出版社2001年版,第196页。

赋予"审美形式"异在的自律性,即相对于资本主义世界而言的异在"审美形式"能够实现对异化现实的超越与救赎。马尔库塞视野中的"审美形式"不同于以往从内容出发的"形式—内容"二分法,它超越了界定形式的传统理论模式,实现了内容和形式的有机结合:内容转化为形式,形式整合为内容。也正因内容被形式所改造,人们便可不计内容和目的,一方面将艺术作品从所给予的现实中转移和分离出来,使纯形式表现出对象即"美"得到展现,另一方面依照"审美形式"内含的否定性去把握无序、狂乱与苦难。因而,借助"审美形式",发挥"审美形式"的艺术倾向性和意识形态功能,艺术"才超越了现存的现实,才成为在现存现实中,与现存现实作对的作品"①。

所谓"艺术自律",是指艺术独立自在的性质。"艺术通过其审美的形式,在现存的社会关系中,主要是自律的。在艺术自律的王国中,艺术既抗拒着这些现存的关系,同时又超越它们。"②艺术不受生产力与生产关系等外在性的制约和规定,不屈从于特定阶级的利益和观念,它具有自身的内在规律性,是一个和现实社会关系相区别甚至相对立的自律的领域。艺术自律的世界是一个真善美统一的世界,想象的超越性、审美的理想性、行动的自由性得以崇尚与确证。在艺术自律的世界里,人们摆脱了外在的压迫而呈现出自由自在的初始状态。

马尔库塞对"审美形式"和"艺术自律"本质的释义,即揭示了两者之间的关系,也揭示了两者的功能。从关系上看,"审美形式"是艺术的本体,是"艺术自律"的承担者,它遵循美的形式法则将现实"去现实化",创造出一个艺术的"异在"世界;"审美形式"构成了"艺术自律",维护了艺术不受现实渲染的独立自在性,保证了审美的理想性、想象的超越性与行动的自由性。从功能上看,艺术与审美对现实社会具有否定功能。艺术

---

① [美]赫伯特·马尔库塞:《审美之维》,李小兵译,广西师范大学出版社 2001年版,第112页。

② [美]赫伯特·马尔库塞:《审美之维》,李小兵译,广西师范大学出版社 2001年版,第189—190页。

与审美"遵从的法则,不是去听从现存现实原则的法则。而是否定现存的法则"①。它们力图突破被遮蔽、被伪装、被硬化的社会现实,通过塑造人的"新感性"激活潜藏于其中的革命力量,使人们意识到并开始反抗普遍的异化现实,希冀开启爱欲解放的前景。

马尔库塞认为,艺术、审美对社会现实的否定,是对社会力量维度解放的加强。充满想象力与创造性的艺术、审美世界,能够激发隐含于人性中的原始本能,蕴藏着人性解放的生机。"艺术也是解放的承诺。这种承诺也是审美形式的一个性质,或更确切地说,是审美形式的一个美的性质。这种承诺是从与现存社会的搏斗中冲杀出来的;它展示出一幅权力消亡、自由显现的图景。"②艺术、审美作为反抗异化的社会力量与人自由推动历史发展的需要趋向一致,是对历史主体自由权力意识的承认与使用。社会力量的加强功能是由艺术、审美对社会现实的否定而派生出来的;艺术与审美并不是直接"介入"社会革命力量的,它是通过否定、远离与超越现实来实现其革命潜能的,使社会群体力量更具批判精神和集体凝聚力。

由艺术和审美带来的艺术革命将使人的爱欲得到解放,感性开始回归。由此,人们便能生活在一个心驰神往的审美王国。对资本主义社会异化的革命体现在以艺术为根据地来发掘人的批判与革命力量,走向追寻爱欲解放与占有本质的自由道路。"人将会自由地'运用'(游戏)他的能力和潜能,运用自然的潜能。而且,也只有'运用'(游戏)它们,人才是自由的。他的世界因而就显示出来了,而这个世界的秩序就是美的秩序"③。人们按照美的规律生存使得爱欲占统治地位,

---

① ［美］赫伯特·马尔库塞:《审美之维》,李小兵译,广西师范大学出版社2001年版,第237页。
② ［美］赫伯特·马尔库塞:《审美之维》,李小兵译,广西师范大学出版社2001年版,第220页。
③ ［美］赫伯特·马尔库塞:《审美之维》,李小兵译,广西师范大学出版社2001年版,第54页。

人的本能欲望、精神自主力和创造力得以释放,艺术与审美真正成为人的基本需要。这说明艺术与审美的意义不是对给定因素的美化,而是建构出全然不同和对立的世界。

(三)逗留在意识领域的解放之路

马尔库塞对人类解放道路的设想遵循的理论逻辑是:人类解放在于爱欲上的解放,而在操作原则与现实原则占主导地位的现代资本主义社会,爱欲解放只能在艺术与审美中实现。因为,只有艺术和审美才真正存有反叛现实的一片"净土",能够承担拯救的任务,具有变革社会现实以及增强个体主体维度和社会整体维度的力量,在此基础上确立的革命主体不再是仅仅具备对自身爱欲有自觉意识的人,更是被资本与技术压迫的无产者。马尔库塞的这一解放美学思想主要是针对西方人内心世界被社会所控制导致丧失自主性而提出来的。他强调只有通过心理革命才能唤醒人们内心深处的感性冲动,使人们的内心世界从资本主义社会的总体控制下脱离出来,恢复人们的批判否定精神和对自由向往的追求,将自由的寻求置于感性的解放事业中,推动政治革命和经济革命最终取得成功。① 值得借鉴的是,马尔库塞的解放美学突出了艺术与审美的功能,凸显了艺术与审美在批判现代社会和争取人类解放胜利的作用。对回避艺术、审美研究方法的形式主义与结构主义等是一种有力驳斥。同时,马尔库塞将艺术、审美与人的未来联结在一起,把艺术、审美视为人的全面发展的有机组成部分,具有理论上的深刻性。尤其可贵的是,马尔库塞的居于人本主义立场,从人类解放着眼,立足对个体深层心理本能结构考察的解放美学倾注了常人在思索现代人生存处境时难以企及的热情与关怀。

但是,马尔库塞的解放美学背离了马克思关于人本质的界定和人类解放要通过社会革命实现的思想,而且理论自身也存在着难以克服的局限。

---

① 参见王雨辰:《一种非压抑性文明何以可能——论马尔库塞对当代资本主义社会的伦理价值批判》,《江汉论坛》2009 年第 10 期。

第一，马尔库塞解放美学的理论基础是抽象的人性论，与马克思的人性论相背离。虽然马尔库塞认同马克思的人类解放实质在于人的本质的解放主张，而他将人的本质归结为人的爱欲，仅仅从生物学意义上定义人的本质，并将其作为解放美学的理论基础，忽视了更为重要的人的社会性。这是对马克思关于人的本质思想的片面解读与割裂。关于人的本质的定义，马克思在强调自然属性的同时，更为关注人的社会性，认为人之为人、人与动物的根本区别是人的社会性，而并非马尔库塞所秉持的爱欲。爱欲作为生物本能，其本身也是随着社会的发展而不断丰富其社会性的，它的发展离不开社会环境的熏陶。

第二，马尔库塞过分推崇"新感性"的革命潜能，信奉"新感性"的力量，这显然是不恰当的。感性只是精神领域的产物，尽管与纯粹的精神活动不尽相同，但其根本目的依然在于挖掘人的内在心理和主观驱动力，它的作用主要局限在意识范围，不能代替社会实践的作用。事实上，人的感官与感觉也是由于劳动才逐步发展和完善的。例如语言的发展必然是和听觉与感觉器官的相应完善化同时进行的。感性和感官都离不开社会与现实实践。

第三，马尔库塞盲目夸大艺术与审美的功能，片面强调艺术、审美的感性特征和快乐原则，认为两者彻底摆脱了现实原则和技术理性的统治，具有解放人的感性力量的魅力，能使人从既存现实中解放出来并改造和重建世界。然而，语言、诗歌、绘画等艺术形式是一定共同体的产物，其本身来自于它所依存的社会。全面否定艺术、审美与现实的联系，完全排斥理性的介入，推崇艺术和审美作为解放的唯一道路是对艺术和审美特性的主观假想，并不符合现实中艺术与审美的本真状态。

艺术与审美的革命终归是精神革命，最终只能停留在意识领域。个体在工业社会中的分裂只能在现实的土壤中重新获得统一，而不是在幻想的领域中寻求救赎。马尔库塞的艺术与审美救世主义丝毫未触及资本主义制度的根源，走的是一条缺少现实生活真实性的"席勒式"的解放之路，是在审美幻觉中完成对现存社会的想象性批判，这种批判不会是人们的希望之所在。马尔库塞为人类铺筑的艺术与审美解放之路只是既不会开花也不会结果的乌托邦①之树,使人津津乐道于艺术和美学领域中的自由与幸福,是诗意的浪漫和空想。

四、列斐伏尔日常生活批判的文化解放方案

法国著名哲学思想大师昂利·列斐伏尔(Henri Lefebvre,1901—1991)一生致力于马克思主义理论的研究,尤其热衷于对经典马克思主义思想的改造和超越。他在马克思早期人本主义异化劳动思想的基础上,创造性地开辟了人类解放研究的一个崭新领域——日常生活解放。他认为,较之以往,20 世纪的西方资本主义社会已经发生了巨大变迁和调整,日常生活已经取代经济生活占据优势地位。故此,当代学者也必须将关注的目光从经济领域转换至日常生活领域,从日常生活角度出发批判资本主义对人的本质的压抑,提高被奴役人们的意识和觉悟。与马克思致力于全人类解放的宏观整体运思不同,列斐伏尔将日常生活的变革作为社会革命的核心,侧重于从日常生活的微观文化心理视角探求个人的解救之途。列斐伏尔的日常生活解放方案独具特色,是马克思人类解放思想微观维度研究的有益补充。

(一)"意义零度化"的日常生活

长期以来,日常生活因其无限循环性和烦琐无奇性而被视为非真理性存在,甚至被排斥于具有纯粹思想高度和理性特征的哲学视野之外。而列斐伏尔则力证日常生活在哲学领域的合法性与必要性,阐明哲学与日常生活的密切关系,认为"哲学不能被当作栅栏,也不能为了提升世界和为了区别浅薄与严肃时,将存在、深度和本质孤立在一边,而将事情、外

---

① 马尔库塞并不反对自己的爱欲解放观被评价为乌托邦理论,但对乌托邦有着不同的理解:不认为乌托邦只是一种抽象的逻辑概念和无法实现的理想,而是一种可能实现的历史概念。

表和显现孤立于另一边"①。日常生活是人一切社会活动的基础,其异化的现象基本能够反映社会整体发展的危机,自然成为现代哲学审思的重要课题。在列斐伏尔看来,没有哲学的日常生活是无真理的现实,同样,没有日常生活的哲学也是无现实的真理,只有将两者结合起来才能消除各自的局限。因此,人类解放的哲学应当对现代世界的日常生活予以关注、检审和批判。列斐伏尔试图将人们身处的社会日常生活化,即从日常生活的内部矛盾与生命力的角度来反思和批判现代社会,寻求最终解放全人类的切实希望。

日常生活是人们各种社会关系和生活的存在之根,正如列斐伏尔所言,"日常生活是一切活动的汇聚处,是它们的纽带,它们的共同的根基。也只有在日常生活中,造成人类的和每一个人的存在的社会关系总和,才能以完整的形态与方式体现出来"②。可见,在列斐伏尔的视野中,日常生活是人类本性欲望的入口处,是人类认识活动和实践活动展开、深化的基础,只有以日常生活为切入点才能透彻显露人的革命主体性被遮蔽的现实,有助于直接认识和深刻理解我们生活于其中的社会现实状况和内在发展矛盾。

通过对人们日常生活的全面考察与深刻分析,列斐伏尔尖锐地指出:当代资本主义社会,"异化不仅仅局限于劳动领域,而且存在于消费与人的各种需要领域,即日常生活领域;异化主要不是马克思所关注的贫困问题,而是现代社会技术文明进步所导致的全方位社会问题"③。他敏锐地洞察到异化本身已经从马克思时代集中暴露的政治经济领域浸染到日常生活的各个方面,人们所面临的异化已不再单纯是马克思所强调的劳动

---

① Henri Lefebvre, *Everyday Life in the Modern World*, Trans., Sacha Rabinovitch, London:The Penguin Press,1971,p.14.

② Henri Lefebvre, *Critique of Everyday Life*, Volume I, Trans., John Moore, London: The Penguin Press,1991,p.97.

③ 刘怀玉:《现代性的平庸与神奇:列斐伏尔日常生活批判哲学的文本学解读》,中央编译出版社2006年版,第138页。

异化,异化已散布、渗透至日常生活的各个角落与每个层面,实质上是微观形态的异化,新的异化形式对总体性的发展趋势造成了冲击并导致更加严重的社会后果。"社会生活逐渐远离崇高的理想和诗意的生活,充满了腐化堕落。"①经济基础中的异化不能直接导致政治制度、意识形态等上层建筑的异化,也不能直接导致人们身处的日常生活异化,尽管它们在"系统"关系网中相互联系、相互作用。而日常生活异化却可以将政治异化和经济异化包罗、掩盖起来,甚至日常生活决定了经济生活和政治生活。日常生活处处笼罩着异化的乌云,日常生活异化是现代社会人类创造的一切文明遭遇危机最突出的表征。将马克思在政治经济领域的劳动解放基础延展至日常生活,人类解放的真正方向就在于消除直接现实的、广泛微观的日常生活异化。

日常生活的种种异化集中体现在消费领域中。列斐伏尔对 20 世纪50 年代西方资本主义社会迅速发展的状况进行了深度考察,认为较之旧资本主义社会,新资本主义社会的统治重点与主导向度发生了巨大变化,即由生产转向了消费。物质生产已经不再成为主要问题,人们开始置身于追求时尚休闲的需求之中。"休闲是一个具有自发性特征的社会组织所引起的新的社会需求的典型特征。我们这个社会通过各种各样技术制造出种种休闲的机器,诸如收音机与电视机等。它用新的设备取代旧的方式,有时同其他社会活动相矛盾,有时填平了与其他活动的矛盾。人们的具体的千差万别的个性需求按照年龄、性别与群体来加以标准化的抽象化的满足。"②现代工业文明既创造了普遍的群体休闲需求又满足了具体的个体休闲需求,但休闲被严格"管控"与高度商业化,成为受控制的被动消费环节和被操纵的消极行动。休闲被扭曲为异化的实践,它已经日益明显地从属于市场体制与社会技术,人们并没有从劳动与市场必然

---

① 任政:《社会都市化与现代生活图景——兼论列斐伏尔现代都市生活的批判与反思》,《国外社会科学》2020 年第 1 期。

② Henri Lefebvre, *Critique of Everyday Life*, Volume I, Trans., John Moore, London:The Penguin Press, 1991, p.33.

王国中获得自由解放,而是陷入另一种异化的困境。

列斐伏尔认为,消费品在本质上是符号(signs),符号不仅是物质与经济发展的产物,而且表征着社会关系与上层建筑全面的消费化,人们正是生活在由符号堆砌而成的"假装的世界"中。当代社会借助广告、媒体等手段,将物质的内容通过宣传的符号来表达。功能的、技术的对象取代了传统的、现实的对象,对象与符号之间的界限已被打破,对象在日常生活逐渐被符号所取代。现代社会成为符号意指顶替真实存在的虚拟世界,"凡能够被消费的都变成了消费的符号,消费者靠符号,靠灵巧和财富的符号、幸福和爱的符号为生;符号取代了现实"①。资本主义消费体制具有独特的组织功能,能够促使符号形成诸多工具理性和实用化的意义体系,无所不在地对日常生活进行隐性渗透与统辖。列斐伏尔指出,处于消费社会中的人们生活在一个欲望无限膨胀的虚幻世界中,完全不关心经济上的"贫困"和政治上的"专制",也完全不了解自己真正的需要和真实的生活处境,他们只是担心自身与时代潮流、周围时尚的距离。"消费的目的不是为了传统意义上实际生存需要(needs)的满足,而是为了被现代文化刺激起来的欲望(wants)的满足。换言之,人们消费的不是商品和服务的使用价值,而是它们在一种文化中的符号象征价值。"②以符号为中介的现代资本主义社会消费市场体制已经完全控制了人们的日常生活,令人眼花缭乱的"物品—符号"使日常生活成为一个巨大的、疯狂转动的万花筒,人们不断追求个性,追赶时尚,但却被同质性的符号规约、塑造而趋于千篇一律、单调无奇。这个严重质变的现实社会被列斐伏尔提炼概括为"意义零度化"的日常生活,消费社会在根本上成为资本主义变型的剥削和控制的新场域。

资产阶级消费意识形态在"意义零度化"的日常生活过程中扮演着重要角色,它们通过各种媒体广泛宣传,在精神领域"理性"地规定了现代化

---

① Henri Lefebvre, *Critique of Everyday Life*, Volume I, Trans., John Moore, London: The Penguin Press, 1991, p.108.

② 陈昕:《救赎与消费——当代中国日常生活中的消费主义》,江苏人民出版社2003年版,第7页。

的生活方式,削弱人们的创造性和革命性。人们的生活方式在意识形态替代物的裹挟中,以新的异化内容代替了旧的异化内容,"异化假定了新的和更深刻的意义,它使日常生活失去了力量,忽视了它的生产和创造性潜能,彻底否定了其价值,并在意识形态的虚假魔力中将之窒息。一种特殊的异化将物质贫困转变为精神贫困"①。富饶的物品因为给予人们幸福感、存在感而具有像教堂一样安抚灵魂的意义,人们成为资产阶级意识形态的俘虏而无法自拔,甚至丝毫觉察不到各种异化的存在。关于消费为何全面统摄日常生活,列斐伏尔指出一是由于消费促动了人的需要的新旧更替,模糊了人真实的生存需要;二是因为消费社会制造了瞬间性的欲望策略和享乐主义的幻想。消费意识形态潜伏在各种新产生的异化工具之中,使消费者个体被大量的符号与纷繁的资讯所遮蔽,并将符号与资讯内化为消费者的自觉意识,使其成为现实生活的傀儡,基本丧失了自我意识和个体存在感。

"意义零度化"的消费社会是自由幻觉聚集的社会,日常生活中"未被认出的强迫"全面地渗透至生产与消费的总体环节,吞噬被同化生活在其中的每一个成员。现代社会的日常生活形态虽然与传统社会生活的贫穷状态有本质差异,但日常生活形态受消费所控制,以致社会成员在享受消费社会所给予的丰富物品愉悦的同时,也沦落为失去自由选择和精神极度贫困的奴隶,人们因此生活在由消费符号建立起的虚假世界中而失去对公共领域真实存在基础的反思。

(二)日常生活是人类解放的策源地

作为一位对社会变革和思想发展始终保持高度敏锐和开放触觉的哲学家,列斐伏尔洞察到人们当今身处的日常生活是被现代性压迫得最为严重、最为支离破碎的领域,单纯政治领域或经济领域的变革、重建策略对消除人们日常生活的异化意义不大,要实现日常生活的彻底解放必须由被消费社会"意义零度化"的日常生活自身来完成。并且他认为,将

---

① Henri Lefebvre, *Everyday Life in the Modern World*, Trans., Sacha Rabinovitch, London:The Penguin Press,1971,p.33.

"美好社会"的目标锁定在过去的"黄金时代",或者放置于遥远的、被无限推迟的未来,都是对真正追求解放冲动的严重压抑与愚弄,必须在"此时此处"的日常生活中找寻实现共产主义理想的解放方案。

日常生活是总体解决现代问题和全面实现人类解放的策源地。列斐伏尔早年对日常生活的态度是比较乐观、积极的,他认为日常生活虽然充斥着由于商业控制而导致的压迫,但也蕴含与隐藏着救赎与释放的无限潜能。资本主义通过媒体宣传在精神层面标榜现代化的生活方式,日常生活的意义趋向零度化,而这种异化沉沦的否定状态并非完全没有改善、挽救的余地,相反,那些有价值、有生命力的肯定内容被掩盖在平庸外表的深处,日常生活仍然是充满巨大创造潜能和解放希望的异质性世界。日常生活具有"压抑—反抗"两重性,在两重性的坐标系中,当日常生活的异化事实不能被彻底消除时,就只能通过日常生活商品化的发生过程与机制来对其进行解释和改造,我们需要充分挖掘其中抵制异化的生命力和创造力,通过美化与变革日常生活,将日常生活中的积极因素从异化状态拯救出来以实现革命的任务。

节日是人类创造精神的觉醒和对异化状态的跨越,要终结日常生活的日常性,①必须排除日常生活与节日之间的矛盾。晚期资本主义社会的制度化分层已经达到很高的程度,而节日允许游戏式的、创造性的自由,是一种理想化的日常生活,它的功能就是解放,将人从现代性的陈词滥调中解放出来和从习以为常的世界观中解放出来,再现原本流光溢彩的生活场景。在狂欢的节日中,人们身上的能量、直觉没有一处会被闲置一旁,他们全身心的热情、想象都得到空前的释放与宣泄。自然宇宙万物的秩序、人们的生活秩序与情感高度交融在一起,使得人们不会感到相互

---

① 参见 Henri Lefebvre, *Everyday Life in the Modern World*, Trans., Sacha Rabino-vitch, London: The Penguin Press, 1971, pp.36—37。列斐伏尔所论及的"日常性"与"日常生活"是两个完全不同的概念。"日常性"是一个反映资本主义条件下的陈腐的、琐碎的和单调重复的生活品质概念;"日常生活"指的是那些不易分类、习惯性、常规性的本性,并非特指每天生活中的异化特征。

疏远。新型的、纯粹的人际关系是真正属人的现实,其现实性可以通过感性接触而体验到。节日狂欢打破了美好理想与乏味现实的界限,将两者融为一体是对日常生活的解放和救赎。

晚期阶段的列斐伏尔对日常生活的阐释相对集中在微观层面,他的态度并不乐观。他认为现代性革命不能仅仅只是节日化的瞬间,还必须通过"总体革命"来消除集中体现在消费领域中的日常生活的异化,将人从"意义零度化"的消费社会拯救出来,使人清楚地意识到,消费时代的发展与人性的解放之间并不存在合理的逻辑关联,只有在规范和扩展的日常交往中具体彰显人的活动能力、人的社会关系以及人的个性发展,才能使单向度的人变成总体的人。

列斐伏尔把社会总体革命划分为三个维度:政治维度、经济维度与文化维度,如果革命仅仅立足于经济维度或政治维度,革命必定是不成功、不彻底的。在一个大众消费文化的各种符号全面改造、控制人的社会中,列斐伏尔特别强调文化革命对社会"倒转"的重要意义。列斐伏尔认为,当前社会不可能只通过政治维度的革命方案与经济维度的构建设计就使未来社会在结构与功能上得以优化和整合,而必须进行文化维度的革命。他尤其强调文化革命的必要性及彻底性,认为只有文化革命才能超越本质主义和理性主义视野以及逃避政治经济制度的强制力,并终结社会的异化与恢复人的主体性。然而,列斐伏尔的文化革命区别于经典马克思主义者所理解的意识形态、风俗习惯的变革。他认为,文化革命"不是建立于文化基础上的革命,也不是文化自身的目标或它的动机;我们的文化革命的目标与方向是,创造一种不是制度的而是生活风格的文化;它的基本特征是哲学精神的实现"①。他后期关注日常生活的文化消费空间,澄清资本主义文化生产逻辑及神秘的意识形态力量对日常生活的遏制,提出文化革命对日常生活的变革就是要使

---

① Henri Lefebvre, *Everyday Life in the Modern World*, Trans., Sacha Rabinovitch, London:The Penguin Press,1971,p.203.

文化走向经验。因此,列斐伏尔喊出一句响亮的口号:"让日常生活成为艺术品!"①浪漫主义的美学是列斐伏尔后期秉持的异化的解毒剂和人类解放的最后希望。

"总体革命"造就"总体人"(total man),列斐伏尔的总体性革命将期待的目光聚焦至一场持久而广泛的文化革命,认为文化革命通过瞬间的拯救可以将单向度的人塑造成为日常生活中的总体人,"总体人"是生成活动的主体与客体,是克服日常生活各种矛盾的理想形式。列斐伏尔的"总体人"与尼采式的反对虚假的乐观主义、彻底的悲观主义的"酒神精神"及马克思的"自由人联合体"思想相一致,是指向解放的艺术方式,标志着人们可以像艺术一样在差别无穷的各种可能性中充分发展自己的个性,包含着一种趋向和一种走向个性及总体性相结合的努力,在"让日常生活成为艺术品"的号召下促进"总体人"超越日常生活的限度而趋向人本主义的审美实践。但是,列斐伏尔的"总体人"思想本质上是一种在日常生活艺术化过程中实现人类自我解放的"艺术乌托邦"。

(三)基于历史生存阐释学的解放观

列斐伏尔站在马克思的哲学立场上,把对日常生活的批判理解为现代哲学的根本性问题。他第一次大胆地把早期马克思建立在人本主义哲学基地上的人类社会发展构想具体化为日常生活实践的发展方案,即将马克思关于人们扬弃异化劳动而实现解放的思想扩展到对日常生活的各个领域进行反省与批判。"列斐伏尔的日常生活批判,在立场上归属于对资本主义的一种社会批判、人性异化批判以及文化批判,超越异化、实现人性的自由与解放、是这种批判的基本理论旨趣。"②列斐伏尔认为,马克思人类解放思想的问题就在于它将无产阶级神秘化,并仅仅从抽象的

---

① Henri Lefebvre, *Everyday Life in the Modern World*, Trans., Sacha Rabinovitch, London:The Penguin Press,1971. p.204.

② 欧阳英:《马克思之后的政治哲学思想:从恩格斯到"后马克思主义"》,中国社会科学出版社 2019 年版,第 328 页。

阶级高度与生产关系高度来分析社会现实和人们的存在境况,不可能真正解决具体社会成员日常生活中的各种微观问题。因而,他颠倒了传统马克思主义关于物质生产第一性的唯物史观基本原则,将马克思早期以抽象的阶级方法与思辨的哲学人本学为前提的人类解放方案,从宏观历史哲学思考维度转换为微观的以日常生活为线索的现代性批判视野,确立了以日常生活消费空间为主导的资本主义现代性批判路径,认为资本主义生产已经发展到人们必须依靠消费来确证自身存在的合法性,由此建立了人类解放的全新之路——日常生活解决方式。可以说,列斐伏尔的重大贡献之一就是将马克思早期隐含的历史预测性的抽象阶级方法以及思辨的哲学人本学推向了历史生存论的阐释学、现象学视野。

列斐伏尔强调要从生活自身与内部出发,从微观琐碎的日常生活批判性反思入手来关注生存理想,使马克思人类解放思想成为在生存论上具有历史性和现代性趋同的现实普遍性。人类历史画面最突出的部分是,伴随经济必然王国的不断崛起而反衬出来的日常生活文化内涵的蜕化、萎缩的演变趋势,列斐伏尔正是在这种背景下运用马克思异化理论对当代资本主义社会和社会主义社会的日常生活领域进行诊断。一方面,列斐伏尔揭露了新资本主义社会的经济政治制度特征和基本社会矛盾——技术官僚与消费市场双重体制对日常生活的全面瓦解,澄清了所谓"后工业社会""消费社会""休闲社会"等种种"幸福理想"的神话,指出其深度隐性的异化统治和精神层面匮乏的现实,主张站在社会历史的前提下看待资本主义社会及其日常生活领域。另一方面,列斐伏尔认为,苏联社会主义模式与发展道路只进行了宏观改造,即实现了政治上的国家政权更替和经济上的所有制转变,但人们微观的日常生活没有发生变化,人们的意识、心理状况没有发生改变,其解放方案是不完全、不彻底的。因此,列斐伏尔强调在社会变革中要把宏观改造和微观改造关联起来,尤其要重视具体细节的日常生活改造,只有改变了日常生活的现状,社会主义解放才能真正弥合个体与集体之间的裂痕,实现个体解放与社会解放的有机统一。在贯穿着现代消费理念的微观生活世界,一切遭受异化力量限制的生活领域,都具备否定和超越异化的潜能,而潜藏在异化日常生活中的能量只有在对异化进行可能的反抗行动时才展露出其现实意义。列斐伏尔正是在平凡琐碎却广泛细致且影响深远的日常生活中觉察到人类解放的巨大潜能,将日常生活视为社会变革和人类解放的基础性层次,这种历史生存的阐释学极大丰富了马克思人类解放思想的内涵。

列斐伏尔基于历史生存的阐释学框架和视野的人类解放观,对被马克思人类解放思想所忽略的日常生活平凡形态的深入研究具有重要意义,但其解放观又陷入文化决定论的泥潭。

第一,列斐伏尔凸显了日常生活批判的存在论地位,认为日常生活不只是纯粹的异化,而且蕴含克服异化的无限潜能,是一个不断产生异化又蕴含无穷能量、不断克服异化的存在论世界,这一点是深刻且精辟的。但是他习惯于把日常生活界定为消费社会,把人类解放的理想寄托在反消费主义的艺术美学实践上,导致日常生活的存在论意义被单一化。列斐伏尔在其日常生活批判中采用的现代性理论框架与后现代性来临的社会相矛盾,同时他没有反思资本主义制度存在的根本性问题,表明仅凭日常生活的批判理论就能解释资本主义异化的新形式,并未进入资本逻辑演变的历史把握其产生新异化的根源,导致这一批判理论与建构的解放潜能主张不相一致。列斐伏尔的主要理论还只是站在资本主义制度的基地上,使得他的批判难以从历史的制高点来俯视日常生活。

第二,列斐伏尔设想的微观文化革命解放方案并没有超出卢卡奇所开创的总体性辩证法框架,其对社会的批判仍是西方马克思主义根深蒂固的新人本主义传统;当他强硬地抛开经典马克思主义对资本主义社会经济、政治制度的批判模式,试图让文化处于主导层面(实际上文化层面仍然是次生的边缘领域)来寻找医治现代性痼疾以实现人类解放的"良方"时,实则是舍本求末的做法,是大胆而坚定的反现代化的现代主义和乌托邦的文化决定论方式。① 马克思对资本主义现实社会的批判分析深入了其内在的基本矛盾和历史发展的必然趋势中,最为核心的旨趣是证实资本主义异化扩展到一定程度必然暴露其制度根基的毒瘤而走向消亡的历史规律,列斐伏尔则故意绕开这一点,选择以艺术或美学的方式来完善自己的理论观点,将马克思关于历史解放的宏观愿景转换为微观艺术化的都市生活想象,而且这种艺术化的批判话语远远达不到晚期资本主义真正意义上的建设话语水准。与庞大的、具有持久变革潜能的工业生产方式和理性化的国家机器相比,"文化革命"只能是一个小得可怜的马达,它不可能带动起落后国家乃至整个人类解放的伟大运动。列斐伏尔把社会革命诠释为艺术或美学式的节日狂欢时,其解放方案所具有的浓厚乌托邦空想色彩也醒目地显现出来。为了追寻一种可能性的救赎,列斐伏尔强调乌托邦的重要性,他自称是一个乌托邦主义者并为之感到骄傲。这种乌托邦使得列斐伏尔的哲学具有了文化批判的冲击力,但在列斐伏尔的乌托邦情结中,他所追求的仍然是没有超越总体性的个人,以日常生活为载体的文化批判与革命理论是其面临扩展的异化时采取的退守式抉择,凭借带有浪漫主义色彩的文化革命来消除异化,只能滞留于理论层面而难以进入实践境遇对异化产生实质性抨击。这使其追求具有了一种悲壮的情怀。

---

① 列斐伏尔始终保持对马克思的信仰并直接面向现实问题,用现实空间化的革命实践方式来解决日常生活的理想问题,而他没有对自己青年时代所接受的早期马克思人本主义历史观的局限性进行检讨与重建,没有真正理解马克思成熟的政治经济学批判对于理解现代世界日常生活问题的认识论意义。列斐伏尔是一个始终没有创造性建构自己哲学理论基础的思想家。我们固然不能仅仅在哲学领域内讨论日常生活的批判与改造问题,必须深入日常生活内部微观地进行研究,这种认识正是列斐伏尔所强调的,但我们更不能缺少宏观的社会历史认识论前提与逻辑反思。列斐伏尔虽然也自觉、不自觉地参照现代社会的宏观逻辑,指出了资本主义社会日常生活所受的经济社会结构的制约。不过,他仅限于文学式的日常美学直观与微观考察,没有提出具体切实可行的方案;这在他的学生鲍德里亚那里得到了更为彻底的改善,鲍德里亚不仅彻底批判了传统政治经济学批判逻辑,而且创造性地建构了自己的理论。

五、鲍德里亚超越符号消费社会的解放

当代备受关注的法国消费社会及消费文化研究的代表性人物之一——让·鲍德里亚（Jean Baudrillard，1929—2007）在国内外理论界、传媒界极具影响力和煽动性。他以马克思主义和法兰克福学派的理论为基础，超越了法兰克福学派从启蒙批判走向对整个西方理性主义文化批判的演进理路，拓展为对以物质生产和社会劳动为核心的历史观的批判，揭示出资本本性在消费领域运行、发展的内在机制。当代社会的生活风尚和个人的消费行为发生了极大改变，人们的消费对象已经由马克思理论语境中作为使用价值的物转化为符号意义的物，尤其是现代技术通过日常生活的微观设计潜入私人领域，以隐蔽的方式深化了资本主义的符号意义对人的奴役，这种改变已被人们所觉察并被视为普遍现象。消费社会的普遍发展充分表明，寻求个人在消费社会中存在的真正根基和坚实载体，克服并超越消费符合对人的意识和实践取向的遮蔽，已然成为捍卫马克思主义社会批判理论的基本课题。而鲍德里亚正是从普遍的现象中生发出不同寻常的理论思考，揭露消费社会、消费文化如何控制人与操纵人的状态。鲍德里亚以其独到的视野、鞭辟入里的分析及富于魅力的表述，阐明了具有世界历史意义的人类生存经验，其文本中的诸多重要概念和原创思想成为我们重新检审马克思人类解放思想的宝贵理论资源。

（一）符号消费社会及其非人化的困境

鲍德里亚认为，当代社会是一个"消费社会"，消费取代了以往工业社会的生产并不可遏制地成为当代生活的主流，是支撑整个国民经济运行的起点和终点。通过对雨后春笋般涌现的消费症候的研究，他不仅觉察到现代产品或服务已经实现了对人性的控制和支配，而且指出产品或服务消费背后蕴藏着深层次的符号消费：人们消费的本质与事实真相不在于形式上享用物本身，而在于享用物所显示的意义，实现全方位占有与多角度建构的作用。鲍德里亚分析了符号消费对人的生存方式的重塑，致使人原本的个性、差异性的丧失和符号化、功利化趋向的凸显，人

在现实中以多重矛盾方式存在的基础被消除。符号消费由于能够确证现代人的社会身份、地位而滋生出支配人的极权力量,将人们的消费行为伪装成个体自我发展的技术性活动。鲍德里亚创新性地揭示了符号消费主宰当代社会一切基本风貌及其发展走向,描述了当下人生活的现实境况。

在工业社会及其之前生产力水平较低的社会里,生产作为社会再生产的轴心发挥着主导作用,人们消费的是商品的使用价值。在马克思主义政治经济学看来,生产是决定性因素,它决定着消费、分配和交换等其他环节,因为物品是否充足是直接制约人们消费活动以及消费心理的关键变量。在物质资料相对匮乏的工业社会,人们的消费完全是出于维持生命和繁衍后代的真实需要,物对人的意义在于物的使用价值,物质生产是维持社会存在的基本力量,物质生产的方式与人的自由劳动的实现具有密切关联,这也是历史长河中人与物关系的最初内涵和首要方面。然而,自1929年资本主义历史上最大的一次经济危机①爆发之后,消费在资本主义社会结构中构筑了交往与符号的系统,产生了新的阶级权力作用机制,"消费本位主义时代"改变了这一切。

在现代消费社会中,消费取代生产成为社会再生产过程的中心,消费的功能也相应发生了变异。人们固然需要从事生产活动,但日常生活直接成为"消费地点",它帮助人们打消了任何不利于消费的顾虑或犹豫,掩盖了消费自身达到掌控一切的真实策略,凭仗虚假的交往外衣满足人们无意识的消费欲望,实现了"享乐经济"与"道德经济"的统一。鲍德里亚指出:"当代人越来越少地将自己的生命用于劳动中的生产,而是越来

---

① 1929年美国爆发的经济危机是一个分水岭,经济危机之前,资本家关心的只是如何使人们进行生产的问题,经济危机使资本家意识到:问题不再只是如何生产而且包括如何消费,消费成为经济生活的重要部分,必须使人们成为消费者,使人们的"需要"成为劳动力的重要部分。正是通过这一点,经济得以存活并大大扩展。

越多地用于对自身需求及福利进行生产和持续的革新。"①消费社会把人们集中在消费魔杖所划定的圆圈中,而消费行为的泛滥溢出了人本真需要的意义范围。消费并非是满足人们实际需要的享受过程,而是不断地刺激并制造人们需要的手段,是行使社会控制和社会驯化功能的"新生产力"。生活在消费社会中的人陷入不能自拔的恶性循环中,一方面在符号消费的驱使下不断寻觅个性化的自我,挖掘自身趋向符号意义规定的存在状态的潜能;另一方面使人在未能完美实现自我的遗憾和被迫追求新的意义目标之间徘徊不安,即使如此却依然没有触及真实的自我存在的境地。他们无法游离于自己的时代,需要接受社会生活的主流风尚,选择流俗通行的生活模式,皈依大众化的价值观念,这是消费社会的时代精神和生存指令,是每个人自觉履行的义务。消费社会实际制造了非人化的生存,消费的人在必须生存下去的指令中坠入了身不由己的深渊。然而,只有少数知识分子从理想主义深处真正意识到当代的消费异化,社会大众却麻木不仁,以至于"消费者基本的、无意识的、自动的选择就是接受了一个特殊社会的生活风尚"②。符号意义上的商品逐渐脱离了实体物,人们无法获取自身真实需要的作为使用价值的物和参照系,只能继续生活在符号意义搭建的虚假世界中。

鲍德里亚进一步分析指出,符号操控消费或消费领域是"符号编码交换的领域",它构成了人们被消费社会宰制的深层逻辑,③人们在消费

① [法]让·鲍德里亚:《消费社会》,刘成富、全志钢译,南京大学出版社2014年版,第62页。
② [法]让·鲍德里亚:《消费社会》,刘成富、全志钢译,南京大学出版社2014年版,第51页。
③ 鲍德里亚受其老师列斐伏尔的影响将消费品同符号关联起来,他们都对符号统治的现代社会现状感到失望,对现代性基础的理性与交换价值的统治表示否定与拒绝,都用象征交换来反抗符号交换与商品交换,用死亡、性、艺术等非劳动、非生产的乌托邦来对抗消费社会的价值原则与物的统治秩序。但列斐伏尔试图回归到尼采式的古希腊狂欢节以及更为古老的想象中的原始社会消极状态或挥霍无度的场面。

社会中的异化与消费物品背后的符号意指息息相关。消费社会的特点就是"在空洞地、大量地了解符号的基础上,否定真相"①。消费社会的符号意义被赋予的价值,来自于文化权力和社会身份等因素的差异性内容,进而使得一切物都被纳入符号意义的系统中加以处理,所有人也都被视为通向符号意义的存在者,现实的物、实体性的文化对人产生的价值不复存在,人需要通过符号性消费来确认自我存在和社会身份。鲍德里亚这一简明扼要的阐释具有根本性意义,他把消费时代人们非人化的生存境遇归因于符号编码法则对整个社会生活的渗透和组织,它与符号编码的特点、存在方式以及由之而来的实际作用相联系。符号体系使得物的使用价值被消解殆尽,消费对象不再是具体的、单纯的物,而是"符号—物",是以物表现出来的社会身份和文化差异,符号意义的能指与所指处于非平等的关系,符号性商品的使用价值被交换价值所支配;消费行为不是出于有理性的人们自身迫切的、本真的需要,而是缘起于某种持续发送的符号及其编码区分的需要,即变成了一种地位和名望的展示。全面且缜密的符号编码系统具有强大的同化力量,是消费社会日常运转的枢轴,它不断消解那些拒绝或对抗同化的因素,全方位地对生活世界进行"永久总动员"。在符号编码系统的扩展下,客观社会存在的系统也随之成为抽象的普遍性符号编码。各种大众媒介以隐蔽的方式从多重角度永无休止地进行符号编码,推动时尚潮流向前运行并刺激人们的欲望,它操纵人、塑造人、驾驭人,最终使人深陷符号的泥潭而不能自拔,人的一切行为乃至人本身都按照符号的意愿发生蜕变和异化,人在安逸的环境和丰盛的物质享受中毫无察觉地丧失自我。人们的需要为了符号并通过符号得以实现,而同时又被符号掩盖了生存的事实,标识消费社会改造人的行为和规约人的灵魂的基本途径。

符号之所以能够代替具体物品而引导人们消费,原因在于:第一,符

---

① [法]让·鲍德里亚:《消费社会》,刘成富、全志钢译,南京大学出版社 2014年版,第 11 页。

号本身的无定性以及对具体参照物的超越性。消费社会中的商品价值不再由交换价值来体现，转而由消费价值来表征，而作为消费价值基本载体的符号必将衍生出技术操纵人的理性化的虚假需求。当人的需求被鼓动和幻化为无休止的欲望时，欲望的对象就不再是确定的东西，而仅仅是欲望的支撑或表征，究竟是何物则微不足道。这里的关键是"物品—符号"或"物品—象征"的链接所催生的消费心态，是等同于物品消费又必定超越具体参照物的满足感与愉悦感，是实际无须存在却又无时不在的寓意符号。鲍德里亚指出："这些信号不可解读，没有可能的阐释，如同在'生物'体深处隐藏多年的程序母型——这样的黑匣子中酝酿着所有的指令和所有的回应。"①消费归顺于符号是不可逆转的必然性，消费性质变更的影响也以同等程度的必然性嵌入现实生活世界之根基处。第二，符号的流动性可以转移并瓦解具体物品不足时必然引发的怨恨，符号在形式上透明的优点又能够度量社会公正与平等，重建张力以凸显活力新型的社会团结和社会秩序。由符号意义支撑建立的社会秩序在"计算的理性"作用下完成现实运转，将消除怨恨、寻求统一性消费发展的目的纳入符号编码计算的程序当中，为了达成实际的消费一体化格局而选取最高效的计算手段是其关注的核心，势必导致现实消费过程中主体理智生成的可能性被抹杀。"在符号层面上，没有绝对的富裕或贫困，也不存在富裕符号和贫困符号之间的对立。"②人们只要开始消费，就进入由符号编码主宰的互换关系与分类系统中，所有的人都不由自主地互动而遵循符号编码规则，从而谋划生存、巩固生存。

　　正是凭借符号编码的巨大作用，消费文化代替意识形态而承担了"社会驯化"的作用和功能，成为实施社会控制的有力手段。鲍德里亚在

---

　　①　[法]让·波德里亚：《象征交换与死亡》，车槿山译，译林出版社 2009 年版，第 72—73 页。

　　②　[法]让·鲍德里亚：《消费社会》，刘成富、全志钢译，南京大学出版社 2014 年版，第 74 页。

《生产之镜》①一书中强调,在当代资本主义社会中,对符号的操作已经成为取代对生产的控制而成为意识形态的新基础,"这种利用符码象形文字的新意识形态结构,与利用生产能力的旧意识形态结构相比,更加难以辨认"②,符号编码由于形成固定的价值和话语系统而成为消费社会得以持存的根本手段,将消费社会从先前的社会中完全分离出来并取而代之,逐渐促使整个社会通过其设定的符号编码的语言进行沟通,使人在对这种语言的无意识倚赖中丧失了自我存在的主体性。消费时代所导致的非人化生存状况与特征更具有根本性、普及性。当代社会成为一个被符号统治的社会,在符号王国所统治下的个体异化,便已不是马克思所理解的"被商品逻辑支配着的工业和社会生活的普遍化模式"③,而是鲍德里亚所谓的消费社会时代的"个体不再反思自己,而是沉浸到对不断增多的物品/符号的凝视中去"④,符号的意义已经远远超越了以交换价值与使用价值为主要范畴而搭建政治经济学理论所拥有的界限,由符号意义导致的世界实体性遗失,塑造了现代社会的面貌,支配着现代人的生存方式。在这种情况下,如果我们仍然固守商品拜物教的意识形态批判逻辑,就会像刻舟求剑者一样缺乏变通,不仅在理论上是落伍的,而且在政治上也是有害的。对鲍德里亚来说,符号取代了现实并重构人类的生活,符号价值支配了使用价值和交换价值,商品的使用价值消失在鲍德里亚的符号学想象之中,立足于资本主义工业化和信息化扩张的时代背景来确立

---

① 鲍德里亚的《生产之镜》(1973 年)与哈贝马斯的《走向一种合理性的社会》(1971 年)是他们各自的代表性著作。他们几乎同时都试图解构马克思经典叙事的"根深蒂固的核心"——生产主义或生产方式理论,鲍德里亚代之以"消费主义"或者说"符号的政治经济学批判",哈贝马斯代之以著名的"交往理性",他们分别代表着后马克思主义的"客体化"与"主体化"两种走向。

② [法]让·鲍德里亚:《生产之镜》,仰海峰译,中央编译出版社 2005 年版,第108 页。

③ [法]让·鲍德里亚:《消费社会》,刘成富、全志钢译,南京大学出版社 2014 年版,第 196 页。

④ [法]让·鲍德里亚:《消费社会》,刘成富、全志钢译,南京大学出版社 2014 年版,第 198 页。

革命立场的基本方法失去了动力,古典政治经济学与马克思主义政治经济学的基本范畴成为过去时,必然导致现代消费批判理论的偏狭和政治组织实践的无能。

(二)超越符号价值的象征交换文化设计

鲍德里亚认为,在现代资本主义消费社会和消费文化中,实现人类解放不能通过传统革命的方式来进行,而必须通过象征交换的方式进行解码。资本逻辑的发展与运动经历了从"经济短缺"阶段到"经济相对过剩"阶段的演进,随着生产的终结,我们走进了一个符号编码操控一切的消费社会。符号编码构成了现代社会的奥秘,这是比真实世界还要真实的世界,一切都按照符号编码的模式来再生产自己。由于符号编码创造出的超级真实世界无法确定社会秩序,容易导致符号意义的话语系统的失效,只能借助于象征交换来进行弥补。他进一步指出,马克思一直沉浸在"生产浪漫主义"①的理论情结中,将生产、生产方式等概念意识形态化,赋予其以高贵的革命、解放头衔。"如果说有一件事马克思没有想到的话,那就是耗费、浪费、牺牲、挥霍、游戏和象征主义。马克思思考的是生产(这不是一件坏事),他是根据价值来思考的。"②马克思"将生产力的解放混同于人的解放"③,认为"人的解放"是历史性的范畴,是现实的人在从事物质生产中确立永恒追求的本质与不断赋予新的时代内涵相统一的过程。他所持有的以生产和价值的法则出场的人类解放期望

①　在鲍德里亚看来,正如当年费尔巴哈深刻批判过宗教但始终未能超越宗教一样,马克思一生都在批判政治经济学却从未能超越古典政治经济学;他一生批判黑格尔的绝对理性狡计,却始终未能够摆脱资本主义生产方式的"理性狡计"束缚:"一个幽灵游荡在革命的想象中:生产的幻象。它到处维持着一种不受羁绊的生产力浪漫主义。生产方式的批判理论毫不触及生产原理。它所阐发的所有概念都只是描述了生产内容的辩证的、历史的谱系学,生产作为一种形式却完好如初。"(Jean Baudrillard, *The Mirror of Production*, Trans., by Mark Poster, New York: Telos Press, 1975, p.101.)
②　[法]让·鲍德里亚:《生产之境》,仰海峰译,中央编译出版社2005年版,第24页。
③　[法]让·鲍德里亚:《生产之境》,仰海峰译,中央编译出版社2005年版,第2页。

难逃与资本主义同谋的结构性法网,其社会主义构想也不过是另一种放大的或更加放纵的工业资本主义发展进程,物质生产与经济领域展开的单向度批判,所推翻的不过是资本主义社会主导的世界秩序,终将难以走向超越生产力依附而实现人文价值目的的解放进程,是落伍了的"欧几里得几何学"。要实现对当代消费社会全面、彻底的批判,从深层上将人们从被控制的消费社会中解救出来,就必须反对把经济当成自主性领域的唯物主义批判方式,同时也就拒斥现存生产方式批判与生产力发展视为人的解放的基础性条件的观点,转而走向整体性的批判,揭示符号在消费社会中的经济学意义,即对文化、意识、理想原则的真实批判。

在当代符号消费社会中,商品或服务不仅仅具有实用性和功能性,还具有文化性和社会性,其自身系统构成了一个完整的意义领域,因而我们必须对"符号—物"意义指向的本质进行考察。按照传统的思维方式,我们常常"自以为是"地将意义、文化简单地归结为"上层建筑"并不假思索地套用,或"以经济基础决定上层建筑"的公式简单、笼统地解释发生在意义领域和文化领域中的所有事物或现象的依附关系,这是一种功能主义的思路,在现代历史的演化中必然形成以实物的获取为解放标识的实用性思维方式,并在大众传媒和流行性意义的助推下建构一切领域都不可避免的消费文化和消费主义。如果说这种依附的逻辑在以生产为中心的工业时代尚有直接的现实基础和生活前提,那么在消费社会中,必须对此进行前提性批判,因为"物"作为消费对象时,不是以"功能物"的面目呈现,而是以文化为核心内容折射出来的"符号—物"的形式存在的。鲍德里亚敏锐地指出:"就与物质生产的关系而言,对符号和文化的生产进行分析时不再将其看做是外在的、隐秘的或'上层建筑的';它是作为政治经济学本身的革命而出现的,它因象征交换价值在理论上的和实践上的介入而获得了普遍的意义。"① 符号生

---

① Jean Baudrillard, *For a Critique of the Political Economy of the Sign*, Trans., by Charles Levin, New York: Telos Press, 1981, p.130.

产的同时包含着对人的思想意识和心理状态的消费,当文化被纳入符号生产的系统中而成为一种商品,它就失去了原本与人的精神世界相通的深度内涵与深层意义。符号生产本身以文化为中介,对消费社会的批判分析必须从生产逻辑转变为文化自身的内在逻辑,即在对过去作为"经济基础"进行批判的地方,文化这一"上层建筑"也在场,两者具有同一个批判指向。鲍德里亚进一步指出,消费社会中的文化逻辑已经不再局限于"意义重现"的范围,而是以自为的方式建构现代的主体性与个性。消费社会中的商品尽管与交换价值、使用价值保持关联,但在日常生活中主要呈现为文化价值的形式,符号消费作为一种特殊的文化形式也助推了人们对符号意义不自觉的认同。建构现代所谓的意义是符号编码作用的结果,正是符号的编码使得符号建构起来的意义成了消解人们真正主体性和个性化的陷阱,因而批判理论不再是在文化领域中揭示主体的问题,而是要探究符号编码过程的实现问题,只有对大众文化进行认真解码才能实现对符号体系的彻底颠覆。

鲍德里亚在汲取法国社会学家马塞尔·莫斯(Marcel Mauss,1872—1950)的礼物交换思想与法国评论家乔治·巴塔耶(Georges Bataille,1897—1962)的耗费思想的基础上,提出了"超越符号价值"的最主要替代方案——用象征交换来代替建立在符号控制中的现代性生产体系,从不断变更的符号象征关系入手对消费社会中主体的主观欲望与客观存在的关系予以解释。在《象征交换与死亡》这本著作中,他提出"象征交换"的概念,希冀通过象征交换取代马克思建立在现实性的劳动生产概念之上的等价交换原则。鲍德里亚认为,如果将马克思的政治经济学视域中的交换价值视为社会等级差异的表征,将其当成符号意义指向的权力体系,那么,社会总产品的分配对于缓解差异的作用将会得到发挥。象征交换作为确证符号价值作用的思维机制在消费社会中具有类似的功能。象征交换在鲍德里亚那里是一个重要的范畴,但同时又是一个相对模糊的范畴,他对此并未做出具体界定,①而是给出了"象征"的解释:"象征不是概念,不是体制或范畴,也不是'结构',而是一种交换行为和一种社会关系,它终结真实,它消解真实,同时也就消解了真实与想象的对立。"②象征不是偶然的,而是符号意义上交换行为的产物。象征抹除了真实与想象、灵魂与肉体、出生与死亡之间的界限,是一种使相互分离状况达到融合的思维模式,也正是这种思维模式才有可能使人们摆脱现代资本主义社会的符号统治。基于这种思路,鲍德里亚认为:"在象征交换中,礼物是我们最为切实的实例,物在此不是一种物:物不能脱离它进行交换的具体关系,同时也不能脱离它在交换中所要转让的部分,物并不那么独立。确切地说,物既没有使用价值,也没有(经济的)交换价值。给定的物所具有的是象征交换价值(symbolic exchange value)。"③象征交换是社会性的且往往是仪式性的,它不存在政治经济学中的使用价值和交换价值,因为物只有象征的意义,具有属人的性质,体现的是人与人之间的具体而复杂的关系。象征交换"将自身界定为一种与价值和符码不同,并超越了它们的存在。为了创造出象征交换,所有价值形式(物、商品或者

---

① 出于鲍德里亚对"象征交换"界定模糊的原因,鲍德里亚的研究者对象征交换范畴本身的意义也莫衷一是。雷恩认为鲍德里亚原始社会研究的一个基本结论是,库拉和夸富是一种象征交换,替代了使用价值而成为普遍的价值评价标准。但今天,这一象征交换已经被商品交换所替代,符号的无限循环成为主要的交换形式,物品已经失去了它们曾经拥有的内在价值;凯尔纳分析道:"对于鲍德里亚来说,象征交换是一种交换方式,是矛盾的、非对等的、非还原的和多样化的。也就是说,与符号价值和交换价值被资本主义代码所确定,把商品和消费还原为注入价格、社会声誉等,象征交换具有相反的特征。鲍德里亚似乎在这里假定,无偿的礼品赠送、牺牲、节日游戏和毁坏在资本逻辑之外并与资本逻辑相对立。"(Douglas Kellner, *Jean Baudrillard:From Marxism to Postmodernism and Beyond*,Stanford University Press,1989,pp.43-46.)

② [法]让·波德里亚:《象征交换与死亡》,车槿山译,译林出版社 2009 年版,第 184 页。

③ Jean Baudrillard,*For a Critique of the Political Economy of the Sign*,Trans.,by Charles Levin,New York:Telos Press,1981,p.64.

符号)都必须被否定"。① 但象征交换具有独特的文化价值指向:使人在
具有象征意义的符号消费中提升自我发展的需要,以超越人们当下的物
质和经济诉求。在象征交换中,包括资本积累、价值规律等在内的资本主
义经济运行范畴都被"根本性否定",②象征交换已经超越了仅仅维护符
号消费系统的意义,而在批判纯粹经济的物欲中展露出特殊的价值旨趣,
也正因如此,人们才能真正地反对以生产方式为中心的自主性领域并走
出生产之境,从而摆脱被符号控制的局面。

　　鲍德里亚认为,象征交换展示了一种与现代社会完全不同的文明方
式,它在根本上消解了符号统治并成为人类革命的基础。人们要想真正
摆脱符号的统治,就必须回归到象征交换的逻辑。象征交换对价值形式
的完全否定,导致物的使用价值、交换价值及符号的明晰性都陷入危机。
由此,鲍德里亚发出让人振聋发聩又使人内心悲痛的呐喊:"恢复象征
性……符号必须被焚烧!"③只有象征交换才能真正终结符号消费社会的
统治,批判资本主义社会的交换行为和关系,确立人在社会交换中的主体
自由以及实现解放的自我意识,建成一个符合人们理想的社会。

　　(三)对资本本性的洞察与空洞的呐喊

　　马克思思考人类解放问题的社会背景是大工业时代,在那个时代,资
本家们追问的主要是如何扩大生产、增加积累等问题,生产主义话语支配
着一切。马克思以现实为基础,将更多注意力指向资本主义社会的生产
问题。他认为生产是资本统治一切的入口,交换和消费只是资本主义商
品社会的外在表现形式,决定交换和消费的是资本主义社会的生产方式,
如果不触动生产方式,人类解放无法彻底实现,因而从生产出发来考察商

---

①　Jean Baudrillard, *For a Critique of the Political Economy of the Sign*, Trans., by Charles Levin, New York: Telos Press, 1981, p.125.

②　Jean Baudrillard, *The Mirror of Production*, Trans., by Mark Poster, New York: Telos Press, 1975, p.143.

③　Jean Baudrillard, *For a Critique of the Political Economy of the Sign*, Trans., by Charles Levin, New York: Telos Press, 1981, p.163.

品社会是马克思经济学和人类解放哲学的理论基地。纵观马克思的思想历程,尽管马克思在自己的文本中也曾多次提到物在消费领域中的一些状况及其作用,但总体而言,消费在他身处的社会条件并未达到像现当代社会这样高的水平,因消费性质变化而产生的问题不可能成为马克思人类解放思想的关注重点。

鲍德里亚另辟蹊径从消费出发,分析了资本在消费社会的运作方式,弥补了马克思没有强调的问题,反映了西方资本主义社会无法剔除周期性危机的根源,扩展和深化了人类对于资本本性的认识。在鲍德里亚看来,资本逻辑的运行已经将重心从生产范围置换到消费范围,并实际造成了生产与消费领地之间的密不可分、休戚相关。鲍德里亚通过对消费社会具有普遍性症状的诊断,揭示了资本在消费范围周而复始地运转的本质活动轨迹,为当代人全景式地把握资本依其本性运动的规律提供了可能,阐明了具有世界历史意义的人类生存经验,凸显了人作为社会存在的物质属性与精神属性的双重维度,挖掘了符号消费背后的现代技术理性对人存在价值的深层消解,并积极地为人类在资本文明时代的合法生存与发展筹划方案。在这个意义上说,鲍德里亚对消费社会的剖析,对现实人身处的存在境况进行研究的理论与实践贡献不容忽视,也使得他在学术明星云集的法国理论界乃至整个欧洲获得了应有的位置。

鲍德里亚提出的符号消费和象征交换对马克思人类解放思想提出了挑战,为我们分析人类当前的生存境遇、探索摆脱符号操控而获得自由的解放方式提供了全新的视角。一方面,鲍德里亚把目光从物转向符号,从人和消费品的关系转向思想观念领域,转向心理领域,进一步揭示出消费社会以隐蔽的方式从多重角度永无休止地进行符号编码从而推动时尚潮流向前发展的真相,它操纵人、驾驭人,通过特定的符号编码支配人的消费心理取向,最终使人深陷符号的泥潭而不能自拔。在符号主宰一切的消费社会中,所有的人皆不自主地参与到符号编码的游戏中"吸收符号"以及"被符号吸收",以致个体"在其中被取消",演变为非人化的生存困境。鲍德里亚从商品拜物教跨越到符号拜物教,对当前生存状态所展开的剖根式分析无疑是震撼人心的,他提出的象征交往逐渐成为人们普遍认同的社会交往准则,为实现人的自由和全面发展提供现实基础,极大丰富了马克思人类解放思想。另一方面,关于象征交换的替代措施,鲍德里亚也扬弃了马克思政治经济学与唯物史观。美国学者波斯特曾在评价鲍德里亚时说,马克思"忽略了交换价值藉以变成一种表意符号的转型过程","就在马克思主义因为不能译解商品符号学而变成'意识形态'之处,鲍德里亚进来了,他丰富并发展了历史唯物主义,使它符合发达资本主义的新形势"。[①] 鲍德里亚基于符号视角,为如何评估资本主义的历史地位、展望资本主义未来演化趋势问题贡献了独特批判向度。

但是较之马克思的人类解放观,鲍德里亚实际上只是在自身的理论内部维持完全性,显示出对超越符号消费社会的空洞呐喊:

第一,鲍德里亚对生产在社会中的作用视若无睹,对当代人类生存境遇的把握流于片面。鲍德里亚看到了当代社会和马克思身处社会的根本性差异,并冠以"消费社会"和"生产社会"之名。但是,他在把两者区分开来的同时又抛弃了生产社会。鲍德里亚看到的只是消费的"神奇的地位",在消费占主导地位的社会中,他全然忽略了生产依然存在的客观事实。马克思在追究以生产为主流话语的古典政治经济学存在的合法性时,揭露了其掩盖现实生活实情的巨大虚妄,正中要害地指向了现实社会的世俗基础,洞穿了这一基础在资本原则驱动下"自我分裂和自我矛盾的实质",犀利客观地表达了资本奴役人的真实情景。鲍德里亚否定马克思生产力在社会发展中具有主导地位的理论逻辑,认为马克思建立在生产基础上的人类历史发展进程并未触及人的生存原则和本真形式,难以实现批判理论的现实功能。鲍德里亚没有透视马克思这一理论背后所隐含的经济学内涵与价值,反而将其置于批判的首位,认为马克思在批判政治经济学中所使用的基础性概念(如"劳动""匮乏""生产"等)都必须

---

① [美]马克·波斯特:《第二媒介时代》,范静晔译,南京大学出版社 2000 年版,第 148 页。

予以质疑,将其视为"政治经济学的螺丝钉",因而不可能从根本上颠覆政治经济学。鲍德里亚自己对符号过度依赖,希冀以符号学来解读消费社会和人类身处的当代境况,这种理解视角是独到的。但问题的关键是,他忽视了符号存在的现实根基,误入"符号万能论""符号主宰论"的思路,企图以符号政治经济学取代马克思的政治经济学来完成对资本主义消费社会的批判,使人陷入虚拟符号的世界中实现解放的幻想,并最终导致了人类始终被"商品—符号"社会系统所挟持的悲观主义结论。鲍德里亚在时尚被符号终结的时代做出了"乌托邦"的选择。

第二,象征交换作为鲍德里亚批判消费社会的武器,是其理念上美好向往与现实中不满情绪发泄的结合。象征交换是鲍德里亚走出符号统治的路径和工具,是一个哲学家对当今社会的激烈反抗,是找回本真人性的理论救赎。但是,人类无法返回到原始社会中去践行象征交换理论,象征交换理论由于找不到社会的根基,作为一种特定的上层建筑,它脱离了一般的经济基础,将现实的物质利益所有权设定为与人的精神世界相契合的符号编码,这一理论的建构背离了人的物质性存在根基,带有明显的乌托邦印迹,也就失去了贯彻于社会的可能性,只能成为一种空洞呐喊。鲍德里亚个人角色与身份转变的发生——叛逆社会、从激进变得消极、从左派转向右派,使其最终走向虚无主义道路。其虚无主义在他分析死亡的时候表现得异常明确:"死亡标志着符号的固有的可逆转性,这是一种真正意义上的象征行为,可以蔑视拟像、模型和编码构成的世界。"①鲍德里亚没有真实分析现实革命的可能性和可行性,单纯凭借象征交换对符号价值进行外在的撞击,批判当前的消费社会,这无异于故步自封者的天方夜谭。鲍德里亚的消费社会批判与人的解放理论揭示了一切事物和范畴都在符号的意义上确证自身,而在直接的、现实的意义上是异在的存在物,借助外在力量把握人的生存现状和解放需要是对现实历史的反叛。

---

① [美]道格拉斯·凯尔纳编:《波德里亚:批判性的读本》,陈维振、陈明达、王峰译,江苏人民出版社 2005 年版,第 111 页。

因此,无论其理论多么具有穿透力和震撼力,都难以实质性地寻到一丝解放的曙光,难以找到通往现实的解放之路。

我们需要走近鲍德里亚,感受他所具有的理论激情和挑战权威的自信,汲取他以一颗虔诚之心和敏锐的问题意识积极探索这个世界所带给我们的灵感。我们更要胜过鲍德里亚,从其首肯的现代人具体生存的境况和问题中,摆脱其思想上的掣肘,在消费作用凸显的时代把握马克思的生产与消费相互统一的理论在现代社会中演变的内在机理。尽管现实的解放沦为空洞的呐喊,但鲍德里亚始终怀抱着人类解放的理想追求与决心,这一点不容置疑,正如他所说:"如果世界是毁灭性的,那让我们比它更加具有毁灭性。如果它是无情的,那就让我们变得更加无情。我们必须战胜世界,通过一种至少与世界一样的无情来诱惑它。"①以鲍德里亚的社会批判和建构理论为"棱镜",折射出西方马克思主义如何看待物质利益和现实生活世界的基本问题,为消费时代理解人的生存及其与世界的关系问题提供了新的视野和意义空间。任何时代和社会中"人的解放"路径的现实构建必须立足于对现存社会及其历史发展的辩证体悟的基础之上,人的生存方式在经历了与现实世界的外在异化的理论批判之后,进一步的任务理应是促使人的实践与对"人的解放"的理解达成相对的统一。

六、哈贝马斯以交往理性为支撑的解放观

德国哲学家、法兰克福学派的主要代表之一——尤尔根·哈贝马斯(Jürgen Habermas,1929—)著述宏富,广泛涉及哲学、社会学、政治学、语言学和精神分析等众多学科,其论述思想深刻、影响深远。纵观哈贝马斯的诸多论述可发现,其理论锋芒始终指向现代资本主义社会及其制度文化理念,并以对现代资本主义社会的全面分析和深入反思为理论前提,

---

① Jean Baudrillard,*The Ecstasy of Communication*,New York:Semiotext(e),1988,p.101.

建构了以社会批判理论为逻辑起点的理论体系。而在这一理论体系中，哈贝马斯认为必须颠倒"工具理性"和"交往理性"的关系，认为交往理性与工具理性的分化实现了传统理性观的现代性演变，工具理性在与现代性的结合中产生了超越交往理性及其价值的目标原则，必须限制工具理性的无限扩张，重建人类的生活世界，让价值和规范重回人类的生活世界。由此，他将"交往理性"重置并且提炼为其整个理论体系的逻辑主线，使工具理性的扩张在多维主体的交往中得到防范和控制。在对逻辑起点和逻辑主线的贯彻中，哈贝马斯认为人类的解放不仅是政治经济意义上的解放，更深层次的是交往关系的合理化，交往关系合理化的最终目的就是建构"世界公民社会"，这无疑就是其理论体系的逻辑终点。交往理性是人的理性与非理性的辩证统一，构成人超越性活动的价值规范基础，规定了主体在交往过程中对"他者"的期许，从而在满足各自的期许和互动中形成和谐美好的社会。探索和研究哈贝马斯的这一以"交往理性"为逻辑支撑的社会解放观，并将之与马克思主义的人类解放思想相勾连，有助于我们深入理解西方马克思主义的思想内质，厘清其对历史唯物主义理论基础与实践遵循的把握状况，突出交往对于社会进化与人类解放的作用。

（一）现实困境：多重隐忧的凸显

哈贝马斯以"解放"为旨趣的理论体系产生的根源在于其对现实困境、社会危机的洞察以及对其他学者的探索进行的分析。

第二次世界大战后，晚期资本主义社会即当代资本主义社会出现了种种危机并显现出多重隐忧，这已被晚期资本主义时代的许多哲学家所认识。例如，德国的政治经济学家和社会学家马克斯·韦伯（Max Weber，1864—1920）认为资本主义现代化过程中存在价值理性的沉落即思想丧失和自由丧失；德国社会哲学家马克斯·霍克海默（Max Horkheimer，1895—1973）和西奥多·阿多诺（Theodor Wiesengrund Adorno，1903—1969）认为现代社会是一个完全非理性的总体管制社会；法国哲学家米歇尔·福柯（Michel Foucault，1926—1984）从"历史"的层面揭示了权力形式控制的强大力量与不合理性;等等。然而,在哈贝马斯看来,这些哲学家大多只从某一层面或者某一角度对社会危机进行了剖析,主要醉心于对个体生产方式的具体展开及其产生的结果维度进行论证,忽视个体之间相互调节的作用对社会生产与建制规范的作用,相对缺乏全面性与深刻性。鉴于此,哈贝马斯则从经济危机、政治危机、文化危机以及人性危机四方面展开了分析。

第一,晚期资本主义社会与自由资本主义社会一样,也存在经济危机。在论及晚期资本主义社会是否还存在经济危机时,哈贝马斯认为,尽管晚期资本主义国家干预得到扩大和加强,但国家干预并没有改变资本主义经济自身的运行规律和自发的、盲目的运行方式,没有改变资本的基本运行规律,没有改变资本主义生产关系的私有制本质,没有削弱资本主义社会中价值规律的作用。晚期资本主义社会与自由资本主义社会一样,仍然存在经济危机,经济危机始终不肯销声匿迹。① 晚期资本主义社会经济危机的影响和后果是明显的,资本主义市场经济的固有矛盾直接爆发为经济发展的合法性危机,造成了持续的通货膨胀、不断的生产停滞和严重的财政赤字。

第二,晚期资本主义社会的经济危机派生出政治危机。晚期资本主义社会为了缓和经济危机,解决经济危机的难题,采取了多种政治手段与行政手段,这确实起到了一定的作用,但这种"缓解"也把危机的范围从经济系统带入政治系统。哈贝马斯用"合理性危机"和"合法性危机"两个范畴来描述从经济领域转移到政治领域的政治危机。在他看来,合理性危机是指国家及其行政系统不能合理地制定与贯彻行之有效的决策,无法协调和履行经济系统的指令,国家机器失控、缺乏合理性。政治合法性的危机根本上是社会认同的困境,合法性危机是指普通民众丧失了对政府的信任和认同,即人们由于统治阶级无法给予社会组织原则以明确

---

① 参见陈学明:《哈贝马斯的"晚期资本主义"论述评》,重庆出版社 1993 年版,第 48 页。

的定义而对既定的准则本身产生怀疑,对资本主义国家的公允面目和善行产生怀疑,致使政府不能顺利地保存必要的群众忠诚。①

第三,经济危机与政治危机发生的动因在于文化危机。哈贝马斯把文化危机归结为经济危机与政治危机的动因,并称之为"动因危机"。经济危机与政治危机的根源,都可追溯到社会文化系统。他认为,在整个社会系统的整合过程中,文化系统拥有决定性地位。晚年资本主义社会破坏了文化系统的规范结构,导致了文化系统失调的危机。经济危机与政治危机发生的根本动力机制在于文化危机,因为社会整合依赖于社会文化系统的产出——直接依赖于社会文化系统给政治系统提供合法化动机;间接依赖于社会文化系统向教育和就业系统输送劳动动机。如果社会文化系统发生彻底变化,以至于其输出无法满足政治系统、教育系统以及就业系统所需要的动机与功能要求,无法为经济系统和政治系统正常运行提供普遍意识形态资源与价值体系支撑,经济危机与政治危机就可能产生。所以在哈贝马斯看来,"一旦规范结构发生变化,我们就不得不考虑到文化危机倾向"②。

第四,科学技术意识形态化与人性危机。在晚期资本主义社会,科学技术的飞速发展使其具有了意识形态性,成为稳定和巩固资本主义制度的决定性"手段"。科学技术能快速推动经济增长,迎合了晚期资本主义社会将经济增长作为社会进步的唯一目标的发展模式,顺理成章地成为证明现存政治秩序和政治统治合法性的意识形态,充当了为社会政治合法性辩护的角色。科学技术除在国家层面充当意识形态性之外,也渗透到社会生产和生活的各个领域,使人们不自觉地沦为科学技术的"奴隶"和"附庸",人的主体性和创造力难以释放出来,人们不得不承认并肯定资本支配作用的合法性,导致人性走向物化和异化。一方面,科学技术在

---

① 参见陈学明:《哈贝马斯的"晚期资本主义"论述评》,重庆出版社 1993 年版,第 72—73、94—95 页。

② [德]尤尔根·哈贝马斯:《合法化危机》,刘北成、曹卫东译,上海人民出版社 2019 年版,第 55 页。

使人们物质生活日臻完善的同时,也使人们对物质的追求接近疯狂,导致人性陷入"物质"的泥潭,走向物化;另一方面,科学技术的发展限制了人们的思维方式,致使人们只是按照科学技术的逻辑而非人本身的需要去思考问题,科学成为社会的偶像,消磨了人们对道德、实践问题的兴趣与对社会发展和人类解放的关注,不仅导致人的生产劳动趋向资本物化逻辑的需要,而且使得人与人之间的交往被物与物的交换行为所掩蔽。最大限度地获取利润成为"合法化"的、无须反思的事情,人性由此走向了扭曲和异化,造成了人性危机。

哈贝马斯认为,晚期资本主义出现了与传统以经济危机为主要困境不同的全面的社会危机,为了挽救危机,晚期资本主义社会的操控媒介——货币渗透到人的生活世界,使得以语言为媒介的传统交往方式逐渐退场,致使个体主体的社会化、文化和意识形态的再生产等生活世界的秩序都难以为继。因此,在求索化解晚期资本主义社会危机时,哈贝马斯将如何规避资本逻辑支配的生产系统对生活世界的入侵视为首要条件,在此基础上实现社会整合、化解整体危机。而许多哲学家对晚期资本主义社会的多重隐忧分析不全面,也没有提出行之有效的救世"良方":面对思想和自由的丧失,韦伯畏惧不前,对现代文明的前途感到无奈与迷茫,甚至悲观失望;霍克海默和阿多诺的社会批判理论是带有明显悲观主义色彩的文化批判,他们对现代西方社会的现代性问题解读方式已经走进死胡同;福柯虽然对现代制度进行了批判,但由于缺乏借以批判现代制度的立足点,不能为伦理和政治提供基础,这种批判也就"失去了效力";弗里德里希·威廉·尼采(Friedrich Wilhelm Nietzsche,1844—1900)秉持酒神弥赛亚主义,主张依靠酒神和神话——非理性的力量来摆脱现代困境,具有明显的幻想性质。

哈贝马斯对经济危机、政治危机、文化危机以及人性危机的全面分析及其对相关学者主张的解剖构成了其社会批判理论的基本内容,在把握资本主义不断增强的自我更新能力与传统马克思主义社会革命的解放路径难以形成契机的现实性之后,如何在针对性地破解诸多社会危机的同时实现解放,成为哈贝马斯整个理论体系的逻辑起点。

(二)逻辑主线:交往理性的重置

哈贝马斯认为,晚期资本主义社会的四重危机出现在资本主义社会自身的三大系统领域即经济系统领域、政治系统领域和文化系统领域(人性危机是三大系统领域的危机对人的心灵的综合映射与反映)之中。为此,哈贝马斯引入了"体系—生活"世界双层架构的范畴,提出应在生活世界本身挖掘出可以进行社会整合和化解危机的资源。他的"体系"范畴(即政治系统与经济系统)以工具理性为支撑,"生活世界"范畴(即文化系统)相应地以交往理性为支撑。在审视"体系"与"生活世界"的关系中,他认为"体系"的形成难以实现社会的和谐统一,反对求助经济系统、政治系统进行社会整合的路径,指明现实的交往活动由于兼具工具理性和交往理性而具备社会整合的功能,理应担负起促进平衡"体系"和"生活世界"互动关系的重任。理论上,工具理性与交往理性存在于人的理性及其现实生成过程中,二者理应"各司其职",相辅相成并相互制约,且交往理性占主导地位;但在现代资本社会,工具理性侵犯了交往理性的发展空间而占据主导地位。针对现代社会中工具理性日益肆虐及其遮蔽交往理性和价值理性等的事实,哈贝马斯提出,必须关注交往理性和重置交往理性,颠倒工具理性和交往理性的关系,从交往理性出发为人存在的价值探寻在社会中的现实根基,进而恢复现代人对自身生存实践观点的自觉意识和解放的希望。对交往理性的强调始终是哈贝马斯理论体系的主导思想和逻辑主线。

哈贝马斯在对"体系—生活"世界双层架构的分析中强调,"体系"以权力和货币为媒介,承担着协调生产关系、管理公共事务、发展生产力、满足人基本生存需要的功能,根植于科层制的官僚机构和经济组织中,以工具理性为指导思想;"生活世界"以语言为媒介,主要解决人的意义和价值问题,扎根于人们日常的以理解和沟通为目的的交往活动中,以交往理性为指导思想,能够促进多元主体之间通过平等的对话和沟通展开交往活动,并在扩展的交往生活中唤醒人们的自我意识,彰显人们存在于生活世界的主体性地位和改造世界、创造未来的主动作用。体系和生活世界的不同特性决定了两者在整个社会发展中所起的作用也是不同的，而且是不可替代的。体系的作用在于维持经济系统与政治系统的有序运行，生活世界则注重个人的行为取向与价值取向的合理化。因此，哈贝马斯认为，一个正常的合理的社会应该是体系和生活世界各自朝着自己合理化的方向发展。生活世界应独立于体系之外自由发展，即便两者之间存在某种关系，也只是体系内部事务上的运作方式以生活世界为依归。然而，现实并非如此。哈贝马斯发现，现代社会以金钱和权力为媒介的体系，以其强大的渗透力侵入生活世界的行为领域，使生活世界只能病态地挣扎在经济体系、政治体系的边缘，造成生活世界的非理性化和物化。经济系统中的货币媒介和政治系统中的权力媒介逐渐成为现代社会普遍流行的交换媒介，而原本盛行的以语言为媒介的生活世界的沟通方式失去了其存在的可能。主体—客体交往方式转变为以主体间相互交往的形式，体现了以经济活动为媒介来支配交往行为的工具理性观，结果必然致使结构化的生活世界被商品化、资本化和官僚体制化，最终导致生活世界日趋萎缩，体系日趋膨胀。在这种情境中，通过交往理性的共识在生活世界中的现实交往行为难以达成，多元主体之间的平等对话与交往的意识遭到体系中工具理性因素的阻碍而流于低效。哈贝马斯把这种情形称为"生活世界的殖民化"。

　　正是体系对"生活世界的殖民化"，导致了生活世界的结构遭到破坏，体系的结构出现扭曲与膨胀，社会整体结构失衡，从而使社会各个构成部分即经济系统、政治系统与文化系统皆出现危机。要解除社会全面危机，就必须祛除"生活世界的殖民化"，抑制社会系统中工具理性的膨胀，在推动多主体间的交往中凸显交往理性的价值维度，以规范和调节个体与社会整体辩证统一的发展需要，实现生活世界的自我复兴，走向生活世界的合理化。

　　从表现上看，"生活世界的殖民化"是由于体系对生活世界的侵入，打破了生活世界本身的结构。但就实质而言，体系之所以会侵入生活世界,占据生活世界的"领地",与体系和生活世界各自的指导思想(工具理性和交往理性两者之间主导地位的失衡)密切相关。飞速发展的科学技术的思维基础——工具理性逐渐渗入人们的头脑,支配人们的行为,导致工具理性成为评判行为合理性与否的唯一价值尺度。工具理性占据了强势地位,排挤与限制了交往理性的发展,当工具理性逐渐演化成为主体的思维意识,整体的生活世界就被分离为依据不同目标而生成的不同部分,参与交往的主体难以获得来自对方关于自身话语的反应,无法满足对生活世界真实性、有效性的认识,主体沦为现实社会体系被动的服从者。

哈贝马斯认识到理性的两种形式——工具理性和交往理性主导地位失衡的危害性之后,试图对现实失衡的状况进行倒置,推翻工具理性的主导地位,以交往理性取而代之;通过释放交往理性的潜能,来抗衡工具理性,阻止体系的势力借助货币和权力的操控媒体对生活世界的入侵。超越工具理性,恢复多元主体意识及其交往实践的本质,这样失去的价值和规范就可以重返生活世界,生活世界就可以冲破"殖民"的牢笼而获得重生。

在这一问题上,西方相关哲学家也意识到工具理性对社会的危害,尤其是以科技为代表的工具理性的无限膨胀以及由此带来的现代性问题。但他们都将理性的全部内涵单一化为工具理性,将理性等同于工具理性,认为理性只具有工具理性而不具有交往理性这一形式,主张消融工具理性。运用本来适用于技术和资本生产的工具理性来把握禀赋自由和解放需要的人的现实交往,必然导致人的生存方式中的交往理性维度被遗忘,与哈贝马斯交往理性的思想大相径庭。

哈贝马斯之所以重置交往理性和关注交往理性,秉持交往理性的"解放"功能,是因为交往理性比其他理性更为根本,同时交往理性对生活世界的"三要素"——文化、社会与个性的合理化具有重塑作用。

关于交往理性比其他理性更为根本的问题。在《交往行为理论》一书中,哈贝马斯把社会行为分为四类,即目的论(策略)行为、规范调节行为、戏剧行为和交往行为。① 这四种行为有着不同的取向,关联于不同领域的世界,具有不同的有效性要求。前三种行为分别关联于客观世界、社会世界与主观世界,依次要求真实性、公正性与真诚性。而交往行为同时统摄客观世界、社会世界和主观世界,要求真实性、公正性与真诚性的统一。按照哈贝马斯的理解,交往行为在生活世界中逐渐占据了主导地位,是因为人们能够依从交往理性的思维和原则来行动,而交往理性中的理性观不是以促成实际行动过程的完满为目标的目的论,而是与诸多因素塑造的主体理解结构相关的过程性思维,反映了交往理性具有整合现代社会文化、技术和艺术等领域的功能。哈贝马斯认为,最具统摄性的交往行为更为合理与根本,因而扎根交往行为之中的交往理性较之其他理性则更为根本。

关于交往理性对生活世界的"三要素"——文化、社会与个性的合理化具有重塑作用的问题。第一,交往理性对文化合理化的重建作用。哈贝马斯将生活世界的三大结构要素中的文化"称之为知识储存,当交往参与者相互关于一个世界上的某种事物获得理解时,他们就按照知识储存来加以解释"②。因而生活世界的合理化就必须要对已有的文化形成合理的"解释体系",使其不断满足新的理解要求。这种合理的"解释体系"最终是在交往理性的理想情境中形成的。只有坚持交往理性内含的公共性,文明才能共存,"他者"才能被包容,社会成员才有机会进行合理的沟通和对强制性的命令进行有效反抗,生活世界才能作为"合理的生活指导的意识结构",批判的、反思的文化领域才可能重建,文化才可能合理化。第二,交往理性对社会合理化的建构作用。哈贝马斯将"社会称之为合法的秩序,交往参与者通过这些合法的秩序,把他们的成员调解

---

① 参见[德]尤尔根·哈贝马斯:《交往行动理论》第 1 卷,洪佩郁、蔺青译,重庆出版社 1994 年版,第 119—121 页。

② [德]尤尔根·哈贝马斯:《交往行动理论》第 2 卷,洪佩郁、蔺青译,重庆出版社 1994 年版,第 189 页。

为社会集团,并从而巩固联合"①。换言之,社会本应是一个规范性的世界,应起整合作用,使人们之间建立"合法"的、有"秩序"的人际关系,增强人类的归属感,实现社会和谐。而在现代社会,随着"生活世界的殖民化",权力媒介和货币媒介日益猖狂,社会失去了行为规范和道德准则,要重新建构"合法"的、有"秩序"的人际关系有赖于交往行为及交往理性的良性运行。社会规范与秩序的建立、完善不是交往理性的直接产物,而是在主体现实交往中协商的结果。交往理性的思维附着在社会话语的表达和交流过程中,在社会规范形成中重新阐释人的理性,同时促使社会行动的规范在人们的交往中得到重塑。为建立良好的社会秩序,只有通过"无强制"的相互交往、自由协商与平等对话等交往行为,形成大家所共同承认和遵守的规则,即普遍化的道德规范;为恢复公众的独立性、自主性与批判能力,调节不同意见或社会行为以及摆脱资本与权力的控制,只有通过提高公众自由辩论、意志参与的水平和进一步重建公共领域等方面的交往理性思想。第三,交往理性对个性合理化的塑造作用。哈贝马斯将"个性理解为使一个主体在语言能力和行动能力方面具有的权限,就是说,使一个主体能够参与理解过程,并从而能论断自己的同一性"②。个性是在与他人的沟通及对自我的不断肯定中逐渐形成的。按照哈贝马斯的观点,随着交往理性在现实活动中的展开,人的个性总是处于与社会的普遍联系之中,其中包括两个层次,一是个体与个体之间的肯定性联系,二是个体与个体之间的相互否定和超越的联系,两种联系的递进发展彰显了个体的理性精神的作用以及对生活世界的内部环境与外部环境的影响。对个体而言,一旦进入交往的情景,就必须使用可被理解的语言与话语进行表述对话和沟通,且必须意识到承担自己所表达话语中内蕴的目的论前提,即保证话语的真实性和有效性,这就需要交往理性推动个体

---

① [德]尤尔根·哈贝马斯:《交往行动理论》第 2 卷,洪佩郁、蔺青译,重庆出版社 1994 年版,第 189 页。

② [德]尤尔根·哈贝马斯:《交往行动理论》第 2 卷,洪佩郁、蔺青译,重庆出版社 1994 年版,第 189 页。

理性把握社会交往的基本规范。交往理性和交往行为在对个性的塑造中为个性的合理化提供了理想的境遇与背景,正是在社会化的交往行为与交往理性中,才能建构理想人格和个性。

对交往理性的关注与重置,是哈贝马斯整个理论体系的逻辑主线,这条逻辑主线最终达至以"解放"为旨趣的"世界公民社会"的终极追求。"世界公民社会"是对"交往合理化"的未来社会状况的描述,它以人人拥有自由平等权利、所有人自觉联合起来为基础,以各地区、各民族健全的法律体系为保障。"世界公民社会"构成了哈贝马斯思想体系的逻辑终点。

（三）合理的交往关系与解放的方向

从对未来社会发展设想的意义上说,哈贝马斯针对时代困境所提出的交往理性观是一种社会解放观。正如国内有学者认同的观点:"人类解放的方向应该是交往关系的合理化。"①这种解放观不是建立在政治经济意义上的解放,而是建立在交往理性基础上的解放。在交往共同体实现解放的过程中,消除暴力、高扬自由正义旗帜,个人拥有高度的自主权,人们通过相互理解而达到基于合理动机的协议一致性,以致由局部解放到达"世界公民社会",实现世界公民在公共生活中自主性意识的高度发展,进而在现实的社会系统与理想的生活世界之间建立合理的发展体系,最终实现马克思所理解的全人类解放。哈贝马斯的交往理性观是对人类解放实现途径的探索,这种探索对我们今天具有启迪作用。

站在人类解放的高度与人类解放的立场上,哈贝马斯的交往理性及交往理性观是对马克思人类解放思想的延伸和发展。马克思在批判资本主义和自由主义发展阶段时,注重把握生产力发展与交往形式演变的关系,寄望于拓展世界范围内普遍的交往活动以促进全球生产力的高度发展,并在此过程中促进各国人民了解自身被压迫的生存现状,推动历史进

---

① 汪行福:《通向话语民主之路:与哈贝马斯对话》,四川人民出版社 2002 年版,第 146 页。

入人追求自身解放的阶段。而哈贝马斯渴望在全球化进程中通过交往理性建构世界性的民主制度。他描述与追求的建立在人人拥有自由平等权利、所有人自觉联合起来基础上的"世界公民社会"的主张既追随了马克思人类解放的发展脉络,凸显了马克思共产主义解放思想在晚期资本主义社会所具有的魅力,也丰富了马克思人类解放思想的深刻内涵。"世界公民社会"是哈贝马斯为身处生活世界殖民化境域中并遭遭受工具理性奴役的人们设计的救世方案,它脱离了以资本逻辑与技术理性为先验根据的生活世界,促使生活世界在社会交往中完成蜕变,其落脚点在于使人类过上自由解放的"民主、公正、和谐"的生活。这正是哈贝马斯对人类解放终极关怀的体现。"世界公民社会"强调自由、公平、正义基础上的交往理性,注重精神层面在"世界公民社会"实现过程中的作用,通过不断延展的交往活动生成共同的价值规范,确立合理的规范边界与认同机制,这对于人类在全球化不断发展的当今世界,如何超越狭隘的国家视域、克服民族主义和自我中心主义,如何以开放的姿态和宽容的精神和平共处、协商对话,都具有启迪作用。

哈贝马斯建立的"体系—生活"世界双层架构的理论,是以生活世界和体系的双重合理化来对未来美好社会进行前景预设的。这种预设模式媾和了宏观和微观的双重视野,为我们指明了人类解放道路的多重辩证的思维模式:既要考虑实现社会结构各个方面宏观的综合发展,为人与人类的自由全面发展提供可能,又要强调个人的微观的生活世界,基于普遍的民主制度的建立,通过对话与沟通的方式,使个体与个体实现有效对话。也只有宏观的体系与微观的生活世界都实现合理化,理想的"交往共同体"才可能实现。

较之马克思"共产主义"的人类解放观,哈贝马斯的交往理性与"世界公民社会"的解放观带有明显的局限性。其一,交往理性与"世界公民社会"的提出是为资产阶级利益服务的。马克思的人类解放观是通过无产阶级革命的途径彻底推翻资本主义制度,建立理想的共产主义社会,最终实现人的存在及其在历史中的解放。而哈贝马斯的"世界公民社会"

的实现依靠交往理性,并以其支配生活世界的人际交往以及社会的生活,消除生活世界殖民化的不合理状况,重建生活世界与系统的平衡,从而改良资本主义制度。交往理性与工具理性之间往往难以划清界限,在资本逻辑和传统形而上学思维根深蒂固的影响下,交往理性容易遭到工具理性的僭越而为满足资本生产的需要服务。这种途径和方式无意对资本主义社会制度做根本性的变革,且与"世界公民社会"标榜的超阶级性、超国家性自相矛盾。其二,"世界公民社会"的民主是形式上的民主,是建立在程序正义基础上的形式民主,是一种意志的自由。这种民主其实质是话语民主,是在遵循话语程序的基础上自由表达意愿和意志,在"妥协"和"均衡"的基础上达成某种"共识"和"集体认同"的民主,其主要目的在于形成世界公民的自我意识和交往理性,推动人类社会发展的合理化,但在现实中只是将生活世界的个体之间的交往形式转变成全球化进程中国家之间的交往结构,难以真实保证各主权国家利益和需要的特殊性、差异性,根本未触及民主的实质内容,与马克思的人类解放的民主观有本质上的区别。其三,交往理性弱化了政治、经济、文化和劳动在人类社会发展与人类解放中的作用。马克思以对政治解放与人类解放之间张力的辩证审视为核心,将政治解放拓展为经济解放、劳动解放与文化解放,实现了人类解放的多维性。而"哈贝马斯在研究精神交往及其语言、规范的过程中,存在着偏离历史唯物主义根本原则的倾向"[1],他单方面强调只有交往理性与交往行为才能促进人类社会的发展,才能推动"世界公民社会"的实现,这种观念具有片面性,抛弃了人类社会发展的整体观和长久和谐的需要。

　　哈贝马斯对人类解放理想及实现途径的探索也受到了许多学者特别是后现代主义者的质疑。他们站在彻底否定理性的立场上认为,一切用理性(包括交往理性)来挽救时代困境的思维范式及行动都是徒劳的。

---

　　[1]　侯振武、杨耕:《关于马克思交往理论的再思考》,《哲学研究》2018 年第7 期。

他们全面否定启蒙运动中兴起的理性主义,认为理性主义在生活世界中形成的共同意志,在促使社会交往行为合理化中蕴含了对理性逻辑这一前提条件的先验预设,有可能成为禁锢人性的新的异在力量,自然也就否认对启蒙理性抱有希望来拯救现代性的哈贝马斯的观点。例如福柯认为哈贝马斯所描述的未来美好社会是"交往的乌托邦";布尔迪厄将之称为"乌托邦现实主义",认为其理论只有在极其有限的条件下才能实现;勃伦克·霍尔斯特视之为"一个善良的愿望"。

面对质疑,哈贝马斯本人也做出了回应:乌托邦"蕴含着希望,体现了对一个与现实完全不同的未来的向往,为开辟未来提供了精神动力"[1]。这种回应是中肯的。他坚信现代性运行的张力始终存在,启蒙理性的理论意蕴依然在展开,必须通过对生活世界和语言交往的分析解决现代社会遭遇的分裂问题,以此保证社会系统以开放的理性为实现解放提供现实基础。的确,哈贝马斯为我们提供了思想源泉和精神动力。哈贝马斯对未来理想社会的设想唤醒了人们对不合理现实的批判与自由的向往,增强了人们对人类解放道路的探索与追求。这种理论情怀和解放魅力是必须加以肯定的,我们不应太过贬低或否定它的价值和意义。

第二节　政治哲学解读

有些西方学者从文化哲学的视角阐释马克思人类解放思想,也有西方学者从政治哲学视角解读马克思人类解放思想的观点。从政治哲学的视角看,第二次世界大战后德国最具独创性的马克思主义哲学家布洛赫强调哲学反思的内在道路与希望哲学的作用,希图通过人类内心的信仰超越现存,克服"类本质"异化,实现人类精神的解放;英国社会学家、哲学家鲍曼以"理性解放"为轴心,基于对"人的解放"历史性内涵的把握,通过共时性和历时性两种维度展开对"人的解放"的双重构思;法国哲学

[1]　章国锋:《哈贝马斯访谈录》,《外国文学评论》2000年第1期。

家、历史学家福柯从历史与现实中社会个体的具体生存维度,研究政治权力与人类解放的关联,开辟了权力批判路径;当代法国的解构主义大师德里达通过阅读马克思的文本发现其内在矛盾,对马克思的文本进行了"解构式阅读",企图建构"解构式马克思主义精神",以在政治姿态与政治立场上建立自己的系列理论;后马克思主义的正宗代表人物——英国的拉克劳与美国的墨菲针对西方发达国家的社会结构和社会心态所发生的变化,基于话语理论的社会主义新策略,力图构建具有不确定性、差异性、多样性与反普遍主义、反本质主义、反中心主义的激进多元民主理论;当代美国法兰克福学派领军人物芬伯格面对当代严重的技术异化,把技术批判理论从技术哲学转向为技术政治学、从技术民主化引出社会的民主化,提出技术"微政治学"观点;美国国际前沿社会理论家哈维赋予社会正义历史情境特征,明确了"空间解放"构思的规范性原则,以"空间解放"的思想生成、现实必然性和目标指引为主要内容展开了具体的构思过程;20世纪90年代活跃于西方学术界的斯洛文尼亚哲学家齐泽克从存在论角度对当代资本主义社会意识形态尤其是犬儒主义展开了细致分析与尖锐批判,最终旨趣是关切生活在由意识形态"编织"的当代资本主义社会中的人类的命运与解放问题。西方学者对于马克思人类解放思想的阐释与解读,我们应该抱有辩证、理性审视的态度。对西方学者关于人类解放的观点予以系统与客观的考察,将有助于我们更为深入地思考人类解放问题,更加准确地把握当今时代人类社会的发展脉搏。

一、布洛赫的解放道路选择及实践方式

德国哲学家恩斯特·布洛赫(Ernst Bloch,1885—1977),是20世纪西方马克思主义与西方哲学的重要代表性人物。他把西方与东方的现实境况同时作为研究对象纳入自己的整个学术研究体系,并从政治、哲学、宗教、艺术、心理学等多学科领域交叉加以研究,研究领域广博。他对20世纪初德国知识传统的全面继承,特别是对马克思所开创的人类解放思想的纵深拓展,明确阐释了马克思解放哲学中蕴含的无产阶级主体性地

位及其社会理想构设的现实可能性,是人类精神文明领域中绚烂夺目的奇葩。

布洛赫的人类解放思想是通过他的希望哲学体系呈现的,在价值取向与思考人类解放的实践态度上,与马克思主义一脉相承。他从马克思人类解放思想中汲取理论营养,继承了马克思人类解放思想。布洛赫受俄国十月革命的深刻影响,对第二次世界大战期间苏联人民的革命道路及后来的苏联社会主义实践总体上持支持态度,同时他又深度改造以"苏联版"的马克思主义为代表的传统马克思主义,批判了正统马克思主义的理论基础与论证方式,谴责其对马克思解放思想本真内涵的解读失之片面。在对人类解放道路的选择上,布洛赫强调救赎要靠人自身的力量来完成的内在反思的途径,但并不完全排斥诸如俄国社会主义革命实践等现实革命斗争的作用。他试图通过揭示现代性处境下人类精神枯竭的悲惨状况,强化哲学反思的内在道路与信仰的作用,呼吁唤醒人类内心深处的信仰与希望精神来达致解放。

(一)希望本体论哲学体系的建构

布洛赫认为,希望的踪影客观地贯穿于人类文化历史的始终,集中体现了人的本质与人类走向更美好未来的意图,希望范畴在布洛赫的理解中获得了开放性内涵。但希望总是被人们遗忘,布洛赫由此感叹,人类的历史就是希望被遗忘的历史,必须重新反思历史。他渴求以希望哲学的精神重构西方的形而上学发展史,要求终结一切抽象的消极形而上学思维方式,将人类历史的发展奠定在人的存在本质的生存论基础上,摒弃静态、僵化存在的形而上学体系,唤醒人类内心深处乌托邦精神,建构起一种希望本体论的哲学体系。

布洛赫的希望本体论哲学体系主要由两部不同时期的关键性的力作组成。第一部是《乌托邦精神》(*Geist der Utopie*),它反映了青年布洛赫时期的希望哲学思想,表达了唤醒人的内在批判与超越本性的乌托邦精神,标志着希望本体论哲学体系的初步形成。第二部为《希望原理》(*Das Prinzip Hoffnung*),它是布洛赫在美国流亡的壮年时期,花费近十年时间撰写的长达 1600 多页的鸿篇巨著,是布洛赫成熟时期对其早期思想的深化,全面描画了人们对未来美好生活途径的梦想,标志着希望本体论哲学体系的完成与成熟。布洛赫的《希望原理》延续了《乌托邦精神》中的核心精神与根本理念,不断突显和深化关于社会主义理想与美好世界信念的一以贯之的主题,二者基本保持了前后思想的一致性与整体性。

布洛赫的希望本体论哲学体系的基本思路与基本框架是明晰的。他首先以探讨恭敬而有诚意的深奥、神秘的宗教信仰为出发点,反思战争、强权、剥削以及现存社会制度对人的个性的压抑,进而进行主题论证——讴歌人类觉醒和黎明,倡导人性复归和道德重建,唤醒沉睡于内心深处的希望精神与美好的梦想,拯救人类的希望精神并实现人类解放。围绕这一主题,他揭示出唤醒希望精神需经过两个阶段:通过内在道路的哲学反思达到自我面对;在自我面对的基础上使内在发展成为外在,使世界充分展现为灵魂的世界。通过这两个阶段与过程,希望精神从内心的最深处,从觉醒的梦的最真实部分也是唯一值得保留的部分中升起。在人的觉醒的梦中,有一种跃出黑暗与朝向光明的力量冲动,它发酵着、躁动着,它朝向前方而冲向光明。最后,布洛赫对历史总体发展做出了自己的判断与设想,结合外在现实的可能性来激活人的内在意识与创造精神,促使人的自我觉醒与对未来生活世界的期望趋向一致,渗透了对马克思所提出的"自由王国"的美好状态的向往。

在布洛赫的希望本体论哲学体系中,"觉醒的梦"是其论证主题的核心范畴,它所指向的是人类的解放与回归。"在布洛赫看来,历史的真正动因是人类对一个更美好世界的'希望',即推动千百万人民大众'造梦——寻梦——圆梦'的伟大热情。"①布洛赫所期望的是让处于苦难中的人们通过唤醒内心"觉醒的梦",获得救赎与解放,重新回归到自身,回归到完满的道路上。他虽然并不完全排斥阶级斗争与暴力革命的作用,

① 金寿铁:《从宗教无神论到希望哲学——恩斯特·布洛赫研究》,《马克思主义与现实》2018 年第 4 期。

但他认为,解放与回归的主要依靠力量是人类内心乌托邦精神的觉醒、"梦想"的不灭与升华,是希望超越现存的哲学反思,指出人对未来生活世界的希望是其摆脱物化社会和现存困境的根本动力,这是布洛赫对人类解放实现方式的理解与选择。

布洛赫以希望哲学为核心超越了抽象的乌托邦构想,汇集、解释和系统化了人类的伟大希望方案。在布洛赫的两部著作中,唤醒乌托邦、拯救末世论、人类解放论等多种哲学思潮奇迹般地汇集在一起,呈现出一幅多彩而庞大的"哲学—宗教"幻影。他试图把希望哲学体系建立在马克思主义经典作家(马克思、恩格斯、列宁等)的理论基础之上,纯化经典作家的理念,揭示精神与物质、理论与实践、理想主义与社会主义的关系,倡导应将精神转化为物质、理论转化为实践、理想主义转化为社会主义的理念,进而把自我内在力量转化为世界"自然主体"的存在动力,促动人在现实的社会变革实践中发挥具体的乌托邦精神和人道主义力量。人们不断走向"发现美好"的超越运动,是人们尚未形成的人类希望的丰富内容的真实展现。

(二)接受俄国实践的"政治信息"

在寻求人类解放之道上,布洛赫对第二次世界大战期间俄国人民的革命道路及后来的俄国社会主义实践总体上秉持支持态度,积极接受了俄国社会主义实践的"政治信息"。其深刻原因主要有下列几个方面:

第一,俄国十月革命加强了布洛赫从思想上亲近马克思主义的趋向,使他的思想内在具有与马克思主义的亲缘性与深层关联。根据布洛赫自己的回忆,他的激进思想——反资本主义和亲马克思主义思想,决定性地被俄国十月革命的爆发所加强。通过对俄国十月革命的历史性反思,布洛赫认识到解放不仅意味着对资本主义的解蔽与祛魅,而且指向发掘蕴含于无产阶级中的革命潜能,强调革命主观意识条件的重要性,以至于很多英美学者习惯把布洛赫称为"关于十月革命的哲学家"①。十月革命使

---

① 张双利:《论恩斯特·布洛赫的人本主义道路》,《马克思主义与现实》2007年第2期。

布洛赫对马克思主义的创始人——马克思满怀崇敬之情,并开始关注马克思主义,在探寻人类解放的现实实践道路上从思想上也毅然接受了马克思主义。布洛赫把解放人类的"赌注"都押在了十月革命上,认为十月革命就是救赎西方社会、解放西方社会的有效途径。

第二,与卢卡奇的交往,加速了布洛赫从行动上向马克思主义靠拢的步伐。俄国十月革命胜利后,由于布洛赫同卢卡奇处境与成长经历较为相似,从而使他们的思想和行动带有共同感情地相互呼应,在布洛赫与早期西方马克思主义的代表人物——卢卡奇的密切交往中,布洛赫迈上马克思主义道路的信念更加坚定,行动上向马克思主义靠拢的进程与步伐得以加速。尤其卢卡奇在 1923 年出版了《历史与阶级意识》一书,深深触动了布洛赫的内心。他开始认真研读马克思、恩格斯的著作,自觉宣传马克思主义理论,借用马克思主义理论深化自身的乌托邦范畴和希望哲学,在马克思主义的理论视角下审视客观世界的现实可能性,他把自己称为"坚定的马克思主义者"。布洛赫的《乌托邦精神》修订版的出版(初版于 1918 年,1923 年修订并再版),是他成为被人们接受的"坚定的马克思主义者"的历史性标志。

第三,受到马克思以"批判"为灵魂的社会批判理论的启迪。面对世界社会主义与资本主义两种制度、两大阵营对峙的现实,布洛赫选择了支持俄国无产阶级革命道路,认为俄国无产阶级革命道路符合人类社会历史发展的规律,能够拯救全人类。从接受理论来说,这是布洛赫对马克思关于资本主义社会批判理论的领悟使然。批判性是植根于马克思主义哲学中的一种深刻的反思模式,马克思通过对黑格尔的"自然权利"和资本主义私有制的批判,即通过对资本主义制度的政治正当性的基础与资本主义的基本制度基础的批判,戳穿了资本主义社会表面上标榜人人拥有天赋的"自然权利"的虚伪性,揭示了资本主义必然走向灭亡的历史规律,促进了无产阶级在资本逻辑发展极盛的语境中实现对革命与解放意识的自觉认同。马克思从资本主义社会的基本运行规律——剩余价值规律出发,把资本主义社会纳入人类社会历史运行规律之中,即在生产关系适应于生产力的规律中揭示一般的现实可能性。马克思的全部思想都是在批判中展开的,致力于推动批判性、革命性要素的作用在现实运用中得到充分实现,以废除传统哲学脱离感性实践的、抽象的理论范式,批判意识由此构成了他的学说的灵魂。而布洛赫在充分理解马克思资本主义社会批判理论的基础上,进一步推进了马克思对资产阶级权利、尊严范畴的批判,把权利、尊严与人类解放相结合,这种结合在布洛赫的《自然权利和人类尊严》(*Natural Right and Human Dignity*)一书中得到了全面展现。布洛赫对马克思主义的热情、对俄国社会主义实践的支持,与马克思社会批判理论的魅力密切相关。

第四,对世界革命政治运动的清醒判断和对工业资本主义批判性反思的结果。布洛赫认为,不支持法西斯国家民族主义的政治运动而支持俄国无产阶级革命是我们的唯一选择,俄国无产阶级革命代表着通向未来的光明之路。他坚定地强调,"在今天的形势下,为反对俄国布尔什维克主义所发表的议论都只会为邪恶提供服务","没有俄国,就没有反法西斯战争,也不可能取得反法西斯战争的胜利"。[①] 第二次世界大战中,苏联是世界反法西斯的主要战场,苏联人民是反法西斯战争的主力军,1941年,苏联卫国战争的胜利,改变了第二次世界大战的形势,构成整个反法西斯战争的重要转折点。布洛赫开始思考马克思关于无产阶级革命主体地位的理论,发掘马克思主义革命理论中蕴含的乌托邦因素,探索人道主义思想与社会主义革命的关联,确认无产阶级通向人类美好生活前景的精神力量与实践诉求。布洛赫对俄国社会主义和无产阶级革命充满极大的希望,甚至直到临终他还对苏联官僚社会主义(国家权力和财产私人所有制的结合)模式抱有希望。布洛赫对当时世界革命政治运动的思考和对工业资本主义造成的无灵魂世界的强烈憎恨与批判是其执着的信念及其清醒的判断的基本前提。

---

① Ernst Bloch, "The German Philosopher of the October Revolution", Trans., Jack Zipes, *New German Critique*, 1975, p.5.

不过,布洛赫并不是毫无保留地支持俄国社会主义实践。针对斯大林的决策方式与专制统治而造成的苏联人民生活被统一设计与统一规划的状况,布洛赫提出,真正的民主、正义应该是"自下而上"的;在社会主义实践中,每个人应该充分张扬个性,不再需要对社会坚守某种庄严的承诺,个人的尊严不能随便被玷污,否则人的个性就会被扭曲,这突出了乌托邦指向实现个体主观愿望与改造客观世界的功能。同时,布洛赫在吸取、接受马克思主义和在接受俄国社会主义实践时,带有自己明显的乌托邦思想色彩。

（三）深度改造传统马克思主义

由于自身性情、经历和所受哲学教养的综合影响,布洛赫认识到,就资本主义遗产而言,以"苏联版"的马克思主义为代表的传统马克思主义犯下了极端的错误——停留于对现状和既定存在的机械复制,传统表象性的"马克思主义"忽视了马克思主义理论中内蕴的本质性要义,应该修改和弥补其理论缺陷以适应历史的发展,进而深度改造传统马克思主义。

第一,批判一切旧的异化的社会关系,形成一种新的人的自由的社会关系。布洛赫认为,迄今为止的一切人类自由都不是真正意义上的自由,而仅仅是异化条件下的自由,他对斯大林主义以自由的名义剥夺人的权利、尊严而形成的自由异化关系进行了深刻反思。布洛赫基于独特的人本主义立场,从人的历史性存在方式与当下生存状态的比较中指出,必须超越认识论维度的理想承诺并恢复本体论维度的希望,即应在人根本存在的社会关系视域中把握人生存的希望旨归。他认为,人始终是特定的社会关系中的人,必须从社会关系的视野中来解决人的问题。我们要致力于批判一切旧的、异化的社会关系,克服传统马克思主义所具有的专制主义精神,形成一种新的、本质在于人的自由发展的社会关系。要实现的是一个自由与秩序、个体与集体协调一致的无阶级社会,这种"无阶级社会"是自由和秩序、个体和集体和谐共生的新关系社会。个体与整体、个体性与整体性、自由与秩序关系的科学处理成为并行不悖的原则。布洛赫认为,人类的最高理想就是要实现人类解放的共产主义"自由王国",

他把未来人类解放"自由王国"的"崭新家园"视为没有异化的理想之乡。他强烈追求没有异化、没有奴役的真实共同体以及新的人的自由全面发展的社会关系。

第二，批判传统马克思主义单向度的狭隘经济决定论，回归多向度、包容性的马克思主义。布洛赫认为，传统马克思主义是单向度的、狭隘的理论。它为了维护自身政治统治的需要，严格规划社会整体的秩序及每个个体的生活，在理论上将马克思主义限定在单调的政治经济学批判框架之中，以机械论的方式阐释马克思主义，是一种窒息了的内在性，是机械论的绝对"枉然"。它把马克思主义局限于实证主义化的思维模式中，不可避免地陷入经济决定论的泥潭。马克思主义本身具有强大的包容性，是多向度的，蕴含异质性、非一致性的辩证唯物主义，允许多维度的革命想象。布洛赫提出，必须摆脱传统马克思主义狭隘的经济决定论，在分析问题的框架中吸收宗教的"希望财富"。在对抗资本主义制度上，既要以政治经济学理性批判为视角，也要以道德、宗教批判为视角来审视资本主义市民社会。他强调要充分重视道德、宗教等感性因素——不仅要重视"物的因素"在社会发展过程中的作用，更需注重"人的因素"的能动性。不能只迷恋"生产"而否定梦想因素和想象。布洛赫肯定性指出，现存世界的本质在"物的因素"持续发酵中尚未终结，但只要尚未完成的存在依然处于充满可能性的过程中，希望出现的可能性就必定高于现实性。他提出在考察人民生活的宗教性时，应该引入希望精神来修正、补充和发展传统马克思主义，批判传统马克思主义单向度的狭隘经济决定论，回归到多向度的、包容性的马克思主义。

第三，批判资本主义技术性专制统治所导致的人的"物化"和"异化"，呼唤人们内心的希望精神和革命的想象功能。布洛赫认为，传统马克思主义虽然反对资本主义的"政治—文化"遗产，却默默地承继了资本主义的技术遗产及其技术遗产的附加理念。传统马克思主义在社会建设中否定人的个性，将具有不同质的、自然特性的个体抽象成具有同一性的个体，这无疑是技术性的专制统治。布洛赫强调要批判资本主义的技术遗产,应该着重批判资本主义技术性专制所带来的人的"物化"和"异化"。他认为这个时代更容易相信可见之物,不太信任不可见之物,其后果是只知道世俗的、可计算的乃至最原始的内容,只有这些东西被承认为现实。资本主义社会的异化过程导致了一个"物化"世界,而法西斯的上台就是"物化"的一个极致。因此,只有通过唤醒人们内心中的希望精神和革命的想象功能,才能推翻资本主义的技术性专制统治。

此外,布洛赫还主张重塑宗教的希望精神遗产。他认为要通过重塑遗产中的宗教,而达到重塑宗教的本质。宗教遗产是希望的遗产基础,因而同时也是宗教的本质。① 通过对希望哲学的宗教维度进行批判性反思,布洛赫使得希望承接并显露了祛除上帝形象后而保留的宗教精神,促使宗教精神与乌托邦精神、希望哲学形成主题一致的统一体。他甚至认为,人类的宗教功能在于自身的希望中,宗教的本质就是希望。宗教不只是幻想,它还是指向未来的希望。

布洛赫对传统马克思主义的批判与他对人类解放实现方式的理论选择密切相关。他并没有将自己的视角限制在对无产阶级的阶级意识的分析上。在他看来,历史中的每个时刻都与救赎、解放相互关联,而人类解放不仅仅是阶级斗争和对资产阶级法权的批判,更重要的是对人类内心深处的希望精神的唤醒,是希望的形成和梦想对现存的超越。现在和未来存在着过去没有实现的希望因素,"希望剩余"是无法穷尽的——过去没有实现的"潜能希望"可以在现在实现,现在也不是过去的全部展现,它仍然存在着希望原理和未来的向度,其光亮指引我们走向"共在"的世界。希望原则的确立,使布洛赫实现了哲学本体论维度的重大转变,为解放理论提供了与传统马克思主义阐释范式不同的理论语境和思想框架。他倡导通过批判一切旧的异化的社会关系、单向度的狭隘经济决定论、资本主义技术性专制统治,形成一种新的人的自由的社会关系,塑立多向

---

① 参见金寿铁:《只有创造性的马克思主义才能领会我们的时代——恩斯特·布洛赫与马克思主义传统的创新》,《福建论坛(人文社会科学版)》2008 年第 3 期。

度、包容性的马克思主义,呼唤人们内心的希望精神和革命的想象功能,重塑宗教乌托邦的精神遗产,最终达致人类解放。

(四)希望的辩证法与辩证法的希望

布洛赫的哲学思想一直遭受到国内学界的冷遇(至今尚未有中译本就是很好的证明),甚至出现了各种"批判模式":有学者指责布洛赫对宗教伦理过于强调,试图为宗教伦理在马克思主义体系中找到合适的安放位置,陷入弥塞亚主义、神本主义、乌托邦主义和博采主义之中;有学者指责其哲学具有唯心主义、非马克思主义、哲学修正主义的特点;有学者认为其哲学是在理想主义基础上形成的"哲学性的马克思主义",从而把马克思带回到快乐主义的幻想当中,结果必然造成其给自身设定的价值目标陷入没有现实根基的乌托邦中;有学者认为,他把马克思主义与抽象的人性论、思辨的人道主义、先锋派的哲学现代主义、宗教人道主义、神秘主义等混同起来,没有把自己的哲学建立在对社会经济发展的现实分析的基础之上。[1] 造成学者淡化或低估布洛赫哲学、布洛赫著作的价值以及否认其具有马克思主义性质的悲剧性局面的原因,有学者认为同他的晦涩文风、难懂的词汇、非正式写作方式有极大关系。美国学者罗纳德·阿伦森(Ronald Aronson)就认为,"布洛赫的著作根本就不可能读懂,对读者是一种折磨"[2]。比利时学者卢多·阿比希特(Ludo Abicht)也指出:"布洛赫错综复杂的方法除了要求高水平的智力支出,还要求情感的、充满想象力的、艺术启发力的投入。"[3]还有学者将其被指责的原因归结为布洛赫所拥有的复杂知识背景与社会背景,强调其所处时代的资本主义社会生产环境具备与马克思不同的特殊性,恢复人对生存的希望与马克

---

[1] 参见石德金、刘卓红:《布洛赫历史哲学的价值诉求与人类解放》,《广东社会科学》2010 年第 4 期。

[2] Ronald Aronson,"Review of the Principle of Hope",*History and Theory*,Vol.30,No.2,1991,p.223.

[3] [比]卢多·阿比希特:《哲学的实践——布洛赫、葛兰西和卢森堡对马克思主义传统的创新》,梦海译,《马克思主义与现实》2011 年第 5 期。

思主义的解放旨趣是时代的迫切需要。

　　不管如何评价布洛赫的哲学思想,但其深厚的思想底蕴、敏锐的问题意识、创新的思维方式、独到的理论见解以及非凡的理论勇气是值得肯定与赞赏的。布洛赫是一个以哲学辩证法的形式表达其思想的乌托邦主义者,他的主张是具有"问题意识"的,因为他试图把马克思主义与自己的希望哲学相结合,"调整大众意识的解放行为,借助对现存世界的革命性改造,改天换地,建立他心目中的理想社会"①。在人性的本真意义上,布洛赫关注人的尊严与价值,倡导生存的理想与意义。在政治方向判断上,布洛赫虽然积极接受俄国社会主义实践的"政治信息",认为俄国社会主义实践是人类未来的一种出路,指出社会主义革命尽管在现实的资本主义社会生产盛况中遭受挫折与冷遇,但通向美好社会的历史进程具有势不可挡的势头;同时也批判传统马克思主义,深度改造传统马克思主义。在价值取向上,布洛赫坚定不移地继承了马克思关于人类解放的精神诉求,他所主张的呼唤希望精神是对全人类解放追求的鲜明表达,他的"革命浪漫主义"精神明显带有救赎、解放全人类的特征。

　　布洛赫的政治倾向与价值取向的明朗程度反映在他对马克思主义的态度上。他认为,只有马克思主义才真正地给出了实现人类解放的答案。在布洛赫希望哲学体系中,在回答人类解放与希望精神如何可能的问题上,他在理论与实践相统一的辩证法方案中寻找"具体的希望",即在辩证法中寻找希望;同时又将希望精神与马克思的人类解放理想相结合,即在希望中运用去形而上学化的辩证法。

　　布洛赫认为,"马克思主义的赌注不是将来,而是对现实的分析,或者说将来是过去的东西的实现。理性与希望的统一,这就是马克思主义"②。他指出了人类艰难处境与人类危机的实质——希望精神的萎缩。

_____

　　①　金寿铁:《哲学表现主义的"新狂飙突进"——评恩斯特·布洛赫〈乌托邦的精神〉》,《文艺研究》2011 年第 12 期。

　　②　朱彦明:《弥赛亚主义的革命实践:布洛赫和本雅明》,《复旦学报(社会科学版)》2009 年第 3 期。

揭示了走出该危机、实现人类解放的具体道路——唤醒人们所曾经拥有的希望精神，认为人类解放的政治计划不是世界的自我实现，而是人类解放道路选择之后面对可怕命运的勇敢行动的落实。这种理念充分体现了布洛赫对在理论与实践相统一的辩证法中寻找希望的强调。

布洛赫在理论主题和未来实践意图上，对传统马克思主义的学术传统与精神实质进行了深度分析，用自己创新的马克思主义思维方式，在辩证法中寻找希望，在希望中运用辩证法，卓有成效地开启了马克思主义的新的广阔视域。布洛赫所孜孜以求的乌托邦精神与人类希望蕴含深刻的马克思主义辩证法理论基础，他洞察到回复人的本体论希望的理想与现实、理论与实践等双重维度之间充满张力的辩证运动，并将此辩证运动方式视为人类解放的深层依据。纵观布洛赫一生的思想发展轨迹与行动轨迹，他一直在为人类精神解放孜孜不倦地建构希望本体论哲学体系并努力付之于实践，我们因此称其为"勇敢地承担拯救人类精神使命的思想者"，无疑是确切的。

二、鲍曼对"人的解放"的构思是否成立

围绕对"人的解放"的构思，当代英国著名的社会学家齐格蒙特·鲍曼（Zygmunt Bauman，1925—2017）基于对"人的解放"历史性内涵的把握，通过共时性和历时性两种维度展开对"人的解放"的双重构思。在鲍曼看来，双重构思路径成立的前提只能从"理性解放"中获得，这表明"理性解放"内在奠基于鲍曼的具体构思中，也表征"理性解放"中"理性的个体"对构思路径的建构。然而，在马克思劳动解放的理论视域中审视这一解放构思时鲍曼的理论缺憾得到充分暴露，其构思囿于"理性的个体"的同质性、虚假性，使人失去了在现实世界中存在的具体性，而沦为被外在力量限定的存在者，在现实中难以获得成立而终将陷入理论困境。以马克思劳动解放的双重内涵批判性反思鲍曼解放理论的构思，能在澄清鲍曼自身理论缺陷的基础上深化对其构思的理论认识，并能在明晰鲍曼关于"人的解放"的构思缺陷中凸显马克思人类解放理论的价值意义。

（一）鲍曼构思"人的解放"理论的双重路径

鲍曼对"人的解放"的理论构思呈现出双重路径：一是围绕"人的解放"与个体化、批判理论之间的辩证关联，展现了理论构思的共时性维度，揭示其从理论到实践、从宏观到微观的递进式层级架构；二是从现代性的历史发展出发，阐发了一种历时性的构思路向，即随着现代性的深化发展，"人的解放"不断充实新的理论内涵，"人的解放"路径也必将随之展露更具现代理性的目标指向。双重构思路径从不同维度呈现了鲍曼对现代性发展中"人的解放"的理论把握。

在阐发鲍曼对"人的解放"的双重构思路径之前，需要明确其对"人的解放"历史性范畴的理解，这构成了鲍曼构思路径的理论视角，也是把握他对"人的解放"构思过程的前提条件。在鲍曼的理论视域中，"人的解放"理论阐释首先面临的问题是：对"解放是一件喜事还是一次灾祸？是一次伪装成幸事的灾祸还是一件因为害怕而把它当成灾祸的喜事？"①的解答，是其理论构思的基本视角。首先，围绕主观自由与客观自由的关系，鲍曼指认"人的解放"内含均衡主观自由与客观自由关系的意蕴，指出两种自由形式体现了人的解放在现实生活中辩证运动的特性，即使"这两种特性同时是互为补充的、不可调和的；它们陷入冲突的可能性无论在过去还是在将来，都像它们需要调和的可能性一样高"②。但只要祛除置身于其中的各种限制，对束缚人的自由的历史性因素进行批判性分析，在扬弃外在控制力量中促进人自我意识的觉醒，能够使人按照自己的意愿行事，使得欲求、想象力和行为能力之间达到一种动态的均衡状态时，人们就能够达到自由的状态。其次，就个体与社会的关系而言，鲍曼指出"人的解放"具有"私域"与"公域"共融的价值取向。只有"私域"重新被嵌入"公域"，使人在"私域"与"公域"的融合中恢复价值理性的维

---

① ［英］齐格蒙特·鲍曼：《流动的现代性》，欧阳景根译，中国人民大学出版社2018年版，第51页。

② ［英］齐格蒙特·鲍曼：《共同体》，欧阳景根译，江苏人民出版社2003年版，第19页。

度,避免工具理性的单向度的发展,"人的解放"才得以实现。当个体无法被重新嵌入公共空间时,其公共生活和价值共识的空间便将成为不切实际的目标而被遗忘,"人的解放"诉求只能陷入孤立感和无力感的双重压迫之中。基于这两个方面的把握,鲍曼明确了"人的解放"的历史性内涵:主观自由与客观自由的均衡和谐,或者"脱域"了的个体能够被重新嵌入政治领域之中。以"人的解放"的历史性内涵为构思视角,鲍曼打开了对"人的解放"的双重构思路径。

在"人的解放"的共时性构思路径上,鲍曼围绕"人的解放"与个体化、批判理论之间关系加以分析。对于"人的解放"与个体化的关系来说,"人的解放"意味着现代性历史进程用强制性的"自主"身份代替了"他主"身份。通过对"自主"身份与"他主"身份界限的厘清,人掌握了属于自身的价值原则和自由选择的权利,不但有资格从人身锁链关系中摆脱出来,而且将被重新置于公共领域之中,使得法律个体的身份能够被落实为实际个体,进而获得积极自由意义上的自主能力。在鲍曼看来,"人的解放"的过程正是个体化的不断展开,"对'个体化'而言,这在整个现代时代——在它的所有时期和社会的所有方面——都是有效和适用的"①。他认为,工具理性构成了现代社会发展的动力支撑,根本表现为现代官僚体系抹杀个体化的集体行为,一定程度上造成人性和人道主义的湮没。无论是从带有极权性质的齐一化逻辑中独立出来的个体化倾向,还是赋予个体以特定的社会身份,它们都只是"人的解放"在现代性不同阶段上的表现形式。"人的解放"的共时性构思不仅对于重新思考个体的生存现状,而且对于探索个体解放理论的演进脉络、发展内容及其与批判理论展开的关系,都具有重要意义。

在"人的解放"与批判理论的关系中,"人的解放"是批判理论在现代性发展中确证自身地位的依据,构成了批判理论实现自身的内在要

① 〔英〕齐格蒙特·鲍曼:《流动的现代性》,欧阳景根译,中国人民大学出版社2018年版,第71页。

求。无论是古典批判理论,还是"路边旅馆模式"的批判理论都是以
"人的解放"为最终目标,其重在发掘通向"人的解放"路途中的阻碍因
素,揭露并摒弃现实中个体与公共生活领域的冲突对解放的抑制,以保
护个体的独立自主、自我规定的特性。在现代性的展开过程中,"人的
解放"任务的演进与批判理论转化为"消费者模式的批判",呈现出一
种动态平衡关系,揭示消费主体在符号象征的意义中失去主体意识的
现实,以及消费社会中的私人生活领域与公共生活领域相互分离的关
系。当"人的解放"任务将个体"私域"重新嵌入公共领域时,批判理论
则以一种无害化的方式被溶于社会的发展道路之中,尤其是在极权化
和现代性盛行的社会中寄望于回溯人的道德良知与责任来展开理性
批判。

　　面对如何个体化主动实现解放的问题,鲍曼的观点是必须重新定位
个体化与其批判行为的关系。当"人的解放"与个体化、批判理论之间的
关系得以确立时,个体化与批判理论之间的关系也随之显现出来。个体
化进程是批判理论面对的现实处境,批判理论是个体化进程的理论展现。
批判理论与个体化进程二者之间的关系具体体现在两个维度:第一,批判
理论揭露极权性质的强制统治,对人们选择自由、个体化的发展权利的
维护中,使人们在真正的理性观照下对生活中虚假的需要展开批判,在
强制权力意志的批判融为现实的经验世界中建立理论与现实相结合的
双重批判理论。第二,个体化面临的解放窘境与批判理论面临的责任
困境。一方面,当个体化面临的窘境由束缚于理性机制的牢笼发展为
深受"坦塔罗斯的痛苦"时,批判理论的困境也从被单向化思维侵蚀进
而陷入沉默状态演化为因丧失自身的主题而不得不寻找新的"收信
人"。另一方面,正是对个体化进程中浮现的各种解放窘境的揭示,即
揭露作为个体的道德主体长期处于工具理性建构的社会规范桎梏的现
实,并使个体能够直面自身的批判理性与对他人的道德责任,批判理论
才能为应对"人的解放"道路上的困难提供理论指引,从而推动个体化
的进一步发展。

在"人的解放"的历时性构思路径上,现代性强制性的、永不停息的特征促使鲍曼展开对"人的解放"理论的历时性构思理路。在现代性的背景下,资本逻辑衍生的极权通过社会身份及生存过程转化为个体层面微观的权力关系,资本与个体微观权力的相互证成也确保了现代性逻辑的持续发展。面对早期现代性中个体的生存状况,围绕人们追求解放的最终目标和同质化的生活状况,鲍曼从人们对解放的追求和"人的解放"的现状双重维度对"人的解放"展开了理论构思。当"为了避开混乱,'格网'式的分类统治成为现代性追求的目标"①时,从极权性质的严密统治、强制性的依附关系中摆脱出来,依据历时性状态理清极权相对于主体而言是一种异在性的表达意向,并成为依靠自身力量的自我决断者,而不再依附于社会指定的规则体系展开自身的生活,成为人们谋求解放的现实目标,即人们不再凭借血缘的人身关系,而是通过自主性的身份得到社会的认可。人们在这一过程中占据了中心地位,并赋予对象以外在客体的意义。但是,"跟所有其他的官僚机构管理对象一样,作为对象的人已经被简化为纯粹的、无质的规定性的量度,因而也失去了他们的独特性"②。理性天然具有超过道德边界来把握现存个体的僭越倾向,这使得量化的个体难以发挥对理性的主体能动性作用。量化的个体在失去自主选择的可能性后,能够面对的只是单一性的生活内容或单向化的批判思想。整个"现代社会已经失去了解放的可能性;相反,它们受到工具理性和市场的主宰"③对于身处其中的个体来说,"人的解放"也就成为"空头支票"。

现代性的历程从未停滞于早期的社会结构之中,而是顺势进入了一

———

① 郑莉:《鲍曼论现代性与后现代性》,《马克思主义与现实》2004 年第 2 期。

② [英]齐格蒙特·鲍曼:《现代性与大屠杀》,杨渝东、史健华译,译林出版社 2002 年版,第 137 页。

③ [英]丹尼斯·史密斯:《后现代性的预言家:齐格蒙特·鲍曼传》,萧韶译,江苏人民出版社 2002 年版,第 204 页。

个流动的现代性阶段。① 为了能够说明这个阶段上个体面临的解放任务,鲍曼围绕无路标参照的生活状况和公共领域进一步对"人的解放"理论进行理论构思。在他看来,"这个时代特别现代和多疑的批评植根于一种令人苦恼的想法:事物并不像其外表那样,而且我们偏巧置身于其中的世界并没有坚实的基础,不足以使这个世界是必不可少和无法避开的"②。他认为,将历史发展的目的指向人类便捷的生活的论断强化了现代性霸权,与现代性在塑造个体生活中流露的毁灭因素达成了历史性合流。当无生活坐标的"变化多端的人"(protean man)以无保证的方式展开自身的活动时,现代社会没有为"脱域"的个体重新嵌入公共空间提供任何机会,个体在肯定理性的支撑下为实现生存需要而不得不采取一些激进的批判行动,从而与现代极权主义确立的理性意识基础之间产生了分裂。即使理性主导的、同质化的自由日益广为人知,但对于被"脱域"的个体来说,追求自由的过程仍然存有诸多需要独自应对的困境。鲍曼认为,在"脱域"的环境中,现代性从沉重转向了流动的形态,空间向度的重要性正在弱化,个体在社会行动中的效率成为支配"他者"的资质,也

---

① 在《流动的现代性》一书中,鲍曼试图以固体和流体所具有的不同性质,对不同阶段的现代性呈现的总体特征进行适应性理解和概括,由此说明当前的社会状况。他从权力运作的方式、资本与劳动的关系、主导的生活方式三个层面,将现代性划分为"稳固的现代性"与"流动的现代性",从前者到后者的变化,意味着社会生活从微观层面到宏观层面均产生了剧烈变化,即权力运作方式从权威到榜样转变,资本与劳动的关系由结合走向分离,主导的生活方式从定居变为游牧(参见郇建立:《现代性的两种形态——解读齐格蒙特·鲍曼的〈流动的现代性〉》,《社会学研究》2006年第1期)。笔者认为,无论是"稳固的现代性"还是"流动的现代性",均是对社会状况的一种描述,意味着两者本质上呈现了早期人类社会和当代人类社会的总体特征;"流动的现代性"实际可视为"晚期现代性"的不同称谓,鲍曼早期也曾频繁使用"晚期现代性",后来多用"流动的现代性"对当代社会状况进行描述,相对于"流动的现代性"这一"晚期"来说,"稳固的现代性"则意味着"早期"。因而,鲍曼所说的"稳固的现代性"与"流动的现代性",也可称为"早期现代性"和"流动的现代性"或"晚期现代性"。

② [英]齐格蒙特·鲍曼:《个体化社会》,范祥涛译,上海三联书店2002年版,第63页。

成为自身解放的条件。鲍曼同时指出,在分裂的社会处境中,"为了增强而不是削弱个体的自由,现在正是公共领域非常需要得到保护以免受私人入侵之时"①,只有缩小实际个体与法律个体之间的裂缝,借助公共领域的"黏合剂",为个体的"私域"提供一种通过需要与功能的相互补充而形成自主联合的契机,"脱域"了的个体才能摆脱日益模糊的生活状态获得由公民身份中介了的自由体验。

基于对"人的解放"历史性内涵的把握,鲍曼通过对"人的解放"与个体化、批判理论的共生关系的分析,提出共时性的构思过程;诉诸阐释现代性历程中"人的解放"所具有的不同内涵,形成了历时性的构思过程。正是两者从不同维度呈现了鲍曼对"人的解放"的双重构思路径。

(二)鲍曼对构思路径的自我辩护

鲍曼通过对"人的解放"与批判理论、个体化之间的共生关系,以及"人的解放"不同理论内涵的阐释,形成了对"人的解放"的双重构思路径。为了使双重构思能够更加明确地回答自己在考察现代性之流动性特征时提出的总问题:解放、个体性、工作等"这些概念是否还行得通;如果行不通,我们又如何去给它们安排体面、有效的葬礼"②。在审思理性主义与现代性发展路径的关系之后,鲍曼进一步对双重构思路径进行理论上的自我辩护,致力于澄清其构思路径在面向现代性进程时的合法性问题。

在把握鲍曼的自我辩护过程之前,必须明晰鲍曼进行自我辩护的前提条件——"理性解放"及其内涵。"理性解放"不仅是鲍曼对双重构思路径展开自我辩护的理论依靠,也是后人透析这种自我辩护及其结论的理论基点。鲍曼坚信理性是作为个体的思维方式的倾向,也构成了其他一切存在者的尺度,"理性解放"必然成为"人的解放"的先决条件。作为

① [英]齐格蒙特·鲍曼:《流动的现代性》,欧阳景根译,中国人民大学出版社2018年版,第98页。
② [英]齐格蒙特·鲍曼:《流动的现代性》,欧阳景根译,中国人民大学出版社2018年版,第34页。

双重构思路径内在基础的"理性解放"构成了"人的解放"与批判理论、个体化之间关系的内在纽带，同时也是衡量现代性发展中"人的解放"进程的本质尺度。作为鲍曼自我辩护理论工具的"理性解放"，它将个体与现代社会的解放视为真理的现实化过程，主张孕育于"理性解放"中的现代性是最终"人的解放"的推动力量，既体现为自我辩护的对象是以"理性解放"为基础的双重构思过程，也体现为自我辩护的目标是澄清双重构思路径在面对现代性困境时所具有的合法性问题。在此前提下，鲍曼经由"理性解放"对双重构思路径展开了三个维度的自我辩护。

一是通过"理性解放"自身形成的本质性困境，为双重构思路径提供理论出发点。当破除封建人身依附关系对个体的束缚成为现代性的内在机制时，"理性解放"表现为对封建旧传统的瓦解，并以新传统赋予个体以独立的自我决断能力。但是，在"理性解放"——工具理性占据支配地位——瓦解封建旧传统的过程中，由"理性解放"生成的社会在齐一化逻辑之中逐渐变得僵化固执，整个社会形成了自足的、封闭的以严防一切引起批判和革命的外部因素的系统，导致了理性的工具维度和价值维度之间的现实分离与相互否定，工具理性的发展越发猖獗且在现代理性和生活世界中占据支配地位，而生活于其中的个体所面对的依旧是只能被动接受的、更加"完善"的行为规范和社会框架。不但社会内部的各个系统、社会总体秩序失去选择机会，而且局部系统与社会总体之间的裂痕形成了社会的内在缺陷。正是在面对"理性解放"本质性困境的意义上，鲍曼开始对"人的解放"与批判理论、个体化之间的关系进行共时性的构思阐述，探索以理性为准则而设计的社会系统能否与个体理性实际需要的解放目的相符合，试图揭示"人的解放"的未来出路。

二是基于"理性解放"不同阶段之间的内在冲突力量，为双重构思路径提供内在推动力。早期现代性中"理性解放"对封建旧传统的瓦解意味着确立一个更加先进的新模式或新框架，但这并非是后者对前者的简单取代，更是"理性解放"本身先验性质的目的论要求。在目的论性质的要求中，"理性解放"诱使人们相信沿着理性给出的道路将会出现一个终点,即一个必将实现的、人人各得其所的完美状态,催使人们对现代性的肯定理性所包含的齐一性状态的迷恋,最终重新唤醒人的价值理性维度,激活人不断自我批判和创造的理性思维,充分彰显人类理性的解放力量。但是,流动现代性中个体脆弱不安的生存状态赋予"理性解放"以新的历史任务,促使其为人们的生活寻找新的坐标。就新的"赋予"来说,它只能在"理性解放"对普遍性诉求的无止境追求过程中得到说明,在这种无止无休的、不可遏制的过程中,"理性解放"顺理成章地构成新社会形态建构的理论根据,成为人类社会秩序建立的唯一可以信赖的准则,"过去、现在与未来,现实的、可能的与未实现的,都被对称地安排在和谐的秩序中"①。鲍曼对"人的解放"的构思路径便不能停留于对"人的解放"、个体化、批判理论之间关系的共时性阐述,他认为理性不仅是单一的面相或存在形式,"理性解放"的力量是与人的感性实践及其潜能在现实的矛盾运动中不断变化和生成的要素,是需要依据"理性解放"不同阶段的内在冲突力量,进一步以历时性的构思过程完整地勾勒出"人的解放"在现代性处境中的不同内涵。

三是以"理性解放"为支撑,将不同历史处境中的"理性的个体"②作为双重构思路径的现实载体。通过"理性解放"提供的理论出发点和内在推动力,鲍曼为双重构思路径作出了自我辩护。作为对以上两种辩护的深化,鲍曼依据"理性解放"中的"理性的个体"为双重构思路径作出了

---

① [英]以赛亚·伯林:《自由论》,胡传胜译,译林出版社2003年版,第174页。

② 鲍曼以工具理性对旧传统的瓦解并占据支配地位为历史起点展开对现代性的考察。他认为"理性解放"过程中"压迫者的成功有赖于诱使受害者的理性计算比达到其原初目的的可能性存在得更为长久;也有赖于能够让人们——至少是某些人,在某段时间里——在一个公认的非理性环境里做出理性的行为"。([英]齐格蒙特·鲍曼:《现代性与大屠杀》,杨渝东、史健华译,译林出版社2002年版,第188页)笔者认为,工具理性在预设个体自由的过程中,在其内在性上也使得个体本身演化为"理性的个体",这既显现为个体的行为方式受制于工具理性的规定作用,又体现于个体的思维模式是由工具理性支配的。无论是将"理性的个体"从旧传统的规则中解放出来,还是把"理性的个体"放置在政治领域的类生活中,其都是抽象性质的个体,而非具有实在意蕴的现实个体。

第三重意义上的自我辩护。在"理性解放"过程中,个体的自由以理性为标尺,自由了的个体也转化为"理性的个体"。"理性的个体"的批判性维度以及理性主义的主导作用将推动形成在解放人性与控制人性之间摇摆的"天平"。"理性解放"在个体的思维和实践活动中形成了其自身所信奉的价值理性,为实现"人的解放"扫清了现代理性的障碍。以"理性解放"为支撑,不同历史处境中的"理性的个体"为鲍曼的双重构思路径的历史显现提供载体。

面对早期现代性的社会状况,通过对"理性的个体"同质化生存状况的描述,鲍曼的双重构思路径表现为对"人的解放"的隐蔽状态的理论勾勒。在对传统模式及其消极因素的破除和新的社会模式的确认过程中,早期现代性中的"理性解放"被认为内含一种极权主义倾向,它坚守以自我为中心的观点来确保理性对个体的掌控,力证自身维持个体生命自由存在的合理作用,在与人类文明的冲突与融合中形成了可持续发展的理论潜质。鲍曼认为,"很少人希望获得解放,甚至更少人愿意遵照这一愿望办事,并且事实上没有人能确定,'从社会中获得解放'是以何种方式区别于'他们所处的现状'的"①。以个体自由为最终目标的解放进程通过对"理性的个体"之间内在关联的分离,以合理化机制湮没了"理性的个体"多维度的发展选择,如果个体的品行、情感、理想、性的欲望不能提升"理性的个体"的工作效率,人们对自身的理性功能产生盲目自信,并随着"理性的个体"的"天平"向工具理性一端的倾斜,理性只能成为抑制人性发展的手段,人的感性欲望只能被当作多余的因素而被清除。福特主义工厂、全景监狱在赋予"理性的个体"以同质化的自由行动时,通过机器主导、远程监控的方式消解了"理性的个体"对"人的解放"的追求。"人的解放"也就因失去大众基础而被置于隐蔽状态之中。

针对"流动的现代性"的社会处境,通过对"理性的个体"无家可归状

---

① ［英］齐格蒙特·鲍曼:《流动的现代性》,欧阳景根译,中国人民大学出版社2018年版,第47—48页。

态的揭示,鲍曼的双重构思路径显示为对"人的解放"的敞开状态的理论设想。随着早期现代性的生存范式、模型逐渐淡化,流动的现代性成为个体生活的规定性样态。在流动的现代性条件下,一方面人们失去了以往赖以存在的公共生活和共同价值等基础,一切发展和解放的问题都需依靠自己的理性判断与选择,而无法依靠一致的、集体的价值信念来维系自身存在于社会中的有序性;另一方面人们在拥有共同纽带的生活世界中衍生了相互关系的疏离和落寞,在虚假的共同体和意识形态的推波助澜下必然使人丧失了对本真生活的批判与思考。由于社会既定规则、模式的缺失,"脱域"的"理性的个体"在无止无休地追求自由过程中看不到"重新嵌入"公共领域的任何希望。在鲍曼看来,"当前生活的许多特征都导致了无法抵抗的不确定性感:导致了把未来的世界和'力所能及的世界'视为在本质上是不确定的、无法控制的和令人危险的"①。在"理性的个体"无家可归的处境中,双重构思路径的历史呈现也获得新的历史形式,"人的解放"不再处于隐蔽状况,而是获得了展现自身的历史可能性。为了去除各种不确定性状态的遮蔽,鲍曼提出促使原子化的个体进行联合的必要,"解放的斗争并没有结束……在今天,任何真正的解放,需要的是更多而不是更少的'公共领域'(public sphere)和'公共权力'"②。在流动现代性的历史阶段上,"人的解放"不再被隐藏在极权性质的统治之下,不满足于仅仅依凭习惯性思维来考察解放的现实基础,而是提出对现存状况的批判与超越,需要通过公共领域的中介作用进入历史性的敞开状态之中。

经由"理性解放"进行的自我辩护,鲍曼赋予"人的解放"之构思路径以理论出发点和内在推动力,通过对现代性不同阶段中的"理性的个体"的表现予以具体阐释,展现出不同的理论主张,"理性的个体"在现实中

---

① [英]齐格蒙特·鲍曼:《后现代性及其缺憾》,郇建立、李静韬译,学林出版社 2002 年版,第 21 页。

② [英]齐格蒙特·鲍曼:《流动的现代性》,欧阳景根译,中国人民大学出版社 2018 年版,第 98 页。

的多样化存在与矛盾关系构成了"理性解放"区别于以往"人的解放"构思路径的标识,推使其双重构思路径在现代性的历史进程中获得合法性。

（三）鲍曼构思的抽象属性及其现实落空

当鲍曼以"理性解放"为双重构思路径进行自我辩护时,其虽然阐释了双重构思路径在面向现代性所具有的合法性,但构思的内在缺陷却并没有消解。鲍曼的构思得以被呈现的落脚点——"理性的个体"是抽象的,对个体在现实生活中的差异性与特殊性不予追究和分析,"理性的个体"或者被湮没于理性机制的极权之下,或者被悬置于政治领域的类生活之上,现代社会整合与发展主要通过"理性的个体"在不同领域的分化和功能上的相互依存来实现,而不是依赖对个体的理性与感性、理想与现实辩证运动产生的共同价值和情感的归依,以之为载体构思的"人的解放"路径也只能旁落于现实历史之外。

"理性的个体"的抽象性质使得鲍曼对"人的解放"的构思无法在既定的历史中得到落实。无论是将"理性的个体"从旧传统的习俗性规则中解放出来,还是将其放置在政治领域的类生活中,其都是抽象性质的个体,而非具有实在意蕴的现实个体,仍然执着于理性主义的思维框架,是一种脱离了具体内容的外在的思维形式,无法生成具有现实可能性的解放需要;因而对抽象性个体所预设的解放构思必将陷入一种虚假状态,无益于"人类解放"价值诉求的实现。从"承担者"向"责任者"的角色转化并没有将"理性的个体"从抽象性中剥离出来。以"抽象的个体"为实现载体的构思只能是在抽象性的怪圈中展开理论沉思,无法深入历史的实体性内容之中。实际上忽视了任何社会形态都是人类历史发展进程中一个环节的事实,也难以在历史的发展中对"理性的个体"的存在进行解构和重构。

面对前现代社会中的家族式的人身锁链关系,在勾勒出"理性的个体"陷于自由感与依附感之间的张力时,鲍曼对人的解放的构思未能在现实性上实现自身。在"理性解放"嵌入"理性的个体"的过程中,由理性构建的个体的强制性自主身份战胜了前现代社会中个体的自然性他主身份,然而,正是个体的自我决断权利和自主性地位在这种"战胜"中成为最先被侵蚀的牺牲品。鲍曼在解析资本逻辑与现代理性合流而滋生的极权时,尽管揭示了现代理性发展的客观规律,但却并未指明极权持有者与现实个体之间的边界,也就无法证实个体理性独立的功能与合法性。极权主义的社会结构以拯救个体的名义,在支配分裂了的社会总体时湮没了各子系统中的个体。理性个体的"人的解放"只能凭借理性机制的中介才能落实到自身之上。如果仅仅依靠自身资源,理性个体只能在无法判断的风险中不断陷入恐惧,自由也随之渐行渐远。在现代性的发展驱使下,理性成为人的现实存在与筹划的基本因素,对理性及其衍生的解放理念的信奉形成了以理性立法取代现实历史进程的思维,人们仅仅是在理性的齐一化逻辑庇护下才能获得合理化的自由体验,人们的实践活动变为维护工具理性与合乎立法原则的手段,而无法在真正的社会历史中达到现实的自由。鲍曼对"人的解放"的构思也因现实维度的缺失而陷入抽象性的空谈。

当现代性的流动性特征使得"理性的个体"失去重新嵌入公共领域的可能性时,也就使得以极权为基本标志的公共生活不得不超出自身界线而成为垄断的工具并因此侵犯其他个体存在的合法领域。鲍曼对"人的解放"的构思即使把"脱域"的个体置于政治领域的类生活之中,也无法给予"人的解放"以实质性的保证。因为"在制度上确认个体的独立地位和自由权利虽然使得个体能够自主地行动,但制度却没有为个体提供灵活而持续的组织和保障,由此形成的不确定性和社会风险反而使得个体更加迫切地需要得到制度的庇护"①。其一,作为现代性进程中必然发生的个体化倾向与实现自我选择的自由能力间的裂缝逐渐变大。个体化倾向是社会中每个社会个体发展进程中的必然性命运,对每个社会个体的现实生活具有决定性作用的是其在具体问题域中做出反应和解答的理

_____
① 王斌:《个体化社会的困局、整合与本土启示——对齐格蒙特·鲍曼个体化理论的再评判》,《学习与实践》2014年第6期。

性能力,个体不能倚仗现代理性在任何时间和事件中都普遍适用的法则,而必须寻求此时此刻具有针对性的实事求是的解答,以为自身解放提供新的现实条件。但"理性的个体"的独立自主、自力更生的实际能力未能在必然性的趋势中发生性质上的改观,个体并没有获得应对系统性矛盾的真实有效的解决方案。其二,"作为一个依据法律规定的个体并不能保证事实上的个体性,而且许多人在争取后者的斗争中缺乏运用前者所暗示的权利的资源"①。当"理性的个体"只有通过侵蚀政治空间才能形成自身时,政治空间是其转化为实际个体的关键环节,个体唯有通过被重新置于政治领域之内才能获得公民身份的自由。② 这意味着不但在理论建构上,"理性的个体"被冠以公民的名义而被排除在实际的自由之外,而且从其实践生成上看,鲍曼对"人的解放"的构思只能局限于政治领域,并寻求合乎理性的立法手段,依靠公共权力的中介作用进行论证。

鲍曼关于"人的解放"的构思深陷于"理性的个体"所引发的抽象性窠臼中而未能触及历史的实体性内容,其对传统历史观的解构与重构只能揭示现实的社会历史,却难以把握人类历史总体性运行中蕴含的解放规律和意向;马克思的劳动解放理论则是深入历史本质性维度的科学思想,后者为扬弃鲍曼的构思提供了理论资源。以马克思的劳动解放理论反思鲍曼对"人的解放"的构思,能够直观这一构思的理论困境——因陷入"理性的个体"的抽象性中,即人在"理性解放"理念的主导下,努力完

---

① Zygmunt Bauman, *Liquid Times*, Cambridge: Polity Press, 2007, p.58.

② 这种经由政治领域的中介才能获得的权利,仅是一种政治性质的、抽象的权利。马克思在《论犹太人问题》中指出资产阶级政治国家中的自由是一种"可以做和可以从事任何不损害他人的事情的权利。每个人能够不损害他人而进行活动的界限是由法律规定的,正像两块田地之间的界限是由界桩确定的一样。这里所说的是人作为孤立的、退居于自身的单子的自由"。就其本身来说,"自由这一人权不是建立在人与人相结合的基础上,而是相反,建立在人与人相分隔的基础上。这一权利就是这种分隔的权利,是狭隘的、局限于自身的个人权利"。(参见《马克思恩格斯文集》第1卷,人民出版社1995年版,第40—41页)在此意义上,由政治领域中介的自由——囿于政治领域之中的人权——不仅内含人的二重性性质的存在状况,而且以其自身的抽象性凸显了政治国家中公民身份的抽象本质。

成现代理性设定的发展目标,导致了自身解放的目的与实践手段的分化与和颠覆,"人的解放"丧失了本应具备的现实性。

通过马克思劳动解放对"现实的个人"感性丰富性的揭示,可以确证鲍曼对"人的解放"构思已然跌入"理性的个体"同质性之中的局限。鲍曼指出,当"理性的个体"从旧传统的习俗中解放出来时,"它积淀出了一个新秩序,一个首先按经济标准来界定的新秩序。这一新秩序比它所取代的旧秩序,更为'坚不可摧',因为它不像旧秩序,它能防止非经济行为对它的挑战"①。"新秩序"的历史进程正是由资本权力主导的私有财产对雇佣劳动的剥削关系的展开过程,它的根本旨趣在于获取非人的、异己的支配力量。而"劳动解放就意味着扬弃私有财产,使之成为'真正人的和社会的财产'"②,劳动解放批判了经济发展中的商品拜物教趋势,敞开了作为其生成性基础的"现实的个人"的感性丰富性。"现实的个人"是具有丰富的感性生活的、通过自身的自主性活动在对象世界中肯认自身的存在,可以依据感性实践来创造属于自身的历史和社会系统,从而人不再仅仅是理性化的个体,不再依靠极权性质的理性机制为自身寻找存在的合法性。当极权逻辑中同质化的"理性的个体"无法在既定的历史中确定自身时,以现实个体为载体的理性将无法获取自身正当性的源泉和保证,泯灭了劳动解放作为个体理性互动基本载体的现实性和超越性维度,也将致使现实中的劳动解放需要与政治自由价值之间处于对立,进而对人的解放进行了一种非政治性的定位,以之为落脚点的鲍曼对"人的解放"的构思也就失去了其现实合法性。

通过马克思劳动解放对"现实的个人"社会关系属性的澄明,可以明晰鲍曼对"人的解放"的构思迷失于"理性的个体"的虚假性中。当"理性的个体"无法通过集体性的公共手段获得自由保障时,鲍曼以政治领域

---

① [英]齐格蒙特·鲍曼:《流动的现代性》,欧阳景根译,中国人民大学出版社2018年版,第28页。

② 刘同舫:《政治解放、社会解放和劳动解放——马克思人类解放思想再探析》,《哲学研究》2007年第3期。

的中介作用赋予"理性的个体"以公民身份,使其能够获得一种政治生活意义上的自由。基于政治领域中的公民身份加以审视,"作为公民的个体通过中介——国家得到了解放,他将人的全部无约束性和自由强加在国家之上,从而在政治上从宗教等限制中解放出来,但这是一种抽象、局部的有限解放"①。而"劳动解放"在扬弃资本剥削关系的同时,揭示了竖立于其上的现代国家的解放限度与历史命运。在马克思看来,"社会结构和国家总是从一定的个人的生活过程中产生的"②。马克思从理想性与现实性相结合的维度出发理解劳动解放,理想性维度保证劳动解放始终在现实劳动方式和生产关系的批判中得以展开,现实性维度避免劳动解放陷入人道主义的乌托邦空想。因此,只有超越"类"生活对人的生存的消极束缚,创造和积累对人的发展具有积极作用的现实关系,劳动解放对人的解放的理想价值和现实作用才能得到真正发挥,"现实的个人"的社会关系属性才能摆脱公民身份关系的遮蔽,历史性地显现自身。以公民身份为实现载体的鲍曼对"人的解放"的构思难以在现实中证成。

当鲍曼诉诸"理性解放"对双重构思路径进行自我辩护时,其虽然澄清了双重构思路径在面向现代性历史发展时的合法性,但其具体构思仅仅局限于"理性解放"的理论视野,本意在于克服传统形而上学理性观压抑人性的构思理路,却成为现代性支配的形而上学思维的代表,结果非但未能超出理性思辨的独断性意向,反而陷入由"理性的个体"的同质性和虚假性所决定的理论空想之中。马克思的劳动解放理论对"现实的个人"的感性丰富性和社会关系属性的敞开,将现实的个人以劳动为基础的解放纳入政治视域中进行反思,突出了人对自身理性思维与现实自由权力之间关系的意识和需要,为评判鲍曼的构思在现实性上的可能性问题提供了理论方法。基于马克思劳动解放理论的原则

①　刘同舫、陈晓斌:《现代国家的解放限度与历史命运——马克思〈论犹太人问题〉释义》,《人文杂志》2016 年第 1 期。

②　《马克思恩格斯文集》第 1 卷,人民出版社 2009 年版,第 524 页。

性判定,鲍曼的构思只能是历史实体性内容之外的理论设想,无法具有现实可能性。

鲍曼通过对"人的解放"与批判理论、个体化之间的共生关系的共时性阐释,以及对现代性进程中"人的解放"不同内涵的历时性分析,提供了一种对"人的解放"的双重构思路径,并以"理性解放"为双重构思进行自我辩护,但其关于"人的解放"的构思路径仍存在理论缺陷和现实障碍。立足马克思"劳动解放"的理论视角对鲍曼的理论构思进行批判性反思,可以发现其关于"人的解放"的构思停留于"解释世界"的理论沉思之中,以理性逻辑上的立法原则取代尚未显露的历史运行规律是根本行不通的,理性逻辑与技术的合谋逐渐衍生出使人成为"奴隶"的可能性,不能在特定的社会历史中获得现实意义上的合法性与可行性。鲍曼对"人的解放"的构思警醒人们在面对其相关论述时,不能简单化地肆意模仿,抑或是邯郸学步式的理论引用,而应当辩证地把握其自身的合理性,以对传统哲学理性思维的彻底批判为前提克服和超越其固化的解放路径。以马克思的相关理论对诸如鲍曼等西方学者的理论资源作出批判性借鉴,更深刻地认识与剖析"人的解放"的历史原貌,无疑是一项需要持续深耕的工作。

三、福柯的权力理论与解放的勾连

法国哲学家、历史学家米歇尔·福柯(Michel Foucault,1926—1984)作为非马克思主义的典型代表人物,①也对人类解放问题进行了论证,并在研究角度上与西方马克思主义学者有明显差异。福柯以自己的方

---

① 有学者认为,"福柯的历史观与唯物史观存在着明显的本质差异,福柯显然不是马克思主义者"。(参见莫伟民:《莫伟民讲福柯》,北京大学出版社 2005 年版,第 175 页)福柯本人也从不给任何理论戴王冠,也不允许让"身份的道义"束缚住写作的自由,"我从来就不是一个弗洛伊德主义者,不是一个马克思主义者,不是一个结构主义者"。(参见 Michel Foucault, *Politics*, *Philosophy*, *Culture*: *Interviews and Other Writings* 1977—1984,Paul Rabinow ed., New York:Routledge, 1988, p.22)鉴于此,笔者把福柯归入非马克思主义行列。

式对人类解放进行了独特研究——从历史与现实中社会个体的具体生存维度,研究权力与人类解放的关联,在现代社会的政治、经济和思想文化领域发掘权力的异质性表达。基于权利视角的解放思想不仅将个体的生存权力从现代社会僵化的权力系统中拯救出来,而且是对同现代资本主义社会生产方式相耦合的政治、文化观念的批判和超越。福柯像马克思一样,对人的命运给予了深度关切,他们的研究都最终指向人类解放和自由。笔者在人类解放思想的哲学话语分析框架下,以福柯研究成果中最具代表性的权力观为主轴线,分析他所开辟的权力批判路径及追求人类解放的独特方式,从而拓展马克思人类解放思想研究的新境界。

（一）权力运作的方式及其结果

福柯关于权力运作的思想十分丰富,其运作方式可用“三位一体”来概括。

福柯从来没有将权力定型化,没有以固定而严密的理论模型框定权力,权力仅仅被视为在一定程度上显现社会存在的某些方面或侧面,权力概念也始终伴随现实运用的推演而不断生成新的内涵,这不仅是福柯的个性与思想风格使然,而且也因为福柯认为分析现代社会中具体的权力运作机制等任务远比界定一个抽象的权力概念重要得多。福柯致力于揭示现代社会生活过程中的权力异化的逻辑,澄清现代社会政治、文化观念背后的资本逻辑支撑及其虚伪本性,他认为,不要纠结于“权力是什么”的问题,寻求一个权力的恰当定义也许本身就是一个错误。他只希望对权力是如何发生、如何运作,也就是对权力的具体技术、权力的实际策略问题进行深入探讨,力图对现代人的生存处境有新的理解与认识。

福柯悬置了传统权力观的合法性。传统权力观(马克思主义的经济学模式、法理主义的法权模式等)要么将权力阐述为可以获得的或占有的财产,要么将权力阐述为上下的直线关系或禁止人们做某事的压制性和否定性的遏制力量。福柯却认为,“如果我们在看待权力的时候,仅仅把它同法律和宪法,或者是国家和国家机器联系起来,那就一定会把权力的问题贫困化。权力与法律和国家机器非常不一样,也比后者更复杂、更稠密、更具有渗透性"①。尽管权力生成与法律、国家等宏观机器密切相关,但其现实作用却不止于传统权力观所指涉的政治、经济等领域,而是在与个体微观的日常生活环境中焕发光彩。福柯揭示了传统权力观的局限性,认为其宏观的本质主义分析模式将权力视为社会中的巨型权力形式和最重要的元叙事,无法穷尽权力运行和实施的领域,在这种权力思维的长期作用下会形成权力流于抽象和悬置的局面,难以对现实的感性实践起到恢复与占有的作用,必须从新的角度分析权力运作方式。

福柯以谱系学的方法从边缘地带、局部领域出发,借助尼采的"权力意志说",以一种超越基础主义和本质主义的视野,对社会权力运作机制进行了微观、多层面、多角度的透视,揭示了体现在人们身体上、隐含于日常生活中的微观权力。福柯认为,权力不仅体现于国家的司法程序、法律制度等宏观层面,而且还渗透于社会个体日常生活的细微之处,如权力散布于学校、家庭、工厂等各个层次领域。资本逻辑促使现代性权力关系逐渐贯穿于生活世界的宏观和微观层面,并形成一种界定和支配两个层面各领域的权力体系。社会个体的生存与权力内在关联,每个社会个体毫无例外地生活在纵横交织的"网状"权力体系中,人们不仅在经历的重大社会历史活动(旧的权力关系的衰亡和新的权力关系的诞生)中体会权力的咆哮、更迭,而且在衣食住行等日常的家庭邻里生活中感受权力的控制。权力越来越以生活化的方式表达社会个体的生命本性,它驻足在政治、社会和军事组织上,也内在于人们的行为方式、自省习惯中。一个社会能够组织起来就是权力控制的结果,权力作为现代人类社会的一种深层结构而存在。

---

① [法]米歇尔·福柯:《权力的眼睛》,严锋译,上海人民出版社1997年版,第161页。

现代权力针对肉体且与知识"合谋"共同作用于灵魂。① 权力运作具体为设定标准、规训、内化标准等"三位一体"方式。福柯以现代人的社会生活作为权力与知识建立联系的基础,表明权力以真理、科学的名义建立了一个丰富、丰满的现代人的具体形象和改造标准,从而为社会整合与人的生活结构的变动提供合适的分析工具。每个人都可以用此标准进行衡量与对照;将不合乎标准的人从现代社会中挑选出来对其进行训练、约束、改造,不断强化其设定的标准,使人们的行为举止远离本真状态而达至"文明";进而对现代个体进行"自我教育",即把所谓标准人的各种规范、观念、行为等转化为自觉意识与行动,模糊被改造的痕迹、掩饰被改造的作用,使现代人感受不到权力—知识形成的"合谋"对自身所带来的干扰。权力规训的标准本身蕴含了资本的统治逻辑,将不合逻辑的个体规训成为服从同一逻辑架构中的存在者,形成了现代社会固定的实体性规训机制,最大限度地促进日常生活领域的个体迎合资本生产的总体性逻辑。在"三位一体"的客体化方式中,个体的人被现代文化不自觉地建构成标准的现代人,甚至主动地将自身建构成社会的标准部件。权力代表着在解放哲学的基本问题上与传统思维方式存在根本区别的新的理论范式,昭示着合理的生存与解放形态必然建立在权力与知识的关系系统中,因而总是在社会生活的每一个细节、层面裹挟与制约现实的人。

"三位一体"中的规训权力对现代人的塑造起着关键性的作用。规训权力不是耀武扬威的控制,是"谦恭而多疑的权力,是一种精心计算的,持久的运作机制"②,它对人的改造主要通过层级监视、规范化裁决、公开检查等三种手段来实现。由于规训权力主要以惩罚型的社会形式在微观领域中发挥效力,采取缓和、隐形的方式是其施行规训的必要手段,

―――――――――――

① 在现代社会中,福柯认为,知识与权力之间是一个"共生体",两者相互支持、相互渗透。现代知识是权力化、力量化的知识,它离不开权力;权力需要知识,现代权力是知识化、技术化的权力,权力的合理性必须通过知识来加以论证。
② ［法］米歇尔·福柯:《规训与惩罚:监狱的诞生》,刘北成、杨远婴译,生活·读书·新知三联书店2003年版,第193页。

"层级监狱"成为超越个体"私域"与公共互动边界以把控其动态全景的新的权力技术。"层级监视"在现代社会的各个领域、各个层面不断发挥作用,它既沉默又警觉,从不漏掉任何细节。每个人都被观察、被记录与被控制,以此来保证权力功能的发挥,福柯将这种注视性控制称为"权力的眼睛";"规范化裁决"是一种内部的、小型的微观处罚机制与方式,它处于规训系统的核心地位,享有相当于司法的特权,有自身的特殊审判形式与纪律要求等,它处罚的对象涉及不合乎规范的出格行为,包括活动时间、语言表达和身体表现等方面,也就拥有了行政权力和文化权力的双重驱动;"公开检查"是权力实现的另一手段,具有完整知识类型的公开检查使每个人被清晰显示出来,在这种将个人对象化的检查仪式中,权力得以"醒目"地显现。发挥权力的主体不是某个个体,而是在诸多关系中对社会系统发挥作用,如军队检阅、企业监测和学校考核等都是公开检查的广泛应用,并在社会机关对个体的规训中重塑其在社会系统中的身份,使其思想意识和行为准则都心甘情愿地归于所期盼的齐一性标准之中,强化权力机构对人民的掌控,抑制了个体个性的发展和自我生命风格的形成。层级监视、规范化裁决和公开检查的规训策略使得权力在更规范、更有效和更普遍的意义上得以实施。

福柯认为,权力的运作机制与效应没有被人所觉察。为了提高人们对现代权力运行方式的自觉意识,他运用实例将传统权力与现代权力在表现方式上的差异进行了对比分析。在《规训与惩罚》中,通过对监狱罪犯的考察,福柯描绘了两个迥然不同的处罚犯人的方式(权力运行模式):一是对谋杀国王的法国激进分子罗伯特·弗朗索瓦·达米安的肉体施以令人惊悚的公开处决;另一是严格控制巴黎少年犯的所有思想和行为的生活时间。这种权力运行模式代表与体现的是由野蛮向文明、残暴性向温和性的转变、过渡,传统权力与现代权力的运作是痛苦与关怀、歧视与尊重的对比,现代权力是一种社会生产的实践活动,权力支配着理论形式和实践活动机制的生成。福柯敏锐的眼光也指出了现代权力是用"使人活"的所谓的科学规范运作代替了"让人死"的暴力血腥统治,"居心叵测的怜悯、不可公开的残酷伎俩、鸡零狗碎的小花招、精心计算的方法以及技术与'科学'等等的形成。所有这一切都是为了制造出受规训的个人"①。所谓"人性""人道"不过是规训技术制造驯服的现代人的冠冕堂皇的幌子,其背后是权力的斗争以及"知识—权力"强大的"场"作用,为了避免与个体的需要相冲突而受到冲击,权力尽可能采取微妙和隐形的方式维持运作过程。"权力越来越没有权利使人死,而是为了使人活,就越来越有权利干预生活的方式,干预'怎样'生活,权力特别是在这个层面上进行干预,为了提高生命的价值,为了控制事故、偶然、缺陷。"②权力本身是人对人特殊影响力的关系范畴,包括政府对公民的权力、个体对"他者"或自我的权力,在现代社会集中表现为自上而下的、多元化的运作过程,规训技术能够在日常生活的微观领域发挥作用,使主体的私人生活领域从属于公共生活的权力系统,不符合规范的思想、行为在被干预和被改造中齐一化、秩序化。权力运行模式的转变并非历史文明进步的结果,而是"知识—权力"统一体控制人的身体与思想模式的变更,是现代权力技术手段支配与运用的高明化。传统权力是具体的,发生在特定领域、特定时刻,针对特定的个体;现代权力的触角已延伸至社会的所有部门、生活的各个领域,是整体的、普遍的、全盘性的,它针对现代社会中的所有人。福柯表明这种权力的普遍化并非旨在揭示其存在的优劣,只是说明权力不仅具有令人抗拒的命令与压制的力量,而且能够为社会各领域的发展需要及其困境产生应对策略。

权力的规训作用具有社会弥散性与普遍性。监狱是典型的规训组织,然而它只是作为现代社会的一个浓缩隐喻,同其他的规训机构一道组成"监狱群岛"扩散至整个社会,福柯称之为规训社会。学校、军营、工厂、劳教所、精神病医院、慈善团体等机构"是用于减轻痛苦,治疗创伤和

---

①　[法]米歇尔·福柯:《规训与惩罚:监狱的诞生》,刘北成、杨远婴译,生活·读书·新知三联书店2003年版,第353—354页。

②　[法]米歇尔·福柯:《必须保卫社会》,钱翰译,上海人民出版社2010年版,第189页。

给予慰藉的,因此表面上与监狱迥然有异,但它们同监狱一样,却往往行使着一种致力于规范化的权力"①。规训权力以一种"仁慈"的方式从多种角度严密紧凑地作用于人体的各个部位,操纵人、塑造人和驾驭人,向人们证明现实生活中不存在为规训权力所无法穿透的内容,最终使人体按照它的意愿发生改变,现代个体被"知识—权力"彻底奴役却浑然不知,习以为常,以至于达到康德所说的地步,"他已经爱上了这种状态,而且,事实上,就目前来说,他没有能力利用他的理性,因为没有人允许他去做这样的尝试"②。权力普遍的规训性由专门的考察方法和研究程序所支撑,权力的发展伴随现代社会工业和科学知识的进步逐渐累积成主要的社会规训力量。现代社会是一个令自由无法喘息的场所,一个完全没有诗意豁口的地方,"知识—权力"改造人的灵魂和规约人的行为,导致人在身体与心灵上都成了规训社会的囚徒。

福柯对边缘领域的洞察,对"合理化"表面图景之下深层"宰制"的揭示,对"人性化"外部包装之下"驯服"的透视,是对传统权力观所作的解构,也是对现代人"自身的历史存在论"的速写。全方位安排、宽领域控制、多形式监视的现代权力,将监控、检查等技术组合转化为权力的行使,知识体系为权力的不断生产提供养分,增强权力规训人的合法性和有效性,使得我们的身体及其行为被完全纳入权力的网络和程序之中。福柯对微观领域权力的规训机制的考察体现了一种关注人自身生存权力的存在论视角,旨在揭露具体权力形式塑造人的生存方式的内在理据。规训权力正在明显或潜移默化地改变人们日常生活的方式和方法,在人表面自由的背后,暗藏着无所不在的力量摆布和控制,使得人逐渐丧失了批判性、超越性和创造性。

---

① [法]米歇尔·福柯:《规训与惩罚:监狱的诞生》,刘北成、杨远婴译,生活·读书·新知三联书店 2003 年版,第 353 页。

② [德]伊曼努尔·康德:《道德形而上学基础》,孙少伟译,九州出版社 2007 年版,第 171 页。

（二）反抗权力运作的手段

福柯深切关注人类解放和自由，他认为权力深度制约了人类解放与发展的进程，提出了反抗权力运作的手段。他对微观权力关系网络的分析，对现代人主体地位被动状态的揭示，并不只是要写就权力的政治学，更不是要把人们送入微观权力的无边黑暗，而是通过对现代人生存处境的关注，使权力的现实运用创造性地为开掘人的生存和发展权力提供积极的思想支撑，寻求人的解放的可能性。只有"清楚至今社会机制是如何运转的，压抑和束缚是怎样进行的，这样就可以自己决定并且选择自己的存在方式"①，厘清权力的逻辑与现实的关系，能够使人意识到自身的存在与社会运行的关联，将人的现实生活和权力置于相对于理性的优先地位，从而创造属于自己的自由，实现自身的解放，达到诗性生活和审美生存的统一，这是福柯终生为之奋斗的价值诉求与根本目标。通过考察"知识—权力"系统的生成关系，福柯认为现代人的生存方式是权力奴役过程的产物，最终借用普遍的规训力量泯灭一切人性解放的可能性。针对现代人被"知识—权力"宰制的困境，福柯力图寻找解放的出路，提出了"局部斗争"和"现代生存美学"两种策略与方案。

"局部斗争"相对于整体斗争形式而言，是一种微观领域的直接斗争。它不以攻击某种高贵人物、权力制度、阶层或团体为目标，也不以彻底推翻"知识—权力"统治为诉求，其主要目标针对的是一种具体技术、一种具体的权力形式——与人们最接近的、直接作用于个体的环境。在现代社会，"局部斗争"不再通过知识论的方式探寻超越感性实践的实体化存在，而是转向人们日常生活中的实际行动揭示个体存在的意义，它可以减弱规训权力对身体与思想的控制力度，冲破由权力关系编织的"残酷而精巧的牢笼"，超越"知识—权力"对个体的同质化和标准化，进而保持人的完整性、彰显人的多样性。

---

① Michel Foucault, *Politics*, *Philosophy*, *Culture*: *Interviews and Other Writings* 1977—1984. Paul Rabinow ed., New York: Routledge, 1988, p.50.

按照福柯的思维逻辑,依据权力的局部性,斗争也应该是局部的。权力与反抗是一体两面、如影随形的关系,也即"哪里有权力,哪里就有反抗"。针对微观的局部权力的运作机制,只能采用微观政治的抵抗策略。权力作用于日常生活的各个层面、各个领域,无论是统治阶层或国家机器的控制者还是经济决定者,都不能控制社会中运作的整个权力网。对权力的反抗不可能以颠覆政权中心的方式进行,只能将斗争与反抗形式日常生活化。福柯认为,相对于政治经济权力领域而言,日常生活的权力具有一定的个体性和自主性,社会成员即使意识到规训权力的压制,也并非采取政治干预或经济制衡的方式反抗权力,更可能寄望于日常生活的自主互动实现对强制权力的消解。这也正是福柯批判马克思的阶级斗争和暴力革命理论的原因所在,他指出这种全盘否定的"大拒绝"方式远远不能应对当今复杂的权力存在和流动模式,达不到反抗的效果。

福柯认为,"局部斗争"的形态具有差异性。罪犯、精神病人、同性恋者争取解放的运动与女权主义、环境保护运动、少数族群的抗议属于不同的"局部斗争"。现代社会中的每一个人都在对规训权力进行着局部的反抗。福柯还特别说明了特殊型知识分子①在"局部斗争"所处的关键位置,将知识分子诉求理想的权威性视为统一社会分裂状态的枢纽。他们因为掌握某个领域的专业知识,因而知悉该领域的"知识—权力"运作的秘密。但知识分子由于社会职守而在现实中表现为将普通大众当成控制的对象,往往倾向于提出人们必须奉行的价值准则。为了在隐藏之处凸显权力,福柯提出对知识分子的社会任务进行批判性改造,促使他们对知识的权力边界进行专业的划定和清除,指明当代知识分子应该积极参与针对规训权力的"局部斗争",消除大众由于知识系统的欠缺或对于权力的不确定性而形成的权力崇拜与屈从,揭露知识权力运作的真相。

①　福柯所指的特殊型知识分子就是社会各界的专家,像医生、律师、作家、科学家、教授、艺术家都是特殊型知识分子。他们不宣传自己掌握了普遍性真理,只是认为自己在某个领域拥有专业知识,熟悉该领域的秘密。(参见刘永谋:《福柯的主体结构之旅》,江苏人民出版社 2009 年版,第 174 页)

　　福柯后期研究的理论精髓可概括为"现代生存美学",主要是从哲学和艺术等视角探索了个体主体的权力地位的演化与其生存美学的关系问题。在福柯的生存美学方案中,由于现代社会的人只关注外在的知识和客观权力而忽视自身存在的根本问题,生存美学也将随主体性的淡漠而消逝。为了解决权力与主体的生产实践相脱离的困境,他提出人们不应该仅同施加于他们的禁律作斗争,不应全力以赴地去关注外在的权力技术,还需关注自身,应以自身美学化的姿态与方式来应对各种同质化权力技术的笼罩。"我不认为一个社会可以在没有权力关系的情况下存在。因此,问题不在于试图在一种完全透明的沟通所构成的乌托邦中消解权力关系,而在于投身于法治。治理技术以及道德、精神质量(ethos)和自我实践之中,这些将使我们在最低限度的支配下从事这些权力游戏。"①突破传统权力斗争观的牢笼,必须通过激活个体的生活权力的自主性来维护自身在社会空间中的地位。

　　福柯对个体自身的关注旨在破除各种人性和权力观对人的自由与解放的羁绊。以往个体在"知识—权力"的框架中产生了与现代性要求相符合的自身,并自觉生成内在的权力意识,成为规训权力的獠牙而对其他个体展开同化监督,整个社会处于彼此规训的生存境遇中,个体与自身的美学关系难以得到确认。"关注自身"是生存美学的基本命题。关注自身就是要撕开权力之网,自我塑造、自我转变、自我突破或自我创新。创造自我的人不是在"知识—权力"压抑下妥协或作侥幸挣扎的人,而是要求把自我或生活造就成为某种理想的存在模式、某种具有美学价值的艺术作品。在我们所处的社会,艺术已变成只是与实物相关,变成专业化的艺术能手独有的技能,与大众生活相割裂。但是在福柯眼中,大众生活也应该艺术化,艺术化的理想存在模式(如品质完善、德行高尚等)可以通过恰当的自我控制而形成。为了揭开主体的本来面貌,福柯提出了"主

---

① 　James Bernauer and David Rasmussen eds., *The Ethics of Care for the Self as a Practice of Freedom in the Final Foucault*, Cambridge: The MIT Press, 1988, p.18.

体化艺术",将个体生命的铺展视为艺术的生存实践,这是一种寄望于自我控制的行动过程。自我控制就是自我节制的选择,通过自我控制个体可以无视现代社会的权力,使它的规训功能和支配功能难以发挥,消除统治者对权力的欲望以及对个体的控制。此伦理思想中的控制与基督教摒弃欲望的控制截然不同,前者是在没有外部压力干扰下的主动选择,是在宽松自在氛围中的自我控制,是自我的主动锻造与风格的个性化。人具有自律性和批判精神,可以自发地对自我施加权力,自觉地选择自己的生活方式。"人应该能够一丝不苟地忠实于自然本性。这是一项严格的要求,一种无止境的任务:'除非你了解一切,否则你将一无所知。如果你太懦弱,不敢固守自然本性,那么它就会永远离开你。'"①个体通过遵循自然本性而进行自我控制,是在他人和任何外在事物都不予以在场凝视的环境下保持自身生活的艺术性,是个体自觉选择美学生存方式的结果。自我控制的结果和目的就是生存的艺术,是为了获得一种风格化的存在形态、熠熠生辉的存在模式、日臻完善的伦理主体。在现代生存美学中,福柯注重把权力关系看成是对自身的自我管理与调节,凭借权力关系重构个体的自我意识,让自己和他人认识到自身的主体性,在解构现代权力缔造的抽象主体时建构"自我伦理"主体,即"人支配人的技术需要借助于个人对自己采取行动的方式"②。即权力对现代人的塑造并不是绝对的,它还取决于现代人自己的态度,这种态度可能是对支配性的权力技术的偏离,它并不一定吻合于权力技术的方向和性质。当个体重视外界权力的作用时,必将导致对自身内在精神意志的疏漏,其意志的积极能动性就无法得到彰显。

福柯生存美学方案的提出不是对权力关系的"策略性转换",而是在如何处理人与自我的关系中积极塑造自我、应对权力,从而解除困境、实现自由,达到审美的生存理想。这是一种追求解放的美学方式与伦理方

---

① [法]米歇尔·福柯:《疯癫与文明》,刘北成、杨远婴译,生活·读书·新知三联书店 2007 年版,第 263 页。

② 转引自刘北成编:《福柯思想肖像》,上海人民出版社 2001 年版,第 360 页。

式,也是福柯寄予希望之关键所在。这种美学与伦理的方式不是顺从特定社会的道德法则的产物,而是个体生存方式的自由选择的结果。这表明被现代权力宰制的现代人可以通过"局部斗争",进而关注自我和超越自我,超脱现代权力支配的个体能够在守护"他者"中达至昭示了自我价值的生存美学境界,将自身变为伦理主体并最终达至自由与解放状态。

(三)解放手段的辩证性反思

与马克思哲学一样,福柯哲学也蕴含着对现实生存困境的理性反思,折射着对边缘弱势类群体最彻底的人文关怀;①不同之处在于福柯以权力运作的视域来审视当今社会,充分透视传统权力观中包含的解放意识,并用微观的局部权力解构传统的以政权为核心的宏观权力,重构现代权力运作模式,现代权力的诞生标志着哲学对解放问题的解决获取了全新的理论视域与途径,从而切中当下社会历史现实与现代人的生存境遇,其解放方案丰富了马克思人类解放思想。

首先,福柯以不同于马克思主义的方式,对马克思人类解放思想实现了从宏观研究到宏观与微观相结合研究的范式转换。马克思对人的生存困境的反思与回应是全方位、总体性的,集中体现在制度与意识形态维度上,如对早期资本主义制度、法哲学的全面批判,主要凭借整体的眼光解决有关存在的问题,在哲学史上形成了以实践观点为基础而推演的历史性视域。这种宏大的视域导致研究者对马克思思想在理解上产生偏差,即宏观概括遮蔽微观分析。就目前国内研究现状而言,学界不仅没有对当今的社会历史现实给予具体的、微观的深刻分析,而且对马克思当年得出各种理论结论时所做的具体、微观历史分析也缺少全面总结,比如仅仅

---

① 马克思在批判英国古典政治经济学是一种抽象的假设而缺少价值维度时曾指出,"失业的、快饿死的、贫穷的和犯罪的劳动人,都是些在国民经济学看来并不存在,而只在其他人眼中,在医生、法官、掘墓者、乞丐管理人等等的眼中才存在的人物;他们是一些在国民经济学领域之外的幽灵"。(参见《马克思恩格斯文集》第1卷,人民出版社2009年版,第171页)而福柯正是从流浪汉、局外人、疯子、犯人、工人、学生等被传统政治学忽略的边缘人中开展宏观权力结构的微观政治学批判的。在对边缘弱势人群的人文关怀上,两者的价值取向是一致的。

从阶级的角度笼而统之地划归人,将现实人的本质的理解止步于人与人之间社会关系的总和。而福柯的微观研究表明,局限于宏观分析难以把握马克思关于"现实的人"的本质,对人的现实生存困境的分析往往滞留于宏观历史的视角,而忽视对具体生活世界中现实的特殊性、差异性内容的把握,结果只能导致人的解放陷入宏大抽象的理论叙事。现实的人不仅由层级结构的社会关系所决定,而且存在于多元互动的权力网络中。"权力关系像毛细血管一样遍布于社会存在的每一个角落,而考察这种微观状态的权力运行机制是福柯的兴趣所在。"①人们每天都栖居在由权力关系网络交织的具体时空中,受到政治体制、经济体制、文化体制的多重影响,并被内在于所有日常生活(做事的生活)与道德生活(做人的生活)层面的弥漫化的权力所操纵,弥漫化的权力同样塑造人的所思与所行。福柯认为,微观权力是现代权力系统的前提条件,微观权力结合而成的力量大于宏观权力,而微观权力的关系性连接正是适应现代社会生产需要的权力形态。在宏观视域与微观视域相结合的研究范式中,不再仅仅用公式化的原理、结论或经验思想定式去剪裁人们丰富多彩的实践活动和文化内涵,不会忽略人的具体生存的生活世界之差异;不再将历史简单地归结为生产方式、经济、技术等所谓决定性的要素,不再有经济决定论、政治决定论或文化决定论的存在空间。微观理论范式凸显了现代社会关系网络是处于变动中的结构,表明"知识—权力"与人的存在相互确证、相互制约。只有用微观理论范式去补充、完善传统唯物史观的宏观理论范式,借助微观研究的平台,真正建立自由自觉的实践活动和宏观的社会结构及其规律之间的内在统一,形成多视角、多维度的社会历史理论。福柯的解放方案启迪我们:应该对马克思人类解放思想中具有的微观思想资源予以深度挖掘,自觉吸收马克思解放理论中关于人的生存论意识和现实社会存在的微观结构,恢复马克思人类解放整体事业的微观向度。

---

① 罗骞:《所有的力量关系都是权力关系:论福柯的权力概念》,《中国人民大学学报》2015 年第 2 期。

第二,福柯丰富和发展了马克思哲学关于权力概念所蕴含的精神内涵和知识维度。马克思未将权力研究专门化,权力只是他在对国民经济学微观分析中附带提出的。而福柯深度考察了现代权力的应用层次、运作程度、技术和目标,将权力存在的领域由国家机器、政治制度拓展至学校、监狱、工厂等社会的每一层面和角落,将权力运作的重点从显性转为隐性,从国家主权的单一化、中心化的样态转换到知识权力的弥散化、渗透化的样态。现代权力与知识不再是势不两立的两极对立关系,相反,两者紧密结合共同作用于日常生活,直接关系到人之为人的生存状态。福柯微观权力视角的独特之处在于,他并非将宏大的规训权力置于日常生活的中心予以观察,而是将其推向人们微观世界的边缘和极端处考察权力的运行规则,旨在追问拥有权力的真实主体是谁,以及他们使用权力达到何种目的? 这表明福柯已然开始从权力的意图拷问个体的欲望、知识和话语。"知识—权力"系统的日臻成熟也将带来人的生存结构的完善与主体创造性的发展,设定标准、规训、内化标准"三位一体"的权力运作方式对个体进行的全面塑造成为人的解放的题中之义。在我国,日常生活中的微观权力的规范体系,如家规家法、德业礼俗、伦理纲常等,同样发挥着不容忽视的作用,它们或促进或阻碍我国社会主义现代化建设进程,所以我们要不断培育进步的微观权力并消解落后的微观权力,改变微观权力的结构,从而构建一个可以使人们诗意地栖居其中的和谐社会。

第三,福柯的微观权力理论丰富了马克思关于人的本质理论的内涵,彰显了对人性的拯救。福柯一生的学术工作的重要思路是:从表达"人被发现"开始,到揭示作为主体的人的本质被权力所抹去,进而以人为中心来建构新的主体。他所思考的一条或明或暗的线索是"我是谁""我们是谁""主体如何解放"等涉及人的本质的本体论问题,人的本质问题直接、间接地散布于他所研究的学术主题之中,贯穿于他一生的学术生涯。他把对人的本质问题的探讨与权力相联系,是对马克思人的本质理论的具体化。福柯主要着墨于个体对自我权力的意识,强调权力意识构成了人的理性和存在的内在根据,承认人与既定社会权力之间的历史间距,推动人在具体的生活领域获得自身的现实力量和主体自由。他倡导人应当"关注自我""认识自身"——"只有当人们不关注自我并且成为自己欲望的奴隶之后，控制他人和向他人行使专横权力的危险才会出现。如果你正确地关注自我，换言之，如果你在本体论意义上知道你是谁，如果你知道你能够做什么，如果你知道成为城邦公民对你来说意味着什么，成为家庭的家长意味着什么，如果你知道应当惧怕和不应当惧怕什么，如果你知道你能够合理地期待什么，另一方面，知道哪些事情对你来说无关紧要，最后，如果你知道无须害怕死亡——如果你懂得所有这些，那么你就不会向他人滥用自己的权力。"①福柯论证宏观权力与微观权力的关系的成功之处，并非完全消解了传统权力观的作用，而是通过微观权力对宏观权力的对抗性解构来揭示现代权力思想的危机及其对人存在的危害。他在揭示"我们自身的历史本体论与权力相关"的基础上试图论证与重构本体论的具体形态。结合权力进行追问的权力本体论建构是福柯完成自己学术目标的重要"利器"，他对现代权力的扩散、张狂所构成的政治性束缚并没有采取愤怒的态度与消极抵抗的立场，而是将权力的对抗性引向消解现代性权力，并促使人的生存美学的生成。福柯强调围绕"我是谁""我们是谁"的问题展开解放斗争，他并非将知识直接等同于权力，而是揭示知识与权力的内在关联及其相互勾连必然产生社会效应的现实。因此，他反对的权力不是权力本身，而是权力产生的效应；反对的是"知识特权"与"知识体制"，拒斥由知识支撑形成的权力形态与权力关系网络。在现代西方社会，由"知识—权力"体系所规训的人，一旦形成福柯所倡导的社会性拒绝态度，可能会带给人们对审美标准与社会追求的思考契机，并对现代性及现代社会的反思具有推动作用。后现代主义思潮的流行，佐证了福柯权力本体论的当代意义。

当然，福柯的权力运作方式与反抗手段也存在自身的理论缺陷：

---

① James Bernauer and David Rasmussen ed., *The Ethics of Care for the Self as a Practice of Freedom*, in the final Foucault, The MIT Press, 1988, p.20.

第一,福柯把权力技术妖魔化。在福柯通力阐释的权力网络中,现代权力似乎仅仅起压制性的作用,抹杀现代人本该具有的丰富性、多样性,代之以标准化、齐一化的状态,根本无法唤醒人对自身权力的意识,也难以促使人们采取实践行动改变现代权力的异化现实。而事实上,人们共同生活在社会的统一体中,为了维护良性的运作需要良好的社会秩序。为避免成为完全被其操纵的主体,人自身应当对秩序时刻保持警惕,但这种警惕并不妨碍我们对秩序的需要和依赖,相对于以经验和潜规则行事的社会行为,理性化的外部约束和自我审视无疑具有进步性。

第二,"局部斗争"理论是一个存在自相矛盾的理论。福柯把"权力—反抗"看成共生的范畴,对权力的反抗本身属于权力运作机制的策略与方案,只有通过反抗和斗争,知识权力才能更好地发挥其效力。针对"局部斗争"而提倡的知识权力化与权力知识化的关联,致力于建构一种控制人的意志的机制,将个体趋附现代权力的意志转化为其主观自愿的结果。"知识—权力"随时调整自己的方案,从而把斗争与反抗纳入自身的框架,导致反抗现代权力的力量与意义丧失殆尽。显然,福柯所认为的这种"局部斗争"无法逃脱"权力掌心"的观点,是一种悲观主义的论调。福柯在强调自己的"局部斗争"理论的同时,认为马克思的阶级斗争理论是一种整体主义的理论,由此他将马克思的革命理论全盘拒斥,其结果把人们引向到无望的斗争和万劫不复的境地。

第三,把个体精神、审美感受看成解放的关键。不可否认,现代生存美学作为一种自由的实践是对"知识—权力"规范化的抵抗,契合了当代社会多元包容的状况。但是,现代生存美学奠基于纯粹的、碎片的个体经验,导致其堕入乌托邦式的先验预设和虚无主义的深渊;改变自我意识组织的"心理学革命"或"精神革命"缺乏实践维度,用它来代替社会变革、社会革命,是保守主义的心态;强调绝对的个体自由选择和创造则是一种精英主义的道德,过度注重个体心理、精神上的解放反而导致人对现代社会的权力和自由概念产生多样性、奇异性的注解,人性解放难以得到真正实现。

福柯的权力运作方式与反抗手段不只是理论建构,更是实践智慧。它直面现代人的生存境况,透露出现代西方发达社会内在的自我批判意识,告诫我们在面对人类历史发展过程中出现的诸多问题时,同样要以细致入微的态度、严谨务实的作风对中国人实际的历史存在做深入考察。福柯的思想不可能解决中国当前日常生活中存在的问题,但我们可以借鉴他山之石,挖掘马克思人类解放思想的新内涵。福柯对人类现实生存状况和前途命运的沉思,对人的解放、人的自由的信仰与追求为我们所钦佩,但他并未明确指明何谓人们所追求的自由以及自由为何的问题。他将对人微观权力的解构混同于拒斥宏观权力的实现,认为通过消除知识就能实现对宏观政治权力的消弭和对个体主体性的解蔽,但往往消解了知识在与权力的结合中产生的积极效应,在理论目标与结果如何统一的问题上倒退回马克思之前的哲学思维逻辑上,其权力批判思想注定要被超越而发展。探究福柯的权力观和解放学说,绝不是要掌握其机械的理论知识,而是要依循其开启的"知识—权力"系统继续深挖现代人现实存在的权力意识。

四、德里达对马克思精神的坚守与解构

当代法国解构主义的代表人物——雅克·德里达(Jacques Derrida,1930—2004)的思想在 20 世纪中后期掀起巨大波澜,不仅使他成为欧美知识界最具争议性的人物之一,也成为后现代思潮最重要的理论源泉。作为一位思想大师,德里达具有实实在在的穿透力,对马克思政治经济和现代性批判予以独到解读,能够提升当代学者研究的理论空间和思维活力。自从 20 世纪 80 年代中期起开始介绍到我国后,德里达在我国学术界产生了广泛的影响。他的学术特点与个性特点是鲜明的:敬畏传统但十分叛逆;传承历史命脉但十分渴望自由;在一个物质主义盛行的时代,强调精神生活的价值。德里达将马克思的批判精神视为其思想的灵魂加以坚守,但他并非崇尚马克思的整个批判理论和实践,对马克思政治经济学批判过程也进行了解构。他真诚地相信,马克思关于现实的人的存在

抛却了先验或某种终极原则规定的理论视界,但他不以马克思主义者自居,也不是真正的马克思主义者,而又认为自己是马克思本人及马克思主义的继承人,坚守思想先驱——马克思的精神。

对马克思精神的坚守与忠诚在德里达的著作中得到了充分体现。在德里达看来,马克思精神的实质就是解放精神与批判精神,马克思精神遗产的核心是对人类解放承诺,是一种追求并实现解放的精神,同时也是一种对现存现实的批判精神;解放精神与批判精神贯穿于马克思学术生涯的始终;马克思精神是全人类的文化遗产,不管承认不承认、愿意不愿意,我们都是马克思精神遗产的继承人。德里达借助于马克思的解放精神与批判精神,企图建构"解构式马克思主义精神",将旧世界中通过既定的先验原则来掌控人的命运的思想进行解构和批判,对一切束缚人们自由地追求自身价值和解放的力量保持反对立场,切实将马克思的批判和解放的精神落实到人自觉的生活方式中。德里达的真正用意是通过阅读马克思的文本发现其内在矛盾,对马克思的文本进行"解构式阅读"的策略,在政治姿态上与政治立场上建立自己的系列理论。

(一)马克思精神是一种解放精神

德里达认为,马克思精神遗产的核心部分是对人类解放的承诺。我们不能够怀疑人类解放的理想和共产主义的理想。"共产主义的理想是为人类的正义而奋斗,至今这种理想仍在鼓舞和引导着无数信仰共产主义的男人和女人,这种奋斗目标与纳粹的'理想'根本没有任何相似、相近、相同或可比之处。"①切实将马克思构设的共产主义理想和信念贯彻到人们自觉的意识与生存方式中。

德里达在著作中阐述了马克思所具有的解放立场。他旗帜鲜明地指出,"如果说有一种马克思主义的精神是我永远也不打算放弃的话,那它绝不仅仅是一种批判观念或怀疑的姿态(一种内在一致的解构理论必须

---

① [法]雅克·德里达、伊丽莎白·卢迪内斯库:《明天会怎样——雅克·德里达与伊丽莎白·卢迪内斯库对话录》,苏旭译,中信出版社 2002 年版,第 123—124 页。

强调这些方面,尽管它也知道这并非最后的或最初的结论)。它甚至更主要的是某种解放的和弥赛亚式的声明,是某种允诺"①。资本主义通过不断发展的工业生产模式和扩张的全球交往过程,促使全球生产力获得了历时性的解放,以商品经济和世界市场的拓展为主要路径的资本逻辑具有强大的迷惑性,资本主义本身不可调和的固有症结在此过程中制造了全球社会的两极分化、无产阶级的普遍贫困等危机。面对历史的种种困境与难题,德里达倡导我们要坚持和发扬马克思的解放精神,"我们不仅不能放弃解放的希望,而且有必要比以往任何时候都更加保持这一希望"②。马克思解放精神的意义似乎在于召唤人类要克服困难,充实自身不断批判一切与人的生存发展相违背的思想观念和交往方式,始终不渝地寻求未来之路。这种解放精神提示我们的不是放弃,而是相反,"容许我们开辟通往某种关于作为允诺的弥赛亚的与解放的允诺的肯定性思想的道路"③。使人将自身的观念和行为自觉与未来社会的美好图景联系起来,并愿意为之展开创造性实践,以为达到解放的境遇而积聚人类自由自觉的劳动所需的生命活力。

德里达细心梳理马克思的文本,力图论证马克思的精神实质首先是解放精神。他通过对马克思后期的相关专著(如《资本论》)的剖析,指出了马克思关于宗教、意识形态与物质生产过程的分离关系,揭示了宗教、意识形态的相对独立性,表达了宗教、意识形态以它的原初形式宣告自身具有的弥赛亚精神。宗教、意识形态所宣告的神秘的弥赛亚精神正是德里达所追求的拯救者的救赎精神。他认为马克思的解放精神类似于弥赛亚精神。这种精神构成了马克思哲学思想的灵魂,它是在立足现实批判

① [法]雅克·德里达:《马克思的幽灵:债务国家、哀悼活动和新国际》,何一译,中国人民大学出版社 2016 年版,第 90 页。
② [法]雅克·德里达:《马克思的幽灵:债务国家、哀悼活动和新国际》,何一译,中国人民大学出版社 2016 年版,第 76 页。
③ [法]雅克·德里达:《马克思的幽灵:债务国家、哀悼活动和新国际》,何一译,中国人民大学出版社 2016 年版,第 76 页。

的基础上形成的对理想社会的期望和构想,体现了面向未来、勇于变革的实践指向。在他看来,缺少这种解放精神,人类就不会有美好希望与理想,人类的全部物质活动与意识活动就会失去存在意义。

虽然德里达非常重视解放精神的"意识"性特征,但这并不能表明他把马克思的解放精神仅仅视为纯粹的理念。在德里达那里,马克思的解放精神本身不仅表现在思想上,更重要的是表现在实际行动中,解放理论已然超越了纯粹理论层面的抽象表达而把握了人不断创造历史的实践力量,其"客观性""行动性"特征正是马克思的解放精神与其他各种"精神"的根本区别之处。他认为,马克思揭示了不同"幽灵"产生的现实基础,并通过对现实基础的改造达到摧毁各种幽灵的目的,即通过劳动实践对现实异化的解蔽来实现人的本质的复归,并重构人与人之间现实的社会关系,这是马克思解放精神的最深刻之处。而改造甚至于摧毁现实中现存的幽灵般的实际权力、实际关系及其他一切,不仅需要理论的批判,更是需要革命的行动,任何与马克思解放精神相契合的现实政治制度都应当被坚守,而一些自诩为在科学规律和终极法则主导下展开的社会互动必然遭受窒息和变革。

基于对马克思的解放精神与解放理想的憧憬及对所面对的资本主义现实的批判,德里达为马克思的解放精神的未来发展开辟了理论与实践的双重视域,提出了对"现实基础改造"、通达解放的具体途径:呼吁建立一种超越民族国家的"新国际"组织,力图通过该组织实现正义,立足新的解放境界把握人自身的能动性与活动性,使人自觉地将实践投入与未来美好生活相关联的现实中,并积极回应马克思的解放精神面临的各种困境。

"新国际"观念并不是强调不同国籍的人民以新的方式联合起来,而是指要在全人类紧密团结的基础上,以新的"没有政治的政治"去重新思考国籍、国家、民主、自由和人权等司空见惯而在今天已成问题的理念。它与传统的"共产国际"组织存在明显差异,也异于马克思构设的"自由人联合体",而是超越阶级和国家并依靠相互友爱的方式建立社会关系的国际社会组织。"国际组织并不是当时的'共产国际',也不是其他政党的国际联盟。但我愿意保留'国际'这个词,而且其开头的字母要大写,以便使人们能回想起过去这个词的重要意义,并将其保留下去。"①德里达提出的"新国际"组织旨在超越一切阶级和国家形式,弱化人们的政治身份和等级观念,深刻表达了与资本主义现代性的压迫相对抗的解放态度和精神。他强调,只要始终保持对马克思"幽灵"的认识和召唤,共产主义和人类解放作为未来人的理想生活状态才能得以实现。

(二)马克思精神是一种批判精神

在德里达看来,马克思精神不仅是追求并实现解放的精神,同时也是对现存现实的批判精神。他认为,马克思对资本主义现实的"批判"精神是他走进马克思文本的重要原因之一,只有进入现实批判的境界才能切实领会马克思关于自由、正义等解放理论的精髓,并在现实生活中自觉体现为具体的生活态度与方式。

德里达强调,继承马克思的遗产必须弘扬马克思的批判精神。他认为,马克思的批判精神是其理论与实践的精髓,也是判断解读者是否真正把握马克思理论精神的基本尺度,进而强调任何企图将马克思主义视为绝对权威的思维方法都应遭到批判和解构,必须掌握马克思的批判精神对新的问题加以审时度势的判断和解构。马克思的批判精神"隐形"存在于马克思经典文本的内部,要在马克思的文本中去细心挖掘其批判精神及其实质。德里达本人通过对马克思文本的认真、深入解读,提出了马克思批判精神的实质:关注现实的人在资本主义社会中的生存困境并对抗现实资本主义,拒斥现实生活中一切阻碍人自由意识和行动的力量,在批判导致人的现实异化的社会制度中剖析其占据人的本质与自由劳动的价值维度,为改造现存的现实提供价值导向。

德里达认为,马克思在特定时期所得出的基本结论和推断或许随着

① 〔法〕雅克·德里达、伊丽莎白·卢迪内斯库:《明天会怎样——雅克·德里达与伊丽莎白·卢迪内斯库对话录》,苏旭译,中信出版社 2002 年版,第 123 页。

时间的推移会显露出历史的局限性,但马克思的批判精神是马克思精神的内在本质与"活力部分",只要人类社会尚未达至解放的终极目标,马克思的批判精神及对现存状况不断的批判活动就必须一直被坚守。马克思对资本主义社会制度的批判,其深刻目的在于呼吁人民要有改造世界的行动。马克思的批判精神包含着超越文本写作年代与时间限定的普遍性,它始终保持文本范畴的流动性和开放性而与人的生命活动、生存发展相一致,超越历史现实的局限而永葆批判理论自我更新的能力,推动批判理论在当代社会开启新的可能性,在现实社会中持续释放出新的批判力量。德里达明确指出了马克思批判精神的当代价值,"如果人们知道如何使这种马克思主义的批判适应新的条件……那么这种马克思主义的批判就仍然能够结出硕果"①。在环境不断变化的今天,德里达认为,资本主义社会本质与马克思所处的时代并没有变化,我们不能放弃马克思的批判精神。他将马克思批判精神总结为质疑与否定一切束缚人的自由和解放的非人性力量,尤其是对资本主义及其内生的形而上学思维进行彻底的否弃。在现代社会中,马克思的批判精神不仅成为人们认识世界的强大武器,而且成为人们改造世界的强大武器。离开马克思的批判精神,就难以触及社会理论问题与实践问题的实质。只有具备马克思的批判精神才能在问题的意义上深刻揭示当代资本主义国家的真实本质,突破支配西方资本主义哲学漫长发展史的形而上学的思维方式,在与同一性思维的颠覆和对抗活动中彰显内蕴于人自身的辩证批判本质的诉求,才能为人类生存状况的改变与实现人类的解放提供武器。

在解读马克思的批判精神的问题上,德里达充分把握住了与马克思批判精神紧密联系的批判客体范畴——"现实",也充分把握住了形成新思想、新观念的批判主体范畴——"自我"。德里达认为,随着时代的变迁,在客体——"现实"与主体——"自我"的不断变化过程中,要

---

① 〔法〕雅克·德里达:《马克思的幽灵:债务国家、哀悼活动和新国际》,何一译,中国人民大学出版社 2016 年版,第 87 页。

用"自我"的新思想、新观念来变革批判"现实"、改造"现实",才能对社会现实的变化和新形势给予时代性回应,为根本改变人的生存现状而深入社会历史的根基并找准症结、指明方向,实现在批判基础上建立起与解放的本质联系。在对现实的批判中,新思想、新观念既要批判旧思想、旧观念,使旧思想、旧观念付诸东流,而且也要随时准备"自我"批判。因此,批判现实既不是简单的谴责思想和行为的弊病,也并非止于抽象的驳斥其存在的目的,而是解除现存的世界对人本真的存在方式的遮蔽。这种批判的过程不仅仅是在思想观念中进行,还要在现实中进行。

德里达认为马克思的解放精神和批判精神是相互渗透的。在德里达看来,马克思一方面坚持对现存现实的批判,另一方面则坚持追求人类的解放,并在两者之间建立了本质的联系,批判是植根于解放目的的现实载体——社会历史中的真实力量。无论是从"当前"还是长远来看,马克思都一直忠诚地在解放精神与批判精神之间试图建立历史的、现实的联系。在德里达的思维逻辑中,从现实到批判再到解放的发展过程,以及现实、批判、解放三者之间不断向前的递进循环,形成了一个历史的发展链条。

(三)解构主义的真正意图与实质

德里达曾经在演讲中公开呼吁:"不能没有马克思,没有马克思,没有对马克思的记忆,没有马克思的遗产,也就没有将来:无论如何得有某个马克思,得有他的才华,至少得有他的某种精神。"[①]他还自我检讨说:"就我个人而言,把《共产党宣言》中最为醒目的东西忘记得如此彻底,这肯定是一个错误。"[②]对马克思的理论精神的把握与坚持构成了德里达解构主义思想得以捍卫自身理论合法性的本质。

---

① [法]雅克·德里达:《马克思的幽灵:债务国家、哀悼活动和新国际》,何一译,中国人民大学出版社 2016 年版,第 15 页。

② [法]雅克·德里达:《马克思的幽灵:债务国家、哀悼活动和新国际》,何一译,中国人民大学出版社 2016 年版,第 14 页。

透过德里达对马克思精神的呼唤与强调,我们能够感受到德里达对马克思解放精神的坚守、忠诚与强烈认同感。正是秉承马克思批判与解放精神的构思理路为其奠定了坚实的哲学基础。德里达对马克思批判精神的不断凸显,显示了他对马克思精神本质的深刻把握。

德里达能在学术界越来越受人关注,很大程度上是因为我们可以透过他而将 20 世纪哲学和文学理论上的精华加以串联。他像是一个脉络贯通哲学发展的过往,并昭示着哲学现在的方向。他动摇了人们通常熟悉的许多概念,对许多理论命题进行发问,乃至对西方 2000 年的文化传统本身提出质疑。20 世纪末,"世人已经普遍认为,他是这个时代最重要的思想家——我们甚至可以说,这个时代已变成解构的时代。"①德里达对待马克思思想传统的传承与超越的坚定态度代表了当前西方一部分学者的心声。面对衰颓的现实环境和虚幻的精神环境,他们的思想深处都渴望解放,希望彻底摒弃固守现存世界的非历史性思维,对现代社会一切同一性的力量保持清醒的防御意识,通过批判现实渴望实现对现实的改造。同时也有学者认为他的哲学也沾染不少东方哲学的气息,其对马克思思想的态度和理论解读具有跨越时空的契合性意义。所以,他提出的许多问题都是值得深思的。

但是,德里达是一个"喜欢用反常的句式和表达来造成后现代文本效果的哲学家"②,他的文本中晦涩的语言风格以及复杂、矛盾的表达策略的展现给我们造成了迷惑的感觉,其对语言哲学和符号意义的解构充斥着与结构主义语言学的对话,两种对立的语言结构在其文本中的复杂交织加深了释读的困难。任何试图对其文本进行全面解读的抱负似乎都只能是妄想,他留给世界的是永远开放、让学者琢磨不透的回味。因此,我们对德里达的回应也只能说是一种可能。

---

① ［英］西蒙·格伦迪宁:《德里达》,李永毅译,译林出版社 2019 年版,第 7—8 页。

② ［法］雅克·德里达:《马克思的幽灵:债务国家、哀悼活动和新国际》,何一译,中国人民大学出版社 2016 年版,"译者序"第 5 页。

德里达坚守马克思精神的实质是企图建构"解构式马克思主义精神"。他试图通过"解构式阅读"马克思的文本发现其内在矛盾,对相关概念进行颠倒、拆解与置换,以重新解释和改变原有的概念关系,亦即通过对马克思的文本进行"解构"式阅读的策略来寻求答案,建立自己的政治哲学理论。在《马克思的幽灵》一书中,德里达所进行的理论研究密切联系现实,超越了大多数西方马克思主义者对马克思的学者式、经院式和教条化的探讨方法。

具体而言,德里达在对马克思精神——解放精神与批判精神的挟带与借助中,也渗透解构主义的意图和策略。德里达从没有放弃人类解放的理想与希望,并怀有对在资本主义土壤上形成的主流意识形态的强烈批判精神,但他的批判丝毫没有触及资本主义主流意识形态赖以生存的经济基础——占统治地位的资本主义生产关系与所有制结构,是不触动资本主义根本制度前提下的批判。德里达深刻揭露了当代资本主义社会存在的弊端与矛盾的各种表现,但没有揭示出这些弊端与矛盾存在的根源,更没有提出解决这些弊端与矛盾的基本方法,没有对消除资本主义负面效应的有效途径给予应有的分析,难以认识到资本主义私有制与现实生活样态的本质关联,也就无法对社会革命实践的深层问题予以解答。这是他与马克思主义的创始人——马克思的根本区别所在。马克思为寻求全人类解放,揭示出资本主义社会的主要矛盾与基本矛盾,并深入考察矛盾背后所隐藏的秘密与原因。正是对资本主义制度根源的认识与批判使得个体的自我否定和创造活动成为可能。他批判资本主义制度是为了打破资本主义社会的体制,推翻筑基于私有财富积累的社会,并指出了一条解决矛盾、摆脱困境的出路——走向科学社会主义。作为独特的人类解放思想——科学社会主义体系,具有理想性、实践性和科学性的特征。其理想性是人们奋斗的动力;实践性凸显了对现实世界的改造要求;科学性使得其被广大人民群众所接收。科学社会主义理论对于共产主义实践运动起着正确的引导作用。科学社会主义实践促使人们避免成为既定秩序的附属物,而创造真正体现人的自我解放的历史进程。对比之下,我们不禁要问:德里达解构主义策略下,到底解放与批判的是什么? 德里达究竟是要维护马克思主义还是要消解马克思主义? 学界对此出现了各种不同的理解与评价。笔者认为,德里达是维护了马克思主义,但他维护的是他所理解、我们陌生的马克思主义。但他维护的是自己所理解、我们"陌生"的马克思主义,是一种忽视了马克思对资本主义社会生产过程整体批判的马克思主义"幽灵",自然难以回答马克思主义在现实中向何处去的问题。

德里达的解放与批判运动更多的是精神上没有根据的、没有限期的无限期待,是一种空洞的口号。他曾肯定地表明:"幽灵不仅是精神的肉体显圣,是它的现象躯体;它的堕落的和有罪的躯体,而且也是对一种救赎,亦即——又一次——一种精神焦急的和怀乡式的等待。幽灵似乎是延宕的精神,是一种赎罪的诺言或打算。这种异延是什么? 是一切或什么都不是。"①德里达在此提出了"异延说","异延"是德里达解构思想的核心。德里达认为,"异延"指涉符号意义的区分与延搁双重差异性运动,即时间上的延迟和空间上的分歧,"异延"是先于在场的,甚至是先于存在的,是比它们更为根本的东西。因而,"异延"无涉存在的在场问题。"异延",比存在本身更古老,在语言中没有名字,甚至没有本质或存在之名,它本身就能衍生差异、延迟和不稳定的意义。由此,德里达彻底地解构了一切。"异延"是德里达解锁马克思文本思想间复杂性的基本对策,他在承认马克思文本思想的时空差异性中试图凸显自身理论的价值。在"异延"的图式中,任何文本及其话语活动都处于无限的延迟和差异中,原文和译文是平等延展的互文关系,译者对原文具有重要的创造作用,这一创造性作用在解读马克思的文本时体现为凭借解构式的捍卫原文中蕴含的批判意义。通过"异延"的消解策略,德里达实现了对马克思精神——解放精神与批判精神的解构过程。德里

① ［法］雅克·德里达:《马克思的幽灵:债务国家、哀悼活动和新国际》,何一译,中国人民大学出版社 2016 年版,第 138 页。

达把自己解构精神等同于马克思的批判精神,认为是对马克思自我批判精神的坚持。

在"后德里达时代",作为本体论的解构理论思潮也许早已衰落,但作为方法论的解构却依然在发挥其批评性功能和"反潮流"作用,这就是德里达及其解构理论留给人文社会科学研究最重要的遗产,这种影响是世界性的。然而,我们应清醒地意识到:一方面,德里达走向马克思,为马克思进行积极而强有力的辩护,肯定马克思精神——解放精神与批判精神的当代性,强调继承马克思精神并要求把马克思精神现实化,积极推动马克思主义挣脱政治教条的限制,保证当代人以积极的精神回归马克思的文本并领会其现代意义,这对弘扬马克思主义都起到了积极的推动作用。另一方面,德里达并没有真正转向马克思。德里达把自己的"异延"消解策略与马克思的批判精神相混同,真正的意图并不是为了对马克思思想的发展,而是为了借助于马克思的相关文本,通过借用马克思此时文本与彼时文本之间平等互补的关联来彰显其自身思维逻辑的合理性,达到进一步解构马克思思想的目的,德里达"悄悄开启了一个解构的时代"①。德里达解构马克思主义所要质疑的正是辩证唯物主义与历史唯物主义的基本原理,所以,德里达不是马克思主义者,但德里达解构主义的策略至少还是强调并"忠诚"马克思的解放精神与批判精神的,他的后现代的"幽灵"视角至少突出了人们应该重视和积极探索马克思主义的基本态度。因而,他不能够被划入非马克思主义与反马克思主义者的行列。"这里必须悬置那种'非此即彼'的二元逻辑。德氏的解构逻辑恰恰是'非此非彼',即既不是马克思主义的,也不是非马克思主义的。解构超越了实在逻辑与幽灵逻辑之间假定的对立,并且超越了这种对立所假定的存在论。"②德里达从现实性维度把握马克思文本的思想精神的当代

---

① 吴学琴:《马克思主义研究的解释学视域》,安徽人民出版社 2009 年版,第 57 页。

② 王金林:《幽灵出没的激进批判与解放允诺——德里达论马克思与马克思主义》,《苏州大学学报(哲学社会科学版)》2011 年第 1 期。

意义,但却并未具体阐释马克思主义反思当代社会的可能性,也就很难坚持马克思主义基本原理在现实实践中不断生成的精神实质,难以真正推动马克思批判的、革命的理论精神转化为现实的批判与革命实践。德里达的《马克思的幽灵》抓住的至多只是马克思的"幽灵",丢失的却是马克思的"灵魂"。① 显然,德里达企图通过解构式的阅读建构"解构式马克思主义精神",改变了人们理性认知与尊崇马克思思想原初表达的看法,旨在凸显译者对马克思文本解构的创造性地位,在鼓励人们回到马克思主义的同时却并未指明如何发展马克思主义,其意图的偏颇性是应该受到批评的。

五、拉克劳、墨菲的激进多元民主立场

伴随着 20 世纪后现代主义的冲击,西方一些学者认为传统的马克思主义理论已经难以有效解释当代世界,解决当前的社会主义实践问题,从而提出"修正"马克思主义理论,抛开经典马克思主义的一些观点,遗失了马克思主义理论的一般真理与实践智慧的精髓,依据特定政治立场与哲学思想发展的需要而将马克思主义理论当成可以因时制宜的策略加以改造与使用,开始构建自己的理论体系。基于此种认识,他们结合后现代理论,着手对马克思主义的重要概念和基本论断进行了置换和重建,并对社会主义策略进行重新规划。这些学者对社会主义价值目标的执着坚持与他们对马克思主义的背弃构成了悖论式的奇异理论景观:他们在没有放弃马克思主义解放全人类的诉求宗旨的同时,又背离了经典马克思主义的理论,他们试图对经典马克思主义的诸多核心范畴进行解构,抛弃对马克思主义的宏大叙事,将传统视域转向日常生活,反对马克思主义通过经验存在探寻其内在规律的本质主义和阶级理论等思维方式,声称是以"超越"马克思主义的方式来拯救马克思主义的"真精神"。这种理论态度在西方学术界被归入"后马克思主

---

① 参见杨生平:《解析德里达的〈马克思的幽灵〉》,《哲学研究》2005 年第 3 期。

义"（Post-Marxism）①的行列。

国外学界公认英国的拉克劳（Ernesto Laclau，1935—2013）和美国的女政治学家墨菲（Chantal Mouffe，1943—　）为"后马克思主义"的"正宗"代表。拉克劳和墨菲因为于 1985 年合著的一书《领导权与社会主义的策略》而出名。此书在出版 16 年后于 2001 年再版，在再版序言中，他们再次确认了自己"后马克思主义者"的身份，即继承了马克思主义的后现代思想派别，系统阐述了后马克思主义的政治哲学思想，创造性地提出社会主义激进民主的发展策略，并对 16 年前在自己著作中所给出判断的准确性表示"惊奇"。后马克思主义在该书中得到了完整的表述与理论化系统化的展现，拉克劳与墨菲在对传统马克思主义唯物史观和社会革命的理论解构基础上，提出了一套不同于传统马克思主义的社会主义策略，将新的历史条件下的社会运动形态纳入其中进行整体性审视，为社会主义解放事业寻求新的出路而进行了努力探索。

（一）基于话语理论的社会主义新规划

在后马克思主义学者拉克劳与墨菲看来，资本主义社会正在发生变化，马克思主义理论存在与现实不相契合的部分，在新的形势下，"革新"和"激发"马克思主义，成为他们一项义不容辞的责任，"被沉积的理论范畴遮蔽了它们原初的创造活动，而再激活因素使它们的行动再

---

① "后马克思主义"概念首次出现在英籍犹太裔物理化学家、哲学家迈克尔·波兰尼（Michael Polanyi，1891—1976）的长篇巨著《个人知识：走向一种后批判哲学》中。从 20 世纪 60 年代开始，"后马克思主义"这一概念在西方引起广泛关注。纵观国内外学界对"后马克思主义"范畴的运用，我们可从广义和狭义两方面来进行理解。广义上看，它主要是指运用后分析哲学、后结构主义、后现代主义的理论与方法，来解读、解构马克思主义，并试图批判、超越马克思主义；狭义上看，它专指恩斯特·拉克劳和查特尔·墨菲的所谓的"后马克思主义"，也就是他们在解构基础上所建构的"激进、民主、多元的社会主义理论"。这不仅是因为拉克劳和墨菲自称为无怨无悔的"后马克思主义者"，而且他们对后马克思主义的所有主题和最后结论都作了一定的阐述和总结，并由此获得了一种招牌式的效应。他们也因此成为"后马克思主义"的正宗代表与"后马克思主义旗手"。

显现出来"①,重新思考社会主义社会结构与主体的关系,继承并发展马克思主义的批判精神,在批判西方资本主义社会意识形态话语权的同时,借用马克思主义论证社会主义社会多元主体存在的必要性,并保持马克思主义的激进意向和多元斗争的需要。这也就是他们在《领导权与社会主义的策略》一书中所提出的与人类解放有关的后马克思主义理论的主要立场和观点。

具体而言,有以下几点:

第一,"社会"概念的话语理论解构。基于后现代的理论立场,拉克劳和墨菲对"社会"概念进行了解构,在他们的语境里,"社会"概念被分解成零杂的"碎片",唯有"话语逻辑"能够将"碎片"关联起来。拉克劳和墨菲的"话语逻辑"俨然超出传统的解读方式,所谓的"话语",被视为一定社会空间内的语境、语言和行动结合的统一体,不仅仅指向的是孤立的言说和书写,还指向社会关系、社会差异所揭示的社会意义。真正的"话语",就是所展现出来的总体的社会差异关系系统,"话语"认同存在于总体的社会差异关系的结构系统之中。那么,依此话语理论,"社会"概念被彻底地解构了,社会并不是一个在历史的、具体的实践中形成的结构系统,不是受历史的必然规律决定的时间过程,而只是受任意的、随机的、偶然发生的事件决定的无规则的现实体,只能依靠"话语"实践缀连起来。话语概念及其逻辑由此承载了全面的内在意义,构成实践领导权的深层理论基础,社会主体的话语斗争活动有望代替阶级对抗而成为社会主义运动的主要形式。表达话语的主体身份具有偶然性和不稳定性,将话语斗争的形式当成"暂时的固定"方式,难以认识主体之间对话的逻辑关联,进而无法把握社会主义话语建构的历史必然性。这样就彻底解构了马克思主义基本原理中具有确定性基础的相关概念与关系,如历史偶然性与历史必然性的关系、历史发展的规律性与历史发展的选择性的

① [英]恩斯特·拉克劳、查特尔·墨菲:《领导权与社会主义的策略》,尹树广、鉴传今译,黑龙江人民出版社2003年版,"第二版序言"第2页。

关系等。

第二,工人阶级地位的多元主体解构。拉克劳和墨菲并不认同经典马克思主义理论所主张的在人类解放进程中工人阶级的主体地位的观点,他们沿用一贯的做法,使用一个界限不确定的"人民"概念代替了"工人阶级"的概念。在他们看来,"工人阶级"的概念由于被限制在资本主义社会生产领域而表现出单一、狭隘的现实身份。因而,工人的身份对于其所身处的社会关系而言只是一种外在的存在物,社会关系中表征或影响工人存在的多样因素的变化不会对工人的"阶级"身份产生动摇。"人民"概念是在话语逻辑中建构起来的主体身份,主体身份伴随话语逻辑结构的变动而产生差异性分化并具有多元的属性。在解构的话语视域中,"人民"是由平等的、多样的、具有差异性的多元主体所组成。由此,拉克劳和墨菲以多元的主体解构工人阶级的主体地位,认为现代资本主义社会中复杂多样的斗争和对抗为多元主体的出场创造了条件,不同主体的政治经济诉求和社会行动意愿逐渐挣脱依附于"阶级"单一身份的限制,每个主体在社会中可以形成多元性的身份结构。拉克劳和墨菲进而分析了多元主体身份结构的形成脉络,指出通过话语的形式将影响多元主体身份的不同要素整合起来,使得诸多要素共同构成主体的社会身份结构,并在其中形成互补的作用关系。因而,多元主体的社会身份是随机的、不确定的、不断变化的,从而决定了他们在政治上具有平等的话语实践、平等的地位。由此,工人阶级先锋队的作用被排除掉了,环保生态、女权、学生和其他边缘群体的主体代之而崛起。

第三,基于话语理论的社会主义规划。拉克劳和墨菲总体上坚持马克思的人类解放理想,但对如何通达人类的理想状态却提出了不同的新规划。在对"社会"的话语理论解构的基础上,他们以激进的多元民主取代了传统的社会主义,依据激进多元的民主理论重新界定了人类解放进程中的社会主义。他们认为,基于话语理论的激进多元民主的社会主义提供了一个比传统的社会主义更加广阔的政治—社会空间,不确定的"人民"概念能够涵盖更广泛的多元主体。"在我们的时代,代替阶级对抗的是争夺话语权的民主斗争"①,现代社会的领导权正是在多元主体话语间的相互作用下建构而成的,在民主斗争中消弭了话语特权及其中心地位,使得主体的平等权利得到了广泛的社会认同。由此,人类解放的动力并不是来自工人阶级的利益与崇高使命,工人这一主体的存在与现实行动也不是由经济因素和社会关系决定的,而是来自话语领导权统摄的多元主体在自由民主的政治—社会空间中争夺领导权的话语实践。领导权之间的斗争是通过不同的话语实践,从怀疑政治入手,然后转向为对经济不平等的批判话语,最后发展为对其他附属内容与关系的批判,并建构新的领导权力。

在拉克劳与墨菲话语理论的视野中,一切都是偶然、差异、变动、不确定的,在建构领导权的话语实践中,再也没有本质主义的立足之地了。根除本质主义的基本思路是重释自由、民主等核心价值范畴,将工人阶级置换成多元主体之间平等合作的话语沟通关系,促使马克思主义理论语境中带有等级特性的话语权消失殆尽,这就是从经典马克思主义向后马克思主义转变的话语理论的逻辑。拉克劳与墨菲通过话语理论的逻辑对社会主义进行的规划,在《领导权与社会主义策略》一书中已经勾画出它的基本纲要。他们自认为,其社会主义规划结合了哲学与心理分析的最新理论成果,是对马克思人类解放运动传统充分肯定的崭新构想。② 解放不是对必然规律的认识和利用,而是对预设必然性的解脱和对差异性逻辑的承认。

（二）激进多元民主:迈向解放的别径

激进多元民主理论是后马克思主义者拉克劳与墨菲的"后马克思主义"理论的核心,也是他们提出的一条迈向人类解放的别径。他们认为,以理性主义、普遍主义、本质主义为基础的自由主义思想,无法对新的历

---

① 李淑梅、莫雷:《社会认同观的转变与激进的民主政治——拉克劳、墨菲的政治哲学思想研究》,《哲学研究》2017 年第 10 期。

② 参见［英］尚塔尔·墨菲:《政治的回归》,王恒、臧佩洪译,江苏人民出版社2008 年版,第 12 页。

史条件下发生的新的冲突和对抗做出解释与回应。于是,他们借助后现代理论,批判现代性,解构马克思理论视野中经济基础与上层建筑的二元分立状态,将民主政治从上层建筑中分离出来而归诸社会存在的本体,力图构建具有不确定性、差异性、多样性与反普遍主义、反本质主义、反中心主义的激进多元民主理论,进而占据政治的领导权。

拉克劳、墨菲指出:"我们的'激进和多元民主'设计被理解为加深'民主革命'的新阶段,也被理解为争取平等和自由的民主斗争扩展到社会关系更为广泛的领域中。"①显然,在所有领域真正贯彻自由平等精神以反对权力专制和控制以实现彻底的民主,主体在差异性逻辑话语的建构中被赋予平等的身份和地位,并在兼具激进的斗争行动和包容精神的双重原则下重建话语领导权,这构成了激进多元民主的内涵。

拉克劳、墨菲的激进多元民主理论具有三方面的特征。

第一,不确定性特征。在前现代社会中,王族绝对权力的体现及以神的超强力量与终极基础作为标准是确定性;在现代社会,权力合法性的源泉、保障以及确定性标准已经消失。按照拉克劳和墨菲对"社会"概念的话语理论解构,现代社会是多元的、非决定性的、充满偶然性的话语现实体,在这样一个话语现实体中政治民主不可能存在确定性前提与基础。身处现代社会中的"人民"的多元社会身份结构将伴随政治边界的变化而改变,新的斗争力量、领域和形式随之生成,"人民"的自我主体与"他者"的关系也处于不断被确定的过程中,多元主体的社会认同充满了不确定性。激进多元民主理论能够不断为消除和消解现代社会民主的确定性基础及其标准提供方案。激进多元民主政治并不追求一般意义上的自由与平等价值,它力图将资本主义社会革命中的民主与自由主义嫁接起来以消除传统视域中民主对经济基础的绝对附着。以充满不确定性为特征的激进多元民主是对人类解放的促进,提升了人对多元化的追求,对人

---

① [英]恩斯特·拉克劳、查特尔·墨菲:《领导权与社会主义的策略》,尹树广、鉴传今译,黑龙江人民出版社 2003 年版,"第二版序言"第 11 页。

的自由而全面的发展能够起到一定的助益。相反,坚持确定性的标准导致的人类解放只能是"伪"人类解放而已。

第二,差异性与多样性特征。激进多元民主是以差异性、多样性的存在为前提,共同性、统一性及其标准在现代社会已经成为发展民主的障碍。"今天正在被诉求的那些新的权利所表达的是差异,这种差异的重要性只有在今天才得以被肯定,而且它们再也不是可以被普遍化的权利了。激进民主要求我们承认的差异——特殊的、多样的,异质的——实际上包括被抽象的人(Man)的概念所排斥的所有的东西。"①从民主的主体而言,拉克劳和墨菲以多元差异性主体解构工人阶级的主体地位,强调激进民主的主体是超越各阶级构成、社会关系构成与超越各阶级限度的"同盟",通过建构民主的多元主体性优化其内核和现实条件;解构马克思社会民主中的主体范畴,否定马克思的工人阶级是历史变革的政治主力军的观点,工人阶级从社会变革的优先性位置中被置换出去。激进民主的主体是由多元主体的话语实践构成,从而肯定了在现代社会中多元主体的多样性、差异性与平等性。"在墨菲看来,不但社群主义所主张的实质性的共同善是不可能的,而且罗尔斯的政治自由主义所主张的重叠共识,也是与激进多元民主的差异性、多样性不相容的。"②墨菲所否定的共识只是泯灭差异和多样话语内容的众口一词,而非拒斥一切在差异中寻求共识和统一的认知图式。就现实的民主推进的过程而言,尽管墨菲强调个体主体之间话语表达的差异性,但也抓住了他们由于受到现代性的压迫而面临共同的困境和命运,构成其共同参与斗争过程的连接器,由此显示崭新的领导权结构和斗争过程的民主性。通过这种具备差异性、多样性的激进多元民主,墨菲希图开启另一种社会主义形式,一种基于后现代的差异性、多样性为标准的社会主义形式,能够以极大的政治空间包容各种不同势力的对抗、冲突与矛盾,由此在非本质主义的、非还原论的

① [英]尚塔尔·墨菲:《政治的回归》,王恒、臧佩洪译,江苏人民出版社2008年版,第15页。
② 陈炳辉:《墨菲的后马克思主义理论》,《马克思主义与现实》2003年第2期。

社会历史观之下肯定每种不同诉求的合法性,肯定每一种对人类自由的追求的合法性,从而确立起不同的人类解放路径。

第三,非普遍主义的特征。"作为价值观,普遍主义就是相信超越时空的、绝对永恒的价值体系。作为方法论,普遍主义就是认定能从某种超时空的抽象前提,推出放之四海而皆准的关于价值标准或制度模式的普遍结论。"[①]以对抽象、超时空的个人权利为基础的普遍主义的批判是拉克劳、墨菲理论批判的着重点之一,他们认为普遍主义已成为拓宽和深化民主革命的障碍。"激进的多元民主以差异性、多样性的存在为前提,那就意味着普遍主义的不存在,意味着各种各样的特殊性的存在。"[②]拉克劳、墨菲论证多元主体的话语权关系和斗争路径根本目的在于形成社会认同和"共同善",最终使人在理解自由民主原则的真实内涵中把握通向解放的途径。但他们在论述激进的民主政治时已经阐明社会认同以及"公共善"的实现与普遍的价值观念截然不同,进而将社会认同视为多元主体之间话语斗争的产物。他们对于民主的非普遍主义的强调,是基于他们的话语理论的社会主义规划,希图在激进多元的民主社会激发出一个比传统的社会主义社会更广泛的政治—社会空间,从而能够容纳不同的话语之间的对立、对抗与冲突,消除现实中整齐划一的专制主义。为了保障现代社会中"人民"的民主权利,拉克劳、墨菲解构了马克思的社会主义内涵的特定指向,将政治视为社会存在的本体,强调"人民"权利在政治领域的优先性。因此,他们摒弃了各种现代的普遍主义对"人民"意志的统一,要在政治上恢复个体的独特性,承认个体的差异性,包容、尊重每个群体、个体的选择,由此在不同的群体、个体的价值诉求的对立、对抗与冲突之中实现激进的多元民主,从而建立起对人类解放追求的另一种形式,即基于话语理论的多元主体的权利与价值诉求并能包容对立、对抗和冲突政治。

---

① 马德普:《普遍主义还是历史主义? ——马克思主义与西方传统政治哲学在方法论上的区别》,《政治学研究》2005 年第 1 期。

② 陈炳辉:《墨菲的后马克思主义理论》,《马克思主义与现实》2003 年第 2 期。

激进的多元民主所具有的不确定性、差异性、多样性、非普遍主义特征,根源于激进民主理论将马克思的人类解放的主体——无产阶级,置换为超越阶级的"多元"主体——人民同盟。旨在通过同盟实现主体多样的利益诉求和价值立场并存的领导权。这就是拉克劳、墨菲企图"以激进的多元民主代替马克思主义所主张的无产阶级的解放斗争"①,来逐步迈向人类解放的理论立场。

(三)对马克思解放思想的疏离与摒弃

拉克劳和墨菲的激进多元民主理论产生了广泛的理论影响。他们"自觉吸收了当代社会科学的新成果,并把许多马克思主义过去没有关注或较少关注的问题纳入到自己的理论框架中,展示出广阔的问题域"②。他们承袭了马克思主义对资本主义的批判精神,将这一批判精神融合到特定的理论分析中,从普遍性视角对物化理论进行了驳斥,对马克思主义理论中黑格尔的辩证法思想传统展开了批判,坚定地捍卫社会主义的理想与价值目标,并对社会主义政治问题及其战略问题进行了思考和探索。他们为自己的理论贴上时髦的标签,明确打出"后马克思主义"理论的旗帜,以区别于传统马克思主义的理论范式,强调在民主权力等意义上进行斗争,这些无疑对我们具有启发作用。

拉克劳与墨菲的激进多元民主理论,虽然在某些方面坚持、继承了马克思主义,但他们"与马克思主义的关联是极为脆弱而又疏离的"③;并不是在具体的理论层面上推进了马克思主义,而是从基础理论层面上推翻了马克思主义,其对马克思主义的所谓的创新解读是对马克思主义基本传统的放弃。他们表达了社会主义的价值取向,而对"社会"概念的解构,对唯物史观、工人阶级主体地位的否定实际上隐含着对传统的马克思主义所界定的"人类解放"的摒弃。由于深受文化批判和意识形态话语

---

① 陈炳辉:《墨菲的后马克思主义理论》,《马克思主义与现实》2003 年第 2 期。

② 杨耕:《后马克思主义:历史语境与多重逻辑》,《哲学研究》2009 年第 9 期。

③ 〔加〕艾伦·伍德:《新社会主义》,尚庆飞译,江苏人民出版社 2002 年版,第 2 页。

斗争思路的制约,他们认为诉诸激进的民主斗争就能为实现"人类解放"而构筑相对稳定的政治立场和价值,根本上没有认识马克思对"政治解放"限度的揭示,也就难以进入真正的人类解放的论域。因此,他们对"人类解放"的坚执,不是对历史现实的追求,毋宁说只是一种精神的肯定,其最终的结果只能是滑向对资本主义的妥协。

第一,从根本意义而言,拉克劳与墨菲所持守、追求的人类解放与马克思的人类解放是不同的。拉克劳与墨菲主张的是在无所不包的政治空间中多元主体相互"博弈"形成的现实格局,由此使得不同主体的身份得到相互承认,即要求社会成员在形成基本共识的前提下实现统一,从而保证民主政治和社会公共目标的实现。他们强调的是不同群体的独特性与差异性,从而掩盖了资本主义自由民主下的剥削实质,进而主张借用人民话语领导权的斗争形式来替代阶级对抗,而这一点正是马克思所强烈反对的。马克思洞察了看似平衡不同主体利益的现实政治格局弊端,揭露了资本主义社会自由、民主的局限性,深化了对真正的人类解放的认识,其所追求的是通过对现实的政治解放的限度的克服,从而引领人类走向全面的解放。

第二,拉克劳和墨菲在"后马克思主义"理论的旗帜下,否定马克思主义的基本原理、范畴和方法。如否定了经济对政治、意识形态的决定作用与解释功能,将"人类解放"的根基置于调和资本主义与社会主义矛盾的激进的民主方式,放弃对资本主义生产方式这一根基的判定和对颠覆资本逻辑的解放道路的坚守,否定了工人阶级在社会变革中的历史作用等。其理论立场是对马克思人类解放的根本实现路径的抛弃,是对马克思主义传统的彻底背叛,他们企图通过多元主体的不同权利、价值诉求以达到不同势力的均衡,以求实现人类解放。以"人民"概念为标志的多元主体身份使得解放活动带有偶然组合性和不稳定性,并随着社会新的话语对抗组织与斗争形势的生成而不断形成新的主体身份。其实质是掩盖了多元主体占有的社会资源、拥有的社会话语权的不同:弱势群体在一个极大的政治空间中对自身权利、价值的诉求如果没有得到强有力的支持,只能被拥有强势的话语权力的主体所淹没。可见这种对马克思主义基本范畴与原理的彻底抛弃,其结果最终只能是滑向对资本主义制度的辩护,无法真正实现人类的解放。

第三,拉克劳与墨菲的"话语"认同理论蕴含的倾向是:社会领域中所充斥的仅仅是非确定的偶然性和开放性。他们强调社会历史发展的无规律性,指责传统社会认同方式的阶级属性,反对将强化阶级意识的社会关系作为解放道路的基本条件;认为社会关系、社会的客观历史与客观性、实在性都是通过话语建构的,话语功能可以建构社会关系和认识客体,社会关系和认识客体在话语之外不存在任何意义。很显然,他们对话语理论的如此使用是错误的。否认客观存在的理论立场不可能是唯物主义,只可能是"后现代的新型的唯心主义"与"文化相对主义","是一种话语决定论和话语还原论"。① 由于话语是多元主体建构的,现实的社会环境在话语逻辑的支配下难以展现其作为具体实体的存在意义,人们只能在现代社会的话语关系支配作用下构筑自身的生存方式。

拉克劳与墨菲激进多元民主理论,是针对西方发达国家的社会结构和社会心态所发生的变化进行的理论回应,但切不可不加分析地照搬到中国,因为"所有的国家和文化地区都以各自的方式实践民主"②。我们在借鉴西方人类政治文明有益成果的同时,必须结合中国现代化的现实并保持自身的特色,在坚持适合我国现实国情的发展进程中推进马克思主义政治哲学,发展体现社会主义优越性的民主政治与人类解放思想。

六、芬伯格的技术微政治学主张

从技术发展的视角看,马克思人类解放思想的发展演进中贯穿一条鲜明主线:技术(劳动)—技术(劳动)异化—技术(劳动)异化的扬弃,最

---

① 付文忠:《新社会运动与国外马克思主义思潮:后马克思主义研究》,山东大学出版社 2009 年版,第 67 页。
② [英]安德鲁·甘布尔:《自由的铁笼:哈耶克传》,王晓冬、朱之江译,江苏人民出版社 2005 年版,第 171 页。

终实现人类解放和自由,这便是技术与人类发展的基本架构和总的观点。技术是事物的一面镜子,它能够渗透出人类社会的基本内容,技术的理论和方法视角能够说明人与社会的存在为何发展变化。面对当代严重的技术异化,只有同时立足于对不合理的"社会制度实行完全的变革"和大力发展技术,才能最大限度地克服技术异化,实现技术理性与以全人类解放为目标的价值理性的和谐统一,实现人与自然之间和人与人之间关系的和谐。

但是,在具体层面我们究竟如何建构具有实践性、操作性的理论以克服技术的异化,实现技术理性与人类解放的和谐统一,却还是我们应该思考的。笔者认为,通过批判汲取美国法兰克福学派新一代领军人物安德鲁·芬伯格的技术"微政治学"理论,对人类解放进程中遇到的具体层面的问题,尤其是技术问题的操作性解决具有借鉴意义。

(一)基于技术的政治学构建

1. 从技术获得解放的政治学

安德鲁·芬伯格(Andrew Feenberg,1943—   )是近年来走进中国学术视野的美国哲学家。作为法兰克福学派创始人马尔库塞的得意门生,芬伯格如今已成为该学派新一代的主要代表,同时也是新批判理论的领军人物之一。芬伯格涉猎广泛、思想博杂,然而其思想的根茎和主脉却不难辨识。其中,技术社会学中的社会建构论(或译社会构成主义)作为其思想的主脉之一是显而易见的;此外,在正统马克思主义基础上形成的"新马克思主义",作为其思想的另一大主脉也是毋庸置疑的。这两大主脉形成了研究芬伯格思想的两种理路,构成其技术哲学的批判与建构理论的基石。对两种理路的兼顾能够厘清其开拓的技术哲学新视野对我们全面认识技术与制定合理科技政策的现代意义。毫无疑问,真正科学的研究,必须同时兼顾这两种理路。而哪一种理路才能抓住芬伯格思想的主根呢? 在这个问题上,国内学术界似乎形成了一边倒的状况——从技术社会学或技术的社会建构论这个理路上研究芬伯格。

　　这样的研究理路是否能够真正通达芬伯格思想的精髓，是否能够对其成就和缺陷有洞若观火的把握，笔者表示疑虑。因为在芬伯格的思想体系中，西方新马克思主义或"后马克思主义"，作为其思想理论的主要来源之一，占据着极其重要的地位，事实上构成了芬伯格思想的主根，在其技术批判的理论维度和构建的技术转化微政治学路径中，深刻蕴含了法兰克福学派对资本主义批判的技术转向立场。

　　早在大学期间，芬伯格就开始对已在美国产生一定影响的马尔库塞和存在主义的西方马克思主义者如萨特、雅斯贝尔斯、戈德曼产生了浓厚兴趣。他多次到法国访学深造，并得以亲聆戈德曼、德里达等大师的教诲。由于后现代理论最重要的发展出现在法国，所以法国之行不仅深化了他对西方马克思主义的认识，同时又促使他认真关注正在兴起的后现代主义。除了形形色色的马克思主义理论外，阿隆的工业社会理论、埃吕尔的技术决定论、布尔迪厄结构主义中的场域理论等其他法国思想流派，也对其产生了明显的影响。在这些西方马克思主义者的影响下，芬伯格认为经典马克思主义理论中关于技术的阐释较为缺乏和模糊，难以为现代社会资本主义技术控制的异化提供支撑，由此形成了以反对（经济）还原论和基础主义、极力张扬非决定论为基本论调并明显具有后现代和后结构色彩的"后马克思主义"立场。

　　"革命不仅是对资本主义社会，也是对工业文明的挑战"，曾是法国"五月风暴"的一句有代表性的口号。"五月风暴"与苏东剧变的发生，验证了马尔库塞《苏联马克思主义》和《单向度的人》中技术统治论的主题，使得有关技术专家治国论的争议很快走向欧美理论前台。芬伯格自然也深受影响。他在20世纪80年代初就开始研究社会主义组织社会学问题，这是他集中精力研究技术政治学问题的前奏。80年代末，芬伯格开始重点研究主要由法兰克福学派特别是马尔库塞所开启的、具有批判精神和解放旨意的技术政治学。

　　必须指出的是，在芬伯格的思想体系中，技术政治学与技术的社会建构论并非泾渭分明。技术政治学中包含有社会建构论的成分是显而易见的。社会建构论的一些基本观点如非决定论的待确定原则、行动者—网络理论、授权理论和柔性解释原则等正好和芬伯格早就形成的后马克思主义的技术政治学思想不谋而合。这一现象并非偶然,因为社会建构论正是在由(法兰克福)社会批判理论、后结构主义等思潮所导致的后实证主义氛围中形成的。芬伯格对此有明确指认:"技术是这些行动者的社会表达方式。我的早期著作所依赖的这个证据,也是当前构成主义技术社会学……的核心。"①即使没有技术的社会建构论,也并不影响芬伯格具有社会建构论意味的技术政治学的形成。

纵观芬伯格的思想发展历程,相对于技术政治学这个主旋律,技术的社会建构论只是镶嵌在其中的一个插曲。芬伯格真正关心的是通过技术获得解放精神的政治学,解放的旨意是其始终坚持的马克思主义之根。他不像其他社会建构论者那样专事技术社会学研究,而是着力关注现代社会技术盛行下人的存在状况,探讨了主体与客体、事实与价值如何统一的技术存在论问题,并对古希腊的技术思想加以辩证回归以超越纯粹的抽象技术批判而进入自然与社会和谐统一的解放之境。他在广泛汲取这些技术社会学专家的理论图示和经验论据的同时,对他们和马克思主义解放旨意难以相容的后人道主义和某些悲观主义、非理性主义进行了毫不留情的批判:"这些学派的思想拒绝由法兰克福学派所提出的有关现代性的更大问题,我对这一做法深表怀疑"②。

在芬伯格的思想体系中,技术政治学与技术的社会建构论并不是平行并列的关系,更不能等量齐观,而是以技术政治学为主线,辅之以技术的社会建构论的一个层次分明的立体结构。其中,技术政治学占据着决定性和支配性的地位。技术政治学对思考关于技术的存在与未来取向的哲学思维和视野具有决定作用,影响了芬伯格技术批判的思想路向。因

---

① [美]安德鲁·芬伯格:《可选择的现代性》,陆俊、严耕译,中国社会科学出版社2003年版,第4—5页。

② [美]安德鲁·芬伯格:《技术批判理论》,韩连庆、曹观法译,北京大学出版社2005年版,"中文版序言"第2—3页。

此,理解芬伯格,根本的就是理解他的技术政治学,就是理解他的技术批判思想。于是,第二条理路即西方新马克思主义思想谱系的理路,才是具有统摄意义的理路。只有从这条理路出发,才能通达芬伯格思想的主根,才能真正把握芬伯格思想的精髓。

2. 对传统技术批判理论的审查

芬伯格的技术政治学是从对传统技术批判理论的审查开始的。按照芬伯格的理解,现代批判理论来自于韦伯和马克思。在韦伯等实证主义者看来,理性是普遍的,不受社会和历史条件的制约,对理性怀疑不仅是对现时代合法性的挑战,而且破坏了评价世界的唯一可以信赖的立场,结果韦伯把整个统治系统悄悄带进了他的合理性定义中。而"马克思试图在批判资本主义合理性的阶级偏见的基础上建立一种文明变化的连贯战略。他分析了市场合理性再生出阶级结构和加强资本主义霸权的机制。在确认了资本主义合理性的这些局限中,马克思使自己在更高的辩证合理性中超越了这些局限。社会主义被描绘成一种理性秩序的新形式……但是马克思的辩证法达不到这一目标,因为他不能解释他试图用来取代资本主义的有计划的社会的辩证合理性"①。在芬伯格看来,马克思的辩证法对资本主义的技术批判维度被遗忘,其所揭示的只是资本主义生产的目的,表明技术在生产过程中只是起到了助益资本控制劳动的作用,难以产生对资本生产逻辑的批判,因此,马克思关于技术批判理论的设计并未在现实运用中产生。

早期卢卡奇敏锐地注意到了这一点,他以物化概念为基础勾画了辩证合理性的理论。"在卢卡奇看来,形式合理性是资本主义文化的基础,辩证理性则支持社会主义……就像社会主义不会拒绝资本主义的遗产,而是将它作为一种发展的两重性的基础一样,辩证法在一个更大的框架内包含了形式合理性,而这一框架决定了形式合理性的限度和意义。"②

---

① [美]安德鲁·芬伯格:《技术批判理论》,韩连庆、曹观法译,北京大学出版社2005年版,第208—209页。
② [美]安德鲁·芬伯格:《技术批判理论》,韩连庆、曹观法译,北京大学出版社2005年版,第210页。

尽管卢卡奇明确谴责过资本主义社会的技术构成,但他并未发现技术构成的历史变化及其辩证意义,难以从物化理论中探索出技术批判与变革的出路,没有从研究中得出其逻辑上的结论;对辩证合理性在建立社会主义文明过程中是如何超越自身的这一问题,也未能更加深入探究。

后继的法兰克福学派把卢卡奇的物化批判深入推进为主题性的工具理性批判。这就把批判的矛头指向了资本主义统治下的科学和技术,科技合理性因此成为法兰克福学派批判的重心,其中马尔库塞作出了卓越的贡献。首先,马尔库塞跟随霍克海默和阿多诺,认为在科学—技术的合理性和统治之间具有内在的、先验的联系,并致力于构建综合价值与真理的新合理性。其次,马尔库塞是法兰克福学派中唯一始终致力于探索发达工业社会人类解放的未来之途的人,而霍克海默和阿多诺则深深地陷入悲观主义。① 再次,法兰克福学派中的许多代表人物包括韦伯、卢卡奇、霍克海默和阿多诺等都犯了形式抽象的错误,把资本主义的社会合理性自然化或者必然化(普遍化、恒定化),而马尔库塞把理性的形式中立性和社会统治联系起来,主张形式体系只有在特殊的社会情境中为了一定目的而创造人类文明时才是可接受的。他强调资本主义的社会合理性是历史的偶然,应以历史和具体分析的态度看待它。在审视资本主义合理运行过程的同时,马尔库塞发现了技术的超政治性,从技术的中立形式中发掘特定的思维方式与实践类型,表明技术科学具有批判与变革自然物质的历史活力。最后,马尔库塞承继海德格尔等所开创的技术社会学的人文批判,在对合理性全面的社会批判和对发达社会由技术构成的生活方式的具体分析之间建立了联系,从而光大和凸显了技术政治学。②

---

① 参见[英]戴维·麦克莱伦:《马克思以后的马克思主义》,李智译,中国人民大学出版社 2017 年版,第 352 页。

② 参见[美]安德鲁·芬伯格:《技术批判理论》,韩连庆、曹观法译,北京大学出版社 2005 年版,第 212—213 页;[美]安德鲁·芬伯格:《可选择的现代性》,陆俊、严耕译,中国社会科学出版社 2003 年版,第 36 页。

尽管马尔库塞尖锐地批判了技术合理性,但他仍然保持着马克思对技术遗产解放潜能的信奉。他相信,技术的合理性和有效形式具备社会批判与革命的现实可能,他致力于将技术从现代性的牢笼中挣脱出来以拯救其批判潜能,认为当技术进步使物质生产的自动化程度满足所有的基本生活需要、必要劳动时间降到最低限度,一种发生质变的新的社会阶段、新的生存方式就会到来,"到那时,在为自然和社会的和解而进行的斗争中,技术将服从于使人的才能得以自由发挥的任务"①。通过对苏联社会主义的反思,马尔库塞提出了迥异于传统马克思主义的新思路:"这种根本不同的新的生存方式决不能被设想为经济与政治变革的副产品,不能被设想为构成必要前提的新制度所带来的多少带点自发性的效果。质的变化也包含着这一社会赖以建立的技术基础的变化"②,质变就在于向不同的目标发展,在于重建这种基础。这种重建的关键在于实现"作为技术目的的新目的将在筹划和机器的建构中、而不只是在其应用中发生作用"③。人类解放和社会主义的实现,最根本的路径是技术的激进革新即技术设计和应用的目的由控制和支配变革为人的潜能、自由和民主的实现。

马尔库塞的观点无疑是有缺陷的。首先,他对技术的批判视野太过狭窄,仅仅关注资产阶级的权力统治层面。任何社会关系都以现代技术为中介,技术已经深深地扎根于我们的生活世界。"在选择我们的技术时,我们变成了我们之所是,而这反过来又形成了我们未来的选择。如今的选择行为已经被技术所渗透。"④技术设计对人类来说是具

---

① 〔美〕赫伯特·马尔库塞:《单向度的人:发达工业社会意识形态研究》,刘继译,上海译文出版社 2016 年版,第 15 页。

② 〔美〕赫伯特·马尔库塞:《单向度的人:发达工业社会意识形态研究》,刘继译,上海译文出版社 2016 年版,第 16 页。

③ 〔美〕赫伯特·马尔库塞:《单向度的人:发达工业社会意识形态研究》,刘继译,上海译文出版社 2016 年版,第 197 页。

④ 〔美〕安德鲁·芬伯格:《技术批判理论》,韩连庆、曹观法译,北京大学出版社 2005 年版,第 15 页。

有本体论意味的决策。其次,马尔库塞没有充分阐发技术的积极作用,因此不能够与当代的技术研究进行富有成果地交融。特别是他忽略了社会建构论和后结构主义的一些观点,并且对技术的激进革新缺乏让人信服的说明与论证。"尽管马尔库塞不遗余力地确定一种激进的替代事物,但他的著作最吸引人的还是一种宿命的历史哲学,它表明,人类正是被使他们支配自然的技术装置所奴役。"①在技术支配的时代,人们按照技术逻辑进行自我定位与社会分层,从而在技术系统中具有了一定的地位和身份意义,相互之间形成了技术形式的社会关系,在富有分层结构的技术领域,人们对技术的需要与追求根本上是被建构出来的等级系统。

因此,如何摆脱被奴役的状况而获得解放,就成为芬伯格技术批判理论所关注的焦点。在芬伯格看来,真正的出路在于:抛弃以往单纯的指责技术外在形式及其造成的社会危机的视角,转而立足于技术政治学视野,直指技术在本体论维度存在的深层矛盾,保留并改造技术应用中的有效功能,最大限度释放和开掘技术的民主潜能并重现技术的解放潜能,在激进民主的基础上实现理性重建。

(二)激进民主的微政治学解放进路

1. 激进民主引进的必要性考察

芬伯格认为,当代资本主义的突出矛盾不是资本主义所有制与社会化大生产的矛盾,阻碍生产力发展、引发经济危机的根源在于少数专制、特权阶层为了自身的利益出现非民主和反人道的问题,其中技术合理性对资本主义专制、特权起着维持、巩固的负面作用。因此,在民主基础上实现普遍的人道主义,尽可能地保障社会成员特别是受压制群体的潜能得到充分与全面的发展,才是资本主义社会制度真正的解救之道。与此相适应,资本主义技术合理性应被民主的理性所取代,即必须实现"民主

---

① [美]安德鲁·芬伯格:《可选择的现代性》,陆俊、严耕译,中国社会科学出版社 2003 年版,第 90 页。

的理性化"①。将沉沦在技术理性中的人从无根的此在中唤醒,促使人获取对技术的自由选择和自主操作的权力。

　　所谓"民主的理性化"确切地说就是在激进民主的基础上进行理性重建,把旨在维护和巩固上层支配力、反人道的资本主义技术合理性改造为富含人文关怀、促进人的潜能实现、能有机整合效率与自由等人文价值的新型理性。但问题是,何谓激进民主呢? 在芬伯格看来,激进民主是和社会主义相称的民主。像他的许多前辈一样,芬伯格坚信社会主义的实质是民主和人道,但社会主义的民主不是资本主义条件下的那种形式的、肤浅的和伪善的民主,而是激进民主。苏联之所以失败,"那是因为他们拒绝这条激进的民主道路,而是选择了一条与西方融合的道路"②,最终只能在自身不完全民主的发展进程中被西方民主吞噬。

　　依据美国学者道格拉斯·拉米斯的说法,"激进民主意味着本质、要素形式的民主,根本民主,确切地说就是民主本身",它"批判所有形式的权力集中:超凡领袖的、官僚的、阶级的、军队的、公司的、政党的、工会的、技术的。按定义来说,民主是所有这样权力的反题"。③ 这就是说,激进民主是在所有领域真正贯彻自由平等精神,以反对权力专制和控制为诉求,实现彻底的民主。对此芬伯格是认可的。他强调指出:"通过取消作为阶级社会特征的广泛的经济、社会和政治不平等来实现社会的激进民主化。"④强调通过开放公众创新对话的途径和对技术改造的方式来促使不同利益群体之间在争论中推动民主化进程。

　　深受后现代主义影响的拉克劳、墨菲还特别强调,真正的激进民主必

---

　　①　参见[美]安德鲁·芬伯格:《技术批判理论》,韩连庆、曹观法译,北京大学出版社 2005 年版,第 76—81 页。
　　②　[美]安德鲁·芬伯格:《技术批判理论》,韩连庆、曹观法译,北京大学出版社 2005 年版,第 13 页。
　　③　[美]道格拉斯·拉米斯:《激进民主》,刘元琪译,中国人民大学出版社 2008 年版,第 15 页。
　　④　[美]安德鲁·芬伯格:《技术批判理论》,韩连庆、曹观法译,北京大学出版社 2005 年版,第 186 页。

须同时是多元的。传统马克思主义以经济地位为理据赋予工人阶级以先验特权地位，赋予工人阶级政党以革命先锋队角色，恰恰是反激进民主的，因为这不仅剥夺了其他社会成员，同时也剥夺了广大工人群众自己的自由、自主和自治，造成新的支配。芬伯格对此表示赞许，但在何以通达激进民主的问题上有所区别。与拉克劳、墨菲主张借助"连接"实现动态的霸权联盟不同，芬伯格强调，民主的根本性变化需要彻底地重新构造现代社会的技术基础，需要技术的民主转化。"技术的社会性决定了技术不是天命，人们完全可以通过对技术的民主转化来变革技术，从而解决技术所存在的问题。"①因为资本主义、工业社会所有的社会关系都已经被技术化，资本主义的合理性统治也是通过技术得以进行的，所以，激进民主只有通过激进的技术转化才有可能。② 激进的技术转化目的在于保证大多数参与者的利益，使人们在通过技术参与到民主的过程中发挥自身的思想意志作用和价值意义，以此打破技术霸权及其滋生的形式化民主。

芬伯格认为，技术具有"双面代码"的特征，是"两级工具化"的结果。所谓双面代码，指技术统合了知识与权力或科学与意识形态两类不同成分，统合了科学认知与霸权两种不同的功能，统合了追求效用与维系特定的价值偏好两种不同的要求。资本主义的技术代码目的是巩固和再生资本家的"操作自主性"，即维持和强化资本家支配、控制底层民众的权力和地位。在资本主义的操控下，技术生产的组织与管理逐渐趋向标准化，资产者在确立标准时必定取代技术生产者的所有权。从技术生产到管理、社会分工，任何一个技术运作系统都是由一系列要素构成的，孤立的要素、构件只是为第一面代码而创设的，只有在这些要素被整合成技术总体的过程中，第二面代码才悄无声息地渗透进来。所谓两级工具化即指初级工具化和次级工具化。初级工具化类似于海德格尔所说的技术是一

---

① 吴兴华：《从"天命"到"民主"——论芬伯格的技术变革之路》，《自然辩证法通讯》2020 年第 4 期。

② 参见[美]安德鲁·芬伯格：《技术批判理论》，韩连庆、曹观法译，北京大学出版社 2005 年版，第 1—14 页。

种揭示方式,它体现的是技术以实用、实效为目的的自主性特征;次级工具化则表明技术总是根据特定的社会逻辑、在一定的社会情境中实现的、负载着占霸权地位的价值意图。次级工具化过程就是审美、伦理等社会规范"授权"于技术的过程。

然而,在当代社会,伦理的授权仍在继续,但这些伦理授权被理解为功能,而它们的规范性质却被系统地忽略了。芬伯格为此特别指出:"经过社会主义革命,技术要像国家、法律以及其他从资本主义那里继承下来的制度一样被重新构造。"①因为"技术是形成我们生活方式的一种新的法规,与本来意义上的法律并没有什么特别的不同"②。技术融合事实与价值,是科学理性与人的发展的双重聚合,具有强烈的社会价值规范指向。

所以,解放不仅仅需要社会变革,还需要理性的彻底转变。芬伯格特别强调:"科学—技术合理性不是一种必须作为整体来辩护或拒斥的脱离历史的独立之物,而是一种演化着的属性的复合,它可以以不同的方式、在带有不同社会含意的情况下被构造。"③在思考技术的合理性时,我们无法摆脱对某种具体技术合理性的主观意愿,技术合理性构造的开放性与不可控性因素,恰恰印证了技术的自主性对人的主观性的支配。

2. 激进民主转化的可能性探索

在对技术的合理性考察中引进激进民主的观念,只是解决了技术的激进民主转化的必要性问题。而技术的激进民主转化是如何可能的?对此,芬伯格的观点与马尔库塞的观点迥然有别。马尔库塞曾经说过,技术

① [美]安德鲁·芬伯格:《技术批判理论》,韩连庆、曹观法译,北京大学出版社 2005 年版,第 60 页。

② [美]安德鲁·芬伯格:《可选择的现代性》,陆俊、严耕译,中国社会科学出版社 2003 年版,第 5 页。

③ [美]安德鲁·芬伯格:《技术批判理论》,韩连庆、曹观法译,北京大学出版社 2005 年版,第 165—166 页。

发达的社会被如此成功地整合在一起,以至于反抗只能来自于社会的边缘。① 芬伯格认为反抗必须是"内在的",技术本身具有内在的民主潜能,技术的激进民主转化只能通过技术自身来实现,表现为促使公民广泛参与技术的设计与应用策略来变革技术不证自明的合理地位,而不能寄希望于外在于技术过程的特殊主体和国家政治行为来实现。②

芬伯格解释道:"技术是一种双面现象:一方面有一个操作者,另一方面有一个对象。当操作者和对象都是人时,技术行为就是一种权力的实施。更进一步地说,当社会是围绕着技术来组织时,技术力量就是社会中权力的主要形式……但是技术权力的实施引发了内在于单向度技术体系的新形式的抵抗。这些抵抗暗中对以技术为基础的特权阶层提出了挑战。因为受技术控制的地方影响技术的进步,所以从下层产生的新的控制形式能够使技术沿着新的途径发展。"③技术影响的每一个个体都是技术的参与主体,人们日常生活的多维领域理应成为技术批判的参照物。因此,对技术的现实运用进行的干预与调控应以人们的权益为起点,以法律、制度和政策等规则为手段。

公众的参与会对技术变革和民主转化产生影响,这一点已被许多典型例证证明,如环境保护运动(导致生态伦理技术的兴起)、反核运动、自然分娩与母乳喂养运动,以及艾滋病患者的斗争运动(造成人们对医学伦理的关注;医疗并非纯粹的技术活动)等。在这些运动中,"技术系统都由科学—技术精英来构思和实施以回应它所喜欢的那套功能要求。那种出发点构成了一个初始的功能层次,这个功能层次或早或晚都会在思想上遇到来自具有其他观念的公众的抵抗。抵抗采取的形式就是通过在

---

① 参见[美]安德鲁·芬伯格:《可选择的现代性》,陆俊、严耕译,中国社会科学出版社 2003 年版,第 23—24 页。

② 参见[美]安德鲁·芬伯格:《可选择的现代性》,陆俊、严耕译,中国社会科学出版社 2003 年版,第 1—17 页。

③ [美]安德鲁·芬伯格:《技术批判理论》,韩连庆、曹观法译,北京大学出版社 2005 年版,第 18 页。

它的边界上使创新具体化从而把技术系统合并到另一套功能要求中去"①。公众的参与正在开始对技术变革的形式即技术的民主转化产生重要影响。这种影响在以计算机为标志的后现代技术中得到更为充分的体现。通过后现代技术,"个体在各种角色以及各种完全没有他们的身份中轻易地滑动,每天在各种各样的大众中进进出出,完全不属于任何一个共同体。'孤独的群体'的孤独性就在于有大量无足轻重和模糊不清的陌路人"②。这些像幽灵一般自由游荡的匿名主体,既增强了彼此之间的交往互动(如网络聊天),又使自己得到有效保护。当个体逐渐参与技术的设计与实施过程,在此过程中重新生成的技术不断满足大多数人的利益,从而壮大了对技术控制进行反叛的民主力量。技术民主转化的微政治学进路由此凸显出来。

所谓技术转化的微政治学,按芬伯格的解释,即指"小规模干预中的政治学","这种小规模的干预改变了生活环境但没有直接反抗国家",所以"这是一种建立在局部知识和行动基础之上的情境政治学"。③ 芬伯格认为自己的这一思想借鉴了源自于福柯微观权力物理学的德·塞尔托的理论。"德·塞尔托提供了一种对福柯的权力理论的解释,这种解释有助于强调技术的双面本质。德·塞尔托区分了两种群体的战略,一种是管理者和国家行政人员的战略,他们有一个实施权力的制度基础;另一种是从属于那种权力的人的策略,因为后者缺少连续的和合法的行为基础,只能调动和临时准备一些微观政治的挑战。"④技术的微政治学引起的抵抗是暂时的和局部的,但"只要大量的个人卷入到技术体系中,抵抗

---

① [美]安德鲁·芬伯格:《可选择的现代性》,陆俊、严耕译,中国社会科学出版社 2003 年版,第 280 页。
② [美]安德鲁·芬伯格:《可选择的现代性》,陆俊、严耕译,中国社会科学出版社 2003 年版,第 188 页。
③ [美]安德鲁·芬伯格:《可选择的现代性》,陆俊、严耕译,中国社会科学出版社 2003 年版,第 43 页。
④ [美]安德鲁·芬伯格:《技术批判理论》,韩连庆、曹观法译,北京大学出版社 2005 年版,第 18 页。

就能影响未来的设计和技术体系及其产品的配置"①。个体参与技术过程能够发挥干预作用并增强技术的可控性,以减少其造成侵害的范围和程度。

为什么抵抗只能采用技术"微政治学"形式呢?因为,现在已经是技术社会了,"在技术社会,边缘性潜在的是每一个人生存条件的一种状况……我们日常生活的技术环境不再像我们在60年代所想象的那样似乎是野蛮的压迫者,而是一种'软机器',一种把我们包括在内的松散地组织起来并极其脆弱的结构"②。传统的革命政治学已显不足,我们步入德里达所谓的"后革命氛围"的时代。在这样的时代,包括工人运动在内的所有运动中,没有一种运动概括了所有的社会斗争,但所有的社会斗争都与技术有关。技术的微政治学不是特定阶级的偶然斗争,而是抵抗的基本形式,这种基本形式处于发达社会中许多类型的社会斗争的中心。不仅如此,"技术微政治学涉及具体的政治抗议的形式问题,这种抗议旨在通过来自用户、顾客或受害者的压力来改变特定的技术或技术系统。这样的鼓动缺乏许多传统意义上的政治运动的机制,它也许没有集中的协调,只有在想要达到的方向上有一种含糊的共识,但它能够超越被实证主义对进步的信仰的霸权所妨碍的技术政治学早期的形式"③。技术始终处于一定的社会情景和关系中,社会因素的综合影响决定了技术的发展和使用取向,因此,对技术的调控涉及设计、投入使用及产生的后果等维度。从技术的微政治学切入,能够在技术诞生之前或设计之际就对其进行调控,但对于技术已经制造的危害,只能进行一定的修正与治理,而无法对后果进行根本控制和扭转。芬伯格对技术的可控与不可控因素的

---

① [美]安德鲁·芬伯格:《技术批判理论》,韩连庆、曹观法译,北京大学出版社2005年版,第18—19页。

② [美]安德鲁·芬伯格:《可选择的现代性》,陆俊、严耕译,中国社会科学出版社2003年版,第46页。

③ [美]安德鲁·芬伯格:《可选择的现代性》,陆俊、严耕译,中国社会科学出版社2003年版,第43页。

透彻分析,在本质上体现了其以受众的切身利益为理论立足点的基本立场。

广大的技术受众对象为什么会反抗呢? 芬伯格深受历史唯物主义影响,认为"利益"是其中起决定性作用的因素,因而是"分析的起点"。他指出,当人们"能够清楚地表达他们的利益的时候,就有机会根据人类需要和能力的更广泛的范围来重新构造技术体系"①。即"参与者利益"驱使人们改造技术。所谓技术变革的民主化意味着赋予那些缺乏财政、文化和政治资本的人们接近设计过程的权力,从而最大限度地实现参与者利益。从这个意义上说,激进民主必然是参与民主;当然,这种参与可能更多的是非正式的参与。参与者利益是人们对待实现的潜能的明确而具体的自我确认。正因为如此,芬伯格反对在经济还原论和庸俗唯物主义立场上把利益简单地视为纯粹的个人物质私利,强调利益不是真正的独立因素,人们对利益的体认是在一定的文化环境特别是在一定的道德标准下进行的。把利益简单地视为个人物质私利,是资本主义文化所造成的;如果这样,那些技术的微政治学"运动似乎仅仅导致了合作而已,因为它们没有从机器中提升出人的能动作用,没有恢复人原有的自主性"②。芬伯格的技术微政治学视角包含了对技术本身存在与生产过程的审思,这意味着就技术单纯的自主性因素而言,主要表现为在技术的设计上难以根除其对人隐含的危害,而只能在技术产生了危害之后才能有所意识和反应,主要原因在于未能充分保证公众参与技术设计的自主性。

基于以上分析,芬伯格指出:归根结底,"技术在很大程度上是一种文化的产物,因此任何给定的技术秩序都是一个朝向不同方向发展的潜在的出发点,但到底向哪个方向发展则要取决于塑造这种技术秩序的文

---

① [美]安德鲁·芬伯格:《技术批判理论》,韩连庆、曹观法译,北京大学出版社2005年版,第22页。
② [美]安德鲁·芬伯格:《可选择的现代性》,陆俊、严耕译,中国社会科学出版社2003年版,第45页。

化环境"①。技术的激进民主转化需要一种"责任文化",在文化中形成的责任感,更为关注的是把人从物化和异化中解放出超功利的人道价值,并且人们自觉地承担这种责任,"从乏味的技术化中拯救生活的某种价值和领域",从而"把我们确定为设备和系统中的道德和政治主体"。②"责任文化"从本质上说就是诸如自由、平等、互爱、民主等人类人文主义传统孜孜以求的普适性的价值规范充盈其间、支配其中的文化,它为技术的民主设计和转化提供了良好的文化氛围。社会主义社会是"责任文化"充分发育的社会,虽然它注重以形式化的方式定义人类思维中的价值意涵,但根本上以人在实践中生成的自主性意识和能力的质料内容为依据,这正是它的优越之处。

(三)技术的政治意义与工具主义倾向

芬伯格的技术批判理论从技术哲学转向为技术政治学,从技术的民主化引出社会的民主化问题,对传统根深蒂固的技术宿命论进行了有力的回击,为技术批判理论敞开了更乐观的态度和有效的操作性。芬伯格的技术政治学理论代表英美马克思主义当代的最新进展。作为西方马克思主义当代进展的最新成果之一,芬伯格的技术政治学理论无疑是值得关注与借鉴的。

第一,芬伯格的技术政治学理论来源具有多样性,使得其理论具有了坚实的思想基础。通过研读芬伯格的论著可知,他对马克思、黑格尔、卢卡奇、海德格尔、阿多诺、霍克海默、福柯、哈贝马斯、利奥塔、斯特劳斯以及马尔库塞等法兰克福学派的代表人物的各种理论,有着惊人的消化能力,并且能够得心应手地使用与借鉴,在分析他人思想的过程中阐明自己有建树的观点,他对许多问题的展开都是以这种方式进行的。在前人技术思想的基础上重建技术存在论和批判理论,构成了芬

---

① [美]安德鲁·芬伯格:《技术批判理论》,韩连庆、曹观法译,北京大学出版社 2005 年版,第 165 页。

② [美]安德鲁·芬伯格:《可选择的现代性》,陆俊、严耕译,中国社会科学出版社 2003 年版,第 45 页。

伯格技术哲学思想的特色。芬伯格技术政治学理论来源的丰富性与多样性,使其自身的理论体系站在了更加坚实的历史地基之上。这一点充分体现在为芬伯格赢得声誉的著作《马克思、卢卡奇和批判理论的来源》(1982年)以及"技术批判三部曲":《技术批判理论》(1991年,2002年改版为《改造技术》)、《可选择的现代性》(1994年)和《追问技术》(1999年)之中。

第二,芬伯格独具慧眼,以技术批判为论说主题,这既延续了法兰克福学派的学理传统并在理论深度上推进一层,又有很强的时代现实感。他坚持历史唯物主义的基本原则并运用历史分析的方法,强调资本主义合理性和技术文明的历史特殊性和偶然性,努力寻求具有经验色彩的解救之道,进而既有力地批判了霍克海默、阿多诺等人的悲观主义,继承了马克思主义的乐观主义和理性主义的启蒙立场,张扬激进的解放立场;克服了大陆西方马克思主义重哲学思辨、轻经验实证的不良倾向,使马尔库塞的技术解放思想不再停留在浪漫主义的思辨幻想中,而呈现出许多现实取向的经验内容,提出了如何在人类解放进程中实现技术的激进民主转化达致"责任文化",认为"责任文化"之所以能够在民主政治中成为具有普遍性、必要性的真理法则,是因为人对解放的自我理性认识为其提供逻辑先在的根据,"责任文化"则在此根据上具备了统一世界上一切技术、知识和民主取向的能力,从而把人逐渐从各种各样的物化、异化中解放出来。荷兰学者H.阿赫特胡斯(Hans Achterhuis)在《当代美国技术哲学的经验转向》中评价指出,芬伯格的技术批判"其目的与其说提供一种批判,毋宁说是指出自身思想的显著特征"①。人的思想与行为对技术设计和发展的选择具有自主性,对技术批判的深层旨趣是发掘技术发展的多种可能性。

第三,芬伯格通过对马克思经典文本的深入解读,持之有据地把马克

----

① Hans Achterhuis(eds),*American Philosophy of Technology*:*The Empirical Turn*,Indiana:Indiana University Press,2001,p.67.

思的技术思想界定为超越工具主义和实体主义的技术政治学,①并在此基础上结合福柯、德·塞尔托的相关理论,发掘出马克思主义本有的"微政治学"向度与"责任文化"主张,同时,"他试图通过对技术的民主控制,使技术符合更广大群众的需要,以彻底改变技术统治现代社会的状况,建构起一个更合理的现代社会,对这一良好愿望是应当予以肯定的"②。对马克思主义的"向社会主义过渡"理论进行了创造性重建,丰富和深化了对马克思主义的认识。传统马克思主义研究对技术问题要么不够关注,要么简单地把马克思视为技术中性论者。之所以如此,皆因传统马克思主义研究偏重于从宏观的政治经济学、国家政治学和结构社会学角度进行研究,很少问津从马克思异化劳动理论生发出来的微观的劳动过程理论、微观政治学。

第四,中国已经大步迈入工业文明和技术社会。源于对马克思主义技术观的教条化和简单化理解,我们主要以效率标准和工具定位来谋求技术设计和应用,而忽略了技术反民主、压制潜能的一面。而芬伯格的技术批判理论前瞻性地把握了技术发展的时代脉搏,将技术社会发展中出现的迫切问题呈现出来,为我们重新思考技术理性与资本逻辑的现实作用关系的问题提供了新的视角。就此而言,芬伯格的技术批判理论对我们的社会主义建设无疑是有警醒意义的。

然而,毋庸讳言,芬伯格不但没有解决西方马克思主义固有的一些理论症结,而且新增了因受后结构主义影响所造成的新问题。因此,芬伯格的技术批判理论带有理想主义或空想主义的缺陷,其技术政治学的有效性是令人怀疑的。具体而已,主要有以下几点:

其一,技术在现代社会中固然越来越重要,但是否如芬伯格所认定的那样成为全部社会生活和政治的决定性问题,却是值得质疑的。他认为,

---

① 参见[美]安德鲁·芬伯格:《技术批判理论》,韩连庆、曹观法译,北京大学出版社 2005 年版,第 24—27 页。

② 朱春艳:《论费恩伯格的"技术民主化"理论》,《自然辩证法研究》2008 年第 7 期。

机器工业中工人对劳动条件的从属不是强制的结果而是技术应用的结果①,以及反对资本主义的运动从根本上说需要技术的变化②,芬伯格的这一观点只能说明技术发展与资本生产相互勾连、相辅相成的关系,但忽视了资本主义批判包括经济、政治、文化和生态等多维领域,而并不仅仅将批判的矛头指向技术维度。因此,这一结论没有足够的说服力。

其二,芬伯格深受后结构主义和福柯的影响,对微观政治寄予厚望,这是存在问题的。正如凯尔纳、贝斯特所批评指出的那样,他们倾向于从事片段性的图绘,忽视了现代社会理论所关注的社会结构中系统的方面和关系,进而把权力和统治分解为多元的、无固定界限的制度、话语和实践,"低估资本和国家这些主要的、仍在发挥着重要作用的统治力量"③。芬伯格也认识到"抵抗如果想要反对资本主义霸权的结构性运作,必须不仅在微观技术的层次上进行,而且还要在元权力的层次上进行"④。但由于不能把对微观政治的偏爱与宏观政治、国家霸权的总体批判有机结合起来,只能囿于技术自身的创造活动觉察其存在的弊端,并由此展开不断修正和完善的活动,他的技术转化的"微政治学"更多的是难结硕果的花。

其三,激进民主在芬伯格的论题中同样居于核心地位,但和拉克劳、墨菲一样,他"并未给激进民主这一概念赋予具体内容,也未能充分说明它与新社会运动以及与社会主义之间的交叉关系。在以自我看管和平等来界定民主时,他们未能全面地区分资产阶级民主和社会主义民主"⑤。

---

① 参见[美]安德鲁·芬伯格:《技术批判理论》,韩连庆、曹观法译,北京大学出版社 2005 年版,第 50 页。

② 参见 Andrew Feenberg, *Questioning Technology*, New York: Routledge, 1999, p.224。

③ [美]道格拉斯·凯尔纳、斯蒂文·贝斯特:《后现代理论——批判性的质疑》,张志斌译,中央编译出版社 2011 年版,第 247 页。

④ [美]安德鲁·芬伯格:《技术批判理论》,韩连庆、曹观法译,北京大学出版社 2005 年版,第 86 页。

⑤ [美]道格拉斯·凯尔纳、斯蒂文·贝斯特:《后现代理论——批判性的质疑》,张志斌译,中央编译出版社 2011 年版,第 228—229 页。

他既没有看到激进民主、实质民主与社会主义制度建设的关联（社会主义制度建设是前者实现的前提条件），又将视野局限于下层民众通过技术转化对资本主义的民主反抗，忽略了资本主义对民主反抗硬性的或"柔性"的反制、压制，不顾在资本主义文化中话语的散播可能会遇到的各种各样的难以克服的问题，例如批判理论所提到的意识形态问题，德勒兹所提及的欲望受操纵问题，德波所论述的消费文化蛊惑大众问题，甚至暴力镇压问题，等等，这些问题说明了芬伯格的激进民主在不过是政治民族诉求在技术领域的反映和延展，最终倒向对政治民主化的社会博弈与建构过程的依附，这使他的激进民主成为缺乏现实基础的一厢情愿和空中楼阁。

其四，受英美实用主义哲学的影响，芬伯格骨子里面实际上仍然是一个技术工具主义者，他所反对的是视技术为"清白无辜""一尘不染"的中性论，认为技术可以承载不同的价值偏好或服务于民主或压制民主。然而，技术固然内含民主潜能，但靠技术本身是不能实现激进民主的，技术的民主潜能只有在"责任文化"的氛围中才能充分发挥。芬伯格解救之道的最终落脚点没有超越西方马克思主义的窠臼，视资本主义社会中经济仍然是至关重要的建构力量于不顾，不能恰当地阐明资本主义社会的经济、政治以及文化层次之间的相互关系，重蹈文化济世和伦理济世的历史唯心主义覆辙，因而无法在历史唯物主义这一科学的世界观的基础上阐明人类解放的真正要旨，最多只能把人类解放当成子虚乌有的"乌托邦"，难以摆脱资产阶级利益集团对技术的狭隘控制。

在马克思身后的时代，西方学者呈现了对马克思人类解放思想不同理解的代表性立场。马克思不可能为他没有遭遇到的现实问题提供答案。真正的问题是，我们是否能够从马克思的人类解放思想逻辑延伸出对当代问题的分析？这也带来了对马克思人类解放思想当代解释的一个关键性原则或方法问题：当后马克思时代的学者把马克思人类解放思想与他们的理论嫁接的时候，对于他们来说，这种嫁接并不是外在的，而是马克思人类解放思想在当代历史中的延续。① 这一过程必然受到社会历史发展中不断生成的多重因素的影响而具备不为任何个体意识转移的客观性,西方理论界对于马克思人类解放思想与实践的争议及回应,我们应予以辩证审视、批判与借鉴。

七、哈维的空间解放构思与理论图景

"空间解放"在大卫·哈维(David Harvey,1935—　)的空间理论中具有独特的思想意蕴。② 在解放政治学的现实语境中,哈维对资本主义空间生产的批判性分析,对反资本主义政治运动的探索过程,都蕴含着构思"空间解放"的理论内容。在对"空间解放"的构思中,哈维以社会正义作为规范性原则。哈维语境中社会正义的特定评价机制及其与"空间解放"的共生关系为"空间解放"构思绘制了多重理论图景。在社会正义的规范作用下,哈维围绕"空间解放"的思想生成、现实必然性与目标指引展开了具体的理论构思。哈维对"空间解放"的构思丰富了人的解放的空间意蕴、扩展了政治哲学的空间内涵、彰显了构思方法的原则性。但在马克思人的解放理论的价值审视下,哈维的构思也显现出不足之处,其主要表现为处理资本主义空间剥削和反资本主义政治运动、劳动分工的联

---

①　参见张一兵、胡大平、张亮:《中国西方马克思主义哲学研究的逻辑转换》,《中国社会科学》2004 年第 6 期。

②　在《正义、自然和差异地理学》《希望的空间》等文本中,哈维立足于资本主义生产关系的地理环境,以空间生产摆脱资本积累逻辑的束缚为理论轴心,展开了对"空间解放"的理论构思。哈维将地理学因素融入解放政治学之中、对资本生产过程进行空间批判、从空间维度重塑马克思的人的解放理论,凸显了"空间解放"在社会地理环境发展中的重要作用(参见王雨辰、高晓溪:《空间批判与国外马克思主义解放政治的逻辑》,《哲学研究》2016 年第 11 期;任政:《资本、空间与正义批判——大卫·哈维的空间正义思想研究》,《马克思主义研究》2014 年第 6 期)。笔者认为,"空间解放"思想在哈维的空间理论中具有基础性意义,包含着哈维对不平衡空间秩序的批判、对反资本主义政治运动的理论动员以及对乌托邦理想的重塑等内容。无论是哈维对历史—地理唯物主义理论体系的建构,还是他对资本主义社会替代方案的分析,都能够在"空间解放"思想中得到贴近的理论反映。

结作用和社会正义两组关系时的逻辑错位。以马克思人的解放理论对哈维的构思进行价值审视，既有利于在揭示"空间解放"构思欠缺的前提下明确对哈维构思的理论认知，也有利于在展现构思不彻底性中把握哈维空间理论的当代价值。

（一）哈维"空间解放"构思的规范性原则

为了克服资本积累逻辑对空间生产的支配，哈维着力探求"空间解放"如何展开的问题。在构思"空间解放"的过程中，他通过对普遍性质和特殊性质两种类型正义理论的扬弃，明确了社会正义的历史情境性特征，其语境中的社会正义不仅和"空间解放"具有共生关系，而且构成了衡量"空间解放"构思的特定评价机制。

把握哈维的"空间解放"构思，首先需要理解社会正义的本质规定。哈维语境中的社会正义是他对资本积累逻辑中空间剥削、空间异化等现象进行价值反思的结果，是具有历史情境性的规范性原则。哈维指出，"我从倾向于把社会正义看作是永恒的正义和道德的问题，转变为把它看作是依附于整个社会中运行的社会过程的东西"[1]。在以过程的辩证法来分析社会正义过程中，哈维以"一反一正"的叙事方式表明了既定空间结构中社会正义的历史性质。就"反"的方面来说，哈维语境中的社会正义面临着两个方向上的理论混淆。普遍性质的正义理论在启蒙理性的推动下突出同质化的正义内涵，认为普遍适用的正义理论对建构社会具有基础性作用。特殊性质的正义理论主张正义的异质性，强调"正义观念根本不具有任何意义，除非在某个特定时刻，谁来决定他们所需要的意义"[2]。面对两个方向的理论混淆，哈维从"正"的方面指出，"每个社会形构都建构客观的空间与时间概念，以符合物质与社会再生产的需求和

---

[1] David Harvey, *Social Justice and the City*, Maryland: Johns Hopkins University Press, 1973, p.15.

[2] 罗岗主编：《帝国、都市与现代性》，江苏人民出版社 2006 年版，第 208—209 页。

目的,并且根据这些概念来组织物质实践(material practice)"①。在哈维看来,在现实的空间结构中,社会正义能够真正敞开并构成克服空间剥削和空间异化的规范性原则。只有在社会过程的流动性与空间形态的固定性的辩证关联中以及在普遍性质正义理论和特殊性质正义理论的相互融合中,社会正义才能嵌入不平衡的地理发展环境,蕴含历史情境性特征的社会正义才能被把握。

　　哈维语境中的社会正义之所以能够成为构思"空间解放"的规范性原则,不仅在于"空间解放"构思以社会正义为特定评价机制,更在于社会正义和"空间解放"之间的共生关系。第一,社会正义能够成为衡量"空间解放"构思的特定的评价机制,这使得它成为"空间解放"构思规范性原则的逻辑前提。为了扬弃永恒价值和金钱至上的僵化评价机制,哈维强调,"在我看来,用对'评价过程'的理解来代替僵化的'价值'观念,可以解决这些难题"②。在运用"评价过程"方法时,哈维把问题焦点置于社会正义之上,将社会正义的"评价过程"视为关于"空间解放"构思的特定评价机制。基于"评价过程"的特定评价机制,社会正义能够赋予"空间解放"构思以价值合理性,为摆脱资本积累逻辑的空间解放提供规范性支撑。同时,作为反资本主义政治运动的空间表达,"空间解放"构思也需要社会正义为解放性变革提供特定评价机制,以在不平衡地理发展中呈现自身的价值。第二,社会正义和"空间解放"之间的共生关系体现了社会正义作为"空间解放"构思的规范性原则的内在依据。"空间解放"和社会正义具有相互依存的本质关联。哈维认为社会正义不是既定社会形态之外的彼岸性质的观念,而是居于历史空间之内的普遍性力量。社会正义和"空间解放"共处于不平衡地理发展的空间秩序之中,即孕育社会正义复苏潜能的历史地理环境也包含着"空间解放"的诞生条件。

---

①　包亚明主编:《现代性与空间的生产》,上海教育出版社2003年版,第377页。
②　[美]大卫·哈维:《正义、自然和差异地理学》,胡大平译,上海人民出版社2015年版,第12页。

同时,"空间解放"的过程和社会正义的复兴是同一进程的两个方面,"空间解放"为社会正义提供地理空间,社会正义构成"空间解放"的规范指引。哈维以北卡罗来纳州火灾事件中的"政治无能"现象为历史语境,分析空间剥削和社会正义缺席之间的同质关系,并将"空间解放"的过程和社会正义的复兴置于反资本主义政治的历史实践中。

作为"空间解放"构思的规范性原则,社会正义对社会支配体系之外各种"残余"或"边缘"部分、反资本主义政治运动和辩证乌托邦理想、社会过程乌托邦理想和空间形态乌托邦理想的三重理论进行综合,这为"空间解放"构思奠定了理论基础;社会正义从价值评价、理论动员、政治承诺方面明确了"空间解放"构思的地理坐标、历史动因、乌托邦机遇,指明了"空间解放"构思的基本方向。

哈维语境中的社会正义对"空间解放"构思的理论奠基作用主要表现为以下三个方面:第一,社会正义对社会支配体系之外各种"残余"或"边缘"部分的综合,构成了"空间解放"的变革地点的构思。相比于后现代主义者将"空间解放"的变革地点确定为独立于社会支配体系的"残余"或"边缘"部分,例如福柯将变革问题的焦点置于身体之上,以身体作为抵抗政治学的现实出发点,哈维认为整个社会中的各个环节都具有解放空间的潜质。社会正义则是社会支配体系之外各种"残余"或"边缘"部分能够相互关联的重要媒介。通过赋予各种"残余"或"边缘"部分以规范性原则,社会正义在自然地理差异的基础上融合不断扩大的空间隔阂,使不同地方的反资本主义政治运动联结起来,将"空间解放"的变革地点落实在统一于社会整体的各个环节之上。第二,社会正义对反资本主义政治运动和辩证乌托邦理想的综合,呈现了"空间解放"的整体视野的构思。社会正义在现实形态上内在于反资本主义政治运动之中,并作为规范性原则在运动中发挥着政治动员作用,调和各种反资本主义政治运动以围绕解放空间的理论目标展开实际的斗争活动。在此意义上,社会正义不仅是既定社会空间秩序的理论反映,也是哈维对不平衡地理发展的价值反思。在对不平衡空间结构的价值反思中,哈维致力于寻找社会正义意义上的社会空间秩序,在不平衡地理发展的地形上绘制辩证乌托邦理想的地理结构。正是在对反资本主义政治运动和辩证乌托邦理想的共同图绘中,社会正义显明了哈维对"空间解放"的整体视野的构思。第三,社会正义对社会过程乌托邦理想和空间形态乌托邦理想的综合,展现了"空间解放"的地理转型的构思。社会过程乌托邦理想在历史过程的发展中迷失于社会过程的无限开放性,偏离了地理转型的既定目标。空间形态乌托邦理想在无时间线索的空间中达到"空间解放"的地理转型,却由此束缚于"空间游戏"的封闭性中。作为立足于不平衡地理发展中的规范性原则,社会正义是缓和两种乌托邦理想之间张力的现实力量。在社会正义的融合作用下,相互外在的社会过程乌托邦和空间形态乌托邦得以辩证地彼此关联起来,共同致力于"公正的地理差异的公正生产",以彰显对"空间解放"的地理转型的构思。

在奠定"空间解放"构思的理论基础的过程中,哈维语境中的社会正义从价值评价、理论动员以及政治承诺维度为"空间解放"构思指明了基本方向。社会正义从价值评价方面明确了哈维构思"空间解放"的地理坐标。哈维对"空间解放"的构思萌发于空间生产的非正义性,而"'社会正义'作为一种价值理念须对特定样态的空间生产进行价值评价"①。作为反资本主义斗争的最好的评价地形,社会正义一旦在既定空间秩序中获得现实力量,就将成为揭示资本生产关系中空间障碍的重要评价支点。社会正义对空间障碍的揭示也表征出"空间解放"构思需要社会正义发挥价值评价作用,赋予自身具体的地理坐标,在非正义性的社会生产关系中确定自身的空间定位。社会正义从理论动员角度凸显了哈维构思"空间解放"的历史动因。针对资本主义空间生产的非正义性,哈维以社会正义的理论动员作用呈现"空间解放"的历史动因——资本积累逻辑对空间生产的驯化。在资本生产过程中,"铁路和公路的大规模建设,就是

---

① 李春敏:《大卫·哈维的空间正义思想》,《哲学动态》2012 年第 4 期。

进行空间征服和改造的基本技术"①。对于空间差异增殖的非正义性,社会正义在理论动员过程中整合反资本主义政治运动中的不同力量,使得战斗的特殊主义运动和全球化的集体行动在相互关联中共同致力于"空间解放"的历史运动。社会正义以政治承诺的方式明晰了哈维构思"空间解放"的乌托邦机遇。相较于重视局部化抵抗策略的激进乌托邦思潮和坚持"亲资本主义政治运动"幻想的右翼乌托邦理想,由社会正义生成的时空乌托邦理想在"空间解放"构思中显现为更具有历史可能性的政治承诺,它既作用于现实的反资本主义政治运动,又能够明确哈维构思"空间解放"的乌托邦机遇。因为在哈维看来,构思"空间解放"的关键不是按照普遍的正义原则对不同的地理结构给予明确判定,而是在既定的空间情境中凭靠社会正义的动员力量,将时空乌托邦理想置入不同空间规模中的政治运动,以明确"空间解放"的乌托邦机遇。

哈维语境中的社会正义生成于不平衡的社会空间秩序,是具有历史情境性特征的规范性原则。社会正义之所以成为"空间解放"构思的规范性原则,既在于社会正义形成了衡量"空间解放"构思的特定评价机制,也在于社会正义和"空间解放"的共生关系。社会正义对"空间解放"构思的规范性作用主要表现为:社会正义对社会支配体系之外各种"残余"或"边缘"部分、反资本主义政治运动和辩证乌托邦理想、社会过程乌托邦理想和空间形态乌托邦理想的三重综合。社会正义为"空间解放"构思奠定了理论基础,同时从价值评价、理论动员和政治承诺方面指明了"空间解放"构思的基本方向。

(二)哈维构思"空间解放"的三重路径

在社会正义的规范性原则作用下,哈维对"空间解放"的构思获得了具有规范意义的理论基础和方向坐标。依据"空间解放"的思想生成、现实必然性和目标指引,哈维阐述了构思的具体内容。经由对激进乌托邦思潮的超越,哈维展开了对"空间解放"思想生成的构思;通过对资本主

---

① 汪民安:《身体、空间与后现代性》,江苏人民出版社 2006 年版,第 109 页。

义不平衡地理发展的关注,哈维明晰了对"空间解放"现实必然性的构思;在重振时空乌托邦理想的过程中,哈维形塑了对"空间解放"目标指引的构思。

在超越激进思潮的乌托邦理想的过程中,哈维展开了对"空间解放"思想生成的构思。在现代性的持续推进中,资本主义社会表现出新特征、新面貌,而齐一化、同质化的生活样态成为社会批判的重要对象。在资本积累逻辑主导的空间生产中,如何缓解人们的生存意义危机、寻求资本主义社会的替代方案成为人们的共同难题。面对时代难题,以福柯、拉康、雷蒙德·威廉斯(Raymond Williams)为代表的激进思潮的乌托邦理想者凭借对独立于社会支配体系的异质因素的关注,主张采取局部化抵抗政治策略,立足于社会过程之外的"残余"或"边缘"部分,对抗启蒙理性支配社会整体的统治逻辑。但是地域性抵抗策略无法整合不同空间规模中的"残余"或"边缘"部分,未能在激进乌托邦理想和反资本主义政治运动之间展开解放政治学的历史实践。对于哈维来说,当被置于不平衡地理发展的历史处境时,"空间解放"思想生成的构思在解放政治学的语境中明确了反资本主义政治运动的现实表达。在构思过程中,哈维借助社会正义的规范性原则将"空间解放"的思想生成从实证主义方法的视野导向马克思主义的语境,坚持并重构了马克思对资本积累逻辑的批判。哈维认为尽管实证主义方法论和马克思主义理论具有相似性,但二者的"本质的区别是,实证主义仅仅是为了理解世界,而马克思主义试图改变世界"①。借助实证主义方法论和马克思主义理论的相互比较,哈维认为"地理学不可能绝对中立,也绝不应仅仅局限于自然科学之中,它必然受到其他社会因素的影响和制约"②。通过将"空间解放"的思想生成嵌入资本生产中的空间剥削过程,哈维的构思否定了启蒙逻辑中的普遍性主

---

① David Harvey, *Social Justice and the City*, Maryland：Johns Hopkins University Press,1973,pp.129-130.

② 崔丽华：《大卫·哈维空间理论的三个视角》,《南京社会科学》2019 年第 11 期。

张,拒绝了激进乌托邦理想中的地方化策略,从空间维度澄明了解放政治学的历史面貌,展现了对"空间解放"思想生成的构思。

凭借对资本主义不平衡地理发展的历史嵌入,哈维明晰了对"空间解放"现实必然性的构思。作为哈维把握社会地理环境的理论武器,不平衡的地理发展穿梭于不同的空间形态,确证了资本积累逻辑中空间生产的非正义性,表明了构思"空间解放"现实必然性的历史地理环境。经由对不平衡地理发展的历史嵌入,哈维从相互关联的四种理论视角展开了对"空间解放"现实必然性的构思。一是全球化空间视角,即空间生产的地理错位。"资本日益增加在地理上的流动"①使得全球范围内的空间生产以全球化的方式被持续纳入资本生产过程,形成了全球空间生产地方化和地方空间生产全球化的地理错位现象。在资本的剥夺性积累中,全球范围内空间生产日趋集聚于地方,降低生产的空间费用;地方化空间生产被赋予全球性意义,内蕴于其中的空间非均衡性的全球化拓展得到深化。二是城市化空间视角,即同质化空间结构和等级化空间秩序共存的地理布局。"资本主义工业城市不仅是一台产生不平等和不公正的机器,也是一个产生危机的导火索"②。在资本主义生产关系的空间拓展中,资本城市化过程将消除空间生产中的异质因素,呈现出同质化的城市空间结构。而在具体的空间布局过程中,不同类型资本之间的空间博弈赋予城市空间不同的地理面貌,显示出等级化的城市空间秩序。三是自然空间视角,即环境问题的地理空间转移。"资本主义对生态危机的空间转嫁,极大地破坏了贫困阶层和发展中国家的生态环境,从而引发了当前环境正义运动的广泛兴起"③。自20世纪晚期以来,环境管理的"标准

---

① [美]大卫·哈维:《新自由主义简史》,王钦译,上海译文出版社2010年版,第105页。

② [美]爱德华·W.苏贾:《寻求空间正义》,高春花、强乃社等译,社会科学文献出版社2016年版,第86页。

③ 张佳:《大卫·哈维的空间正义思想探析》,《北京大学学报(哲学社会科学版)》2015年第1期。

观点"、生态现代化看法以及"明智利用"观念等倾向于在资本生产关系中借助不同空间规模之间的转移活动缓解环境问题造成的空间负担,但未能给予环境问题实质性的解决策略。四是后现代视角,即"时空压缩"的紧张体验。在对后现代体验的关注中,哈维借助从福特主义到灵活积累的形式变化,确证了后现代处境中"时空压缩"的特殊体验。资本生产过程"通过时间消灭空间,已经彻底改变了进入日常再生产的商品的混合"①。"面对行车时间缩短的世界,空间关系被急速压缩,巴黎人因此感到手足无措"②,陷入"时空压缩"的紧张体验之中。

作为"空间解放"思想生成和现实必然性构思的深化,哈维经由时空乌托邦理想的地理学想象,形塑了对"空间解放"目标指引的构思。在哈维对"空间解放"的构思过程中,乌托邦理想是"空间解放"的具体的希望归属,"没有乌托邦的幻想,就没有办法来确定我们可能想要驶向哪个港口"③。对于乌托邦理想何以可能的问题,不同于福柯语境中的异托邦(heterotopia)、奥威尔构建的歹托邦(dystopia),哈维把乌托邦理想置于对资本生产关系的空间批判中,赋予乌托邦理想以历史属性。在拒绝启蒙理性的宏大叙事时,哈维将乌托邦理想嵌入不平衡的地理发展环境,在历史的空间秩序中建构乌托邦理想的具体方案。对于乌托邦理想如何显现的问题,哈维在借鉴马克思革命想象力的基础上引入地理学想象。在地理学想象过程中,通过对传统空间形式乌托邦理想和社会过程乌托邦理想的扬弃,哈维依靠对既定社会空间结构的历史嵌入,将"空间解放"目标指引的构思定位在重振时空乌托邦理想之上。在对"空间解放"目标指引的具体构思过程中,哈维认为任何乌托邦理想的尝试都应立足于具

① [美]戴维·哈维:《后现代的状况——对文化变迁之缘起的探究》,阎嘉译,商务印书馆 2003 年版,第 375 页。
② [美]大卫·哈维:《巴黎城记:现代性之都的诞生》,黄煜文译,广西师范大学出版社 2010 年版,第 123 页。
③ [美]大卫·哈维:《希望的空间》,胡大平译,南京大学出版社 2006 年版,第 183 页。

体地理环境中的空间问题。一方面,以托马斯·莫尔的《乌托邦》为代表的空间形式乌托邦理想设定了理想社会的稳定和谐,但空间形式乌托邦理想仅仅是孤立的、自我封闭的空间构造,将时间—历史原则置于社会—空间原则的对立面,否定了社会发展中的过程辩证法。另一方面,社会过程乌托邦理想迷失于社会过程的不断延伸,在无限的历史选择中偏离了解放空间所需的确定立足点。在哈维看来,"空间解放"目标指引的构思既要避免空间形式乌托邦理想的封闭性,也要克服社会过程乌托邦理想的无限开放性。作为两种乌托邦理想的替代选择,嵌入资本主义地理环境中的时空乌托邦理想,既反映了不平衡地理发展的历史趋向,又表明了乌托邦理想的特定地理机遇,为哈维对"空间解放"目标指引的构思提供了理论选择。

在对"空间解放"思想生成、现实必然性以及目标指引的理论分析的基础上,哈维呈现了"空间解放"构思的三重路径。相较于激进思潮乌托邦理想中既定社会空间维度的理论缺失,哈维依靠对资本主义社会的空间批判,完成了对"空间解放"思想生成的构思。在对资本主义社会的空间批判中,哈维从全球化空间、城市化空间、自然空间和后现代体验等视角展现了"空间解放"现实必然性的构思。经由对马克思辩证法的分析,哈维先后拒斥空间形式乌托邦理想和社会过程乌托邦理想,将对"空间解放"目标指引的构思落实在重振时空乌托邦理想之上。

(三)哈维"空间解放"构思的理论得失

哈维从思想生成、现实必然性与目标指引等方面,完成了对"空间解放"的构思。三重路径的构思对于丰富人的解放的空间意蕴、拓展解放政治学的空间内涵以及凸显构思方法的原则性具有重要意义。但在马克思人的解放理论的价值审视下,哈维的构思在处理资本主义空间剥削和反资本主义政治运动、劳动分工的联结作用和社会正义的综合作用两对关系时逻辑错位的理论不足也体现出来,难以作用于社会空间秩序的实际变革。

在"空间解放"的构思内容上,哈维丰富了人的解放的空间意蕴。相对于历史唯物主义中历史—时间维度的人的解放,哈维对"空间解放"的构思突出了人的解放的社会—空间维度。在以马克思的理论资源为空间批判奠定方法论基础和价值立场时,哈维从空间视角重塑了马克思对人的解放探求。哈维没有把人的解放视为局限在历史唯物主义中的社会发展过程,而是在辩证的和历史的地理唯物主义视野中深化人的解放的空间向度,将人的解放整合进对资本主义生产关系的空间批判之中。相对于早期空间理论对人的解放的分析,哈维从不同方面呈现了人的解放的理论维度。当把空间批判研究置于对资本主义城市的分析中时,列斐伏尔以"城市权利"作为理论基础,将城市视为寻求人的解放的立足点。哈维则在全球化空间、城市化空间、自然空间和后现代体验等多个维度揭示人的解放的空间面貌,展现了不同空间规模中人的解放的历史样态。相对于激进乌托邦思潮对异托邦、歹托邦等的理论侧重,哈维以重振乌托邦理想作为"空间解放"的目标指引,明晰了人的解放的未来向度。在激进乌托邦思潮对当下社会替代方案的分析中,异托邦、歹托邦等正在取代乌托邦理想,成为对抗"右翼乌托邦理想"的主要选择。哈维则在"空间解放"构思中,基于对历史空间秩序的批判,将人的解放置于重振乌托邦理想之中,明确了人的解放的未来方向。此外,哈维的构思也拓展了解放政治学的空间内涵。哈维认为"解放政治的构想需要地理学知识的批判性建构,需要在理论上对资本主义空间生产和不平衡地理发展进行反思与规划"①。作为人的解放任务的历史承担者,无产阶级及其革命运动是实现人的解放的现实基础。为了回答全世界的无产者如何在不平衡的社会空间环境中联合起来的问题,哈维以重建阶级和先锋政党为中介,从三个方面对解放政治学作出了理论拓展,以空间规模、地理差异的生产为历史契机,从空间不平衡的角度奠定了解放政治学的地理基础;以社会正义对不同空间形态中反资本主义力量的综合作用,丰富了解放政治学的实际

---

① 董慧:《身体、城市及全球化:哈维对解放政治的空间构想》,《哲学研究》2012 年第 4 期。

策略;以时空乌托邦理想作为"空间解放"的目标指引,明晰了解放政治学的未来趋向。

"空间解放"的构思内容是通过特定的构思方法展示出来的。在依据社会正义的规范性和嵌入不平衡地理空间的历史性的基础上,哈维突出了构思方法的原则性。相较于后现代主义者对"特殊主义正义理论"的重视,哈维坚持社会正义的地理情境性特征。借助具有历史情境性的社会正义,哈维赋予"空间解放"构思以方法上的规范性。以社会正义为方法论指引,哈维对"空间解放"的构思才得以在不平衡地理发展的空间结构中展开自身理论建构,而不是迷失于资本积累逻辑营造的空间秩序之中;相较于激进政治学对历史地理环境的边缘化处理,哈维将"空间解放"构思嵌入不平衡地理发展的空间秩序之中,以突出构思方法的历史性。在哈维看来,"空间解放"的构思内容和构思方法不是相互外在的,而是彼此归属,呈现为"你中有我、我中有你"的图景,并共生于不平衡地理发展环境。当激进政治学着眼于社会支配体系之外的"残余"或"边缘"部分,坚持局部化抵抗策略时,哈维倾向于在不平衡地理发展之中探寻资本主义社会的替代方案,以表明构思方法的历史性质。在社会正义赋予的规范性和嵌入不平衡发展环境的历史性的基础上,哈维呈现了构思方法的原则性,即不仅具有构思方向上的规范性,也有构思基础上的历史性。

哈维的构思虽然深化了人的解放的空间向度,凸显了方法论上的原则性特征,但在分析资本主义空间剥削和反资本主义政治运动、劳动分工的联结作用和社会正义两组关系时仍有逻辑上的错位问题。就资本主义空间剥削和反资本主义政治运动之间的逻辑错位而言,哈维以反资本主义政治运动的策略主张遮蔽了变革资本生产关系的根本要求。资本积累是不平衡空间结构的形塑过程,"资本是塑造空间形式、推动空间生产转换的根本力量"[1]。"哈维的目标正是要在空间问题上

---

[1] 任政:《资本、空间与正义批判——大卫·哈维的空间正义思想研究》,《马克思主义研究》2014 年第 6 期。

回到马克思关于辩证法的强调,即革命的和批判的性质"①,在变革资本生产关系的过程中,将空间生产从资本积累的创造性破坏中解放出来。然而哈维把如何摆脱资本积累逻辑、实现"空间解放"的问题纳入反资本主义政治运动之中,没有继续围绕变革资本生产关系进行论证。哈维试图依据空间维度中的解放政治学理论,在不同空间规模的反资本主义政治运动中,探索资本主义社会的替代方案。就劳动分工的联结作用和社会正义的综合作用之间的逻辑错位来说,哈维以社会正义对各种反资本主义力量的综合作用取代了劳动分工对社会各个环节的联结作用。在反资本主义政治运动的变革地点的问题上,哈维拒斥了激进政治学对社会支配体系之外的"残余"或"边缘"部分的侧重,坚持反资本主义政治运动存在于社会的各个环节,"每一环节都充满了变革潜力。因为劳动分工在不同环节间不平衡地分配"②,在资本生产过程中劳动分工的作用下,反资本主义政治运动分布于社会的各个环节。但是在如何将不平衡地理环境中的各种反资本主义政治运动结合起来的问题上,哈维没有坚持劳动分工联结社会各个环节的分析思路,并且排除了马克思主义中的先锋政党作用,只是凭靠社会正义的综合作用整合各种反资本主义政治力量,将解放空间的现实目标置于社会正义的综合作用之中。

哈维对"空间解放"的构思之所以产生并受限于上述逻辑错位,不但在于哈维对纯粹"生产主义"的不恰当批判,而且在于哈维将转变生产方式视为物种潜能的重新组合。

首先,在批判纯粹"生产主义"的过程中,哈维偏离了资本关系中的生产环节,把理论重心置于资本活动的非生产环节中。针对"内部关系"

---

① 胡大平:《哈维的空间概念与历史地理唯物主义》,《社会科学辑刊》2017年第6期。

② [美]大卫·哈维:《正义、自然和差异地理学》,胡大平译,上海人民出版社2015年版,第121页。

学说的现实运用的问题,①哈维认为马克思主义的"原教旨主义"或"经济决定论"的解读模式正是"内部关系"学说的现实运用。"原教旨主义"的解读模式把资本活动中的非生产环节(分配、交换、消费等环节)内化在生产环节之中,将生产环节视为"内部关系"学说中的封闭场所,而不是资本活动中的敞开环节。相比于主张生产环节封闭性的单子论解读模式,哈维对生产环节采取"在过程中研究'环节'"的解读方式。即使生产环节具有优先于其他环节的重要性,哈维强调"研究这些其他环节(如消费)是一种卓有成效的方式(最明显的例子是,消费者的联合抵制影响生产行为)"②。当单子论模式把生产环节视为内在化的封闭环节,陷入纯粹"生产主义"的泥淖之中时,哈维依据"在过程中研究'环节'"的解读方式,避免了对马克思主义的纯粹"生产主义"解读模式,但把理论重心置于资本活动的非生产环节中。在扬弃纯粹"生产主义"的意义上,哈维的构思未能真正克服对生产环节的单子论解读模式。哈维指出,"我并非打算放弃把转变生产方式视为基本目的的主张,但是如果局限于此,而未能关注消费、分配和交换在这个世界中的意义,我们将会失去一种政治驱动力量"③。对纯粹"生产主义"的批判使得哈维淡化生产环节的基础地位,转而以社会正义的综合力量寻求"空间解放"构思的具体实现。但在生产方式变革缺失的情况下,社会正义无法凭靠自身的理论动员作用

---

① 为了将自身的过程辩证法和伯特尔·奥尔曼(Bertell Ollman)的"内部关系"辩证法区别开来,哈维借用了莱布尼茨单子论的理论资源。因为在哈维看来,莱布尼茨是"内部关系"学说的奠基者,并且对奥尔曼的"内部关系"辩证法产生了影响。在对莱布尼茨的单子论的理论分析中,哈维认为莱布尼茨虽然为德国哲学的发展奠定基础,但也留下了尖锐的问题:"如何在实际事务中运用内部关系的学说?"([美]大卫·哈维:《正义、自然和差异地理学》,胡大平译,上海人民出版社2015年版,第83页)正是在回答"内部关系"学说的现实运用问题时,哈维展开了对纯粹"生产主义"的批判。

② [美]大卫·哈维:《正义、自然和差异地理学》,胡大平译,上海人民出版社2015年版,第85页。

③ David Harvey, *Spaces of Capital: Towards a Critical Geography*, Edinburgh: Routledge, Edinburgh University Press, 2001, pp.18—19.

对空间秩序的转变产生实际影响。此外,在内含人的解放的历史地理环境中,"人们生产自己的生活资料,同时间接地生产着自己的物质生活本身"①。这并不意味着生产环节将非生产环节(分配、交换和消费等)内化在自身之中,也不能表征生产环节的革命化足以引发人的解放的实现。在马克思看来"不同要素之间存在着相互作用。每一个有机整体都是这样"②。无论是纯粹"生产主义"的狭隘主张,抑或是对生产环节的理论偏离,都只能将马克思播下的"龙种"贬低为"跳蚤",将人的解放的现实任务局限在"解释世界"的理论演绎中。

其次,哈维将转变生产方式视为物种潜能的重新组合,这使"空间解放"构思难以在空间结构的转变中产生实际的理论作用。在论及资本主义社会的多元替代选择时,哈维指出作为物种的人类与其他动物都具有"类存在"意义上的先天能力,并能够借助潜在的物种能力改造环境、满足自身的生存与发展。③ 空间解放过程中生产方式的转变则被哈维把握为物种潜能要素的重新排列,"如果资本主义不以某种方式配置所有的技能就不能生存,那么社会主义的任务就必须是从基本技能的内部找到所有要素的不同结合"④。在资本主义社会替代方案的分析中,哈维把生产方式置于物种潜能中加以把握,并以各种基本技能的重新组合分析生产方式的转变。因而,当资本主义社会替代方案被视为物种基本技能的重新组合而不是生产方式的变革时,寻求摆脱资本积累逻辑的"空间解

---

① 《马克思恩格斯文集》第 1 卷,人民出版社 2009 年版,第 519 页。
② 《马克思恩格斯文集》第 8 卷,人民出版社 2009 年版,第 23 页。
③ 哈维将物种潜能要素归结为:生存竞争和斗争、适应生态环境、改造环境、安排空间秩序和安排时间秩序等方面。这些因素是作为"类存在"的人无法摆脱,且必须依赖的基本技能。为了区分传统社会主义革命的"总体转变"模式,哈维从人之物种的基本技能出发,将生产方式的转变视为各种物种潜能的重新排列组合,为"空间解放"提供具有多种可能性的策略选择。关于如何构建资本主义替代方案的问题,哈维认为"答案取决于我们如何重组全部技能的要素"。([美]大卫·哈维:《希望的空间》,胡大平译,南京大学出版社 2006 年版,第 208 页)
④ [美]大卫·哈维:《希望的空间》,胡大平译,南京大学出版社 2006 年版,第 207 页。

放"构思也就难以作用于社会空间秩序的实际变革。在马克思人的解放要求变革生产方式的意义上,哈维对生产方式及其转变的认知是先验性质的。哈维将"空间解放"中生产方式的转变表述为人性中物种潜能的重新组合。但生产方式并不建立在物种的基本技能之上,而是在直接生活的物质生产中获得阐释。生产方式的变革也未能在物种潜能的重新组合中得到历史的说明。在人的解放进程中"随着新生产力的获得,人们改变自己的生产方式,随着生产方式即谋生的方式的改变,人们也就会改变自己的一切社会关系"①。生产方式的变革内蕴于生产力的发展之中,只有在生产力的社会发展中才能得到彻底的解释。当生产方式及其转变被内置于物种的基本技能中时,哈维对"空间解放"的构思也就无法转化为社会空间秩序变革的现实推动力。

哈维对"空间解放"的构思丰富了人的解放的空间意蕴、拓展了解放政治学的空间内涵、凸显了构思方法的原则性。但在马克思人的解放理论的价值审视下,哈维的构思显现出在处理资本主义空间剥削和反资本主义政治运动、劳动分工的联结作用和社会正义两组关系时的逻辑错位。逻辑错位的关键不但在于哈维对纯粹"生产主义"的不恰当批判,而且在于哈维将转变生产方式理解为物种潜能的重新组合。对资本积累逻辑中生产环节的偏离使得哈维对"空间解放"的构思难以实现从"不平衡地理发展"到"公正的地理差异的公正生产"的现实目标,只能是停留于空间秩序变革之上的理论设想。

围绕对"空间解放"的构思,哈维借助具有历史情景性的社会正义,赋予构思以规范性原则。在社会正义的规范作用下,哈维依据"空间解放"的思想生成、现实必然性与目标指引,展开了具体的构思过程。三重路径的构思对于丰富人的解放的空间意蕴、拓展解放政治学的空间内涵与凸显构思方法的原则性具有重要意义。但双重的逻辑错位问题,使得哈维的构思难以真正作用于社会空间秩序的实际变革。哈维对"空间解

---

① 《马克思恩格斯文集》第 1 卷,人民出版社 2009 年版,第 602 页。

放"的构思提示人们在面对哈维的相关论述时,不能不加反思地进行引用与效仿,而应在辩证分析的基础上把握其思想本身的合理性和价值性。以马克思的相关理论对诸如哈维等西方学者的理论资源进行批判性借鉴和反思性审视,切中肯綮地剖析与领会人的解放的历史原像,无疑是一项亟须持续深耕的现实任务。

八、齐泽克穿越意识形态幻象的解放态度

20世纪90年代活跃于西方学术界的斯洛文尼亚哲学家斯拉沃热·齐泽克(Slavoj Žižek,1949—)否定只要打破统治阶级意识形态谎言就可以让人获得真实和解放的传统观点,从存在论角度对当代资本主义社会意识形态及犬儒主义展开了细致分析与尖锐批判。他以意识形态为切入点,借用拉康的精神分析理论,对人类获取自我主体身份的生命历程进行考察,将意识形态和生命中的本能欲望相关联,他承认意识形态存在的客观性,批判"淡化意识形态"或"意识形态终结"的观点,指出意识形态的作用形式在现代社会发生了转变,愈益倾向于向日常生活和文化领域的渗透。他以马克思的商品拜物教批判理论为基点,试图建构全新的意识形态理论,睿智地向我们揭示意识形态背后的心灵隐秘,解析意识形态如何虚假构设了主体本真的、现实的存在。齐泽克研究意识形态的最终旨趣是关注由意识形态所"编织"的资本主义社会及其人的命运与解放问题。虽然齐泽克较少在其著作中使用"解放"一词,也没有系统、详尽地论述过人类解放问题,但他从心灵和生命本体层面展开洞悉的意识形态理论蕴含着对人的生存境遇的关怀,从意识形态的多元性和革命性特征把握人存在的现实社会制度和发展需要等因素的变化,为人类解放所需要的社会实践基础提供了开放的选择和建构空间,对我们全方位、多角度地把握意识形态及后意识形态时代背景下人类解放面临的新问题具有启发意义。

(一)意识形态幻象的指认

齐泽克认为,在马克思的经典文本中,意识形态常常与"蒙蔽""扭

曲"和"颠倒"等字眼联系在一起,被视为一种为统治阶级利益合法化而辩护的"虚假意识"。他认为,从认识论维度来确认人的思想与现实的关系,往往由于对现实生产的逻辑缺乏全面认知而倒向随意性的解释,必将导致人们对现实的无意识而匍匐在商品和消费面前。马克思向我们表明了这样一种情形:由于没有意识到运作于社会现实和个人行为中的虚假意识的支配,人们长年累月地在自己的岗位上忍辱负重、辛勤劳作以维持生存之需,即"他们虽然对之一无所知,却在勤勉为之"①。但实际情况是大多数人深知自己的处境,他们完全明白事情的本来面目如何,却依旧顺着意识形态规则来行事。换言之,即使人们在理论上已经识破意识形态骗局,明白商品、货币与资本等如何作用于自身,却依然不会与之断绝关系。针对这种理论与现实相"脱节"的问题,齐泽克明确指出意识形态不仅是由社会存在决定的虚假意识,而且其本身就是表征现代人生活状态的社会存在。他根据当前意识形态变化的新情况对传统的意识形态理论提出质疑,"我们的问题是:这样的意识形态概念(意识形态即质朴意识)是否还适用于今天的世界?这样的意识形态现在还在运行吗?"②由于传统的意识形态概念在现实中尚未完全表现出其本真面目,意识形态的运行机制无法被所有人掌握,人们难以参与到对意识形态的现实塑造过程中,此时的意识形态只能在有限社会内部发挥程度较低的作用。

在齐泽克看来,包括马克思在内的传统意识形态家对当下意识形态状况的解释是无力的,主要原因是他们在思考这一问题时局限于"知"的层面,具有非常明显的启蒙性倾向。这种倾向可以追溯到16世纪的培根,从培根开始,人们就把意识形态当作阻碍正确认识获得的假象和偏见。当今资本主义社会最为盛行的是一种犬儒主义意识形态,它已不再只是简单的谎言,而是走向了启蒙理性的反面,即它使人们知晓官方所宣

---

① 转引自[斯洛文尼亚]斯拉沃热·齐泽克:《意识形态的崇高客体》,季广茂译,中央编译出版社2014年版,第24页。

② [斯洛文尼亚]斯拉沃热·齐泽克:《意识形态的崇高客体》,季广茂译,中央编译出版社2014年版,第25页。

传的意识形态与社会真实状况间的巨大鸿沟,却依旧能够继续保留这张意识形态面具。"如果我们的意识形态概念依然是经典的意识形态概念(在这样的概念中,意识形态处于'知'的一边),那么今天的社会必定是后意识形态性的",犬儒主义使"人们不再信奉任何意识形态的真实性,不再严肃地对待任何意识形态命题"。① 这种意识形态是本能的、自发的存在,不需要经过社会制度的建立或系统理论的论证来予以证实;它无法充分反映人们的真实意愿,只能导致人们被动参与初级、间接和狭隘的意识形态发展过程,当人们表达挣脱意识形态控制的意愿时,实际上正在遭遇更加微观、隐蔽和精致的意识形态的束缚。古典意识形态的逻辑前提是人不清楚自己的行为意义,需要被启蒙,当今的犬儒主义则是已经被启蒙的意识形态,然而即便如此,它不是对统治阶级的反抗式嘲讽,相反,它是对现实的屈从,是对统治阶级意识形态的响应。由此,我们毫无防备地坠入一个新的后意识形态时代,相应地,合法化已经取代真理,成为判定意识形态的法则。齐泽克指出,传统的意识形态与后意识形态发挥作用的方式具有本质意义上的差异,传统的解构与批判方法已经不适用于后意识形态时代发展的新形势,需要重建新的批判逻辑。

　　齐泽克深受拉康的影响,对马克思的意识形态思想进行了精神分析学式的改造,指出当前的意识形态和"意识"关系不大,反而和"无意识"相连甚密,即意识形态不止作用于人的大脑,更多地直接作用于人的欲望,成为现代人的一种无意识。按照拉康的观点,人的生存状况可分为"三界":想象界、象征界或现实界、实在界("三界"并不是一个前后相继的过程,而是一种交错介入的拓扑结构)。想象性自我是自己最为满意的理想意象,是主体主动谋求改变外界以促使其与自身发展相一致的意志,却不具备实现自我价值的能力。人只有经过文化符号秩序的建构才能走出想象界被文明所认可,获得"象征界"中的主体身份,而这种主体

―――――――――

　　① 〔斯洛文尼亚〕斯拉沃热·齐泽克:《意识形态的崇高客体》,季广茂译,中央编译出版社 2014 年版,第 30 页。

身份的获得还意味"实在界"中的本真自我的缺失。人与人的关系被物与物的关系掩蔽和异化,但人们主观上却没有进入异化状态的意愿,根本原因是人们在从事的物化实践中已经深受拜物教幻觉的控制。齐泽克认为,人之所以心甘情愿地接受本真自我的缺失,并不是因为他们不知道其中的真相,而是一种"明知不可为而为之"的心态,因为人要想认识自我、获得独立行动能力并在社会中占据一席之地,就必须以积极的方式接受"他者"质询,与自己原初状态中的真实自我进行分离,向幻象和误认沉沦,否则就会成为被社会所排斥和挤压的边缘人员。齐泽克正是通过积极的实践获取自我意识的幻觉才建构了社会现实和人的需要结构。因此,"成长"的过程必然伴随人被阉割的"创伤性的损失",造成的结果就是,丧失本原性和真实性的主体从内心深处渴望一个掩盖其创伤的客体对应物,以幻想的方式找回自己的损失。拉康通过幻想公式 $\$ \Diamond a$ 对此进行了说明:$\$$ 表示的是短缺的、被撕裂的主体;$\Diamond$ 是一道屏障;a 是主体欲望趋向但永远不可能达到的目标,即幻象客体。短缺主体对本原性世界的追逐和欲求是一个无休无止、无穷无尽的过程,这是人类永远挥之不去的生存之困。

齐泽克在承继这一思想的基础上将拉康的欲望概念引入意识形态研究中。他认为,在现实社会中生活的人们不再是单纯的自然存在物,而总是被象征秩序打磨和塑造着,但并不是所有的自然本性都会接受这种塑造,因而产生对抗性的裂缝和缺口,未被塑造的"硬核"就需要意识形态的缝合。意识形态的作用也在于此,它不仅是掩饰社会冲突的虚假表象,还迎合人的欲望,提供一个让人憧憬和希冀的幻想对象,又称"崇高客体"。在"崇高客体"中,意识形态被装饰成人自由意志的产物:人们不是被迫推崇意识形态,而是根据客观的规律来形成趋向意识形态的自我意志,意识形态由此成为人的知识和认识的核心机制。生活于由意识形态崇高客体所建构的非物质性幻觉中,人们感受到的现实并不是真正的现实,不会质疑意识形态崇高客体的真理性,总是对其不打折扣地全盘接受。"意识形态真正重要的,是它的形式,即下列事实:向着一个方向,尽

可能地沿着一条直线,不停地走下去;一旦下定了决心,即使最可怀疑的意见也要听从……他们必须相信,他们的决定理由充足,他们的决定会使他们实现自己的目标。"①在资本主义现实生活中,奴役和剥削并未真正消失,反而比之前更为隐秘和残暴,成为一种"隐性暴力",可是被象征秩序所限定的处于不平等地位的人们依然坚信平等这一幻象客体,根本在于隐性的意识形态以表面上对人生活需要的虚假满足来掩饰资本主义现代社会的剥削本性,通过获得人们对现状的认同来消解人们的反思和批判思维。因此,齐泽克认为,意识形态与其说和政治、经济挂钩,倒不如说它和欲望、快感等心理因素之间的关联更为紧密和直接。面对纷繁复杂、层次交错的大千世界,人们看到的往往只是观念的权威,头脑中向往着也充斥着崇高的观念,因为意识形态通过"无意识的幻象"和神秘的运行机制,充分挖掘了人们内心由于自我意志的局限而长期被封锁的自由欲望,唤醒了弥补"真实的缺失"的原始冲动和回归完整自我的内心渴望,只有意识形态能够克服现代人在自我身份确立过程中由真实的虚无所造成的焦虑感,满足返回未经分裂和异化的本原性世界的欲望,使意识形态在现代社会中成为像水和空气一样的必需品。

正是在这个意义上,齐泽克认为,在"后意识形态社会"中,意识形态已经冲破"社会意识"的界限,更多地表现为一种"社会存在"。它是一种致力于反映现实和建构社会秩序的无意识的幻象,但不等同于完全的假象,对现代社会具有一定的反作用。如果将意识形态的幻象从社会现实中剥离出来,那么现实也就无法被认知。齐泽克论证了意识形态幻象存在的可能性和必要性,认为意识形态仅仅关注自身理论建构的自信和权威性的行为具有忽视其他社会存在,实质目的在于确保人们对其理论的绝对信从,指出只有当人们自觉信仰某种意识形态的权威力量时,才能保证现实社会有序地运行。他对意识形态和人之生存境遇关系的深度思考

---

① ［斯洛文尼亚］斯拉沃热·齐泽克:《意识形态的崇高客体》,季广茂译,中央编译出版社 2014 年版,第 99 页。

超越了意识形态真假、对错、是非的争论,将其定位为一个生存论概念,即意识形态像幽灵一样既可以幻化为观念的存在,也可以幻化为物质的存在,更以"无意识"或"非意识"的方式,渗透于现代人所生活的方方面面并成为现实存在本身,构成了人思维意识结构的组成部分,使人以自在自为的方式接受意识形态及其衍生的习惯、社会规则等要求。意识形态作为对现实的幻觉性再现,存在于无意识主体的欲望活动中,镶嵌在文化传统、语言、市场、媒体等日常生产和生活的各种规则之中,积极创设当代资本主义社会生活本身,是一种人们无法逃遁的、客观的社会存在。

(二)意识形态幻象穿越与解放症候

社会现实不可能是一个肯定的、完整的和自我封闭的实体,而总是充满对抗、矛盾和冲突。面对这种"不幸",谋求人类解放主要呈现为三种态度:一是积极行动起来推翻资本主义剥削制度的马克思主义态度;二是悲观地认为无法谋求改变人类命运实现彻底解放的法兰克福学派态度;三是坦然承认、与之妥协,这正是齐泽克所秉持的态度。他认为,面对现实现状,人唯一能做的是"将其视为自己无可避免的命运坦然接纳下来,然后投身其中,接受它的观点,同时回溯性地置身于过去(未来的过去)的有可能发生但没有发生的可能性之中('如果当初如何如何,现在的灾难就不会发生!'),我们现在就要按照这种可能性采取行动"①。通过对意识形态的理性分析与理论规划,齐泽克表明人对意识形态幻象的克服必须首先建立在对其接受的基础上,变革意识形态的活动只有将其纳入自身的知识和认知系统才具有现实意义。因此,人的意识的认识功能在将意识形态的具体运作过成视为客观事物中得以确证。

齐泽克坦然接受种种对抗与苦难在社会生活中存在的意义,但绝不意味着他就此放弃对当代社会的质疑和批判。相反,他以一种源自生命关怀的情怀,找到了激发人类不懈追问自身命运的基点,通过对意识形态

---

① [斯洛文尼亚]斯拉沃热·齐泽克:《实在界的面庞》,季广茂译,中央编译出版社 2004 年版,"中文版前言"第 10 页。

幻象的不断穿越来改善人类的生存境况。在齐泽克看来,意识形态俨然成为现代社会运行和发挥作用的基本因素,任何清除意识形态的意图终将破灭,意识形态批判的首要目标不是去揭露,而是去体验、去穿越,即透过社会的象征体系"直抵作为快感内核的根本幻象(fundamental fantasy)",然后,"穿越幻象,与幻象保持距离"①,体验幻象构成是如何装饰、填补"他者"中的空隙、短缺和空位的,从而消除主体对幻象和幻觉的追随。齐泽克想要表明的是,意识形态幻象通过塑造客体的崇高形象,创设了一个和现实状况迥然相异的社会图景——没有阶级剥削、没有贫富分化,只有人们团结合作、其乐融融的画面。人们乐于沉浸在这种有机体的整体意识中,甘愿像鸵鸟般忽略社会的分裂和冲突。意识形态之所以具有如此之大的魔力,倒不是因为其本身真的有什么特别之处,主要在于它处在社会对抗伤口的原质位置,能够巧妙地掩饰实在界的创伤,满足人们内心深处的愿望和快感,维持人的主体性在精神领域的想象空间。

意识形态幻象的掩饰作用不是绝对的,它希图捕获所有,构成一个系统的、完整的社会存在,但社会的现实存在并非实在界,实在界是象征符号无法抵达的彼岸,它总能逃脱象征符号对自己的控制,并削除象征符号的秩序和意义,在象征与真实之间制造一个断链,切断象征符号与精神快感之间的关联,确保意识形态在精神快感的作用过程中不断突显自身的决定性力量。所以,意识形态无论如何完备、巧妙,都不可能天衣无缝,总会留下不能被同化的创伤性裂口并以"症候"的方式呈现出来。"(我们作为)现实(体验的东西)不是'事物本身',它永远已经被象征机制象征化、构成和结构——而问题就在于这么一个事实,象征最终永远失败,它永远也不能成功地完全'覆盖'真实,永远包括一部分未处理的、尚未实现的象征债务。"②齐泽克通过对"症候"的分析揭露了意识形态的残缺

①　[斯洛文尼亚]斯拉沃热·齐泽克:《意识形态的崇高客体》,季广茂译,中央编译出版社 2014 年版,第 87 页。

②　[斯洛文尼亚]斯拉沃热·齐泽克、[德]泰奥德·阿多尔诺:《图绘意识形态》,方杰译,南京大学出版社 2002 年版,第 27 页。

不全性及其可能导致的自我瓦解性。所谓"症候"就是蕴于普遍之中的特殊,这种特殊遵循在现实中发生作用的普遍逻辑最后有可能导致普遍解体。齐泽克认为,马克思对于意识形态的理解方式也是症候式的,因为马克思曾明确指出,资产阶级普遍性的意识形态之所以是虚假的,是因为它将那些在贫困线上挣扎的广大无产阶级这一特殊群体排除在外而不予考虑。这表明资产阶级意识形态在反映社会主体与客体、权利与义务普遍性原则上的虚假性。他认为,只能通过无产阶级的革命意识实现对资本主义社会症候的真实反映,才能撤除人与人之间关系的拜物教形式,使人类成为具有自由意识的主体。在齐泽克的理论视野中,普遍性和特殊性之间的距离就是官方意识形态与其不被承认的特殊性前提之间的距离。这种距离使得社会症候公然挑战意识形态的"真实",将主体意志的生成视为不断自我分裂以确证自身意识形态身份的过程,进而颠覆意识形态表象(ideological appearance),因而也是资本主义社会的"崩溃点"。

　　齐泽克认为,既然意识形态得以成功架构的前提是"排除",即为了维持社会机体的纯洁性、完整性,普遍性就必须将特殊性"杂质"予以排除,那么对被排除的特殊性的认同就是与之相对的被压迫阶级的政治斗争。穿越意识形态幻象就是要认同症候,承认社会特殊性存在的合法地位,并在政治领域、意识形态领域中将其提升到真正的普遍性高度。例如,要想推进人类社会完善、进步的伟大事业就需要认同无产阶级,将无产阶级提升到"所有人"的高度,即社会中的每一个人都是无产阶级。无产阶级特殊群体能够代表全人类的主要原因不在于它遭受超负荷的体力和脑力消耗,是所受苦难最深、革命性最强的阶级,而在于它是现代社会冲突的体现,是失序的群体。无产阶级的理论内涵伴随后现代社会的出现而发生转变,呈现出"非物质劳动"形式、阶级关系的"变体"等新的内涵指征及现实运行方式,为打破意识形态的幻象提供了可能。但是,正如幻象不能被消除或超越,而只能被"穿越",症候也只能是认同,即使它是由符号建构的现实世界通向未被符号驯化的原初真实世界的积极因素。社会症候的消除必将意味社会本身的分崩离析。也就是说,彻底消除症

候是不可能的,社会的对抗性分裂只能被掩盖而不可能从根本上消弭,社
会问题和所有关于人和自然、社会之间的矛盾均无法得到有效解决,未来
共产主义理想社会不过是人们的一厢情愿,我们真正现实能做的事情唯
有坦然接受。

　　齐泽克之所以不像左派理论家那样采取直接抵抗的方式而选择认同
症候的原因还在于他清楚地知道前者的局限:反抗压迫性的"他者"表面
上看起来比较积极主动,但不能带来宏观层面上的彻底改变,不能从根本
上有效解决问题,甚至造成的结果反而是维持资本主义的整体不变。任
何没有真正动摇支撑"他者"存在根基的零星式反抗实质上都不够彻底,
类似的情况还可能再度发生。齐泽克认为,"我们必须勇敢肯定,真正打
开革命的可能空间的唯一方式,就是彻底摈弃对直接行为的倡导。当今
的窘况在于,如果我们屈从于'做些事情'的号召(投身于反资本主义的
斗争中,帮助那些穷人……),就确定无疑地是在帮助既存秩序进行再生
产"①。抵抗不能导致资本主义的覆灭,还有可能事与愿违,最终更难摆
脱资本本身,这就需要在穿越意识形态幻象的过程中以缓和式的手段使
其发挥对精神欲望和现实对抗的缝合作用。齐泽克的这一态度与他对黑
格尔辩证法的认识有关。在他看来,黑格尔辩证法的灵魂即否定之否定
不是消灭差异,而是要保持矛盾分裂力量的统一性,因为矛盾、对抗等就
是社会的本来状态,一切试图消除冲突的努力都注定不会成功。"否定
之否定的基质,不是一种丧失和丧失的恢复,而只是从状态 A 向状态 B
过渡的一个过程:首先,对 A 的直接'否定'否定了 A 的位置;但它仍然在
A 的象征限制的范围内,所以,它接下来必须被另一种否定所否定,这一
否定可否定对 A 直接的否定以及与 A 共有的象征空间。在此,否定系统
的'真实的'死亡与其'象征的'死亡之间存在的空隙很重要:系统不得不
死亡两次。"②按照这种全新的理解,微观层面的直接抵抗只否定了一次,

---

①　Žižek, *Iraq*: *The Borrowed Kettle*, London and New York: Verso, 2004, p.72.

②　Žižek, *The Ticklish Subject*: *The Absent Center of Political Ontology*, London and New York: Verso, 2008, p.80.

即对资本主义内容的否定,这种否定还不能导致其彻底死亡,因为资本主义依旧处于自身的象征范围之中,依旧具有自我修复和再生的能力。故要挣脱"抵抗—反制"的周期性循环,就必须重构一种左翼的反资本主义的政治规划,去努力进行再政治化。对于如何否定资本主义的政治规划,齐泽克的立场是人的主体性意识能够实现对状态"A 位置"的填补和占据,即实现主体对自身所处象征性空间的否定,从而保证主体对现实世界的整体性和统一性体验。

为了实现这一目标,齐泽克主张放弃抵抗,以非主动的方式来面对人类的不幸,在他看来,只有这样才能从反面证明事物的无意义,传达出意识形态批判的"空白"。齐泽克看到了抵抗的局限,并提出一种反向逻辑,即"什么都不做"。"什么都不做"貌似消极,实际上它是对否定性的偏好,一个不依赖任何欲望对象的破坏。但是正如有学者指出的那样:"齐泽克显然明确反对传统马克思主义的解放目标,他所反讽式地提到的'透明的、得到合理管理的社会'就是马克思恩格斯所憧憬的人类最终全面解放的共产主义自由王国。站在拉康立场上的齐泽克这里,这种最终解决方案是绝对不可能实现的。"①齐泽克的理论结论走向了保证意识形态的欲望客体在主体现实世界中的畅达流通,实质是通过象征符号重构了精神欲望与真实世界之间已经坍塌的桥梁。

与马克思所主张的通过无产阶级革命推翻资本主义剥削制度以实现全人类彻底解放的观点不同,齐泽克坦然接受了充满矛盾的资本主义社会现实,把所有试图打破现存不合理社会结构的构想都视为徒劳无益的意识形态式的崇高渴望。在齐泽克看来,反对现存状况的途径只有一条,那就是穿越意识形态幻象而后承认社会创伤性裂口。但穿越意识形态的幻象并非仅仅止于对社会症候的解释,也是对隐藏在社会症候背后的意识形态加以否弃,也许人类终将无法洞察清楚意识形态背后的真正谜底,

---

① 张一兵:《不可能性:后马克思思潮的政治立场》,《求是学刊》2004 年第 1 期。

但对于意识形态批判的局限性却应当保持足够的清醒,这大概是理性发挥作用的最终边界,也是齐泽克意识形态批判的价值所在。

(三)妥协性批判与解放态度

作为一名后现代哲学家,齐泽克以冷峻、犀利的眼光发现传统意识形态批判的"盲点",重新运用由弗洛伊德开创,经过拉康、弗洛姆等人发展的精神分析法来剖析意识形态,揭示了资本主义社会存在与意识形态运行的纽带和延续的逻辑,从主体之间精神的欲望联系揭开人的关系被物的关系所遮蔽的历史渊源,这一方面的运用,不仅有助于提升我们对意识形态的认知,更为我们把握当代社会生活发展的新动向供给了富有活力的思想资源。

第一,齐泽克拓展了意识形态问题的研究领域,揭示了意识形态背后的心灵机制,有助于我们更好地从心理层面来捕捉自身,寻求改变外部环境以实现自身解放的现实道路。从政治学、心理学、传播学等跨学科的方法来探索意识形态是一大趋势。齐泽克将"欲望"这一心理学概念引入意识形态的生成过程之中,细致地考察了意识形态如何通过激发、压抑主体欲望的手段来控制个体。我们可以将这一运作过程详细表述为:受意识形态询唤——生成意识形态图像——产生要与意识形态图像一致性的欲望——将意识形态图像当作是自我本真欲望的呈现。这一阐释发现了个体通过意识形态这种社会文化现象所建构的认知框架来限定或引导个体体验自己所生活的现代社会的规律,从心理学角度完善了意识形态何以能够在现代社会中发挥巨大效用的机制问题。澄清意识形态的作用机制能够使人们在面临社会症候时自觉地揭示其内在运演逻辑,促动意识形态的批判成为人们自我意识觉醒的动力。这一阐释启示我们:不仅要从政治、经济、文化角度研究人类解放问题,还需进一步加强对现实的行为活动进行心理分析,向人们呈现了批判与揭穿资本幽灵的整体性和社会性规范,促使这种规范形成历史性的症候,合理引导人们从善向美的心理欲望。

第二,齐泽克敏锐觉察到意识形态的深刻转型,回击了当前甚为流行的"意识形态终结"论,指出我们正处于以"非意识形态"的方式来表达、传播意识形态的时代。在当前国际战略格局中,资本主义国家表面上否定意识形态,实则借助资本这一力量企图悄无声息地将自己的意识形态向全球推广。目前西方马克思主义内部就有一种声音,即后现代社会是一个意识形态衰落的社会,统治阶级已经绕过了意识形态,而直接凭借社会生活的自我管控,如经济领域中的失业、薪水、竞争等。然而,齐泽克识破了这一阴谋,深刻地指出将意识形态虚无化的方式不过是另一种意义上的意识形态"设置",就其本质而言,它是通过价值和意义的幻象来倾注意识形态的隐性功能,依然难逃意识形态循环的窠臼。在这一点上,齐泽克与拉克劳等后马克思主义的代表人物不同,他秉持马克思基本的批判立场和价值取向,明确坚决地反对资本主义全球化,并揭示当今意识形态的幽灵性、隐蔽性、流动性趋势,认为意识形态的发展已经进入"后意识形态"的功能阶段,它并非意在引导人们对现实资本主义社会采取消极避世的态度,而是鼓动人们直面社会现实,通过积极的改造实践击穿意识形态的幻象,恢复真实的生活情境。"后意识形态"是对传统意识形态功能的消解,能够使人们意识到在一个系统的暴力结构之中,意识形态功能发挥的复杂性和其"理性的狡计"的真实面相。人们不能被意识形态幻象所"迷惑",而要正视社会矛盾、社会对抗等"实在界"创伤。

齐泽克虽然对当前人类社会境况的批判入木三分,发现生活在当代资本主义社会中的人们意识到意识形态的虚伪性却无法放弃对其依赖的荒谬现象,但未能找到可以超越荒谬现象的切实可行路径。他尝试穿越意识形态幻象,最终却又无可奈何地选择接受并认可意识形态幻象,在后现代社会的背景下,人们的思维意识和行动方式将伴随社会生产的变革而转变,意识形态的存在和作用形式也在不断变化,任何批判和穿越的理论都只能祈祷一定的缓解作用,根本无法使人真正脱离意识形态的束缚,甚至干脆把意识形态当作客观的社会存在。这削弱了他的批判力度,淡化了其意识形态批判中的解放态度,显示出齐泽克理论的内在不足。

第一,意识形态幻象理论存在着自身难以克服的悖论。它一方面把意识形态视为和实在相对立的幻象来抨击,另一方面又淡化甚至取消两者之间的差异,进而将其同化。这样不仅否定了马克思所创立的唯物史观,将其客观的社会存在当成泛化的概念而延伸至意识形态领域,导致人的主体性和能动性对幻象建构起来的社会现实无能为力,而且更难以真正找准人类社会发展进步的动力因素。齐泽克拒斥意识形态分析的表象主义方式,认为意识形态和其扭曲的内容、颠倒的表征关系不大,他对于意识形态的考察不再仅仅停留于虚假意识的层面,而是突出强调意识形态建构社会现实的幻象性,甚至其着眼点就是脱离物质生活的幻象。于是,齐泽克眼中的"社会现实"就"成了一个伦理建构(ethical construction);它由某个'仿佛'支撑"①。他在批判意识形态幻象掩饰对抗性分裂的社会存在的同时,又承认这种对抗性分裂的意义,即它是社会存在的必要条件。"事件作为裂隙和断裂不是指向对某个方面的修修补补,而是指向了对资本主义的整个框架和整个场域的本体论变革。"②同其他后现代思想家一样,齐泽克的意识形态理论表达了对正确认识和穿越幻象力量的坚持,但幻象实际上隐藏了社会现实的真正面貌,一味地批判和穿越幻象也禁锢了他的理论思维,使其在求索穿越幻象的路径中形成了本体论的设定与方法论的探究策略之间的悖论。

第二,齐泽克以把马克思拉康化的方式来研究意识形态,从功能、结构等维度过分扩展意识形态的界限,最终把它泛化成一个和人类社会永恒相伴的文化现象。马克思基于辩证唯物主义和历史唯物主义的方法来分析意识形态,看到被表面美好的资产阶级意识形态所掩盖的背后真正的阶级立场和阶级利益,目的在于让人们认清资本主义社会是一个主客体颠倒的世界。在马克思那里,这种现象的存在是超越资本主义的现实根据。所以,马克思提出意识形态消失的条件是超越资本主义社会的共

① [斯洛文尼亚]斯拉沃热·齐泽克:《意识形态的崇高客体》,季广茂译,中央编译出版社 2014 年版,第 34 页。
② 莫雷:《事件与爱:当代西方激进左翼思潮的本体论重构》,《哲学研究》2020年第 4 期。

产主义的全面实现,是全人类的彻底解放和每一个人的自由发展,指出必须在资本主义社会内部寻找摆脱意识形态对现实世界的虚假反映与掩蔽的方法,在无产阶级领导的革命与建构性实践中实现社会现实发展的科学性与价值性的统一。然而,拉康的"大能指""认同""创伤的内核"等概念却使意识形态问题重新非历史化和形而上学化,最终把意识形态的斗争变成"象征界"与"实在界"之间的永恒冲突,将意识形态批判的着力点聚焦在切断资本主义意识形态批判与政治经济学批判的深层关联,这样就否认了消除意识形态笼罩,实现人类彻底解放的未来社会的可能性。基于这种错误的理论,齐泽克有意无意地为现存资本主义社会进行辩护,并未揭示资本主义本身的固有矛盾,难以把握马克思阐述的资本主义被社会主义、共产主义制度取代的历史必然性以及实现这一理想所需的现实批判与革命的实践,远未达到马克思人类解放思想的高度。

第三,齐泽克虽然对现代社会意识形态的最新形式——犬儒主义给予了精辟的分析,却没有合理阐明其存在的背后根源,更没有真正理解人类当前社会的现实。在齐泽克看来,支撑人们行为的不是对现实的判断,而是越过人的意识恐惧而产生的幻想。因为现代社会面临的一大危机就是知识与真理不再同价值判断相联系,反而与"无意识"亲密相连,知识与真理不再作为行动的精神动力,因此人们心甘情愿接受意识形态营造的梦幻世界。然而,真正的解放不在于词句中、也不在于幻觉中,而是人们能够在现实生活中摆脱各种束缚,成为自身命运的主人。齐泽克对意识形态批判是一种强调符号形式优于现实内容的逻辑论述,否定了意识形态得以存在的客观内容,偏离了马克思主义内容大于形式的基本立场,致使他未能指明超越意识形态幻象的现实途径,只能得出"意识形态永恒在场"的结论。

作为崇高客体的"意识形态幻象"虽然在主观上迎合了现代人的欲望,但能否将其完全指认为一种由无意识主导的行为呢?答案是否定的。在意识形态的方法论维度上,齐泽克强调的是具有审美与伦理色彩的"穿越"策略和精神分析方法,将人对意识形态的作用置于幻象制造的框架内,最终削弱了意识形态的批判功能和人的革命实践力量。而马克思强调的是具有历史唯物主义精神的实践批判和改造、建构的方法,以及意识形态的物质性和社会性的区别及其与主体认同之间的复杂关系,这就导致马克思与齐泽克各自理论发展具有截然不同的命运。

第三节　西方马克思主义的理论性质

西方学者对马克思的人类解放思想进行了文化哲学阐释与政治哲学解读。其中,有些学者我们可以把他们纳入西方马克思主义的行列,如卢卡奇、葛兰西、布洛赫、马尔库塞、列斐伏尔等。在马克思主义发展的历史长廊中,西方马克思主义无疑是一道独特的理论景观。这道景观随着我国的对外开放正式进入了中国学者的视野。40多年来,它以独有的话语体系和犀利的思想锋芒,刺激着中国学者的理论神经。一次次研讨与争鸣,一本本译作与著作,成果不可谓不丰。然而"中国语境中的西方马克思主义"在当今仍然是一个疑窦丛生的问题性存在——西方马克思主义的基本性质、理论特质、学科边界、问题核心、历史与逻辑的主脉等基本问题既没有形成整体性的认识,也没有达成共识性的见解。这种状况也许源于西方马克思主义自身的复杂性。独立细致的专业化研究是必要的,但如果缺乏问题逻辑和整体意识,不自觉地将某一部分或某一方面的西方马克思主义的主题视为中国马克思主义研究的正题,就会出现认识上的偏差。

一、西方马克思主义的理解前提

西方马克思主义的理论性质,之所以是一个无法跨越的理论环节,就在于这是理解西方马克思主义的首要前提。

作为西方马克思主义的奠基者之一,柯尔施在1923年发表了《马克思主义和哲学》的长篇论文。在该文中,柯尔施尖锐地批判了第二国际理论家的"正统马克思主义",并间接地批评了列宁的一些观点。因此,该文一发表就受到了共产国际的严厉指责。但柯尔施没有因此而放弃自己的观点,反而进一步扩大了批评的范围。1930 年,他发表了《关于"马克思主义和哲学"问题的现状——一个反批判》的论文(此文作为增补材料附在 1930 年重版的《马克思主义和哲学》一书之后),对《马克思主义和哲学》发表之后所遭到的批判进行反驳。在反驳中他指出了这样一个"现状":1923 年卢卡奇的《历史与阶级意识》和他自己的《马克思主义和哲学》问世以后,一个富有创造性的哲学派别从马克思主义内部诞生了。这个派别的诞生使得马克思主义阵营内出现了对立的两派:一派是以考茨基为代表的马克思主义旧正统派和俄国列宁主义新正统派的联盟;另一派是以卢卡奇和他本人为代表的当代无产阶级运动中带有批判性的理论趋向。柯尔施坦承了这两个派别的对立性,他说,"我们这些西方共产主义者形成了共产国际自身内部一个敌对的哲学流派"①。这里的"西方共产主义",就是他后面所说的"西方马克思主义"。在该文中,柯尔施不止一次地使用了"西方马克思主义"这个新概念。

柯尔施使用的西方马克思主义概念,具有内涵和外延上的明确性。从内涵上看,柯尔施所说的西方马克思主义,是指与"正统马克思主义"相对立的一股"理论趋向"。这股"理论趋向"在论及俄国革命、西欧各国革命的成败等问题上,认为俄国革命的成功经验不适用于西欧及整个西方。在列宁主义所指导下的俄国革命主要是在东方的特殊历史条件下进行的,西方革命要想取得成功,必须结合西方文化的特点,从马克思哲学中挖掘强调辩证法的黑格尔主义源头,把总体性革命特别是主观意识革命置于重要地位,决不能像"正统马克思主义"那样,用旧的形而上学代替辩证法,导致马克思主义自然化与实证化。从外延上看,柯尔施所说的西方马克思主义,是指植根于西欧大陆各国尤其是德国、法国和意大利等国的马克思主义,它的代表人物主要有卢卡奇、柯尔施等。可见,柯尔施的西方马克思主义概念在意义上是明晰

---

① [德]卡尔·柯尔施:《马克思主义和哲学》,王南湜、荣新海译,重庆出版社 1989 年版,第 72 页。

的,不存在逻辑上的混乱。但是,这个概念在提出之后的 20 多年里,一直没有引起人们的关注。

直到 1955 年,法国存在主义哲学家梅洛·庞蒂出版了《辩证法的历险》一书,西方马克思主义概念才开始流传开来。在《辩证法的历险》一书中,梅洛·庞蒂把西方马克思主义作为第二章的主题进行了专门的讨论。尽管他没有对西方马克思主义概念做出直接的说明,也没有指明哪些人的理论属于他所说的西方马克思主义,但从他的有关论述得知,他所说的西方马克思主义,是指以卢卡奇的《历史与阶级意识》一书开始的、同第三国际的马克思主义特别是同列宁主义相对立的理论。这种理论突出强调主体能动作用的历史辩证法,把恩格斯的自然辩证法看成是其对立面;突出强调"意识形态理论",为意识和意识形态恢复地位;突出强调"实践哲学",把阶级意识等同于实践;突出强调"历史相对主义",注重偶然性的历史作用;等等。显然,梅洛·庞蒂是从思想路线的角度论证了西方马克思主义同列宁主义的对立。据此,可以把梅洛·庞蒂的西方马克思主义概念看成是对柯尔施西方马克思主义概念的沿用,只不过在具体用法上略有差别而已。

如果说柯尔施与梅洛·庞蒂的西方马克思主义概念属同一种用法,那么英国新左派理论家佩里·安德森的西方马克思主义概念则是另一种用法。1976 年,安德森出版了一本题为《西方马克思主义探讨》的小册子。在这本书中,"安德森是从马克思主义发展史的角度界定其西方马克思主义概念的"[1]。在安德森看来,马克思主义诞生以后的历史继承表现为几代人的更迭:第一代马克思主义的直接继承者是拉布里奥拉等四人,他们都来自"落后的东欧或南欧地区"[2];第二代马克思主义继承者包

---

[1]　段忠桥:《试析徐崇温的"西方马克思主义"概念的逻辑矛盾》,《吉林大学社会科学学报》2004 年第 3 期。

[2]　[英]佩里·安德森:《西方马克思主义探讨》,高铦、文贯中、魏章玲译,人民出版社 1981 年版,第 12 页。

括列宁等七人,他们"毫无例外地都来自柏林以东的地区"①;第三代马克思主义继承者(其理论具有了与第一、二代继承者完全不同的崭新学术结构)包括卢卡奇等13位新一代理论家。第三代马克思主义继承者有一个地域上的显著特点——他们"都来自更远的西部"②。正因为如此,安德森继续使用了梅洛·庞蒂用过的术语,把他们称作"西方马克思主义"。

但显而易见的是,安德森的西方马克思主义概念与梅洛·庞蒂的西方马克思主义概念在用法上是很不相同的。前者从马克思主义发展史的角度把西方马克思主义界定为第三代马克思主义者的理论,后者从思想路线的角度把西方马克思主义界定为与列宁主义相对立的理论。安德森是从外延的角度来界定西方马克思主义概念的,而梅洛·庞蒂则是从内涵的角度来界定这一概念的。从逻辑上讲,这两种界定概念的方法都是有效的,都能从特定的角度明确概念的意义。但是,仅从外延的角度或仅从内涵的角度来界定概念,都会带有某种程度的局限性。在很多情况下,仅从内涵的角度来界定概念,其外延会比较模糊;同样仅从外延的角度来界定概念,其内涵会比较模糊。梅洛·庞蒂的西方马克思主义概念,有比较清晰的内涵,但外延不甚明确;而安德森的西方马克思主义概念,有比较清晰的外延,但内涵却模糊不清。如何克服这种片面性? 一个现存的且合乎逻辑的办法就是:将梅洛·庞蒂与安德森二者的用法结合起来,先从内涵的角度进行定义,再从外延的角度进行划分。

中国学者徐崇温先生的关于西方马克思主义概念就是这样界定的。作为国内研究西方马克思主义的先驱,徐崇温在1989年出版的《"西方马克思主义"论丛》一书中指出,西方马克思主义"在政治方面,它在对现代资本主义分析和社会主义的展望上,在革命的战略和策略等问题上,提

---

① [英]佩里·安德森:《西方马克思主义探讨》,高铦、文贯中、魏章玲译,人民出版社1981年版,第15页。

② [英]佩里·安德森:《西方马克思主义探讨》,高铦、文贯中、魏章玲译,人民出版社1981年版,第38页。

出了不同于列宁主义的见解,在哲学方面,它提出了不同于恩格斯、列宁的辩证唯物主义和历史唯物主义的见解,而主张按现代西方哲学中某些唯心主义流派,首先是黑格尔主义的精神,以后还有弗洛伊德主义、存在主义、新实证主义、结构主义以及分析哲学的精神,去解释和发挥马克思主义,以'重新发现'马克思原来的设计"①。

上述表达包含了内涵与外延的双重规定。其中,"不同于列宁主义的见解""不同于恩格斯、列宁的辩证唯物主义和历史唯物主义的见解",作为西方马克思主义的特有属性或本质属性,构成了这个概念的内涵;而"黑格尔主义、弗洛伊德主义、存在主义、新实证主义、结构主义以及分析哲学"等流派的马克思主义,作为对西方马克思主义的划分,则构成了它的外延。很明显,徐崇温先生是把梅洛·庞蒂的内涵定义与安德森的外延定义结合起来了。这种结合本来是很自然的事情,而问题在于,梅洛·庞蒂的西方马克思主义概念与安德森的西方马克思主义概念并不是同一个概念,或者说,前者所揭示的内涵与后者所揭示的外延分属于两个不同的概念。这两个不同的概念尽管具有相同的语词形式(这是十分常见的语言现象),但它们却不能很好地吻合,因为它们所指称的对象之间只是交叉关系而不是全同关系。将这样的两个概念捏合在一起,必然造成意义上的混乱,造成内涵与外延上的不一致。②

意识到西方马克思主义定义的困难,徐崇温先生在其 2000 年主编的《西方马克思主义理论研究》一书中,没有再给这一概念作出明确的定义。国内其他研究西方马克思主义的学者,也都非常谨慎地对待这个问题,没有轻易给出"西方马克思主义"的定义。俞吾金、陈学明主编的《国外马克思主义流派》一书,就没有关于西方马克思主义概念的明确定义;张一兵、胡大平的《西方马克思主义哲学的历史逻辑》一书,也只有大致的背景描述,没有严格的性质界定。这样做确实避免了某种不必要的麻

---

① 　徐崇温:《"西方马克思主义"论丛》,重庆出版社 1989 年版,第 2—3 页。

② 　参见段忠桥:《试析徐崇温的"西方马克思主义"概念的逻辑矛盾》,《吉林大学社会科学学报》2004 年第 3 期。

烦,但它同时又引发出另外一个问题:没有西方马克思主义的明确定义,我们该怎样认识西方马克思主义的性质呢? 这两个问题显然是同一个问题的两个不同方面,解决了其中一个,另一个也就迎刃而解了。

二、认识西方马克思主义性质的核心问题

上面的考察没有得出具体的结论,只是明确了如下的事实:西方马克思主义是难以精确定义的。问题是,这一事实背后的原因是什么? 学术界对此的普遍看法是:西方马克思主义不是统一的思潮,而是一场多线索多形态的、内容庞杂的理论运动。不难想象,给这样一个复杂的理论"织体"下一个严格的学术定义是困难的,难怪有人因此怀疑西方马克思主义概念本身的合法性。[①] 一个"不统一"的现象却获得了一个"统一"的名字——西方马克思主义,并且广为流传,这一现象本身就很值得人们深思。然而要真正思考这一现象必须借助"他山之石",这不能不使人想起维特根斯坦的"家族相似"理论。

"家族相似"理论是作为共相理论的对立面出现的。人们想当然地认为一些事物之所以归在一个语词之下是因为它们具有某种共同的属性。维特根斯坦以"游戏"为例否定了这一观念。他指出种种游戏并没有共同的属性。娱乐性不是游戏的共同属性,因为激烈的棋类比赛并不具有娱乐性;竞争性也不是游戏的共同属性,因为单人纸牌游戏或单人球类游戏也不具有竞争性……总之,在"游戏"这类事物中根本就找不到一个贯穿所有成员的共同之处,有的只是家族相似,即其中一些和另一些有相似之处,另一些又和其他的一些有相似之处,如此等等。维特根斯坦说:"我想不出比'家族相似'更好的说法来表达这些相似性的特征;因为家族成员之间的各式各样的相似性就是这样盘根错节的:身材、面相、眼睛的颜色、步姿、脾性,等等,等等。——我要说:各种'游戏'构成了一个

---

① 参见杜章智:《"西方马克思主义"是一个含糊的、可疑的概念》,《马克思主义研究》1988 年第 1 期。

家族。"①

　　维特根斯坦的"家族相似"理论因其强烈的反本质主义倾向而受到一些学者的诟病，这是十分正常的。因为共相观念的巨大惯性，不可能使人完全放弃对本质的追求。但另一方面，家族相似的存在也不容否定。为了克服这一矛盾，人们对维特根斯坦的"家族相似"理论进行了批判性拓展，提出了"建构型的反本质主义"的理论，这种理论主张在家族相似的基础上仍然可以寻找事物的本质，并指明了寻找本质的基本方法。这些方法主要有三种：第一，以各个成员的共有属性为本质；第二，以多数成员具有的属性为本质；第三，以众多属性中的核心属性为本质。所谓核心属性也就是具有典型意义的属性，它最能代表该类事物的本质。这种属性往往不是所有成员共同具有的，甚至也不是多数成员所具有的，很多情况下可能只为少部分成员所具有。核心属性在典型事例中显示得最为突出。因此，典型分析对于确认一类事物的本质具有非常重要的意义，决定了探讨的形式和特征。②

　　西方马克思主义作为一个不够统一的理论思潮无疑也是一个家族相似。也正因为如此，西方马克思主义的性质问题即西方马克思主义与马克思主义的关系问题，一直是一个处于争论中的问题。有学者主张干脆绕过这一问题，去进行具体的理论研究。这当然不失为一个有用的策略，但这一策略显然只是权宜之计而不是长久之计。其实，如果换一个角度，站在家族相似的立场上，并借鉴"建构型的反本质主义"所提供的方法去探求西方马克思主义的本质，我们会发现，这个问题的解决并不那么困难，因为基于家族相似的求本质的方法并不指望找到所有成员共同具有的"普遍本质"，它所要把握的只是那些具有典型意义的"区别性特征"。

---

① ［奥］维特根斯坦：《哲学研究》，陈嘉映译，商务印书馆 2016 年版，第 36 页。
② 参见张志林、陈少明：《反本质主义与知识问题——维特根斯坦后期哲学的扩展研究》，广东人民出版社 1995 年版，第 47 页。

　　这一视角转换的效果是明显的。因为西方马克思主义的区别性特征——它与"正统马克思主义"特别是与列宁主义的区别,从一开始就是一个公认的事实,柯尔施和梅洛·庞蒂在使用"西方马克思主义"概念的时候早就揭示出来了。柯尔施和梅洛·庞蒂的"西方马克思主义"概念所抓住的正是西方马克思主义的区别性特征,它集中体现在早期代表人物卢卡奇、柯尔施和葛兰西等的理论中。

　　这一结论蕴含着历史的视角。众所周知,柯尔施和梅洛·庞蒂最初提出这一概念的时候,西方马克思主义作为一股新的"理论趋向"还处在早期发展阶段,它的内部是统一的、同质的。因此,在柯尔施和梅洛·庞蒂那里,"西方马克思主义"这一概念所反映的,乃是这一思潮的"共同属性"或"多数成员具有的属性"。随着时间的推移,新的流派开始增加,各种不同旗号的理论开始出场。当阿尔都塞、德拉·沃尔佩等人举起"科学主义"大旗的时候,西方马克思主义内部更是出现了分化。早期代表人物所具有的个性鲜明的区别性特征,在"众声喧哗"的历史舞台上逐渐被遮蔽起来了。但是,这并不表明它就此退出了历史舞台;恰恰相反,它在历史与逻辑的统一中被深深地积淀在了历史的底部,成了这个理论思潮的"硬核"。这就类似树木的年轮,越是早出现的越是占据"核心"位置,一切后来者都只能围绕这个"核心"扩展自己,尽管它们会越来越远离这个"核心",但却不会完全脱离它。我们可以得到启示:西方马克思主义这个家族相似,尽管理论流派纷呈复杂,但绝不是一盘散沙。在这个家族内部,有一个具有统摄作用的理论"核心",这就是早期代表人物卢卡奇、柯尔施和葛兰西等的理论。究其所以占据"核心"地位,除了因为他们是西方马克思主义的奠基者,更重要的是他们的理论给这个思潮定下了一个"基调"。正是这个"基调"使得西方马克思主义成为一个"家族",也正是这个"基调"使得一个"不统一"的思潮获得了一个"统一"的名字——西方马克思主义。

　　西方马克思主义这种"形散而神不散"的特性,给我们把握它的性质带来了困难,同时也提供了可能。问题的关键在于,必须在庞杂的外表下

抓住其具有统摄意义或典型意义的"核心",只有这样,性质问题才能得
到解决。目前,我国学术界在经过了广泛的讨论之后,对西方马克思主义
的性质问题即西方马克思主义与马克思主义的关系问题做出了三种不同
的解答。第一,认为西方马克思主义是非马克思主义;第二,认为西方马
克思主义是发展了的马克思主义;第三,认为不能笼统地定性,必须针对
不同人物、不同时期进行具体分析。比较分析三种观点,前两种观点是对
立的,第三种观点具有"折中"的性质。

　　究竟应该怎样认识西方马克思主义的性质? 根据上面提供的思路可
以证明,把西方马克思主义笼统地定性为马克思主义或非马克思主义都
是片面的。西方马克思主义作为一个家族相似,不存在贯穿所有成员的
共同属性。只要对西方马克思主义的具体人物及其思想稍加分析,我们
就能清楚地看出这一点。例如,卢卡奇从 1918 年参加匈牙利共产党直至
生命的最后一息,始终坚持对马克思主义和社会主义的信念,他的《历史
与阶级意识》一书就是用马克思主义辩证法阐述了阶级意识在历史发展
中的作用,因而他被很多人誉为"现代马克思主义的典范";葛兰西是意
大利共产党的创始人之一,1926 年被法西斯监禁,在狱中继续坚持探索
革命真理,写出了《狱中札记》这部优秀的理论著作,无疑也是杰出的
马克思主义者;柯尔施 1920 年加入德国共产党,曾是德共的意识形态
领导人,他的《马克思主义和哲学》一书是想把马克思主义应用于对哲
学和革命的理解,其理论框架总体上是马克思主义的,只是后来由于各
种原因脱离了共产主义运动,从一个马克思主义者变成了非马克思主
义者;梅洛·庞蒂是法国存在主义哲学家,他宣称要用马克思主义观点
来分析社会和文化,但他对马克思主义的解释大多是歪曲的;科莱蒂是
德拉·沃尔佩的学生,也是新实证主义学派最出众的成员,他于 1950
年加入意大利共产党,1964 年退出,后来成为公开的反马克思主义者;
至于法兰克福学派,最初大多都是马克思主义者,但在 20 世纪 40 年代
以后,某些理论家越来越远离了马克思主义的观点……由此可知,在西
方马克思主义思潮内部,不同流派、不同人物甚至同一人物的不同时

期,其思想倾向、政治态度都存在着很大的差别。因此,若进行"一揽子"评价,无论是把他们笼统地归入马克思主义还是归入非马克思主义,都是失之偏颇的。

据此,是否意味着我们只能接受第三种观点?是否意味着我们只能针对具体的理论做出具体的分析,而不能对西方马克思主义思潮做出整体性评价?当然不是。根据上面提供的思路,西方马克思主义的整体性质是可以评价的。既然西方马克思主义是一个具有理论核心的家族相似,这一核心统摄整个"家族",那么西方马克思主义的整体性质应该从这个核心来得到说明。前面已经指出,在西方马克思主义思潮中占据核心位置的,乃是其早期代表人物卢卡奇、柯尔施和葛兰西等的理论。这些人的理论观点、政治倾向除个别之外都可以纳入马克思主义的范畴,都符合马克思主义的基本精神。因此,我们有理由得出结论:西方马克思主义从"总体上"说是马克思主义而不是非马克思主义。这一结论显然具有统计学的意味,它是基于统计推理而不是演绎推理的结果,它没有排除西方马克思主义思潮中存在着非马克思主义的成分,但不意味着这些成分具有代表性从而可以决定整个"家族"的性质;恰恰相反,这些成分只是非典型意义上的"特例",它们在"正态分布"中处于边沿位置。

把西方马克思主义纳入马克思主义的范畴,除了事实的依据之外,还有一个逻辑上的理由。如果"西方马克思主义是非马克思主义"这个命题成立,那么只能这样进行理解:西方马克思主义不是我们所说的马克思主义。但问题是,"我们所说的马克思主义"就是真正的马克思主义吗?这显然不是一个不证自明的前提,相反,它还处于争论之中。以这样的前提为出发点,其结论必然是可疑的。因此,"西方马克思主义是非马克思主义"的观点蕴含着逻辑上的困难,它不是一个逻辑自洽的命题,它与"白马非马"的命题如出一辙,把普遍性与特殊性割裂开来了。其实,无论是从逻辑自洽还是从"名实相符"的角度来看,西方马克思主义都只能是马克思主义。这个命题既合乎逻辑又合乎直观。

三、西方马克思主义思潮的边界

前面列举的那些西方马克思主义的定义中,柯尔施和梅洛·庞蒂的定义是值得推崇的。因为他们的定义是基于"典型特征"或"区别性特征"的意义上作出的,它抓住了西方马克思主义这个"家族"的"核心属性",从而在"总体上"揭示了它的本质特征。据此,柯尔施和梅洛·庞蒂的西方马克思主义概念具有较强的科学性。但是,正如前面所指出的,柯尔施和梅洛·庞蒂是从内涵的角度来界定西方马克思主义概念的,他们的定义并没有明确其外延,我们从中不能看出西方马克思主义思潮的边界在哪里。这不能不说是一个逻辑上的缺陷。

因此,必须在明确其内涵的基础上进一步明确它的外延。概念的外延由概念的内涵所决定,一个概念的内涵确定了,其外延也就随之确定。但是,西方马克思主义这个概念似乎不那么简单,即使阐明了它的内涵,其外延仍然难以把握。问题在于:20 世纪 70 年代以后在英美兴起的马克思主义思潮是否属于西方马克思主义范畴? 这个问题之所以会引起争议,归根到底还是基于同样的原因——西方马克思主义不是一个统一的理论思潮,而是一个家族相似。家族相似的复杂性特征决定了它的内涵难以精确定义,同时也造成了它的外延难以明确划分。西方马克思主义究竟包括哪些流派? 不同的学者有不同的看法。徐崇温先生在 2000 年出版的《西方马克思主义理论研究》一书中指出,如果按照思想路线来划分,西方马克思主义大致上可划分为五个流派,即以卢卡奇、柯尔施、葛兰西、布洛赫等为代表的黑格尔主义的马克思主义;以赖希、马尔库塞和弗洛姆为代表的弗洛伊德主义的马克思主义;以梅洛·庞蒂、萨特、高兹和列斐伏尔为代表的存在主义的马克思主义;以德拉·沃尔佩和科莱蒂为代表的新实证主义的马克思主义;以阿尔都塞和普兰查斯为代表的结构主义的马克思主义。俞吾金和陈学明先生在 2002 年出版的《国外马克思主义哲学流派新编·西方马克思主义卷》一书中,除了论述上述流派之外,还把分析的马克思主义、生态学的马克思主义、马克思主义的批判学派和后马克思主义等最新流派纳入西方马克思主义范畴中予以论述。该书前后共涉及 32 位作者的 87 部著作,可谓视野开阔、取材宏富。张一兵和胡大平先生在 2003 年出版的《西方马克思主义哲学的历史逻辑》一书中,则以安德森所说的"原本的西方马克思主义"为主要论述对象,同时兼顾了东欧"新马克思主义"、分析学派的马克思主义。至于 20 世纪 70 年代以后兴起的各种马克思主义思潮,张一兵、胡大平先生则将它们排斥在西方马克思主义范畴之外而以"晚期马克思主义""后现代的马克思主义"和"后马克思思潮"等概念来标识,因为在他们看来,从 20 世纪 60 年代阿多诺出版《否定辩证法》开始,作为一种哲学理论逻辑的西方马克思主义思潮已经终结了。①

可见,西方马克思主义的对象问题与其性质问题一样,也是一个争议颇多、悬而未决的问题。这个问题可以从现象和本质两个方面来看。从现象上看,西方马克思主义的对象问题集中表现为"20 世纪 70 年代以后兴起的各种马克思主义思潮是否属于西方马克思主义范畴";从本质上看,西方马克思主义的对象问题可以理解为"西方马克思主义思潮是否有一个明确的边界",如果有,这个边界是什么,如果没有,应如何把握西方马克思主义的对象。显然,本质的方面具有决定性意义,本质的问题解决了,现象的问题也就相应地解决了。因此,必须从"边界"问题着手来解决对象问题。

西方马克思主义思潮究竟有没有一个明确的边界?这个问题和家族相似问题是联系在一起的。如果西方马克思主义思潮不是一个家族相似而是经典意义上的"封闭集合",那么其对象问题就不是一个问题,它直接蕴含在概念的内涵之中,而内涵明确了,其外延或对象也就随之明确了。但现在的情况是,即使给出了西方马克思主义的基本内涵,其外延仍然不甚清晰。这正是家族相似的典型特征。对此,维特根斯坦在阐述家

---

① 参见张一兵、周嘉昕:《如何理解"西方马克思主义的逻辑终结"? ——兼答汪行福教授的质疑》,《学术月刊》2006 年第 10 期。

族相似的外延问题时,曾以"数"为例说过这样一段话:"我可以照这样给'数'这个概念划出固定的界线,即用'数'这个词来标示一个具有固定界线的概念;但我也可以这样使用它:即这个概念的范围并不被一条界线封闭。而我们正是这样使用'游戏'一词的。因为我们怎么把游戏的概念封闭起来呢? 什么东西仍算作游戏,什么东西不再是游戏呢? 你能说出界线来吗? 不能。"①

"游戏"之类的家族相似,其外延不存在明确的边界而是具有一定程度的模糊性和开放性,这种开放性决定了家族相似的成员不是固定不变的而是可以增加的,就像"游戏"的种类越来越多一样。西方马克思主义思潮正是这样一种"开放集合",它的成员从卢卡奇、柯尔施和葛兰西开始一直处在扩展之中。尽管 1966 年阿多诺《否定辩证法》的出版和 1968 年法国"五月风暴"的发生使这一思潮有了"断裂"的痕迹从而被部分学者指认成思潮本身的"逻辑终结"②,但我们确实很难以此为界线把西方马克思主义封闭起来并圈定一份精确的对象名单,因为在 20 世纪 70 年代之后,"西方马克思主义"的身影依然飘浮在西方世界特别是英美国家的理论园地,它们像幽灵一样挥之不去,问题只是给这些"身影"以怎样的命名,是依然如故的"西方马克思主义",还是赋予它们以"晚期马克思主义"或"后现代的马克思主义"等新的名称。

这就表明,西方马克思主义的对象问题不是如何"制造"边界的问题,而是如何"处理关系"的问题——那些远离中心的"新生代"究竟还是不是这个家族的成员,它们作为"远亲",我们还要不要把它们纳入西方马克思主义的谱系之中? 这个问题的关键不在于"英美马克思主义"和"西方马克思主义"之间的关系,而在于看问题的视角。因为英美马克思主义本身也不是一个统一的思潮,它的内部包含众多不同的理论派系,它与西方马克思主义之间的关系是极其复杂的,无论我们怎样分析和比较,

---

①　[奥]维特根斯坦:《哲学研究》,陈嘉映译,商务印书馆 2016 年版,第 36 页。

②　参见张一兵、周嘉昕:《如何理解"西方马克思主义的逻辑终结"? ——兼答汪行福教授的质疑》,《学术月刊》2006 年第 10 期。

我们所能看到的都只能是无尽的"重叠和交叉",不可能发现一种具有逻辑说服力的线性关系。因此,英美马克思主义究竟属不属于西方马克思主义就不是一个事实问题而是一个价值问题,在此出现分歧是不可避免的。上述新旧名称的选择就是对这个问题的两种不同的回答。如果继续以"西方马克思主义"来指称20世纪70年代以后出现于英美国家的马克思主义,这就意味着承认了那些"远亲"还是"西方马克思主义"家族的成员;相反,如果赋予它们以新的名字,则表明它们已被排斥在这个家族之外。俞吾金、陈学明等学者的观点显然属于前者,而张一兵、胡大平等学者的观点则无疑属于后者。

对于这种相互冲突的观点,我们很难找到充足的理由去驳斥某一方而支持另一方。我们所能做到的就是调整观察的视角,即通过增加或减少概念的内涵来缩小或扩大概念的外延。具体地讲,如果不在"反对列宁主义""植根于西欧大陆"以及"局限于哲学领域"等意义上使用西方马克思主义概念,而只是把它看成是西方自称为马克思主义的思想家所提出的不同于传统马克思主义的理论思潮,则西方马克思主义概念的外延是可以很宽泛的,它涵盖20世纪70年代以后出现于英美国家的马克思主义是不成问题的。国内近年来的研究成果表明,这种超出"原本的西方马克思主义"意义上的宽泛用法正在被越来越多的学者所接受,大部分的学者默认了这种约定俗成的用法从而不再为对象问题纠缠不休。应该说这是目前西方马克思主义研究中的一个明智之举,我们不能死守过去的用法而无视西方马克思主义本身的发展。西方马克思主义作为一种思潮超越时空的限制而发展自己,必然会有时空上的起点但不必然局限于这个起点,以这个起点的名字命名很大程度上是一种偶然的选择。柯尔施和梅洛·庞蒂当初完全可以不用"西方"这个地域性名词作修饰语而选用别的修饰语,比如某个代表其理论特质的修饰语。

当然,西方马克思主义的"家族成员"之间理论上还是存在着一定的逻辑差异的。比如,早期西方马克思主义的兴起部分缘于认为西欧革命失败的根源在于无产阶级缺乏革命精神,而这恰恰是由商品经济所产生的物化意识和资产阶级的意识形态所造成的,因而特别突出意识形态斗争和发挥马克思主义哲学批判性功能的重要性;后马克思主义则在后现代主义理论的激发下,认为传统的马克思主义理论已经遭遇到了"一场突如其来的历史巨变"的挑战,需要积极地利用后结构主义和后现代主义理论来重建现代政治,且主张从"霸权"概念出发,对马克思主义传统作批判性的解构。这就从问题意识到理论构建上都与早期西方马克思主义存在着巨大的不同。此外,西方马克思主义不仅流派之间存在理论逻辑差异,而且在不同的资本主义阶段上也存在着理论差异。如詹姆逊所言,"从晚期资本主义的现行制度,从后现代性,从曼德尔划分的信息或跨国资本主义的第三阶段产生的各种马克思主义(各场政治运动以及知识和理论的抵抗形式),必然会不同于现代时期,即第二阶段,也即帝国主义时期产生的马克思主义。它们与全球化拥有一种截然不同的关系,而且,与早期马克思主义相比,也似乎更具文化性,从根本上转向迄今人们所知的商品物化和消费主义等现象"①。虽然在发展的不同阶段上及其在各个不同流派之间固然存在理论逻辑上的差异,但西方马克思主义作为一个"家族相似",总体上却享有共同的"理论特质",即早期西方马克思主义者的"遗传基因"。

总之,"西方马克思主义"不能被视为是一个地域性概念,而应当被视为是一个"家族相似"。当这股思潮跨越空间的限制蔓延到西欧以外的地区时,我们不能人为地剪断它们与这个家族的联系,而应该以新的视角打量它们的理论特质,审视它们的理论躯体中是否还含有早期西方马克思主义者的"遗传基因",如果有,我们就得承认它们是这个家族的成员;如果没有,就不能勉强将它们纳入这个家族的谱系之中。以这种实事求是的态度建立起来的西方马克思主义谱系,就不会存在对象问题上的混乱。当然,这是一件具体而细致的工作,需要脚踏实地的实证精神,需

① 王逢振主编:《詹姆逊文集》第 1 卷,陈永国等译,中国人民大学出版社 2015 年版,第 314—315 页。

要众多理论工作者的长期努力,唯其如此,西方马克思主义的对象问题或边界问题才能得到正确的解决。

四、西方马克思主义对总体性统治的反叛

20世纪以来,西方社会发生了各种各样的政治和社会变革运动,社会发展呈现出急剧转型的态势,尤其是第二次世界大战之后,以法国1968年的"造反运动"为起点,西方发达工业社会进入了一个新的发展时期,后现代主义、新社会运动、苏东剧变、全球化浪潮、全球生态危机等等一系列社会新景观接踵而至,标志着"晚期资本主义""后工业社会""后危机时代"的来临。面对新的社会发展现象,西方马克思主义者怀抱着实现人类解放的理想,号召"回到马克思",要求"复兴"和"重建"真正的马克思主义以求解释和解决新时代的社会问题。就此而言,以卢卡奇、葛兰西等人为代表的西方马克思主义者对马克思人类解放思想的研究与探讨绝不仅仅是出于学术上的兴趣,而是始终抱有并保持试图改变社会生活、实现人类解放的"实践的旨趣"。他们对马克思人类解放思想的研究与探讨,无论是肯定或是否定,支持或是诋毁,都是在思考和探索马克思所创立的人类解放思想的不同实现方式。

自卢卡奇以来,西方马克思主义始终秉持批判的品质,既批判西方发达工业社会又批判苏联社会主义模式,试图探求一条既超越西方资本主义社会又不同于现实社会主义模式的人道主义的"社会主义道路"。他们在深入地研究西方发达社会的特征和批判地反思苏联社会主义模式弊端的基础上,从理论上改造了马克思人类解放思想的叙事结构,从而提出了独到别样的实现方式,大致呈现出以下方式取向:从革命实践到文化政治、从无产阶级到多元主体以及从科学社会主义到现代乌托邦精神。

(一)从革命实践到文化政治

在马克思人类解放思想的叙事结构中,历史唯物主义所揭示的社会历史发展规律表明,工人阶级的革命实践运动是实现人类解放的主体力量和必要条件,工人阶级的历史使命是通过革命实践夺取资本主义政权,

建立无产阶级专政,从而实现社会使命与自身解放。然而,随着全球化的发展及资本主义制度自身的改善,资本主义社会的经济危机和崩溃逻辑并没有如马克思所预言的那样如期而至,西方发达国家的工人阶级革命实践不断遭遇失败,工人阶级的革命意识逐渐衰退,通过革命夺取政权的现实可能性也不断向后推延。对这一社会发展现象,西方马克思主义并没有从经济全球化与资本主义经济结构特质的视角来反思与考察,而是将批判的矛头从经济基础转向上层建筑,从文化政治的角度来思考无产阶级革命的问题,卢卡奇的无产阶级意识、葛兰西的文化领导权开了这一"先河",其后法兰克福学派的工具理性批判、詹姆逊的文化政治学、拉克劳和墨菲的激进民主理论都是对"先河"传统的承续。

西方马克思主义认为,资本主义制度实行的是总体性的统治,它对工人阶级的统治不仅表现在经济政治上,而且表现在价值理念、思想文化等意识形态上,甚至遍及日常生活的每一方面。因此,早期的西方马克思主义注重从文化政治和意识形态的角度为无产阶级革命与政权模式定位,认为实行无产阶级革命必须实行以意识形态革命、哲学文化革命为先导的总体性革命。在他们看来,西方发达国家不可能像俄国那样实行暴力革命、武装夺取政权,而只能采取渐进的思想文化革命、微观技术革命或社会批判斗争。后马克思主义的新的历史叙事则将传统的以革命实践、阶级斗争为主轴的对抗性社会叙事完全掩盖与抹杀,取而代之的是文化意识形态的话语革命。西方马克思主义将马克思人类解放思想的叙事结构所诉求的革命实践运动改造成为一种只是满足于对革命策略的逻辑论证、告别阶级政治的纯粹知识学问题,割裂了理论探究与现实运动的深刻关联。法国哲学家雷蒙·阿隆一针见血地指出,这是"使哲学教师资格获得者能在这种学说中同时找到一种革命憧憬的实现和一种纯属精神上的满足"①。

（二）从无产阶级到多元主体

虽然西方马克思主义号召"复兴"和"重建"马克思的历史唯物主义,

---

① ［法］雷蒙·阿隆:《想象的马克思主义:从一个神圣家族到另一个神圣家族》,姜志辉译,上海译文出版社 2012 年版,第 123 页。

但自卢卡奇和葛兰西开始,对历史唯物主义的"重建"却隐含了对历史唯物主义关注方向的转移。作为马克思人类解放思想叙事结构的核心方法论,历史唯物主义彰显的是对社会现实的澄明和革命改造,它既揭示出人类解放的过程是一个自然历史进程,又指明了无产阶级在人类解放运动中的主体性作用。然而,西方马克思主义将人类解放的方式从无产阶级的革命实践转移到文化政治斗争,使得通过无产阶级的革命运动实现政治解放、社会解放和劳动解放的多向度解放形式也就被贬低为一套空洞过时的理论说辞,这就间接地否定了无产阶级的历史主体地位和历史唯物主义的双重属性。

在卢卡奇看来,马克思把人类解放置于人的主体意识与创造之中,马克思人类解放思想的精神实质就是总体性的辩证法(历史发展中的所有问题都可归结为主体问题)。只要掌握总体性的辩证法,人们就能够洞悉社会历史过程中主客体的相互作用,确立人在历史发展进程中的主体性作用。虽然在卢卡奇的论述中"主体"依然是指无产阶级,但以内在意识的批判与构建来重塑无产阶级,其实已经暗含无产阶级的革命意识在退化的论断。在卢卡奇之后的西方马克思主义看来,由于传统的工人阶级自身实际状况的改变以及社会分化的发展,工人阶级的性质也发生了变化,他们已经不再是革命派或者革命的主体力量。随着后现代主义的兴起,在反一元论、反本质主义的历史叙事中,确定性的标准被不断地消解,意味着统一、共同的标准是不存在的,差异性、多样性标准逐渐被正当化。哈贝马斯将当代西方社会变革现存制度的主体确定为"扩大了的工人阶级"——不是传统意义上以体力劳动为主的无产阶级,而是以知识分子、中间阶层与广大学生为主的阶级。在这种理论视野中,工人阶级的主体地位被彻底解构,文化政治斗争的主体是随机的、不确定的和不断变化的多元性主体,他们不是由历史唯物主义所揭示的、受物质生产过程中压迫力量束缚的"大写"的无产阶级革命主体,而是在多样性、差异性的文化政治斗争中所崛起的"小写"的革命主体。

（三）从科学社会主义到现代乌托邦精神

在马克思人类解放思想的叙事结构中,共产主义的来临与人类解放的实现是社会形态嬗变的必然结果,这是历史唯物主义所揭示的社会现实,是通过多向度的解放路径得以实现的美好状态,也是马克思从历史唯物主义的理路予以证明的科学理论。它将新社会的来临奠立在社会历史发展的客观性与必然性过程之中,所以被命名为"科学社会主义"。科学社会主义是对共产主义的科学叙事,是对新的历史可能性的科学论证,并且,作为马克思人类解放思想叙事结构的根本指向,它能够引导革命并激发革命的巨大动力。革命需要未来社会目标来维系,目标也需要革命来改造社会和改造人性。"革命之所以必需,不仅是因为没有任何其他的办法能够推翻统治阶级,而且还因为推翻统治阶级的那个阶级,只有在革命中才能抛掉自己身上的一切陈旧的肮脏东西,才能胜任重建社会的工作。"①

西方马克思主义怀疑甚至否定马克思人类解放思想叙事结构的科学性,将人类解放的方式从革命实践转变为文化政治斗争,将人类解放的历史主体从无产阶级消解为多元主体。在他们看来,马克思的科学社会主义不应该过分强调社会主义的"科学性",即不应该从客观规律性来论证科学社会主义实现的必然性和可能性,而应该从伦理、文化、个人心理结构等内在意识角度来阐发、谋划未来社会。因为科学社会主义目标是不可能实现的,我们永远只能走在通向可望而不可即的科学社会主义道路的路途上。"我们必须面对这样的可能性:走向社会主义之路是从科学到乌托邦,而不是从乌托邦到科学。"②西方马克思主义的结论其实是实现方式取向——"从革命实践到文化政治"与"从无产阶级到多元主体"逻辑的必然结果:资本主义的"总体性的统治"、多样性的革命主体,使得

---

① 《马克思恩格斯文集》第 1 卷,人民出版社 2009 年版,第 543 页。
② [美]马尔库塞:《五篇讲演》,1970 年波士顿版,第 63 页。转引自徐崇温:《"当代走向社会主义的道路要由科学到乌托邦"评论》,《科学社会主义》2006 年第 2 期。

对资本主义制度的压抑性反抗将是每个人的日常生活常态,是每个人碎片化的日常生活的组成部分。对多元主体的主观文化革命、日常生活中个体的反抗与解放的过分强调,致使宏观的、多向度的解放形式随之被消解于无形之中。于是,他们提出了替代科学社会主义的各种"现代乌托邦"学说,力图撇开科学社会主义蕴含的科学成分而赋予其乌托邦的成分。如布洛赫的"乌托邦本体论"(认为乌托邦就是世界的本质)、马尔库塞与弗洛姆的"乌托邦终结论"(认为科学社会主义理论的终结)以及哈贝马斯与高兹的"乌托邦替代论"(主张"交往社会的乌托邦"替代"劳动社会的乌托邦";"后工业社会的乌托邦"替代"工业社会的乌托邦")等等,大致都要求从多元主体的内在意识维度出发去论证社会主义的理想之路,希图呼吁、唤醒沉睡于人们内心深处的乌托邦精神。他们关于乌托邦精神渗透与论述并不排斥现实的斗争,而是充分肯定乌托邦精神在引导现实斗争中的力量,但他们已经不再赞同马克思人类解放思想叙事结构所要求的革命形式。

西方马克思主义认为,"现实的社会主义"模式背离马克思的人类解放思想,变成了僵化的体制。因为它们只注重政治社会的革命;只从生产力和生产关系、从制度组织的角度去界定人类解放的实现形式;在革命实践中重视的是政治解放和社会解放,却相对忽视思想文化的解放,忽视心理人性的解放,因此是不完善的、片面的人类解放模式。随着资本主义制度和全球化的不断发展,西方马克思主义甚至认为,马克思人类解放思想叙事结构中的某些元素已经不适合时代的特质,必须予以改变或重建。上述三方面的实现方式取向代表了对马克思人类解放思想叙事结构特色的改造,西方马克思主义以其特有的细腻的理论探讨,丰富了马克思人类解放思想的叙事结构,为人类解放实现方式提供了另一种意义上的可能路径。

五、研究西方马克思主义的中国意义

不同于"正统马克思主义"的理论思潮,我们研究西方马克思主义的中国意义应该与前面讨论的"定义问题"一样,在西方马克思主义的问题逻辑中既是基本的又是重要的,它作为"定义问题"的进一步展开,体现了认识过程的连续性和纵深性,是走进西方马克思主义思潮的必经之路。但是,这一问题在我国学术界却没有引起足够的重视,学者们大都热衷于探讨更为具体的理论问题而将它弃之不顾,这种状况影响了我国西方马克思主义研究的进程。虽然研究西方马克思主义需要我们深入考察理论内部的种种辩论与相互矛盾、相互关联的观念与主张,但也应当在辨析清楚西方马克思主义的基本性质、理论特质和边界问题之后,清晰地把握住支撑西方马克思主义历史进展的"问题意识",从而明确研究西方马克思主义之于中国的意义。因此,如果说我国西方马克思主义研究远没有达到应有的水平,那么忽视对上述问题的探讨应该说是一个重要原因。

根据徐崇温先生的介绍,我国西方马克思主义理论研究的缘起,乃是"由努力完成政治任务所带动起来的","在 1977—1978 年间,胡乔木来中国社会科学院主持工作后不久,找学术情报、哲学等研究所的领导前去领受任务说,中央某领导出访欧洲期间,接触到一种叫'西方马克思主义'的思潮,要我院搞一份材料出来供参考"。① 这个最初的缘起,不能说明西方马克思主义在中国落户的必然性——即使当初没有这个"政治任务",西方马克思主义思潮仍然会在通往中国的旅途中找到自己的路,中国学术界对西方马克思主义的研究带有必然性与紧迫性。

自近代以来,中国被西方列强以坚船利炮强行叩开国门,硬生生被裹挟进了以西方为主导的世界历史,全面遭遇到现代性。从此,"救亡图存"与"启蒙大众"相交织,诸多西方的学术理论被引进到中国,与中国传统学说争相竞胜,并掀起了中国语境下的现代性建构思潮。虽说中国的现代性建构一开始并非主动为之,但也隶属于世界历史之一部分。尤其是随着中国改革开放逐渐深入以及全球化趋势和现代化浪潮的进一步拓展,中国变被动为主动,积极融入世界历史,肇源于西方的现代性已成为中国社会的历史语境。然而,现代性建构在带来了巨大的进步的同时,也

---

① 徐崇温:《徐崇温自选集》,重庆出版社 1999 年版,第 1 页。

日益暴露自身之矛盾和困境,这样一来,现时中国必须面对的即是"如何推进现代化同时克服现代性问题"这一全球理论难题。①

对这一难题的解答需要我们深刻理解"现代性问题",理解造就现代社会的历史渊源,这就要求我们深入理解西方,理解西方的思想文化。这是因为,中国的健康发展,理论研究上离不开对伴随着"全球化"从西方蔓延至世界各地的"现代性问题"的把握,更需要批判吸收西方应对"现代性问题"的理论成果。西方马克思主义作为西方思想脉络中的一员,是不同于传统马克思主义的"崭新的学术结构",因反思传统马克思主义批判资本主义现代性弊病而兴起,充分彰显了马克思主义的当代意义,这对于长期浸染在僵化、封闭的教科书体系中的中国学者来说,无异于他山之石。

西方马克思主义"家族相似"的理论特质在于其含有早期西方马克思主义者的"遗传基因",即西方马克思主义本身脉络中最重要的"问题意识"。我们认为,这个"问题意识"就是对传统马克思主义的理论反思与对资本主义现代性弊病的激进批判。早期西方马克思主义,首先是通过反思传统马克思主义、进而反思马克思的理论而诞生的,之后的发展则衍变为在发达资本主义国家、在革命意识衰退的历史处境下批判资本主义现代性的弊病。因此,虽然资本主义的发展经历了三个不同的阶段,——无论是詹姆逊划分的现实主义与市场资本主义阶段、现代主义与垄断资本主义阶段、后现代主义与晚期的、消费的或跨国的资本主义阶段,还是如斯科特·拉什及约翰·厄里划分的自由资本主义、组织化资本主义以及非组织化资本主义三个阶段——西方马克思主义却总是在反思传统马克思主义的理论活动中深化对资本主义现代性弊病的批判。如伴随着马克思主义和工人运动的发展出现的各种挫折(欧洲工人运动之未能制止法西斯主义、苏联模式社会主义的弊端和失败、1968 年的"五月风暴"及其失败、东欧剧变等)之后,不断有马克思主义学者对此作出反应,

---

① 参见刘同舫:《中国语境的现代性及其现实意义》,《天津社会科学》2010 年第 1 期。

他们在反思传统马克思主义的同时,汲取新的理论学说,以求更好地切中资本主义现代性的矛盾与困境,并提出基于自身理论的解决方案,如道格拉斯·凯尔纳等学者在《后现代理论》一书中所指出的:"某些理论家(如福柯、德勒兹与加塔利、拉克劳与墨菲、杰姆逊以及许多女性主义者)力图发展一种新的激进政治;而另外一些理论家(如利奥塔)则退回到了旧的自由政治当中,并给之贴上了新的标签;同时还有一些人(如博德里拉)最终全盘放弃了政治,声称社会、政治、大众以及历史均已终结。"[1]探明西方马克思主义的这一"问题意识"之后,我们可以明确认识到,研究西方马克思主义之于中国的意义有如下几个方面。

第一,反思教科书体系,提升马克思主义理论的学科品质。西方马克思主义在促进我们觉醒的同时,激活了我们沉寂多年的批判性思维,使我们在开阔视野的基础上增强了学术反思能力,从而反观自身之不足与缺陷,明确未来学术研究的路向与方法,其中最突出的应当为反思传统教科书体系。传统马克思主义先入为主地对经典文本进行剪裁与割舍,强制性地磨平文本之间的问题棱角,将其处理成一以贯之的同质性存在。苏联模式的教科书正是这种"打磨"后的结果。可以想象,在这种"体系严整"的教科书中,一切问题似乎都获得了"圆满"的解决,剩下的只是对已有的"定论"进行补充或做些细枝末节的考证。但是,翻开卢卡奇的《历史与阶级意识》以及阿尔都塞的《保卫马克思》和《阅读〈资本论〉》等著作,我们看到的是一种精耕细作式的文本解读,同时还伴有超越文本的理论想象。这种被阿尔都塞称为"症候阅读法"的研究方式,具有极强的思想穿透力,它能从固化了的字里行间透视出作者思想变化的心路历程。并且,它使我们注意到,过去很多被认为是铁板钉钉的结论,在西方马克思主义那里却出现了完全不同的理解。这就警示我们,传统教科书体系的"圆满"其实是一种假象,很多没有解决好的问题被"体系"的外壳掩盖

---

① ［美］道格拉斯·凯尔纳、斯蒂文·贝斯特:《后现代理论——批判性的质疑》,张志斌译,中央编译出版社 2011 年版,第 203—204 页。

起来了,并因此长期得不到解决。从这个角度上说,西方马克思主义的意义就是"揭开了盖子"。因此,对于西方马克思主义者的"离经叛道",我们应该表示好感甚至敬意。正是他们敢于挑战"正统"的理论勇气,激活了我们沉寂多年的批判性思维和创造性思维。也正是他们缜密而多样的研究成果,开启了我国马克思主义理论研究的新视野,使得我们能够在新的起点上"回归马克思"和"推进马克思"并将二者统一起来。

第二,反思学院式研究,注重马克思主义理论的实践品格。马克思主义是学术性与实践性、科学属性与政治属性相统一的理论。我们只有充分重视马克思主义的这种双重属性,辩证看待其双重属性的关系,才能发挥马克思主义"求真"的理性精神,凸显其在学术上的权威性、神圣性和科学属性,为马克思主义的实践诉求奠定坚实的理论基础;也才能发挥马克思主义的"求善"的价值意志,凸显其在实践上的动力性、影响性和政治属性,为马克思主义的理论发展提供现实的动力和源泉。"但是,目前国内马克思主义研究却有另一种不良的'学院化'趋势,试图将马克思主义研究当作纯而又纯的学术活动,关进'深楼大院',远离现实,直接地说就是远离政治,根本无视马克思主义的实践品格,使马克思主义研究逐渐变成了一种'中性'的概念和话语操作。"①与此相反,西方马克思主义却以批判当代资本主义著称于世,因此,研究西方马克思主义,注重其对资本主义现代性问题的批判精神,借鉴其从理论的高度把握实践中的困境与难题,直面活生生的社会现实政治的实践品格,无疑有助于促使我国的马克思主义研究走进现实,为解决当代中国和当代世界的现实问题提供马克思主义的解决思路。

第三,批判现代性弊病,探索中国特色的社会主义现代化路径。现代性建构虽带来了巨大的进步,却也有其自身之弊病。故而,探索中国特色的健康合理的社会主义现代化路径,克服西方现代化过程中的各种弊端

---

① 陈学明、罗骞:《充分认识研究西方马克思主义对当代中国的意义——陈学明教授访谈》,《学术月刊》2004 年第 5 期。

与困境,已经成为我国马克思主义理论界的重大课题。面对这样的课题,既需要我们在实践中与时俱进地推进马克思主义的理论创新,也需要我们汲取已有的理论成果,充实自身的理论建设。西方马克思主义诞生于20世纪初,其对现代性的危机有深切的体会,或者说其本身即是应对现代性弊病的产物。存在主义的马克思主义、结构主义的马克思主义、新实证主义的马克思主义、法兰克福学派的马克思主义等等,都是试图融合马克思主义理论和西方新兴的理论来克服启蒙所带来的现代性危机。虽然中国的现代性处境具有历史的具体性,但是,其与西方的现代性却也有一定的同质性,尤其是肇始于西方的现代性弊病随着全球化蔓延至世界各地的同时,研究西方马克思主义这一与中国国家建设的指导思想——传统的马克思主义具有亲缘性的"他者",无疑能够更好地增强中国在实践政治中克服现代性的诸多弊病的能力。尤其是西方马克思主义具有其难能可贵之处,即不把现代性进程中出现的问题归罪于现代性本身,而是积极地澄清现代性问题的根源,并且发挥马克思主义的实践批判精神,为矫正社会现实中出现的问题提供理论思路。

第四,应对全球化趋势,推进全球化时代的共产主义伟大事业。全球化已是不可避免的大趋势,因此,如何应对全球化,是当今世界各国的重大政治议程。西方马克思主义的产生与发展,与全球化趋势不断凸显的现实背景相关联。西方马克思主义的产生和发展大多以苏联官方的马克思主义作为理论参照,希图打破其"意识形态性"的体系建构,重新梳理、阐释抑或补充马克思主义对人类解放事业的论述,以此指导当时东欧或西欧的共产主义革命运动。尤其是第二次世界大战以后,世界冷战格局的形成,全球化趋势明确地彰显出来,西方马克思主义者无论是对马克思主义经典文本的解读,还是对新形势下共产主义革命的论述都明显带有全球化时代的理论印迹。因此,研究西方马克思主义对于逐渐融入全球化的社会主义中国,无疑是一项具有现实政治意义的理论工程,既有助于提升中国马克思主义阐释全球化的理论效力,也有助于更好地指导共产主义事业在全球化时代的进一步发展。

当然,对西方马克思主义表示好感或敬意并不意味着我们接受它的一切。西方马克思主义对传统马克思主义的反思,的确不断地汲取同时代其他哲学思潮作为理论资源。但是,"当西方马克思主义者在利用这些哲学流派的理论来反对教条主义等扭曲和偏离马克思的学说的倾向时,有时的确可能存在积极的方面,但他们自己往往又受到这些流派的主观主义和相对主义等片面性学说的影响,用这些学说来重新解释马克思主义,必然在很大程度上背离马克思主义,特别是混淆了作为无产阶级革命导师的马克思与西方资产阶级思想家在理论上的原则界限"①。

总体来看,西方马克思主义存在局限性,很多流派也都存在着这样或那样的理论失误。但必须承认,相对于其所取得的成就,西方马克思主义的局限是瑕不掩瑜的。更重要的是,即使是局限也不是只有消极意义——它能给我们以必要的警示和教训。因此,研究西方马克思主义的意义是双重的:除了使我们登上一个新的理论平台从而获得更为开阔的理论视野之外,还能使我们得到一面镜子,从这面镜子中虽然不能看出我们应该怎么做,但可以察觉我们不应该怎么做。这就是说,西方马克思主义在很多方面失误了,我们应引起警觉,避免重蹈它的覆辙,避免像对待苏联模式教科书那样将之神圣化。只有这样,我们的马克思主义研究才能沿着健康的轨道不断前进,"回归马克思"和"推进马克思"的建设工程才能建立在可靠的基础之上。

---

① 刘放桐:《从经典马克思主义到西方马克思主义》,《求是学刊》2004 年第5 期。

第 六 章

人类解放思想在苏联和中国的实践

　　马克思的人类解放思想既具有崇高的理想性,又具有实践的现实性,是理想与现实的统一。辩证理解马克思的人类解放思想所包含的理想性与现实性,有助于在中国特色社会主义实践中,既坚持马克思人类解放的崇高理想,又寻求人类解放的现实道路,以适应社会主义自我发展和自我完善的历史定位。全球范围内,在对马克思人类解放思想的阐释、实践与创新中,最受瞩目、影响最深远者莫过于苏联和中国。"苏联模式"和"中国方案"的社会主义建设道路,都是在寻求人类解放的实现方式,体现了马克思人类解放思想在苏联和中国的现实历史进程,是对马克思的社会主义理论的实践"续写"。苏联的解体让某些幸灾乐祸的西方理论家高呼"历史的终结"。然而,"苏联模式"的失败未必是"历史的终结",它证明的只是现实性的马克思人类解放思想的"苏联模式"的失败,即苏联社会主义意识形态无法得到人们的认同,是对马克思主义理论的背离和歪曲而不是马克思主义理论本身的失效。必须深刻反思人类解放诸多实现方式的得失,洞悉人类现实解放历程的本质特征与其历史发展规律的关联,才能在现实社会主义运动中不断拓展马克思人类解放思想的学术空间和创造性地开辟人类解放的具体实现方式。中华民族在对理论与实践的双重探索中呈现出对马克思人类解放思想认识的阶段性,同时在为解决社会发展问题中实现了对马克思人类解放的理论创新与实践升华。当前中国所倡导的"人类命运共同体"理念以及学者们为这一建设所寻求的价值目标与时代现实相统一的哲学理论——在马克思人类解放思想的理想性观照下的现实性人类解放思想——充分显示出马克思人类解放思想的理想与现实之间的内在张力,是把握人类文明发展趋势的钥匙,彰显了马克思的人类解放思想所具有的当代中国意义。

第一节　苏联实践及深刻教训

现实批判是马克思的一个基本的理论维度,当年其批判对象主要是资本主义社会,因为当时还没有建立社会主义国家;而今天我们若要坚持马克思的现实批判维度,不仅仍要针对资本主义社会,还应针对现实的社会主义运动。对现实的社会主义运动的批判与反思,这是马克思当年不可能做的事情。但笔者认为,这应是我们今天推进马克思主义理论发展的一个重要的思想进路。

世界上第一个社会主义国家——苏联的解体,使得"现实的社会主义"运动遭受巨大的挫折。但是,苏联的解体并不代表马克思创立的科学社会主义的失败,更不代表马克思的人类解放思想在现实中走进了死胡同,毕竟苏联的社会主义模式仅仅是实现马克思的人类解放思想诸多方式中的一种。作为实现马克思的人类解放思想的一种方式——"苏联模式"对所有曾经执政、正在执政和尚未执政的共产党都产生了深远的影响。站在马克思哲学的高度反思和检审苏联社会主义模式的经验教训,全面认清和彻底克服这一模式的不足,是关系到科学社会主义能否实现、人类解放能否经历更少挫折的重大问题,因为"一个社会即使探索到了本身运动的自然规律……它还是既不能跳过也不能用法令取消自然的发展阶段。但是它能缩短和减轻分娩的痛苦"①。苏联社会主义革命与建设的缺陷及遗留的历史问题已经不能适应于时代主题的转换对社会主

---

① 《马克思恩格斯文集》第 5 卷,人民出版社 2009 年版,第 9—10 页。

义提出的挑战和历史任务,通过分析苏联模式,有助于更好地把握"现实的社会主义"的历史经验与教训,探索出更加完善的马克思解放理论的实现方式,有效实现马克思主义基本原理同不同民族国家具体实际相结合。

一、意识形态宿命论

历史唯物主义是马克思的人类解放思想的根本方法论,具有科学理论和意识形态的双重属性,它在澄明社会现实的基础上,指导无产阶级在革命中彻底改造现实世界。坚持马克思的人类解放思想的真精神和真品质,就是坚持历史唯物主义,把握历史唯物主义的双重属性,坚定对历史虚无主义等意识形态立场进行抨击与克服,维护并激发民族国家的主体意识和内在超越性。但是,苏联社会主义模式却在社会实践中抛弃了马克思所开创的科学的革命精神。

"苏联模式"的社会主义,虽然在理论和意识形态的宣传上,一直坚称自身所秉承的就是最正统的马克思主义,所领会的是最本真的马克思精神,也着重承诺实现马克思一生所追求的人类解放和每个人的自由,并且认为"苏联模式"以外的其他对马克思不同的解读与解释,都是对马克思精神的歪曲。"任何社会主义国家,在夺取和巩固政权的斗争基本结束以后,都必须或迟或早地把工作重心由阶级斗争转向经济建设,把注意力放在满足广大人民不断增长的物质文化需要上,放在构建社会和谐上。物质生活的丰裕和个性自由发展必将成为全部社会生活的中心。物质文化生活水平的提高,往往与经济发展相伴出现的是科学技术对人的日益严重的支配和两极分化,特别是因物质生产的迅猛发展而造成的资源、环境等严重威胁人类生存问题的出现,必然促使人们对人与物的关系进行再认识、再思考,并对自己的价值目标加以调整。"①社会主义社会中人与物的关系问题不仅体现在社会生产领域,而且包括政府、市场和意识形态

————————

① 安启念:《从苏联解体看苏联马克思主义哲学发展中的一个重要教训》,《理论视野》2010 年第 7 期。

等多维领域的关系,社会主义社会关系的多样性赋予了阐释人类生存发展的根本问题以完全崭新的内容和特征。这种"再认识、再思考"必须建立在非教条的、与时俱进的历史唯物主义方法论基础上,必须创新与发展马克思主义哲学,以新的理论适应变化了的社会现实,但苏联的马克思主义哲学并没有及时进行理论创新。苏联在 20 世纪 30 年代创建的传统历史唯物主义体系,虽确立了科学理性的地位,但对人的主体性、人的价值、人的解放以及人如何摆脱物役的支配而获得自由等问题,没有因时代变化面临的新任务而结合本国、本民族的历史和当代发展给予创新性解答。意识形态话语权建设日趋保守、封闭、僵化和因循守旧,呈现出独断、不思革新、脱离实际的解释传统与垄断的、专制的意识形态传统,从而彻底背离了历史唯物主义的品质,背离了马克思的人类解放思想的精神。苏共虽然极力宣传马克思主义理论特别是历史唯物主义,但官方教条式构筑的理论宣传与灌输脱离人们的实际需要,用理论教条去裁剪现实问题,对社会主义建设过程中客观存在的各种矛盾与挑战未能提出有效的政策措施,"苏共的宣传思想工作未能正面回应人民群众的不满情绪,甚至不愿意承认这些问题的存在,当然也就更不能够正确地回答如何解决这些问题。"①苏共在建构意识形式的过程中产生了人道主义倾向,这给西方国家侵蚀苏联社会主义文化系统和知识分子的立场提供了时机,导致苏联的社会主义意识形态走向中断和瓦解。历史唯物主义方法论在封闭的体系内部依靠惯性循环运行而日益成为教条,严重动摇了马克思主义在苏联的社会认同基础,出现了马克思主义信仰危机,最终瓦解了苏共的执政根基。

在马克思的人类解放思想的体系结构中,历史唯物主义方法论具有奠基性地位,它所具有的双重属性是一体两面的,既相互依赖也内在区别。历史唯物主义首先是科学理论,是在辩证地、历史地、具体地分析人类社会秩序对立和矛盾的基础上,对社会现实做出澄明的理论。历史唯

---

① 蒋红:《苏共意识形态工作的深刻教训》,《红旗文稿》2016 年第 15 期。

物主义以客观的生产条件和人的实践为出发点,科学地追溯现实的人的存在与发展的趋向问题,准确抓住资本主义社会中人的异化与生存困境的本质,清晰揭示人从资本主义的异化演进到共产主义阶段全面发展的客观规律与历史必然;其次才是无产阶级的意识形态,是无产阶级确立的关于社会存在与社会意识关系的科学的历史观,是无产阶级改造世界的理论武器。历史唯物主义只有作为科学理论,才能成为正确的意识形态。但是,在"苏联模式"的社会主义建设中,作为苏联官方意识形态重要内容的历史唯物主义、辩证法、共产主义理论等,都被"打磨"成"圆融"的哲学体系,在这种体系严缜的意识形态中,一切问题似乎都获得了"圆满"的解决,社会现实的任何发展都依据体系所阐述的历史进程来进行,这一体系成为现实社会不合理性的辩护工具。历史唯物主义不是作为揭示、批判或改造社会现实的工具,而是被"改造"成关于自然、社会和思维发展所依据的"铁"的客观规律,这一规律就是苏联的社会主义意识形态。

在苏联社会主义模式中,历史唯物主义已经蜕变成一种机械的历史决定论,历史发展的多重可能性被抹除,无产阶级在革命中的主体能动性也被忽视,实践原则的缺失使其无法把握历史唯物主义的精神实质与核心要义,任何革命事件都被当成是历史的必然现实。人们在实际生活中遇到问题,会以教条式的方式对待历史唯物主义,习惯从马克思主义经典作家的本本中寻找答案和依据,把苏共领导人对历史唯物主义的曲解,作为判断正确与否的唯一标准,给各种现实活动或理论观点贴上政治标签,将社会主义在苏联的实践所形成的某些模式凝固化。"苏联模式"的社会主义意识形态,已经不再是马克思的历史唯物主义,而是将历史唯物主义神圣化,具有典型的教条主义和宿命论色彩。正是这种缺乏科学性和革命性的意识形态使得"苏联模式"的社会主义建设偏离了马克思的人类解放思想的根本实现路径,意识形态宿命论主张导致意识形态建设的决堤,也导致意识形态阵地如冰雪消融般瓦解与丧失,最终从内部摧垮了作为称霸一时的超级大国——苏联的体制。

二、解放形式的困境

在历史唯物主义的视域中,人类总体解放是一个艰巨的历史进程,需要经历政治解放、经济解放、文化解放等多维度解放才能得以实现。任何模式的社会主义建设或许可以根据自身历史条件超越某种向度的解放,但在超越解放形式的同时,社会发展必须实现这种解放形式所要求达到的目标。然而,作为马克思的人类解放思想实现方式之一的苏联社会主义模式的建设进程,在宿命论的意识形态指导下,历史唯物主义沦为精神化和意识形态化的社会物质力量,且社会主义建设模式主导意识形态方向的功能受到削弱,致使陷入解放形式的困境。

苏联在斯大林掌权之后,提出了"一国建成完全的社会主义社会"(一国可以取得建成完全的社会主义社会意义上的社会主义建设的胜利)的论断。斯大林认为,列宁领导十月革命取得胜利,无产阶级夺权成功,表明了一国建成完全的社会主义的合理性。"谁否认社会主义在一个国家内建成的可能性,谁也就一定要否认十月革命的合理性。"①斯大林的理解歪曲了列宁的思想表述,对马克思列宁主义的教条式理解以及在此基础上衍生的社会文化专制思想与政策,违背了马克思关于社会解放的整体性思想以及政治、经济和文化在统一中发展的历史观与解放观,实际上混淆了多维度解放形式之间的内在区别。关于"一国能否建成社会主义"的问题,在列宁逝世以前,在苏联领导层和理论界并没有发生分歧,大家一致赞成一国不能建成社会主义的思想。但在列宁逝世以后,由于斯大林看法的改变,关于"一国能否建成社会主义"的问题,在苏联领导层及理论界爆发了激烈的争论。托洛茨基、季诺维也夫、加米涅夫等人,坚持列宁的思想,认为一国不能建成社会主义。斯大林和布哈林则与此相反,认为一国可以建成社会主义。斯大林利用自己手中的权力,独断专行,压制不同意见,把持不同意见的人打成所谓的"反对派",给他们扣

---

① 《斯大林选集》上卷,人民出版社 1979 年版,第 341 页。

上上种种政治罪名,并且对他们进行各种各样的迫害,有的被流放,有的被监禁或被杀害,有的被驱逐出国。这场争论最终以斯大林观点的获胜而宣告结束。自此以后,一国可以建成社会主义的思想就被很多人误解为是列宁的思想。① 斯大林的"一国建成完全的社会主义社会"的思想,是为在政治上打倒"反对派"而树起的一面旗帜,结果将马克思主义当成为其集权政治思想辩护的工具,是对马克思主义的主观化、抽象性和外在性的理解,而不是马克思主义基本原理与苏联具体实际相结合的产物,他对"什么是社会主义"和"如何建设社会主义"的论断,偏离了马克思主义基本原理。

无论是马克思还是列宁,都早已指明一国建成完全的社会主义或者说共产主义的不可能性。列宁认为,十月革命虽然取得胜利,但当时世界上其他国家仍然停留在前资本主义或资本主义社会阶段,俄国反动资产阶级与外国帝国主义互相勾结,并向刚刚诞生的苏维埃政权发动进攻,在这种背景下,他指出:"我们单靠自己的力量是不能在一个国家内全部完成社会主义革命的,即使这个国家远不像俄国这样落后,即使我们所处的条件比经过四年空前艰苦、破坏惨重的战争以后的条件要好得多。"② 一个国家社会主义革命的胜利并非说明其运动形式是历史的必然,也未能表明这个国家能够汇聚国际共产主义运动的实践力量而带领全人类走向解放的康庄大道。列宁始终认为,我们不可能建成马克思所设想的社会主义社会,即发达的社会主义社会或完全意义的社会主义社会。社会主义社会的建成是基于无产阶级掌握了社会生产的权力并形成自觉的革命力量,这既是科学社会主义构画的无产阶级历史使命的基本内容,也是人类社会进入社会主义和共产主义阶段的根本动力。"一国首先胜利"是指以无产阶级专政代替资产阶级专政的政治革命的胜利,而不是以社会主义生产关系代替资本主义生产关系的社会革命的胜利。以无产阶级夺

① 参见赵家祥:《关于"一国能否建成社会主义"的争论》,《贵州师范大学学报(社会科学版)》2016 年第 1 期。
② 《列宁选集》第 3 卷,人民出版社 2012 年版,第 547 页。

取政权为标志的政治革命的胜利,并不是社会主义的最终胜利即建成完全的社会主义社会。马克思指出:"共产主义只有作为占统治地位的各民族'一下子'同时发生的行动,在经验上才是可能的,而这是以生产力的普遍发展和与此相联系的世界交往为前提的"①,"无产阶级只有在世界历史意义上才能存在,就像共产主义——它的事业——只有作为'世界历史性的'存在才有可能实现一样"②。虽然马克思和列宁否认"一国建成社会主义"的观念,但并不否认社会主义政治革命可以在一国取得胜利的现实可能性,他们严格区分了"取得"社会主义革命胜利和"建成"社会主义社会的关系。在《法兰西内战》和《哥达纲领批判》中,马克思就已断定资产阶级政治统治的消灭以及无产阶级专政国家建立的可能性。苏联十月革命的胜利就是马克思的人类解放思想预言的初步实现。在十月革命之后,列宁指出,社会主义政治革命胜利之后,无产阶级"剥夺了资本家并在本国组织了社会主义生产"③。以往的政治革命和解放行动都表现为借用一种私有制来清除另一种私有制,无产阶级的政治革命旨在消除一切私有制和阶级剥削,并在政治革命胜利之后,无产阶级专政的社会主义国家还必须实行带有社会革命性质的经济解放和文化解放。

无产阶级的政治革命是历史上最为彻底的社会革命,其实行的"政治解放"是人类解放的前提。"'政治解放'绝非人类的彻底解放,它不过是人类追求全面、彻底解放的漫长历程中必经的一个特定历史阶段。"④正是基于对政治解放之限度的深刻认识以及对市民社会的政治经济学分析,马克思提出通过经济解放和文化解放消除对政治国家、金钱和宗教的崇拜,建立人与人直接联系的真正共同体,提出超越政治解放,走向人类解放的最终目标,论证与倡导用"人类社会"克服"市民社会"的社会理

---

① 《马克思恩格斯文集》第 1 卷,人民出版社 2009 年版,第 538—539 页。
② 《马克思恩格斯文集》第 1 卷,人民出版社 2009 年版,第 539 页。
③ 《列宁专题文集——论社会主义》,人民出版社 2009 年版,第 4 页。
④ 林锋:《马克思〈问题〉与〈导言〉人类解放理论新探——兼评所谓"〈问题〉、〈导言〉不成熟论"》,《东岳论丛》2011 年第 4 期。

想,寄希望于更高境界与更高层面的经济和文化解放才能到达真正的符合人的本性的自由。

列宁十分重视在政治解放之后的社会主义经济建设和经济解放。他认为,"劳动生产率,归根到底是使新社会制度取得胜利的最重要最主要的东西。资本主义创造了在农奴制度下所没有过的劳动生产率。资本主义可以被最终战胜,而且一定会被最终战胜,因为社会主义能创造新的高得多的劳动生产率"①。十月革命胜利以后,列宁曾多次提出把工作重心转移到经济建设上来,并探索社会生活的本质以求实现生产力的发展与解放。他在《苏维埃政权的当前任务》一文中明确指出:"在任何社会主义革命中,当无产阶级夺取政权的任务解决以后,随着剥夺剥夺者及镇压他们反抗的任务大体上和基本上解决,必然要把创造高于资本主义的社会结构的根本任务提到首要地位,这个根本任务就是:提高劳动生产率,因此(并且为此)就要有更高形式的劳动组织。"②列宁试图用一国之内所能做到的一切来促进、激起世界革命,从而形成多国实现和建设完全的社会主义的新局面。

列宁也十分重视在政治解放之后的社会主义文化建设和文化解放。十月革命胜利后,列宁认为,文化落后成为苏联社会主义建设的重要制约因素,为了适应苏维埃政权社会经济发展的需要,他于1923年在《论合作社》一文中提出了"文化革命"的思想。"文化革命"是列宁整体思想的重要组成部分,是其对马克思、恩格斯文化斗争与建构理论的继承和发展,是其结合苏联社会主义建设的现实背景而施行的策略,在"文化革命"的理论构想中,在其中,他对政治、经济与文化的关系以及无产阶级文化、传统文化遗产、消灭落后民族文化的非平等性进行了深刻论证,强调社会主义文化建设的速度和规模直接取决于最广大人民群众参与社会主义的意识及文化水平,提出通过经济解放和文化改造的形式,使苏联的社会结构

---

① 《列宁选集》第4卷,人民出版社2012年版,第16页。
② 《列宁选集》第3卷,人民出版社2012年版,第490页。

发生最重要的改变,即建立了苏联社会主义知识分子群体,体现了"文化革命"的系统性,是优化社会发展的思维意识与传统文化相分离的过程。列宁甚至把"文化革命"定位在政治、经济、文化"三位一体"的社会主义建设战略构想中的核心与基础地位。

然而,斯大林没有区分一国取得社会主义社会胜利和完全的社会主义社会建成之间的差别,所提出的"一国建成完全的社会主义社会"忽视了经济解放和文化解放形式的艰巨性和长期性。苏联虽然在"本国组织了社会主义生产",却采取了高压的行政化手段和急剧的群众运动,忽视了人们"在经济、道德和精神方面都还带着它脱胎出来的那个旧社会的痕迹"①。在政治解放不充分、商品经济和市场经济对专制权力和专制制度摧毁力度有限的落后社会建立起来的社会主义国家,又重新复活了庞大的官僚体系和特权制度,为了维护高度集权的体制,形成了苏联历史上的文化专制主义和文化教条主义,一定程度上模糊了文化的阶级性,导致无产阶级难以真正掌握政治权力以展开充分的文化建设活动,使得"苏联模式"的社会主义建设,无论是在政治解放、经济解放还是文化解放上,最终都未能取得真正历史性的进步。

三、自由个性的压制

"一般的革命——推翻现政权和废除旧关系——是政治行动。但是,社会主义不通过革命是不可能实现的。社会主义需要这种政治行动,因为它需要破坏和废除旧的因素。但是,只要它的有组织的活动在哪里开始,它的自我目的,即它的灵魂在哪里显露出来,它,社会主义,也就在哪里抛弃政治的外壳。"②社会主义革命作为人民群众改变自身历史处境的最终手段,只是在推翻现政权和废除旧关系的政治革命阶段具有政治性质,一旦政治革命结束,社会主义生产的组织开始,社会主义就会抛弃

---

① 《马克思恩格斯文集》第3卷,人民出版社2009年版,第434页。
② 《马克思恩格斯全集》第3卷,人民出版社2002年版,第395页。

掉"政治的外壳"。"只有当现实的个人把抽象的公民复归于自身,并且作为个人,在自己的经验生活、自己的个体劳动、自己的个体关系中间,成为类存在物的时候,只有当人认识到自身'固有的力量'是社会力量,并把这种力量组织起来因而不再把社会力量以政治力量的形式同自身分离的时候,只有到了那个时候,人的解放才能完成。"①现实的人在社会革命中对自身社会实践潜能的认识集中体现在无产阶级先锋队的主导力量,这意味着无产阶级必须首先进行自身的政治统治,在资产阶级的政治统治范围中解放出来,然后才能保障全体社会成员平等、自由的发展和确保实现一切领域的解放。

马克思认为,实现社会主义制度之前,人自身"固有的力量"被凝结、异化为政治力量,这种力量对人来说是异己的,它束缚人、压迫人、统治人;要想摆脱"洞穴"般的状态,必须将政治力量吸纳到社会力量中去,以集合社会的各种实际力量对抗政治力量,彻底地实现实质的正义,扬弃私有财产,消灭生产资料的私人占有,从而消解政治力量对人的压迫,解放人的本质,使异化劳动复归为和人的本质直接同一的"自主活动、自由活动",真正恢复劳动的积极作用,将人的劳动与其日常生活世界关联起来,在人的劳动解放和自我意识发展的协奏中标注共产主义的方向,恢复人的自由和创造本质。社会维度的解放明确要求不再把社会力量当成政治力量,只有消灭人类社会的政治性质,消灭统治与被统治、奴役与被奴役的异化关系,才能使人类解放超越于政治解放获得全面现实性,马克思的人类解放思想所追求的每个人的自由个性才有可能实现。

而社会主义政治革命完成以后,无产阶级如何捍卫自身建立的政权?如何管理社会的每一个方面?苏联社会主义在面对和解决这些问题时,从斯大林时代开始,就已经偏离马克思的人类解放思想所阐明的通过多维度解放形式来实现人类总体解放的路径:激活了封建主义的残余力量,使苏联政党越来越官僚化、特权化和腐败化,高度集中的政治管理体制越

———————————

① 《马克思恩格斯文集》第 1 卷,人民出版社 2009 年版,第 46 页。

来越僵硬和非人性化,特权阶层的存在严重束缚了劳动群众的参政议政积极性,人民群众的权利并没有在制度上得到保障;大力推行以物质刺激、利润挂帅为核心的所谓"经济新体制",导致社会主义公有制企业逐渐沦为官僚群体的私有产业,加强了对全国企业的垄断和统治,经济结构和管理体制极大消解了企业生产活力与改革创新能力;国家意识形态在理论上构想每个人自由发展的共产主义未来世界,而在实践上却实行政治高压手段,忽略了意识形态的建构同苏联政权建设和社会解放的关系,淡化了意识形态本身的政治功能对于规定人的行动价值取向的作用和任务,结果必定会压制人们的创造自由,人民群众享受的自由越来越少;把民主当恩赐,用专制代替民主集中制,对社会生活的所有领域都实行全面的意识形态监督,完全忽视和背离了人民群众。普通劳动者经济上受剥削,政治上无权力,苏联社会主义的政治经济危机不断加深。这种根本没有抛弃"政治的外壳"、将政治手段运用至极致的官僚主义的社会治理方式,结果只能如马克思所讥讽的"封建的社会主义"那样:"为了拉拢人民,贵族们把无产阶级的乞食袋当做旗帜来挥舞。但是,每当人民跟着他们走的时候,都发现他们的臀部带有旧的封建纹章,于是就哈哈大笑,一哄而散。"①苏联社会主义模式的失败也由此成为历史的必然。"在我看来,如果要想建立起长期稳定的社会主义,那么必须让社会主义的受益者获得政治权力。只有这种社会主义才不会产生由内部引发的悲剧。"②苏联社会主义政治解放的人民性与其社会建设的政治原则具有内在统一性,政治解放程度的提高将愈益彰显人们对于建设社会主义社会的主观愿望。

社会主义既是一种理论体系也是一种社会制度,只有社会主义的国家体制与机制才能确保解放劳动者和发展生产力,实现人的潜能和本质。劳动者不仅是社会发展的结果,也是社会发展的根本动力。但当劳动者

---

① 《马克思恩格斯文集》第 2 卷,人民出版社 2009 年版,第 55 页。
② 田曦:《如何看待社会主义的过去、现在与未来——访美国麻省州立大学阿姆赫斯特分校经济学院大卫·科茨教授》,《理论视野》2017 年第 7 期。

被生产资料奴役,就会产生各种各样的革命,最终实现劳动者与生产资料占有关系的平等目标。而苏联僵化的社会主义体制没有以劳动者的实际水平为原则来调整劳动者与生产资料的关系,劳动者在占有生产资料方面,失去社会主义本来应该拥有的社会主人地位,处于被支配地位,不能够通过人的本质实现来促进人的全面发展。社会主义作为理论体系没有社会主义国家制度作为保证,也就失去了正确的发展方向而丧失共产党的执政基础,导致执政的合法性在人民群众心中彻底消失。在苏联社会主义条件下,国家体制与机制背离了解放劳动者和发展生产力以及实现人的本质的基本目标。

苏联社会主义作为"现实的社会主义"模式,在取得过举世瞩目的辉煌成果的同时,其在理论与实践上的崩溃也使得马克思的人类解放思想遭受了巨大的非议和诋毁,但这并不意味着马克思的人类解放思想的失败。在"苏联模式"的社会主义建设中,马克思的人类解放思想所阐述的一些基本原理,并没有得到正确的理解和切实的遵循,甚至出现了将马克思主义实用化、庸俗化和简单化的错误倾向。历史是一部最好的教科书,"苏联模式"的失败并没有使人类解放的理想在人们心中消失,民族的发展与解放仍然是当今世界亟待解决的问题,问题的症结在于如何实现民族日益增长的自我诉求与社会现实发展目标的有机统一。重新领会马克思的人类解放思想的精神实质,实现人的自由个性的全面发展,追求比资本主义国家更广泛、更真实的民主和人道,寻求实现人类解放的现实途径,依然是向往共产主义世界的人们孜孜不倦的奋斗动力。在实现社会主义、共产主义理想信念的过程中必须牢记始终把实现远大理想的最高纲领与实现阶段性现实目标的最低纲领有机统一,用最高纲领指明方向,用最低纲领凝心聚力,不断调动和激发人民群众的积极性、主动性和创造性。

第二节　人类解放的理想性与现实性维度

一直以来,有学者把马克思的人类解放当成终极性的追求、甚至是乌托邦,而忽视了其现实性维度,或者说将理想与现实两个向度混同起来,而未能进行科学区分。

一、对马克思经典著作理解上的偏差

追溯哲学史,我们看到对理想与现实的混同,实非偶然。在对哲学基本问题"思维与存在"关系的讨论中,就有"思维与存在同一"的观点。在柏拉图的"理念论"的阐释中,就有思维与存在混同的倾向,这一传统在后来启蒙哲人尤其是欧洲大陆唯理论哲人那里得到继承,黑格尔的"绝对精神"更是集中体现了这种倾向。理想与现实的关系不是单向的客观存在,而是在人的主观思维与客观存在相统一的视角中的双向互动的复杂关系。从某种意义上说,对思维与存在的混同认知成为理想与现实混同的方法论预设。

在思维与存在的关系问题上,马克思主义唯物论主张两者的异质性与非绝对同一性。马克思立足于现实的人,直接批判了黑格尔哲学的核心命题——思维与存在的绝对同一性。马克思对黑格尔的批判以否定思维与存在的唯心主义的统一,强调思维与存在的异质性为特征。正是从思维与存在的异质性出发,马克思通过对资本主义社会现实的深入研究提出了劳动异化论,表明异化现象的实质是给予有限的资产者以无限的支配权力,使资产者在暴露自身存在的客观矛盾时也展现出被革命的可能性,并在劳动异化论基础上深化了解放理论。并深化了人类解放思想。对思维与存在关系的唯物主义的回答规定了马克思主义哲学的科学性质,在某种意义上是对柏拉图哲学传统的离弃。这种对哲学理论的认识观,奠定了马克思的人类解放思想的理想与现实区分的基础及思维前提。在马克思的经典著作中,人类解放思想的理想与现实向度从理论上得到了区分。

但在中国学界,有学者对马克思经典著作的理解存在偏差,误认为马克思没有区分理想与现实两个向度。

第一,有的学者没有看到马克思思想发展的内在逻辑以及人类解放的演进史,总是把主题的转移视为思想的断裂:认为马克思的人类解放思想经历了早期的不成熟到晚期的成熟之转变,或认为马克思早期的人道主义思想才是正确的,晚期的无产阶级革命思想是步入歧途。前者是以晚期否定早期,后者则反之。然而,笔者认为,马克思的人类解放思想虽然确实存在一个转变的过程,却不存在互相否定的两种不同理论。马克思的人类解放思想的转变过程经历了从哲学的、思辨式的抽象论述到经济的、政治的具体论述的过程,始终贯穿对解放的理想与现实关系的不断反思与重构,在考察历史的过程中逐渐摆脱了传统哲学思维的先验意识,进而客观地解释人类解放从理想向现实进化的必然。哲学的、思辨式的抽象论述带有理想性的特质,以《论犹太人问题》《1844 年经济学哲学手稿》等早期著作为代表,经济、政治的具体论述因其深入地考量社会现实,呈现出更多的现实性特质,以《1857—1858 年经济学手稿》《哥达纲领批判》等后期著作为代表。马克思的早期著作是针对当时的资本主义社会状况而做出的内含价值指向意义的理论批判和理想预设,致力于从主体的自我意识角度论证人类解放指向人的自由和全面发展的必然结果,解放理论的立足点是关于理想社会的,是对未来理想社会抽象的、思辨式的论述。早期马克思虽已认识到必须超越政治解放、追求人类解放,然而对于如何在现实社会中将人类解放思想付诸实践,却没有进行应有的阐述,故此时期的人类解放思想被称为"哲学共产主义"。及至《德意志意识形态》中,马克思花费极大的精力与笔墨从经济、政治的角度阐释了历史唯物主义,论证了共产主义社会实现的必然性,却依然声称"共产主义对我们来说不是应当确立的状况,不是现实应当与之相适应的理想。我们所称为共产主义的是那种消灭现存状况的现实的运动"①。马克思此时尚未指明人类解放从理想转向现实的途径,对于人类解放与社会形态更替的理论关联仍在论证之中。马克思在逐步对人类解放思想进行理想性与现实性的理论区分的同时,开始注意其理论理想的现实化过程。这

---

① 《马克思恩格斯文集》第 1 卷,人民出版社 2009 年版,第 539 页。

一认识最终在《哥达纲领批判》中得到最切实的阐述。在此著作中,马克思将共产主义社会区分为相互联系而又有递进关系的两个阶段——共产主义社会的初级阶段与高级阶段。这意味着历史唯物主义在为人类解放提供科学的认识论和方法论时,并未回避意识形态和价值观立场的问题,恰恰在对人类如何改造现存世界以实现解放的阐发中表明了其科学性与价值性相统一的理论本性,在推动共产主义从初级阶段向高级阶段行进的过程中彰显自身作为无产阶级世界观和方法论的价值立场。

马克思、恩格斯对资本主义社会的批判与否定并不等于完全抛弃,他们明确承认共产主义社会建立在资本主义生产基础之上,进而将资本主义社会生产的劳动力——无产阶级的解放与全人类的解放紧密联系起来。"在资本主义社会和共产主义社会之间,有一个从前者变为后者的革命转变时期。同这个时期相适应的也有一个政治上的过渡时期,这个时期的国家只能是无产阶级的革命专政。"①这一过渡时期就是共产主义社会的初级阶段,它是刚刚从资本主义社会中产生出来的,在物质、精神等方面,还带着它脱胎出来的旧社会的痕迹。这就非常鲜明地阐述了解放理论从理想走向现实的过程,体现了马克思、恩格斯将社会生产力的发展指向人类解放价值归宿的历史观和实践观点。这就非常鲜明地阐述了人类解放思想的理想现实化的过程。马克思、恩格斯生活的时代并未经历现实的人类解放运动,他们并无精细描述现实的人类解放运动的全部过程和细节,而只能根据其理论探索的真诚性,向后人描绘人类解放运动发展的大致线条。

第二,有的学者对唯物史观的误解,也导致了对马克思的人类解放思想的理想与现实的混同。马克思的历史唯物主义一定程度上被等同于历史主义,或者只是黑格尔唯心主义历史观的颠倒,无法真正克服主体—客体在现实社会中的分离和对立状态,也就难以把握人与世界否定性的统一关系并在此基础上推进人类解放。基于此,有学者认为,只要世界历史

---

① 《马克思恩格斯文集》第 3 卷,人民出版社 2009 年版,第 445 页。

在一维性的时间中不断地进步发展,那么人类解放的理想与现实就能够
呈现出如同黑格尔的"绝对精神"统合思维与存在般的绝对同一性,虽然
体现了对人类解放历史维度的自觉,但达到这一历史自觉的途径却是囿
于抽象的实践方式,这就混同了理想性与现实性。由此,人类解放的终极
理想的实现被呈现为物质生产的历史过程,尤其是就此而得出物质的极
大丰富性是人性提升的充分必要条件的错误性理解。只有正确理解马克
思所论述的人类的两种劳动:强制劳动与自主劳动,我们才能把握住马克
思的唯物史观。才能掌握其作为历史观的真理性以为人们认识和改造现
存世界提供科学的方法论。"自由王国只是在必要性和外在目的规定要
做的劳动终止的地方才开始;因而按照事物的本性来说,它存在于真正物
质生产领域的彼岸。"①在马克思的唯物史观视域中,劳动生产方式是历
史性范畴,正是由于劳动生产中包含了人的思想、文化、心理和情感等因
素的生成,这些因素又规定了现实生产过程的发展趋向,不同类型的劳动
方式之间才具有历史接续性。即对人类而言,一方面,自然存在的欠
缺——比如人的饥饿、愁苦、生活条件的恶劣——是促成人类第一种劳动
的动力,这是由外在的需要和目的规定了的劳动必然性,其对人类而言是
不愉快、不自由而又无可逃避的事情,是一种强制性的劳动,强制性劳动
在现实社会生产中规定了人的生存方式,将人类存在的本质降格为物质
生产的劳动活动,并渗透到人生活的一切方面;而另一方面,在强制劳动
终止的地方(物质生产领域的彼岸)才开始的另一种劳动,是人类的第一
需要与自由创造,也是人的世界和人与人的关系回复自身的体现,因此是
人类的自主性劳动,是人类能力的自由而全面发展的领域,只有在这个领
域,人类自身的完善才能得到最终的实现。强制性劳动是人类达到某种
外在目的的手段,自主劳动则是人类存在的目的本身,物质生产资料的极
大丰富性只是人性、人类自身完善的必要条件,而不是充分条件,自主性
的劳动才是人类实现自身完满性的充分必要条件。基于这一区分来理解

---

① 《马克思恩格斯文集》第 7 卷,人民出版社 2009 年版,第 928 页。

马克思的唯物史观,我们才能明确,把握现存社会形态的合理性与正当性是马克思阐释解放理论从理想走向现实的"关节点"。马克思将契合现实存在的强制劳动视为合乎资本生产逻辑的理性,这种合理性的现实与人的生存理想相违背,归根究底在于人的自主劳动作为实现解放理想的手段和目的,被降格为与市民社会和现存生产抽象对立的存在物,因此,在人类解放的现实性与理想性之间存在着从强制劳动到自主劳动的飞跃。历史唯物主义所呈现出来的人类社会由必然向自由的飞跃正是根基于两种劳动的区分,据此也才能划分而不是混同马克思人类解放的理想性与现实性。历史唯物主义正是在区分两种劳动的基础上,批判了资本主义社会,科学地建构出人类未来理想的社会形态。在马克思关于人类解放思想以及社会主义、共产主义的各种表述中,始终贯穿着对未来社会的理想与现实关系的历史辩证的把握。"理论是思想中的现实。用现实活化理论,用理论照亮现实,是马克思主义的生命力之所在。"①马克思并不止于在理论层面阐释理想与现实的关系,而是要求通过实践行动促进理想与现实的转换,由于人的实践时不断生成的历史性活动,这决定了理想与现实的关系在人类解放的历史上呈现为动态发展的趋势。他的解放理论中的理想性与现实性关系集中体现在其实践哲学的逻辑运思中,理想必然扎根于现实,而理想的实现又必须投注到具体的实践过程之中。

在理想与现实的关系问题上出现对马克思误解的根源在于,我们对马克思经典著作的理解存在某些偏差,未能准确把握住马克思在主张思维与存在的异质性的基础上,对唯物史观的精细论述;而其现实上的根源则在于,在特定的历史时期,人类解放实现的长期性客观上冲淡了其作为理想的现实激励作用,由于革命的现实需要,往往将人类解放的理想人为"拉近",甚至将其等同于现实,欲求促动、激发出人们的改造社会与自身

---

① 孙正聿:《展现马克思主义的真理力量——纪念马克思诞辰 200 周年》,《吉林大学社会科学学报》2018 年第 3 期。

的热情。对于中国的研究者来说,"中国文化之缺乏形而上学传统,对于超越性存在的不重视和重'实用理性'的传统,使得国人在接受马克思主义时比之西方人更易忽视理想与现实的界分"①。理想与现实的关系问题有其存在的深厚的哲学理论底蕴,对二者界限的认识和厘清需要掌握辩证的理性思维,并通过感性的实践把握理想的真理性及其现实化的可能。

二、混同理想与现实关系的实际后果

在哲学的理论高度上对人类解放思想的理想与现实之间张力的忽略,反映在实践策略上就是对社会主义本质的认识不清。

区分人类解放思想的理想与现实是基于对唯物史观的强制劳动与自主劳动的区分,人类解放的实现根植于人类社会从强制劳动到自主劳动的飞跃。理想和现实均具有历史性、阶段性发展的要求,从实际的发展状况出发,理想性并非完全超脱现实生活世界的幻想或妄想,而是要以现实为基础构画未来;现实性则要求以不同历史和社会发展阶段的现状为依据,设计符合时代主题的制度规则来实现人类解放的理想事业。如果没有正确地理解并区分这一点,那么在对社会的改造过程中就容易出现盲目的激进状态,造成的不良后果往往是相当惨痛的,"大跃进"的历史教训清晰地告诉了我们这一点。正是由于没有正确地区分人类解放思想的现实与理想,才会在当时的社会历史现实下,在还处于强制劳动的条件下,提出了"跑步迈向共产主义"的激进口号,产生了急躁情绪,过高地估计了社会主义的现实发展阶段,造成了不良的社会后果。

社会主义的根本任务是"解放生产力,发展生产力",这一点正是体现人类的强制劳动与自主劳动的区分,也从实践的现实层面体现出对人类解放的现实性与理想性的区分。社会主义作为人类解放的阶段,是迈

---

① 王南湜:《论马克思主义哲学中的理想性与现实性的界分》,《中国社会科学》2007 年第 5 期。

向共产主义社会的准备阶段,在这一阶段,人类社会依然处于强制劳动阶段,处于人类解放的现实性之过程中,因此,其根本的任务自然在于解放与发展社会生产力,促使物质生产力得到极大的发展,以此维持人们的生存和发展的需要,进而为人在历史中的自我价值的实现提供动力支撑。没有对这一阶段的准确认识与把握,混同人类解放思想的理想与现实,在社会改造的过程中采取盲目与激进的策略,造成不良的后果是无法避免的。

正是由于将理想与现实混同起来,我们的研究处在"悬空"的状态之中。哲学界对"人的自由全面发展"的阐释就是明显的例证。当中国共产党提出"人的自由全面发展"后,在一定程度上,理论界对这一观念的阐释陷入混乱甚至误解之中:可能把人的自由全面发展仅仅用现实维度加以理解,即与物质生活水平的提高和人的能力的多方面发展联系起来,作为社会发展的现实性目标来规定,而似乎忽略了马克思人类解放思想的理想与现实之间的张力。忽视理想与现实之间的张力,将现实的劳动理解为价值中立的概念,难以把握现实的人的劳动与异化劳动概念相对立的部分,既不利于依据理想对现实提出批判性审视,也不利于对现实社会的运行提出有效、可实施的改革措施。① 理想在感性实践中生成和展开为现实进程,人们只有通过改造现存状况的实践才能迈向真正意义上的现实。"人的自由全面发展"的提出,意味着已经把共产主义的终极价值目标作为现实社会主义的价值取向。尽管就具体的经济、文化、社会等建设任务来说,现实社会主义在每一历史阶段只能做这一历史阶段能够做的事,超越历史阶段就会犯空想主义的错误,但是在完成每一阶段的具体任务之时,必须把这些任务指向共产主义的终极价值目标。否则,就不能把这些具体任务与资本主义国家所做的事区别开来,就不能体现出中国共产党代表最广大人民的根本利益,带领人民为实现共产主义而奋斗

---

① 参见王南湜:《论马克思主义哲学中的理想性与现实性的界分》,《中国社会科学》2007 年第 5 期。

这一宗旨。① 在马克思对于人发展与解放的理论阐释中,始终展露对理想与现实关系的辩证把握。人的存在方式决定思维方式,现实逻辑决定理想逻辑,只有确证现实的实践作为人的存在方式和解放的基础,才能使人具有历史的现实逻辑以及相应形成与其解放需要相契合的理想逻辑。因此,对于中国的马克思主义研究者来说,必须将理想与现实的关系问题安置并敞开于中国人民生存与发展的实践过程中。因此,我们必须结合新的历史条件,充分阐发人类解放理想信念的现实基础和价值依据,人类解放的最终实现是这一现实基础的时代展开和必然结果。

三、人类解放实现的过程性与阶段性

马克思把人类解放的实现看作一个过程,并分为若干阶段,每个阶段有自身的层次、程度和水平,过程中的各个阶段既有理想的始终指引,也有依据于现实情况的具体实现。"人类解放和人的全面发展的价值理想以人类社会的历史发展为基础,因而是一个现实的而非虚幻的历史性的实现过程。"②马克思是从人生存方式和发展需要的历史变化来把握人类解放的过程性,将人的存在解释为在批判现存中不断否定自身、超越自身的自由自觉的状态。在人的存在的矛盾性和历史性的双重视野下,人类解放从片面到相对全面,再到全面,是一个漫长的过程,是理想性与现实性的统一,充斥着否定与肯定相统一的辩证过程,人的全面发展的理想只有在否定现存状况中才成其为现实实践的内在力量,才能使其人类解放的理论处于不断发展的过程中,体现发展的历史过程性与阶段性。

人类解放从片面到相对全面,再到全面,是一个漫长的过程,是理想性与现实性的统一,体现发展的历史过程性与阶段性。

人类解放终极目的的实现不是一蹴而就的,在其实现过程中,将经历

---

① 参见陈学明、罗骞:《科学发展观与人类存在方式的改变》,《中国社会科学》2008 年第 5 期。

② 孙正聿:《"现实的历史":〈资本论〉的存在论》,《中国社会科学》2010 年第 2 期。

曲折、自我否定和异化,承受历史的痛苦和磨难。但是,所有这一切,都是通往终极目的的"阶梯和桥梁,'环节的必然性'是实现'全体的自由性'必经的阶段。也正因为如此,这些曲折与阵痛、悲剧和磨难都获得并体现了其意义和价值"①。历史上的每一次重大进步,对人类的发展而言,都具有某种解放的意义,是人类走向彻底解放的阶梯。历史进步表明人类解放现实阶段的出现正是对其理论真理性的确证,体现了基于人的实践历史的解放进程是对传统历史观和人的存在论的扬弃。对此,马克思曾旗帜鲜明地表明了自己的哲学观:为了把"人"从种种词句的统治下解放出来,在特定现实的世界中使用相适应的现实手段来实现人类进一步解放。在马克思的哲学思想中,有一种从主体向度出发的人文关怀贯穿始终,它表现为批判和超越现实的理想性追求:以人类的幸福和自身的完美为指针,推翻使人成为受屈辱、被蔑视的对象和一切关系。解放不仅仅是思想活动,而且是需要经过若干阶段的历史过程,是一种历史活动、历史运动和历史实践。马克思哲学是为这个现实道路提供科学方法论的精神武器,是为全人类的解放寻求"现实道路"的学说。从最根本的意义上说,马克思哲学作为世界观、历史观、价值观和方法论,是在分析和解决时代最重大的现实课题的思维和实践活动中实现人类的解放,这是马克思哲学本身最重要的存在形式和实现形式,是马克思改变世界的哲学性质。马克思的杰出之处是将人的自我发展视为现实的历史过程,由此促进人实现对自身解放需要的意识。他的理论建构为我们走向未来社会的发展道路显示出新的意义空间。他本人虽然没有给出当代问题的解决方案,但是作为马克思本质精神的解放理论却为当代问题的解决提供了思路,这并不是因为它在时间上是否产生于当代,而是因为它的思想是针对当代问题的,而不仅仅局限于它所诞生的那个时代。"马克思的解放理想,既是价值信念,又是历史发展的规律,是合规律性与合目的性的统一"②,

---

① 贺来:《辩证法与现代性课题》,《学习与探索》2007 年第 5 期。
② 吴向东:《马克思的精神》,《哲学动态》2018 年第 6 期。

他为实现人类解放的理想找到了现实的根基——实践观点,它是一种追求人与世界统一性存在的哲学观与方法论,在感性实践中显现的人与世界的在场境遇,使人类解放在动态、丰富的现实生活世界中展开。马克思的人类解放理论只有立足于生存论视域,才能获取自身的理论合法性与价值性,那种把马克思的人类解放仅仅当成终极性的信仰甚至乌托邦的看法是错误的。马克思在其对自身理论体系的构建过程中,已经在一定程度上提供了区分人类解放追求的理想与现实两个维度的依据。

马克思在《1844 年经济学哲学手稿》提出了"想象的存在"和"现实的存在"这两个概念。他认为,应该从观念的、表象的、期望的存在,转化成感性的存在,从想象的存在转化为现实的存在,从观念转化为生活。① 在《关于费尔巴哈的提纲》中,马克思指出:"人的思维是否具有客观的[gegenst ndliche]真理性,这不是一个理论的问题,而是一个实践的问题。人应该在实践中证明自己思维的真理性,即自己思维的现实性和力量,自己思维的此岸性。关于思维——离开实践的思维——的现实性或非现实性的争论,是一个纯粹经院哲学的问题。"②理论思维追求以既定的概念和语言方式来表达观点,从而达到对事物存在的本体论把握,使理论形成自足性、绝对性的知识体系。在马克思看来,撇开现实实践的思维与理想,就成了经院哲学式的、无意义的语言游戏。马克思对人类解放思想的阐释,经历了从理想性到现实性的转变,表明现实的人需要在追求解放的感性实践中确证和展示自身存在的过程,这一过程构成了人的解放理想走向现实的内在奥秘和深层根据,体现了马克思为全人类的解放寻求"现实道路"的伟大精神。马克思晚期不再纠缠于抽象的、思辨式的"哲学共产主义"争论,而是在现实社会生活面前径直运用经济、政治的眼光,激发概念的现实流动性和历史生成性特征以消解理论语言的僵化性和对待知识的实用性态度,以历史的辩证法来实证与分析现实问题。马

---

① 参见《马克思恩格斯文集》第 1 卷,人民出版社 2009 年版,第 246 页。
② 《马克思恩格斯文集》第 1 卷,人民出版社 2009 年版,第 500 页。

克思在对自身理论体系的构建过程中,已经从理论上界分了人类解放思想的理想性与现实性两个向度。

马克思的人类解放思想体系以实现人的全面发展为终极性目的,是理想性与现实性统一的科学理论典范。它通过对具体现实的革命性改造以实现未来的终极性目标,并与当前具体的现实达到历史性统一,在现实的社会生产中破解劳动者主体—客体的二元分立,为解构和超越同现实的人的存在相异化的力量提供方法论,以推动人与世界的和谐统一与共同跃升。马克思认为,物质性生产劳动是人类最基本、最重要的活动,自然界和物质生产共同构成人类一切生活资料与财富的源泉,正是通过物质生产劳动,人类不断地改造了当前的历史现实条件,也创造了实现自身解放和社会发展的条件。尽管前进的道路是曲折的,但近代以来工业社会的发展,突破了生产力发展的无穷可能性;而在生产力发展所造成的资本主义社会矛盾激化的情况下,通过社会革命就可以实现向未来的终极性价值目标的过渡,最终在物质资料高度丰富的前提下,人们获得充分接受教育的机会和自由创造的机会,进而促进人的素质的全面提高和充分发展,并在具体的实践中确证自由这一根本价值旨归,使人认识到自由的价值理想与现实应有条件的差距,进而不断推动生产力的发展以变革现实条件,建立起以人的自由全面发展为目的的共产主义的自由王国,实现终极性价值目标与当前具体现实阶段性特征的科学统一。

马克思、恩格斯的经典著作阐明了人类解放的科学理想,但不同的国家要根据本国的实际探索实现人类解放的具体道路。历史发展的复杂性和现实生活的多元可能性,都证明了马克思的人类解放思想所揭示的规律只是历史发展的一般趋势,对整个生活世界和社会关系异化规律的揭露只是为人类解放提供了一般的立论依据,而不是现成的实践模式,因为历史是由人来创造的,没有现成的实践模式可遵循。探索未来的人类解放之路,马克思并没有给予确定和具体的答案,而是将人自身对解放与社会生产力的发展之间相互作用的关系呈现出来,将现实的人通过不断发展的实践活动实现自我解放的历史任务展示出来,而这一任务恰恰需要由后来的社会主义实践者来完成。

　　按照马克思的设想,从资本主义社会到共产主义社会的过渡时期——社会主义社会将会在西欧发达的资本主义国家实现。因为他们有条件通过无产阶级专政的政治工具,占有资产阶级资本的全部,并实现生产力的巨大发展。然而,现实事实与马克思所设想、预见的状况存在着巨大差距:现实社会主义并不是在西欧发达的资本主义国家实现,而是首先在东方不发达的落后国家产生;由于历史条件的差异,这些落后国家过渡到社会主义的途径等也各有差异,而对其差异性问题马克思没有明确揭示并给出现成的答案。各个国家如何结合本国国情,站在历史唯物主义的高度,探索实现社会主义的方式与现实道路,如何实现向共产主义社会的过渡,这些深层次的问题摆在每一个马克思主义者面前。尽管人是创造历史的主体和实践解放的主体,但社会历史的发展依然遵从超越于个体主体性之上的客观性,主要表现为不同民族的社会发展道路与制度的现实性,不同民族社会发展的具体道路与马克思解放理论从理想到现实的构设存在一定差异。因此,如何协调不同时代和民族发展的需要与历史客观性之间的偏差成为不可回避的课题。只有经过不断探索,才有可能赋予马克思的人类解放思想新的时代内涵与时代特征,才有可能使马克思主义在同各种非马克思主义、反马克思主义等论战对手的激烈论辩中永葆生机与活力,并在风云变幻的历史发展变革的旋涡中始终立于不败之地。

第三节　现实性的人类解放思想与中国道路

　　马克思的人类解放思想,为我们阐明了解放的实质与真谛——"必须推翻使人成为被侮辱、被奴役、被遗弃和被蔑视的东西的一切关系"①。对人类解放具有积极的促进意义,还是具有消极的阻碍作用,是我们判断

――――――――――

　　①　《马克思恩格斯文集》第 1 卷,人民出版社 2009 年版,第 11 页。

一切社会发展理念和原则必须遵循的根本价值路线。随着社会历史的推演,人类社会必将进入的新的发展阶段,全球物质生产力的提高与人类社会发展水平会产生新的变化,中国在实现自身发展的同时必须准确把握自身与世界的关系。马克思的人类解放思想对中国革命和建设的理论与实践具有重要影响,"马克思主义的中国化进程,是以马克思主义关于人类解放的理论为基本依托"①的理论创造过程。从起源来说,人类解放思想是马克思在西方提出的,但其对中国的实际影响远远超过西方。马克思主义中国化的发展构筑了适合中国现实的指导思想,确保中国式现代化新道路始终沿着马克思的共产主义和解放的理论轨迹继续前进。改革开放的进程和"中国道路""中国方案"的逐渐形成,既是中国积极应对人类解放进程挑战的过程,同时也是国家与社会相互"塑造"的过程,是推进人类解放的理想向现实过渡的必要环节。

一、中国式现代化新道路的实践探索

习近平总书记在庆祝中国共产党成立 100 周年大会上的重要讲话中指出:"我们坚持和发展中国特色社会主义,推动物质文明、政治文明、精神文明、社会文明、生态文明协调发展,创造了中国式现代化新道路,创造了人类文明新形态。"②走自己的路,是党的全部理论和实践立足点,更是党百年奋斗得出的历史结论。百年来,中国共产党团结带领广大人民在不懈奋斗中成功开创了中国式现代化新道路,谱写了现代化发展图景的中国篇章。立足中华民族伟大复兴战略全局和世界百年未有之大变局交织激荡的时代背景,向着全面建成社会主义现代化强国的第二个百年奋斗目标迈进,必须走好走稳中国式现代化新道路。中国式现代化新道路之所以正确并能引领中国发展进步,关键在于中国共产党坚持科学社会

---

① 欧阳康:《马克思主义中国化进程中的问题导向、资源整合与理论创新》,《理论视野》2009 年第 1 期。

② 习近平:《在庆祝中国共产党成立 100 周年大会上的讲话》,《人民日报》2021年 7 月 2 日。

主义的基本原则,同时根据我国实际和时代特征赋予其鲜明的中国特色。中国式现代化新道路在不断地理解、阐释马克思人类解放思想的叙事结构,并从实践上开辟了人类解放实现模式与道路。近年来中国式现代化新道路这一现实化的马克思人类解放思想逐渐凸显了其所获得的伟大成就,历史地证明和演绎了自身道路的科学性与真理性。

(一)初级阶段作为本真的社会现实

社会主义并没有像马克思所预想的那样,首先在西方发达的工业国家获得胜利,而是在东方落后的农业国家取得成功,这使得"现实的社会主义"与马克思的经典论述之间存有不一致之处:一方面,在生产力相对落后的农业国家,并没有发生马克思设想的高度社会化生产力与资本主义生产关系之间矛盾对立被消解后所达至的理想社会主义状态;另一方面,由于大多数发达的工业国家尚是资本主义国家,生产力相对落后的社会主义国家不得不与这些国家处于共生与竞争的历史情境之中。基于此,寻求马克思人类解放思想的实现方式,既需要实事求是地认清和把握现实的社会主义国家所处的历史阶段,又需要解放思想,创造出符合本国国情、具有本国特色的现实性的马克思人类解放思想以指导当下的社会主义建设。只有充分洞察现实的社会主义建设所处的历史阶段,才能规避不切实际地人为"拉近"人类解放的理想与现实的建设之间的客观距离的错误倾向,也才能坚持一切从实际出发、与时俱进,在生产实践中采取合理又合目的的手段来改造社会现实。

在中国式现代化新道路的探索中,认识国家的发展阶段并不是一帆风顺的。"大跃进""人民公社化运动""跑步进入共产主义"都是整个国家迷失于探索之路的表现。这些运动无视中国的具体国情,无视东方落后农业国家的社会主义建设不同于马克思以西方发达资本主义工业国家为标准所论述的人类解放进程,使得国家一度陷入严重的混乱和崩溃的边缘。当然,国家民族的自我认识不仅要靠在自身建设过程中摸索,也要借助"世界历史"之镜。改革开放之后,正是在总结我国社会主义建设经验和对世界历史发展总体把握的基础上,中国共产党对社会主义建设所处的社会现实做出了最彻底的揭示,阐述了中国还处于社会主义的初级阶段,社会主义本身是共产主义的初级阶段,而我们中国又处在社会主义的初级阶段,就是不发达的阶段。社会主义初级阶段是当前中国特色社会主义建设所面临的最本真的社会现实,只有认清和把握这一社会现实,我们才能明确自己的建设方向、目标,才能选择适合自己的发展道路,从而在社会实践的过程中对社会现实进行最合理的改造,不断逼近马克思人类解放的理想。

(二)在社会主义市场经济基础上实现充足的政治解放

在马克思的论述中,人类解放的进程必然内化为政治解放、社会解放和劳动解放等诸多解放形式,而不是只通过一场无产阶级政治革命便可获得成功,人类解放也必定会呈现出阶段性的特点。然而,马克思的这一人类解放思想却一直以来没有受到"现实的社会主义"国家的重视。20世纪的"现实的社会主义"国家几乎都是从封建或半封建的落后农业国家直接进入社会主义发展形态的,没有经历过完整意义上的资本主义政治解放(马克思所追求的人类解放是在政治解放基本完成的基础上进行的)和市场经济的发展。进入社会主义之后,这些国家不顾国家具体现实直接照搬马克思文本中对社会主义的设想,企图彻底废除私有制,并采取高度集中的公有制形式和计划经济手段,盲目排斥市场经济和私有制。苏东剧变的爆发历史性地证实了这种实现方式的错误:没有充分的生产力发展,没有市场经济对落后社会关系的摧毁,没有政治解放的充足发展过程,最终只会造成国家政治经济发展的停滞,带来消极的甚至灾难性的社会后果。

马克思、恩格斯早已表达过对此的忧虑。他们认为私有制是生产力发展到一定阶段必然的交往形式,这种交往形式在私有制成为阻碍生产力的桎梏之前是不可能被摒弃的。而在回答"能不能一下子就把私有制废除?"这一问题时,恩格斯表达得更加清楚:"不,不能,正像不能一下子就把现有的生产力扩大到为实行财产公有所必要的程度一样。因此,很可能就要来临的无产阶级革命,只能逐步改造现今社会,只有创造了所必需的大量生产资料之后,才能废除私有制"①。马克思、恩格斯对完全废除私有制的长期性与条件性的认识,对中国式现代化新道路的探索而言,是在人类解放思想的高度上肯定了发展社会主义市场经济的国家建设方略。市场经济不一定是资本主义私有制所特有的,但市场经济的发展却要求社会各种经济成分都促进社会生产力的大发展,要求中国的社会主义建设在完善市场经济的同时推进以"社会主义民主政治"为核心的政治解放,并在此基础上向社会解放、劳动解放迈进,最终为人类解放奠定全面的历史条件,实现向人类解放的历史转换。如果不经过政治解放,我们也不可能获得对现代民主政治的内涵与意义的真正认识。只有在社会主义市场经济基础上实现充分的政治解放,个人才能成为独立的个体、自主的个体,并参与到整个社会的管理实践中去,也只有融入社会、成为社会化的人,才可能实现"自由人的联合体",充分发展出每一个体的"自由个性"。

（三）以人民为中心作为"人的本质的现实的生成"②

马克思人类解放思想叙事结构的根本指向是共产主义,实现马克思人类解放理想就是要实现共产主义。共产主义是一种全新的、最终的社会形态,它不仅要产生全新的社会制度,更重要的是要在运动的过程中产生全新的人。马克思的共产主义理想是对在经济上、政治上和精神上全面压迫人的自由发展的资本主义的扬弃,是对"有个性的个人"自由发展的最开阔的展望。"现实的个人"的自由活动和自由交往,即"人的本质的现实生成"是马克思人类解放思想的另一种真切表达。中国式现代化新道路的探索过程中所提出的"以人民为中心"的发展理念,正是对马克思所阐述的"人的本质的现实生成"这一解放旨趣的复归。

在社会主义初级阶段这一本真的社会现实中,发展社会主义市场经济,促进社会主义政治民主的发展,成为中国特色社会主义发展的必然道

---

① 《马克思恩格斯文集》第 1 卷,人民出版社 2009 年版,第 685 页。
② 《马克思恩格斯文集》第 1 卷,人民出版社 2009 年版,第 217 页。

路,而市场经济的发展所必然引发的社会生活的消极现象,如人与劳动、人与人以及人的个性发生严重异化等现象都会阻碍人的解放。因此,人的解放与自由发展何以可能的问题将构成当代中国社会主义实践最真实的内容。"以人民为中心"的发展理念,是属人的发展、为人的发展、依靠人的发展,它秉承马克思"人的本质的现实生成"精神,既坚持人民群众在建设中国特色社会主义事业中的主体地位,又坚持发展为了人民群众、发展依靠人民群众、发展成果由人民群众共享,不断实现好、维护好、发展好最广大人民群众的根本利益。在这一发展理念的指导下,中国特色社会主义的建设,将人置于当代中国社会发展主题的价值核心地位,确保社会发展内在的人本主义精神坐标,从实质上保证了人的权利的落实,尊重和保障了人权。"以人民为中心"以追求每个人的自由而全面的发展为核心与目的,以最终实现人的解放与全面发展。"以人民为中心"的发展理念是对马克思的"人的本质的现实生成"的复归,是对每个人的"自由个性"发展的追求。在历史实践中贯彻"以人民为中心"的价值原则和发展理念,本质上就是一种马克思人类解放思想的实现方式。"以人民为中心"的解放指向与解放目标牢固地根植于中国特色社会主义的发展进程中,并将社会发展与人类解放紧密关联起来,真正实现了社会发展与人类解放之间的历史生成逻辑。从马克思人类解放思想的叙事逻辑中审视"以人民为中心",更显示出"以人民为中心"宽广的理论图景,展现了人类解放思想的宏大视野。

中国式现代化新道路的探索,是中国马克思主义者在实践探索中的伟大理论创新,具有鲜明的中国特色;是中国共产党人在深刻领会和把握马克思人类解放思想叙事结构的基础上,立足本国国情,研究前人的学术探究和借鉴他国的实践经验创造性地开辟出来的实现马克思人类解放的全新方式。中国特色社会主义道路既坚持人类解放这一共产主义运动的最高价值目标,将其作为改造社会现实的根本尺度,又辩证地看待最高理想与当前现实的差距,稳健地采取合理性和合目的性的建设方略,通过具体的现实实践活动不断实现"人的本质的现实生成"。人类社会的发展作为自然历史过程既不会因为资本主义在世界历史中的确立而宣告结束，也不会因为"苏联模式"社会主义的失败而宣告"历史的终结"，而是必将沿着世界历史的发展方向，毅然地走向人类解放的新境界。

二、新发展理念：人类解放思想的升华

中国的现代化经历了以制度变迁为基础的经济建设、科教兴国和全面、协调、可持续发展到以"创新、协调、绿色、开放、共享"等为特征的不同发展阶段，并展示了改革的、创新的和科学的发展观。

党的十六届三中全会提出了科学发展观，这是对发展的时代特色的新表达，党的十七大对科学发展观的内涵进行了明确概括："科学发展观，第一要义是发展，核心是以人为本，基本要求是全面协调可持续，根本方法是统筹兼顾。"党的十七大在科学发展观表达上的贡献是明显的。第一，改变了发展的内涵。要建立创新发展模式，强调注重优化结构、提高效益、降低消耗、减少污染、提高质量、可持续的发展。第二，明确了发展的理念。发展的理念必须是以人为本，发展是为了让人民群众共同享有改革发展的物质成果与精神成果，要注重利益的调整与分配，关注人民群众生活质量的提高和人民群众的全面发展，坚持以人为本与尊重社会发展规律相统一。第三，明晰了发展的思路。要进一步完善社会主义市场经济体制，加强党的先进性建设，建设社会主义新农村，立足社会整体发展质量的提升，从过去以经济总量的增长为主转变为以经济结构的优化并发挥推动社会整体发展的基础作用，促进城乡区域协调发展，注重经济、政治、文化、社会与生态等各个方面的均衡发展，坚持以经济建设为中心与社会全面发展相统一，努力构建社会主义和谐社会。科学发展观倡导统筹原则、协调原则、效益原则、公平正义原则，是对历史上曾经出现的以物为本、以粗放型增长为主要发展方式的反思和超越，明确了以人为本的价值立场和以发展为第一要义的基本哲学观。

创新、协调、绿色、开放、共享的新发展理念，汲取了科学发展观的核心观点，是对科学发展观的新突破、新发展。党的十八届五中全会提出了

创新、协调、绿色、开放、共享的新发展理念,是基于现实时代条件对发展方式的新探索,从创新发展的维度上丰富了马克思主义科学社会主义发展观的思想内涵,从开放发展的维度上形成了马克思主义关于社会发展动力的新认识,集中反映了中国共产党对经济社会发展规律认识的深化,极大丰富了马克思主义发展观。党的十九大重申要坚持创新、协调、绿色、开放、共享的新发展理念,把坚持新发展理念作为新时代坚持和发展中国特色社会主义的基本方略之一。新发展理念"既作用于中国硬实力的发展,又为全人类发展贡献中国智慧与中国方案,彰显中国发展的生命力与中国文化的创造力"①。创新发展是新时代经济结构实现战略性调整的关键驱动因素,是实现"五位一体"总体布局下全面发展的根本支撑和关键动力;协调发展是实现社会主义现代化和中华民族伟大复兴总任务的重要保证,是提升发展整体效能、推进事业全面进步的有力保障;绿色发展是实现生产发展、生活富裕、生态良好的文明发展道路的历史选择,是通往人与自然和谐境界的必由之路;开放发展是中国基于改革开放成功经验的历史总结,也是拓展经济发展空间、提升开放型经济发展水平的必然要求;共享发展是社会主义的本质要求,是社会主义制度优越性的集中体现,也是中国共产党坚持全心全意为人民服务宗旨的必然选择。创新、协调、绿色、开放、共享的新发展理念既是中国共产党对自身改革开放经验的深刻总结,也体现了其继续以开放促进中国和世界共同发展的决心和智慧,在推动世界经济社会发展中具有普遍的真理性,在把握世界融合发展的趋势中确定了人类社会共同体的身份和命运,昭示了人类发展的新途径,具有普遍的借鉴意义和重要启示,标志着人类一种崭新发展模式的创立。引领时代历史发展潮流的科学发展观的实践将造福于全人类,正是在这个意义上说,创新、协调、绿色、开放、共享的新发展理念是对马克思的人类解放思想的继承、发展与升华,强化了马克思主义科学发展的实践逻辑,创新了马克思解放理论的话语表达,对人类解放的实现具有

---

① 项久雨:《新发展理念与文化自信》,《中国社会科学》2018 年第 6 期。

积极的肯定性意义。

　　发展理念问题是当今世界各国和学术界关注的重要课题。人们通常所说的发展理念主要有三个不同角度与层次:第一层次,发展理念是对事物是否发展变化和怎么发展变化的根本观点,是对最一般意义上的哲学世界观角度的把握;第二层次,发展理念就是指社会的发展观,是关于人类社会发展规律的学说,这是对一定限度内的社会历史观角度的把握;第三层次,发展理念就是关于一个国家和地区社会发展的本质、目的、内涵和要求的基本主张,这是从与各国具体实践相结合的社会具体发展角度上的把握,而又具有世界借鉴意义。笔者认为,创新、协调、绿色、开放、共享的新发展理念主要是在我国具体国情下具有中国特色与特殊逻辑的发展观,伴随人类普遍交往的实践进程的展开和有效传播,必将开启新理念走向世界的时代,为人类问题贡献了中国智慧和中国方案。它包括"什么是发展""要不要发展""为什么要发展""怎么发展""为谁发展""靠谁发展""如何评价发展"等有关课题与基本观点。在第三个层次上理解的发展观,按照核心价值取向的标准又可以细分为两种模式:以经济增长为核心价值取向的发展理念,强调经济增长是第一任务,发展就意味着经济增长,其实现形式是工业化,其衡量指标是国民生产总值,发展的根本问题就是提高国民收入和人均国民收入水平;经济社会发展进入新阶段和新时代,需要解决新问题和新矛盾,强调解决发展动力问题、发展不平衡问题、人与自然的和谐问题、发展内外联动问题、社会公平正义问题,归根究底是解决经济发展如何优化升级、提高质量和增强实效的问题,其迫切需要具有高度时代性、战略性和前瞻性的发展理念来提供理论指导和实践遵循。

　　就中国而言,其发展观经历了一个演变过程,不断地随时代变化而丰富或者摒弃某些因素,形成了各历史时期不同内容的发展观。它是中国共产党运用马克思主义世界观和方法论,立足于中国共产党长期执政的历史方位,提出的一系列关于发展的本质、目的、内涵和要求的基本观念,深刻揭示了中国现代化建设的发展道路、发展模式、发展战略、发展目标和发展手段,将马克思的人类解放思想推进到新的阶段。创新、协调、绿色、开放、共享的新发展理念的提出是对传统的以经济增长为核心的发展观的扬弃,逐渐确定了将经济增长图式的批判上升为发展方式的扬弃,以及将物质生产劳动观念的转变提升为人的整体实践意识的觉醒的更为恰切的路径,这是多年来对发展理念探索的创造性结果。

新发展理念的价值原则和灵魂是"以人民为中心",是对人类解放思想的升华。党的十九大报告强调,始终要坚持"以人民为中心"的发展思想。发展思想是发展理念的内在规定,昭示着发展的性质;发展理念是发展思想的外在展现,代表着发展的方向。因此,"以人民为中心"的发展思想是的新发展理念之魂,的新发展理念是实践"以人民为中心"的发展思想的正确路径,每个具体理念都深刻蕴含对人民需求和期盼的积极回应。发展动力问题、发展不平衡问题、人与自然的和谐问题、发展内外联动问题、社会公平正义问题,既是开拓中国式现代化新道路的重要理论问题,更是需要正确解决的非常紧迫的现实问题。那么,它们的指向何在?主体是什么?实质在哪里?所有这些问题的答案归根到底只有一个,那就是一切依靠人民、一切为了人民。"以人民为中心"作为价值原则的的新发展理念升华了人类解放思想。

首先,"以人民为中心"与"以物为中心"的价值原则存在根本的区别。"以人民为中心"的价值原则体现了人在发展中具有主体地位,人既是发展的动力主体与责任主体,也是发展的价值主体与根本目的,体现了人民群众在社会发展进程中的实践主体与价值主体维度的统一,符合中国社会主义制度的本质和根本诉求。而资本主义私有制条件下恰恰是"以物为中心"的价值原则,是"见物不见人"的价值原则。"以物为中心"的原则所追求的资本和剩余价值的增长,工人只能拥有自身的劳动,且必须将劳动力出卖给资本家才能维持基本生存。这种"物化"的价值原则把发展与运动、进化等同起来,抹杀了发展作为人的特殊存在方式所具有的人性向度。"以人民为中心"的价值原则是在对当代中国社会现代性的内在逻辑充分把握的基础上,对"见物不见人"的"以物为中心"的价值原则取向的克服,是对以追求最大利润为趋向、以贫富悬殊和资源掠夺性开发为特征的经济增长的否定,是防范"见物不见人"所引发的无视、蔑视甚至敌视人之偏颇的重要原则,能够促使维持人基本生存需要的物质产品和体现人的生命意义的精神产品实现统一,将提高人的劳动价值作为社会主义市场经济发展的任务之一。这有助于克服将经济增长等同于发展,将经济发展本身等同于美好生活的发展主义取向,要求以经济发展为基础促进人的自由全面发展,满足人民日益增长的美好生活需要。"以人民为中心"为核心的新发展理念的提出,表达了对传统社会生产单纯追求经济数量增长的片面性的扬弃,将发展的核心聚焦于人的自我意识的提高、实践能力的拓展以及与社会共同发展关系的完善,是社会主义建设理念的里程碑,标志着社会主义建设实践的新起点。这个新起点就是从过去片面地偏重于物质财富的增长,升华为重视人本身的解放与全面发展。

其次,"以人民为中心"的价值原则体现了人性的"复归"与人的"复归"。马克思指出:"作为完成了的自然主义,等于人道主义,而作为完成了的人道主义,等于自然主义。"[1]他在确立历史唯物主义的基础上开掘人民的主体性地位和创造能力,通过对社会形态的阶段性分析,阐释人与自然关系系统的实践改造取向,表明"复归"以后的人类呈现自然的本质,不再作为"物"的代表出现,人的本质在自然中得以复现。这里的"复归"不是倒退,是人性完善史上的大步前进,它既要求人民的历史性在场,又强调人民在现实社会历史中的出场,依靠人民自由的劳动方式化解普遍利益与特殊利益的冲突,使人在"自由人联合体"中实现解放。在社会主义初级阶段,人的解放与人类解放何以可能、人性的"复归"与人的"复归"何以可能的问题构成了当代实践的真实内容。从这种意义上看,"以人民为中心"的价值原则,是属人的发展、为人的发展、依靠人的发展,既要重视发挥人民的主体力量和能动性,又要创造人民平等发展的社

---

① 《马克思恩格斯文集》第 1 卷,人民出版社 2009 年版,第 185 页。

会条件提高人民的整体素质。坚持"以人民为中心"的价值原则,是中国共产党根据历史唯物主义关于人民是历史发展的主体、是推动历史前进的根本力量的基本原理提出来的。"以人民为中心"的价值原则中的"人民",是指广大人民群众,工人、农民、知识分子等社会各阶层劳动者是社会的主体;"以人民为中心"中的"中心",是将出发点和落脚点统一于最广大人民群众的根本利益。坚持"以人民为中心",就要坚持广大人民群众在建设中国特色社会主义事业中的主体地位,坚持发展为了人民群众、发展依靠人民群众、发展成果由人民群众共享,将人置于当代中国社会发展主题的价值核心地位,以追求每个人的自由全面发展为目的,最终实现人的解放与全面发展,达至人类的美好社会状态。人类解放和社会进步集中表现为每个现实个体的发展,社会发展观的开放与创新是实现人的发展的手段和必经过程,社会发展理念必须能够切实转化为人的发展的力量。"以人民为中心"的价值原则,是对各种束缚人的"枷锁"的解除,使人重新成为自然的人,达到人的真正"复归"。从人性的"复归"与人的"复归"的维度审视"以人民为中心",更显现出新发展理念宽广的理论图景。

新发展理念的发展内涵是宽广的,它以广阔的视野关注人类经济、政治、文化、科技、环境和社会和谐与进步状况。其最根本的特征是,强调经济增长质量的提高是以无损于生态环境为前提、以可持续发展为特征、以满足人民的美好生活需要为目的。恩格斯曾经指出,"政治、法、哲学、宗教、文学、艺术等等的发展是以经济发展为基础的。但是,它们又都互相作用并对经济基础发生作用"①。经济基础与上层建筑各领域之间相互影响、相互制约,二者的关系并不仅仅存在于任何现成的客观对象中,因为对现实的社会历史而言,经济基础与上层建筑的关系是不断生成的,并趋向人的生存发展需要的历史过程。我国正在进行的物质文明、精神文明、政治文明和社会文明建设,需要在新发展理念的新视野下将多维度的

---

① 《马克思恩格斯文集》第10卷,人民出版社2009年版,第668页。

文明进行整合、统筹、协调。通过科学发展,我们追求人与自然、人与社会、人与人之间的社会关系的合理、和谐,从而实现更高程度的人类解放和自由;通过科学发展,不断地改善人的生存条件,提高人的生活质量,使得人能够在自然界中求得更多的自由,在社会关系中获得更多的自由。

从新发展理念与人类解放的关系而言,新发展理念始终是人类解放的实现条件,人类解放始终是新发展理念的目的。新发展理念体现了中国时代发展的进步精神,是解决当前各种矛盾、引领中国实现现代化的武器,它不是暂时性的政策措施和权宜之计,是建设新时代中国特色社会主义的重大纲领。人类解放与人的全面发展始终是不断发展的理想,是不断由相对状态向理想状态趋近的历史累积过程。因此,我们应该坚持新发展理念,秉持马克思主义科学发展的基本立场、观点和方法论要求,从实际出发,不断地丰富与发展这一重大纲领。

但当代中国发展道路面临的历史任务具有双重性质:既要加速经济的发展,发挥科学技术是第一生产力的强大作用,又要对生态环境进行保护,对自然资源进行合理开发,以满足可持续发展的需要,防止科学技术发展的负面效应给人类造成生存的危机与困境。

面对时代赋予的历史任务,需要我们坚持人类解放的基本立场,增强践行新发展理念的自觉意识与使命意识。当代中国的理论者与实践者在历史的机遇中,要自觉意识到时代所赋予我们的振兴中华民族的历史使命和应承担的社会历史责任。要求人们在现在和未来的历时性维度、民族与世界的共时性维度上树立整体的文明观,摒弃将个体视为"原子主义"的单向发展模式,促使人与自然、社会融合在整体的系统中共同发展。

在当代中国,尤其必须警惕功利主义与实用主义的发展观。功利主义和实用主义发展观所造成的一系列负效应,应引起我们的高度关注。在功利主义与实用主义的发展观影响下,环境污染问题、生态失衡问题和能源危机问题等日益突出。由于人类自身或明或暗、或多或少地受功利主义和实用主义的误导,我们所生活的实际环境遭到了不同程度的破坏性渗透,使现代社会的人们"生活在文明的火山上"①。功利主义与实用主义的发展观必然导致自然的生存始终处于对人的单向性趋附和屈从关系。

功利主义是从伦理层面而言的发展观,强调把"发展"归结为经济增长的正当性与道德的合法性。它是一种短视的发展理念,其在人类解放的整体实践活动中所扮演的角色是反面的。当前自觉实践新发展理念的思想障碍,就是对新发展理念做功利主义与纯工具理性的解读,将其混同于、服务于西方资本主义发展的各种发展理论。西方的各种发展理论尽管千差万别,但核心思想是把"发展"归结为经济增长和科学技术的运用,其实质是功利主义的发展观,将获得量化的幸福指数作为发展的终极目的。这种发展观主张在行动中考虑后果,但是所考虑的往往只是可预期的直接结果,注重的只是直接利益,而不是人类整体的长远利益。具体表现在资本主义私有制条件下,资产阶级从自身利益的需要出发,以能够获得的私有财产为计算的标尺,由于人的自然属性对自身生产能力的限制,必须寄望于生产方式的变革来开掘自然资源。它既加剧人与自然关系的失衡,也造成了人与人之间关系的紧张。由于功利主义发展观只关注实际效用,以"效用"作为公平的主要评价标准,导致对权利、自由、责任、分配以及其他非效用因素的忽略,最终致使人与人关系的不和谐。

实用主义是从哲学层面而言的发展观,它把"有用即真理""有用即是善"等信条作为判断真理的价值标准,认为不存在绝对的"客观"真理,一种理论是否是真理,在于它是否"有用"。它是一种工具主义价值观与哲学观,是对客观事物进行知性理解的极端化,直接与科学合理的社会发展观相对立。它把"有用"的科学技术作为最高的标准,以此标准来引导科学技术在实践活动中的应用,这必然造成以对立姿态与紧张关系来看

① [德]乌尔里希·贝克:《风险社会》,何博闻译,译林出版社 2004 年版,第13 页。

待人和自然,必将破坏自然和人类的生态关系,也意味着破坏了人的生存和发展的前提、基础,促使自然界表现出反人道、反目的性与反生态的一面。科学技术既能给人类带来福音,也能给人类带来灾难。爱因斯坦曾对实用主义哲学观进行了批判,"我想得比较多的还不是技术进步使人类所直接面临的危险,而是'务实'的思想习惯所造成的人类相互体谅的窒息"①。在现代高新技术社会,无论在广度还是深度上,科学技术都以超乎人们想象的速度向前发展。但现代技术的发展在实用主义的引导下往往以物质生产和经济效益的增长为准则,在价值取向上与人类生命意义的需要不相一致,导致了技术进步与人的发展的不同步。现代高新技术的发展不再充分体现人性,反而构成对人的统治,成为统治支配一切的技术意志,成为统治世界的本体论的根本事件。现代科学技术只是为人类解放提供强大的物质基础,它本身并不能直接带来解放。随着高科技时代的到来,科学技术的双重效应当引起更高程度的重视。

功利主义与实用主义发展观的局限性,在于只对短期发展成果的追求与沉迷,只重视物化指标而缺乏整体主义与整体完善的精神,丧失了在实践中自我反省的精神。功利主义与实用主义的负效应唤醒人们要认清科学发展观的重大意义以及我们在自身所处时代被赋予的历史使命。我们要有强烈历史使命意识和自我反省意识。只有努力提高历史使命意识、反省意识的能力,同时,重视自然规律,把自然置于适当的位置,自觉调节人与自然的关系,才有可能摒弃功利主义的前见,打破实用主义的偏见,自觉地矫正功利主义与实用主义发展观的伦理误导与狭隘的哲学世界观,使人与自然、人性与物性在新的高度上达到真正和谐统一。重建现代人的生存价值与意义,走向人与自然的和谐共处是中国的现代性建构的精神实质所在。

---

① ［美］阿尔伯特·爱因斯坦:《爱因斯坦文集》第 3 卷,许良英、赵中立、张宣三编译,商务印书馆 2017 年版,第 339—340 页。

三、实现中国梦：人类解放的阶段性目标

在当代中国，对马克思的人类解放思想现实性维度的研究开始受到重视。实现中国梦有赖于马克思解放理论的世界观与方法论，马克思的解放理想也在现实中发展为更加具体的阶段性目标，理想与目标的关系在中国特色社会主义的理论体系中实现了历史性统一。在一定意义上说，实现中华民族伟大复兴的中国梦就是在新时代中国特色社会主义建设的历史背景下，马克思的人类解放思想在现实性维度的重要发展。

马克思把人类解放的实现视为一个过程，整个过程中的各个阶段包含依据现实情况所制定的阶段性目标的具体实现。实现中国梦就是在马克思的人类解放思想力量及过程性特征的总支撑下，中国共产党和中国人民所探索、制定的实现人类解放的阶段性目标，是秉承中华民族理论自觉和精神自觉的内在要求。中国梦与世界各国人民的梦想紧密相连。实现中国梦是现实社会主义最可望、最可行的阶段性目标，这一生动的具有世界历史意义的实践进程，赋予了人类解放在新的阶段的价值意蕴、历史任务与奋斗目标。

实现中国梦的阶段性目标与人类解放的终极目标在根本方向上是一致的。人类解放包含了实现中国梦的状态与过程，体现的是对人及其未来发展的终极关怀，而实现中国梦则是通向人类解放之路的重要阶段，它反映了中国人民最广泛的发展诉求，代表了普遍的现实社会利益，体现的是对人及其生存方式的现实关怀。实现中国梦既符合人类解放的总体目标，又将人类解放的总体目标与社会发展阶段结合起来，两者具有阶段衔接性和目标一致性。

第一，马克思人类解放的目标内在包含了实现中国梦目标，实现中国梦是马克思人类解放目标的题中应有之义。

实现中国梦的目标对于马克思的人类解放的目标而言，是一个阶段性目标，而实现中国梦目标也同样内在包含了阶段性的分目标。

党的十二大提出了从 1981 年到 20 世纪末的 20 年我国经济建设总

的奋斗目标,指出实现了这个目标,将使"人民的物质文化生活达到小康水平"。"小康"战略目标的提出有何时代意义?"小康"战略目标不仅是中国社会主义现代化建设的阶段性成果,而且是在不断丰富的实践中对"小康"战略目标的含义及其客观规律的把握,即自觉意识到以"人民的物质文化生活"为实质性内容的理论与现实之间的深层关联。党的十一届三中全会所开启的改革开放和现代化建设,为提升人民生活水平创造了一定的物质基础,但现代化的蓝图刚刚展开,其理论基础和制度安排亟须完善和加强。基于对社会主义发展规律和人民生活现状的把握,立足现代化建设任务的实际需要,中国共产党将"小康"作为中国特色社会主义现代化建设的战略目标,是对中国如何适应现实环境以促使人民生活水平得到真正提高这一主题的整体理解,也是中国共产党对"小康"战略目标内涵逻辑的深刻认识。党的十二大确立的"小康"战略目标相对于社会主义现代化的宏伟目标的中国梦而言,是一个阶段性目标,既是更为具体和符合实际发展能力的现实任务,又是为实现中国梦目标探寻现实支撑的必然要求。中国与世界现代化先进水平之间存在着巨大差距,这让邓小平同志深刻认识到:"我们头脑里开始想的同我们在摸索中遇到的实际情况有差距"。"小康"战略目标的确立,是中国共产党对现代化建设的复杂性和长期性的清醒认识与科学预判,目的是使原本抽象的经济发展战略,落实为与每个人利益攸关的具体目标,为人民群众所感知和认同。在 21 世纪末这一关键历史节点上实现小康目标,其特殊意义在于:在 20 世纪 80 年代初为中国人民描绘了 20 年后将要达到的生活方式和理想状态,凝聚了斗志、鼓舞了人心,也在关键历史节点为实现现代化奠定了历史根基、理论基础和现实支撑。

而"小康"战略目标对推进中国现代化进程产生了怎样的影响?"小康"战略目标的提出具有高度的历史战略性和深厚的时代典范性,是党以人民现实生活需要为依据对现代化建设进行的准确战略判断,对推进实现中国梦目标的进程在历史、方法和价值上具有深远的影响。在历史维度上,"小康"战略目标与实现中国梦目标在核心关切上保持一致,即都致力于实现民族复兴,实现人民的美好生活,"小康"战略目标构画的是人民对未来社会生活状态的美好愿景,本身是把传统社会理想和现代社会现实相结合的历史性产物。我们看到,在完善和践行"小康"战略目标的同时,党的十三大明确了"三步走"发展战略,从更精细的时间节点上设定了实现"小康"战略目标及其之后的战略规划,呈现出战略上的阶段性向总体性目标交汇的逻辑架构。在方法维度上,"小康"战略目标的提出内蕴深刻的辩证方法,为实现中国梦目标提供了科学方法论;"小康"战略目标是可以依据现实进行调整的动态性、开放性目标,为实现中国梦目标提供了基本旨向,对实现中国梦目标的理解在实现"小康"战略目标的过程中不断得到加深。在价值认同的维度上,"小康"战略目标的核心内容是人民生活,实现中国梦目标的进程也是以人民生活的现代化为重要内容的,"小康"战略目标的提出及其推进,巩固了人民与国家、社会之间以现代化建设为总体目标的密切关联,也为人民广泛融入实现中国梦目标的进程增进了价值认同和信心基础。

党的十九大综合分析了国际国内形势和我国发展条件,把2020年到本世纪中叶分两个阶段:从2020年到2035年,在全面建成小康社会的基础上,再奋斗十五年,基本实现社会主义现代化;从2035年到本世纪中叶,在基本实现现代化的基础上,再奋斗十五年,把我国建成富强民主文明和谐美丽的社会主义现代化强国。这就是21世纪的中国梦。实现中国梦的目标包括了经济、政治、文化与社会和谐等多重指标,但从哲学的高度看,它以指导和实现人的全面发展为旨归,已被马克思人类解放的社会理想所蕴含。

马克思彻底否定资本主义私人所有制度并对资本主义生产关系进行激烈批判的原因就在于,资本主义所有制造成人的极端异化与畸形片面发展,使绝大多数人成为受物和资本支配的奴隶。而马克思人类解放的目标就是要使人从资本主义的各种异化中得到解放,消除社会异化和政治强制,能够使人的活动成为"自由自觉的活动",使人成为自由全面发展的人。实现人的自由实践与发展是马克思、恩格斯解放理论的深切关怀,这种关怀旨在对现状的省思与揭露中促使人们提升自我解放的主体意识。马克思、恩格斯在《共产党宣言》中指出,未来人类共同的理想目标应当是建立"自由人联合体",这是真正共同体形式和人之所以为人的根本所在。个人的自由只有在这个共同体中才得以实现,人的"自由自觉的活动"、全面自我的实现只有在这个共同体中才具有可能性。因此,马克思人类解放理想目标为实现中国梦的阶段性目标提供了坚实的理论根基,成为中国共产党与全体人民奋斗的内在精神动力与支撑。中国梦是在马克思人类解放理想总的指导与牵引下进行的。

第二,马克思人类解放目标的实现也内在需要实现中国梦,实现中国梦能够有效推进马克思人类解放理想的进程。

实现中国梦要求自觉地把促进人的自由全面的发展作为社会主义的目标,这种目标价值的追求打开了理解社会主义的新视角,把人类解放事业引领到新的境界。人类解放的最终目标——人的自由全面发展不仅是人类社会发展的终极目标,而且是社会主义社会建设的时代性、阶段性主题。中国梦在追求造福于本国人民的同时关注世界人民的共存共融,实现中国梦是实现人类解放这一终极目标历程中具体的、伟大的实践,对人类文明的进步和世界历史的良性发展具有举足轻重的作用。

马克思人类解放理想目标的中国化与具体化过程既具有阶段性的特征,也具有连续性特征。我国已进入加快推进社会主义现代化的新时代。在新的时代,中国的发展面临矛盾凸显期与黄金发展期并存的新问题,构成了马克思主义执政党在实践的基础上与时俱进的新的时代课题,马克思的人类解放思想强烈需要中国化与具体化的探索和创新,而党的十九大提出的阶段性目标与现实蓝图,正是马克思的人类解放思想中国化与具体化实践创新的真实内容,体现了马克思人类解放理想目标的阶段性特征和连续性特征,马克思的解放理论表明人在其现实的社会生活中存在,意识在任何时候都是对存在的反映,中国梦的提出与践行是对马克思关于社会存在与社会意识关系的发展,它既是中国特色社会主义实践的理论表征,又是推动当代中国的社会存在与社会意识实现辩证统一发展的生动体现,是时代课题与时代精神的中国式表达与中国式实践。

实现中国梦是人类解放道路上承上启下的重要一环。作为阶段性目标,它在实践的意义上为人类解放提供了重要条件。经过全党和全国各族人民的共同努力,20世纪末,我国总体上开始达到小康水平。基于此,党的十六大提出,我们要在21世纪前20年,全面建设"惠及十几亿人口的更高水平的小康社会"的"四个方面"奋斗目标;党的十七大根据形势发展又在十六大确定的目标基础上从"五个方面"提出了更高要求,明确指出"确保到2020年实现全面建成小康社会的奋斗目标";党的十八大从"五个方面"进一步充实完善了党的十六大、十七大确定的奋斗目标,发出了确保到2020年实现全面建成小康社会宏伟目标的动员令;党的十九大明确了"中国特色社会主义进入新时代"①,新时代"我国社会主要矛盾是人民日益增长的美好生活需要和不平衡不充分的发展之间的矛盾"②,把满足人民

---

① "中国特色社会主义进入新时代",这是党的十九大报告对我国社会发展历史方位作出的重大判断。揭示新时代的由来、阶段特征和时代意义,厘清新时代在社会形态中的历史定位,是我们把握新时代主要矛盾、开启新征程的必要前提。新时代的到来是"新时期"充分发展生产力的必然结果。1978年党的十一届三中全会实现了新中国成立以来党的重大历史性转折,开启了我国改革开放的历史新时期,"新时期"的概念由此而来。新时期是我国经济社会快速发展,迅速摆脱贫困落后面貌的重要发展阶段。从新时期到新时代,中国始终坚持以经济建设为中心,大力革除生产关系中的不合理因素,极大地解放了社会生产力,社会经济持续高速发展。特别是党的十八大以来,面对国内外局势一系列深刻的变化,中国共产党坚持稳中求进的工作总基调,主动求新求变,统筹推进"五位一体"总体布局,协调推进"四个全面"战略布局,取得了社会主义现代化建设的"跨越式发展"。改革开放以来的不懈奋斗所创造的辉煌成果为步入新时代夯实了基础,党的十八大以来取得的卓越成就更为我国社会从新时期到新时代的跃迁铺垫了扎实的基石。新时代绝不可能凭空出现,新时期孕育了新时代。从新时期到新时代也是生产力与生产关系、经济基础与上层建筑的剧烈量变期。这些量变累积的能量虽然未能引发将社会推向更高层次的"整体质变",却使社会发展产生了"阶段性部分质变",正是在把握"阶段性部分质变"的基础上,党的十九大作出中国特色社会主义进入"新时代"的全新判断。

② 党的十九大对社会主要矛盾转化的认识,是以马克思主义唯物史观与唯物辩证法为内在逻辑,并在把握时代发展变迁的基础上作出的科学的、重大的历史性判断,充分展现了党对社会发展规律、对社会主义发展规律的深刻认识,也为明确新时代的工作重心提供了指引。

对美好生活的需要作为奋斗目标。这些新要求,符合中国特色社会主义全面发展的内在需要,更加针对发展难题,顺应了人民意愿,并为人类解放理想目标的实现奠定了基础。因而,中国梦"彰显了人民性与和谐性的统一、民族性与世界性的统一,体现了中国特色社会主义的特点与优势,代表了人类社会发展的方向"①。中国梦折射出中国现代化的历史进程,体现了中国共产党的历史性思维,彰显了中国人民实现解放的独特的历史逻辑与实践智慧。中国梦是全体中国人民的共同梦想,是密切联系中国共产党和人民的牢固纽带。

实现中国梦的过程是进一步推进人类解放的历史实践过程,是人的现代化过程。人类解放是人类社会发展的理想目标,能够在社会发展的过程与历史阶段上得到历史性生成,人类解放与实现中国梦两者之间具有阶段衔接性和目标一致性。共产主义社会既是社会发展的最高目标,也是人类解放的程度最高的理想社会状态。中国梦蕴含深刻的解放底蕴,其理论内涵不仅依循现实条件的变化而发生历史性转变,而且其能够实现的解放程度也与中国现代化推进的水平呈正向关系。我们的目标是实现全人类解放的共产主义社会,我们的着眼点是努力实现社会主义现代化,我们的基点是推动社会和人的全面进步与发展,这是我们伟大实践、历史和人的统一过程。中国共产党提出实现中国梦的阶段性目标,把握住了人类解放与社会发展的内在统一关系,把握住了社会主义现代化的建设规律,并为后发展国家的人类解放之路寻找到了实践的合理维度。

四、人类命运共同体:解放新途径与价值新超越

"构建人类命运共同体"的提出是具有全新思想高度的理论议题和现实紧迫感的区域性及全球性的人类解放实践,它以批判性重塑当代全球治理体系为旨归,充分彰显了当代中国共产党人的理想追求和智识精

---

① 孙健:《十八大以来海外学界对"中国梦"的认知评析》,《当代世界与社会主义》2019 年第 6 期。

神。构建人类命运共同体是关于人类发展的观点、思想与理论,它熔铸了中国绵延几千年的和谐思想和马克思关于未来社会的理想,是对人类发展过程的自觉反思,其目的在于通过人类发展历程的反思与检视,探寻社会发展的应然路径。

领会与把握这一伟大构想必须面对和承担的首要任务是:在历史唯物主义的理论视野下,全面深入地检审资本主义全球化所建构起来的世界秩序及其全球治理体系。重审、反思已有的资本主义世界秩序,绝非只有历史唯物主义这一理论进路,但其理论视野无疑具有最为彻底的批判性取向。在历史唯物主义的理论阐述中全面深入地检视、反思和批判资本主义世界秩序是构建人类命运共同体的本质性前提。为了化解全球化发展引发的危机,近现代的理论家和政治家提出诸多方案,但都带有明显的时代和阶级局限,导源于西方资本主义零和博弈思维和强制规约世界秩序的长期作用。人类若要超越资本主义全球化所建构的世界秩序,摆脱其意识形态的蒙蔽与束缚,就不能无批判地接受、分享全球资本主义体系的诸多预设前提,而应该不断地迫使自身去迎接某种理论构想的挑战,这种挑战立足于一种全新的思维方式和实践形态。资本主义全球化所建构的世界秩序及其全球治理体系,已经完全背离了启蒙时代以来人类孜孜追求的以人为主体的"共同体"发展道路。在全球资本主义逻辑的主导下,一些伟大的思想家、政治家所殚精竭虑构想和追求的自由平等、公正合理的世界图景已逐渐暗淡,甚至悄然消逝。资本逻辑在与全球化的合谋中使得劳动力与生产资料的结合方式与条件发生了变化,不同国家在资本主义支配的全球化进程中以经济范畴的交往形式展开阶级斗争,劳动者的阶级意识被资本主义的国家机器和意识形态所掌控,很大程度上加剧了劳动者的生存困境及其相互之间的矛盾。当下时代在资本主义意识形态的灌输和蒙蔽之下,逐渐形成了将资本主义永恒化的日常意识,以至排斥探索一套更符合人类发展的世界秩序及全球治理体系的主张。正因为停滞于资本主义永恒化的精神状态,我们时代的世界图景想象、发展道路探索一度陷入精神危机和智识衰败。在资本主义所制造的假象世界里,资本被赋予自由的意识形态话语权的属性,将全球化的演进窄化为自由市场交换的平台,且将资本设定的交换规则粉饰为个体自主选择的结果,人们日渐被全球资本主义体系生产的意识形态所蒙蔽、束缚和奴役却难以自觉地冲破,这些意识形态裹挟着不证自明的"正当性",并试图使人们"合理"地舍弃某些世界图景和发展道路的设想与探索。但是,人们的"设想与探索"有益于促成一种更加符合人类本身的世界秩序的建构,其内在精神在现时代依然具有崇高性和吸引力。从历史唯物主义的角度来看,这些被湮没的"设想和探索",可能恰恰是人类生活中最重要的问题,它们在深层意义上真正揭示和阐明了全球资本主义时代人类处境本身存在的问题。中国构建人类命运共同体思想的历史性出场,表面上是中国提出的国际外交理念,实质上则是为破解全球性治理难题贡献的中国智慧和中国方案。这一中国方案秉持对全球资本主义体系的批判性立场,这种批判性不仅针对当代的国际政治经济秩序,而且针对当代的智识精神景观,是对 21 世纪历史唯物主义发展的原创性贡献。

(一)人类命运共同体对历史唯物主义的阐释

1. 人类命运共同体的哲学立场

马克思在《关于费尔巴哈的提纲》第十条中提出:"旧唯物主义的立脚点是市民社会,新唯物主义的立脚点则是人类社会或社会的人类。"[1] 他从"立脚点"的角度区分了新旧唯物主义之间的差异。所谓"立脚点",即是观察或判断事物时所处的地位、坚持的立场和采取的视域。马克思认为,以费尔巴哈为代表的"旧唯物主义"是一种"直观的唯物主义",由于"不是把感性理解为实践活动的唯物主义,至多也只能达到对单个人和市民社会的直观"[2],故其立脚点是"市民社会"。而当他确定了人类解放的终极目标后,曾一度作为社会批判武器的市民社会则随着人类社会的出场而淡出他的理论视野。而马克思的"新唯物主义"从主体方面

---

① 《马克思恩格斯文集》第 1 卷,人民出版社 2009 年版,第 502 页。
② 《马克思恩格斯文集》第 1 卷,人民出版社 2009 年版,第 502 页。

去理解"对象、现实、感性",把它们都当作感性的人的活动,因而能够超越"直观的唯物主义",从社会关系的角度去理解人的本质的现实性,展现出其以"人类社会或社会的人类"为立脚点的理论特质。在马克思看来,新旧唯物主义的区分在于它们之间截然不同的"立脚点",也就是"市民社会"与"人类社会"的视域差异,这一视域差异深刻地揭示了资本主义经济全球化与人类命运共同体之间哲学立场的根本分歧。

从学术传承的意义上看,马克思最初对"市民社会"的批判考察和合理继承是源自黑格尔的思想。他肯定黑格尔对政治国家与市民社会的区分所突出的政治解放的历史意义,但由于其只是囿于精神层面实现二者的转化,归根结底是无限地发挥精神的统摄作用以吞没一切存在。黑格尔在《法哲学原理》中指出:"市民社会,这是各个成员作为独立的单个人在一个形式的普遍性中的联合,这种联合是通过成员的相互需要,通过法治作为保障人身和财产的手段,并通过一种外部秩序来维护他们的特殊利益和公共利益而建立的。"①在黑格尔的理解中,"市民社会"包含着两个原则:一是市民社会成员作为独立的单个人把自身作为特殊的目的,二是每个市民社会成员都必须通过普遍性形式的中介才能使自身得到满足。因此,有论者认为:"黑格尔在此对市民社会的基本界定遵循的是斯图亚特、亚当·斯密这些古典经济学家的自由市场模式。"②黑格尔的市民社会原则包含着正反两方面的内容:一方面,市民社会使具体的个人从古代或中世纪的共同体束缚之中解放出来,使自身作为特殊目的获得了合法性,也促使个人生活和主体意识获得了前所未有的自由空间;另一方面,市民社会是满足个人私利的自由市场社会,具体个人之间的关联只是一种普遍性形式的联合,即成员之间关联性的建立无非是为了满足彼此之间的需要或自然欲望。黑格尔的"市民社会"概念实际上是对资本主义社会的另一种表述,旨在突出其与政治国家的对照以及同家庭的关联。

---

① [德]黑格尔:《法哲学原理》,邓安庆译,人民出版社 2016 年版,第 296 页。
② 王小章:《从"自由或共同体"到"自由的共同体":马克思的现代性批判与重构》,中国人民大学出版社 2014 年版,第 46 页。

市民社会的正反原则呈现出从家庭到市民社会和国家的推演逻辑,标志着以理性精神为载体的市民社会自我演进的跃迁和深化,体现了黑格尔对自由和政治哲学概念的抽象理解。

马克思批判性地吸收了黑格尔对于市民社会的描绘与理解。日本学者望月清司认为,"马克思将市民社会看成是与人的共同本质相分离的、利己的人(homme)的权利领域"①,并用于指称作为近代政治革命结果而产生的近代市民社会,"其本身同时还存在着无政府性竞争和追逐营利体系的奴隶制(市民社会的奴隶制)"②,据此理解,整个市民社会就是一场露骨的追逐营利的"普遍运动"③。在这场"普遍运动"中,市民社会成员由于受到自身自然禀赋和后天条件的限制,必然会在市民社会内部形成区别和分化,也就是黑格尔指出的个体分属于各方面的特殊体系而形成了"等级的差别"。黑格尔早已指明,作为精神特殊性的客观法"在市民社会中不但不消除人的自然不平等(自然就是不平等的始基),反而从精神中产生不平等,并把它提高到在技能和财富上、甚至在理智教养和道德教养上的不平等"④。基于此,马克思一方面承认市民社会是生产力与交往形式相互作用的经济基础,另一方面指认市民社会由于被资本主义掌控而带有鲜明的阶级属性,并展开对市民社会存在的深层根源的探寻,认为市民社会伴随资产阶级的出场而发展起来,其本身蕴含着等级性,是从生产与交往的等级关系中生成的组织形式。

随着资本主义经济全球化的扩展和深入,市民社会的等级性结构也随之嵌入"世界市场"的范围内。在资本主义经济全球化的意识形态叙事中,现代世界范围内的主权国家、国际组织、族群组织、跨国公司以及个

---

① [日]望月清司:《马克思历史理论的研究》,韩立新译,北京师范大学出版社2009年版,第208页。

② [日]望月清司:《马克思历史理论的研究》,韩立新译,北京师范大学出版社2009年版,第208页。

③ 《马克思恩格斯文集》第1卷,人民出版社2009年版,第316页。

④ [德]黑格尔:《法哲学原理》,邓安庆译,人民出版社2016年版,第342页。

体公民都是世界市场中普通的、平等的主体成员。但各层次的主体成员在经济实力、政治影响、生活水平等方面都现实地存在着等级差别,而且这些差别以它们固有的方式发挥作用,并表现出自身的特殊本质。由此,资本主义全球化显示出两种既相互矛盾又相互关联的特征:一方面在形式上宣称所有主体成员都是平等的,另一方面又在实质上使不同的主体成员形成等级差别,在经济上形成"先进—落后"的发展格局,在文化上形成"文明—野蛮"的文明史观,在政治上则形成霸权主义的国际秩序。资本主义全球化是资本主义在现代化进程中为了获得大多数人的普遍认同而进行的自我整合,尽管资本主义生产方式的发展带来了经济全球化,并历史性地建构出一个世界市场,但它没有形成与之相应的民主化、法治化及合理化的全球善治秩序,在现实推进中通过全面的商品化和物化而制造了人与人在相对封闭空间内的疏离,导致全球社会中不同民族国家在非自主选择的交往实践中形成了不平衡的发展空间,反而使得经济全球化和世界市场始终只能是部分霸权主义国家的附属品。

从理论分析上说,全球化过程中所形成的霸权主义是市民社会等级性结构扩大化的政治表现,而从历史发展上说,霸权主义形成的另一个原因则在于市民社会的殖民特性。在《德意志意识形态》中,马克思、恩格斯就指出:"市民社会包括各个人在生产力发展的一定阶段上的一切物质交往。它包括该阶段的整个商业生活和工业生活,因此它超出了国家和民族的范围,尽管另一方面它对外仍必须作为民族起作用,对内仍必须组成为国家。"①随同资产阶级发展起来的"真正的市民社会"内在地要求海外殖民,现代世界的市民社会不可能只是一国之内的自由市场社会,而是伴随资本主义的经济全球化的蔓延必然成为超出民族和国家的世界市场,催生这一结果的过程就是"殖民扩张"。黑格尔看到了市民社会对经济自由的趋附,认为市民社会能够彰显人的自我意识,进而促使人进入市民社会的生产环节以获致自由,他指出:"市民社会受这种辩证法推动

---

① 《马克思恩格斯文集》第 1 卷,人民出版社 2009 年版,第 582 页。

而超出自身之外,首先是超越这个特定的社会,以便向它之外的其他民族去寻求消费者,从而寻求必需的生活数据,这些民族或者缺乏它所生产过剩的物资,或者一般地在工艺等方面落后于它。"① 诸如自由贸易、海外扩张以及随之而来的战争等体现市民社会殖民性特征的历史作为,正是黑格尔"世界历史"的现实起点。在黑格尔看来,一切发达的市民社会都必然被驱使走向殖民事业,它们之间只不过存在着零散与系统的区别。黑格尔的市民社会理论是从市民与社会的伦理关系向度揭示市民社会与国家之间的冲突,指出市民社会将原本在伦理世界中相互统一的实体与个体分离开来,澄清了市民社会作为"个人私利战场"的本性。在具有等级性和殖民性的世界市场中,所谓的"发展"其实只能是"片面发展",而不可能是"共享发展"。这种发展模式不是将全人类都作为"命运共同体"的主体成员,不是为了满足所有主体成员的需要,也不是为了促进所有主体成员的全面发展,而是为了满足一些拥有"资本"和"霸权"的主体成员的利己主义的需要与欲望。不同主体成员之间的普遍联合,无非就是一种形式上的联合,其普遍性也只是"抽象的普遍性"——"一种内在的、无声的、把许多个人自然地联系起来的普遍性"②,根本无法走向人类真正的联合与解放。

由于市民社会本身的局限性以及资本主义经济全球化存在的等级性和殖民性问题,全球发展日益呈现出不平衡、不合理的矛盾状态:一方面,一切民族国家的生产和消费成为世界性现象,整个世界日趋一体化和同质化;另一方面,在资本关系所到之处,各种新的经济差异和政治等级被不断地再生产出来。结果,"由跨国资本主导的特定全球化形式表现为一种'单向度的全球化',即发达国家单方面主导、渗透和支配不发达国家的全球化模式"③。正是基于这种"单向度的全球化"的发展状况,由

---

① [德]黑格尔:《法哲学原理》,邓安庆译,人民出版社 2016 年版,第 375 页。

② 《马克思恩格斯文集》第 1 卷,人民出版社 2009 年版,第 501 页。

③ 郗戈:《超越资本主义现代性——马克思现代性思想与当代社会发展》,中国人民大学出版社 2014 年版,第 136 页。

西方资本主义国家主导形成了一套西方中心主义的全球治理体系。无论是世界市场的形成还是全球治理体系的出现，都有助于将整个现代世界更加紧密地联系在一起，并使得原本分散的国家、民族之间逐渐形成互相依存的结构性关系，通过集中整合资源使全球生产力获得更大提升，也形成把国际社会成员凝聚起来的精神"黏合剂"，由此客观地推动全球性共同体的发展。但是，资本控制全球化发展的基本逻辑没有根本转变。由于当前的世界市场和全球治理体系都是以具有高度逐利性的资本作为治理全球的主要手段，因而，在这种历史条件下所形成的全球性共同体不过是立足于"市民社会"视域的"货币共同体"或"资本共同体"。马克思在《资本论》中曾探讨了资本逻辑在全球范围内扩张的现实特征，以物质生产过程为切入点揭示剩余价值的攫取对资本关系再生产的推动作用，阐释了资本生产方式与剩余价值积累模式随着世界历史的推进已经产生的新变化。在资本逻辑的推动下，它通过世界市场和全球治理体系的运作，把资本主义国家内部的利益结构扩展到全世界范围内。诚如马克思、恩格斯所说，资产阶级按照自己的面貌为自己创造出一个世界，而这个世界与资本主义国家的内部格局具有"同构性"：在国内，"资产阶级使农村屈服于城市的统治"；在世界范围内，资产阶级"使未开化和半开化的国家从属于文明的国家，使农民的民族从属于资产阶级的民族，使东方从属于西方"。① 全球性的"资本共同体"如同"国家"一样，本质上还是一种"虚假"的共同体，也存在着某些占据霸权地位的主体成员把自身的特殊利益伪装成人类普遍利益的现象。

然而，随着社会生产总过程的全球化，一切民族国家的生产和消费都逐渐具备世界历史性特征，资本主义经济全球化所开拓的世界市场也不再只是某些霸权国家的附属品，而是越发成长为不由单一主体成员主宰的独立自主的世界体系。这种深刻变化使得人类社会的发展有可能超越压迫性的全球资本主义再生产过程，克服"单向度的全球化"的发展状

---

① 《马克思恩格斯文集》第 2 卷，人民出版社 2009 年版，第 36 页。

况,摆脱西方中心主义的全球治理体系,从而走向更平等、更合理、更多元的新世界秩序。在全球资本主义世界体系之后将有可能出现一个新的"世界体系",它不再是西方中心主义式的"一国独霸"或"几方共治",不再是为霸权主义国家利益服务的资本体系,而是奉行双赢、多赢和共赢的新理念,实现了对资本逻辑主导全球化过程的扬弃与超越,以人类公共利益为共同体发展的新的经济基础,力求打造出由各国共同书写国际规则、共同治理全球事务、共同掌握世界命运的人类共同体,从而在共同发展中最大限度地实现各方利益的最大公约数,共享经济全球化的发展成果。这就是中国倡导构建的人类命运共同体。

在历史唯物主义的理论视野中,"共同体"范畴在时空上的演进形态是从"自然形成的共同体"经由"虚假的共同体"走向"真正的共同体"。在这一历史延展过程中,人类命运共同体作为体现马克思主义政治哲学逻辑的全新世界图景构想,为世界秩序的构成方式注入了一种新的实践观念,必将使人类的存在方式和思维方式发生深刻变革,从而极具针对性地回应从"虚假的共同体"向"真正的共同体"转变过程中所产生的一系列全球性治理难题和挑战。"虚假的共同体"对于无产阶级而言是外在的枷锁,但在历史上特殊的社会革命时期具有存在的必要性,它也曾流露出普遍利益发展的理念,但却在资产阶级将自身特殊利益伪装成普遍利益的理性狡黠中失去现实存在的可能。虽然人类命运共同体和"真正的共同体"在现实基础和哲学理念上存在着一定的张力,但由于人类命运共同体本质上是对资本主义全球化历史进程的"拨乱反正",充分昭示了"人类解放"的价值诉求和发展理念,故其基本立脚点或者说哲学立场必然是"人类社会或社会的人类"。这一立脚点决定了它能够在全球化时代引领各个个体、民族和国家的前进方向,为最终实现"真正的共同体"奠定世界历史性的基础。

在社会理想的意义上,人类命运共同体以"人类解放"或"真正的共同体"为价值诉求,这意味着它是从"人类社会或社会的人类"的哲学视域出发对现存不合理的世界市场体系和全球治理体系进行反驳与批判的。这种反驳与批判不是要把人类命运共同体当作完美的、固化的客体性存在,当作与资本主义全球化相分离的形态而同资本主义全球化相对照,而是要在批判资本主义全球化的过程中发现、阐释和建构出更符合人类社会发展的新世界图景。伊格尔顿指出:"马克思正是在现实逻辑失灵、步入自相矛盾的死胡同的情况下,找到了一个理想化未来的轮廓。未来的真正景象就是现实的破产。"①人类命运共同体思想的批判意义就在于把现行的世界市场体系和全球治理体系所掩盖的剥削性社会关系揭示出来,从而打破资本主义意识形态制造的社会发展假象,切断这一虚假意识形态的再生产,反抗与这种意识形态相适应的观念、概念和思维形式,反对以往各种"共同体"形式将人类解放视为凝固的、脱离感性实践的实体存在,将"真正的共同体"当成个人自我价值与自由实现的条件,旨在结束那种将资本主义永恒化的精神状态的产生方式,并在此基础上探索出一条更加符合人类社会发展的历史通道。

构建人类命运共同体作为走向"真正的共同体"的世界历史性阶段,必须自觉地从"人类社会或社会的人类"的哲学立场出发,变革世界市场体系和全球治理体系,发展全球性社会生产力,即对全球范围内的物质利益关系进行革命性变革,逐渐把人们从全球资本主义的束缚中解放出来,并在促进生产力发展和深化普遍交往的基础上不断扩大人类的共同利益交汇点,提升人类利益的"共同性"水平,将利益的"共同性"与人的个性解放保持内在和谐,成为内在于人的现实实践并提升人的自我发展意识的本真力量,使人类在实践中认识到自身利益需要的根本性地位,减缓乃至化解不同主体成员之间的特殊利益冲突。

2. 人类命运共同体的现实指向

无论是立足于"市民社会"的资本主义经济全球化,还是立足于"人类社会"的人类命运共同体,其现实表现和现实发展都是世界历史进程

---

① 〔英〕特里·伊格尔顿:《马克思为什么是对的》,李杨、任文科、郑义译,重庆出版集团、重庆出版社 2017 年版,第 61 页。

中的一部分。因此,构建人类命运共同体,超越资本主义全球化及其治理体系,必须把握马克思实践哲学中的物质生产和交往形式两大基本范畴,在世界历史的理论视野中审视与考察人类命运共同体的实践逻辑,并将人类社会不同的地域和发展阶段纳入共同发展的历史逻辑之中。

马克思、恩格斯在《德意志意识形态》中指出,"大工业创造了交通工具和现代的世界市场,控制了商业,把所有的资本都变为工业资本,从而使流通加速(货币制度得到发展)、资本集中",由此"首次开创了世界历史",因为"它使每个文明国家以及这些国家中的每一个人的需要的满足都依赖于整个世界,因为它消灭了各国以往自然形成的闭关自守的状态"。① 由此可见,全球化是伴随社会生产发展而逐渐突破了地域界限的产物,是民族历史转向世界历史发展的现实形态。随着资本主义工业化的全球扩展以及资本主义经济全球化的深化发展,世界范围内的个体、族群、民族和国家之间的交往联系更加紧密,人类历史也实现了从自然形成的地域性民族史向资本逻辑主导的世界历史的转变。在这一转变过程中,一方面,资本无限增殖、扩大和宰制的逻辑,必然要求打破一切民族国家的闭关自守状态,把一切自然形成的区域性生产和消费变成由资本支配的世界性生产与消费,这使得一切民族国家的发展越来越受到世界市场体系的结构性限制,受制于资本主义经济全球化的固有矛盾;另一方面,由于世界范围内相互影响的活动范围在演进发展中不断扩大,各民族的原始封闭状态在"日益完善的生产方式、交往以及因交往而自然形成的不同民族之间的分工"②的影响下也不断被消灭,从而形成了全球性的利益依赖关系以及全球性的经济、政治和文化的普遍交往。由资本主义推动的世界历史进程产生了双重效应,一方面,资本增值和扩张的需要客观上推动了全球生产力的集聚和增长,确立了全球化的最初形态;另一方面,在世界历史进程中,无论是全球资本主义矛盾的爆发,还是任何一国

---

① 《马克思恩格斯文集》第1卷,人民出版社2009年版,第566页。
② 《马克思恩格斯文集》第1卷,人民出版社2009年版,第541页。

的经济动荡或政治冲突,都可能通过世界市场体系和全球治理体系蔓延到整个世界政治经济体系,扩展为对全体人类生存与发展的严重威胁。这无疑是以否定性的形式肯认了世界各国具有越来越广泛的共同利益和价值共识,其中最显著的就是各国共同面临诸多全球性治理难题。世界各国相互联系的程度日益加深,人类生活在历史和现实交汇的同一个时空里,成为相互依存的命运共同体。就此而言,在现代世界历史进程中,构建人类命运共同体具有非常明确的现实指向:必须克服资本逻辑支配下的世界市场体系危机并在深化普遍交往中提升人类利益的"共同性"水平,从而为变革、完善世界市场体系与全球治理体系以及为实现共商共建共享共赢的全球治理方案奠定坚实的物质生产基础和精神智识基础。

从世界历史的演进历程来看,以资本逻辑为中心的资本主义大工业生产最终促成的世界历史不同于以领土占有和宗教统治为主导的古代或中世纪历史,它是以贸易自由和经济一体化为主导的现代历史。有论者指出:"这一过程,超出了原有自然法基础上形成的以耕作(cultivation)为法理根据的殖民秩序,而将这种以基督教普遍性为基础的'文明化任务'转化成了以商业资产阶级为基础的'商业化运动'(commercialisation mission)。与前者不同,后者所形成的世俗化的世界秩序中,其格局不再是意识形态的冲突,也不需寻求在一种神权意志下进行的平等教化。相反,则更希望在一种差序世界格局中,维持贸易的垄断与利益的最大化。"① 为了在世界历史中获取最大程度的财富和利益,资本逻辑惯于在不断扩张的世界范围内以自我调节的方式完善资本运行的结构,以掩饰其剥削本性来堵塞被控制对象的质疑和回击。马克思对这种"维持贸易的垄断和利益的最大化"有更为深刻的认识。他指出,在现代世界历史进程中,资本的自我增殖本性必然推动资产阶级在全球范围内扩展资本主义的生产方式,并形成一个以资本主义生产方式为主导的世界市场体系。这个

---

① 章永乐:《万国竞争:康有为与维也纳体系的衰变》,商务印书馆 2017 年版,"序二"第 29 页。

世界市场体系构成了资本主义经济全球化的基本运作机制,也构成了现代世界历史的现实基础。因为以世界市场体系为基础而形成的资本主义全球化运动使人类摆脱了地域性的发展局限和对自然的宗教崇拜,突破了传统的政治、经济和文化方面的区隔与藩篱,整个世界由此呈现出一体化、同质化的发展趋势。但自 20 世纪以来,日益一体化的世界市场格局和同质化的世界历史发展趋势不仅没有实现人类社会的共同发展与人的主体性解放,反而成为人类自身的异己性压迫力量与强制力量,形成了世界市场的"异己性支配秩序",出现了"抽象成为统治"的最根本事实。诚如有论者所指出的:"资本的唯一本性就是无限增殖自身,而资本为了增殖自身,就必须把一切都纳入到资本逻辑的强大的抽象同一性之网中。在资本主义社会里,这种'抽象的力量'是以资本增殖为核心的市场交换价值体系具体体现出来的。'交换价值'和'交换原则'成了压倒一切的主宰力量,在它的无坚不摧的强大同一性'暴政'下,人与物的一切关系都被颠倒了,不是人支配和使用物,而是物反过来控制和奴役人。"①受资本逻辑统摄的全球交换过程所奉行的价值原则在根本上与物质利益及经济效益增长的需要相迎合,而与现实主体之间基于生存和发展需要展开的交往实践相分离,结果直接导致了人的价值意识抽象统一于资本主义构筑的普遍价值体系中。

在《德意志意识形态》中,马克思指出,随着资本主义在欧洲的兴起以及交通和贸易的发展,特别是伴随着这种发展而加速的殖民扩张,大规模的全球贸易活动将世界彻底联系在一起,原本分散的民族、国家与区域之间逐渐形成了相互依赖的关系,普遍联系的世界历史进程得以形成,人类历史也开始了向世界历史的转变,这种转变使得每一民族的变革都依赖于其他民族。这表明每个人的世界历史性活动已经成为经验事实,并且在这些内含世界历史性特征的个人活动之间能够产生经验上普遍的共同利益。"这种共同利益不是仅仅作为一种'普遍的东西'存在于观念之

---

① 王庆丰:《〈资本论〉的再现》,中央编译出版社 2016 年版,第 212—213 页。

中,而首先是作为彼此有了分工的个人之间的相互依存关系存在于现实之中。"①共同利益原本是社会生产力发展能够逐渐彰显人的本质力量和自由发展的表征,然而,在资本主义全球化的历史条件下,随着社会生产总过程的全球化以及生产分工的发展,"各个人所追求的仅仅是自己的特殊的、对他们来说是同他们的共同利益不相符合的利益,所以他们认为,这种共同利益是'异己的'和'不依赖'于他们的,即仍旧是一种特殊的独特的'普遍'利益,或者说,他们本身必须在这种不一致的状况下活动,就像在民主制中一样。"②在现代世界历史进程中,虽然每一个主体成员在摆脱种种地域的、民族的、文化的局限之后,与整个世界市场的物质、精神生产都发生了实际联系,但在资本主义的世界市场体系中,这种实际联系却衍生出一种完全异己的力量,这种力量威慑和驾驭着发生实际联系的每一个主体,使得主体成员"越来越受到对他们来说是异己的力量的支配(他们把这种压迫想象为所谓世界精神等等的圈套),受到日益扩大的、归根结底表现为世界市场的力量的支配"③。世界市场存在于社会辩证发展的现实过程中,涵涉被压迫国家对资本的依附关系与实现自身解放诉求之间充满张力的运动,根本暴露出人类交往关系异化的弊端。马克思指出,这种完全异己的力量往往被抽象的思辨方式想象为"世界精神"的圈套,从而把对世界秩序的理论解释引向了神秘主义的方向。但是,"凡是把理论引向神秘主义的神秘东西,都能在人的实践中以及对这种实践的理解中得到合理的解决"④。马克思在对社会形态演进历史的探索中确立了人类社会的逻辑落脚点,表明人类社会的理论语境不仅关涉社会现实的变化,而且指向人的思维观念的改变,而人的观念的转变在实践的促动下得以完成。人类历史的发展进程早已表明,"历史向世界历史的转变,不是'自我意识'、世界精神或者某个形而上学幽灵的某

---

① 《马克思恩格斯文集》第1卷,人民出版社2009年版,第536页。
② 《马克思恩格斯文集》第1卷,人民出版社2009年版,第537页。
③ 《马克思恩格斯文集》第1卷,人民出版社2009年版,第541页。
④ 《马克思恩格斯文集》第1卷,人民出版社2009年版,第501页。

种纯粹的抽象行动,而是完全物质的、可以通过经验证明的行动,每一个过着实际生活的、需要吃、喝、穿的个人都可以证明这种行动"①。由此可见,构建人类命运共同体作为对世界市场体系和全球治理体系的变革与完善,并不仅仅是一种批判性的道德理想,更是一种建构性、共享性的交往秩序体系。在这一交往秩序体系中,人类对相互之间共同利益的意识及其发展的诉求愈益得到彰显,人类交往中出现的冲突也可以在一定的价值范围内得以整合。因此,"人类"有可能实际地作为一个有机整体来进行生存和发展活动,即在普遍交往中所形成的共同利益基础上作为一个现实主体来实现自身本质的活动,从而规定和展示自身的"类本质"。

在马克思对人类社会发展的历史唯物主义分析中,"交往"与"普遍交往"占有独特的地位,构成了其分析社会历史的突破口之一。早在《穆勒评注》中,马克思对于"交往"就有深刻的认识,他指出:"不论是生产本身中人的活动的交换,还是人的产品的交换,其意义都相当于类活动和类精神——它们的真实的、有意识的、真正的存在是社会的活动和社会的享受。"②"交往"在马克思看来具有本源性的意义,是一种"类活动和类享受"以及"社会的活动和社会的享受",也就是人的"类本质"和"社会本质",是人的本性或人的本真形态。对"交往"的认识,在马克思后来的思想中有更进一步的发展。他在 1846 年写给安年科夫的信中指出:"社会——不管其形式如何——是什么呢? 是人们交互活动的产物。"③这一论述表明作为现实生产过程的人类社会发展本身离不开交往,"交往"构成了现实生产过程中不可或缺的环节,甚至在人类社会发展史上具有本质性的意义。随着人类生产方式和能力的进步,交往也逐渐从物与物的交换转变为以技术为中介的更为便捷的形式,且交往形式的多样化发展在人类历史向世界历史的进行中的作用越来越突出。有论者指出:"人类历史的发展,只能以解放交往而不是束缚交往为根本路径,世界历史的

① 《马克思恩格斯文集》第 1 卷,人民出版社 2009 年版,第 541 页。
② 《马克思恩格斯全集》第 42 卷,人民出版社 1979 年版,第 24 页。
③ 《马克思恩格斯文集》第 10 卷,人民出版社 2009 年版,第 42 页。

变革根本性的就是要破解资本主义生产方式、社会制度等对人类的交往所造成的各种束缚,从而把人从资本主义的交往异化之中解放出来。"① 人的生命存在的内在结构中的生产与交往维度是辩证统一的关系,其中,交往构成了表征人的生命存在固有特性的深层依据,这一依据的支撑作用在全球化的推进中更趋显明,形成了人与自然、人与社会以及人与人之间的交往在全球范围内共同展现的局面。当然,这只是马克思哲学从存在论层面对"交往"所作的剖析,而一旦将"交往"落实到历史的、具体的社会结构层面,则会呈现出不同的表现形式。

在资本主义全球治理体系中,"交往"的落实形成了一种理念与事实相背离的国际秩序:在理念层面宣称所有民族国家不论大小都是普遍平等的主体成员,但在事实层面却构筑出不平等的、霸权主义的等级结构,并且这一等级结构被资本主义的国际分工不断地巩固加强。这种国际秩序通过生产力的发展和交往关系的变革,逐渐消灭了生产资料、财产和人口的分散状态,使得生产资料和财产聚集在少数人的手里,形成了少数资产者对多数无产者的统治。这一统治状态决定了它只能是小部分人的"美好世界",却不可能是大部分人的"共同体"。大部分底层民众并没有充分共享到全球化的发展成果,他们在生物学意义上被当成"人类"的一员,却没有在共享发展成果的意义上成为"人类"的主体。虽然资本主义全球化打破了地域性、封闭性的生产方式,建立了人类之间的普遍交往,使得人类共同利益成为世界历史条件下"所有相互交往的人们的共同利益",但资本主义阶段的"共同体"形式是其特殊的生产方式和关系的产物,其核心内容是获取与维护特殊利益。在资本主义生产方式占主导地位的社会状态中,每个主体成员追求的只是自身的特殊利益,共同利益则成为一种特殊的"普遍利益",而且其"共同性"水平不仅没有超越特殊利益,反而受到特殊利益的制约。

---

① 王海锋:《历史唯物主义世界观的当代阐释》,中国社会科学出版社 2016 年版,第 249 页。

为了超越特殊的、独特的"普遍利益"形式,人们必须在深化全球化发展过程中建立真正的"普遍交往",推动人类形成新的共同体,即一种将所有人都视为共享全球发展成果的主体成员的"人类命运共同体",使得具有更高水平"共同性"的"人类利益"成为具体的现实。人类命运共同体是在世界范围内由每个民族国家和地区组成的共同体形式,必定产生复杂的、多维的交往关系。因此,构建人类命运共同体需要对人们在全球交往关系中的现实地位进行具体分析,并在生产力发展的基础上重塑一种能够支持人类命运共同体的交往关系结构。在塑造新的交往关系结构的过程中,人类命运共同体作为一种新的世界图景构想,欲要成为凝聚集体认同、指导集体实践的历史愿景,就必须具备能够在不同的个体、族群、民族和国家等主体成员中唤起共同需要、共同向往的吸引力。这种"共同"并不意味着取消不同主体成员之间的差异,反而是立足于差异,坚持不断突破原有区域性的狭隘交往,借助世界交往的契机积极参与和拓展世界市场,并在不同主体成员的普遍交往中寻找更高层次的"共同性",积极推动各民族国家的现代化历史进程。构建人类命运共同体要求自觉地从"人类社会或社会的人类"的哲学立场出发,基于"共同发展"和"合作共赢"的理念建立起真正的普遍交往,从中寻找和实现一种新的"共同性",即从人类的生产关系和生活空间中寻找和实现更高水平的"共同性"。在这种新的"共同性"中,人类的"交往实践"是平等、合理、多元的联合与共享,能够通过共同的实践努力推动人类解放的理想走向现实,进而实现人类价值的差异性与共同性的统一。从这个意义上说,构建人类命运共同体具有共同创造人类美好未来的伟大历史意义,它意味着坚持交流互鉴与合作共赢,意味着进一步发展社会生产力、释放社会创造力,从而推动建设一个开放包容和共同繁荣的世界,并使一切生产力被联合起来的主体成员所共同享有和支配。

当然,我们必须清醒地认识到,在当前历史条件下,构建人类命运共同体是在资本主义全球化及其治理体系的基础上进行的世界秩序结构的改造与提升。对现行全球治理体系的改造与提升必须继承资本主义全球化所创造的物质生产基础和精神文明基础。全球化过程长期以来推动了世界市场生产和交往要素的流动,为构建和拓展人类共同实践的空间奠定了基础,人类在此过程中逐渐形成的相互依赖的关系为其存在于共同体的身份认同提供了现实条件。构建人类命运共同体的中国方案不是要把现行的全球治理体系全盘推翻,而是克服现行全球治理体系的缺陷,旨在超越西方主体—客体之间对立的思维,承认和而不同的协作方式,彰显出更大的包容性,使全球治理体系更加合理公正。因此,对全球化的构成内容进行历史性分析是构建人类命运共同体的内在要求,我们必须洞悉其产生危机的根源,揭示其历史文明价值,并在此基础上正确认识和处理全球化过程中的社会主义与资本主义的关系问题。

3. 人类命运共同体的实现路径

现代世界历史进程中的全球化问题,实质上是资本主义全球治理体系所导致的经济发展危机、霸权主义危机和西方文化中心主义问题。对于坚持马克思主义世界历史理论的全球化论者而言,面对一系列的治理难题首先需要回答的是,在资本主义全球治理体系产生危机之际,全球化本身所蕴含的世界历史价值、人类文明价值是否也应该一同受到质疑?我们必须追问和厘清资本主义全球治理体系产生危机的原因,同时还必须进一步追问,资本主义全球治理体系产生的危机是否会阻碍全球化的扩大与深化?即必须追问"全球化"之为"全球化"的根本原因,明确这一根本原因与资本主义全球化之间的相关性何在。为了回答这一系列问题,我们不能笼统地对待全球化,必须对全球化的构成内容进行具体分析,进而阐明全球化对于世界历史、人类文明的价值。

从历史唯物主义的理论视野出发,我们或许可以将全球化具体地区分为"作为承载生产力普遍发展的全球化"和"作为规范人类普遍交往的全球化"两个层次。前一个层次指的是社会生产总过程的全球化,是全球化的"物质内容";后一个层次指的是世界市场体系和全球治理体系,是全球化的"社会形式"。这两个层次相互影响、相互作用:前者是后者的动力之源,具有根本性,为后者的建立提供物质性支撑;后者是前者的阶段性文明结晶,具有衍生性,为前者的发展提供价值正当性论证。根据英国学者 G.A.科恩的"发展命题"——"生产力趋向发展贯穿整个历史"①,生产力的普遍发展趋势具有自主性,从根本上是为了解决人类自身的物质匮乏问题。生产力作为一种主动的创造性力量,在面对人类历史中的各种挑战时,既需要寻找、建构能够引领历史前进方向的交往形式,也必须根据不同的历史条件不断调整、变革交往形式,由此才能推动生产力持续、普遍的发展,这一过程体现了生产力与交往形式相互作用的辩证法。"交往形式进一步发展,作为人的生活的'现实的条件',它与人的活动之间会不断呈现这种'适应—矛盾—递进'的状态和过程。起初这些不同的交往形式,是自主活动的条件,后来却变成了它的桎梏,它们在整个历史发展过程中构成一个有联系的'交往形式'的序列:已成为桎梏的旧交往形式被适应于比较发达的生产力,因而也适应于更进步的个人自主活动方式的新交往形式所代替;新的交往形式又(a son tour)会变成桎梏,然后又为别的交往形式所代替。"②世界范围内生产与交往的冲突在资本和经济主导的全球化进程中已然成为常态,难以单方面依靠生产力的发展或交往秩序的完善得到一劳永逸的解决,但二者的冲突并不意味着总是处于分割状态,"物质内容"的全球生产始终对普遍交往的"社会形式"具有基础性作用,人类能够通过逐渐形成的共同发展意识而在生产和交往实践的冲突中寻求和谐统一。因此,全球化的"物质内容"始终是世界历史中的一个自主性的力量趋势,而其"社会形式"既是"物质内容"的历史结果,同时也必须承受其"物质内容"的历史检验和历史变革。

　　基于全球化的两个层次区分,我们可以更深入地理解现代世界历史进程中的全球化问题。资本主义全球治理体系作为全球化的"社会形

---

①　[英]G.A.科恩:《卡尔·马克思的历史理论——一种辩护》,高等教育出版社 2008 年版,第 163 页。

②　聂锦芳:《批判与建构:〈德意志意识形态〉文本学研究》,人民出版社 2012年版,第 479 页。

式"之一,其所产生的危机并不直接意味着全球化的"物质内容"应该被质疑或否定,辩证地看,它恰恰是全球化的"物质内容"所需要面对的新的历史挑战。资本主义全球治理体系的危机是资本主义生产方式以具有高度逐利性的资本作为治理全球事务之主要手段的发展性危机,也是这一治理体系不再适应全球化的"物质内容"的总体性危机,在深层次上根源于资本主义制度存在的基本矛盾。一旦由资本主义支配的全球治理体系爆发了危机,那么,一切资本主义国家和具备资本主义生产条件的其他国家都将难以幸免。在美国等资本主义国家的主导下,全球治理体系一直朝着霸权主义的方向演变,这使得各民族国家参与全球治理体系的核心目标都是维护自身国家安全而不是共建共享普遍安全的世界。中国自身日益强大的影响力加剧了该体系的瓦解,但中国强大的影响力仅是其瓦解的重要因素之一,更为致命的或许还是该体系自身存在的问题。资本逻辑主导的全球治理体系在现实运行中必然维护西方资本主义国家在全球化中的利益和地位,在此过程中形成的国家权力结构惯于将治理精力投注在意识形态的斗争、权力范围的划分等行动策略上,在应对全球问题时就会显得无能为力。因而,如果要消除资本主义经济全球化及其全球治理体系所产生的种种负面效应,就必须贡献更加符合作为承载生产力普遍发展的全球化的新构想,即构建一个更能推动全球生产力普遍发展,更为平等、公平和多元的人类命运共同体。

根据这种对世界历史进程中全球化问题的理解方式,则无须对全球化的暂时性兴衰抱以简单的形而上学态度,应当用历史的眼光来审视全球化的发展过程,进一步探索全球治理体系的变革之法,以求全球化的"社会形式"能够成为引领历史发展的交往形式,而不是在其成为阻碍和限制历史发展的同时,还通过生产资本主义意识形态来证明自身的存在价值。构建人类命运共同体应是通过建构新的全球治理体系以推动全球生产力普遍发展的世界历史过程,它指向的是一个保存民族独特性而又超越民族国家体系的全新世界体系。人类命运共同体与资本主义全球治理体系一样,面对的是全球化的发展与危机问题,但其处理方式却与资本主义全球治理体系截然不同,它着眼于社会主义意义上的共享共建和合作共赢,追求的是普遍安全和共同繁荣的世界。从"人类社会"的哲学视域来看,资本主义全球治理体系不仅无助于解决全球化问题,反而加剧了全球性的矛盾与冲突。这种全球治理体系试图依托资本逻辑的支撑形成的方案来应对与消解全球化发展所产生的各种跨国危机,企图在国际政治框架之内来解决新问题,认为全球化产生的新问题只是复杂化了的跨国问题,其方式并没有超越民族—国家体系,这一应对方案与错误认知正是全球治理体系的弊端所在。与此不同,人类命运共同体把人类的整体发展问题作为考量对象,通过切中全球化中诸多危机的要害,向世界传递出中国走和平发展道路的信号,为世界各国如何应对共同问题和复杂趋势提供全新的思路。以创造和保护人类共同利益作为自身目标,追求的是具有更全面、更高层次的"共同性"的全球治理体系。

在当前历史时期,为了克服资本主义全球治理体系的弊端,构建人类命运共同体的关键在于发挥其对全球化的引领作用。这种引领作用至少表现在以下两个方面:一方面是人类命运共同体作为一种反思性、批判性的理论体系,为"作为承载生产力普遍发展的全球化"及其治理体系提供价值正当性论证,帮助人们应对和解决在"作为规范人类普遍交往的全球化"上已面临的资本主义危机问题;另一方面则是通过这种价值正当性论证形成一种公平合理的全球性有机公共生活,创造一种更加合理、平等和多元的世界秩序。为实现这一引领作用,构建人类命运共同体的根本任务在于从"人类社会或社会的人类"的马克思主义立场出发,自觉秉持一种更加能够丰富人的本质之现实性的全球治理观,坚持建构出能够驯服和驾驭资本、吸取资本主义一切肯定成就的共享型全球治理机制。人类命运共同体随着全球时代和形势的变化而不断调整构建方案的具体实施策略,体现中国促进世界民族国家尤其是发展国家共同参与和实现进步的哲学视界与价值立场。

有论者指出,马克思"将资本主义的基本矛盾尖锐化而导致的社会主义与跨越资本主义的'卡夫丁峡谷'而建立起来的社会主义严格地区别开来",认为两者的主要区别就在于"前者是建立在'资本主义的一切肯定成就'基础上的社会主义,是'资本主义后'的社会主义,而后者则是有待于'吸取资本主义一切肯定成就'的'资本主义前'的社会主义,所以它处在资本主义生产方式同一序列上"。① 就此而言,中国特色社会主义的实践道路在当前全球资本主义体系中,与资本主义生产方式处于同一序列上,它有待于吸取资本主义一切肯定的成就。根据这条实践道路贡献出来的人类命运共同体的伟大战略构想,其最重大的历史意义就是发展了马克思所揭示的另一条改造和变革全球资本主义体系的道路。这条道路同样是以生产力的普遍发展以及与此相联系的世界交往为前提,但它的逻辑立足点是现实的人广泛联合的、必然的实践,蕴含对资本主义主导的全球化中人类实践的普遍异化的扬弃;在吸收各个国家的优秀成果基础上所创立的能够凝聚不同民族、不同信仰、不同文化、不同地域人民的共识的社会主义道路,从而将所有民族国家都纳入更加平等、合理、多元的人类命运共同体之中。在当前的时代,这条道路不仅要求"资本主义前"的社会主义吸收一切资本主义的肯定成就,而且要求社会主义国家秉持平等共享的原则帮助其他落后的国家走上更加合理持续的道路。

在构建人类命运共同体的历史过程中,社会主义与资本主义的关系问题以新的形式、新的作用展开。在人类命运共同体的实践旨趣中反思全球化问题,开辟出一个重新理解世界历史进程的新视角,即把世界历史进程理解为反资本主义全球化的全球化建设过程。"反"资本主义全球化的人类命运共同体建构恰恰构成了全球化的合理动力,而对资本主义全球化的"反",不仅仅是理论生成上的"反思",更是结合了中华文明传统的马克思主义式的"拨乱反正",其中"反思"是认清世界历史的发展进程和规律,"拨乱反正"则是发挥社会主义的力量以反作用于资本主义全球治理体系,向世人展示全球化的发展已经很难被任何一个国家控制的事实。正如有论者所指出的,必须"将资本主义世界体系同样视作可以

---

① 陈学明等:《中国道路的世界意义》,天津人民出版社 2015 年版,第 228 页。

在实践中发生变化,并现实地在不同经济制度与要素的博弈过程中蕴含着自我改造与扬弃可能的综合性主体,在这一体系通过资本逻辑对社会主义国家施加影响、进而将其内化于自身的同时,社会主义的逻辑也在这种为其摄纳的过程中促使这一体系发生重大而深刻的变化"①。资本主义被社会主义取代的历史进程是充满复杂矛盾斗争的辩证运动过程,全球化问题的爆发与全球治理体系变更的形势促使这一辩证运动呈现为更趋曲折和富有张力的实践过程。中国视角在世界范围的突显表达出其批判资本主义现代性路径和重塑全球治理体系理念的需要。

4. 构建人类命运共同体昭示了人类解放的新途径

"'人类命运共同体'是马克思历史唯物主义的理论逻辑和现代人类文明发展的历史逻辑的辩证统一"②,基于宏大视野的人类命运共同体理念,是引领世界时代历史发展潮流的理念,在推动世界经济社会发展中具有普遍的真理性,将造福于全人类,标志着人类一种崭新发展模式的创立,昭示与展现出人类解放的新途径,同时也是指导人类实现解放的重要纲领,其理念的生成充分展现了人类解放思想的新视野。

第一,人类命运共同体标志着一种区别于资本主义的发展模式,昭示了人类解放的新途径。

主导当今世界的资本主义发展模式实质是发达资本主义国家利用自身对生产资料的占有,依托全球化在世界范围内建立和巩固资产阶级政治、经济和文化霸权。它以牺牲多数人的利益来满足少数人的特殊利益,以牺牲整体利益来满足局部利益,以牺牲人类长远利益来满足当前利益,是一种高内耗、低效率、你赢我输的"零和发展"的经济模式。资本主义发展模式在现实世界中的运行带来了重重弊端。其一,发达资本主义国家利用经济优势掠夺发展中国家的经济成果,进一步拉大了

① 鄢一龙、白钢、章永乐等:《大道之行:中国共产党与中国社会主义》,中国人民大学出版社 2015 年版,第 40 页。
② 田鹏颖:《历史唯物主义与"人类命运共同体"》,《马克思主义研究》2018 年第 1 期。

世界范围内的贫富差距,为全球局势稳定带来各种隐患。其二,以逐利为目的资本主义发展模式漠视人与自然的和谐关系,对资源的无限制开发和索取加剧了人与自然之间关系的紧张。其三,在强大的资本逻辑作用下,资本增殖逐渐成为发展的唯一目的,"物"取代"人"成为发展的主体。资本主义通常将作为物质生产的主体力量的劳动者与人存在的本质置于二元对立的关系,制造了包括个体与共同体、自然与自由等绝对冲突的关系范畴,并在其中植入一种与西方资本逻辑相适应的价值判断,致力于在西方发达资本主义意识形态中实现对"自我"与"他者"的塑形以巩固其控制全球治理体系的霸权。因而,资本主义的发展模式是不公平、不平等与非理性的发展模式,也是剥夺人类主体地位、"见物不见人"的发展模式,是以巩固资产阶级自身利益而非以实现全人类解放为目标的发展。

实现人类解放,必须着眼于全人类的共同利益,扬弃不平等、不公正与非理性的资本主义发展模式,重塑人类在发展中的主体地位。人类命运共同体理念倡导平等、公平、正义、和谐的核心价值,强调建立平等相待、互商互谅的伙伴关系;营造公道正义、共建共享的安全格局;谋求开放创新、包容互惠的发展前景;促进和而不同、兼收并蓄的文明交流;构筑尊崇自然、绿色发展的生态体系,展现了一种与资本主义截然不同的发展模式。其一,人类命运共同体所倡导的共同发展、合作共赢是对"零和发展"模式的否定,旨在解决"类"与"个体"的矛盾,保障所有个体平等地享有生存权、发展权,彰显了发展的公平与正义。其二,人类命运共同体提倡构筑尊崇自然、绿色发展的生态体系,力图解决人与自然之间的矛盾,体现了人与自然和谐共处的发展理性。其三,人类命运共同体并不以经济增长为发展的唯一目的,而是追求人类社会在政治、文化等维度的全面发展,是否定"以物为本"的发展理念,重塑人的发展主体地位的发展模式。构建人类命运共同体,就是践行人类解放。"从本源上说,人类命运共同体理念的核心价值,是超越西方现代化道路、理论和制度,站在全人类命运的角度提出的关于未来世界秩序的一种构想,其本质在于推动道路创新、理论创新和制度创新,建设一个更加美好的世界。"①人类命运共同体理念蕴含了将自身治理能力、治理体系的现代化与促进世界各国协同发展以及国家秩序的合理调整相结合,表达了中国推动全球治理体系转型和发展的坚定信心。

第二,构建人类命运共同体是人类实现解放的重要基础,人类命运共同体价值理念展现了人类解放思想的新视野。

人类命运共同体与当前世界普遍交往和相互联系的经济现实达成了逻辑上的统一。马克思指出,不同国家、不同民族的封闭壁垒在被资本主义生产关系撬开后,世界各国和各个民族将结成一个"相互往来"和"相互依赖"的整体。随着资本在全球范围内的拓展,资源、人才和科技等生产要素在世界范围频繁流动,国际经济交往也愈来愈呈现相互交融、相互依赖的紧密联系特征。世界范围内相互依赖的经济基础内在地要求必须有一种适合其发展、促进其发展的上层建筑。构建人类命运共同体既契合当前人类社会普遍交往的经济基础,也通过在政治、经济、社会和文化方面的布局对这一经济基础施加巨大的反向推动力,为人类社会整体进步和加快人类解放进程奠定坚实的根基。

构建人类命运共同体既反映了当前经济交往和人类相互依赖的社会现实,又回应了社会发展和人类解放的现实需求,它表明中国人民关于人类解放的现实活动并不局限于本国之内,而是拓展到世界范围,是中国在全球化发展趋势下试图构建全球化解放路径的现实活动。它集中回答了在全球化背景下"建设一个什么样的世界、如何建设这样一个世界"的具体问题,是人类解放在"应然"和"实然"、理想和现实之间的平衡点,在推动全球治理体系不断完善的过程中逐渐形成自身的全球治理观和发展观,其价值理念的生成展现了人类解放思想的新视野。

----

① 王岩、竟辉:《以新发展理念引领人类命运共同体构建》,《红旗文稿》2017 年第 5 期。

(二)人类命运共同体的理论效应

马克思认为:"哲学家们只是用不同的方式解释世界,问题在于改变世界。"①对于马克思来说,历史唯物主义本身不仅是一种"解释世界"的哲学体系,更是一种力求"改变世界"的革命学说。作为一种革命学说,它要求批判性地认识资本主义世界,也要求建构性地阐明一个新世界的性质、特点、构成和原则。就此而言,历史唯物主义本身就是马克思主义的"世界观",通过对资本主义社会异化的批判和现实的人的感性实践的确定,历史唯物主义获得了建构性力量的现实基础和历史形态,展现了马克思主义关于人类社会发展的根本立场、总体观点和方法论,始终蕴含着批判性与建构性的统一。对资本主义世界的批判性认识是阐明一个新世界的理论前提,而对一个新世界的建构性阐明则是批判资本主义世界的理论指向。但这一理论指向的呈现不仅与批判资本主义世界相关,也与社会现实的发展水平相关。构建人类命运共同体的提出与实践彰显了社会现实力求不断发展完善的内在要求,也为历史唯物主义建构性地阐明一个新世界奠定了基础。所以,重视在历史唯物主义视野下探讨人类命运共同体问题的同时,我们还必须思考人类命运共同体何以将历史唯物主义带入一个新的思想和历史高度的问题。人类命运共同体作为一种全新的人类文明成果和人类社会存在形态,有其特定的演进轨迹和历史逻辑,昭示了对历史唯物主义的理论自觉和推动世界历史发展的意义。这意味着历史唯物主义和人类命运共同体的关系问题包括两个密切相关的内容:历史唯物主义视野下人类命运共同体的阐释问题和历史唯物主义自身在人类命运共同体中的创新发展问题。后一个问题实质上即是人类命运共同体的理论效应问题,其中最重要的是如何引导历史唯物主义成为全球化时代的一种"建构性世界观",因为在当代全球化语境中人类命运共同体命题的出现构成了诠释历史唯物主义的新路径,也使得历史唯物主义具有了新的思想形态。

---

① 《马克思恩格斯文集》第1卷,人民出版社2009年版,第502页。

随着资本主义全球化浪潮的兴起,人类社会的发展出现了世界历史性的变化。在全球资本主义出现以前,世界上不同民族和国家的人民基本处于相互隔离的状态,各民族的生产方式、交往实践也较为封闭。从社会历史的意义上看,"全人类"尚未作为有机整体进行各种生存和发展活动,人类并未作为一个主体获得逻辑规定性和相应的现实性内容。资本主义全球化的发展改变了这一历史状态,并推动了人类历史向世界历史的转变,成为"各个人的全面的依存关系、他们的这种自然形成的世界历史性的共同活动的最初形式"①,由此构成了历史唯物主义的重要研究对象。正是针对资本主义全球化的现实状况,历史唯物主义的研究视野超越了民族国家的地域性视界,更加注重从全球性的角度来思考和研究人类社会的发展道路问题,"改变只注重于从一个国家、民族的视野来观察和谈论问题的方法,转向用全球化的观点来思考和研究社会发展问题,用全球性思维来补充和完善民族性思维"②,这种研究视野的全球性拓展无疑更加符合历史唯物主义自身的要求。事实上,马克思的历史唯物主义本身就蕴含着全球性视野,其对世界历史理论的阐发也充分表明,人类的共同发展是一项全球性的事业。历史唯物主义中的全球性视野的形成不是揭示全球性的生产和交往实践在世界历史中存在的事实,而是在这一全球性运作事实的基础上展开哲学批判与超越,澄明全球性事业发展的动力和规律,突出人类主体共同存在与发展的现实历史意义,以挖掘人类解放的现实根据和条件。然而,由于资本主义全球化及其构筑的世界市场和全球治理体系所带来的是一种不平等的、霸权主义的国际秩序,使得全人类在共享全球化发展成果的意义上不仅没有成为真正的"人类"主体,反而带来了巨大的经济压迫、政治冲突和生态危机,最终发展为全球性的"风险社会"。自苏东剧变以来,全球化基本上就是资本主义全球化。时代境遇决定了以往的历史唯物主义

① 《马克思恩格斯文集》第 1 卷,人民出版社 2009 年版,第 542 页。
② 丰子义:《全球化与唯物史观研究范式》,《北京大学学报(哲学社会科学版)》2005 年第 4 期。

针对全球化问题的研究更多是以批判性为主,虽然它在一定程度上也通过批判全球化的不合理之处揭示出了改造之道,但其理论态度主要还是批判性的。

构建人类命运共同体的历史性出场改变了这一研究状态,推动并促使历史唯物主义发生建构性转向。如前所述,资本主义全球化所引发的许多世界性新问题无法在西方中心主义的国际秩序中被有效地分析和解决,这是因为现有的全球治理体系受资本逻辑的支配,本身就具有等级性和殖民性,缺乏一种体现国际民主、主权平等和共享成果的世界公共性。因此,凡是涉及世界性共同发展的问题,无论是经济、政治还是文化、生态,基本上都超出了现有全球治理体系的处理能力。面对这一问题,中国秉持共商共建共享的全球治理观,积极发挥负责任大国的作用,主动参与全球治理体系改革和建设,在共同参与中将新的全球治理体系的实施从观念或制度性话语权的建构推向更为现实的治理实践之中,呼吁各国人民同心协力构建人类命运共同体,为解决人类面临的各种重大问题贡献了中国智慧和中国方案。人类命运共同体是人类社会发展道路中基于共同利益和共同价值而自我努力、自我创造的全球性社会形态,它立足于"人类社会"的哲学立场,力求促进人类在真正的"普遍交往"中形成具有更高"共同性"水平的人类利益,内在要求生产力的发展水平与人的劳动解放程度相一致,在追求生产力发展的同时促进人劳动的自由自觉意识,在变革全球治理体系的基础上推动全球生产力的均衡发展,为实现人类社会更美好的世界图景奠定坚实的物质和精神基础。历史唯物主义所构设的人类解放,是在本体论、认识论和方法论维度和谐统一的"真正共同体"基础上的全面解放,在批判现存状况的基础上赋予自身现实的建构性指向成为其必要路径。而构建人类命运共同体是趋向"自由人联合体"的最高阶段,为走向"真正共同体"提供了现实的逻辑中介。较之于历史唯物主义对于资本主义全球化的批判性研究而言,构建人类命运共同体更需要历史唯物主义自身的结构性转变、拓展与提升,即把历史唯物主义的重心从批判性世界观转变、拓展和提升为全球化时代的一种"建构性世界观"①。所谓"建构性世界观",就是在批判资本主义全球化及其全球治理体系的基础上,预见性地判断、阐明和规划由各种社会领域、社会要素和社会关系所构成的人类命运共同体的基本结构、内在机制、运行方式、发展方向和价值目标等一系列重大问题。具体而言,在构建人类命运共同体的过程中,历史唯物主义如何在自身的思想形态中把握人类命运共同体的一般本质和发展规律,如何批判性地揭示人类命运共同体与全球性"货币共同体"或"资本共同体"的本质性差异,如何凸显构建人类命运共同体在人类社会发展道路中的价值目标,如何预见性地指出人类命运共同体发展过程中的客观问题,创造性地规划人类命运共同体的发展道路和世界图景等,这些都是历史唯物主义在全球化时代悬而未决的理论问题和迫切需要解决的实践问题。作为一种"建构性世界观"的历史唯物主义具有以下几项基本特征:

首先,"建构性世界观"的主体支撑是中国特色社会主义道路。在构建人类命运共同体的历史实践中,历史唯物主义作为一种"建构性世界观",以构建人类命运共同体的历史意识指向人类未来的存在形态,同时又坚持"纯粹经验的方法"②,从现实生活的经验性序列结构出发改造世界,既与现实达成有原则的妥协,又积极参与变革和优化现实的存在形式。这种立足于现实而高于现实的"建构性世界观"必须拥有主体性支撑,它能够代表人类社会的发展方向,凝聚人类的共识和意志,并为构建人类命运共同体提供最坚实可靠的历史性示范。随着中国特色社会主义实践道路的拓展和中华民族复兴进程的推进,中国特色社会主义进入了新时代,这一新的历史方位意味着当代中国的实践道路达到了高度的理性自觉,具有参与和引领世界历史进程的理论自觉和实践意志,不仅能够为发展中国家走向现代化的途径提供全新选择,而且能够为破解全球性治理难题贡献智慧和力量。构建人类命运共同体是中国式现代化新道路

---

① 本书认为,历史唯物主义本身就是马克思主义的"世界观",是马克思主义对于人类社会的总体性看法和观点,始终蕴含着批判性与建构性的统一。

② 《马克思恩格斯文集》第 1 卷,人民出版社 2009 年版,第 519 页。

的结晶,也是中国参与全球发展和治理过程的战略举措,中国式现代化新道路的示范性必将推动历史唯物主义在构建人类命运共同体的实践中提升成为一种"建构性世界观",向世界各国表明必须结合本国国情和实际来构建自身发展道路的永恒法则,进而重新获得普遍性意义。

其次,"建构性世界观"的核心关切是提升人类共同性水平、维护全人类的共同利益。全球化时代之所以面临着诸多治理难题,主要原因在于当代世界是一个前现代、现代和后现代相互交织的复合体系,各种利益因素、文化因素和价值理念相互作用与相互冲突,使得世界面临的不稳定性、不确定性因素尤为突出。因此,破解全球性治理难题,关键在于构建一个既能容纳差异、尊重各方诉求,又能提升共同性水平、凝聚全人类意志的命运共同体。构建人类命运共同体是真正站在历史的、时代的、人类的高度思考全球化未来走向的"建构性方案",这一全新的建构性方案要求历史唯物主义不仅能够批判资本主义全球化,而且能够将自身的革命功能转化为超越现代性的建构性意识,在维系人类生存、开创人类未来存在方式的道路上展现自身的理论创造能力。通过构建人类命运共同体,历史唯物主义超越资本主义文明的理论叙事就"不再只是以阶级革命的方式实现人类解放的理论,也是一种唤醒人类超越资本主义文明形成以维系人类存在的救亡理论,阶级革命内涵的人类取向以一种人类的立场直接地凸显出来"①。尽管人类命运共同体与历史唯物主义叙事中的"自由人联合体"存在一定的历史距离,但它能够超越以往革命行动取向和"国强必霸"的发展宿命,为人类解放的可能性创造现实条件和新的逻辑。

最后,"建构性世界观"的伦理信念是推进共同利益基础上的全人类的共同价值建设。在全球化时代,世界范围内的各种冲突与较量、人类所面临的诸多生存危机,固然根源于利益冲突,但也与更为合理的全球价值

---

① 罗骞:《中国特色社会主义建设实践的理论自觉——论历史唯物主义功能及其内涵的当代转化》,《江苏大学学报(社会科学版)》2012年第2期。

理念的缺失有关,因而,迫切需要在提升人类利益共同性水平的基础上重建全球性的价值共同体。构建人类命运共同体必须以"和平、发展、公平、正义、民主、自由"等全人类的共同价值为前提,从而确立"共在"与"共生"的伦理信念,并坚持以"共同价值"引领各个主体成员自身的历史与实践。这就要求历史唯物主义不仅要在理论上审视当今世界的多元性价值现实,打破西方中心主义的价值理念和资本主义主导"现代性唯一"的神话,终结西方发达资本主义社会主导世界历史线性发展的模式,回答人类共同价值何以可能的问题,而且还要站在"人类社会或社会的人类"这一哲学立场上去指导实践,从而建构出鲜活的、深入人心的共同价值理念,进而促进人类命运共同体的建设。

构建人类命运共同体已经成为在全球化时代检验和充实历史唯物主义的社会现实,同时也是促使历史唯物主义获得创新发展的重大课题。历史唯物主义如何在把握人类命运共同体的过程中获得自身的深化发展就成为当代马克思主义哲学创新的重要契机。历史唯物主义对人类文明的省思表明,尽管以往的历史主要表现为阶级斗争的过程,但共同体却是人的基本存在方式。面对当代全球化运动中的诸多理论问题,历史唯物主义自身迫切需要从对人类命运共同体的认识中建构新的学说,从而审视自身理论的科学性,进而通过建构性的发展将历史唯物主义带到新的思想高度。以往的历史唯物主义研究范式往往只是从不同的角度批判性地解释全球化,而真正的问题则在于建构性地阐发全球化,立足于人类自觉地实践观念,阐发人类命运共同体,将人类的共同命运意识从传统的思维框架中解放出来,这既是人类命运共同体带给历史唯物主义的理论效应,也是历史唯物主义作为全球化时代"建构性世界观"的伟大理论任务。

在马克思主义理论体系中,对于人类命运共同体的研究,我们应秉持动态的、发展的历史眼光:人类命运共同体不是自在的世界性实体,而是世界历史进程中全球化的实践成果。对于历史唯物主义的研究,我们也应秉持现实的、创新的理论态度:历史唯物主义不是超历史的"历史哲学理论",也不是传统教科书所阐述的"普遍原理体系",而是在批判人类社会实践中不断建构发展的理论体系。在历史唯物主义的理论体系中,社会实践遵循人与物的双重维度,现实的人的实践为思维与存在的统一提供了合理形式,历史唯物主义建构社会共同体的开端和优势就在于将一切人的社会存在形式都视为现实的实践去解读,由此恢复资本逻辑中被人的主体理性所斥责的理论客观准则。正是由于历史唯物主义自身的"时代境遇"和"理论指向",才使得其研究范式必然随着社会现实的扩展而进一步调整、深化。构建人类命运共同体作为全球化时代最为任重道远的历史任务,其本身就构成了历史唯物主义所面对的最重大、最根本的"社会现实",这必将带动历史唯物主义基本原理在当代世界的创新与发展。

(三)人类命运共同体的价值新超越

推进全球化的历史实践必然要求我们更加深刻地理解和把握全球化的科学内涵、独特性质以及发展趋势。当前学界理解、把握全球化的理论方式主要还是源自西方发达资本主义国家的理论话语,其他区域、国家引介和传播西方理论话语固然在一定程度上有助于推动本地区、本国关于全球化问题的研究,但随着各种全球化危机的爆发,西方理论话语日趋明显地暴露出自身的潜藏危机,在实质上回避了全球化问题而未走出传统哲学思维和价值的困境,西方学界也始终未能提出令人信服的全新理论话语来应对全球化的实践困境以指导全球化的历史进程。

任何一种思想的价值只有在与现实的"碰撞"中才能激活和迸发出来。人类命运共同体思想的生命力和当代意义就在于它处在理论与实践的矛盾结合点上。全球化实践结果与理论原则相背离的当前状况,使得人类命运共同体思想备受全球关注,这一思想不仅彰显其巨大的感召力,而且汇聚全新的价值意蕴。21世纪以来,经济全球化、社会信息化极大解放和发展了社会生产力,也实现了社会生产总过程的全球化,这意味着整个世界市场不再只是某些霸权国家的附属品,不再只是廉价的原料供给地和商品倾销场,而是成长为非单一主体决定的、拥有一定自主性的市场体系,由此既为人类的和平与发展创造了前所未有的历史机遇,也带来了前所未有的现实挑战。因此,重视人类命运共同体思想的研究,首先是回答全球化实践问题的需要,就是为了在打造人类命运共同体的过程中,把握历史机遇,化解各种威胁和挑战,将人类命运共同体的实践基础贯彻到人民的共同价值系统中,实现对传统全球化进程中理性主义基础的批判和超越,推动人类和平与发展进入新的历史阶段,使其独特的话语在人类共同实践中彰显理论的彻底性而掌握群众,形成改变世界和自我解放的伟大力量。

打造人类命运共同体是一个复杂渐进的历史过程,也是促进世界范围内人类解放所面临的艰巨任务。21世纪的经济全球化实践需要全新的思想命题,需要理论界进行深度研究并予以回答。马克思的唯物史观,尤其是世界历史理论所揭示的基本规律,为我们考察分析人类命运共同体提供了经典性解释框架。在这个解释框架下,人类命运共同体思想的实质是一种合作共赢的全球治理理念,植根于马克思关于民族历史向世界历史行进的理论,从而将人的发展与解放置于世界历史的存在中,它的价值意蕴体现为对当前资本主义全球化治理在经济、政治、文化上的超越,表明世界历史的形成与全球治理秩序转型的辩证统一过程是推动解放的理想走向现实的必要路径。

首先,打造人类命运共同体是对资本主义经济全球化道路的历史性超越。资本主义经济全球化是资本逻辑主导世界经济格局的异化史,这必然导致周期性的全球经济危机。2008年爆发的国际经济金融危机表明,缺乏价值规范的资本市场难以支撑起世界经济繁荣的大厦,结果出现富者愈富、穷者愈穷的局面,有违资本主义国家自身所宣扬的公平正义之追求。马克思的世界历史理论指出,资本主义生产方式开拓了世界市场,推动了国际分工和交换的发展,使一切国家的生产和消费都具有世界性,但这并不意味着人类的真正解放,而仅仅只是为人类的真正解放创造了前提条件。因为随着人们的活动范围扩展为全球,他们也会越来越受到全球市场力量的支配,美国次贷危机的爆发导致一些边陲角落的企业遭遇破产。马克思的世界历史理论科学揭示了人类社会形态演进的历史轨迹,也展现了人类社会发展中不同形式和性质的共同体的存在规律、矛盾及其引发的危机。因此,走向真正的人类解放,必须坚持符合社会发展规律的人类共同价值对全球资本市场的规范引导。倡导人类命运共同体的价值意识,建构人类命运共同体的历史过程,必须超越西方国家一元现代化的历史道路,也就是要求命运共同体的成员在交往过程中坚持"合作共赢"的价值原则,在追求本国利益时兼顾他国合理关切,在谋求本国发展中促进各国共同发展,打造兼顾效率和公平的全球经济规范格局,增进人类共同利益。人类命运共同体的建构必将超越资本主义经济全球化的历史过程,形成生活逻辑驾驭资本逻辑①的合作发展的国际经济新秩序。

其次,打造人类命运共同体是对全球治理体系霸权化道路的系统性超越。在美国等资本主义国家的主导下,全球治理体系一直朝着霸权主义的方向演变。虽然资本主义生产方式的变化带来了经济全球化,历史性地建构了全球市民社会,但却没有相应形成民主化、法治化和合理化的全球善治秩序。以具有高度逐利性的资本作为治理全球的主要手段,不仅不可能真正实现世界的和平有序发展,反而会带来全球性的发展危机,如经济危机、环境危机、生态危机和资源危机等。在全球治理视域下,打造人类命运共同体,就必须超越资本逻辑所构筑的不平等的国际秩序,完全摆脱霸权主义道路,以人类社会存在的客观性打破资本主义所固守的传统形而上学思维逻辑,将各民主国家参与全球化的主观能动性与世界历史推进的客观必然性结合起来,实现对资本逻辑构建内容的根本超越及对全人类现实存在的本体论观照。具体而言,一方面坚持多边主义,不搞单边主义,奉行双赢、多赢、共赢的新理念;一方面坚持民主协商,倡导以对话解决争端、以协商化解分歧,反对结盟对抗。构建人类命运共同

---

① 对于资本逻辑来说,其本性就是资本的增殖,就是利润至上。这是造成西方资本主义全球化困境的根本所在,所谓"见物(资本)不见人"。对于构建人类命运共同体来说,在当前阶段借助资本推动生产力的发展是必需,但是这种发展不能受缚于资本逻辑,还必须有一种共享发展的逻辑,一种使生活变得更加美好的逻辑。这正是人类命运共同体不同于西方资本主义全球化的地方,它是"见物又见人"的发展思路。

体,实质上提出了变革国际政治秩序的中国方案,按照这一方案,中国将
与其他国家共同营造合作共赢的全球治理模式,利益共享、责任共担,从
而形成公平合理的全球性有机公共生活。

最后,打造人类命运共同体是对西方文化中心主义的辩证性超越。马
克思、恩格斯在《共产党宣言》中指出:"各民族的精神产品成了公共的财
产。民族的片面性和局限性日益成为不可能,于是由许多种民族的和地方
的文学形成了一种世界的文学。"①文化的多样性本是世界的原生态和常
态,也更加有利于人类文明的发展。但一直以来的现实是,各种文化中心
主义,特别是西方文化中心主义总是有形无形地对其他文化体系进行压制
和威胁,使得文化的多样性价值被日益削弱。经济全球化和全球治理的霸
权化,使得文化的发展呈现"文化殖民"的不合理状态,作为强势文化的西
方文化常常将自身的文化价值观强加于其他国家,并且标榜自己代表了
"进步"和"文明",而给对方贴上"落后"和"愚昧"的标签。从辩证法的角
度来看,普遍性存在于特殊性之中,共性存在于个性之中,马克思、恩格斯所
说的"世界文学"正是由多种"民族和地方的文学"形成的。打造人类命运共
同体,必须在文化维度上充分关注人类文化多样性的价值,着眼于全人类的
文化进步而非个别性的文化进步,揭示并摒弃资本逻辑与民主文化之间不可
调和的冲突及其在应对全球危机时暴露的弊病,反对西方文化中心主义。

以"世界历史的眼光"审视全球化,全球化实质上是"人类世界共同体
化"的过程,是各民族的历史发展与资本主义大工业首创的"世界历史"相
衔接的过程,也是"狭隘地域性的个人为世界历史性的、真正普遍的个人所
代替"的过程。马克思唯物史观的世界历史理论要求我们在考察世界历史
时,必须立足于物质生产及其交往活动,也要求我们在建构人类命运共同
体的过程中,拥有强劲的历史行动力,以经济的发展带动政治和文化齐头
并进,从而历史性地改造和超越资本主义生产方式。中国式现代化新道路
不仅仅内蕴于人类社会发展的历史逻辑,而且印证了马克思世界历史的演

---

① 《马克思恩格斯文集》第 2 卷,人民出版社 2009 年版,第 35 页。

进与人类解放相统一过程在现代全球化中的普遍意义。人类命运共同体理念必将在具有现实紧迫性的全球化实践中彰显其深层的价值意蕴。

五、"中国方案"：人类解放思想的实现方式

如果我们对中国改革开放以来的实践进行研究与判定,能够发现在改革开放的发展历程中我国确实没有完全照搬其他模式,而是开辟了属于自己的独特模式。马克思人类解放思想的现实化运用而形成的"中国方案"及其所取得的伟大成就,充分证实了马克思的人类解放思想本身具有的科学性与真理性。研究者与实践者实现了从理想性维度向现实性维度转变的深刻原因在于对实践与理论的双重探索:既是现实实践探索的结果,即我国社会主义的改革探索,特别是中国特色社会主义的成功实践的结果,同时也是理论上不断创新的结果,是对中国发展模式、中国发展道路、中国发展经验的理论总结与学术探索。同时,在一定意义上,"中国方案"也是现实性的马克思的人类解放思想的运用。"中国方案"作为马克思的人类解放思想的实现方式,使马克思的人类解放思想在"为谁解放""靠谁解放""解放什么""如何解放"的问题上具体化、深刻化。

第一,关于"为谁解放"的问题。"为谁解放"问题涉及解放的"价值"维度。在马克思的人类解放思想中,人不仅是经济社会发展的手段,更重要的是人作为经济社会发展的目的,经济社会发展必须关心人、解放人、发展人,促进人自由全面的发展。实现中华民族伟大复兴的中国梦的立足点是为最广大人民的根本利益而不只是维护与照顾部分人的利益;改革的成果是由全体人民共享,不是只惠及某一部分人或少数人,即在复杂的社会利益关系条件下,充分兼顾多元利益关系发展。在实现中国梦的探索中,中国共产党的各项政策能够着眼于全体人民群众的利益。从中国发展道路的实践经验中提升出来的科学发展观和中华民族伟大复兴中国梦,始终强调发展的目的是一切为了全体人民的根本利益,为了不断开发人民群众的内在潜能,不断满足人民群众的物质、精神需要与追求,助益于整合多元主体的发展意愿,科学地解决相应的利益分配问题,使发

展的成果惠及全体人民并落到实处,落实到发展经济、造福百姓的具体实践中,真正体现中国传统的"民本"精神的当代性。构建人类命运共同体更是在世界范围内推动多元主体实践关系的协调统一,以全球性的实践消解"虚幻"的生活世界对人民的现实奴役,促进世界范围内发展方式和治理秩序的可持续性,以为实现人类的解放提供现实条件。

第二,关于"靠谁解放"的问题。"靠谁解放"问题涉及解放的"事实"维度。马克思的人类解放思想是关于无产阶级解放的理论,无产阶级是解放的主体力量,能够促进社会生产力的发展和确保全体社会成员的财富分配正义。面对德国的现实状况,马克思曾经指出,德国革命需要物质基础,而这个物质基础"就在于形成一个被戴上彻底的锁链的阶级"①——无产阶级,这个阶级具有其他阶级不可比拟的革命性。"德国人的解放就是人的解放。这个解放的头脑是哲学,它的心脏是无产阶级。"②只有无产阶级掌握唤醒人民革命意识的理论哲学并作为自己的精神武器,革命才能成功。无产阶级是社会主义革命的主体力量,这是《共产党宣言》中的基本观点,它突破了将历史主体的生成视为与现实实践无关的抽象思维,为无产阶级提供了认识和改造现实世界的辩证方法。西方学者面对当代资本主义阶级结构的新变化提出要重新寻找主体是行不通的。而在当代中国,无产阶级就是指人民群众或劳动者,中国特殊的历史造就了无产阶级与人民群众与生俱来的一体性。中国特色的社会主义解放事业选择了人民解放的道路,形成了以人民为中心、上下联动的模式。只有不断探寻作为历史主体的人民群众及其变化发展的客观规律,才能确定变革社会存在中与人民群众发展不相适应的关系形式以实现人的解放。从根本上来说,在中国"靠谁解放"中"谁"这一主体是明确的,中华民族和中国人民是实现中国梦的主体。中国的解放之路始终能够坚持人民群众立场——以广大人民群众为主体,把人民群众作为自己的社会基础,依靠广

① 《马克思恩格斯文集》第1卷,人民出版社2009年版,第16页。
② 《马克思恩格斯文集》第1卷,人民出版社2009年版,第18页。

大人民群众的力量谋发展,采取了上下联动而形成历史合力的模式。这种人民立场不是对马克思关于无产阶级立场的远离,而是对无产阶级立场在新的历史条件下的继承与发挥,它与马克思的无产阶级立场具有逻辑和历史的一致性,能够为中国特色社会主义实践的展开注入内源动力。作为社会主义国家的中国在很大程度上代表了社会主义的国际形象,党和政府能够把尊重人民群众的主体地位作为基本出发点,切实发挥人民群众的首创精神与主体作用,这既是对世界社会主义运动的重大贡献,也是对西方无产阶级解放运动的极大鼓舞。

第三,关于"解放什么"的问题。"解放什么"是针对解放的内容而言的。笔者认为,解放是多维度的,在不同时期有不同的侧重点。现阶段至少应该包括经济解放、政治解放与文化解放等。中国发展道路与中国特色社会主义的伟大实践,为中国的经济解放、政治解放与文化解放创造了前所未有的条件。在经济解放的维度上,改革开放以来,中国创造了经济发展的奇迹,为人类解放与发展奠定了坚实的物质基础,揭开了历史的新篇章。在政治解放的维度上,改革开放极大地推动了我国的政治解放,日益激发起人们的主体意识和权利意识,拓展了人们的政治参与空间,保障了人民群众的政治权益,当代中国社会主义民主政治体系为人类解放与发展创造了优越的政治条件。在文化解放的维度上,党的十九大报告强调了"文化是一个国家、一个民族的灵魂"的论断,并进一步指出:"没有高度的文化自信,没有文化的繁荣兴盛,就没有中华民族伟大复兴。要坚持中国特色社会主义文化发展道路,激发公开全民族文化创新创造活力,建设社会主义文化强国。"这些论断从实现中华民族伟大复兴的高度,阐明了社会主义文化的重大意义,以及将社会主义文化建设与促进世界文明繁荣的历史使命相结合的现实要求;同时从"引领风尚、教育人民、服务社会、推动发展"四个方面,具体阐明了文化解放对于社会生活和社会发展的重要作用。我国通过文化解放与文化创新的路径发展先进文化,逐步形成了具有开放性、包容性、革新性的品质,并在文化自觉中促进人的自由全面发展。社会主义建设与推进的历史既是物质生产发展的历史,也是社会意识的变革和文化建设不断完善的历史,文化建设与人民群众自身价值的实现以及精神层次的解放是更为密切的同一过程。我国的文化建设已经发展到一个新的阶段,并为世界文化的发展提供了新的范式。中国独具魅力的经济解放、政治解放与文化解放模式已经真正矗立于现代文明之巅,并向全世界国家与人民展现出其全面超越资本主义物质文明与精神文明的前景。

第四,关于"如何解放"的问题。"如何解放"的问题是关于解放的基本方式与解放的基本途径等内容的复杂的系统问题。从解放基本方式上看,中国运用了渐进式的方式。循序渐进的解放与发展方式,不同于激进的"休克疗法"方式。它力图谋求在稳定的社会秩序中整体推进、重点突破来实现解放与发展。其方式能够尽可能减少改革、解放与发展过程中出现的风险,避免大起大落;能够在社会主义制度的前提下,保证改革与发展的秩序与方向;在总结历史经验教训中有序进行、稳步前进,真正实现现代化的平稳发展;根据主要矛盾来确定社会发展目标和工作重心是中国共产党的优良传统。① 从解放基本途径上看,中国走的是全球化途径与本土化途

----

① 在党的十九大之后,着力化解人民日益增长的美好生活需要与不平衡不充分的发展之间的矛盾自然成为党和国家下一阶段的重要工作任务与解放方式。找准矛盾的主要方面是化解矛盾的基本前提。"人民日益增长的美好生活需要"与"不平衡不充分的发展"是新时代社会主要矛盾的两面,"不平衡不充分的发展"是能动的一方,也是矛盾的主要方面。满足人民的美好生活需要,要着眼于解决不平衡不充分的发展问题。不仅要抓住主要矛盾的主要方面,还应当抓住矛盾主要方面的主要问题。"不平衡不充分的发展"在现实中表现为各种具体问题。不平衡的发展是指社会内部各要素、各主体、各区域之间在发展速度、程度、质量上的失调,表现为经济、政治、文化、生态各领域的发展不平衡,国家、社会、个人各层次主体的发展不平衡,城乡、东中西部各区域之间发展不平衡,代际之间的发展不平衡,等等;不充分的发展是指在各种因素的制约下,发展尚未达到预计期望值,未能完全兑现发展潜力,表现为社会生产与创新能力、发展效率有待提升等。相比于"不充分的发展"而言,"不平衡的发展"问题更加严峻。在当前诸多发展不平衡问题中,最为突出的就是社会贫富差距问题。通过抓住主要矛盾的主要方面,进而抓住主要方面的主要问题,化解新时代社会主要矛盾就聚焦为一个重要任务:如何在保持经济高速发展的同时,妥善地解决社会贫富差距的问题,使发展成果为人民所共享,从而有利于社会发展质量的提升、人的全面发展和社会全面进步。

径的双向推进与双向建构的道路。中国的社会发展道路与现代化进程是在全球化与本土化的相互交织、双向互动与双向建构的关系中不断调适而得到发展与推进的。中国已经感受到全球化带来的机遇,并坚定不移地推进全球化。但由于目前全球化战略本质是以"资本"为主体的全球化,全球化资本主义本质上必然会带来风险,甚至存在给社会带来损失的"可能性"。中国只有巩固并不断提升在全球价值链中的地位和国际话语权,才能在全球化的新形势新浪潮中立于不败之地。为了应对全球化的"风险社会",中国意识到本土化与中国化的重要性——在全球化途径与本土化途径的双向推进中,把握生产发展和科技创造力在全球竞争中的地位,确立依靠社会全面的再生产是变革现存生产关系的关键手段和实现解放的必经之路。

马克思的人类解放思想的现实运用所形成的中国发展道路与发展轨迹,是中国马克思主义者在理论与实践探索中的伟大理论创新,具有鲜明的中国特色。它既追求人类解放的理想性也追求人类解放的现实性,只有辩证地看待理想性与现实性两个向度之间的张力关系,才能稳健地推进人类解放的实现。

"中国方案"追求人类解放的纯粹性与理想性,同时对理想与现实有着清醒的认识,拒绝盲目拉近理想与现实之间的距离以至于将现实等同于理想的错误认识。深刻把握特定历史阶段是实现人类解放思想理想性的必经之路这一规律,辩证地看待理想性与现实性两个向度之间的关系,注重把握人民主体的理想性层面和现实性层面的关系,以保持主体实践的有限性与历史无限性之间的张力,在"中国方案"中得到了明显体现。

改革开放以来,中国在实现梦想的历史进程中创造了诸多奇迹,归根结底是因为我们走上了一条中国特色社会主义现代化道路。"中国方案"是中国在全球化及对人类解放探索的背景下实现社会主义现代化的一系列战略策略,是马克思人类解放的最高价值在当代中国的现实体现与拓展。它既体现了中国人民追求民族复兴和实现解放的深厚的历史底蕴,又孕育于马克思关于人类社会形态演进和解放规律的基本判断。马克思的人类解放思想体系作为立足于唯物史观的理论范式,反映着社会历史进程的实质内容,为我们评价历史与社会进步提供了客观的历史尺度和普遍的价值尺度。当前,中华民族以立足于现代文明的深刻反思,沿着中国式现代化新道路继续前进,并在实践与理论的双重探索中寻求人类解放的方式,是对人类未来发展道路的重大探索。这种探索将为促进世界和平发展、人类文明进步以及人类社会形态的更替提供超越国界的世界意义;构建人类命运共同体实践的推进,是马克思的世界历史理论和"真正共同体"思想在现实中与历史中的发展,一定程度缩短了"自由人联合体"思想与现实社会存在形态的时空距离,使人们看到实现自由与解放的希望,体现了勇于突破现存生产方式的矛盾而不断自我探索和超越的实践精神。这种精神价值将鼓舞广大发展中国家积极探索适合本国国情的发展道路与发展模式。

结　语

精神魅力的追逐

　　人类解放的必然性论证存在着两个层次:逻辑叙述和历史叙述。从市民社会的分析入手论证多维解放,揭示走向人类解放的必然性,这主要是逻辑上的叙述。当然,历史的叙述也是不可避免的,只是本书切入的侧重点放在逻辑的叙述上。而关于从社会形态的演变中去发现人类解放的历史必然性,这主要是历史叙述,同样,也只是一个侧重点的问题。这是笔者最后需要特别说明的。

　　在马克思的思想中,存在着三个基本的解释框架:第一个是社会构成框架;第二个是阶级分层框架;第三个是历史框架。理解马克思的思想需要在其叙述中去辨析概念使用以及所要解决的问题是在哪个框架下进行的。

　　笔者的体会是,有的时候,三个框架是同时发挥作用的,有的时候,马克思只在某一框架下使用概念和进行论述。如果把马克思的思想分为早中后期的话,社会构成框架在早期和后期使用得较为多一些,但是,早期使用的时候,是较为模糊的,到了后期,再使用的时候,由于阶级分层的框架已经非常成熟,所以思想也就比较清晰和具体。可以说,马克思在后期使用社会构成框架时,已经包含了阶级分层框架下所取得的全部思想成果了。不过,只要使用社会构成框架,一些东西就不可能完全被归入阶级分层框架中去,这也是阶级分层框架并不能解释所有问题的原因所在。

比如,书中关于"市民社会"问题,笔者认为,它既不是"经济基础"这个概念能够完全替代的,也不是单指"资产阶级社会",而是有着相互交叉和重叠的三个不同概念。马克思在早期使用"市民社会"这个概念的时候,是在社会构成框架下进行的,内涵不甚确定,主要是指与政治国家相对应的社会存在物。到了后来,随着阶级分层框架的引入,是需要对市民社会进行阶级分析的,而马克思的兴趣主要不在学术方面,所以,没有做这方面的工作,但是,当他的叙述需要描绘社会构成图式的时候,就会使用这个概念,因为它比经济基础的概念更形象一些。

在笔者看来,如果能够把握马克思的这三个解释框架以及它们之间的关系和马克思使用的情况,许多问题就会变得较为清楚。其实,如果从这三个框架的角度看,马克思学说的演进历程并不是表现为后期否定前期的过程,马克思思想的前后一致性是不容怀疑的,他是紧紧围绕着"人类解放何以可能"的主题而开展工作的,根本不存在早年马克思和老年马克思断裂之说。前后的所谓不一致,只是解释框架使用上的区别。笔者不同意马克思学对马克思所做的分解,也正是出于这个原因。马克思"人体解剖是猴体解剖的钥匙"的比喻,主要是说明社会生产方式的历史性变革有其深刻性。但能否同样适应于思想演变,值得进一步探讨。我们不能够说早期思想不重要而一定要从所谓的"鼎盛期"思想出发回溯青年时代的思想。研究马克思的文本从后期作品入手是一种路径。但笔者不认为,所谓后期成熟作品具有高于早期作品的绝对意义。西方学者没有看到马克思思想发展的内在逻辑以及人类解放的发展史,总是把主题的转移、认识方法与逻辑思路的差异视为思想的断裂。可以说,马克思思想是一以贯之的,是多样性的统一。我们以马克思本人的手稿为根本依据,结合其思想前后的具体发展历程,把马克思哲学归结为人类解放的哲学是符合马克思主义精神本质的,也是实事求是的。

马克思的全部理论工作构成了一种以人类的实践方式为现实基础来说明社会的历史分裂与历史生成,以及扬弃这些分裂关系,使人类获得全面解放的革命的、批判的学说,正因此造就了马克思文本的永久生命力。

如果忽略了马克思学说关于人类解放思想的一体化特征,就会误读马克思学说的深层本质精神。因此,我们必须把以经典唯物史观为表现形态的社会历史理论同马克思关于人类解放的思想结合起来加以理解。关于人类解放内在逻辑和本质精神是马克思学说区别于唯心主义学说与旧唯物主义学说的根本点。

对马克思人类解放思想进行深入探索,无疑是当今时代哲学的重要主题之一。我们必须深刻地认识到,发挥马克思学说强大威力的关键在于挖掘马克思思想的深层内涵,即关于人类解放与发展的本质性,马克思人类解放思想必将在新的环境条件下彰显从隐性变为显性的精神力量,并构成当代社会运动的本质力量。

马克思的人类解放思想依然占据世界思想舞台制高点。深刻把握马克思主义基本原理中的人类解放思想的深层内涵,挖掘人类解放的现实路径,对实现真正意义上的全人类解放具有重大的指导意义和时代价值。笔者曾将马克思人类解放思想与教育学等学科相结合,试图推进马克思主义基本理论的应用研究,如运用马克思人类解放思想探讨教育公正、教育目的等问题。

人类解放是马克思所创立的理论体系之核心,探索并寻求实现每个人的自由而全面的发展是马克思人类解放思想的根本使命。从人类解放的视域来审视教育,不是致力于考察教育的知识、方法和技能层面的内容,而是致力于检审教育的目的、功能和技术化倾向等根本性、关键性问题。这种研究,所要揭示的不是表面的教育现象,而是要阐释深层的教育本质。教育起源于人类生存与发展的需要,是人类完整生活的有机组成部分,教育之发展经历了从日常的生活化教育到专门化、制度化的学校教育的过程,并逐渐走向引领、超越人类现实生活的方式,成为促进人类解放最有效的途径之一。由此,在人类解放的视域中研究教育,可以充分彰显教育之价值合理性。

马克思深刻地指出了人类解放的含义及其双重向度,即个体主体向度(个体的经验生活与活动向度)与社会力量向度(人的社会关系向度)。

个体主体和社会力量双重向度的解放构筑了马克思观照人类解放理想与
现实的宏大视域,也构成了马克思检审经济、政治、文化和教育等领域的
理论视角。因此,当我们运用马克思主义理论的立场、观点和方法来研究
教育时,在人类解放双重向度的框架下来审视教育,彰显教育的价值合理
性,不啻是一场非常有意义的理论活动。并且,在人类如何才能实现个体
主体和社会力量双重向度的解放问题上,教育之力量也是不容忽视的。
教育,无论是家庭教育、学校教育、社会教育,抑或是自我教育,都是对人
之理性和教养的提升,都是为了人能够充分发展自己的能力,成为真正的
自由之人。教育与人类解放具有天然的联系,人类不仅需要在革命中抛
掉自己身上一切陈旧的东西,成为社会的新基础,而且需要在教育中实现
自身品质的升华,最终实现个体主体和社会力量双重向度的解放。

　　人类的教育史是人类不断追求自身生存发展和解放的历史。人类的
教育同人类解放的双重向度紧密相连,人类解放的双重向度作为一种宏
大视域,是人类教育进步程度的标尺和确证。当然,人类解放同时也是推
动人类教育不断进步的根本动力,而人类教育的根本旨归则是人类的彻
底解放。在人类解放的视域中审视教育,可知教育之目的与人类解放具
有根本同一性。教育之于人不仅是最长久、最具生命力的解放方式,也是
人类解放不可或缺的内在环节。真正的教育必然是促进人类不断获得解
放与自由的方法,人类教育的目的就在于使每个人获得自由而全面的
发展。

　　对马克思关于个人的自由全面的发展学说,我们可以也应该从人类
解放的双重向度上来把握。首先,马克思强调的是"个人"的自由而全面
的发展,在马克思的人类解放思想体系中没有抹杀个体存在,反而时刻关
注着个体的人的解放。马克思不仅注重社会力量的运动,注重社会生产
力和生产关系的相互作用,而且在展望未来的共产主义社会时注重从个
体主体的自由度上反观人类总体的解放程度。其次,在个人的自由全面
发展学说论述上,马克思不仅关注个体主体的解放程度,而且关注社会力
量对个体主体的制约作用。个人的自由全面发展离不开历史的具体的物

质条件和社会条件,没有稳定、合理的社会环境,人类不可能自由而全面地发展。因此,个人的自由而全面的发展必然既包括个人能力的普遍的、全面的发展,而且还包括共同体中个人的社会关系之普遍和全面的发展。对个人的自由而全面发展问题,马克思是从个体主体和社会力量双重向度上来论证的,彰显了个人和社会的辩证统一关系。

教育的目的既然是个人的自由而全面的发展,那就是要将人类从身体和心灵皆被自然、社会和自我本能奴役的状态中引领出来,实现从蒙昧到启蒙、从必然到自由的转化。通过各种教育方式,人们接受了人类文明积累的知识的滋润和培育,建立起健全的理性能力和自由人格,逐渐摆脱外在的、异己的社会环境的束缚,在个体主体向度上实现自我解放。这一解放将使个体更有力量和信心去适应和改变不合理的社会制度及社会关系,进一步消除阻遏人之自由全面发展的物质条件和社会条件,达成个体主体和社会力量双重向度的解放之良性互动。

虽然教育的目的在于"人的自由全面的发展",却内在地蕴含了个体与共同体协调发展的要求,也就是蕴含了弥合个体主体与社会力量之间的分裂的要求。当然,这种理想状态只有在更高、更完美的社会制度中才能实现。在当前的历史处境下,这要求我们采取现实性的态度与措施,即要将坚持以人民为中心、推荐素质教育作为我国教育改革发展的战略主题,解决好培养什么人、怎样培养人的重大问题,尤其要求教育实践要面向全体学生、促进学生全面发展,着力提高其服务国家人民的社会责任感。在这个过程中,教育是用人类积累的文化和自身的理性与激情培育、引导学生,既要使其学到实用的、能够适应现实生活的知识,也要使其精神得到陶冶和提升,最终将学生引向历史和国家的深处,使学生成为德智体美劳全面发展的社会主义建设者和接班人。

在人类解放的视域中考察教育,揭示出教育之目的在于每个人的自由而全面的发展,既有主体力量和主体性的发展和发挥,也有社会力量和社会制度的变革和全面发展。然而,个体主体和社会力量的发展之间并不是和谐一致的,而是处于永恒的矛盾之中。个体主体的认识、适应和改造的能力与社会制度、社会关系之间,总是存在着一定的矛盾。其中,个体的认识可能超越或落后于社会现实水平。当个体的认识超越于社会现实水平时,个体不可避免地要求对社会进行改造,促进社会发展,使其符合自身之理想;当个体的认识落后于社会现实水平时,必然受到社会的蔑视和淘汰,也将促使个体不断地去学习、提升自我,以适应社会的发展。个体主体和社会力量的这种矛盾将促使个人和社会的关系不断得到改善和发展,令个体在发展中获得全面的社会关系,并且使社会力量也不再成为异己的政治力量。

教育是在一定的社会历史条件下进行的活动,具体的历史环境是教育的存在前提,也是教育要面对的社会现实。作为一种以人为对象,以服务于人和实现人的某种价值理念为旨趣的活动,教育无疑要回归生活世界,要充分重视人们的现实生活,传授能够帮助人们适应和改善生活的知识和技能。这就要求人们在学习中了解现实生活的规律,使其从被外在事物控制和束缚的状态中解放出来。因为人们如果不了解客观事物的状况和规律,就往往会感到恐惧和被限制,与他人、社会和自然也不能和谐相处;但是,一旦了解了事物的性质、规律,就有可能让事物服从于人的意志和目的,实现从必然到自由的飞跃。因此,"化育个体"的教育功能,首要的是加强教育内容与人们生活世界的联系。教育直面生活世界,既有助于个体学习到应对现实生活的知识和技能,也有助于个体的全面发展。不仅如此,只要人们在教育活动中认识和掌握了事物的客观规律,那么,规律就由支配人的外在力量变成了人的活动的内在根据,人们也就具备了支配和控制客观事物的能力。在充分认识了事物的客观规律的基础上,人们就有可能实现自主活动,为个体主体的自由开辟出一条道路。

教育作为相对独立于一定社会历史条件的活动,不仅能够向人们传授应对社会现实的实用技能,而且还能够充分利用各种物质、精神条件来引导和实现人的发展,引领人们走向更加美好的生活,实现超越现实生活走向富裕、文明与自由的理想生活。教育从物质文明的维度上具有引领作用,但更为重要的是,教育在精神文明的维度上具有超越的作用。在

"化育个体"的过程中,个体的生存状态和生命价值同样得到教育的关注。在教育的过程中,人们确立了自身的主体意识和生命意识,改善了自身的情感、态度和价值观,达到品性的提升和心灵的净化。一旦教育进入精神的境域并发生作用,完全可能出现按照精神生长的逻辑来化育人,让个体的精神得到自如的滋润,成长为具有灵性的人。但这并不是对教育回归生活的否定,"化育个体"的教育功能内在地涵盖了实用技能和生命意义两个维度。教育在化育个体的功能上一方面要求其以日常生活世界为旨趣,创造出更加丰富多彩的生活,另一方面也要求其以个人的自由而全面的发展为依归,通过对生活疆域的拓展和个体主体性的升华来改造和完善人性,奠定新的社会基础。

教育在"化育个体"的功能中内在地秉有了"改造社会"的崇高理想。教育通过化育个体、改善人性来促进人的解放,奠定了社会的新基础,造就了社会的解放。教育并不是亦步亦趋地跟随着社会发展的脚印前行,也不仅仅是服务于经济、政治和文化发展对各式人才的需求,而是还具有它自身独特的反作用能力。如果我们只是把教育看作服务于社会需要和发展的工具,就必然会忽视了教育超越和改造社会现实的一面。教育虽然是在前一代人创造的客观物质条件和精神条件下所展开的活动,但是,教育对人的培养却始终是按照"自由而全面"的要求进行的,这使得每一代人都能够从前一代人的基础上迈进,也使得每一代人都具有崇高的人生理想和社会理想,而这无疑是改造社会、促进社会发展的巨大动力。

按照这一教育思想,我们需要特别重视人才培养观念。在教育的"化育个体"与"改造社会"之间,人才起着中介的作用。在个体的培育与社会的需求之间存在一定的张力,我们既不能一味地以社会的需求为指针培育人才,却也不能忽视社会的需求"闭门造车"。过去我国的教育培养体系在平衡这一张力上是存在一定缺陷的,因此,在当前的教育实践中,我们需要深化教育体制改革,更新教育培养观念:第一,要树立通识教育的观念,提升学生的综合素质和国家公民意识;第二,要树立多样化人才观念,鼓励个性发展,不拘一格培养人才;第三,要树立系统培养的观念,推进大中小学有机衔接,教学、科研、实践紧密结合,学校、家庭、社会密切配合,加强学校之间、校企之间、学校与科研机构之间合作以及中外合作等多种联合培养方式,形成体系开放、机制灵活、渠道互通、选择多样的人才培养体制。只有这样,我们才能在最大的限度上实现"化育个体"与"改造社会"的结合,既能给予个体合理、自由的生存环境,又能发挥个体促进社会发展的能力。

教育的本质是培养人,是人类自身的再生产和再创造;在人类解放的视域下,教育之目的是通过"化育个体"和"改造社会"的功能造就"自由而全面发展"的个体主体,这意味着人性化和个性化是教育的特征。然而,现代技术在教育系统中的盲目应用,造成了教育领域中的唯工具论、人与技术的关系不和谐等现象。这归根结底是"工具理性"或"技术理性"扩张和僭越的结果。

当今技术已发展成为具有自身逻辑自主性的自在力量,充分渗透到人类的对象世界和自身世界的各个方面,使人类与技术的发展密不可分,形成了以"工具理性"为内在性标准的技术化的活动方式。但是,与目的理性对人类特殊目的、情感、信念和道德等实质性价值的强调和表达完全不同,工具理性是对社会系统和结构作精准性的描述,力求使过程和结果符合形式性、普遍性和可操作性等形式理性的标准。而且,在实现目的之过程中,工具理性并不关心目的是否合理的问题,而是主要关心实现目的之手段的适用性,追求工具的效率及其对人和自然的操纵和控制的能力。因此,工具理性对人类生活世界的渗透不可避免地将造成人之存在本身的物化,加剧个体存在的虚无感,最终陷入海德格尔所言之"座架"之中。一切人和物,甚至包括语言,都将被置于"座架"这一现代技术无所不在的本质中,逐步牺牲了与自身本质及自然本身的密切关系。

作为工具理性之集中体现的现代技术并不是简单的手段或操作工具,其本身对人和社会都会有极大的影响力,甚至由于人们过分依赖技术体系,反而会受到技术的"统治"和束缚,这就是技术运作的自主化过程。

它不仅改变着人类的心灵结构,而且显示出某种不可驾驭的性质,限制和束缚着人类的行为和心灵。就此而言,教育活动遵循工具理性的规律,沿用了似乎无所不能的技术化逻辑,成为技术化的实践活动。其负面作用是明显的:一方面,技术化的教育活动方式,淡化了教育作为人类的一种解放的活动和生命的存在方式,把教育局限于人类承继文化知识、促进物质文明发展的工具,尤其是在具体的教育过程中过分注重和发展了对"技术理性"知识的传承功能,忽略了教育的人文精神化育功能。这种急功近利的心态导致人们不再关心终极意义和绝对真理,普遍丧失了批判与超越现实生活的精神境界和能力,因而根本无法与这个充满了诱惑力的物欲世界相抗衡。那么,一旦教育实践变成为一场纯技术的、模式化的活动,"座架"的技术本质也将成为某种限制和约束教育的外在力量,个体主体和社会力量双重向度的解放将是一场幻梦而已。另一方面,技术化的教育活动带来的实用性、功利性的教育思想将导致受教育者想象力与创造力的严重退化乃至丧失。计算性、实证性这些工具理性的本质特征在教育领域受到的过分崇拜将把教育系统还原为"服从机械规律性、可用数学计算的世界"。想象与诗意的衰退与丧失,会让人们失去对自身和社会解放的孜孜不倦的追求动力。在这种意义上说,教育是一项充满挑战与梦想,具有强烈的人类解放意蕴的实践活动。

对个体主体而言,教育的指向决定了其未来的存在方式;对社会力量而言,有什么样的教育就有什么样的社会境况。在物化和技术化的时代,针对技术在教育领域的广泛应用,我们需要警惕"工具理性"的僭越,需要激活人类的本真生存状态,揭示出人之生命发展的开放性,彰显教育在人类解放的双重向度上的价值与意义,探究通达每个人的自由而全面发展的多维可能性。

马克思的人类解放思想的指导意义是全方位的,不仅仅体现在当前我国的教育改革中。正是马克思人类解放思想为人类的执着探索指明了科学的前进方向,使人类解放事业在不断彰显魅力的同时,愈加显现出光明的未来。追逐探究马克思人类解放思想的存在意义和精神魅力,是崇高的人类解放事业探索之路的迫切要求。而作为人类伟大事业的精神灵魂之师——马克思人类解放思想,必将引领我们奔向自由全面发展的美好未来!

参考文献

一、马克思主义经典著作

[1]《马克思恩格斯文集》第1—10卷,人民出版社2009年版。

[2]《马克思恩格斯全集》第1卷,人民出版社1995年版。

[3]《马克思恩格斯全集》第3卷,人民出版社2002年版。

[4]《马克思恩格斯全集》第46卷下册,人民出版社2003年版。

[5]《列宁专题文集》第1—5卷,人民出版社2009年版。

[6]《列宁选集》第2—4卷,人民出版社2012年版。

[7]《斯大林选集》上卷,人民出版社1979年版。

二、中文著作

[1]高清海:《欧洲哲学史纲新编》,吉林人民出版社1990年版。

[2]俞吾金:《从康德到马克思:千年之交的哲学沉思》,广西师范大学出版社2004年版。

[3]欧阳康:《哲学研究方法论》,武汉大学出版社1998年版。

[4]张康之:《总体性与乌托邦——人本主义马克思主义的总体范畴》,中国人民大学出版社1998年版。

[5]孙正聿:《马克思辩证法理论的当代反思》,人民出版社2002年版。

[6]孙正聿:《思想中的时代:当代哲学的理论自觉》,北京师范大学出版社 2004 年版。

[7]孙正聿:《为历史服务的哲学》,中央编译出版社 2018 年版。

[8]夏甄陶:《人是什么》,商务印书馆 2000 年版。

[9]徐崇温:《"西方马克思主义"论丛》,重庆出版社 1989 年版。

[10]徐崇温:《用马克思主义评析西方思潮》,重庆出版社 1990 年版。

[11]徐崇温:《徐崇温自选集》,重庆出版社 1999 年版。

[12]萧焜焘:《从黑格尔、费尔巴哈到马克思》,商务印书馆 2018 年版。

[13]郁建兴:《马克思国家理论与现时代》,东方出版中心 2007 年版。

[14]郁建兴:《自由主义批判与自由理论的重建——黑格尔政治哲学及其影响》,学林出版社 2000 年版。

[15]魏小萍:《追寻马克思——时代境遇下马克思人类解放理论的逻辑分析和探讨》,人民出版社 2005 年版。

[16]韦定广:《"世界历史"语境中的人类解放主题》,人民出版社 2004 年版。

[17]曾枝盛:《20 世纪末国外马克思主义纲要》,中国人民大学出版社 1998 年版。

[18]许俊达:《超越人本主义——青年马克思与人本主义哲学》,中国人民大学出版社 2000 年版。

[19]郝敬之:《整体马克思》,东方出版社 2002 年版。

[20]洪镰德:《人的解放——21 世纪马克思学说新探》,扬智文化事业股份有限公司 2000 年版。

[21]罗燕明:《马克思恩格斯思想研究(1833—1844)》,中央编译出版社 2002 年版。

[22]欧阳谦:《20 世纪西方人学思想导论》,中国人民大学出版社

2002 年版。

[23]欧阳谦:《人的主体性和人的解放》,山东文艺出版社 1986年版。

[24]祁志祥:《中国人学史》,上海大学出版社 2002 年版。

[25]任平:《当代视野中的马克思》,江苏人民出版社 2003 年版。

[26]杨耕:《为马克思辩护》,黑龙江人民出版社 2002 年版。

[27]李兵:《生存与解放——马克思关于人类解放的哲学主题》,人民出版社 2007 年版。

[28]杨适:《人的解放——重读马克思》,四川人民出版社 1996年版。

[29]吴江:《马克思主义是一门大史学》,中央编译出版社 2002年版。

[30]吴江:《社会主义前途与马克思主义的命运》,中国社会科学出版社 2001 年版。

[31]张新:《读懂恩格斯》,四川人民出版社 2001 年版。

[32]贺来:《边界意识和人的解放》,上海人民出版社 2007 年版。

[33]贺来:《现实生活世界——乌托邦精神的真实根基》,吉林教育出版社 1997 年版。

[34]贺来:《辩证法的生存论基础:马克思辩证法的当代阐释》,中国人民大学出版社 2004 年版。

[35]胡建:《启蒙的价值目标与人类解放》,学林出版社 2000 年版。

[36]高宣扬:《后现代论》,台湾五南图书出版公司 1999 年版。

[37]黄克剑:《人韵:一种对马克思的读解》,东方出版社 1996 年版。

[38]叶险明:《马克思的工业革命理论与现时代》,北京出版社 2001年版。

[39]陈家琪:《哲学的基本假设与理想国》,中国人民大学出版社2007 年版。

[40]吴晓明、王德峰:《马克思的哲学革命及其当代意义——存在论

新境域的开启》,人民出版社 2005 年版。

［41］刘怀玉:《现代性的平庸与神奇:列斐伏尔日常生活批判哲学的文本学解读》,中央编译出版社 2006 年版。

［42］陈嘉明:《现代性与后现代性》,人民出版社 2001 年版。

［43］许俊达:《超越人本主义:青年马克思与人本主义哲学》,中国人民大学出版社 2000 年版。

［44］叶汝贤:《马克思的唯物史观》,广东高等教育出版社 2000 年版。

［45］金寿铁:《真理与现实——恩斯特·布洛赫哲学研究》,同济大学出版社 2007 年版。

［46］付文忠:《新社会运动与国外马克思主义思潮:后马克思主义研究》,山东大学出版社 2009 年版。

［47］吴学琴:《马克思主义研究的解释学视域》,安徽人民出版社 2009 年版。

［48］刘小枫:《现代性社会理论绪论》,华东师范大学出版社 2018 年版。

［49］刘小枫:《二十世纪西方宗教哲学文选》,上海三联书店 1991 年版。

［50］胡万福:《论青年马克思——从认识论观点出发的解释》,华中师范大学出版社 1988 年版。

［51］仰海峰:《西方马克思主义的逻辑》,北京大学出版社 2010 年版。

［52］欧阳英:《马克思之后的政治哲学思想:从恩格斯到"后马克思主义"》,中国社会科学出版社 2019 年版。

［53］赵士发:《世界历史与和谐发展——马克思世界历史理论的当代研究》,人民出版社 2006 年版。

［54］陈小鸿:《论人的自由全面发展》,人民出版社 2004 年版。

［55］乔翔:《马克思人的解放思想研究》,中国社会科学出版社 2012

年版。

　　[56]王代月:《回归历史:基于马克思市民社会批判视角》,中国社会科学出版社 2016 年版。

　　[57]李杰:《马克思开辟的人学道路及其当代价值》,人民出版社 2012 年版。

　　[58]孙力:《人的解放主题的中国化进程——中国共产党对人权的社会主义塑造和开拓》,东方出版中心 2011 年版。

　　[59]黄树光:《马克思人的解放理论与马克思历史观》,江西人民出版社 2011 年版。

　　[60]陈昕:《救赎与消费——当代中国日常生活中的消费主义》,江苏人民出版社 2003 年版。

　　[61]陈学明:《哈贝马斯的“晚期资本主义”论述评》,重庆出版社 1993 年版。

　　[62]汪行福:《通向话语民主之路:与哈贝马斯对话》,四川人民出版社 2002 年版。

　　[63]俞吾金、陈学明:《国外马克思主义哲学流派新编·西方马克思主义卷》,复旦大学出版社 2002 年版。

　　[64]张志林、陈少明:《反本质主义与知识问题——维特根斯坦后期哲学的扩展研究》,广东人民出版社 1995 年版。

　　[65]孙伯鍨:《探索者道路的探索——青年马克思恩格斯哲学思想研究》,南京大学出版社 2002 年版。

　　[66]韩庆祥、邹诗鹏:《人学——人的问题的当代阐释》,云南人民出版社 2001 年版。

　　[67]刘放桐等:《马克思主义与西方哲学的现当代走向》,人民出版社 2002 年版。

　　[68]肖前、李淮春、杨耕:《实践唯物主义研究》,中国人民大学出版社 1996 年版。

　　[69]张一兵、蒙木桂:《神会马克思——马克思哲学原生态的当代阐

释》,中国人民大学出版社 2004 年版。

[70]张一兵、胡大平:《西方马克思主义哲学的历史逻辑》,南京大学出版社 2003 年版。

[71]韩秋红、李百玲:《断裂还是传承?——西方马克思主义及其当代资本主义观》,中央编译出版社 2004 年版。

[72]陈先达、靳辉明:《马克思早期思想研究》,北京出版社 1983 年版。

[73]丰子义、杨学功:《马克思"世界历史"理论与全球化:马克思主义的当代价值》,人民出版社 2002 年版。

[74]许征帆、李润海:《社会主义发展道路论》,山东人民出版社 1999 年版。

[75]陶渝苏、徐圻:《人的解读与重塑》,重庆出版社 2002 年版。

[76]王锐生、景天魁:《论马克思关于人的学说》,辽宁人民出版社 1984 年版。

[77]王锐生、黎德化:《读懂马克思》,四川人民出版社 2001 年版。

[78]陈学明、马拥军:《走近马克思——苏东剧变后西方四大思想家的思想轨迹》,东方出版社 2002 年版。

[79]苗力田译编:《黑格尔通信百封》,中国人民大学出版社 2015 年版。

[80]王逢振主编:《詹姆逊文集》第 1 卷,中国人民大学出版社 2015 年版。

[81]顾锦屏、周亮勋、吴惕安等著:《马克思的伟大一生》,北京出版社 1983 年版。

[82]李惠斌、薛晓源主编:《西方马克思主义研究前沿报告》,华东师范大学出版社 2007 年版。

[83]金岳霖主编:《形式逻辑》,人民出版社 1979 年版。

[84]邓正来主编:《布莱克维尔政治学百科全书》,中国政法大学出版社 1992 年版。

[85]江怡主编:《理性与启蒙:后现代经典文选》,东方出版社 2004 年版。

[86]刘北成编:《福柯思想肖像》,上海人民出版社 2001 年版。

[87]邓正来、[英]J.C.亚历山大主编:《国家与市民社会——一种社会理论的研究路径》,中央编译局出版社 2002 年版。

[88]孙伯鍨、张一兵主编:《走近马克思》,江苏人民出版社 2001 年版。

[89]俞可平、黄平、谢曙光等主编:《中国模式与"北京共识"——超越"华盛顿共识"》,社会科学文献出版社 2006 年版。

[90]叶汝贤、孙麾主编:《马克思与我们同行:新世纪马克思哲学研究》,中国社会科学出版社 2003 年版。

[91]刘同舫主编:《马克思主义基本原理》,人民出版社 2006 年版。

三、译著

[1][美]诺曼·莱文:《马克思与黑格尔的对话》,周阳、常佩瑶、吴剑锋等译,中国人民大学出版社 2016 年版。

[2][美]弗朗西斯·福山:《历史的终结及最后之人》,黄胜强、许铭原译,中国社会科学出版社 2003 年版。

[3][美]弗朗西斯·福山:《大分裂——人类本性与社会秩序的重建》,刘榜离等译,中国社会科学版社 2002 年版。

[4][美]L.A.怀特:《文化的科学——人类与文明研究》,沈原、黄克克、黄玲伊译,山东人民出版社 1988 年版。

[5][美]托马斯·内格尔:《人的问题》,万以译,上海译文出版社 2000 年版。

[6][美]道格拉斯·凯尔纳、斯蒂文·贝斯特:《后现代理论——批判性的质疑》,张志斌译,中央编译出版社 2011 年版。

[7][美]文森特·帕里罗、约翰·史汀森、阿黛思·史汀森:《当代社会问题》,周兵、单弘、蔡翔译,华夏出版社 2002 年版。

［8］［美］塞缪尔·亨廷顿:《文明的冲突与世界秩序的重建》,周琪、刘绯、张立平等译,新华出版社 2002 年版。

［9］［美］大卫·科兹、弗雷德·威尔:《来自上层的革命——苏联体制的终结》,曹荣湘、孟鸣歧等译,中国人民大学出版社 2002 年版。

［10］［美］科斯塔斯·杜兹纳:《人权的终结》,郭春发译,江苏人民出版社 2002 年版。

［11］［美］莱斯特·瑟罗:《资本主义的未来》,周晓钟译,中国社会科学出版社 1998 年版。

［12］［美］丹尼尔·贝尔:《后工业社会的来临》,高铦、王宏周、魏章玲译,新华出版社 1997 年版。

［13］［美］丹尼尔·贝尔:《意识形态的终结——50 年代政治观念衰微之考察》,张国清译,中国社会科学出版社 2013 年版。

［14］［美］詹明信:《晚期资本主义的文化逻辑》,陈清侨、严锋译,生活·读书·新知三联书店 2013 年版。

［15］［美］马歇尔·伯曼:《一切坚固的东西都烟消云散了——现代性体验》,徐大建、张辑译,商务印书馆 2003 年版。

［16］［美］劳伦斯·卡弘:《哲学的终结》,冯克利译,江苏人民出版社 2001 年版。

［17］［美］赫伯特·马尔库塞:《单面人》,左晓斯、张宜生、肖滨译,湖南人民出版社 1988 年版。

［18］［美］赫伯特·马尔库塞:《单向度的人:发达工业社会意识形态研究》,刘继译,上海译文出版社 2016 年版。

［19］［美］赫伯特·马尔库塞:《爱欲与文明》,黄勇、薛民译,上海译文出版社 2012 年版。

［20］［美］赫伯特·马尔库塞:《审美之维》,李小兵译,广西师范大学出版社 2001 年版。

［21］［美］托马斯·库恩:《科学革命的结构》,金吾伦、胡新和译,北京大学出版社 2003 年版。

[22][美]布鲁斯·罗宾斯:《知识分子:美学、政治与学术》,王文斌、陆如钢、陈玉涓等译,江苏人民出版社 2002 年版。

[23][美]埃里克·沃格林:《没有约束的现代性》,张新樟、刘景联译,华东师范大学出版社 2007 年版。

[24][美]莫里斯·迈斯纳:《毛泽东与马克思主义、乌托邦主义》,中共中央文献研究室编译,中央文献出版社 1991 年版。

[25][美]安德鲁·芬伯格:《技术批判理论》,韩连庆、曹观法译,北京大学出版社 2005 年版。

[26][美]安德鲁·芬伯格:《可选择的现代性》,陆俊、严耕译,中国社会科学出版社 2003 年版。

[27][美]大卫·哈维:《资本社会的 17 个矛盾》,许瑞宋译,中信出版社 2017 年版。

[28][美]阿尔伯特·爱因斯坦:《爱因斯坦文集》第 3 卷,许良英、赵中立、张宣三编译,商务印书馆 2017 年版。

[29][美]卡尔·博格斯:《知识分子与现代性的危机》,李俊、蔡海榕译,江苏人民出版社 2002 年版。

[30][美]吉尔伯特·罗兹曼主编:《中国的现代化》,国家社会科学基金"比较现代化"课题组译,江苏人民出版社 2005 年版。

[31][美]大卫·雷·格里芬编:《后现代精神》,王成兵译,中央编译出版社 2011 年版。

[32][美]列奥·施特劳斯:《自然权利与历史》,彭刚译,生活·读书·新知三联书店 2003 年版。

[33][美]马克·波斯特:《第二媒介时代》,范静晔译,南京大学出版社 2000 年版。

[34][美]道格拉斯·凯尔纳编:《波德里亚:批判性的读本》,陈维振、陈明达、王峰译,江苏人民出版社 2005 年版。

[35][英]西蒙·格伦迪宁:《德里达》,李永毅译,译林出版社 2019 年版。

［36］［英］尚塔尔·墨菲:《政治的回归》,王恒、藏佩洪译,江苏人民出版社 2008 年版。

［37］［英］托马斯·莫尔:《乌托邦》,戴镏龄译,商务印书馆 1997 年版。

［38］［英］雷蒙德·威廉斯:《文化与社会》,吴松江、张文定译,北京大学出版社 1991 年版。

［39］［英］戴维·麦克莱伦:《马克思传》,王珍译,中国人民大学出版社 2016 年版。

［40］［英］戴维·麦克莱伦:《马克思主义以前的马克思》,李兴国等译,社会科学文献出版社 1992 年版。

［41］［英］戴维·麦克莱伦:《马克思以后的马克思主义》,李智译,中国人民大学出版社 2017 年版。

［42］［英］F.C.S.席勒:《人本主义研究》,麻乔志等译,上海人民出版社 1966 年版。

［43］［英］罗伯特·欧文:《欧文选集》第 1 卷,柯象峰、何光来、秦果显译,商务印书馆 2017 年版。

［44］［英］恩斯特·拉克劳、查特尔·墨菲:《领导权与社会主义的策略》,尹树广、鉴传今译,黑龙江人民出版社 2003 年版。

［45］［英］佩里·安德森:《西方马克思主义探讨》,高铦、文贯中、魏章玲译,人民出版社 1981 年版。

［46］［英］爱德华·泰勒:《原始文化》,连树声译,上海文艺出版社 1992 年版。

［47］［德］乌尔里希·贝克、［英］安东尼·吉登斯、斯科特·拉什:《自反性现代化:现代社会秩序中的政治、传统和美学》,赵文书译,商务印书馆 2001 年版。

［48］［德］乌尔里希·贝克:《风险社会》,何博闻译,译林出版社 2004 年版。

［49］［德］康德:《历史理性批判文集》,何兆武译,商务印书馆 2017

年版。

［50］［德］伊曼努尔·康德:《道德形而上学基础》,孙少伟译,九州出版社 2007 年版。

［51］［德］黑格尔:《哲学史讲演录》第 1 卷,贺麟、王太庆译,商务印书馆 1983 年版。

［52］［德］黑格尔:《小逻辑》,贺麟译,商务印书馆 1980 年版。

［53］［德］黑格尔:《法哲学原理》,邓安庆译,人民出版社 2016 年版。

［54］［德］黑格尔:《精神现象学》上卷,贺麟、王玖兴译,商务印书馆 1979 年版。

［55］［德］黑格尔:《历史哲学》,王造时译,上海书店出版社 2006 年版。

［56］［德］路德维希·费尔巴哈:《费尔巴哈哲学著作选集》上、下册,荣震华、王太庆、刘磊译,商务印书馆 1984 年版。

［57］［德］费尔巴哈:《基督教的本质》,荣震华译,商务印书馆 2017 年版。

［58］［德］海德格尔:《诗·语言·思》,彭富春译,文化艺术出版社 1991 年版。

［59］［德］海德格尔:《海德格尔存在哲学》,孙周兴等译,九州出版社 2004 年版。

［60］［德］爱德华·伯恩施坦:《社会主义的前提和社会民主党的任务》,殷叙彝译,生活·读书·新知三联书店 1965 年版。

［61］［德］恩斯特·卡西尔:《启蒙哲学》,顾伟铭、杨光仲、郑楚宣译,山东人民出版社 1988 年版。

［62］［德］恩斯特·卡西尔:《人论》,甘阳译,上海译文出版社 1985 年版。

［63］［德］弗·梅林:《马克思传》,樊集译,人民出版社 1973 年版。

［64］［德］卡尔·柯尔施:《马克思主义和哲学》,王南湜、荣新海译,重庆出版社 1989 年版。

［65］［德］马克斯·霍克海默、西奥多·阿道尔诺:《启蒙辩证法:哲学断片》,渠敬东、曹卫东译,上海人民出版社 2006 年版。

［66］［德］尤尔根·哈贝马斯:《合法化危机》,刘北成、曹卫东译,上海人民出版社 2019 年版。

［67］［德］尤尔根·哈贝马斯:《交往行动理论》第 1 卷,洪佩郁、蔺青译,重庆出版社 1994 年版。

［68］［德］尤尔根·哈贝马斯:《交往行动理论》第 2 卷,洪佩郁、蔺青译,重庆出版社 1994 年版。

［69］［法］保罗·萨特:《辩证理性批判》,林骧华、徐和瑾、陈伟丰译,安徽文艺出版社 1998 年版。

［70］［法］雅克·德里达:《马克思的幽灵:债务国家、哀悼活动和新国际》,何一译,中国人民大学出版社 2016 年版。

［71］［法］雅克·德里达、伊丽莎白·卢迪内斯库:《明天会怎样——雅克·德里达与伊丽莎白·卢迪内斯库对话录》,苏旭译,中信出版社 2002 年版。

［72］［法］让-雅克·卢梭:《社会契约论》,黄小彦译,译林出版社 2014 年版。

［73］［法］让-雅克·卢梭:《论人类不平等的起源和基础》,高煜译,广西师范大学出版社 2002 年版。

［74］［法］弗朗索瓦·傅勒:《思考法国大革命》,孟明译,生活·读书·新知三联书店 2005 年版。

［75］［法］奥古斯特·科尔纽:《马克思的思想起源》,王谨译,中国人民大学出版社 1987 年版。

［76］［法］夏尔·傅立叶:《傅立叶选集》第 1 卷,赵俊欣、吴模信、徐知勉等译,商务印书馆 2017 年版。

［77］［法］夏尔·傅立叶:《傅立叶选集》第 3 卷,汪耀三、庞龙、冀甫译,商务印书馆 2017 年版。

［78］［法］昂利·圣西门:《圣西门选集》第 2 卷,董果良译,商务印书

馆 1982 年版。

[79][法]米歇尔·福柯:《权力的眼睛》,严锋译,上海人民出版社 1997 年版。

[80][法]米歇尔·福柯:《规训与惩罚:监狱的诞生》,刘北成、杨远婴译,生活·读书·新知三联书店 2003 年版。

[81][法]米歇尔·福柯:《疯癫与文明》,刘北成、杨远婴译,生活·读书·新知三联书店 2007 年版。

[82][法]米歇尔·福柯:《必须保卫社会》,钱翰译,上海人民出版社 2010 年版。

[83][法]让·鲍德里亚:《消费社会》,刘成富、全志钢译,南京大学出版社 2014 年版。

[84][法]让·波德里亚:《象征交换与死亡》,车槿山译,译林出版社 2009 年版。

[85][法]让·鲍德里亚:《生产之镜》,仰海峰译,中央编译出版社 2005 年版。

[86][法]弗朗索瓦·佩鲁:《新发展观》,张宁、丰子义译,华夏出版社 1987 年版。

[87][俄]鲍·季·格里戈里扬:《关于人的本质的哲学》,汤侠声、李昭时译,生活·读书·新知三联书店 1984 年版。

[88][俄]尼·拉宾:《马克思的青年时代》,南京大学外文系译,生活·读书·新知三联书店 1982 年版。

[89][俄]尼古拉·别尔嘉耶夫:《论人的奴役与自由》,张百春译,中国城市出版社 2002 年版。

[90][俄]尼古拉·别尔嘉耶夫:《论人的使命》,张百春译,学林出版社 2000 年版。

[91][加]本·阿格尔:《西方马克思主义概论》,慎之等译,中国人民大学出版社 1991 年版。

[92][加]艾伦·伍德:《新社会主义》,尚庆飞译,江苏人民出版社

2002 年版。

[93][意]安东尼奥·葛兰西:《狱中札记》,曹雷雨、姜丽、张跣译,河南大学出版社 2016 年版。

[94][意]加尔维诺·德拉-沃尔佩:《卢梭和马克思》,赵培杰译,重庆出版社 1993 年版。

[95][奥]维特根斯坦:《哲学研究》,陈嘉映译,商务印书馆 2016 年版。

[96][日]城塚登:《青年马克思的思想——社会主义思想的创立》,尚晶晶、李成鼎等译校,求实出版社 1988 年版。

[97][日]望月清司:《马克思历史理论的研究》,韩立新译,北京师范大学出版社 2009 年版。

[98][匈]卢卡奇:《历史与阶级意识》,杜章智、任立、燕宏远译,商务印书馆 2017 年版。

[99][匈]卢卡奇:《审美特性》,徐恒醇译,社会科学文献出版社 2015 年版。

[100][古希腊]柏拉图:《理想国》,王扬译,华夏出版社 2012 年版。

[101][印度]阿玛蒂亚·森、让·德雷兹:《印度:经济发展与社会机会》,黄飞君译,社会科学文献出版社 2006 年版。

[102][斯洛文尼亚]斯拉沃热·齐泽克:《意识形态的崇高客体》,季广茂译,中央编译出版社 2014 年版。

[103][斯洛文尼亚]斯拉沃热·齐泽克:《实在界的面庞》,季广茂译,中央编译出版社 2004 年版。

[104][斯洛文尼亚]斯拉沃热·齐泽克、[德]泰奥德·阿多尔诺:《图绘意识形态》,方杰译,南京大学出版社 2002 年版。

四、中文报刊论文

[1]欧阳康:《哲学问题的实质与当前哲学研究的问题链》,《中国社会科学》2006 年第 6 期。

［2］欧阳康:《合理性与当代人文社会科学》,《中国社会科学》2001年第 4 期。

［3］欧阳康、张明仓:《马克思本体论批判的价值取向及其当代意义》,《中国社会科学》2002 年第 6 期。

［4］高清海、叶汝贤、吴晓明等:《马克思哲学的当代价值综论》,《中国社会科学》2001 年第 5 期。

［5］俞吾金:《论马克思对德国古典哲学遗产的解读》,《中国社会科学》2006 年第 2 期。

［6］俞吾金:《马克思对现代性的诊断及其启示》,《中国社会科学》2005 年第 1 期。

［7］俞吾金:《论马克思对西方哲学传统的扬弃——兼论马克思的实践、自由概念与康德的关系》,《中国社会科学》2001 年第 3 期。

［8］俞可平:《马克思的市民社会理论及其历史地位》,《中国社会科学》1993 年第 4 期。

［9］何增科:《市民社会概念的历史演变》,《中国社会科学》1994 年第 5 期。

［10］马俊峰:《马克思世界历史理论的方法论意义》,《中国社会科学》2013 年第 6 期。

［11］涂成林:《世界历史视野中的亚细亚生产方式——从普遍史观到特殊史观的关系问题》,《中国社会科学》2013 年第 6 期。

［12］庞卓恒:《马克思社会形态理论的四次论说及历史哲学意义》,《中国社会科学》2011 年第 1 期。

［13］孙正聿:《"现实的历史":〈资本论〉的存在论》,《中国社会科学》2010 年第 2 期。

［14］孙正聿:《塑造和引导新的时代精神——面向新千年的马克思哲学》,《中国社会科学》2001 年第 5 期。

［15］陈学明、罗骞:《科学发展观与人类存在方式的改变》,《中国社会科学》2008 年第 5 期。

［16］郁建兴:《论全球化时代的马克思主义国家理论》,《中国社会科学》2007 年第 2 期。

［17］郁建兴:《马克思的政治哲学遗产》,《中国社会科学》2006 年第 6 期。

［18］郁建兴:《从政治解放到人类解放——马克思政治思想初论》,《中国社会科学》2000 年第 2 期。

［19］张曙光:《马克思主义哲学研究应有的现实性与超越性——一种基于人的存在及其历史境遇的思考与批评》,《中国社会科学》2006 年第 4 期。

［20］王南湜:《论马克思主义哲学中的理想性与现实性的界分》,《中国社会科学》2007 年第 5 期。

［21］王南湜、王新生:《从理想性到现实性——当代中国马克思主义政治哲学建构之路》,《中国社会科学》2007 年第 1 期。

［22］陈先达:《哲学中的问题与问题中的哲学》,《中国社会科学》2006 年第 2 期。

［23］叶汝贤:《每个人的自由发展是一切人的自由发展的条件——〈共产党宣言〉关于未来社会的核心命题》,《中国社会科学》2006 年第 3 期。

［24］张盾:《"历史的终结"与历史唯物主义的命运》,《中国社会科学》2009 年第 1 期。

［25］张盾:《马克思的政治理论及其路径》,《中国社会科学》2006 年第 5 期。

［26］刘同舫:《马克思人类解放理论的叙事结构及实现方式》,《中国社会科学》2012 年第 8 期。

［27］刘同舫:《人类解放的进程与社会形态的嬗变》,《中国社会科学》2008 年第 3 期。

［28］丰子义:《马克思现代性思想的当代解读》,《中国社会科学》2005 年第 4 期。

［29］段忠桥：《20 世纪 70 年代以来英美的马克思主义研究》，《中国社会科学》2005 年第 5 期。

［30］赵剑英：《深刻变化的世界与当代马克思主义哲学的使命》，《中国社会科学》2004 年第 1 期。

［31］张奎良：《作为"历史之谜"的异化及其评价尺度——与俞吾金先生切磋》，《中国社会科学》2003 年第 4 期。

［32］张汝伦：《马克思的哲学观和"哲学的终结"》，《中国社会科学》2003 年第 4 期。

［33］张一兵、胡大平、张亮：《中国西方马克思主义哲学研究的逻辑转换》，《中国社会科学》2004 年第 6 期。

［34］韩庆祥：《社会层级结构理论——面向"中国问题"的政治哲学》，《中国社会科学》2009 年第 1 期。

［35］张文喜：《在学术和体系建构中的当代中国马克思主义哲学》，《中国社会科学》2020 年第 2 期。

［36］邹诗鹏：《马克思的社会存在概念及其基础性意义》，《中国社会科学》2019 年第 7 期。

［37］李包庚：《世界普遍交往中的人类命运共同体》，《中国社会科学》2020 年第 4 期。

［38］项久雨：《新发展理念与文化自信》，《中国社会科学》2018 年第 6 期。

［39］田海平：《"实践智慧"与智慧的实践》，《中国社会科学》2018 年第 3 期。

［40］牟成文：《人民意志：马克思法哲学的思想特质》，《中国社会科学》2020 年第 3 期。

［41］南帆：《文学批评中的"历史"概念》，《中国社会科学》2019 年第 3 期。

［42］贺来：《马克思哲学的"类"概念与"人类命运共同体"》，《哲学研究》2016 年第 8 期。

［43］贺来:《"以人为本"的社会发展观的哲学前提》,《哲学研究》2005 年第 1 期。

［44］牟成文:《马克思精神解放理论简论》,《哲学研究》2015 年第 1 期。

［45］王雨辰、高晓溪:《空间批判与国外马克思主义解放政治的逻辑》,《哲学研究》2016 年第 11 期。

［46］孙正聿:《历史的唯物主义与马克思主义的新世界观》,《哲学研究》2007 年第 3 期。

［47］叶汝贤:《现实的人及其历史发展的科学——深入解读〈德意志意识形态〉所阐发的唯物史观》,《哲学研究》2008 年第 2 期。

［48］张盾:《马克思的"新唯物主义"如何可能?——论实践哲学的构成和限度》,《哲学研究》2019 年第 2 期。

［49］杨耕:《后马克思主义:历史语境与多重逻辑》,《哲学研究》2009 年第 9 期。

［50］赵汀阳:《文化为什么成了个问题?》,《哲学研究》2004 年第 3 期。

［51］李佃来:《论马克思市民社会理论的两种逻辑》,《哲学研究》2010 年第 12 期。

［52］林剑:《马克思"新唯物主义"哲学革命的思与辩》,《哲学研究》2007 年第 5 期。

［53］刘同舫:《政治解放、社会解放和劳动解放——马克思人类解放思想再探析》,《哲学研究》2007 年第 3 期。

［54］刘同舫:《激进民主的理性重建与技术转化的微政治学——芬伯格的技术政治学评析》,《哲学研究》2008 年第 8 期。

［55］邹诗鹏:《马克思对黑格尔国家法哲学的批判及其理论效应——自由主义批判视域下的重理与检视》,《哲学研究》2020 年第 4 期。

［56］仰海峰:《市民社会批判:从黑格尔到马克思》,《哲学研究》2018 年第 4 期。

［57］白刚：《劳动的张力：从斯密、黑格尔到马克思》，《哲学研究》2018 年第 7 期。

［58］刘森林：《物化：文化之思还是经济社会整体之思?》，《哲学研究》2019 年第 5 期。

［59］李淑梅、莫雷：《社会认同观的转变与激进的民主政治——拉克劳、墨菲的政治哲学思想研究》，《哲学研究》2017 年第 10 期。

［60］莫雷：《事件与爱：当代西方激进左翼思潮的本体论重构》，《哲学研究》2020 年第 4 期。

［61］徐俊忠：《"人权理想国"的解构——马克思"德法年鉴"时期对"人权宣言"的批判》，《哲学研究》2000 年第 4 期。

［62］徐俊忠、黄寿松：《政治自由及其意义的限度——列宁的理解与启示》，《哲学研究》2006 年第 2 期。

［63］刘秀萍：《重新理解马克思对共产主义的"人学"论证——〈巴黎手稿〉思想再辨析》，《哲学研究》2011 年第 12 期。

［64］杨楹、李志强：《论马克思解放理论的内在逻辑》，《哲学研究》2006 年第 8 期。

［65］杨楹：《论马克思解放理论的伦理旨趣》，《哲学研究》2005 年第 8 期。

［66］杨楹：《论马克思哲学的理论立场》，《哲学研究》2003 年第 8 期。

［67］贾英健：《马克思现代性批判的理论旨趣及其变革实质》，《哲学研究》2005 年第 9 期。

［68］王晓升：《从异化劳动到实践：马克思对于现代性问题的解答——兼评哈贝马斯对马克思的劳动概念的批评》，《哲学研究》2004 年第 2 期。

［69］李庆霞：《"现代性"批判的先声——重读马克思的异化劳动理论》，《哲学研究》2004 年第 6 期。

［70］张奎良：《马克思共产主义思想的哲学意蕴》，《哲学研究》2003

年第 4 期。

[71]旷三平:《走出早期马克思——兼论马克思本体论思想的逻辑进路》,《哲学研究》2004 年第 12 期。

[72]杨生平:《解析德里达的〈马克思的幽灵〉》,《哲学研究》2005 年第 3 期。

[73]关春玲:《马克思哲学观的人民意识及其体现》,《哲学研究》2007 年第 5 期。

[74]侯振武、杨耕:《关于马克思交往理论的再思考》,《哲学研究》2018 年第 7 期。

[75]魏传光:《马克思正义思想的历史唯物主义转向——以市民社会为核心的考察》,《哲学研究》2020 年第 5 期。

[76]田改伟:《试论民主及其价值》,《政治学研究》2006 年第 3 期。

[77]郁建兴:《马克思的市民社会概念》,《社会学研究》2002 年第 1 期。

[78]陈先达:《论马克思主义基本原理及其当代价值》,《马克思主义研究》2009 年第 3 期。

[79]杜章智:《"西方马克思主义"是一个含糊的、可疑的概念》,《马克思主义研究》1988 年第 1 期。

[80]刘同舫:《在应对当代各种社会思潮的挑战中发挥马克思主义的威力》,《马克思主义研究》2010 年第 3 期。

[81]关锋:《和谐之道:劳动范式还是交往范式》,《马克思主义研究》2007 年第 3 期。

[82]袁文华:《犹太人问题与人的解放的逻辑进路》,《马克思主义研究》2019 年第 9 期。

[83]田鹏颖:《历史唯物主义与"人类命运共同体"》,《马克思主义研究》2018 年第 1 期。

[84]郗戈:《"三种社会形态论"与"四种生产方式论"再研究——以〈资本论〉及手稿为中心》,《马克思主义研究》2017 年第 4 期。

［85］孙来斌:《马克思主义发展的历史阶段及其主题演进》,《马克思主义研究》2021 年第 3 期。

［86］付文忠、孔明安:《"后马克思主义"理论的批判解读——拉克劳与墨菲的"后马克思主义"评析》,《马克思主义研究》2004 年第 2 期。

［87］孙麾:《当代学术思潮的前提批判》,《马克思主义研究》2008 年第 3 期。

［88］冷溶:《科学发展观的创立及其重大意义》,《马克思主义研究》2006 年第 8 期。

［89］陈飞:《马克思对资本主义分配正义的四重批判》,《马克思主义研究》2016 年第 4 期。

［90］梅景辉:《文化自信与马克思主义意识形态话语权的当代发展》,《马克思主义研究》2017 年第 5 期。

［91］张涵:《关于马克思著作中涉及"文化产业"的思想研究》,《马克思主义研究》2009 年第 3 期。

［92］吴向东:《论马克思人的全面发展理论》,《马克思主义研究》2005 年第 1 期。

［93］张奎良:《论辩证法的合理形态》,《马克思主义与现实》2018 年第 4 期。

［94］张端:《实现人的解放的现实路径探析》,《马克思主义与现实》2015 年第 3 期。

［95］刘海春:《论马克思人类解放的"劳动—休闲"之维》,《马克思主义与现实》2016 年第 6 期。

［96］俞可平:《努力实现人的自由而全面的发展——谈〈共产党宣言〉与中国特色社会主义》,《马克思主义与现实》2008 年第 3 期。

［97］邓晓芒:《马克思从黑格尔那里继承了什么?》,《马克思主义与现实》2008 年第 2 期。

［98］王南湜:《社会主义:从理想性到现实性》,《马克思主义与现实》2009 年第 3 期。

[99]罗骞:《马克思的政治概念》,《马克思主义与现实》2009 年第 2 期。

[100]金寿铁:《从宗教无神论到希望哲学——恩斯特·布洛赫研究》,《马克思主义与现实》2018 年第 4 期。

[101]金寿铁:《恩斯特·布洛赫哲学思想引论》,《马克思主义与现实》2007 年第 2 期。

[102]张双利:《论恩斯特·布洛赫的人本主义道路》,《马克思主义与现实》2007 年第 2 期。

[103]秦刚:《马克思的自由思想及其当代价值》,《马克思主义与现实》2017 年第 3 期。

[104]杨楹:《论"以人为本"的解放旨归》,《马克思主义与现实》2008 年第 2 期。

[105]陈炳辉:《墨菲的后马克思主义理论》,《马克思主义与现实》2003 年第 2 期。

[106]金寿铁:《无—尚未—全有——论恩斯特·布洛赫的尚未存在的存在论》,《自然辩证法通讯》2009 年第 2 期。

[107]岳梁:《从科学发展观看马克思的"世界历史"理论与全球化公正问题》,《自然辩证法研究》2007 年第 5 期。

[108]刘同舫:《论技术与思想的内在关联性》,《自然辩证法通讯》2005 年第 3 期。

[109]吴兴华:《从"天命"到"民主"——论芬伯格的技术变革之路》,《自然辩证法通讯》2020 年第 4 期。

[110]朱春艳:《论费恩伯格的"技术民主化"理论》,《自然辩证法研究》2008 年第 7 期。

[111]王南湜:《我们心中的纠结:走近还是超离卢卡奇》,《哲学动态》2012 年第 12 期。

[112]薛秀军:《分工与解放:马克思分工理论的价值意蕴》,《哲学动态》2015 年第 10 期。

［113］陈晓斌、刘同舫：《哲学作为一种救赎方式——马克思〈博士论文〉的政治哲学思想解读》，《哲学动态》2009 年第 3 期。

［114］朱春艳：《实用主义和技术批判理论：对技术哲学界一段争论的探究》，《哲学动态》2005 年第 4 期。

［115］夏凡：《恩斯特·布洛赫哲学研究状况综述》，《哲学动态》2005 年第 12 期。

［116］漆思：《中国模式发展问题的哲学反思》，《哲学动态》2009 年第 1 期。

［117］贺翠香：《意识形态的"幽灵性"》，《哲学动态》2006 年第 10 期。

［118］吴向东：《马克思的精神》，《哲学动态》2018 年第 6 期。

［119］段忠桥：《马克思提出过"五种社会形态理论"吗？——答奚兆永教授》，《教学与研究》2006 年第 6 期。

［120］贺翠香：《德里达：幽灵与意识形态》，《教学与研究》2006 年第 10 期。

［121］阎孟伟：《旨在人类解放的政治解放——三论当代中国政治文明建设》，《教学与研究》2009 年第 1 期。

［122］阎孟伟：《政治解放与当代中国市场取向的改革——再论当代中国政治文明建设》，《教学与研究》2008 年第 1 期。

［123］刘同舫、史英哲：《穿越幻象：齐泽克意识形态批判及其解放态度》，《教学与研究》2018 年第 6 期。

［124］张一兵、周嘉昕：《如何理解"西方马克思主义的逻辑终结"？——兼答汪行福教授的质疑》，《学术月刊》2006 年第 10 期。

［125］孙正聿：《人的解放的旨趣、历程和尺度——关于马克思人的全面发展学说的思考》，《学术月刊》2002 年第 1 期。

［126］孙正聿：《解放何以可能——马克思的本体论革命》，《学术月刊》2002 年第 9 期。

［127］陈学明、罗骞：《充分认识研究西方马克思主义对当代中国的

意义——陈学明教授访谈》,《学术月刊》2004 年第 5 期。

[128]宓文湛:《马克思的经济哲学思想及其当代意义》,《学术月刊》2003 年第 5 期。

[129]邹诗鹏:《论马克思社会政治理论的起点——黑格尔国家法哲学批判与国家社会化的基本定向》,《学术月刊》2021 年第 6 期。

[130]任政:《社会都市化与现代生活图景——兼论列斐伏尔现代都市生活的批判与反思》,《国外社会科学》2020 年第 1 期。

[131]孙健:《十八大以来海外学界对"中国梦"的认知评析》,《当代世界与社会主义》2019 年第 6 期。

[132]王朋琦:《试论人的解放的层次性》,《山东社会科学》1998 年第 4 期。

[133]包利民:《伊壁鸠鲁对于古典政治哲学的摇撼》,《社会科学战线》2005 年第 1 期。

[134]欧阳康:《哲学视野中的现代性问题》,《社会科学战线》2005 年第 3 期。

[135]卢德友:《批判精神与人类解放——德里达解构视野中的马克思主义》,《天津社会科学》2016 年第 1 期。

[136]王南湜:《从"理想国"到"法治国"——现实性的马克思主义政治哲学何以可能》,《天津社会科学》2006 年第 5 期。

[137]刘同舫:《中国语境的现代性及其现实意义》,《天津社会科学》2010 年第 1 期。

[138]关锋:《劳动辩证法:马克思历史辩证法的新解读》,《天津社会科学》2007 年第 2 期。

[139]黄漫、刘同舫:《文化革命:列斐伏尔日常生活的解放方案》,《社会科学研究》2015 年第 1 期。

[140]史英哲、刘同舫:《从欧洲到全球:马克思理论视域的拓展》,《社会科学研究》2016 年第 1 期。

[141]韩立新:《马克思历史理论的新解释——关于望月清司〈马克

思历史理论的研究〉的译者解说》,《现代哲学》2009 年第 4 期。

[142]王代月:《抽象具体关系视野中的马克思市民社会理论》,《现代哲学》2011 年第 6 期。

[143]仰海峰:《超越市民社会与国家:从政治解放到社会解放——马克思的国家与市民社会理论探析》,《东岳论丛》2005 年第 2 期。

[144]黄漫、刘同舫:《马克思对鲍威尔的批判角度及其哲学定位》,《学术研究》2016 年第 6 期。

[145]刘同舫:《马克思人类解放理论的理想性与现实性》,《学术研究》2009 年第 3 期。

[146]刘同舫:《意义、真理与二值原则——后现代视野中实在论与反实在论之争》,《学术研究》2006 年第 3 期。

[147]关锋、刘卓红:《马克思的实践理性及其和谐维度》,《学术研究》2010 年第 3 期。

[148]欧阳康:《马克思现代性理论的价值取向及其当代意义》,《江海学刊》2006 年第 1 期。

[149]刘同舫:《从继承到建构:马克思以解放为轴心的哲学革命》,《江海学刊》2016 年第 3 期。

[150]王锐生:《人的问题与历史唯物论——80 年代以来学科进步的重要因素》,《江海学刊》1996 年第 1 期。

[151]李爽、刘同舫:《〈人类学笔记〉文本群内外关联性多重解读》,《浙江社会科学》2017 年第 1 期。

[152]刘同舫、韩淑梅:《重置交往理性:哈贝马斯人类解放思想的逻辑主线》,《浙江社会科学》2011 年第 8 期。

[153]刘同舫:《市民社会研究范式的历史转换》,《浙江学刊》2015 年第 6 期。

[154]刘同舫:《象征交换:鲍德里亚超越符号消费社会的解放策略》,《广东社会科学》2016 年第 4 期。

[155]欧阳康:《马克思主义中国化进程中的问题导向、资源整合与

理论创新》,《理论视野》2009 年第 1 期。

[156]苗伟:《走向文化哲学:马克思主义哲学当代发展的文化逻辑》,《实事求是》2008 年第 5 期。

[157]刘同舫、陈晓斌:《现代国家的解放限度与历史命运——马克思〈论犹太人问题〉释义》,《人文杂志》2016 年第 1 期。

[158]金建萍:《从"政治解放"到"人的解放":人的自由发展的理论逻辑》,《人文杂志》2015 年第 12 期。

[159]张盾:《从反现代性角度重新解读马克思异化理论》,《人文杂志》2004 年第 5 期。

[160]张军:《马克思人的发展三形态论析》,《社会科学辑刊》2002 年第 1 期。

[161]王岩、竞辉:《以新发展理念引领人类命运共同体构建》,《红旗文稿》2017 年第 5 期。

[162]刘放桐:《从经典马克思主义到西方马克思主义》,《求是学刊》2004 年第 5 期。

[163]张一兵:《不可能性:后马克思思潮的政治立场》,《求是学刊》2004 年第 1 期。

[164]张青兰:《马克思主义关于"人的发展"理论及其现实启迪》,《求实》2004 年第 2 期。

[165]刘同舫:《论马克思人类解放的深度理论背景》,《唯实》2012 年第 6 期。

[166]刘同舫:《生产力发展的根本动力究竟是什么》,《唯实》2003 年第 12 期。

[167]林锋:《马克思〈问题〉与〈导言〉人类解放理论新探——兼评所谓"〈问题〉、〈导言〉不成熟论"》,《东岳论丛》2011 年第 4 期。

[168]俞吾金:《在实践中丰富马克思关于个人全面发展的理念》,《学术界》2001 年第 5 期。

[169]欧阳谦:《"后马克思时代"与马克思的精神遗产——评德里达

〈马克思的幽灵〉》,《理论视野》2008 年第 4 期。

[170]刘同舫:《马克思人类解放视域中的社会形态理论》,《福建论坛(人文社会科学版)》2012 年第 5 期。

[171]刘同舫:《马克思人类解放阶段论》,《福建论坛(人文社会科学版)》2008 年第 5 期。

[172]金寿铁:《只有创造性的马克思主义才能领会我们的时代——恩斯特·布洛赫与马克思主义传统的创新》,《福建论坛(人文社会科学版)》2008 年第 3 期。

[173]姚国宏:《论葛兰西的知识道德集团理论及现实意义》,《福建论坛(人文社会科学版)》2008 年第 8 期。

[174]徐强:《论葛兰西的市民社会思想》,《南京社会科学》2008 年第 2 期。

[175]贺来:《辩证法与现代性课题》,《学习与探索》2007 年第 5 期。

[176]石德金、刘卓红:《布洛赫历史哲学的价值诉求与人类解放》,《广东社会科学》2010 年第 4 期。

[177]蒋红:《对黑格尔法哲学的批判与马克思市民社会理论的历史演进》,《云南社会科学》2007 年第 6 期。

[178]韦定广:《马克思主义核心主题及其在当代中国》,《社会科学》2009 年第 8 期。

[179]王代月:《人类解放视域下的黑格尔和马克思关系研究》,《兰州学刊》2008 年第 3 期。

[180]陈伟:《特殊与普遍的辩证法——论黑格尔法哲学中"市民社会"概念的结构》,《兰州学刊》2007 年第 12 期。

[181]刘同舫:《马克思的解放理论与费尔巴哈的人本学及人类学》,《学海》2016 年第 1 期。

[182]孟宪平:《人的解放的理论叙说及边界分析》,《学术论坛》2017 年第 2 期。

[183]向延仲:《马克思对黑格尔世界历史观念的超越》,《学术论

坛》2005 年第 1 期。

[184]王雨辰:《一种非压抑性文明何以可能——论马尔库塞对当代资本主义社会的伦理价值批判》,《江汉论坛》2009 年第 10 期。

[185]金寿铁:《哲学表现主义的"新狂飙突进"——评恩斯特·布洛赫〈乌托邦的精神〉》,《文艺研究》2011 年第 12 期。

[186]龚书铎:《历史虚无主义二题》,《高校理论战线》2005 年第 5 期。

[187]刘同舫:《德里达对马克思精神的捍卫与解构实质》,《理论探索》2012 年第 3 期。

[188]刘同舫:《中国模式与思想解放》,《理论探讨》2010 年第 3 期。

[189]刘同舫:《"中国模式"与马克思人类解放理论的现实性运用》,《中国特色社会主义研究》2009 年第 5 期。

[190]陈辉、李志红:《从人的发展看和谐思维的历史形态》,《中国特色社会主义研究》2009 年第 1 期。

[191]陈晋:《青年马克思论文化解放》,《毛泽东邓小平理论研究》2008 年第 8 期。

[192]乔贵平、吕建明:《激进的多元民主观——墨菲对自由主义民主观的批判及建构》,《重庆社会科学》2007 年第 9 期。

[193]刘同舫:《人类解放何以必要——马克思以人类生存境遇为着眼点的论证》,《社会科学家》2015 年第 10 期。

[194]刘同舫:《回到葛兰西——领导权理论的人类解放意蕴》,《社会科学家》2016 年第 6 期。

[195]朱彦明:《弥赛亚主义的革命实践:布洛赫和本雅明》,《复旦学报(社会科学版)》2009 年第 3 期。

[196]邹诗鹏:《虚无主义的极致与人的解放问题——重思马克思对虚无主义的批判》,《复旦学报(社会科学版)》2015 年第 5 期。

[197]杨敏、郑杭生:《依然在路上:穿越历史大弯道的个人与社会》,《中国人民大学学报》2007 年第 6 期。

[198]罗骞:《所有的力量关系都是权力关系:论福柯的权力概念》,《中国人民大学学报》2015 年第 2 期。

[199]张一兵:《马克思之思的当代性言说》,《南京大学学报(哲学·人文科学·社会科学版)》2001 年第 2 期。

[200]韩立新:《望月清司对马克思市民社会历史理论的研究》,《南京大学学报(哲学·人文科学·社会科学版)》2009 年第 4 期。

[201]何萍:《人的全面而自由发展与市民社会》,《武汉大学学报(人文科学版)》2002 年第 3 期。

[202]孙亮:《走向"超越权力"的"自我解放"——反思霍洛威对马克思主义革命理念的重构》,《武汉大学学报(人文科学版)》2017 年第 1 期。

[203]袁银传、乔翔:《论马克思关于无产阶级解放阶段的思想》,《武汉大学学报(人文科学版)》2009 年第 2 期。

[204]孙正聿:《展现马克思主义的真理力量——纪念马克思诞辰 200 周年》,《吉林大学社会科学学报》2018 年第 3 期。

[205]邹广文、邵腾:《宗教批判对马克思理论形成的作用》,《吉林大学社会科学学报》2004 年第 1 期。

[206]段忠桥:《试析徐崇温的"西方马克思主义"概念的逻辑矛盾》,《吉林大学社会科学学报》2004 年第 3 期。

[207]王金林:《幽灵出没的激进批判与解放允诺——德里达论马克思与马克思主义》,《苏州大学学报(哲学社会科学版)》2011 年第 1 期。

[208]朱春艳:《费恩伯格的技术批判理论的内涵》,《东北大学学报(社会科学版)》2008 年第 9 期。

[209]王海风:《论拉克劳和墨菲的后马克思主义社会主义观》,《东南大学学报(哲学社会科学版)》2005 年第 11 期。

[210]刘同舫:《马克思论证"人类解放何以可能"的维度》,《华南师范大学学报(社会科学版)》2015 年第 2 期。

[211]刘同舫:《拉克劳、墨菲的激进多元民主与人类解放》,《华南师

范大学学报(社会科学版)》2009 年第 2 期。

　　[212]刘同舫、黄漫:《科学技术的发展与人类解放的进程——基于恩格斯〈自然辩证法〉的新思考》,《华南师范大学学报(社会科学版)》2009 年第 6 期。

　　[213]刘同舫、韩淑梅:《人的本质解放:马尔库塞的艺术与审美之解放美学》,《华南师范大学学报(社会科学版)》2011 年第 1 期。

　　[214]卢红彬:《市民社会的辩证法:从政治解放到人类解放——马克思市民社会理论的政治意义》,《杭州师范大学学报(社会科学版)》2002 年第 3 期。

　　[215]苗贵山:《马克思人的本质理论视域中的人的解放》,《河南师范大学学报(哲学社会科学版)》2009 年第 2 期。

　　[216]袁勇、王庆廷:《市民社会理论的变迁——黑格尔市民社会理论及其前后》,《海南大学学报(人文社会科学版)》2005 年第 3 期。

　　[217]许全兴:《马克思对德国古典哲学自由精神的继承和发展》,《中共中央党校学报》2005 年第 3 期。

　　[218]谢武军:《20 世纪 90 年代中国的保守主义思潮》,《中共中央党校学报》2001 年第 3 期。

　　[219]王金福:《对马克思关于实现人的自由全面发展理论的再思考》,《南京政治学院学报》2010 年第 5 期。

　　[220]刘同舫:《从应然到实然:马克思社会批判的价值取向转变》,《南京政治学院学报》2015 年第 2 期。

　　[221]章国锋:《哈贝马斯访谈录》,《外国文学评论》2000 年第 1 期。

　　[222][英]肖恩·塞耶斯、林进平:《当代马克思主义研究:从理论走向现实》,《马克思主义与现实》2013 年第 1 期。

　　[223][英]B·杰索普、艾彦:《国家理论的新进展——各种探讨、争论点和议程》,《世界哲学》2002 年第 1—2 期。

　　[224]刘同舫:《人类命运共同体的价值超越》,《光明日报》理论版 2017 年 9 月 23 日。

五、博士论文

[1]李慧娟:《超越启蒙——马克思早期哲学思想研究》,吉林大学2006年博士学位论文。

[2]杨长虹:《实践批判的逻辑——马克思哲学革命的一种解读》,吉林大学2007年博士学位论文。

[3]张国钧:《"乌托邦"还是"科学"——马克思人的解放思想研究》,吉林大学2007年博士学位论文。

[4]蒋红:《马克思的市民社会理论和唯物史观的创建》,复旦大学2006年博士学位论文。

[5]张双利:《乌托邦、死亡和历史的终结——恩斯特·布洛赫的乌托邦思想研究》,复旦大学2004年博士学位论文。

[6]杨兆山:《马克思人的解放思想的时代价值——科技革命视野中人的解放问题探索》,清华大学2004年博士学位论文。

[7]和磊:《葛兰西的领导权与文化研究》,首都师范大学2005年博士学位论文。

[8]高峰:《当代视野中的市民社会研究》,苏州大学2006年博士学位论文。

[9]王永山:《马克思与费尔巴哈》,苏州大学2004年博士学位论文。

[10]李海星:《普遍的人权与人权的普遍》,中共中央党校2005年博士学位论文。

六、外文资料

[1]Erich Fromm, *The Revolution of Hope: Toward a Humanized Technology*, New York: Harpe and Row Publishers, 1968.

[2]Thompson, E. P., *The Making of the English Working Class*, Harmondsworth, Middlesex: Penguin Books, 1968.

[3]S. Avineri, *The Social and Political Thought of Karl Marx*,

Cambridge：Cambridge University Press，1968.

［4］Antonio Gramsci，*Selections from the Prison Notebooks*.Ed，trans.，By Quintin Hoare and Geoffrey Nowell Smith，London：Lawrence and Wishart，1971.

［5］Georg Lukács，*History and Class Consciousness*，London：Merlin，1971.

［6］Henri Lefebvre，*Everyday Life in the Modern World*，Trans.，Sacha Rabinovitch，London：The Penguin Press，1971.

［7］Colletti，Lucio，*Marxism and Hegel*，Translated from Italian by Lawrence，Garner，London：NLB，1973.

［8］R.N.Hunt，*The Political Ideas of Marx and Engles*，Pittsburgh：University of Pittsburgh Press，1974.

［9］O' Rouke，James，*The Problem of Freedom in Marxist Thought*，Dordrecht：Kluwer Academic Publishers，1974.

［10］Jean Baudrillard，*The Mirror of Production.*，Trans.，by Mark Poster，New York：Telos Press，1975.

［11］Dummett，M.，*Truth and Other Enigmas*，Cambridge：Harvard University Press，1978.

［12］L.Kolakowski，*Main Currents of Marxism*，New York：Oxford University Press，1978.

［13］Louis Althusser，*For Marx*，Trans.，by Ben Brewster，London：NLB，1979.

［14］Jean Baudrillard，*For a Critique of the Political Economy of the Sign*，Trans.，by Charles Levin，New York：Telos Press，1981.

［15］Bob Jessop，*The Capitalist State：Marxist Theories and Methods*，Oxford：Blackwell，1982.

［16］Putnam，H.，*Realism and Reason*，Cambridge：Cambridge University Press，1983.

[17] Richard W. Miller, *Analyzing Marx*: *Morality*, *Power*, *and History*, Princeton: Princeton University Press, 1984.

[18] John Hoffman, *The Gramscian Challenge*: *Coercion and Consent in Marxist Political Theory*, New York: Blackwell, 1984.

[19] Waldenfels. Bernahard and Jan M. Broekman (eds.), *Phenomenology and Marxism*, London: Boston: Routtledge & K. Paul, 1984.

[20] Bob Jessop, *Nicos Poulantzas*: *Marxist Theories and Political Strategies*, London: Macmillan, 1985.

[21] Ernst Bloch, *Natural Law and Human Dignity*, Trans., Dennis J. Schimdt, Cambridge: the MIT Press, 1986.

[22] Pike, Shirley R., *Marxism and Phenomenology*, London: Croom Helm, 1986.

[23] James Bernauer and David Rasmussen eds, *The Ethics of Care for the Self as a Practice of Freedom. in the final Foucault*, Cambridge: The MIT Press, 1988.

[24] Michel Foucault, *Politics*, *Philosophy*, *Culture*: *Interviews and other writings* 1977—1984, Paul Rabinow ed, New York: Routledge, 1988.

[25] Bob Jessop, *State Theory*: *Putting the Capitalist State in its Place*, Cambridge: Polity Press, 1990.

[26] Dummett, M., *The Logical Basis of Metaphysics*, Cambridge: Harvard University Press, 1991.

[27] Paul Smart, *Mill and Marx*: *Individual Liberty and the Roads to Freedom*, Manchester: Manchester University Press, 1991.

[28] Henri Lefebvre, *Critique of Everyday Life*, Volume I, Trans., John Moore, London: The Penguin Press, 1991.

[29] Hall, Stuart, *Introduetion*, *in Formation of Modernity* (edited by Stuart Hall & Bram Ieben, Cambridge: The Open University Press, 1992.

[30] Dummett, M., *The Sea of Language*, Oxford: Clarendon Press, 1993.

［31］Gavin Kitching, *Marxism and Science*: *Analysis of an Obsession*, Philadelphia: Pennsylvania State University Press, 1994.

［32］Paul Rabinow ed., *Ethics*: *Subjectivity and Truth*, London: The Penguin Press, 1997.

［33］James Martin, *Gramsci's Political Analysis*: *A Critical Introduction*, New York: St. Martin's, 1998.

［34］Kitehing, Gavin, *Karl Marx and the Philosophy of Praxis*, London: Routledge, 1998.

［35］Brudney, Daniel, *Marx's Attempt to Leave Philosophy*, Cambridge, Mass: Harvard University, 1998.

［36］Ehrenberg, John, *Civil Society*: *the Eritieal History of an Idea*, New York: New York University Press, 1999.

［37］Andrew Feenberg, *Questioning Technology*, New York: Routledge, 1999.

［38］Robert Weaatherley, *The Diseourseof Human Rights in China*: *Historieal and Ideologlcal Perspective*, New York: ST. Martin S Press, 1999.

［39］Pluralism, *the Philosophy and Diversity*, Edited by Maria Baghramiau and Atrracta Lngram, London: Routledge, 2000.

［40］Cohen, G.A., *Karl Marx's Theory of History*: *a Defence*, Oxford: Clarendon Press, 2000.

［41］Karl Marx, *Marx on Globalization*, Edited and selected by David Renton, London: Lawrence & Wishart, 2001.

［42］Kate Crehan, *Gramsci, Culture and Anthropology*, Oakland: University of California Press, 2002.

［43］Bob Jessop, *The Future of the Capitalist State*, Cambridge: Polity Press, 2002.

［44］Michael A. Lebowitz, *Beyond Capita*: *Marx's Political Economy of the Working Class*, New York: Palgrave Macmillan, 2003.

［45］Leopold，David，*The Young Karl Marx*，*German Philosophy*，*Modern Politics*，*and Human Flourishing*，Cambridge：Cambridge University Press，2007.

［46］David Leopold，*The Young Karl Marx*：*German Philosophy*，*Modern Politics*，*and Human Flourishing*，Cambridge：Cambridge University Press，2007.

［47］Žižek，*The Sublime Object of Ideology*，London and New York：Verso，2008.

［48］Žižek，*The Ticklish Subject*：*The Absent Center of Political Ontology*，London and New York：Verso，2008.

［49］D.Harvey，*A Companion to Marx's Capital*，London：Verso，2010.

［50］Perry Anderson，"The Antinimies of Antonio Gramsci"，*New Left Review*，Vol.100，1976.

附　录

附　录　一

启蒙理性及现代性：马克思的批判性重构[*]

　　启蒙理性是一个多维度的现代性课题，它既是崇尚理性权力、重塑理性权威的思想史命题，也是推动现代社会改变生活方式、制度结构和文化形态的历史力量。启蒙理性为近现代社会发展奠定了一套全新的宇宙论、生存论和价值论，开创了崭新的世界秩序，即资本主义世界体系。这种奠定和开创完全是一项现代性的设计，理性与资本的结合在其中扮演着决定性的角色，并逐渐成为"必然性"的代名词，充分显示出人类社会实践重新建构世界秩序以克服机运、摆脱偶然性的欲望与能力。但20世纪以来，随着启蒙理性自我解放过程中隐含的自我毁灭因素的凸显以及资本逻辑对启蒙理性自我分裂的推动，启蒙理性逐渐自我逆转、蜕变为现代性矛盾的重要因素，陷入"多重隐忧"之中，引起了灾难性的社会危机，

　　* 本文以首篇位置发表在《中国社会科学》2015年第2期，《新华文摘》2015年第13期全文转载并作为封面要目推荐；《高等学校文科学术文摘》2015年第3期全文转载，《中国社会科学》英文版2016年第3期全文刊发。该文被评价为"在很大程度上代表了2015年马克思主义基本原理研究的水平"。（参见北京大学马克思主义学院组编：《马克思主义理论学科学术发展报告（2015）》，中国人民大学出版社2016年版，第25页）该文于2020年获教育部颁发的"第八届高等学校科学研究优秀成果奖"一等奖，2017年获浙江省人民政府颁发的"浙江省哲学社会科学优秀成果奖"一等奖。

由此导致的反思和批判启蒙理性成为现代人制衡现代性的重要力量。然而,启蒙理性是纠合了资本逻辑和现代性的复杂领域,对启蒙理性的批判不能仅仅停留在自身的领域之内,企图通过调校启蒙理性或者对启蒙理性采取全面否定的方式来解决根本问题是行不通的;而是需要既从内在的思想史视域来加以检审,又从外在的历史社会结构视角来规定和把握。对启蒙理性的批判内含了对资本的批判、对现代性的批判和对极端反启蒙的批判。批判启蒙理性是为启蒙理性寻找出路的立足点,马克思主义超越现当代哲学对启蒙理性的批判路径,将对启蒙理性的批判转化为实践批判、社会批判和资本批判,从而能够在肯定现代性的同时克服现代性的缺陷,为以启蒙理性为核心的现代社会向更高形态的发展找寻到努力的方向和可靠的救赎道路。

一、启蒙理性兴起的双重考察

理解世界历史的发生与展开,必须把握"启蒙运动"这一关键性的转折点。西方之所以成为今日的西方,成为在全球化时代被接纳或被拒斥的"西方中心主义"的西方,主要就在于启蒙运动以来的发展。启蒙运动的发展是对既有世界秩序和精神秩序的变革,它既是"生产方式和交换方式的一系列变革的产物"①,也是人类价值理念秩序的断裂与重构,并被认为是标识人类公开运用理性以摆脱自身不成熟状态的过程。在《答复这个问题:"什么是启蒙运动?"》一文中,康德就指出:"要有勇气运用你自己的理智! 这就是启蒙运动的口号。"②启蒙哲人坚信,运用不断生成与进步的理性,能够消除种种错误的认识、祛除迷信和无知,使人类获得关于自然、社会和自身的真理性认识,并消除人类社会固有的一切弊病,由此启蒙理性成为衡量世界万事万物的标准。诚如恩格斯所述:"在法国为行将到来的革命启发过人们头脑的那些伟大人物,本身都是非常

---

① 《马克思恩格斯文集》第 2 卷,人民出版社 2009 年版,第 33 页。
② [德]康德:《历史理性批判文集》,何兆武译,商务印书馆 2017 年版,第 23 页。

革命的。他们不承认任何外界的权威,不管这种权威是什么样的。宗教、自然观、社会、国家制度,一切都受到了最无情的批判;一切都必须在理性的法庭面前为自己的存在作辩护或者放弃存在的权利。思维着的知性成了衡量一切的唯一尺度。"①

启蒙理性是"与对神的敬畏、对权威的崇拜相对立,与自发的情感、主观的感受相对立的人的明智的判断、独立的思考和自我选择的能力"②。这种理性能力表面上是对古希腊理性主义精神的复活,其代表人物也大多是熟稔古代哲学思想的近代理性主义哲学家,如培根、笛卡儿、霍布斯、卢梭、洛克等,而实质上是对古代理性主义的背离与重构。因为启蒙理性是在资本主义运动瓦解封建社会和唯名论革命摧毁中世纪神学基础的过程中萌生的"自我筹划"能力,根植于其中的"自我肯定""自我创造"等现代性因素是古代理性主义所不具备的。因此,必须从社会历史需求和思想史逻辑相结合的视角对启蒙理性的兴起作溯源式的考察,从源头上还原启蒙理性的本真面目。

(一)启蒙理性兴起的社会历史需求

从社会历史发展的角度看,启蒙理性的出现是新时代、新秩序的需求及其在观念上的表现。人们不再承认超自然的权威、不再敬畏传统秩序,只相信自身的理性判断、只服从真理性的认识,一切事物都无法超越理性的审视。由此,启蒙理性摧毁了一切旧秩序、旧理念,将理性推向了权力的顶峰,把人推向了表征现代性理念的自主自治的位置。这表明,启蒙理性的兴起是资本主义生产方式运动的产物,是以思想斗争的形式表现出来的资产阶级政治革命,表征着资产阶级冲破封建主义的旧市民社会和中世纪神权政治的束缚以掌握自身命运的过程。

对于这一资本主义的解放方式,马克思认为:"政治解放同时也是同

---

① 《马克思恩格斯文集》第 9 卷,人民出版社 2009 年版,第 19—20 页。

② 甘绍平:《启蒙理性·传统理性·非理性主义·当代合理性》,载湖北大学哲学研究所《德国哲学》编委会编:《德国哲学论文集》第 11 辑,北京大学出版社 1991 年版,第 124 页。

人民相异化的国家制度即统治者的权力所依据的旧社会的解体……旧的市民社会直接具有政治性质,就是说,市民生活的要素,例如,财产、家庭、劳动方式,已经以领主权、等级和同业公会的形式上升为国家生活的要素。"①由此造成在旧的市民社会即封建社会之中形成了一个个分离的、特定的等级秩序,封建社会的个体隶属于每个特定的等级秩序,与国家整体分离开来,这种特定社会组织的生产生活条件具有等级政治性质,使得封建社会个体的特定的活动和地位变成了个体的普遍的活动和地位。对于封建社会而言,"等级不仅建立在社会内部的分离这一主导规律上,而且还使人同自己的普遍本质分离,把人变成直接与其规定性相一致的动物。中世纪是人类史上的动物时期,是人类动物学"②。

资产阶级政治革命推翻了旧有的统治权力和秩序,摧毁了"一切等级、同业公会、行帮和特权,因为这些是人民同自己的共同体相分离的众多表现。于是,政治革命消灭了市民社会的政治性质"③。正所谓"资产阶级在它已经取得了统治的地方把一切封建的、宗法的和田园诗般的关系都破坏了。它无情地斩断了把人们束缚于天然尊长的形形色色的封建羁绊"④,资产阶级政治革命把直接具有政治性质的旧的市民社会分割为原子式的独立个体,由此个体得以从原先的特定的社会组织中解放出来,与国家整体建立了普遍关系。在此基础上,"公共事务本身反而成了每个个体的普遍事务,政治职能成了他的普遍职能"⑤。政治革命激发了人民在封建社会被分散的政治精神,从而引发了反思自身的理性需求,焕发投身公共政治的激情。换言之,在一切等级和固定的因素烟消云散之后,在一切神圣的因素被亵渎之后,人民需要用冷静的、理性的眼光重新审视他们的生活地位和相互关系。虽然在康德看来,即便一场革命能够推翻

---

① 《马克思恩格斯文集》第1卷,人民出版社2009年版,第44页。
② 《马克思恩格斯全集》第3卷,人民出版社2002年版,第102页。
③ 《马克思恩格斯文集》第1卷,人民出版社2009年版,第44页。
④ 《马克思恩格斯文集》第2卷,人民出版社2009年版,第33—34页。
⑤ 《马克思恩格斯文集》第1卷,人民出版社2009年版,第45页。

神权和绝对王权的统治,也绝不可能完全实现思想方式的真正变革,但国家事务被提升为人民普遍事务的政治事实提出了对人民进行理性启蒙和引导人民自我启蒙的历史任务,可以说,公共领域、公共自由的出现必然要求人民充分运用自身的理性能力对公共事务作出判断。正是在这个意义上,康德坚决要求"在一切事情上都有公开运用自己理性的自由"和"必须永远有公开运用自己理性的自由"。① 资产阶级政治革命开创的新世界需要人们大胆运用自己的理性,推崇人的自我解放和自我实现,号召人们勇于创造自己的历史,这无疑正是启蒙理性兴起的社会历史要求。

我们也必须看到启蒙理性兴起带来的巨变。启蒙理性的出现进一步推动了资本主义的发展,一方面,其与资本的结合几乎成了无坚不摧的绝对力量,奔袭全球,击溃了一切地方的和民族的自给自足和闭关状态,使各个国家的物质和精神生产、消费都成为世界性的,把一切民族都卷入世界历史中来,并"使农民的民族从属于资产阶级的民族,使东方从属于西方"②,形成了"西方中心主义"的世界观;另一方面,其与科学技术的结合推动了西方工业文明的迅猛发展,极大地膨胀了人类控制自然、掌握自身命运的野心,甚至于认为工具理性能够完全解决人类的道德与宗教、自由与正义等所有问题,导致了工具理性的凸显与价值理性的遮蔽,从而埋下了启蒙理性危机的隐患。

（二）启蒙理性兴起的思想史逻辑

从思想史的视域看,启蒙理性是中世纪晚期神学家邓斯·司各脱和威廉·奥卡姆发起的唯名论革命的结果。唯名论革命是一场针对中世纪经院学者普遍持有的实在论的革命,它将一种源自柏拉图流经奥古斯丁直至托马斯·阿奎那的必然的、等级的存在论破除殆尽,进而把偶在论作为新的存在论与新的世界逻辑,由此彻底清除了事物自身具有必然性规定的自然目的论观念。偶在论的世界观使人类失去了"存在链条"中的

① ［德］康德:《历史理性批判文集》,何兆武译,商务印书馆 2017 年版,第25 页。

② 《马克思恩格斯文集》第 2 卷,人民出版社 2009 年版,第 36 页。

尊贵地位,成为大地上无所依靠的原子式个体,迫使人们唯有依托自身理性去理解和掌控自然,并建构合乎理性的世界新秩序,这就是康德所谓的"人为自然立法"的思想史背景。

古代理性主义者认为,理性是"作为宇宙之本源和世界之灵魂的一种本体论意义上的实体,是'内在于现实中的本质性的结构',或者说,'世界的客观的秩序原则';同时又是指人们'对于这样一种客观秩序进行反思的努力或能力'"[①]。人们之所以能够对世界秩序进行理性的反思,就在于人的理性与世界秩序都源自同一个最高的存在。理性——无论是赫拉克利特的"逻各斯"还是阿那克萨哥拉的"心灵",无论是柏拉图的"理念"还是新柏拉图主义的"太一",甚至斯多葛学派的"世界理性"——被认为是支配世界和人自身的本源,支配世界万物发生发展的总体性结构,世界是在理性支配下的链条秩序,自然、社会和人自身都是理性的展现,所以人的使命就是理解和把握世界的理性结构,将自己融进理性秩序中,为实现理性的目标而奋斗。这种理性结构是巨大的、"链条"式的存在,具有理智和审美的特质。世界在这一必然主义的存在论图景中呈现出由上而下的、严密的、连续的等级秩序,最高的一环是终极实在、终极原因,也就是神的存在,人是巨大"存在链条"中的一个环节。世界是一个审美的和谐整体,任何环节的缺失都将破坏世界秩序的协调一致。

然而,司各脱和奥卡姆的唯名论革命摧毁了这一"存在链条"。在奥古斯丁、安瑟伦和阿奎那等基督教神学家那里,古希腊的存在论还依然占据着支配地位。特别是中世纪的经院哲学家通过诠释柏拉图的"理念论",对世界持一种实在论的存在论,认为共相高于殊相,共相是真实存在的,世界是神的理性范畴的展示,如美国学者吉莱斯皮指出,经院哲学家"体验、相信和断言的并不是殊相的终极实在性,而是共相的终极实在

---

① 甘绍平:《启蒙理性·传统理性·非理性主义·当代合理性》,载湖北大学哲学研究所《德国哲学》编委会编:《德国哲学论文集》第 11 辑,北京大学出版社 1991 年版,第 125 页。

性。他们以一种三段论逻辑来阐明这种体验,这种逻辑被认为对应着或反映了神的理性。创世本身便是这种理性的体现,人作为理性的动物和神的形象处于受造物的顶峰"①,受一种自然目的或超自然目标所指引。可是,司各脱和奥卡姆极力推崇"全能"是神的最重要性质,并提出唯意志论的神学观念,强调上帝的意志先于理性,上帝在创造世界的过程中具有绝对自由,事物的存在纯粹只是因为上帝的意愿;人类居住的世界仅仅是上帝的恩典行为,是上帝偶然的意志选择的结果,根本不存在如古希腊存在论所主张的"存在链条"。"我们这个世界只是上帝在无数的可能世界中偶然选中并造出来其中一个,他完全可以有其他也许是更好的选择。这样一来,由强调理智的优先性所导致的上帝与其造物之间的必然性关联打破了,两者之间的关系乃纯粹偶然的;造物即宇宙万物并非充满了上帝赋予的有机的、必然的理智秩序,而是偶在的。"②唯意志论神学彻底割断了肇源于古希腊存在论的因果链条,使得世间万物的存在成为偶然的、个体性的事件,认为共相实际上不存在,共相的名称只是纯粹的符号,这种存在论层次上的革命就是唯名论革命的实质。

面对这一偶然的、个体主义的存在论语境,以共相存在为基础的自然目的论也就不再成立,但这并不代表世界是混乱无序的。因为既然神是纯粹的、主动的意志或力量,世界是由神的意志所决定的持续不断的运动,那么神的意志就具有机械因果性。③"人应当如何生活"的设想不再是要求作为个体或群体的人在"存在链条"中规范自己的心性、实现自己的德性,相反,摆脱了存在链条束缚的人类是自由的,具有自我创造的意志自由,能够运用自己的理性来研究神的意志的形式和结构,即研究自然

---

① ［美］米歇尔·艾伦·吉莱斯皮:《现代性的神学起源》,张卜天译,湖南科学技术出版社 2019 年版,第 22 页。

② 林国基:《神义论语境中的社会契约论传统》,上海三联书店 2005 年版,第 73 页。

③ 参见［美］米歇尔·艾伦·吉莱斯皮:《现代性的神学起源》,张卜天译,湖南科学技术出版社 2019 年版,第 48 页。

和社会的运作逻辑。人们相信通过人的理性的发现或发明可以如上帝创世般"无中生有"地建构合乎理性的社会。培根的"知识就是力量"、笛卡儿的人是"自然的主人和所有者"以及康德的"绝对律令"等,正是启蒙理性在这一思想史背景中兴起的证明。

启蒙理性肇兴于唯名论革命之后的思想史语境,旨在解决中世纪世界秩序崩塌所留下的问题,其重构世界秩序的雄心所彰显出来的理性之光确实在不断地推动现代世界的迅猛发展,但"理性万能论"以及漠视价值理性、崇拜工具理性的畸形理性观,也确实导致人变成手段而不再是目的。启蒙理性在反对宗教神话与迷信精神的过程中逐渐塑造了自身的神话,但也使其面临着自我毁灭的危险。

二、启蒙理性的光亮与阴影

在"古今之变"的视域下,启蒙运动既是一场现代性的多维度的历史运动,也是一种社会发展方向和人类价值理念的"总体转变",集中体现在社会制度组织转型、生存价值理念重估和个体精神气质重塑等方面。"在这场运动中,社会层面的变化导致了新的知识价值理念的形成,浸润在此种新形式的价值理念结构中的'现代人',其心性结构、实存样式逐渐地发生了变化。"[1]启蒙运动及其所孕育的启蒙理性,不仅通过与资本主义工业和科学技术的结合创造了"比过去一切世代创造的全部生产力还要多,还要大"[2]的生产力,而且通过更新欧洲思想的自我理解,全面改变了人类的生存样式。在某种意义上说,启蒙理性之光的力量确实无与伦比,启蒙运动以来的变化似乎都在应验启蒙哲人所持有的绝对理性主义信条——随着理性的不断生成和进步,人类最终能够自如地拥有和掌控自然,为自身构建理想的世界。

随着现代性的急剧开展,人们也逐渐觉察到启蒙之光的阴影。价值

---

① 刘同舫:《中国语境的现代性及其现实意义》,《天津社会科学》2010 年第 1 期。

② 《马克思恩格斯文集》第 2 卷,人民出版社 2009 年版,第 36 页。

理性的失落、工具理性的张扬、反理性思潮的出现等悲剧性的历史现实一次次地反讽美好的启蒙理性设计。启蒙理性并不是"全知全能全善"的上帝,并不能绝对拥有真理,也不能拥有绝对真理,但启蒙理性却恰恰要充当真理,充当一种"新的宗教"。所以,20世纪初以来的所有哲学思潮——无论是现象学式的存在主义,还是以法兰克福学派为代表的批判理论,无论是结构主义、后结构主义还是技术批判主义、后现代主义——几乎都在批判启蒙理性的绝对话语霸权,揭示启蒙之光的阴影。

(一)启蒙理性的光亮:建构合理性的现代世界

迄今为止,尽管人们对于"现代性的本质"有着诸多歧异见解,但对于"启蒙理性"作为现代性核心理念的理解,则基本形成共识。在西方社会"走出中世纪"、摆脱当时占支配地位的神权政治体制和神学式文化的过程中,正是启蒙理性之光"从根本上清除基督教的二元论之超自然形态,力求建立内在的—理性的世界解释,使所有生活领域变成一个自在的有机组织"①,从而指引着人类摆脱宗教神学与封建社会的双重压迫。

在社会制度组织层面,启蒙理性使世界秩序斩断了此岸与彼岸的关联,并以抽象的个人主义和社会契约论为理论基础论证了现代国家的建构原则,所谓"真理的彼岸世界消逝以后,历史的任务就是确立此岸世界的真理"②。启蒙哲人一方面通过对宗教神学的批判,提出天赋人权是人与生俱来而不可剥夺的权利,令人们明确地意识到自身作为一个理性个体所拥有的自由权利,即摆脱神以及其人间"代理"对人的统治而自我做主,如狄德罗所说:"没有一个人从自然得到了支配别人的权利。自由是天赐的东西,每一个同类的个体,只要享有理性,就有享受自由的权利。"③另一方面则通过对神权体制的批判,彻底击溃了"君权神授"的国

———————

① 刘小枫:《现代性社会理论绪论》,华东师范大学出版社2018年版,第176页。
② 《马克思恩格斯文集》第1卷,人民出版社2009年版,第4页。
③ 北京大学哲学系外国哲学史教研室编译:《十八世纪法国哲学》,商务印书馆1979年版,第427页。

家建构理念,阐述了"政教分离"的世俗政治原则,提出了"主权在民"的社会契约论,改变了过去一部分人对另一部分人进行奴役统治的状况,成就了以"平等主权参与者"为基础的民主社会架构。据此,现代性重构了人类社会的制度组织,推动了现代民族国家的崛起和政治制度的进步,打破了封建制的经济秩序,促进了大工业生产和自由市场经济的扩张,使得"在后封建时期的欧洲首先形成,而后却在 20 世纪日益具有世界和历史性影响的制度及行为模式"①比任何古代的秩序类型更具有活力,也更加注重自由、民主和平等。

在生存价值理念层面,启蒙理性冲破基督神学的思想牢笼,重估了关涉现代个体和群体安身立命的价值理念,突出人的个性、主体性和自我意识,强调把价值实质还原为主体的意识,自由和平等理念被指认为现代性最重要的原则。启蒙运动之前,由于宗教的神圣纽带作用,个体都被系于以神为本体的具有连续的、封闭的、等级的有机整体之中,个人失去了独立和自由,只能在宗教的客观价值理念中生存,人们被束缚于他律的自在的价值秩序,如尼采所抨击的:"'道德世界秩序'意味着什么? 意味着:有一个神的意志一劳永逸地存在,它规定人可以做什么、不可以做什么;一个民族、一个个人的价值,是根据他们顺从神的意志的多少来衡量。"②但通过唯名论革命对古代世界图景的摧毁以及启蒙运动对宗教的猛烈批判,启蒙理性开辟了对人类价值理念秩序的重新建构,人们"把自己理解成新的,也就是把自己理解成自我发源的、彻底自由的和有创造性的,而不仅仅由传统所决定,或由命运或由天意所主宰"③,从而形成了平等的、自由的、个体主义的世界图景。在这种世界图景中价值被主体化,康德的

---

① [英]安东尼·吉登斯:《现代性与自我认同:现代晚期的自我与社会》,夏璐译,中国人民大学出版社 2016 年版,第 14 页。

② 吴增定:《〈敌基督者〉讲稿》,生活·读书·新知三联书店 2012 年版,第 172 页。

③ [美]米歇尔·艾伦·吉莱斯皮:《现代性的神学起源》,张卜天译,湖南科学技术出版社 2019 年版,第 7 页。

绝对律令取代了客观价值理念的绝对性,天赋平等自由的现代性理念剥夺了封建等级理念的正当性,使得每个个体或群体捍卫和追求属于自身的权利具有天然的合理性。

在个体精神气质层面,启蒙理性重塑了现代个体的精神气质和生存样式,形成了舍勒和西美尔所论及的"现代人"类型。中世纪封建社会向现代资本主义社会的历史转变过程既是宏观维度的社会制度组织、生存价值理念的转换,也是微观维度的个体精神气质、存在样式的更新。在封建主义的文明秩序中,人们在生活理想上受到宗教伦理和贵族道德的宰制,从而在人的心性结构中,禁欲主义的生存样式占据中心地位,宗教伦理始终在行为层面压抑人们对现世生活的功利主义享受,人们则习惯于从充满权欲、专横和奴性的文明中满足自身的现世追求。但在现代资本主义文明秩序中,随着"世界的除魅"即世界的理性化,上帝的神圣启示不再作为人类世俗生活的价值标尺,生命的爱欲转而朝向一种权力意志的自我肯定,享受现世生活被当成天经地义,并导向无限的赢利欲与旺盛的工作欲,力图通过持续性的、理性的资本主义方式的企业活动来获取再生性的利润,形成了一种强调无止境自我创造的资本主义精神气质。这种资本主义精神气质体现了启蒙理性改造自然与社会的伟大理想,推动了人类社会向合乎理性与合乎目的性相统一的方向发展,这是我们必须充分肯定的。

启蒙理性所开创的现代性作为一场"总体转变",在构建社会制度组织层面更加趋向世俗化和理性化,实现了合理性的目标;在更新人的价值理念和精神气质方面更加趋向自治化和感性化,实现了主体化的目的,这些都在促使现代社会走向更加人道、文明的世界历史道路,显示了启蒙理性之光的巨大力量和伟大贡献。但是,随着启蒙理性自身所秉持的内在矛盾的凸显,其光亮也受到了难以避免的遮蔽,从而留下了无限的历史阴影。

(二)启蒙理性的阴影:走向反理性的神话世界

启蒙运动以来,人类普遍相信理性的力量,认为凭借理性之光不仅能够走出黑暗的中世纪时代,而且能够绝对合理地重新建构自然和社会秩序。现代性是合理性或者说理性化的建构过程,它旨在用启蒙理性的设计来构筑全新的世界秩序。这一理性设计在资产阶级政治革命中也确实发挥了巨大的作用,促使人类历史从宗教神学的统治秩序中挣脱出来,实现了世界秩序的除魅化、世俗化和科学化,推动了人类在物质和精神生活领域的极大进步。然而,现代性并不是没有崎岖与挫折的光明大道,启蒙理性之光也并非只有光亮。伴随着内在的理性自身分裂机制和外在的资本逻辑增殖冲动的作用,现代性所带来的危机正在不断地敲击启蒙理性的幻梦,催促着人们正视启蒙理性自身的内在矛盾。

第一,从大众理性走向精英理性。启蒙运动倡导人民对自身秉持的自然理性的运用,"启蒙运动就是人类脱离自己所加之于自己的不成熟状态。不成熟状态就是不经别人的引导,就对运用自己的理智无能为力"①。启蒙理性具有全人类性,是一种大众理性,是以对天赋的自然理性的开发来确定、彰显人的目的和价值。但是,启蒙理性的发展却背离了这种美好的初衷,从大众理性走向了精英理性。启蒙之后的现代社会虽然比中世纪世界更加自由、平等和民主,然而不同的个体或群体的生存始终要受到政治体制、经济和社会条件的限制,也要受到各种自然禀赋条件与不同社会地位深刻而持久的影响。因此,由于个体偶在性的差别以及实际教养、实际权力和实际资产的极大差异,理性的权力被把持在那些有资本、有地位以及资质、素养较高的精英群体手中。在理性与权力交织成的统治网络中,精英们打着"真理""中立""客观""正当""合理性""社会正义"等旗号骗取大众的信任,实行自身的制度、法制和规则程序。在《德意志意识形态》中,马克思就已深刻地剖析了这一将为资产阶级利益辩护的"意识形态"视为"普遍理性"的行为。启蒙理性从大众理性蜕变成精英理性,形成了支撑精英统治的政治合理性和价值合理性,这种精英

---

① [德]康德:《历史理性批判文集》,何兆武译,商务印书馆 2017 年版,第22 页。

合理性是一种新的更加隐蔽的社会等级制度的精神基础,是资本逻辑的统治力量在理论意识上的实现。恩格斯敏锐地指出了启蒙理性的这一局限:"当法国革命把这个理性的社会和这个理性的国家实现了的时候,新制度就表明,不论它较之旧制度如何合理,却决不是绝对合乎理性的。理性的国家完全破产了。"①"总之,同启蒙学者的华美诺言比起来,由'理性的胜利'建立起来的社会制度和政治制度竟是一幅令人极度失望的讽刺画。"②

第二,从科学理性走向工具理性。如果说在政治经济制度层面启蒙理性产生了从大众理性到精英理性的蜕变,那么在知识价值理念层面则发生了从科学理性向工具理性的转化。科学是启蒙理性批判宗教神学的强有力武器,费尔巴哈曾指出,近代哲学从宗教精神中创立了"纯粹人性的、自由的、自我意识的、博爱的、无所不包的、无处不在的、普遍的、有独立思考能力的科学精神"③,这种新创立的科学精神使得"否定性的宗教精神遭到贬谪,把它从世界统治的宝座上推下来,把它拘禁在处于历史急流彼岸的那个狭窄领域之内,而自己则成为世界的原则和本质,成为新时代的原则"④。从费尔巴哈的观点看,科学理性是涵盖了价值理性与工具理性的现代理性主义精神。但是,科学理性在运用于社会实践的过程中破坏了其自身的价值理性追求。一方面,自笛卡儿通过"主体性哲学"确立主客体二分的原则以来,世界成为主体的客观对象物,是没有意义的物质存在,只有通过理性之光的观照、规整与重构,才能成为有意义的世界,由此科学理性对于主体而言是一种认识、改造和控制世界的工具性存在,科学理性变成理性的工具化,工具理性成为科学理性的本质;另一方面,

---

① 《马克思恩格斯文集》第 9 卷,人民出版社 2009 年版,第 272 页。
② 《马克思恩格斯文集》第 9 卷,人民出版社 2009 年版,第 273 页。
③ 〔德〕路德维希·费尔巴哈:《费尔巴哈哲学史著作选》第 1 卷,涂纪亮译,商务印书馆 1978 年版,第 15 页。
④ 〔德〕路德维希·费尔巴哈:《费尔巴哈哲学史著作选》第 1 卷,涂纪亮译,商务印书馆 1978 年版,第 15 页。

由于科学理性运作的社会条件受制于资本逻辑的宰制,而资本出于自我增殖的冲动,需要将客体化的世界和人类都视为材料、工具来加以利用,因此在资本逻辑增殖冲动的支配下,科学理性的发展必然转变为企图对外部自然和人的内部自然的全面支配与利用,从而异化为工具理性。工具理性虽然能够给人类带来巨大的物质财富,但按照工具理性组织起来的极权化的政治经济体制、工业化的机器大生产和各种物化的社会结构将使得人类不得不屈从于一种异化秩序的统治,人反而未能成其为人。

第三,从工具理性走向"反理性"。启蒙理性一旦蜕变为工具理性,人也就不可避免地成为工具性对象,成为理性的手段而不再是理性的目的,从而造成对人的价值理性的排斥,甚至完全否定一切未能得到工具理性证明的价值或规范,使工具理性走向压抑人类发展的"反理性"。在资本逻辑的推动下,工具理性的支配领域一再扩大,确实产生了如哈贝马斯所言的"自主化的工具理性的扩张"导致"生活世界的内在殖民化":"我们错误地将来自工具理性的标准应用于生活世界的问题中,以及应用于那些完好地存在于它们自己的社会领域的制度中"①。资本逻辑主宰下的工具理性膨胀为"总体性",成为控制人类世界的绝对权力。启蒙理性本来期望通过主体的觉醒与解放走出一条从"神话"到"启蒙"的道路,但在其瓦解了宗教秩序的同时,却没有形成新的价值理性,反而是在资本逻辑和理性分裂机制的支配下,演化为日益片面化、绝对化的工具理性,工具理性凭借其巨大的技术效益和经济效益不断自我神圣化、自我绝对化,形成工具理性主导的"天命"秩序,最终蜕化为"反理性"——启蒙理性自身成为不容置疑的启蒙神话。"如同神话已经实现了启蒙一样,启蒙也一步步深深地卷入神话。启蒙为了粉碎神话,吸取了神话中的一切东西,甚至把自己当作审判者陷入了神话的魔掌。"②启蒙理性之光也随之消融

---

① [英]尼格尔·多德:《社会理论与现代性》,陶传进译,社会科学文献出版社2002年版,第136页。
② [德]马克斯·霍克海默、西奥多·阿道尔诺:《启蒙辩证法:哲学断片》,渠敬东、曹卫东译,上海人民出版社2006年版,第8页。

在无边无际的黑暗之中。

启蒙理性作为现代性秩序的支撑理念,当今全球文明的许多观念要素都是由启蒙理性奠基的,其伟大贡献不可磨灭,而我们时代的许多问题也在启蒙理性中有其根源。正是在理性的自我分裂机制和资本逻辑的作用下,启蒙理性不断损害人的主体性价值,给人类社会带来了生存和发展的危机。

三、启蒙理性的蜕变与现代性危机的产生

启蒙理性作为兴起于西方资本主义社会的思想形态,在西方社会"走出中世纪"、改变人的生存形态的过程中具有关键作用,但同时也给西方社会带来了巨大危机,并借助资本的全球化将危机扩散至全世界,启蒙所推崇的理性发生了蜕变。而启蒙理性蜕变所带来的社会危机以"现代性问题"的形式凸显出来。现代性作为涵盖了世界图景、生产方式、价值理念、个体心性结构等的"总体转变",既给人类社会的发展与进步带来了巨大的成就,却也由于其本身固有的内在局限与矛盾使人类社会陷入了多重的"现代性隐忧"之中。如吉登斯指出:"现代性是一种双重现象。同任何一种前现代体系相比较,现代社会制度的发展以及它们在全球范围内的扩张,为人类创造了数不胜数的享受安全的和有成就的生活的机会。但是现代性也有其阴暗面,这在本世纪变得尤为明显。"①

启蒙理性的现代性方案在 17 世纪末 18 世纪初的"古今之争"中不断遭到质疑。源自培根、笛卡儿、伏尔泰等现代哲学家的新知识观、新时间观对人类持有一种线性的发展观念,主张现代优于古代、现代人优越于古代人,即便作为完美典范的古希腊人与现代人相比也还不够成熟,它不过是人类的童年。而乔纳森·斯威夫特、约翰·德莱顿、卢梭则对这种现代主张持质疑的态度,坚决捍卫古典思想的权威,如卢梭在其《论科学与艺术》一文中认为,科学与艺术不但未能"敦风化俗",使人类更加完善,反

---

① ［英］吉登斯:《现代性的后果》,田禾译,译林出版社 2011 年版,第 6 页。

而是让人类变得更加伪善与羸弱,"科学研究都更会软化和削弱勇气,而不是加强和鼓舞勇气"①。德国社会学家乌尔里希·贝克强调,启蒙理性的现代性方案导致了"风险社会"的形成。在贝克的社会理论中,"风险社会"概念描述的是现代性社会制度的性质,是从社会机体结构的角度挖掘现代性危机的潜能,反映现代性社会秩序的风险程度。显然,贝克侧重于从制度层面来描述"风险社会"。笔者认为,集中体现现代性危机的"风险社会"实质上是启蒙理性蜕变带来的世界与人自身的危机,应包括以下四个方面:制度上的极权主义危机、环境上的生态危机、价值理念上的虚无主义危机以及精神气质上的怨恨心态危机。②

（一）极权主义社会的显现

自古希腊罗马至中世纪时期,人类主要是从自然、神、上帝等"存在巨链"的创造者那里获得存在的价值和人生的意义,但启蒙运动以后,人类通过反抗宗教神学彻底清除了其生存价值的神义论根据,进入"上帝死了"的偶在论时代,呈现出"价值真空"的境遇。对于这一"价值真空"的填补,启蒙了的"现代人"诉诸人类权力意志的自我创造以及自由的、解放的历史未来来论证自身的存在正当性。"我们的日常生活、学习和工作都被组织在这个通向未来的时间之流中,没有这个目的论的时间叙事,我们就不知道我们生活、工作和学习的意义。"③然而,由于启蒙理性具有高度的普遍性和同一性,往往声称所构建的理论体系具有无所不包的、客观的、必然的性质,能够用来解释世间的一切,且其所张扬的主体性也体现了理性独断宰制一切的性质。因此,启蒙理性的历史目的论叙事

① ［法］让-雅克·卢梭:《论科学与艺术》,何兆武译,上海人民出版社 2007 年版,第 49 页。
② 笔者在此更突出"风险"一词所体现的危机是"人造危机"的特别含义。"与风险相对的概念不是稳妥,而是危险。风险与危险的差异在于:风险取决于人的决断,它引致的损害亦是由人的行为决断所致;危险则是先于人的行为决断而给定的,引致的损害亦由外在因素决定。"(参见刘小枫:《现代性社会理论绪论》,华东师范大学出版社 2018 年版,第 48 页)
③ 汪晖:《死火重温》,人民文学出版社 2000 年版,第 5 页。

带有不容置疑的垄断性和强制性。这样,一旦走向美好未来的社会建构之途被权力精英、财富精英和知识精英等所把持,所有与精英们设定的历史目的及其实现途径不相符合的人和物都会有被排斥、被压制,甚至被消灭的危险,启蒙理性的历史目的论叙事反而成了制度上极权主义的合法性论证。霍克海默和阿多诺就认为:"启蒙带有极权主义性质。"①在启蒙运动推动下,以追求普遍的自由、平等、人权、博爱的法国大革命转变为一场专制暴行,恰恰印证了霍克海默和阿多诺的观点。

(二)全球生态危机的泛滥

在古代和中世纪世界中人与自然是相统一的,但这种人与自然的和谐关系被启蒙运动打碎并重建。作为一种主体理性,启蒙理性将自我从世界中抽身出来,预设为自明性的绝对前提,笛卡儿的"我思故我在"、康德的"人为自然立法"就是其体现,而由此建构起来的主客体对立的二元论关系模式使得自然界成为失去生命的物理世界、资源世界,自然是"有用"之物,对自然的征服与使用是理性的目标。在资本逻辑的推动下,启蒙理性进一步表现为客观的、可计算的工具理性形式,它将事物的价值都转化为"交换价值",把世间万物都对象化为"资源",成为粉饰资本统治秩序的意识形态,这必然导致生态危机:一方面是无止境地追求剩余价值,理性征服自然世界的欲望不断引诱、刺激人的贪欲和占有欲;另一方面是工具理性所主导的生产主义、经济主义的发展模式成为现代社会的生活基础,由征服世界所诱发的消费主义、享乐主义的生活模式成为现代社会的生活主轴。这样,以工具理性表现出来的"生产力"最大限度地开发、利用自然资源和不断地向自然界排放各种废弃物,造成全球化生态危机。理性与资本相结合所形成的经济发展的扩张主义必将致使启蒙理性的美好社会构想淹没在全球生态危机的泛滥之中。正如有论者所指出的:"以前人们往往比较注意在马克思那里有对资本主义'第一重矛盾',

---

① [德]马克斯·霍克海默、西奥多·阿道尔诺:《启蒙辩证法:哲学断片》,渠敬东、曹卫东译,上海人民出版社 2006 年版,第 4 页。

即资本主义生产无限扩大趋势与劳动人民有支付能力需求相对缩小之间的矛盾的分析,而实际上马克思还有对资本主义'第二重矛盾',即资本主义生产无限扩大的趋势与自然界承载能力有限性之间的矛盾的探讨。"①一旦理性与资本主导的现代性生产逻辑突破了世界的生态底线,那么资本主义所构筑的文明世界就有可能被埋葬。

(三)虚无主义危机的威胁

价值上的虚无主义危机是现代性危机在人类精神层面的表现,是启蒙理性走向工具理性、逆转为反理性的必然结果。按照马克斯·韦伯的区分,价值理性侧重对人类的伦理道德、宗教艺术等实质性价值的表达,认可道德理性在人类社会实践中的主导性,坚持对永恒价值的信仰;工具理性则注重对生产制作的可计算性、精确性等纯粹理性的表达,认可普遍性、可操作性等形式理性标准。然而,在资本逻辑、消费主义、科技力量等因素的推动下,工具理性逐渐淹没价值理性而成为启蒙理性的主流。在马克思看来,这一转变表征的正是资产阶级在现代历史上的作为:"它使人和人之间除了赤裸裸的利害关系,除了冷酷无情的'现金交易',就再也没有任何别的联系了。它把宗教虔诚、骑士热忱、小市民伤感这些情感的神圣发作,淹没在利己主义打算的冰水之中。它把人的尊严变成了交换价值,用一种没有良心的贸易自由代替了无数特许的和自力挣得的自由。"②道德品质在以工具理性为核心价值理念的现代社会中失去了主导性的地位,"使用价值""交换价值"凌驾于道德责任、道德意义之上,一切神圣的因素都被纳入市场体系之中,贴上价格标签,成为商品。只要在经济上是有效益的,在道德上就是正当的,这无疑是价值理念的"本末倒置"。无论资本逻辑抑或科技力量都无法对人类的生存价值给予奠基,由此,一方面,价值的客观来源无从谈起,导致价值设定依赖于个体的不同感受,陷入价值主观主义;另一方面,工具理性的僭越将一切原有的价

---

① 陈学明:《资本逻辑与生态危机》,《中国社会科学》2012 年第 11 期。
② 《马克思恩格斯文集》第 2 卷,人民出版社 2009 年版,第 34 页。

值逻辑转化为商业逻辑,导致个体安身立命的根基被抽空,生活缺乏理念上的凭靠,陷入价值虚无主义。列斐伏尔就曾指出:"虚无主义深深地内植于现代性,终有一天,现代性会被证实为虚无主义的时代,是那个无人可预言'某种东西'从中涌出的时代。"①

(四)怨恨心态的滋生

在对怨恨心态的社会学考察中,德国社会学家马克斯·舍勒指出,怨恨心态是个体或群体的生存性价值比较的结果,怨恨心态的滋生源自两方面的因素:个体或群体在实际权力、实际资产和实际修养等方面出现极大差异,某种平等的政治权利或其他权利受到社会的广泛承认。② 事实上,滋生怨恨的两个因素正是资产阶级的政治革命和启蒙理性的平等理念。一方面,政治革命消灭了旧市民社会的政治性质,将束缚于特殊等级中的人民解放出来,形成了原子式的平等个体,平等个体在政治领域都是国家主权的平等参与者,但在市民社会中却是不平等的私人。政治国家"以自己的方式废除了出身、等级、文化程度、职业的差别",而"国家根本没有废除这些实际差别,相反,只有以这些差别为前提,它才存在"。③ 另一方面,根据理性的形式原则,天赋人权和自由平等是人人生而有之的不可剥夺的自然权利,启蒙理性极力倡导自由、平等、人权的现代性价值理念,而且这种价值理念在启蒙之后早已深入人心。当个体或群体在市民社会的实际地位与其在政治国家的虚幻地位不相符合时,怨恨心态往往就会在这种生存性的比较中凸显滋生,如舍勒所说,"群体的与宪政或'习俗'相应的法律地位及其公共效力同群体的实际权力关系之间的差异越大,怨恨的心理动力就会越聚越多"④。

---

① Henri Lefebvre, *Introduction to Modernity*, Trans., John Moore, London: Verso, 1995, p.224.
② 参见[德]马克斯·舍勒:《价值的颠覆》,罗悌伦、林克、曹卫东译,生活·读书·新知三联书店 1997 年版,第 13 页。
③ 《马克思恩格斯文集》第 1 卷,人民出版社 2009 年版,第 30 页。
④ [德]马克斯·舍勒:《价值的颠覆》,罗悌伦、林克、曹卫东译,生活·读书·新知三联书店 1997 年版,第 12 页。

启蒙理性所开启的"现代性"在给人类社会带来"多重隐忧"的同时也令自身陷入了饱受质疑的"现代性危机"之中,即便为现代性辩护的哈贝马斯也不得不将现代性说成是"未完成的方案",以区别于现代社会的历史进程,认为现代历史过程是对现代性方案的歪曲和异化。现代社会历史过程形成的社会危机及其导致的灾难性后果与启蒙理性的现代性方案密不可分,而历史进程中显现的对现代性方案的误解、歪曲,正彰显着现代性方案的致命缺陷。因此,在后现代主义者看来,"反启蒙"是一项名正言顺的后现代事业。

四、启蒙理性的后现代境遇

近代以来,启蒙理性一直是西方社会最高的精神权威,也是整个资本主义社会发展成就的显著标志。然而,启蒙理性的现代性方案却导致西方社会乃至全球都陷入巨大的社会危机之中,世界大战、极权主义、种族屠杀、局部战争、生态危机等局部的或全球性的灾难彻底击溃了启蒙理性的合法性根基,全面动摇甚至摧毁了启蒙运动所张扬的理性至上的现代性理念。启蒙理性从20世纪上半叶以来就不断受到越来越严厉的质疑与批判,其中最尖锐的质疑和批判来自后现代论者。

20世纪60年代,西方学术界兴起了一股"后现代性"思潮,这股思潮在80年代达到兴盛,并在各个人文社会科学领域急剧扩张,刮起了一股坚决要与启蒙理性的现代性运动及其种种理念相决裂的旋风。后现代主义者赋予现代性诸多必须予以鞭挞、批判的标签:理性主义、逻各斯中心主义、基础主义、普遍主义、绝对主义、总体主义、人本主义、本质主义等,但归根结底是要反对启蒙理性奠定的现代社会秩序。在后现代主义者看来,现代性秩序就是一个充满危机的霸权主义或精英主义秩序,它是现代社会种种危机与灾难的总根源,反启蒙就是对启蒙理性及现代性的批判,就是要推翻尚带有乌托邦色彩的现代性秩序。美国著名的后现代文学理论奠基人——伊哈布·哈山声称:"这样的精英秩序也许是世上最后的神秘祭仪,在我们这些被末日灾难和极权主义吓得心惊胆颤的人心中,它们已经不再有位置了。"①美国后现代主义神学家大卫·格里芬也认为："我们可以,而且应该抛弃现代性,事实上,我们必须这样做,否则,我们及地球上的大多数生命都将难以逃脱毁灭的命运。"②

与现代性针锋相对是后现代性的自我定位,"如果说后现代主义这一词汇在使用时可以从不同方面找到共同之处的话,那就是,它指的是一种广泛的情绪而不是任何共同的教条"③,一种人类可以而且必须超越现代性的情绪。后现代性作为一种倡导多元主义的文化社会秩序构想,从其出现伊始就将自身定位为对现代性的质疑、批判和超越,定位为对启蒙理性的解构实验。这种对启蒙理性的怀疑、批判与超越贯穿于整个后现代性的论述中,虽与20世纪上半叶的非理性或反理性思潮颇有渊源,但还不至于激进地陷入"非理性"或"反理性"的盲目处境,而更多的是对启蒙理性阴影的指控及其统治合法性的否定。后现代性是一种否定性的思潮,其对启蒙运动、对现代性的批判是否定性的,其思想的力量不在于提出什么观念,而在于反对什么观念,不在于建构更加自由平等的秩序,而在于揭露秩序背后的隐性统治。尽管后现代性的否定主义给现代性贴上了许多标签,但最关键的则是反对以下三种肇端于启蒙运动以来的支撑性理念:作为话语霸权主义的理性中心主义、作为西方中心主义的普遍主义和作为人类中心主义的主体主义。

(一)反对作为话语霸权主义的理性中心主义

作为现代性的理论基础,启蒙理性与近代以来的全球现代化成就有着密切的关系,后现代性对于现代性的批判最重要的就是解构启蒙运动以来的理性中心主义。在后现代论者看来,启蒙运动的理性中心主义完

---

① ［美］伊哈布·哈山:《后现代的转向——后现代理论与文化论文集》,刘象愚译,时报出版社1993年版,第83页。

② ［美］大卫·格里芬编:《后现代科学——科学魅力的再现》,马季方译,中央编译出版社2004年版,第19页。

③ ［美］大卫·格里芬编:《后现代科学——科学魅力的再现》,马季方译,中央编译出版社2004年版,第20页。

全是绝对主义的话语霸权、宏大叙事,这种理性中心主义的话语霸权源自柏拉图主义,但直到启蒙运动才达到顶峰,所以要超越现代性就必须拒斥作为话语霸权的理性中心主义。美国哲学家理查德·罗蒂就认为,海德格尔和杜威抱有的信念值得肯定——"希腊人的'智慧'追求为人类一大错误,这种智慧的意义是,一种凌驾一切之上的知识系统可一劳永逸地为道德和政治思考设定条件"①。后现代性论者认为,2000多年哲学史的"诸神之争"已表明启蒙理性无法为人类实践提供真理性的知识,其所设计的现代性方案的合法性依据也不是来自真理,而是来自理性中心主义的话语霸权,是"宏大叙事"压制了"小叙事"建构出来的权威。"如果没有一种观点能够为所有哲学家所信服,那么在某一时期某一种观点占据了统治地位只能是出于霸权主义;如果哲学家们不能就知识基础问题达成一致,而又试图让哲学充当全部知识的基础,那么这只能说明哲学在利用自己的特权在知识中推行一种霸权主义。"②后现代性要求打破"宏大叙事"的权威,张扬一直以来受到压抑的"小叙事",解构"大写主体",尊重在多样性、差异性的文化政治斗争中崛起的"小写主体"。如果说现代性宣告"上帝死了",那么后现代性则宣告"人也死了",当然,这里的"人"是抽象意义上的人,是指忽视、贬斥、压抑人的情感和意志的"理性主体"。后现代性论者通过打破同一性、提倡多样性、拒绝虚假共识、激活现实分歧,为"小写主体"的"小叙事"正名,打破了启蒙理性的话语霸权主义,"后现代主义的轮廓至今仍不清楚,但其中心经历——理性的死亡似乎宣告了一项历史工程——现代性的终结"③。

(二)反对作为西方中心主义的普遍主义

启蒙理性在理论层面追求绝对的、适用于任何时空的普遍真理,在实

① [美]理查德·罗蒂:《哲学和自然之镜》,李幼蒸译,商务印书馆2017年版,第10页。
② 姚大志:《后现代主义与启蒙》,《社会科学战线》2005年第1期。
③ 转引自王治河:《扑朔迷离的游戏——后现代哲学思潮研究》,社会科学文献出版社1998年版,第11页。

践层面则希望通过普遍真理的指导实现全人类的解放,在尘世建构一个自由平等的天国,启蒙理性及其所开创的西方资本主义现代化模式曾被认作是达到这一"尘世天国"的最可靠路径。近代西方资本主义的现代化发展模式的确建构出了全新的世界体系,使得西方世界在经济发展、政治文明、科技创新、文化生产等各个领域都占有压倒性的优势,"西方的道路就是我们的道路""西方的今天就是我们的明天""西方的就是普遍的"等意识形态牢固地笼罩住人们的思想,从而造成种种特殊的、源自西方的发展理念、利益诉求、政治观念,甚至其人生意义都被视为历史发展中的"普世价值"强加给其他区域的个体、族群或民族国家。也正是依托这种普遍主义或文化帝国主义话语权,形成了种族、政治、价值、思维等不同层面的"西方中心主义",而"西方中心主义"的背后实质上还是启蒙理性主义的话语霸权在发挥作用。后现代性的出场既然要批判理性中心主义,自然也要毫不留情地批判作为西方中心主义的普遍主义。既然启蒙理性的真理只不过是权力叙事,那么其所谓的普遍性道路就更不过是权力的制造、理性的僭越。在后现代性论者看来,以"西方"为中心建构出来的资本主义世界体系,人为地强制构筑了"前现代"与"现代"、"文明"与"野蛮"、"先进"与"落后"等一系列二元对立的秩序框架,只有打破这一框架,才能激活宗教、种族、性别、职业等特殊性的多元身份话语。任何其他的非西方的特殊性主体如果要作为独立的价值世界存在下去,就必须"像现代西方那样进入普遍性与特殊性的辩证法,在文化和政治的逻辑中,将现代性变成自我认识和自我表述的语言——不是把它作为'普遍性'的规律,作为一种一成不变的形式,而是用这种材料和语言讲出自己的故事,塑造一个生活世界和价值世界的自我形象,表达一种集体的意志和富有感染力的理想"①。利奥塔倡导的"异教主义政治学",罗蒂宣扬的"种族中心主义",福柯论证的"真理政治学",都是对普遍主义、文化

---

① 张旭东:《全球化时代的文化认同:西方普遍主义话语的历史批判》,北京大学出版社 2006 年版,第 24 页。

帝国主义、西方中心主义批判路径的寻求。

(三)反对作为人类中心主义的主体主义

消解"中心"、解构"主体"是后现代性的目标之一,因此,反对和解构作为人类中心主义的主体主义是后现代性的题中应有之义。在德里达看来,自柏拉图以来的西方哲学都在追求"中心""基础"和"本源",并且将这些"中心""基础"和"本源"当作先验的、自明的现象加以维护,但这些"中心"都是由理性建构的,是虚幻的、根本不存在的。德里达的解构主义以及后现代性的种种论述就是要消解"中心",达到"去中心化"的目的。现代性张扬人性解放和人的主体精神,使得人类的世界观从以"自然"或"神"为中心转向以"人自身"为中心,主张人为自然立法,人为自身确立道德责任,人靠自己解放自己。这种人类中心主义的实质正是启蒙运动提出的主体主义,人从"存在巨链"中抽身出来,凸显于世间万物之上,成为自主的、自我构成的主体,成为自然和社会的主人,从而形成了主客体分离的二元论局面。然而,后现代性论者认为主体主义的二元论世界观导致了全球性的生态危机,因为它"为现代性肆意统治和掠夺自然(包括其他所有种类的生命)的欲望提供了意识形态上的理由。这种统治、征服、控制、支配自然的欲望是现代精神的中心特征之一"①。虽然现代世界已经不再是古代的"存在秩序",但世界还是一个有机的、整体的结构,世界如果不包含于我们,我们便不完整,我们如果不包含于世界之中,世界也不完整。人类作为全球生态系统的一个物种,不能凌驾于其他物种之上,而是要融入生态系统之中。"后现代人世界中将拥有一种在家园感,他们把其他物种看成是具有其自身的经验、价值和目的的存在,并能感受到他们同这些物种之间的亲情关系。借助这种在家园感和亲情感,后现代人用在交往中获得享受和任其自然的态度这种后现代精神取

---

① [美]大卫·雷·格里芬编:《后现代精神》,王成兵译,中央编译出版社 2011 年版,第 23—24 页。

代了现代人的统治欲和占有欲。"①

后现代性以其极具反叛性的思维、话语和主张向启蒙神话和资本主义制度刺出了锋利一剑，打破和消解了启蒙理性的桎梏，向人们展示了掩盖在理性、文明、自由之下的另一种面相，从而促使人们积极深入地展开对启蒙运动和资本主义体系的历史性反思。在某种程度上，后现代性的反启蒙和解构现代性是有意义的，其所倡导的异质、多元和个性开启了人类思想的新视域，给人类的社会实践注入了新鲜活力。然而后现代性的批判同时也具有不可忽视的问题，作为一种否定主义的思潮，它解构理性、消解"中心"，将"真理"还原为叙事的霸权，把评判事物的标准——善恶、是非、对错、意见与真理悬置起来，从另一个角度推进和延续了现代性的虚无主义，再一次陷入了现代性的悖论之中。后现代性对现代性的资本主义文明体系的批判只是采取了局部救治和改良的方案，没有从根本上质疑和改变现实的资本主义制度，所以其对现代性的批判仅仅是文化上的翻新，而不可能是实践上的革命。对于马克思主义来说，批判启蒙理性、批判现代性并不是要简单否定其全部思想，而是要寻找超越资本主义现代化发展模式的路径，真正实现人类的自由和解放。

五、马克思的启蒙理性批判路径

后现代性思潮无疑是当今世界上最激烈的反启蒙思潮之一，其反启蒙的批判路径揭示了启蒙理性的矛盾与困境，所给出的后现代解决方案也为现代社会的发展与进步注入了新鲜活力。然而，启蒙理性的矛盾与困境的根源并不在于理性自身，而在于理性背后的"物质的生活关系"②这一本质性领域的矛盾，但因后现代性对启蒙理性、现代性运动、资本主义文明体系的批判路径注重于消解理性中心、解构宏大叙事等，没有从根

---

① [美]大卫·雷·格里芬编:《后现代精神》,王成兵译,中央编译出版社 2011年版,第38—39页。

② 《马克思恩格斯文集》第 2 卷,人民出版社 2009 年版,第 591 页。

本上质疑、批判和解决本质性领域的矛盾,这就注定后现代性的批判路径不可能获得成功。而马克思主义的批判之所以能够超越后现代性及当代哲学对启蒙理性和现代性的批判,就在于它"不是为批判而批判,而是为某种社会(基础、制度)的以及文化(观念)的变革开辟道路"①,从而将对启蒙理性的批判转化为实践批判、社会批判和资本批判,最终实现对现代性弊端的克服。

从马克思人类解放思想的视域来看,对启蒙理性及现代性运动的批判不能停留于意识形态层面,"批判的武器当然不能代替武器的批判,物质力量只能用物质力量来摧毁"②。只有深入批判启蒙理性存在论基础,才能命中启蒙理性蜕变的要害;只有根本克服启蒙理性异化的缺陷,才能为启蒙理性及现代性找寻到出路。而马克思的唯物史观强调,不是社会意识决定社会存在,而是社会存在决定社会意识。包括理性在内的一切意识观念的存在论基础都是活生生的现实生活,是"物质的生活关系"。因而,对启蒙理性的批判必须转向深入探究"物质的生活关系",并依照当前的历史语境转变为对资本逻辑及资本主义生产关系的批判。

(一)对启蒙理性及现代性的批判与探究的转向

从马克思的视域来看,对于启蒙理性及现代性的批判必须超出启蒙理性主义的视界,直抵启蒙思想体系的本源性根基。只有对本源性根基的批判才是真正本质性的批判。这种自觉的批判路径对于马克思来说是"一以贯之"的。在对"犹太人问题"的研究中,马克思即认为,鲍威尔虽然致力于宗教批判和政治批判,但由于受到自由主义思想体系的限制,其批判混淆了政治解放和普遍的人的解放,还只是落在启蒙理性主义的泥沼内,囿于由霍布斯等现代政治哲人所开启的现代性视域内。马克思认为,要解决"犹太人问题"——实质上是现代性问题的体现——必须将批判向纵深推进,完成对现代国家的根本性批判。这就决定了马克思和鲍

---

① 程广云:《后现代:走向"多元"的现代性》,《哲学研究》2005 年第 5 期。
② 《马克思恩格斯文集》第 1 卷,人民出版社 2009 年版,第 11 页。

威尔不同的批判理路,他在吸取了鲍威尔长处的基础上,将对现代性的批判推进到全新的理论境域。面对启蒙理性开启的现代性历史处境,青年马克思确实表现出了天才者的敏感与深邃,他不是去探求与鲍威尔的一致性方面,而是密切关注着自身与鲍威尔的分歧,并将其分歧上升到政治哲学理念的高度。马克思一开始就把鲍威尔的批判路径看作"矛盾体",因为鲍威尔"提供了一些条件,这些条件并不是政治解放本身的本质引起的。他提出的是一些不包括在他的课题以内的问题,他解决的是一些没有回答他的问题的课题"①,并将其解释为"毫无批判地把政治解放和普遍的人的解放混为一谈"②的现代性批判。鲍威尔论证"犹太人问题"的出发点,遵循的是启蒙理性所开启的现代性原则,这一原则将"现代国家"作为最高的统治秩序,认为其所达到的秩序形态就是人的自由状态所能达到的限度。但马克思指出,鲍威尔"批判的只是'基督教国家',而不是'国家本身',他没有探讨政治解放对人的解放的关系"③。鲍威尔没有超越现代性的原则来看待问题,这与后现代性的批判立场具有相似性。马克思超越现代性立场,坚持要深刻理解"政治解放与人类解放"的关系,必须探讨"现代国家"本源性、基础性问题,即要探讨启蒙理性及现代性的本源性问题。只有将"现代国家"还原到其本质性领域,才能透彻地把握现代性统治秩序的特点与局限,洞悉启蒙理性的真正界限,也才能由此重新奠定人类自由的基础。这一本质性领域、本源性基础是什么呢?马克思通过阐述宗教与政治的复杂关系、论述公民权与人权的分离原则,探讨了"现代国家"的本源性、基础性问题。他指出:"封建社会已经瓦解,只剩下了自己的基础——人,但这是作为它的真正基础的人,即利己的人。因此,这种人,市民社会的成员,是政治国家的基础、前提。"④市民社会成员及其所生活的领域——"物质的生活关系"就是现代政治国家

---

① 《马克思恩格斯文集》第 1 卷,人民出版社 2009 年版,第 25 页。
② 《马克思恩格斯文集》第 1 卷,人民出版社 2009 年版,第 25—26 页。
③ 《马克思恩格斯文集》第 1 卷,人民出版社 2009 年版,第 25 页。
④ 《马克思恩格斯文集》第 1 卷,人民出版社 2009 年版,第 45 页。

的基础。在《〈政治经济学批判〉导言》中,马克思明确指出:"我的研究得出这样一个结果:法的关系正像国家的形式一样,既不能从它们本身来理解,也不能从所谓人类精神的一般发展来理解,相反,它们根源于物质的生活关系,这种物质的生活关系的总和,黑格尔按照 18 世纪的英国人和法国人的先例,概括为'市民社会'。"①马克思以原创性的方式回答了启蒙理性及现代性的本原问题,开辟了一条鲜明的批判路径。

(二)对"物质的生活关系"本质性领域的性质探究

在马克思看来,无论是理性、政治、宗教抑或是文化、道德、艺术诸如此类的意识形态领域都不具有绝对的自主性。自启蒙运动以来,意识形态的各类形式被划分为各种相对独立的文化领域,并被认为具有天然的自治性,甚至将"从这些不同的思想中抽象出'思想'、观念等等,并把它们当做历史上占统治地位的东西,从而把所有这些个别的思想和概念说成是历史上发展着的概念的'自我规定'"②。这使得政治、宗教、文化、道德都成为不相统属的领域,彼此之间的论题只存在交叉,而不存在层次。马克思则与这种哲学方式、哲学理念相决裂:"我们判断这样一个变革时代也不能以它的意识为根据;相反,这个意识必须从物质生活的矛盾中,从社会生产力和生产关系之间的现存冲突中去解释。"③马克思只将"物质的生活关系"这一带有存在论性质的领域指认为"绝对自主的"领域,这种自主不只是在物质生活的领域上的自主,毋宁说它是政治、宗教、文化和道德等所谓的自主领域的更深层次的基础。对马克思来说,所谓启蒙理性是自主的、道德价值是自在自为的各种命题并非不言而喻;只有在人们忽视了事物的核心、对作为一切事态根源的"物质的生活关系"视而不见的时候,这些命题才会被认为是理所当然的。尽管一个人可以在各个"自主性领域"中是具有自由决断能力的个体,但"物质的生活关系"始终向他提出作为一个人不能回避和忽视的物质、金钱、世俗的问题,这

---

① 《马克思恩格斯文集》第 2 卷,人民出版社 2009 年版,第 591 页。
② 《马克思恩格斯文集》第 1 卷,人民出版社 2009 年版,第 553 页。
③ 《马克思恩格斯文集》第 2 卷,人民出版社 2009 年版,第 592 页。

些问题不仅涉及霍布斯所言的惧怕暴死而力求保存生命的生存欲望,而且从根本上涉及黑格尔所述的获取承认的生命欲望,以及实现自身自由的终极理想。

马克思对"物质的生活关系"这一领域的探究消解了理性、政治与宗教等的"自主性"神话,重新奠定了理性、政治、宗教等领域的本源性基础。从"物质的生活关系"来看待人的本质和人的理性,表明历史的和现实的实践是孕育理性的土壤,使得启蒙理性无法凌驾于历史与实践之上,突破和超越了对人的理性的先验哲学式的理解。社会实践的不断生成替代了抽象的理性逻辑对人的本质的规约,呈现出历史与现实的多样性,消除了理性中心主义的观念。并且由于"物质的生活关系"是不断生成变化的,因而理性对现实的改造必须遵循一定的限度,但"物质的生活关系"毕竟具有一定的运动规律与目标,把握规律、实现目标又要求理性能够具有超前的洞察力。在马克思看来,理性面对"物质的生活关系"领域需要保持一定的、适当的平衡。

(三)对启蒙理性及现代性的批判转化为对资本主义的批判

近现代以来的"物质的生活关系"的集中体现就是作为"社会生产过程的最后一个对抗形式"①的"资产阶级的生产关系",启蒙理性及现代性的存在基础也是由资本主义的生产方式所界定的。所以,对启蒙现代性及其所承诺的解放图景的批判不能停留于意识形态层面,只有深入批判并超越资本主义的生产方式,才能真正解释与克服启蒙现代性的工具主义、虚无主义、霸权主义以及生态污染等危机。后现代性对现代性的批判虽然刚强猛烈,最终却与现代性形成共谋关系,原因在于其批判的核心始终瞄在理性中心主义,瞄在意识形态层面的话语争夺,没有深入到培育启蒙理性的资本主义生产方式中。启蒙现代性不仅是理性力量的体现,更是资本逻辑的霸权体现,只有将批判深入到现代性背后的"物质的生活关系",才不会重新陷入现代性的怀抱。在笔者看来,马克思的批判分

———————————

①　《马克思恩格斯文集》第 2 卷,人民出版社 2009 年版,第 592 页。

为三个层面。

一是解剖"商品拜物教"。在《资本论》开篇的第一章,马克思即指出:"资本主义生产方式占统治地位的社会的财富,表现为'庞大的商品堆积',单个的商品表现为这种财富的元素形式。因此,我们的研究就从分析商品开始。"①商品表面看似简单,内里实则古怪,充满了形而上学的奥妙和神学的怪诞。因为由资本主义生产方式所支配的商品生产过程把私人劳动的社会属性反映成劳动产品的物性,反映成物的社会属性,将劳动者同劳动的社会关系,劳动者之间的社会关系都当成劳动者之外的物与物的社会关系,彻底掩盖了人与人之间的关系,这种普遍的错觉形成了现代资本主义社会的"商品拜物教"。事实上,在前资本主义社会那里,人与人之间关系是显在的、直接的人身依附关系,封建等级秩序天然不可侵犯,人与人之间天然不平等,"存在链条"思想正是这一社会现实的观念反映;而在资本主义社会,表面上推翻了天然不可侵犯的封建等级秩序,形成了人人自由平等的现代世界,实质上人与人之间的关系被隐蔽的、伪装的商品拜物教方式所掩盖,这也正是启蒙现代性各种观念的思想根基。

二是批判"资本逻辑"。"资产阶级生存和统治的根本条件,是财富在私人手里的积累,是资本的形成和增殖;资本的条件是雇佣劳动。"②资本的出现完全改变了世界的面貌与运作逻辑,使得整个社会的生产与再生产都变成资本的自我繁殖。资本逻辑的运作以资本的形成、保全和增殖为目标,在支配劳动的同时也支配了劳动者,资本的主体性支配了理性的主体性。人的理性主体性是由资本逻辑所塑造出来的,一旦产生必然遵循资本逻辑利己主义的、自私自利的运转规律,而且不断为资本及资产阶级的存在提供合法性辩护。马克思多次将资本家称为"人格化的资本"③,其所表征的正是资本作为一种物的社会关系反过来统治和支配着

① 《马克思恩格斯文集》第5卷,人民出版社2009年版,第47页。
② 《马克思恩格斯文集》第2卷,人民出版社2009年版,第43页。
③ 《马克思恩格斯文集》第5卷,人民出版社2009年版,第269页。

人自身,资本的物化逻辑支配了人的自由自觉的发展逻辑。

三是扬弃"资本主义私有制"。"商品拜物教"和"资本逻辑"导致现代社会不断出现巨大危机,而资产阶级对其危机束手无策。从应对周期性的经济危机来看,"资产阶级用什么办法来克服这种危机呢?一方面不得不消灭大量生产力,另一方面夺取新的市场,更加彻底地利用旧的市场"①。不触动和扬弃资本主义制度、资产阶级私有制,应对启蒙现代性种种危机的举措就都不可能从根本上解决问题。根本的解决之道只能是彻底摧毁资本的统治,也就是要改变资本主义制度为社会主义制度,改变资本主义私有制为社会主义公有制,不再把"有用性"当作价值的标准,不再把工具理性当作理性本身,不再把对自然的猎取当作生存的手段,从而切断资本逻辑运转的社会条件,重建人与自然、人与人之间的和谐关系。

启蒙理性是一个现代性课题,是资本主义文明体系的思想根基,对启蒙理性的反思与批判同时就是对现代性和资本主义生产方式的反思与批判。启蒙给近现代社会带来了非凡的成就,这是不可否认的,但同样不可否认的是,它也给社会带来了各种各样的危机和灾难。所以,"反启蒙""反现代性"必须也应当被看成是启蒙及现代性本身不可或缺的重要部分,没有"反启蒙""反现代性"的制约,启蒙和现代性就无法克服和超越自身制造的迷信与危机。反思和批判启蒙理性是全球化时代政治哲学发展的重大理论主题,也是推进马克思主义政治哲学发展的重大理论课题。

马克思一生的理论构思另辟蹊径地展开了对启蒙理性及现代性的批判,其直抵问题本质的批判路径超越了现当代诸多西方哲学家以及各类后现代思想流派的批判方式,将对启蒙现代性的批判最终转变为对资本主义生产方式的批判,将对启蒙现代性种种弊端的克服转化为对资本主义私有制的扬弃。在马克思所描绘的历史发展的三大形态中,从第二大形态向第三大形态飞跃的过程,所揭示的正是人类从以资本主义为代表

---

① 《马克思恩格斯文集》第 2 卷,人民出版社 2009 年版,第 37 页。

的现代性生存方式向一种能够克服现代性缺陷的社会主义生存方式的转变,这为以启蒙理性为核心的现代社会向更完善形态的发展探寻到了一条全新的救赎道路。

附 录 二

马克思唯物史观叙事中的劳动正义[*]

　　劳动正义问题是关涉人的生存方式和社会价值的重大议题,在多维学科视野中具有重要的地位。劳动正义伴随着人的存在方式的变迁和社会结构的变动而呈现出不同的形式,这种形式上的多样与其观念上的差异密切相关,其实质反映出正义诉求背后不同阶级之间的利益关系。劳动正义问题对人的自由本质和劳动力量的深层关怀始终深嵌于历史发展之中,而在资本主义主导的生产方式和社会关系中,"资本正义"与劳动正义之间的矛盾是资本主义社会发展的重大挑战。马克思唯物史观的构建与其对劳动正义问题的阐发紧密关联,他抓住了资本主义时代劳资关系的轴心,并从人类劳动本质出发,通过审视劳动方式和劳动关系的历史演变来为探讨劳动正义以及其他正义性问题提供真实的起点。① 马克思

---

　　[*]　本文以首篇位置发表在《中国社会科学》2020 年第 9 期,《新华文摘》2021年第 2 期全文转载并作为封面要目推荐,《高等学校文科学术文摘》2020 年第 6 期全文转载。

　　①　学界对马克思劳动正义思想的研究成果主要集中在对马克思正义理论的解读中。"塔克—伍德命题"是马克思正义理论研究中的经典论题,针对这一问题,学界大都认为马克思肯定一般的正义理念,但谴责资本主义社会的抽象正义观,并基于此对劳动正义问题展开了不同视域的阐释。有学者立足于道德哲学批判的视域,揭秘马克思的劳动正义与其人性正义论的关系(参见李长成:《马克思的市民社会正义批判思想探论》,《伦理学研究》2019 年第 1 期)。有学者从政治经济学批判的视角阐

唯物史观叙事中的劳动正义思想,既在政治哲学层面揭示了资本主义时代私人生活与公共领域在正义观念上的矛盾,又在世界历史的理论层面阐明了将人的劳动前提建立在既有秩序之上的资本逻辑及其现实展开。生产过程中劳动与资本关系的形式转换在资本逻辑支配下显露出诸多难题:劳动正义赖以存在的合法性根据是什么?劳动正义与现实生产领域的正义原则和社会结构性正义主题的关系如何?从传统生产领域的劳动方式到技术性劳动形态的转变对重新理解劳动正义问题和全球社会公共生活方式有何意义?这些难题成为理论研究面临的新挑战。探寻和明确劳动正义问题要立足于彰显人存在的自由本质需要,扬弃资本主义社会中劳动与现实生命发展相对立的抽象原则。

一、马克思唯物史观叙事中劳动正义的层级结构

马克思以"现实的人"为历史出发点,开启了以"人类社会"或"社会化的人类"为理论立足点的唯物史观叙事。他在对黑格尔理性思辨和费尔巴哈人本主义历史观的批判与超越中明确了历史的本质,肯定了物质生产劳动之于人的现实存在及其全部生活的基础性地位,创立了唯物史观的基本叙事方式和思维逻辑。在马克思的唯物史观叙事中,"现实的

释马克思的劳动正义思想在其正义体系中的理论地位(参见房广顺、司书岩:《论马克思恩格斯正义思想的深刻内涵》,《马克思主义研究》2019年第2期)。有学者基于法哲学批判视角,探索马克思劳动正义思想与权利正义、分工正义等正义观的内在关系(参见欧阳英:《马克思的权利观、正义观与生产力观》,《哲学研究》2019年第8期)。还有学者从意识形态批判的维度切入,肯定马克思劳动正义在其整个社会正义价值中的根本意义(参见毛勒堂:《马克思的劳动正义思想及其当代启示》,《江汉论坛》2018年第12期)。学界立足于马克思的正义观视域来解析劳动正义思想,准确定位了劳动正义在马克思正义思想框架中的历史地位,对于彰显马克思批判思维中劳动正义的逻辑进路和时代意蕴具有积极意义。但马克思的批判思维和方法基于人类社会的总体发展逻辑,其正义论具有历史唯物主义根基,其劳动正义思想属于历史唯物主义正义观的视域范畴。笔者认为,唯有从唯物史观叙事中深究马克思劳动正义思想的发展脉络,才能在更深层次上透视其具体展开的历史语境,进而理清马克思在批判中建构的思维方法。

人"如何以劳动的方式存在是逻辑起点,劳动对人类的本质规定性贯穿于整个逻辑进路之中,实现劳动自由与正义并推动其转化为人类解放的现实力量构成了逻辑归宿。马克思始终将劳动正义视为考察人类社会历史正义与否的根本尺度,在唯物史观的叙事框架中呈现了以物质生产活动为基础的劳动关系和社会关系,将劳动正义与生产正义、社会正义的关系问题置于现实的物质生产实践中加以考察。马克思的唯物史观与其劳动正义思想的展开具有叙事上的一致性,旨在揭示人类劳动与现实的人的生存方式、人类社会形态的深层关联,表征为劳动正义的逻辑先在性、围绕生产正义的总体展开、以社会正义的主题为参照的三重结构。

马克思将人的现实生存境遇同超越现实的价值追求关联起来,在历史进程中彰显出劳动正义在人与世界关系中的逻辑先在性。马克思在确证劳动正义逻辑先在性地位的基础上,明确了"现实的人"的劳动在具体生产领域的总体展开,体现了对生产领域和社会公共生活中正义性思想的观照。因此,马克思的劳动正义思想的三重结构呈现为由内及外、相互设定的层级结构。

马克思的劳动理论是其阐发劳动正义思想的基石,他立足于人独特的存在方式,在人类劳动与社会历史的互动中,深刻把握人类存在的劳动根基。马克思在唯物史观叙事中澄明人的内在规定,通过确证劳动的本质地位来为人的内在超越性提供可能。他在对黑格尔和费尔巴哈历史观的批判中揭示了"现实的人"的根本立足点,确定了以人的现实活动为主体的历史观。在《1844 年经济学哲学手稿》中,马克思重审了黑格尔以"自由精神"为主体而循环行进的历史观,扬弃了其唯心史观所依托的思辨形式,肯定了其辩证法的否定性原则所蕴含的推动性与创造性力量,并将其辩证法本质的载体还原为现实中的人及其实践活动。马克思指出,"整个所谓世界历史不外是人通过人的劳动而诞生的过程,是自然界对人说来的生成过程"①。然而,此时马克思仍在人所谓"类"劳动的视野

---

① 《马克思恩格斯文集》第 1 卷,人民出版社 2009 年版,第 196 页。

下理解人的存在本质。直到《关于费尔巴哈的提纲》,马克思在反思费尔巴哈将人的感性存在与其实践活动相分离的历史观中,摒弃简单抽象的哲学推演方法,在哲学变革的高度上将人的劳动阐释为对象性的感性活动,即体现了人对自然能动关系的物质生产实践,并进一步指出,"环境的改变和人的活动或自我改变的一致,只能被看做是并合理地理解为革命的实践"①,由此确认了人的实践在人与世界关系中的核心地位。《德意志意识形态》的完成标志着以生产逻辑为基础的唯物史观的形成,表明马克思的理论叙事重心已由"实践"向"物质生产"过渡。马克思将物质资料生产方式视为唯物史观的基础,提出了"生产关系""交往方式"和"所有制形式"等劳动范畴,着重从物质生产劳动的具体方式认识社会历史与结构的客观规律,揭示了人类劳动实践的社会条件限制和社会关系规定。

马克思在澄清"现实的人"与其社会关系问题的基础上明晰了劳动的正义性思想价值。他在阐述"现实的人"的存在本质时揭示了人在生存、生产过程中对正义的需要,认为"现实的人"是"从事活动的,进行物质生产的,因而是在一定的物质的、不受他们任意支配的界限、前提和条件下活动着的"②存在物,"现实的人"在来源和存在方式上都体现出受动性与能动性的双重特征,展现于自然与社会的双重维度。当人在社会交往中扩大物质生产劳动时,其存在方式就会被各种社会关系所限定,人通过实践创造新的社会关系,显现出人在诸多社会关系中对正义的需要。人对正义的需要在实现自身生存发展中逐层显示出来,即从通过物质生产劳动满足"生活的第一需要",发展为从事复杂多变的实践活动以实现自身独特生存方式延展的需要,进而在劳动的推动下产生更新、更高级的需要。在分析人的自然存在需要与社会存在需要的相互关系时,马克思认为人的自然存在需要只有在社会存在框架中才能真正实现,他犀利地

---

① 《马克思恩格斯文集》第 1 卷,人民出版社 2009 年版,第 500 页。
② 《马克思恩格斯文集》第 1 卷,人民出版社 2009 年版,第 524 页。

指出现代市民社会中实现人的生存需要的结构性矛盾,即个人在社会公共生活中热衷于追求自身的权益而与他人陷入利益冲突时,"每个人都互相妨碍别人利益的实现,这种一切人反对一切人的战争所造成的结果,不是普遍的肯定,而是普遍的否定。关键倒是在于:私人利益本身已经是社会所决定的利益,而且只有在社会所设定的条件下并使用社会所提供的手段,才能达到;也就是说,私人利益是与这些条件和手段的再生产相联系的"①。在马克思看来,物质生产是劳动本质力量发展的必然要求,而劳动逐利性则是资本主义发展的必然结果并阻碍劳动能力的真正发展,这一指认隐含着马克思对正义价值问题的思考——如何超越自然人纯粹利己需要以满足社会共同体普遍需要。尽管他并未直接论述劳动正义的理论内涵与实现方案,但已经提出人能够且需要按照社会规定的正义尺度和价值进行劳动。马克思的劳动正义,是以"现实的人"的劳动实践及其需要为出发点来规定正义理念的存在依据和价值旨趣,蕴含了对劳动活动与交往过程中主体自由及其相互间公平、和谐正义价值的诉求。② 只有劳动正义才能接近人的本质诉求和现实需要,使劳动成为人自身创造历史的实践过程。

随着马克思对"现实的人"的存在方式与物质生产劳动的深入分析,劳动正义的逻辑先在性地位在唯物史观的理论叙事中愈渐凸显,这既是唯物史观理论成熟的表征,也是促使人在现实社会生产中领会到自身劳动的本质力量的历史必然。马克思的劳动正义思想经历了抽象批判与现实超越的深层推进过程。他在批判抽象正义观念中划清了现实劳动的正义性与唯心主义、人本主义抽象正义观的原则界限,反对黑格尔从抽象的实践理念分析市民社会的运行机制,摒弃了以抽象的方式批判抽象的思维方法,并在深究社会生产力与生产关系变革的维度上解剖了费尔巴哈强调人生幸福的人本主义正义观,最终在物质生产领域指认"劳动"为市

① 《马克思恩格斯文集》第 8 卷,人民出版社 2009 年版,第 50 页。
② 参见毛勒堂:《劳动正义:一个批判性的阐释》,《上海师范大学学报(哲学社会科学版)》2016 年第 5 期。

民社会的主要内容。通过对人的存在的辩证理解,马克思将人的劳动理解为有限性与无限性的内在统一,认识到劳动正义对人存在发展的本质力量。马克思认为,人总是在具体的历史条件下才能从事劳动,而劳动的本质力量使人拥有不断超越历史规定、营造自我发展空间、逐步走向解放道路的根本动力。马克思将劳动正义视为一种本质力量,其促使人在历史发展中彰显超越的本性,进而使人"认识到产品是劳动能力自己的产品,并断定劳动同自己的实现条件的分离是不公平的、强制的,这是了不起的觉悟,这种觉悟是以资本为基础的生产方式的产物,而且也正是为这种生产方式送葬的丧钟"①。马克思对劳动正义与具体社会生产关系的分析表明,劳动作为人的本质力量在现实社会生活与物质生产领域具有复杂多变性。

马克思在唯物史观的理论基础上揭开了历史向世界历史行进的一般过程,阐明了社会生产力普遍发展的历史动力,在世界历史的宏大叙事中重新审视人与世界的关系,澄清劳动本质的复杂性,挖掘劳动正义性价值的存在根据。人与世界的关系主要表现为人与自然、人与人的社会关系两个层面。在人与自然的关系层面,"人们生产自己的生活资料,同时间接地生产着自己的物质生活本身"②。生产劳动使得人在自然存在中超越自身、在与自然的矛盾关系中达成内在统一,使人与世界在世界历史进程中结合为动态的否定性统一关系。在人与人存在的社会关系层面,人与世界的辩证统一关系要以人与人存在的社会中"类"的关系为中介,马克思强调从人的社会关系角度来省思人的存在,在社会关系中考察人与世界的关系,突出劳动把人、自然、社会三者辩证统一起来的实践本质。马克思阐释了劳动作为人的存在方式的基础地位,并在交往范围日益扩大的世界历史进程中,从劳动正义出发反思人生存于现实生活世界结构中的深层根据问题:劳动正义如何在具体的物质生产活动和社会生活实

---

① 《马克思恩格斯文集》第8卷,人民出版社2009年版,第112页。
② 《马克思恩格斯文集》第1卷,人民出版社2009年版,第519页。

践中确证自身的逻辑先在性地位？笔者认为,马克思在唯物史观理论叙
事中所体现的劳动正义思想始终与生产正义、社会正义的主题密不可分,
并在唯物史观的发展中澄明了劳动正义在与生产正义、社会正义"共在"
层级结构中的逻辑先在性地位。

　　在马克思的唯物史观叙事中,生产正义处于"现实的人"存在方式的
核心层级,生产正义性原则是劳动正义价值的具体化,在总体展开中体现
了劳动正义的需要。① 马克思认为,正义是处于持续创生中的运行原则,
劳动正义作为人本质的存在方式和价值追求,内在规定了人感性地确证
自身存在过程的现实性。人在现实的物质生产过程中逐渐认识到劳动正
义的需要,但这种自我认识致使人在生产领域中的劳动正义诉求与私利
欲望之间的矛盾愈臻复杂,人既意识到劳动正义能够契合人本质的存在
而推动人走向自由解放,又在具体的劳动活动中为满足自身生存和发展
需要,而不断展开扩张性的物质生产。在人类物质生产的历史中,生产方
式的变革和生产关系的调整构成了正义性原则的决定性因素,生产正义
成为马克思探寻正义原则经济根源和制度前提的新向度。马克思指出,
劳动正义需要在经济领域表现为生产正义的原则,揭示了生产正义之于
人的存在和社会发展的动力之源。在马克思看来,物质生产"是一切历
史的基本条件"②,人领会到物质生产劳动逐渐确证了自身存在的合理

――――――――――

　　①　劳动正义和生产正义是马克思劳动正义思想结构中两个不同位阶的基础范
畴,彼此既相互联系又相互区别。其中,劳动正义更为根本,指"人是目的不是手段"
的劳动最本原的正义和"有意识的自由的活动"正义;生产正义是劳动正义的具体呈
现和展开,是第一性物质生活生产和由之产生的第二性精神生活生产的现实化"生活
的生产"正义。换言之,"劳动正义"是就马克思的劳动"类本质"的意义上而言,从根
本上与劳动的异化性非正义区隔开来;"生产正义"是就马克思政治经济学批判论域
的"生产、分配、交换、消费"结构中的物质生产环节而言的生产性正义,即生产、分
配、交换、消费各环节虽然有时两两互为前提而又始终彼此依存,但生产最终起着决
定性作用,由"生产、分配、交换、消费"结构中所产生出来的正义问题归根结底是一
种生产性正义。(参见《马克思恩格斯文集》第8卷,人民出版社2009年版,第5—
21页)

　　②　《马克思恩格斯文集》第1卷,人民出版社2009年版,第531页。

性,围绕生产总体展开的方式来表征生活状态,这种生产方式"是他们表现自己生命的一定方式、他们的一定的生活方式。个人怎样表现自己的生命,他们自己就是怎样。因此,他们是什么样的,这同他们的生产是一致的"①。马克思充分肯定生产在展现人类力量上的核心作用,在"生产什么""怎样生产"的问题上凸显了正义性原则,认为生产方式决定生产正义原则的内容和实质,唯有生产方式的正义才能确保生产关系的正义,使人在把自然关系变更为属人关系的生产中明确正义范畴的规定性,即生产正义作为现实变化的层级既塑造着多重矛盾关系构成的正义的存在状态,又从根本上回应了渗透于人本质力量的劳动正义需要。

在马克思看来,生产正义推动了社会正义主题的形成,折射出劳动正义价值在社会正义主题中的体现程度,肯定劳动正义内蕴的共产主义正义观。唯物史观的社会正义主题旨在通过构建正义的社会关系而走向自由人联合体,潜在肯定了人之发展需要的内在动力,依托以生产方式变革为推动力的构建逻辑展现社会正义的内涵指向。唯物史观揭示了个体利益与普遍利益的内在冲突,主张只有重构正义的生产方式才能培养人对现实正义的自主认识。马克思认为,生产正义是人类意识对社会关系的反映,决定着社会正义的内容和形态的变迁,由变革生产方式而确立起来的社会正义必定在一定历史时期形成总体的层级结构,即形成社会共同体的正义秩序与基本遵循,社会关系的正义发生变革必定产生影响生产方式及其正义尺度的力量。"马克思从社会发展阶段上肯定了'正义'存在的社会形态性,即是某一生产方式下的正义,但作为'生产方式下的正义'绝不是马克思所追求的社会正义,他所追求的社会正义是人类解放视域下的社会正义。"②唯物史观叙事基于社会形态理论来把握社会正义存在的历史背景,借由生产正义的现实动力中介与劳动正义的根本价值诉求形成了双向辩证的呼应式层级结构。

① 《马克思恩格斯文集》第1卷,人民出版社2009年版,第520页。
② 牛小侠:《马克思双重向度"社会正义观"的当代阐释及意义》,《吉林大学社会科学学报》2018年第4期。

马克思的劳动正义思想具有由内及外的层级结构划分,也指向相互对照的多样层级性发展。马克思立足于"现实的人"及其存在方式的理论视域,在唯物史观的理论叙事中将劳动视为人的生存根基,使劳动的正义性诉求成为人类历史前进的内在动因,并在阐释人与世界的现实关系中形成了人、自然和社会"三位一体"的矛盾性结构,其在现实的社会历史进程中表现为劳动正义、生产正义和社会正义深度耦合而成的系统性正义层级结构。在这一结构中,劳动正义作为基始层次,体现了人本质力量的正义需要;生产正义是劳动正义的核心层级,塑造了人类社会现实发展方式的正义原则;社会正义是劳动正义的表层结构,生产正义则衍生出人与社会整体关系的正义规范。以劳动正义为基点的层级结构与唯物史观的理论叙事框架具有内在逻辑的一致性,马克思在分析人类劳动形式演变的过程中,夯实了其正义思想历史性观念的唯物主义基础,实现了正义思想从劳动本质维度向生产领域、社会整体结构的深入探进。在物质生产领域的核心层次,生产方式与生产关系的复杂矛盾性必定使得劳动正义范畴带有多样性现实特征。随着生产方式的正义问题延展到社会关系的总体层次,马克思转而从社会存在的视角求索现实正义的深层根据,在肯定生产正义为社会正义必要条件的同时,强调基于物质生产发展来获取伦理、政治、文化等领域所滋生的正义观念,促使这些正义观念为社会正义总体的存在提供合理性论证,从而为走向自由人联合体指认正义性存在方式的基础。

二、马克思对劳动"非正义性"的前提批判与历史解构

马克思唯物史观的创立与其对异化史观的扬弃是同一历史过程,劳动异化是异化史观的建构基础,构成了马克思批判资本主义社会中非正义性劳动生产的理论切入点。生产正义和社会正义问题集中表现在资本主义社会中。在资本主义社会中,人的本质被遮蔽,劳动活动产生异化,非正义劳动成为人形成劳动自觉意识的主要障碍。马克思既高度评价资本主义社会运作中劳动的历史动力作用,更在对异化劳动的解密中阐明

"资本正义""经济正义"支配下非正义劳动生产的存在形式与危害,呈现了资本主义私有财产的制度根源和理论前提,从劳动异化和私有制的关系视角打开了劳动正义问题的解答思路。

马克思将资本主义社会视为考察人的生存方式和劳动过程的主要场域,根据生产正义和社会正义在资本主义社会的现实表征,辩证地阐发了劳动的双重属性。马克思肯定生产正义对社会正义的奠基作用,认为物质生产劳动在资本主义社会充分发挥了人的本质力量,肯定"资产阶级在它的不到一百年的阶级统治中所创造的生产力,比过去一切世代创造的全部生产力还要多,还要大"①。但他同时指出,资本主义生产方式并未彰显人的本质力量,明晰了资本主义主导的生产正义、社会正义与劳动正义之间的矛盾。在马克思看来,资本主义的生产方式推动劳动从体现劳动者本质力量的实践活动转变为资本增殖所需的生产要素,将"活劳动"置换成积累剩余价值的手段,促进资本的扩大再生产,在这一过程中资本与生产之间的非正义交换暴露无遗。资本主义生产方式促使现实生产能力和劳动者的自由生产意识获得一定程度的解放,然而,虽然劳动生产率得到提升,劳动者却面临每况愈下的生存困境。在对资本主义生产过程的批判中,马克思意识到劳动成果与产品所有权的分离是资本剥削劳动的必然结果,指认这一后果是资本主义社会中劳动"非正义性"的体现,即人类劳动被动融入资本增殖的同一过程,成为达致资本主义社会正义与生产正义的条件。

在《1844年经济学哲学手稿》中,马克思将研究对象从人类劳动转换到资本主义社会中的"异化劳动",发现"异化劳动"背后的"现实的人"的存在样态的异化,认为"异化劳动"是对人本质力量的颠倒和异化,在资本主义社会表现为工人阶级的劳动异化。马克思从劳动产品、劳动活动、人自身的"类本质"以及社会关系的四个维度阐述了劳动异化问题,其中,在论述工人与资本家的社会关系时,他指出"一个人同他人相异

---

① 《马克思恩格斯文集》第2卷,人民出版社2009年版,第36页。

化,以及他们中的每个人都同人的本质相异化"①。在资本主义社会制造
的劳动异化中,资本家也被无形地异化为虚假的主体,其实质是将自身抽
象化为资本(物)的支配权力。马克思从"经验事实"的维度分析劳动异
化的必然性,解构了"异化劳动"的非正义表征。他将资本主义生产方式
置于历史的发展逻辑中进行考察,针砭整个资本主义社会关系的"事实
正义性"表象,即"只要与生产方式相适应,相一致,就是正义的;只要与
生产方式相矛盾,就是非正义的"②。资本家以与资本主义生产方式相匹
配的资本主义社会正义观为雇佣劳动制度的合理性辩护,将不符合资本
增殖的生产视为非正义劳动,而在马克思看来,真正的劳动"非正义性"
是资本家对工人劳动的剥削所导致的。

　　马克思在反思资本主义生产方式过程中解构了由"资本正义"所引
致的劳动"非正义性",认为未能彰显正义的劳动在现实生产领域是"资
本正义"逻辑强行压制劳动力发展的必然后果。资本主义在缔造劳动生
产与资本增殖相统一的历史过程中创造了劳动自觉依附于资本的"正
义"规则,将资本主义工厂幻化为"温和监狱"的"正义"社会图景。伴随
对生产领域物质基础和经济根源研究的推进,马克思在资本主义生产关
系中把握了"资本正义"与资本生产劳动"非正义性"之间的历史同构性,
生产正义问题通过生产力发展与资本增殖的相互依存得以显现。资本逻
辑在资本主义生产方式中证实自身增殖的"天然正义",即资本获取的生
产增殖得益于其本身生发的价值而非源于劳动力的创造,从而创设出社
会生产与劳动无关的"资本正义"。生产力的产生和增长是依附于资本
主义生产方式的动力要素,生产劳动在保证资本增殖的过程中确证了
"资本正义"的理论基础。"资本正义"的实现饱含对物质财富和剩余价
值的极度贪婪、对劳动者物质生产劳动能力的霸权统治以及对个人与社
会关系的抽象颠倒,物质生产在加深资本普遍"正义"的同时也裹挟着强

　　①　《马克思恩格斯文集》第1卷,人民出版社2009年版,第164页。
　　②　《马克思恩格斯文集》第7卷,人民出版社2009年版,第379页。

制性话语,企图使整个社会生产领域在潜移默化中接受资本逻辑的宰制。人的劳动不是天生采取雇佣的形式并依靠于资本,而是在物的关系笼罩下逐渐形成对"资本正义"的推崇和对资本抽象统治的趋附。马克思发现:"劳动所生产的对象,即劳动的产品,作为一种异己的存在物,作为不依赖于生产者的力量,同劳动相对立"①。"资本正义"并非资本家天生的幻想,而是"异化劳动"的产物,"资本正义"一经产生就会以法权的形式确认劳动能力与劳动条件相分离的正当性,进而将物质生产规定为与"资本正义"相一致的"劳动正义",这种忽视了人本质力量的劳动无法真正实现生产力水平的高度发展。

马克思在解剖"资本正义"中将研究的触角深入到经济生活领域,从资本主义经济领域的"正义"现象入手,解构了现实生产中的非正义因素。"资本正义"和劳动"非正义性"之间的关联依随物质生产力的发展而逐步凸显为"经济正义"与劳动"非正义性"的必然关联。在经济利益的驱动下,资本逻辑从对生产资源的暴力掠夺转化到对经济活动和金融资源的隐性掌控。资本逻辑逐渐将"资本正义"的目的寄托于经济利益领域,将追求经济利益的最大化、合法化的"经济正义"视为资本"天然正义"的实现。资本逻辑宰制下的经济利益增长成为生产力发展水平的判定标准,经济生产与交换的最终目的是实现利润增长。人类生产劳动是决定社会结构和生产方式的基础,而资本逻辑主导的"经济正义"理念彻底颠覆了劳动之于社会整体发展的根基地位,必定造成劳动正义与"经济正义"相背离,无法带来经济利益的劳动被视为对"经济正义"原则的违背。马克思认为,在资本主义"经济正义"的社会关系中,生产劳动最初以占有和获取基本生存资源为目的,劳动正义本质上符合人自由本性的正义价值,但以物质利益和经济效益至上的"经济正义"致使追逐物质财富成为首要目的,社会关系被嵌入经济体系之中,根本体现人自身价值的劳动方式被遮蔽,劳动演化成单纯追求经济利益的现实力量,

---

① 《马克思恩格斯文集》第 1 卷,人民出版社 2009 年版,第 156 页。

其"非正义性"的现实表征逐渐扩散,"而这首先又只有通过异化的形式才有可能"①。

在揭示资本主义社会中劳动的非正义性时,马克思展开了对资本主义社会生产方式中的抽象"经济正义"观和现实经济利益关系的双重批判,并对资本主义社会总体关系及其"正义"原则进行深度批判,认为资本生产中劳动的"非正义性"始终与体现人本质力量的"劳动正义"相违背,因此,必须挖掘出深藏于经济利益和社会整体关系中的"合理性"存在根由。在分析经济利益关系时,马克思指责资产阶级政治经济学借用"经济事实"掩盖"社会现实"的企图,揭露经济运行中以物质利益为量化标准来规定劳动运作的非正义实质。针对资产阶级经济学家对资本生产的辩护,马克思通过剖析资本主义经济活动方式和生产关系,创造性地把握了限制资本主义生产力发展的根源——资本本身,即资本增殖固化了经济发展的模式,最终导致非正义的劳动。

马克思从资本主义私有制的根源处对劳动的"非正义性"进行了前提性批判。他指出,资本主义生产关系中使资本价值得以保存和实现增殖的正义尺度,以及经济生活中人们所渴求的自由、平等的正义秩序,都是资本主义私有制伪造的虚假"外衣",都要依靠私有制和资本力量共同构筑的"锁链"才能获得保证。马克思在《资本论》中着力批判了资本主义制度,深刻透视资本主义私有制度下劳动的"非正义性"及其对人的否定力量。正如马克思在分析资本主义生产剥削方式时所指出的:"从资本主义生产方式产生的资本主义占有方式,从而资本主义的私有制,是对个人的、以自己劳动为基础的私有制的第一个否定。但资本主义生产由于自然过程的必然性,造成了对自身的否定。这是否定的否定。"②资本主义在私有制基础上所建立的经济运行规律,开启了对劳动力无情的压制和奴役的历史进程。马克思认为,资本主义制度本身带有剥削的非正

---

① 《马克思恩格斯文集》第 1 卷,人民出版社 2009 年版,第 205 页。
② 《马克思恩格斯文集》第 5 卷,人民出版社 2009 年版,第 874 页。

义属性,资本主义剥削的形成根源于私有制内生的普遍性社会关系,进而明确了资本主义制度建基于阶级对立式思维的实质,而剥削的秘密隐藏于生产劳动的合法性支撑之下,"资本主义生产过程在本身的进行中,再生产出劳动力和劳动条件的分离。这样,它就再生产出剥削工人的条件,并使之永久化"①。马克思批判了资本主义制度的剥削本性及其不断衍生的消极力量,认为私有制度所安排的社会关系遮蔽了劳动的正义性价值需要。他从制度根源上对资本主义劳动的非正义因素所展开的批判,在唯物史观的叙事中是关于历史前提的批判。他将资本主义社会生产置于人类历史演进的过程中,指明资本主义生产方式在私有制度支配下无法克服的必然矛盾及其所昭示的暂时性、阶段性的历史"正义性"。

三、劳动关系悖论的求解与劳动正义的实现

马克思在对资本生产劳动"非正义性"进行历史解构和前提批判时,澄明了"资本正义""经济正义"在现实生产过程中的剥削实质。马克思对资本逻辑支配下劳动方式的剖析涵盖经验事实和社会历史现实的双重维度,体现了逻辑与历史相统一的研究方法。马克思所解析的劳动正义问题,归根结底旨在揭秘劳动能力与劳动所得之间的悖论:一是从劳动与资本的外在关系分析"资本正义""经济正义"与劳动正义的异质性矛盾;二是从劳动内部运行的关系探求劳动能力与劳动所得的分立式冲突,并在此过程中从劳动自由和人的自由发展的高度求解劳动关系的悖论,得出资本主义生产方式中劳动关系非正义的阶级性和暂时性特质,明确劳动正义才是真正体现人本质力量的价值诉求。马克思阐明了实现劳动正义所面临的现实障碍,澄清了劳动正义具有符合人类劳动自由本性和现实劳动动态生成的双重特质,以唯物史观的立场和方法扬弃现实的劳动关系困境,为实现劳动正义奠定基础。

在唯物史观的视域中,劳动关系是社会生产关系中最基本的组成,劳

---

① 《马克思恩格斯文集》第 5 卷,人民出版社 2009 年版,第 665—666 页。

动关系必然涉及劳动与资本、劳动者与资本持有者之间的关系。马克思对资本主义生产方式中"资本正义""经济正义"和劳动"非正义性"内容的阐发,实质上体现了其对劳动与资本关系的深刻理解,证实了生产力发展未能破除"资本正义""经济正义"对劳动正义诉求的压制,进而从这一历史困境中揭示了劳动与资本的固有矛盾。在马克思看来,生产力的发展致使资本主义生产方式的社会化模式得以巩固,构建了迎合社会生产需要的正义价值体系,掩盖了生产过程中的非正义性实质,抹杀了劳动在生产过程中的正义诉求。资本主义生产方式致力于发掘并极力占有劳动能力,强行催动人的劳动价值与经济利益的增殖需要相一致。资本主义以物质利益为"正义需要"置换了劳动正义的价值理念,它们强调资本生产劳动的巨大能量,以"自由""解放"为诱饵将劳动者引向资本的扩大再生产中,以规避审视和质问劳动能力与个人所得之间的关系及其正义问题。资本自身的生产使得劳动的物质利益组成逐渐成为资本主义生产链的重要一环,而劳动正义却被资本积累与经济增长的价值所吞噬,使得资本与劳动能力的交换演变为固定的经济关系。马克思在分析劳动与资本关系的变化中指出,"历史的过程使在此以前联系着的因素分离开;因此,这个过程的结果,并不是这些因素中有一个消失了,而是其中的每一个因素都跟另一个因素处在否定关系中:一方面,是自由的工人(可能性上的),另一方面,是资本(可能性上的)"①。尽管劳动与资本之间的关系形式发生了变化,但资本占有劳动的实质未变,只不过在劳动与资本之间将产生"否定性"的对抗关系,劳动所具有的一切生产力均化为资本的内生力量,劳动正义的社会需要也被资本的"物性"及其统治强力所遮蔽。

马克思从交往关系的维度探析资本主义生产关系,洞悉了资本主义社会的本质以及剩余价值生产过程中劳动与资本的深层矛盾。马克思认为劳动与资本关系的矛盾形式已在剩余价值生产中从资本对劳动的直接

① 《马克思恩格斯文集》第8卷,人民出版社2009年版,第156页。

占有转变为商品、货币和资本对劳动关系的颠倒。马克思着重从交换和分配领域揭露剩余价值剥削劳动的独有方式。他认为,资本主义生产方式在交换领域通过劳动与资本的市场结合生成了更强劲的生产力,劳动与资本的交换关系在表面上遵循着正义原则,但实际上"工人在把自己出卖给资本家以前就已经属于资本了。工人在经济上的隶属地位,是通过他的卖身行为的周期更新、雇主的更换和劳动的市场价格的变动来实现的,同时又被这些事实所掩盖"①。劳动者遵循着资本持有者所制定的以平等、自由为核心要义的"正义规则",在交换地位上已然具有先在的非正义性。而资本持有者正是利用劳动生产剩余价值的潜能,才将货币转化为能够再次购买劳动力特殊商品的资本。在分配领域中,马克思指出,资本家将劳动等同于一般商品而支付劳动力价值,无视劳动能力的"使用价值本身具有成为价值源泉的独特属性"②,劳动与资本的冲突在分配领域表现为资本迫使劳动不断创造剩余价值的强制剥削。劳动与资本关系的实质在于凭借简单商品交换的"正义原则"抹平了劳动者与资本持有者在现实交往中可能存在的非正义性。

劳动与资本的外部关系促进马克思对劳动内部关系进行省思。他洞察到劳动能力与劳动所得之间的深层矛盾。马克思以资本主义生产方式为参照,对比劳动自由理想中的正义价值,从劳动能力的开掘、劳动客观条件的初始持有和劳动成果的实际获取等层面深思劳动内部关系的正义性。在劳动能力层面,他肯定劳动能力在彰显劳动正义性中的基础地位,认为劳动能力的正义性标志着人对自身生活的合理预期和自由选择,同时客观分析了资本主义生产中劳动能力自由选择的限度,即"这里所谓自由,一方面,是指工人支配他作为商品的劳动能力,另一方面是指他不支配任何别的商品,一贫如洗,没有任何实现他的劳动能力的对象条件"③。资本所有者强行占据劳动的客观条件,致使劳动者为了生存必须

---

① 《马克思恩格斯文集》第5卷,人民出版社 2009 年版,第 666 页。
② 《马克思恩格斯文集》第5卷,人民出版社 2009 年版,第 195 页。
③ 《马克思恩格斯全集》第32卷,人民出版社 1998 年版,第 42 页。

出卖劳动力,从而被迫放弃了自身对劳动能力的支配和交换自由的权利,这一有限的自由构成了资本主义非正义劳动关系的基石;在劳动客观条件层面,资本家在资本原始积累中对劳动客观条件暴掠攫取,否定了劳动者对劳动客观条件的初始持有,将"大量的人突然被强制地同自己的生存资料分离,被当做不受法律保护的无产者抛向劳动市场"①,劳动者在客观条件的限定中被迫从事依附于资本的雇佣劳动;在劳动成果层面,马克思认为雇佣劳动关系中的劳动成果完全由资本持有者操控,劳动客观条件和生产资料的私有性无法确保劳动者的自由权利与机会,资本主导的分配机制必定将劳动者的权利排除在外,最终造成劳动能力与劳动所得之间不可调和的矛盾。

化解劳动关系悖论是马克思反思人类历史和劳动自由的理论主题,最终旨在求解劳动关系悖论中确定真实的劳动正义价值。马克思将劳动视为人的本源性存在方式,将劳动正义置于充实人的现实的生存意义、提升人的生命质量的优先地位,而劳动关系悖论归根究底是劳动与劳动者之间的对立。马克思认为,资本、商品对劳动能力、劳动的客观条件、劳动交换以及劳动成果所得的全面支配,使劳动者的权利在生产的各个环节处于绝对"失语"状态,这与劳动者通过生产过程发挥自身潜能和维护自身权利的诉求相违背。劳动既包含了对人的自由解放的承诺,又隐藏着戕害人性的倾向,体现劳动者本质力量的劳动活动具有促进人的自由的积极意义,而依附于资本逻辑所衍生的生产劳动则具有压制自由的弊病,劳动的双重悖论使得劳动关系的理论叙事变得复杂多样。

马克思从契合人自由本性的劳动活动出发,把劳动关系阐明为"现实的人"的存在及其在人类历史进程中自我实现程度的真实反映,在反思现实劳动关系中把握劳动正义价值。唯物史观自创立起就以实现劳动正义价值为重要关切。马克思肯定物质生产劳动是人类劳动的基本方式,物质生产劳动本质上决定了人的总体生活样态。他认为"劳动不仅

---

① 《马克思恩格斯文集》第 5 卷,人民出版社 2009 年版,第 823 页。

在范畴上,而且在现实中都成了创造财富一般的手段"①,无论是社会生产和经济发展的问题,还是伦理道德和哲学思辨的难题,都离不开对劳动的现实把握。在马克思看来,劳动构造了现实的社会历史,人与世界之间通过劳动建立起基本价值关系。唯物史观关注人的本质存在及其自我实现,并在历史进程中追求劳动的自由和解放。真正反思人的主体性、体现人文关怀的劳动解放,才是劳动状态和劳动关系正义性的真实表征和价值诉求。

将劳动正义奠基于人的本质存在方式,把劳动的解放阐释为劳动正义的价值诉求,构成了马克思唯物史观叙事中最基本的理论关怀。马克思在洞察资本主义劳动方式和劳动关系中确立了实现劳动正义的两个基本方面:一是"解蔽"并深刻透视社会历史中实现劳动正义所面临的现实障碍,二是基于共产主义的正义价值理想探求实现劳动正义的路径。马克思认为,劳动解放的实现与对现实劳动异化、自由丧失和物质贫乏的克服是同一过程,尽管人在本质上是自由劳动创造的存在,但现实中诸多束缚人本质力量的异质性关系总是构成人生存状态无法割裂的部分。人的劳动创造了资本生产和社会所需要的价值,但其社会权利却没有得到保障,而资本的无限积累和雇佣工人贫困的加剧在生产扩张中形成了固定的结构性关系,工人所获劳动报酬只能在资本主义生产需要所容许的范围内进行调整,创造财富与越发贫困之间的对立成为困扰劳动正义的顽固"病灶",阻碍了人对劳动正义问题的觉醒。马克思从资本主义生产过程分析贫困的致因,认为资产阶级想方设法延长工作日,鼓励雇佣工人之间的竞争以加剧劳动强度,导致工人创造的价值与其所得财富成反比。立足于对资本逻辑和私有制的批判,马克思进一步追究无产阶级贫困问题的根源,指出私有财产及其滋生的权力关系是造成贫困问题的根本原因,"尽管私有财产表现为外化劳动的根据和原因,但确切地说,它是外

---

① 《马克思恩格斯文集》第8卷,人民出版社2009年版,第28页。

化劳动的后果"①。任何强调劳动与资本关系"自由""平等"的形式都无法改写工人在劳动关系中的被动地位和贫困境遇的历史。马克思将克服贫困问题、实现劳动正义的路径聚焦于消灭资本主义私有制,提出消灭私有制是践行共产主义劳动正义观的首要关切,必须消除私有制的经济根基和政治法权依附,通过对异化现象的批判向人们展示自由解放的境界,使人在对现状的反省中形成将自我意识贯彻到革命、批判的实践中去的思维,达到人对自身本质的"真正占有"。

四、劳动生产形态的转变与劳动正义问题的重置

立足于劳动正义性问题的探析,马克思说明了劳动方式和劳动关系的理论性质与原则。随着唯物史观的发展,马克思从世界历史和全球化的角度对劳动方式与劳动关系的变化提出了新的见解。资本主义生产的扩展加速了人类历史的整体性发展,马克思认识到资本主义生产方式在世界历史阶段中的作用,明确了资本与技术进步的合流及其对劳动生产形态和劳动关系变更的影响,并以此为着眼点揭示了人类社会在世界历史进程中发展的客观规律。马克思从人类社会形态和社会关系总体的变动中,反思劳动主体及其性质的变化,确认了技术型劳动生产形态与知识型经济生产关系的实质内容,从而对资本逻辑支配劳动的状态展开深刻批判,探讨了扬弃资本逻辑主导的历史条件。在马克思的世界历史理论观照下,劳动正义问题从与资本的直接对立关系中转换到劳动中的"知识产权"领域,劳动正义价值如何实现的问题在资本主义全球化时代被搁置,对劳动正义问题的重构仍然归诸资本主义私有财产法权制度之内。

纵观马克思的世界历史理论,技术进步及其与资本的融合改变了劳动能力的基本构成和劳动生产形态。马克思承认资本主义生产扩张开启了世界历史的客观事实,认为资本主义寻求剩余价值的生产方式和逐利性在世界历史演化中没有改变,为了实现以世界市场为基础的生产方式

---

① 《马克思恩格斯文集》第 1 卷,人民出版社 2009 年版,第 166 页。

的全面社会化,资本主义通过扩张资本的生产方式和制度手段实现了与科学技术的结合。资产阶级在世界历史进程中逐渐意识到,要想获取更多剩余价值,必须克服不同民族主体参与全球生产格局的界限,深切感受到科学技术在生产过程中对克服生产限制、攫取物质利益的强大效用。在世界历史发展进程中,资本持有者为了使生产资源在世界范围内实现最优配置以获取财富积累最大化,必定倾力推动科学技术的发展,以此重塑劳动能力的技术构成,并在技术进步中创造新的劳动生产形态。马克思在对"异化劳动"批判中逐渐阐释了技术劳动的思想,他建构了科学技术的对象化、异化及其扬弃的理论叙事,澄明了技术性劳动在资本掌控的世界历史中逐渐被视为人的"类本质"并引导人发展的逻辑。随着资本与技术的联合,技术进步成为劳动能力的主要构成,技术性劳动成为人本质力量和"类本质"活动的集中体现,技术化劳动生产自然被粉饰为解放人的力量。

随着世界历史的发展,劳动生产形态的新特点在于技术进步成为人与自然关系的中介力量,这种新特征在深层次上指向技术进步中全球劳动关系的变化。技术进步通常表现为人类改造自然和社会生产能力的增强,"在给定的技术背景下,技术系统效能的增加,可以很容易被解释为人的能力的增加,以确保该系统所施加的实际行为与人的目标一致"①。技术进步中的生产方式旨在形塑社会生产与人的劳动解放需求相一致的模式,倾向于将与生产效率、经济效益相一致的客观价值作为劳动能力与技术效能发展的测量标准。马克思对生产劳动中的工业扩展和技术进步进行深入分析,指出劳动中技术因素比重的提升会增强劳动者在生产过程中的组织力量,劳动者在反省资本剥削中积蓄了抵制能力,但工人的对抗性运动却无法从根本上改变资本对劳动的抑制关系。尽管资本增殖与技术进步是同一个历史过程,都旨在为世界历史的发展提供物质支撑,但

---

① 吴国林、程文:《技术进步的哲学审视》,《科学技术哲学研究》2018 年第 1 期。

资本对技术仍具有绝对先在的控制权,技术进步中劳动关系形式的变化依然隶属于资本逻辑扩张下的生产范围。技术进步对人力、技能等可变资本的要求不断提升,催促劳动者为获取文化、知识和技能来提高自身劳动生产力而投入更多的精力、时间等成本。资本主义生产过程在改变劳动能力构成的同时,实现了资本积累方式的更新,资产阶级通过购买高科技含量的机器提高劳动生产率,以获取更多剩余价值进而扩大再生产。

　　资本通过与技术进步的结合实现了对劳动关系愈加隐秘化的控制,造成并加深了劳动关系中资本积累和劳动收益的分化,扩展了资本对劳动能力的剥削空间。资本主义生产方式具有生产物质商品与阶级剥削的天然二重性特征:确立了劳动与所有权相统一的"正义"规则,即资本家对工人劳动过程及其产品拥有绝对所有权;构造了劳动力为资本增殖服务的非正义关系。资本主义生产过程的展开促使劳动力愈益成为生产剩余价值的依附力量,而技术进步在生产过程中发挥主要推动作用。技术进步通过缩短生产过程中损耗的社会必要劳动时间而改变了资本的有机构成,使得不变资本中的知识信息因素相应增加。技术对资本扩张的加持粉饰了资本主义生产方式的内在矛盾,营造资本逻辑自我消化和调节矛盾的能力不断提升的假象,其中,最主要的特征体现在其所确立的内在组织机制对经济生活的制度安排与执行产生的影响。技术进步确立了对"技术—经济"活动系统的自组织机制功能,其所确立的组织机制深刻形塑了独特的分配制度和"正义"标准。"正义"制度关注经济主体投入生产劳动过程中的正义诉求,在其中"占统治地位的只是自由、平等、所有权和边沁"①。技术进步确立了生产过程中"正义"原则的自由特质,通过提高劳动的技术构成来确证劳动方式对"自由"本性的诉求,致使劳动者"自主"成为经济生产过程中的"生力军"而丧失支配生活的自由权益,从而强化了"经济正义"的合理性。

　　资本通过与技术的结合而确立了新的生产组织方式,这种生产组织

---

① 《马克思恩格斯文集》第5卷,人民出版社2009年版,第204页。

方式将人的劳动所创造的价值主要归功于技术进步,以助推劳动方式的变革来实现与所有权相对等的"正义"关系,最终诱导劳动主体在"资本正义""经济正义"环境中放弃了对劳动正义的诉求,其实质是对劳动正义问题的消极搁置。技术进步促进了劳动生产力的提高,技术性劳动生产模式推动劳动服务于资本增殖和经济增长的目的,使得劳动正义与"资本正义""经济正义"之间的冲突得到"消解"。但其背后隐藏着对技术权力的盲目崇拜。拒斥人性的现实冲突和劳动生成过程中的矛盾,反映了追捧技术性劳动能力为"终极实在"的过程论思维局限,势必造成对劳动生产价值的颠覆,导致劳动正义问题的实质内容被消极搁置。正义价值冲突关系的"消解"前提是劳动的技术构成与劳动方式的解放程度、社会生产的需求相一致,即劳动正义的诉求在资本主义生产方式制造的正义价值形态中得以"实现"。但"资本正义"价值形态归根究底是追求物质利益诉求的观念反映,本身包含深层的内在悖论:"资本正义"以劳动的历史性、矛盾性为生产基础,却企图在生产过程中摒弃和遗忘劳动的历史性、矛盾性,坚信技术进步能够激发劳动的无限活力以建立摆脱生产有限性的世界。技术进步中生产领域的正义价值形态通过技术权力建构了解决一切难题和挑战的终极意义,以资本主义主导的生产领域的正义价值涵盖并超越了所有正义价值目标,妄图在生产过程中实现不同领域的正义价值观念的统一,把人的生存本性与物质生产世界的普遍联系割裂开来,把劳动的工具性与目的性分离开来,忽视劳动作为一个整体的关系性存在,瓦解了劳动关系、社会关系与人的存在方式之间的密切关联,造成以劳动正义作为评价生产过程的尺度向被动接收生产方式抽象评判的颠覆。

技术进步中劳动生产形态和劳动关系的改变及其对劳动正义问题的搁置,根本原因在于对技术权力来源的忽视,而在技术权力与劳动权力的关系视域中审视劳动正义必然引起对劳动正义问题的重置。技术进步通过提高劳动的技术构成提升了生产效率,掩盖甚至否定了劳动作为满足人基本生存需要的根基地位,但在摧毁劳动的历史性和矛盾性后却并未确立技术性劳动的根基地位。生产过程中的劳动能力与体现劳动者生存需要的本质力量相背离,致使生产领域的劳动正义问题隐匿未彰。劳动是整个生产过程中的基本动力,技术劳动的无限"活动性"及其对传统劳动局限的克服伴随技术的不断进步而愈益突显,但作为"活动性"范畴的技术性劳动所内含的本体论设定却被刻意"遗忘"。与一般的经济生产活动不同,技术进步中的劳动生产具有天然的不确定性,"不确定性即由于信息缺乏而使得准确预期某事的不可能性或区分相关或不相关数据的不可能性"①,技术发展预期的"不可能性"表明技术难以掌握生产需要的发展趋势。技术性劳动方式虽然展示出在物质生产上的强劲功能,但仍无法使劳动的本性得到充分释放,它事先设定了劳动过程与资本增殖、经济增长目的相一致,终将因抑制劳动自由发展而以无效告终。技术劳动是劳动特殊的存在形态,其存在根基和载体是劳动本身,技术进步中的劳动正义依存于劳动本真正义理念的表达,但技术性劳动方式与生产关系是资本主义生产方式的附庸,孕育于其中的劳动正义理念被强制与经济生产过程的价值需要相契合,实际上体现了劳动能力与劳动所有权在全球化生产领域内产生了新的分离形式。马克思在分析资本主义生产方式时指出"异化劳动"与私有财产形成了相互作用的关系,即劳动在私有财产的关系中被异化为工人的生产和资本家的所得。在世界市场中,劳动正义的问题被放大为世界范围内的生产、分配与劳动者所有权的实现问题。

在资本逻辑主导的当今全球化社会和技术性劳动关系中,全球性的资本积累和贫困分化在各主体国家之间形成了以"知识产权"为核心议题的新的等级形式。"知识产权"问题事关劳动财产和所有权的主要问题,在全球化以及技术创新时代显得尤为突出。为了与劳动能力和劳动所得之间正义关系相呼应,应对"知识产权"给予制度形式的保护。但保

---

① Frances J. Milliken, "Three Types of Perceived Uncertainty about the Environment: State, Effect, and Response Uncertainty", *Academy of Management Review*, Vol.12, No.1, 1987.

护"知识产权"的制度仍然为资本逻辑所掌控,就变成保护资本持有者的利益,而非维护劳动能力与劳动所得的对等,便违背了劳动正义的价值本义。马克思在阐发劳动能力与所有权分离中说明了私有财产的起源问题,认为私有财产是"劳动借以外化的手段,是这一外化的实现"①,同时指出私有财产是劳动外化的产物,证明劳动的对象化给劳动者在生产领域带来了有限的所有权,而劳动异化则使劳动者全部生活的所有权被无偿占有。"知识产权"是劳动者在一定时期对其成果的所有权,其现实特质及制度安排源于私有财产和私有权理论,在技术性劳动为主的全球化时代,"知识产权"与劳动正义性问题产生密切关联。而在资本逻辑施行支配强权的语境中,资本持有者为了掠夺更多利益,抑制劳动者发出的抗议,从制度层面确定知识生产权力的独占性和成果占有的排他性,实际上是采取资本主义私有财产权的方式、利用技术的高效率来应对知识生产中劳动与资本之间的利益冲突。罗尔斯认为,正义的主题表现为"社会主要制度分配基本权利和义务,决定由社会合作产生的利益之划分的方式"②,即对"知识产权"的制度设计旨在化解现实的利益冲突,但寄生于资本逻辑关系中的"知识产权"制度本身就是资本持有者的利益主张及其理性选择,知识从产出到转化为现实生产力的过程涉及创造者、传播者和使用者等多方权利主体,不同权利主体力量的悬殊必然导致制度设计向强势的利益主体倾斜,反而造成利益的多元分化和冲突,导致了不同主体国家对知识生产中强权倾向的制度惯性和路径依赖,这种全球范围内"知识产权"制度的非正义性在现实的劳动正义问题上必将造成难以弥合的鸿沟。

在资本主义社会历史结构中审视劳动正义及其内部关系的演变问题,是马克思唯物史观叙事所包含的基本思想。马克思在唯物史观的建构中阐明了劳动正义、生产正义和社会正义的层级结构,对全部资本主义

---

① 《马克思恩格斯文集》第 1 卷,人民出版社 2009 年版,第 166 页。
② [美]约翰·罗尔斯:《正义论》,何怀宏、何包钢、廖申白译,中国社会科学出版社 2009 年版,第 6 页。

社会的基石即资本的人格化与资本逻辑主体性提出质疑,敏锐地洞悉资本主义生产结构的内在矛盾及其造成的劳动"非正义性"问题,揭露以资本主体为基点、建立在物质利益有用性上的正义价值尺度的弊端,指责"资本正义""经济正义"原则否定劳动正义本真内涵的内在局限。马克思在批判资本主义社会生产过程中体现的劳动正义思想,是以"现实的人"的本质存在及其生存方式为理论前提,并基于此确立了社会生产生活中劳动的正义性规范;反对颠倒劳动与资本主客体地位而把物质利益视为立法准则,指出其后果在于劳动规范基础的缺失。马克思劳动正义思想中内蕴解放的叙事、对美好未来社会生活的构想、物质生产走向的规范力量以及对现实社会存在的批判等向度,向我们展现了解读正义思想的重要问题域和研究生长点。解决劳动正义性问题的关键在于探寻以何种方式通达正义性的规范基础,从而揭示资本主义强权话语对人类劳动正义与交往自由的扭曲,最终将劳动正义问题的化解归本于人的劳动本身,这构成马克思正义价值理想的根本前提和本真意义。我们只有在对劳动正义的不断追求中,才能免于资本生产逻辑所制造的异化劳动的消极影响,一以贯之地保持人类本质力量的自我超越性。虽然社会生活中的劳动正义,在不同的生产发展阶段都带有局限性,但在现代社会,我们应该坚持以劳动正义的原则扬弃资本和技术力量所奠定的社会公共生活正义观念的规范基础。马克思的劳动正义思想蕴含对社会生活"理应如此"的价值诉求,是从理想的价值状态出发批判现实社会并超越现存状况的实践哲学,促使人们在全球化发展的现代社会中挖掘和培植劳动正义的规范资源并形成价值共识,最终促进人们在社会交往中实现"自由联合"和团结协作。

附 录 三

当代中国马克思主义的哲学境界[*]

　　习近平新时代中国特色社会主义思想是当代中国的马克思主义,蕴含深厚的哲学史基础,它对世界历史出现的新情况、新特点和新问题进行敏锐捕捉和科学研判,创造性回答了"构建何种意义的当代马克思主义"以及"如何构建当代马克思主义"的深层问题。在对世界市场扩张、国际交往深化以及全球治理体系变革等现实形势的深刻洞悉中,习近平新时代中国特色社会主义思想体现出将世界历史转变与哲学思想变革相统一的历史观;在解答"时代之问"上展现出中国特色社会主义制度的显著优势,促使人民群众推进人类历史过程的可能路径愈加丰富,显现了对现实问题的规律性认识与实践活动的创造性探索相统一的方法论;对"中国之问"与"时代之问"之间深层关联的理清,以及对现实问题与理论生成过程之间内在逻辑的把握,展露出体系意识与创造"人类文明新形态"①并举的世界观;在社会历史的实践进程中始终保持对现实的总体性视野和超越性旨趣,饱含着哲学使命与哲学意义深度融合的时代价值。习近平新时代中国特色社会主义思想蕴含的大历史观,要求在世界历史的宏观视野中形成现实问题与实践遵循自觉结合的方法论,并促使具有

---

　　*　本文以首篇位置发表在《中国社会科学》2021 年第 9 期。
　　①　习近平:《在庆祝中国共产党成立 100 周年大会上的讲话》,《人民日报》2021年 7 月 2 日。

积极建构性的世界观在方法论的展开过程中得以澄明,进而升华至崇高的价值论境界。从历史观、方法论、世界观和价值论四个维度阐发当代中国马克思主义达致的哲学境界,不仅高度契合中国共产党对马克思主义理论精髓与现实实践走向的充分自觉,而且积极推动了当代中国马克思主义固有的理论属性与实践特色在新时代背景下的透彻展开和深化发展。

一、世界历史的转变与历史哲学的生成性变革

随着作为客观世界历史重要基础的全球化进程的总体性发展与阶段性变化,中国人民的前途命运与人类社会的整体走向更加密切关联,对新的历史阶段的发展需要和现实路径的精准把握构成了当代中国马克思主义的时代课题,即历史哲学的题中之义。党的十八大以来,中国共产党系统阐述了新时代发展当代中国马克思主义的基本取向,即在新的历史条件下探索理论与实践融合统一的新方式。在明确这一基本取向的前提下,形成了包含习近平经济、生态文明、外交、法治和强军思想等在内的新理念,构成了习近平新时代中国特色社会主义思想的重要组成部分。新理念既明确了认识和反思现存世界运行方式的基本态度,又提供了自觉解读和把握时代精神及其内在脉络的叙事理路,体现出中华民族历史发展与世界历史转变相互交汇、人类历史的现实演进与历史哲学的生成性变革融为一体的辩证意义。中国共产党在广泛参与世界历史的进程中把握其现实转变的深层原因,并将这种转变理解为历史视野中的“现实”与现实意义上的“历史”有机统一的过程,体现了基于具体实际实现自身思维和路径转换的历史哲学的生成性意蕴。历史哲学的生成性特质强调在实践中求解现实问题,将人的生存发展与现实历史相融合,辩证分析动态的、发展的历史过程。习近平新时代中国特色社会主义思想折射出马克思主义在新的发展阶段上的历史意义,其内含的历史观以马克思的世界历史理论为思想依据,在把握全球问题衍生的新形式和重构世界治理格局的新契机下,基于长远性和整体性的世界历史发展趋势,贡献了破解当

前世界发展困境和未来世界治理秩序的"中国方案",彰显了对世界历史转变的真知灼见和对未来世界历史走向的深邃洞察。

历史哲学历来将追求人与世界的和谐统一视为根本的理论任务,马克思主义历史哲学把实现这一任务的理论路径寄望于人类现实实践的统一性,表明人类历史只有与客观世界的推进过程建立起深层关联才能得到发展,由此确证了世界历史现实生成和演进的客观性与实践性意蕴。在当代中国马克思主义的理论视域中,世界历史的进程包含了人类历史从过去、现在到未来的整体性视角中的存在状态、活动方式以及追求自由的路径,以还原人与世界在纷繁复杂的现实生活中同时在场和共同发展的历史境遇。经济、生态文明、外交、法治和强军思想作为习近平新时代中国特色社会主义思想的重要组成部分,是中国共产党基于中国社会的阶段性发展来反省世界历史整体运行的内在规律和发展趋向所生成的理论成果。习近平经济、生态文明、外交、法治和强军思想聚焦于相关的现实领域所表达的思想观点和展开的实践活动,形成了各领域自身特有的理论系统,并在逻辑和现实的双重意义上对领域内的基本论题与主要任务进行了解答。这些领域自身子系统的完成与中国特色社会主义整体理论系统的形成相互规定,子系统在整体系统中获取了更为广阔的现实意义,同时确证了中国特色社会主义建设实践在当代世界历史中持续生成的统一性旨趣,彰显了习近平新时代中国特色社会主义思想对现实生活中具体领域发展的系统性自觉,并敞显出更高层次的历史哲学的系统性发展。

在新时代,推进当代中国马克思主义的发展必须将思想观念与具体实际相结合,审视处于不断变化中的人类社会。面对世界历史转变带来的冲击以及把握这一现实转变的新要求,中国共产党在践行新时代的历史使命中展现出哲学思维的变革伟力与创新发展的实践魄力,为世界历史的发展提供了全新的理论智慧和实践方案。习近平总书记基于理论与实践相结合的方法论维度,深入洞察世界历史的运动变化和发展规律,阐发了关于经济、生态文明、外交、法治和强军思想以及其他各领域的重要论述,其中蕴含的哲学范畴和基本观点,为理解现存的世界历史框架提供了敏锐的理论导向。从理论的形成过程和思想的阐述方式来看,习近平新时代中国特色社会主义思想的叙事特色及其内在内容之间所阐述的范畴、观点和思维都清晰可见创新与变革的基本理路。经济思想强调"新发展理念""高质量发展"和"现代化经济体系"等新范畴,突出全面深化改革和社会主要矛盾转换等新论断,注重把握经济全球化的历史潮流,力图"让发展成果惠及更多国家和民众"①,使发展国内经济与构建新型经济全球化的战略需要逐渐融合,为推动经济发展提供理论指引;生态文明思想强调"美丽中国"的新范畴,深刻阐发"两山论""绿色发展"等新理念,立足于人类历史的宏观视野探索人与自然和谐相处的模式,揭示全人类创造更高层次生态文明的历史意义;外交思想包含"一带一路"国际合作、构建"人类命运共同体"等新思路,澄明了中国特色社会主义进入新时代对世界交往和世界历史发展的重大意义;法治思想强调坚持中国特色社会主义法治道路与全面推进依法治国深度融合的核心要义,形成了国家治理体系建设与全球治理体系变革相联结的发展图式,制定出改变全球治理格局理应遵循的原则、方案和"施工图"等顶层设计;强军思想强调"党的绝对领导""军民融合"和"政治建军"等新范畴,致力于打造人民军队的新风貌,创造性地提出"和平必须以强大实力为后盾,能打赢才能有力遏制战争,才能确保和平"的论断②,这是一种在关键历史节点将激发人民军队战斗力与维护世界和平的使命关联起来的叙事方式。这些涉及不同领域的思想论述自成一体,又相辅相成、相得益彰,具有严密的演进脉络,达到了历史逻辑与实践逻辑相统一的理论高度,反映了中华民族历史发展与世界历史转变密切联系的客观规律。

　　习近平新时代中国特色社会主义思想形成与发展的重要动因和基本

----

　　① 习近平:《开放合作　命运与共——在第二届中国国际进口博览会开幕式上的主旨演讲》,《人民日报》2019 年 11 月 6 日。

　　② 习近平:《努力把马克思主义立场观点方法学到手——关于军事辩证法》,《解放军报》2016 年 6 月 1 日。

线索在于对世界历史转变的深刻洞见,构建了将世界历史的现实转变进程与历史哲学相统一的叙事方式。马克思指出,"整个所谓世界历史不外是人通过人的劳动而诞生的过程,是自然界对人来说的生成过程"①。这蕴含了深刻的生成性历史观,展露出在生产劳动作用下形成的双重生成性进路:人的主体性力量的历史性生成和现实的人从自然史向人类史的生成进程。当代中国马克思主义体现了马克思主义世界历史理论与现实的世界运行形势的深度结合。习近平总书记在纪念马克思诞辰 200 周年大会上的讲话中指出,"学习马克思,就要学习和实践马克思主义关于世界历史的思想"②,强调马克思、恩格斯关于在生产和交往方式不断扩展和完善的历史条件下推动历史向世界历史转变的预言已然成为现实。从习近平总书记对经济、生态文明、外交、法治和强军思想的阐释中可以发现,他对世界历史伴随现实环境和条件的变化而不断转变的情势保持敏锐洞察力,也反映了他对现实世界历史转变中衍生的困境和危机的科学预判。"人类交往的世界性比过去任何时候都更深入、更广泛,各国相互联系和彼此依存比过去任何时候都更频繁、更紧密"③,这意味着世界历史的转变已深刻嵌入全球性问题的产生与蔓延、人类生产与交往方式的变化之中。习近平总书记将世界历史的大变革和大调整视为"百年未有之大变局",强调这一转变是辐射经济、政治、社会、文化、军事和外交等各领域的体系性变局,根本涉及人类社会存在与发展的未来走向。在把握世界历史的现实变化中,习近平新时代中国特色社会主义思想将世界历史理解为通过人类的生产与交往活动而不断化解人类生存和发展矛盾的生成过程,彰显了历史哲学的生成性变革思维和开放性理论视野。

习近平新时代中国特色社会主义思想对世界历史转变的哲学洞见彰

---

① 《马克思恩格斯文集》第 1 卷,人民出版社 2009 年版,第 196 页。

② 习近平:《在纪念马克思诞辰 200 周年大会上的讲话》,人民出版社 2018 年版,第 22 页。

③ 习近平:《在纪念马克思诞辰 200 周年大会上的讲话》,人民出版社 2018 年版,第 22 页。

显了回应"时代之问"的世界眼光。在新中国成立 70 周年之际,习近平总书记曾指出,"我们的国家发生了天翻地覆的变化,中华民族迎来了从站起来、富起来到强起来的伟大飞跃。无论是在中华民族历史上,还是在世界历史上,这都是一部感天动地的奋斗史诗"①,展现了中国的持续快速发展为推动世界历史进步贡献的伟大力量。将中华民族历史的变化与世界历史的整体转变视为人类历史发展的同一过程,体现了中国共产党以世界历史的转变与中华民族历史发展的深层关联为契机来判定时代方位、提出"时代之问"的融合性视野。"时代之问"的提出依托于对世界历史转变中蕴含深刻矛盾的捕捉。在 2018 年亚太经合组织工商领导人峰会上的主旨演讲中,习近平总书记回顾了近代以来世界历史的运行轨迹,揭示了西方保护主义、单边主义等路径是以谋取少数人利益为目的的资本扩张过程,其结果只会加剧世界经济的不确定性和风险性,同时在生产力的普遍发展中也孕育出与资本主义制度相抗衡的内在力量。面对世界历史的转变,习近平总书记指出,"一个时代有一个时代的问题"②。当社会生产总过程的全球化发展逐渐突破资本扩张的狭隘诉求时,世界历史的转变将获得更大的发展空间,中华民族的历史演进也将迎来更多的发展机遇。习近平总书记在洞悉世界历史发展新契机的基础上判定中国特色社会主义进入了新时代,并针对新时代面临的世界性问题提出了新的思想论断,其中蕴含对世界历史转变与世界体系塑造之间关系的研判,在不断解答"时代之问"中体现了中国发展进入新的历史方位给世界发展带来的信心和希望。习近平总书记在党的十九大报告中总结过去五年的工作时表示:"我国国际影响力、感召力、塑造力进一步提高,为世界和平与发展作出新的重大贡献。"③中国对世界作出贡献的核心在于发挥中国治理对世界体系的"塑造力",重构资本主义主导世界历史进程中形成的

---

① 《习近平谈治国理政》第三卷,外文出版社 2020 年版,第 326 页。

② 《习近平谈治国理政》第三卷,外文出版社 2020 年版,第 456 页。

③ 中共中央党史和文献研究院编:《十九大以来重要文献选编》上,中央文献出版社 2019 年版,第 5 页。

全球治理体系,为人类共同面临的生存和发展问题提供科学的解答方案。

习近平新时代中国特色社会主义思想的形成和发展过程贯穿了将世界历史转变作为人类社会发展条件的认识和对未来世界历史发展走向的把握这一主线,在理论逻辑上,彰显了真理性与现实性相统一的历史哲学的生成性意义。马克思、恩格斯在《德意志意识形态》中系统阐释了世界历史理论,为解答"历史之谜"和揭示世界历史发展规律而形成的唯物史观的分析框架与建构原则,内在蕴含逻辑与历史相统一的历史哲学观。马克思认为,人类历史活动的发展"并不是在他们自己选定的条件下创造,而是在直接碰到的、既定的、从过去承继下来的条件下创造"①。马克思的世界历史理论为当代中国马克思主义发展提供了理论支撑并成为中国共产党应对时代课题的智慧源泉。习近平总书记所阐述的经济、生态文明、外交、法治和强军思想,既是中华民族应对时代问题的新治理思路,又构成世界历史未来走向的支撑力量。习近平新时代中国特色社会主义思想对世界历史理论与中国发展的深层关系的深刻揭示,充分体现了对马克思的世界历史理论的继承与发展。"中国作为国际资本主义的生存条件,在世界历史中经历了资本主义发展阶段,因而产生了工人阶级——共产党的社会阶级基础。这就造成了历史发展的普遍规律在中国实现的独特方式"②,中国始终在与其他国家的联系互动中探索并确证自身的发展道路。中国共产党深刻认识到世界历史转变过程中人类社会得以发展的历史前提,在世界历史中注重把握不同民族发展的客观规律性与人民主体能动性的关系,揭示了人类社会的物质生产活动推动社会历史发展的基础地位,努力推动世界历史依据时代条件而实现时空格局的转换,促使人类整体与个体在更为开放、宽阔的范围内获取自身话语权普遍表达和自由发展的可能性,展现了在批判性继承人类以往历史的过程中把握未来总体发展趋势的大历史观。"历史是从昨天走到今天再走向明天,

① 《马克思恩格斯文集》第 2 卷,人民出版社 2009 年版,第 470—471 页。
② 刘奔、任洁:《历史发展规律的普遍性和各民族发展道路的特殊性》,《教学与研究》2007 年第 3 期。

历史的联系是不可能割断的,人们总是在继承前人的基础上向前发展
的"①,中国共产党对新时代历史方位的判定和现实境遇的揭示,正是基
于历史、现实和未来相互贯通的维度及其对客观环境与人类活动方式变
化的影响所进行的历史性审思。当代中国马克思主义蕴含的历史哲学观
基于现实意义上的历史而得以生成和建构,即以世界历史进程中产生的
生产和交往方式为基础,通过具体生成的总体性过程呈现人的世界历史
性生存和发展的新境遇,并在现实扩展的世界交往中发挥习近平经济、生
态文明、外交、法治和强军思想的作用,以把握世界历史发展的未来走向。

习近平新时代中国特色社会主义思想将世界历史的现实转变视为时
代契机,展露出深植于现实社会发展进程且与全人类历史融为一体的历
史哲学的生成性特质。在实践逻辑上,中国在历史实践中从被动卷入现
代化到主动追求和创造性构建自身的现代化道路,在历史向世界历史的
转变中把握其中蕴含的深刻矛盾及其转换条件,促使现实的人的社会性
存在转变为历史中的世界性存在,并在此基础上开创"人的自由全面发
展"的全新境遇。各个国家的实践都是民族性与世界性的有机统一,"在
世界交往中得到了充分发展的民族特色,本身就是世界历史的规定"②,
在当代世界历史进程中,中国引领性推动全世界各民族在解决共同性问
题中构建"互利共赢"的人类文明。当代中国马克思主义以将世界历史
的转变与历史哲学的生成性变革统一起来的叙事方式,对人类社会的共
同生存和发展需要进行了历史性领悟与时代性阐发,昭示了一种在理解
人类的共同性存在中显现人类社会整体生存智慧的大历史观,这种大历
史观视野是历史哲学生成性变革的前提,而具体的社会历史性原则的变
革则彰显出对历史哲学观的进步和发展。习近平总书记在阐释这一大历
史观的基本思想观点和原则时强调,我们理应从世界和中国发展的大历

---

①　习近平:《领导干部要读点历史——在中央党校 2011 年秋季学期开学典礼
上的讲话》,《学习时报》2011 年 9 月 5 日。
②　刘奔、曹明德:《从观念的历史叙述到现实的历史叙述——论文化比较研究
的方法论问题》,《哲学研究》1996 年第 1 期。

史视野中认识当代中国社会发展的现实,"只有在整个人类发展的历史
长河中,才能透视出历史运动的本质和时代发展的方向"①。习近平新时
代中国特色社会主义思想在辩证把握世界历史的转变中体现了对历史哲
学观的丰富和发展,其旨在将人类社会共同生存的既成状态、现实发展和
未来走向之间的逻辑关系置于时空交织的纵横关联中,既从世界历史的
横向转变维度解释中华民族的历史发展作为世界文明史的重要组成部分
所发挥的独特作用,即"世界上没有一个民族能够亦步亦趋走别人的道
路实现自己的发展振兴"②;又从世界历史的纵向转变维度把握人类社会
总体发展的阶段和形态,指出"尽管我们所处的时代同马克思所处的时
代相比发生了巨大而深刻的变化,但从世界社会主义 500 年的大视野来
看,我们依然处在马克思主义所指明的历史时代"③。当代中国马克思主
义揭示了洞悉世界历史转变与推动历史哲学的生成性变革和开放性发展
的辩证统一关系,不仅注重从历史的阶段性特征出发阐释人类社会一切
关系的普遍规律与趋势,而且突出在生成过程中的社会历史对既定世界
历史框架的决定作用,拓展了人类社会发展的选择空间,使得人类社会多
元发展模式的构造成为可能,为历史哲学的生成性和开放性发展构建了
历史科学性与价值规范性相统一的基本路向。

二、现实问题的规律性认识与创造性实践的方法论融合

当代中国马克思主义彰显了历史发展进程中人类社会的存在状态,
不断深化对中国共产党执政规律、社会主义建设规律和人类社会发展规
律的认识,确立了指导社会历史主体解决时代问题的基本思路和实践方
法,蕴含着历史的认识方法与实践方式相统一的方法论,展现了强烈的问

---

① 习近平:《在纪念马克思诞辰 200 周年大会上的讲话》,人民出版社 2018 年
版,第 7 页。
② 习近平:《在纪念孙中山先生诞辰 150 周年大会上的讲话》,人民出版社
2016 年版,第 5 页。
③ 《习近平谈治国理政》第二卷,外文出版社 2017 年版,第 66 页。

题意识和问题导向。《中共中央关于全面深化改革若干重大问题的决定》明确表示:"要有强烈的问题意识,以重大问题为导向,抓住关键问题进一步研究思考,着力推动解决我国发展面临的一系列突出矛盾和问题。"①问题意识和问题导向是捕捉与解答现实问题的精要所在,真正把握并解决问题的出路在于从哲学高度对现实问题的反思和批判,并诉诸指导全面深化改革开放的具体实践。在习近平总书记的问题意识思维中,现实问题呈现出由基本问题、重大问题、关键问题和突出性问题等不同维度所构成的结构层次。中国共产党将对现实问题的剖析和破解内嵌于对中国道路发展规律的不懈探索过程之中,不断创造性地认识现实问题的复杂结构层次,科学把握中国特色社会主义建设事业的历史经验和发展规律,并在世界范围内反复昭示和宣告问题的现实指向与全球意义,确立了在人类不断拓展和深化的交往实践中合理阐释并解决现实问题的基本原则。逐层阐析并逐个破解问题的过程是将世界的发展、人类文明的进步等共同问题置于人的感性实践中予以理解。在精准把握维护世界各国利益和促进共同发展的必然趋势的基础上,根据时代主题的变化而掌握现实问题的全球性和民族性特征,明晰认识现实问题的内在生成规律和基本导向,进而在问题导向中表达对主体实践的要求。习近平总书记对共产党执政规律、社会主义建设规律和人类社会发展规律辩证关系的认识的深化,以及将"三大规律"统一于相互联系和共促发展的历史进程,形成了在实践中认识、探索和解决现实问题的辩证思维方式。

当代中国马克思主义的发展逐渐确立了创造性实践原则和解决现实问题的新方向:从问题倒逼实践的方式向问题导向与实践创新相结合的方法论推进,在中国特色社会主义改革和发展实践中突出系统性的辩证思维方法。在世界历史进程渐趋复杂的情势下,中国共产党逐渐认识到既要从现实问题出发把握本真规律并求索解决策略,又必须促使自身理

① 中共中央文献研究室编:《十八大以来重要文献选编》上,中央文献出版社2014年版,第497页。

论与现实世界相互印证、紧密结合,这体现了解决人类共同存在的现实问题思维的转变与发展。当代中国马克思主义正是转向了人民现实实践活动的主体性和创造性,从全人类不断扩展的实践领域中领悟并揭示现实问题的规律,展现出系统性的哲学境界。关于习近平经济、生态文明、外交、法治和强军思想等重要论述,科学回答了当代中国面临的重大现实问题,将中国共产党在时代中推动理论和实践发展的问题意识与问题导向进一步具体化,同时也促进了对现实问题生发规律的科学认识和系统把握。对现实问题的规律性认识与实践的创造性要求紧密相连,体现在中国共产党的新时代实践具备自我超越的创造性意义。从现实问题中把握矛盾转化及问题解决的整体方法与辩证思维,彰显出习近平新时代中国特色社会主义思想作为指导现实实践走向成熟的理论体系的科学性,以及作为现实实践过程中不断超越现存状态方法论的系统性。

问题是时代的声音。对新时代所面临的诸多现实问题的深刻认识和观照构成了习近平新时代中国特色社会主义思想的理论特质。习近平新时代中国特色社会主义思想之所以能把握新时代的历史方位和实践路向,关键在于对问题意识的高度自觉和坚持贯彻,既致力于解决现实生活中已经凸显的问题,又对可能产生的新问题保持高度敏锐的洞察力。首先,确立了新时代需要解决的基本问题,即"新时代坚持和发展什么样的中国特色社会主义"以及"怎样坚持与发展中国特色社会主义"的问题。其次,对"八个明确"和"十四个坚持"的阐述体现了对经济、生态文明、外交、法治和强军等领域存在的重大问题的关注,强调"解放和发展社会生产力是社会主义的本质要求,是中国共产党人接力探索、着力解决的重大问题"①,重大问题构成了坚持和发展中国特色社会主义这一基本问题的重点内容。再次,强调在实践中抓住关键问题,以顺应世界普遍交往的发展趋势。习近平总书记在推进"一带一路"建设工作 5 周年座谈会上指

---

① 习近平:《在纪念马克思诞辰 200 周年大会上的讲话》,人民出版社 2018 年版,第 18 页。

出,要"解决好重大项目、金融支撑、投资环境、风险管控、安全保障等关键问题"①,这些关键问题体现了中国共产党在实践中对现实问题的透彻分析和精准把握。最后,洞察了阶段性发展的突出问题。基于经济社会发展不同历史时期的全局性、战略性和特殊性,在发展链条中聚焦当下社会现存的突出问题,如社会生产发展中不平衡不充分的矛盾、全面深化改革和脱贫工作中"两不愁三保障"的落实难题以及全球治理中发展空间不平衡等问题。这些国内问题与全球性问题紧密相连、相互渗透,是全球化所引发的世界性问题在中国的具体呈现和直接结果。全球性问题表现为在世界各国不同程度存在的普遍性问题、在不同民族和地区相互缠结的复杂性问题以及威胁人类生存而必须解决的迫切性问题等,它们在加深全球治理难度的同时也加剧了中国发展与治理的风险,使得完善全球治理和促进共同发展的必要性日益凸显。习近平总书记把解决中国现实问题定位为应对全球性问题与促进人类社会文明发展的历史性契机,根据人类生存安全的需要、社会生产发展的程度和时代主题来发掘并诊断中国现实问题的结构层次及其相互转化的条件,顺应了在相互理解和交往的世界历史中谋求发展的时代潮流。从世界历史的发展过程看,这些现实问题共同构成了新时代必须妥善解决问题的整体内容。在发现问题中揭示对客观规律的认识和预判,体现了习近平新时代中国特色社会主义思想所蕴含的鲜明问题意识以及对现实问题生成的本质和规律的逐层揭示。

习近平总书记对新时代现实问题的总体把握和分层审视,呈现出不同层次的问题之间相互交织的关系结构,揭示了问题系统中清晰的逻辑脉络和本质规律,在确立新时代历史方位的同时,提出坚持和发展中国特色社会主义的"八个明确"的理论认识和"十四个坚持"的实践方针,表明了新时代面临的现实问题实质上具有一定的重叠性。习近平总书记在考察脱贫攻坚工作面临的突出问题时将其与解放和发展社会生产力的重大

_____

① 《习近平谈治国理政》第三卷,外文出版社2020年版,第488页。

问题相结合,在积极参与和构建世界交往方式关涉的经济、生态文明、外交、法治和强军等领域的关键问题上注重将其与中国特色社会主义发展道路的基本主题相联系,并强调党的自身建设在层次鲜明的"问题群"中所具有的根本地位与作用。当代中国马克思主义在实践中不断发展和成熟的标志是形成了对现实问题的规律性认识,这根源于对现实问题保持高度敏锐的理性洞察和具有预见性的问题意识。问题意识反映在现实问题的结构把握上,体现为对现实问题本质规律的深刻揭示。基于习近平总书记通过实践揭示问题生发的客观规律和提出解决问题的根本方法,可以反观现实问题之间的结构层次:核心问题、中介问题和外层问题及其相互印证和逻辑展开,呈现出由内而外、层级有序的三层问题系统,其中内在层次对外在层次具有基础性意义,外在层次对内在层次具有应用性价值。在习近平总书记的叙事逻辑中,坚持和发展中国特色社会主义这一基本问题处于核心层次,核心问题具有基础性和先在性,是认识和解决其他问题的依据。习近平总书记在"不忘初心、牢记使命"主题教育工作会议上的讲话中强调,"'守初心、担使命,找差距、抓落实'是一个相互联系的整体,要全面把握,贯穿主题教育全过程"①,党的领导是各项事业取得胜利的根本保证,这要求我们将整治党内存在的突出问题置于结构的核心位置;中介问题是由核心问题推导而来,是核心问题与外层问题之间的过渡环节,体现国家发展全局的战略意义在经济社会重要领域的全面敞开,习近平总书记强调的重大问题和关键问题都发挥中介性作用,主要涉及全面深化改革开放事业中需要解决的重大问题;外层问题是中介问题继续推导的结果,属于中国特色社会主义理论在实践中与世界交往经验相联系的层面,事关"国家安全"和"大国外交"等问题。这三层问题紧密相连、环环相扣,形成了具有严密逻辑的有机整体,展现了习近平总书记对现实问题结构的总体性把控与规律性认识,即基本问题、重大问题、

---

① 习近平:《在"不忘初心、牢记使命"主题教育工作会议上的讲话》(2019 年 5 月 31 日),《求是》2019 年第 13 期。

关键问题和突出性问题在特定的时代环境和客观条件下可以相互转化，其转化隐含了对不同问题域的顶层设计和改革方式的规律性探索。

习近平新时代中国特色社会主义思想所展现的现实问题的三层结构和本质规律共同揭示了新时代党和国家发展面临的新形势："既解决老问题，也察觉新问题；既解决显性问题，也解决隐性问题；既解决表层次问题，也解决深层次问题"①，在把握和化解问题的过程中深化对中国特色社会主义建设和改革的历史、理论与实践三重逻辑相互贯通的整体性认识，显现出以实践为前提和出发点的深刻而敏锐的问题意识。中国共产党始终重视论述与发挥新理念、新论断和新思路的实践性，并在实践过程中深化对现实问题结构的规律性认识，彰显了当代中国马克思主义关于解释世界与改造世界之间相互贯通的深层哲学智慧，并致力于发掘新的现实问题、构建新的生产与发展方式来解释世界的历史自觉。然而，要能够达到"改变世界"的思想高度需要反复求索。"问题在实践中产生，也要在实践中解决。实践、认识、再实践、再认识，是认识事物的客观规律，是解决问题的根本法则。"②中国共产党在认识现实问题和把握其结构性规律的过程中展现了通过实践来解决问题的思维逻辑。现实问题产生于人类实践中思想观点与现存状态的矛盾和纠结，只能解决于实践活动中。唯有增强问题意识和坚持问题导向，才可能在鲜活的实践进程中提出现实问题和认识时代课题。在理论与实践的相互作用中不断生成的问题意识，促使中国共产党在实践经验中勇于正视时代问题，通过分析与解答时代问题来变革思维、深化实践。中国共产党在发现问题的同时持续求解对问题"何以存在"以及"如何解决"的认知和判定，体现了中国共产党依靠创新性实践解决现实问题的实践观点。

问题意识根源于人民主体的创造性实践。习近平新时代中国特色社

---

① 　中共中央党史和文献研究院等编：《习近平关于"不忘初心、牢记使命"论述摘编》，中央文献出版社 2019 年版，第 194 页。

② 　中共中央党校组织编写，何毅亭主编：《以习近平同志为核心的党中央治国理政新理念新思想新战略》，人民出版社 2017 年版，第 227 页。

会主义思想体现了将人民群众引导进入社会实践领域的基本理路,形成了作为历史主体的人民通过创造性实践活动展开和丰富全部人类历史过程的现实路径。习近平总书记深刻认识到中国人民特有的主体性与其实践的创造性之间的联系,展现了中国人民在推动社会历史发展中所具有的创造性力量。习近平总书记强调,"尊重人民主体地位和首创精神"①,昭示人民主体共同创造历史是必然选择。对人民主体实践的创造性认识及要求贯穿于当代中国马克思主义理论与实践相统一的历史进程中。习近平总书记指出,中国特色社会主义建设的多项改革举措来自于人民群众的发明创造,应当将人民主体创造的原创性成果的实践经验予以总结和推广,为未来坚持和加强实践的创造性指明方向。在经济领域,"鼓励引导支持基层探索更多原创性、差异化改革,及时总结和推广基层探索创新的好经验好做法"②;在生态文明领域,主动引导应对气候变化的国际合作;在外交领域,积极推动构建人类命运共同体的实践路径;在法治领域,形塑并发展推进改革与施行法治相统一的实践思维;在强军和科技领域,"加快研发具有自主知识产权的核心技术,更多鼓励原创技术创新,加强知识产权保护"③。习近平总书记对具体领域的社会实践要求,旨在凸显作为历史前提的人民主体开展契合自身本质力量的实践需要,进而创造有益于人类社会发展进步的伟大历史。

秉持问题意识与问题导向的实践思维,立足于推进社会历史发展的实践方法,习近平总书记将求索人类社会存在和发展遭遇的问题"是什么"包含于对现实走向"应如何"的追问中,对现实世界的观照旨在运用实践思维来探寻和揭示事物的本质与规律,确立了"改变世界"的实践方

---

① 习近平:《在纪念马克思诞辰200周年大会上的讲话》,人民出版社2018年版,第17页。
② 习近平:《紧密结合"不忘初心、牢记使命"主题教育 推动改革补短板强弱项激活力抓落实》,《人民日报》2019年7月25日。
③ 《贯彻新发展理念推动高质量发展 奋力开创中部地区崛起新局面》,《人民日报》2019年5月23日。

法。这一探寻事物发展规律及其未来走向的过程必然包含对既定的、现成的客观世界的问题意识发掘，以及对人与世界总体的持续性存在关系的实践探索。对现实问题的规律性认识与创造性实践要求相统一的思维方式强调从实践出发反观问题本身，习近平总书记在讲话中多次强调以"实践证明"为依据，坚信中国共产党和人民群众只有通过深入开展的经验活动才能真正把握问题的本质。他始终坚持"深入观察世界发展大势，深刻体察中国特色社会主义伟大实践"①，在思维与现实存在的辩证互动中达到实践探索与问题意识相统一，其哲学思维在反映现实中突出了实践的基础性地位，承认只有从现实实践前提出发才能促使实践思维和方法在问题中不断生成。习近平总书记强调，"要解释现实的社会问题，开什么处方治什么病，首先要把是什么病搞清楚"②，中国共产党对现实问题的变革意识是凭借对问题域的改变来实现的，而问题域的改变必须依托于创造性的实践，问题意识的产生以现实问题存在的本质规律为基本尺度。对现实问题的本质规律性认识体现了从内在结构上理解中国问题与全球性问题的共通性，展露出其问题意识和问题导向的世界性意义，在历时性维度实现由国家或地区的狭隘性向世界历史性转变；在共时性维度共建问题解决的合理秩序和良好环境，使中国在攻克自身发展难题中为突破全球性问题提供独特经验和针对性措施。因此，问题结构的本质规律性和实践的创造性是新时代的现实问题与改革发展得以统一的客观条件，现实问题结构变动的规律为实践的主体性和创造性生成提供基石，主体实践的创造性发展为问题域的转变提供动力支持。现实问题结构的规律与创造性的实践要求相互渗透的过程，极大增强了现实生活不同领域的实践之间的张力和开放性空间，体现了其从问题与现实的相互关系出发把握人类社会的方法论意义。

---

① 习近平：《在党的十九届一中全会上的讲话》（2017 年 10 月 25 日），《求是》2018 年第 1 期。

② 习近平：《一个国家、一个民族不能没有灵魂》，《求是》2019 年第 8 期。

三、体系意识与形态构建相互推进的世界观

在马克思主义的理论视野中,人与世界之间的矛盾及其产生的认识关系、实践关系和历史关系等,总是展开于具体的历史条件和社会实践框架之中。中国共产党在具体的历史条件下激发人民主体的创造性活动,以促使人民敞开自我超越的实践空间并逐渐实现自身主体性的发展和解放,总体上表现为体系意识与"人类文明新形态"构建相互推进的过程。体系意识的树立与贯彻表征为中国共产党在主动参与全球交往和治理中把握系统整体关系的同时,建构具体领域思想论述的体系。当代中国马克思主义紧密结合新时代的创造性实践,从全球视野出发重新审视和理解中国社会发展的各个领域,形成了突破传统建构性理论的体系意识,是颇具中国特色的实践经验和马克思主义世界观的时代表达。当代中国马克思主义的体系意识深刻诠释了"改变世界"的世界观意义,在哲学层面上形成了当代中国马克思主义理论体系的概念框架和解释原则,这对于进一步深化中国特色社会主义话语体系和治理体系的建构具有深远意义。体系意识的构建与运用以对新时代的省思为立足点,注重阐发新时代的社会发展实践与人类文明逻辑之间的辩证关系,整体上彰显出将时代性关切落实到现实发展中的哲学意旨。在认识论维度,积极的体系意识是对人的现实生存方式的能动反映;在辩证法维度,体系意识的现实化能够促使人的社会发展实践达成批判性与建构性的统一。习近平总书记对经济、生态文明、外交、法治和强军思想的体系化要求,精准地把握和满足了新时代破解中国社会现实难题和世界治理体系困境的理论需要,符合马克思主义思维变革的精神实质。人类社会是不断发展进步的,世界工业化进程催生了现代工业文明,同时也呼唤新的社会文明形态,新的文明形态的构建是社会生产方式变革的必然产物。习近平总书记在庆祝中国共产党成立100周年大会上的讲话中指出,中国特色社会主义"创造了中国式现代化新道路,创造了人类文明新形态"。"人类文明新形态"以构建人类命运共同体为契机达成当代社会存在和发展的基本共识。

习近平新时代中国特色社会主义思想通过对现代人类社会生存与发展的整体环境和实践要求的自觉反思,反映了推动现实的个人将自身思维意识、行动策略融入新时代整体变革浪潮中的根本旨趣。在这一旨趣的推动下,新时代和新世界不断扬弃旧的体系并构建新的框架,促使基于新的历史方位发展中国特色社会主义事业的世界观不断生成并彰显积极的建构性意义。这种新的世界观的出场,历经对中国特色社会主义道路、制度和国家治理体系的建立与健全过程,以及在参与完善全球治理体系的过程中对人类文明形态的积极探索,形成了体系意识与"人类文明新形态"构建相互推进的进程,充分表明人民主体的实践活动及其历史发展中所具有的世界观的建构性意义。

体系意识与"人类文明新形态"构建的形成与相互推进,体现了当代中国马克思主义的发展路径。习近平总书记对经济、外交、生态文明、法治和强军思想的体系化阐述,以现实领域的实践活动为基本视野来把握马克思主义理论体系的时代要求及发展脉络,这些思想逻辑的充分展开表现为层级有序推进的系统,强调从总体上把握人类社会的生存、发展和价值等向度,对每一领域与环节内容的阐释都深刻贯穿和透显着强烈的体系意识,不仅回应了"人类文明新形态"构建的现实要求,而且为当代中国马克思主义理论体系的形成和发展提供了扎实的理论生长点。体系意识在构建人类命运共同体的时代契机中与"人类文明新形态"构建融合为相互推进的统一过程。"推动构建人类命运共同体,推动共建'一带一路'高质量发展,以中国的新发展为世界提供新机遇"①。中国特色社会主义在创造"人类文明新形态"过程中既开创了中国马克思主义的理论体系建构路径,同时又为世界社会主义建设注入生机,彰显了促使新时代人类社会整体发展的理论与实践严密结合的系统性意义。体系意识与"人类文明新形态"构建的相互推进过程也形成了一个层次清晰、逻辑严

———————————

① 习近平:《在庆祝中国共产党成立 100 周年大会上的讲话》,《人民日报》2021 年 7 月 2 日。

密的立体化系统,基于整体性视角把握事物和现实运动的普遍联系,并探寻发展的最佳结合点和突破点,其系统的科学性意义在马克思主义世界观和方法论的理论视野下得到具体展开,是马克思主义基本原理与当代中国实践密切结合的理论成果,为当代中国马克思主义理论体系的建立与完善指明了方向。

习近平新时代中国特色社会主义思想对中国新发展阶段战略需要的深刻把握,反映在中国共产党正确处理整体与部分之间关系的过程中。习近平总书记在经济、生态文明、外交、法治和强军等领域的思想是中国特色社会主义建设的历史逻辑、理论逻辑和实践逻辑的辩证统一,彰显了中国特色社会主义制度和国家治理体系的优越性。"一个国家选择什么样的国家制度和国家治理体系,是由这个国家的历史文化、社会性质、经济发展水平决定的。"[1]中国特色的国家治理体系是在新时代特定的历史条件下创立和发展的,根本上是一种系统完备、逻辑缜密的科学体系。在经济领域,强调"全面贯彻新发展理念,加快改革开放步伐,加快建设现代化经济体系"[2]的基础性地位,指出中国"将积极参与全球治理体系改革和建设,推动国际政治经济秩序朝着更加公正合理的方向发展"[3],将中国自身经济体系的建立纳入全球治理体系的完善中;在生态文明领域,强调"要加快构建生态文明体系,做好治山理水、显山露水的文章"[4],从而为社会历史发展提供生态文明维度的规律性认识,在促进生产力解放的同时形成人与自然关系的良性发展模式;在外交领域,指出应当"坚持独立自主的和平外交政策,坚持互利共赢的开放战略,不断拓展同世界各国的合作,积极参与全球治理,在更多领域、更高层面上实现合作共赢、共

---

① 《习近平谈治国理政》第三卷,外文出版社 2020 年版,第 119 页。

② 《深入学习贯彻党的十九届四中全会精神 提高社会主义现代化国际大都市治理能力和水平》,《人民日报》2019 年 11 月 4 日。

③ 《习近平谈治国理政》第三卷,外文出版社 2020 年版,第 437 页。

④ 《贯彻新发展理念推动高质量发展 奋力开创中部地区崛起新局面》,《人民日报》2019 年 5 月 23 日。

同发展"①,以提升中国在波谲云诡的国际形势中处理国际关系的境界与能力;在法治领域,要求"加快形成完备的法律规范体系、高效的法治实施体系、严密的法治监督体系、有力的法治保障体系,形成完善的党内法规体系"②,并推动各个体系交互促进、协同发展,为辩证地把握党的领导与依法执政、依宪执政之间的关系提供了实践遵循;在强军领域,明确了"建立健全中国特色社会主义军事政策制度体系",提出了"创新军事战略指导制度,构建联合作战法规体系,调整完善战备制度"的建构要求,以有效提炼并掌握军事领域的根本规律、价值和方法。习近平总书记对不同领域思想体系建设的要求和实践表明,以历史与现实条件为前提的思想发展历程,本质上是对人类社会总体生成过程及其意义的切实领会。

习近平总书记系统性观照不同领域思想体系的建立与整个思想体系建构之间的辩证统一关系,体现出以实践为基点把握自成一体的范畴、环节与思想整体关系的体系意识。体系意识整体上呈现在对新时代不同领域和各个部分理论层次的阐释与论证过程中,显现出当代中国马克思主义对人类社会的能动反映论。习近平总书记明确表示发展当代中国马克思主义要秉承辩证唯物主义和历史唯物主义的世界观,"深刻认识实现共产主义是由一个一个阶段性目标逐步达成的历史过程,把共产主义远大理想同中国特色社会主义共同理想统一起来"③,将马克思主义世界观具体落实到实现中国特色社会主义共同理想的现实发展与建设道路中。在对经济、生态文明、外交、法治和强军等主要领域思想体系的建立,为当代中国马克思主义整个思想体系的建构奠定了理论着力点。经济、生态文明、外交、法治和强军领域思想体系的建设问题,不仅关涉社会历史发展的实践导向,而且是其整个思想体系建构的重要构成部分,只有理清各

---

① 习近平:《在纪念马克思诞辰 200 周年大会上的讲话》,人民出版社 2018 年版,第 22 页。

② 《习近平谈治国理政》第二卷,外文出版社 2017 年版,第 119 页。

③ 习近平:《在纪念马克思诞辰 200 周年大会上的讲话》,人民出版社 2018 年版,第 16—17 页。

部分思想体系之间的关系,才能明晰整体思想体系建构的方向。习近平新时代中国特色社会主义思想的体系建构为各领域、各层次的思想体系建立提供了理论制高点和话语保障,为区分各领域思想体系及其与其他领域建立关系提供基本依据。习近平总书记在纪念马克思诞辰 200 周年大会上的讲话中指出,"马克思主义极大推进了人类文明进程,至今依然是具有重大国际影响的思想体系和话语体系"[①],马克思主义对世界的改造和对中国的影响,主要得益于其思想体系和话语体系在历史中的作用。中国共产党在历史的具体实践中开创了当代中国马克思主义思想体系的建构历程,这一过程饱含了中国共产党发挥马克思主义思想力量的体系意识。习近平总书记多次强调将促进国家治理体系现代化和推动全球治理体系变革紧密结合起来,表明其思想中充盈的体系意识既符合马克思主义哲学的基本要求,又展现了当代中国马克思主义在动态生成的体系之中把握时代精神的理论自觉。

新的历史方位要求我们把握时代课题,凝聚"人类文明新形态"构建的合力。中国特色社会主义理论体系伴随新时代的实践进程得到进一步发展和完善。探索当代中国马克思主义的发展路径以提升自身的国际话语权,加速了"人类文明新形态"构建的过程。作为推动世界交往方式与国际秩序变革的建设性方案,构建人类命运共同体成为中国解决人类文明发展中的共性问题、促进人类社会共同发展的重要指导方针,提倡世界各国将自身的发展与人类社会整体进步深度结合起来并置于广泛的共同实践中,在构建过程中为人民打造全新的生存状态和实践方式,构成了塑造和引领"人类文明新形态"构建的历史选择与时代契机。中国特色社会主义进入新时代,中国共产党创立并发展了层次严密、内在统一的全新思想体系,为国际政治经济秩序的调整和完善贡献了独特经验与思想智慧。针对人类社会巨大而深刻的变化及其实践发展中的新特征,习近平

---

① 习近平:《在纪念马克思诞辰 200 周年大会上的讲话》,人民出版社 2018 年版,第 11 页。

总书记提出"人类命运共同体"理念,有力回应了人类社会和未来世界发展走向的重大课题。"人类命运共同体"是关于全球治理体系未来走向的全新理论阐述,越来越受到全球的普遍关注并在历史实践进程中得到反复确证。"一带一路"国际合作推动了"人类命运共同体"的现实落地,习近平总书记在推进"一带一路"建设工作 5 周年座谈会上总结道,"我们同'一带一路'相关国家的货物贸易额累计超过 5 万亿美元,对外直接投资超过 600 亿美元,为当地创造 20 多万个就业岗位"①,这表明"一带一路"的实践在现实中为人类命运共同体构建的广泛推行提供了重要引擎。"凝聚各方共识,规划合作愿景"②正由期冀转化为现实,人类命运共同体的现实构建有力超越了现代资本主义主导的文明形态及其狭隘的思维惯性,以开放式的共同实践为确立文明形态转型的范式、凝结实践合作的共识创造可能。

　　构建人类命运共同体的现实进程为"人类文明新形态"开拓了崭新的实践方式、奠定了全新的实践基础。"人类命运共同体"的新理念、新思路是对人类社会生存与发展方式高瞻远瞩的创新性成果,实质是对人类实践方式的当代重构,开掘了一种以实践空间的拓展为基本理路的建设性力量,同时为"人类文明新形态"构建的实践方式开创了多元可能性。中国特色社会主义以新时代中国社会的主要矛盾转化和现实问题叠加为问题导向,以构建满足人民美好生活向往的理想状态为价值旨趣,结合新时代社会生产的具体实际来确证人民生存状态的丰富性对推进"人类文明新形态"的创造具有积极意义,体现了中国共产党将人民主体性、社会历史总体性和实践探索性融为一体的建构性路向。习近平总书记明确指出,人类社会仍然处于马克思主义经典作家所指明的以物的依赖性为基础的人的独立性生存和发展阶段,人的生存和发展方式集中体现在经济社会和技术社会两个层面上。在经济社会层面,表现为对生产关系

---

① 《习近平谈治国理政》第三卷,外文出版社 2020 年版,第 486—487 页。
② 《习近平谈"一带一路"》,中央文献出版社 2018 年版,第 218 页。

发展的阶段性特质的重视,指出在新时代推动我国经济社会发展"要勇于全面深化改革,自觉通过调整生产关系激发社会生产力发展活力"①,对全球生产关系的协调需借助于构建人类命运共同体的实践来创新发展方式和增长动能,"让世界经济走上强劲、可持续、平衡、包容增长之路"②。在技术社会层面,展示为对社会生产力和科技发展的高度关注,强调对全球生产关系和经济政治秩序的调整必须依托于社会生产力的发展与变革。无论是对经济社会中生产关系维度的重视,还是对技术社会中生产力维度的推崇,都反映出重新认识社会存在所不容忽视的实践基础。构建人类命运共同体所彰显的实践方式在具体历史中表现为人民主体的创造性与历史过程的合目的性趋向一致,这是中国共产党带领人民变革与超越现实、力图将现实存在纳入自身发展的系统工程中所形成的积极成果,展现了人们在建构性实践中实现自身主体性的全面发挥与按照自身能动意识来认识并改造客观世界相统一的过程,形成了以理想的建构蓝图来规划现实的实践进路。这一新的实践方式注重把握主体建设力量与客观历史条件之间的张力,以达到主体性建设的理想性与现实性的和谐统一,为"人类文明新形态"构建奠定了新的实践基础,为新时代冲破以资本主义为中心的形态构建和因袭陈规的实践传统注入了思想动力,也为构建未来人类社会的生存和发展方式提供了全新方向。习近平总书记在多次讲话中表明,"新时代坚持和发展中国特色社会主义,根本动力仍然是全面深化改革"③。这确定了"人类文明新形态"构建的实践指向:在全面深化改革的实践中充分吸收全球生产的历史经验成果,同时通过不断拓展的历史实践处理好中国特殊性与世界普遍性的辩证关系,

---

① 习近平:《在纪念马克思诞辰 200 周年大会上的讲话》,人民出版社 2018 年版,第 18 页。
② 习近平:《论坚持推动构建人类命运共同体》,中央文献出版社 2018 年版,第 379 页。
③ 习近平:《在党的十九届一中全会上的讲话》(2017 年 10 月 25 日),《求是》2018 年第 1 期。

促进人与世界和谐关系的生成,在实践根基上尊重既有共识、扩大现有共识以及达成未来共识。

体系意识与"人类文明新形态"构建在相互推进的动态过程中展现出当代中国马克思主义建构性意义的世界观。习近平总书记强调,"我们要坚持用马克思主义观察时代、解读时代、引领时代,用鲜活丰富的当代中国实践来推动马克思主义发展"①,这意味着对马克思主义基本原理的具体理解和实际运用必须随时代变化及其差异特性而赋予新的含义,表现为新时代的体系意识与"人类文明新形态"构建相互推进的全新世界观。中国特色社会主义社会建设的成就融入人类社会历史进程中,能够"提升人类共同性水平、维护全人类的共同利益"②。这就显示了体系意识与"人类文明新形态"构建之间的内在关联:体系意识的自觉为"人类文明新形态"构建奠定了根基,"人类文明新形态"构建在不断深化的体系意识中得以广泛推行;"人类文明新形态"构建的演进为推动体系意识的建构提供了新的理论方向,体系意识的历史命运只有在文明形态发展到较高程度才能彰显自身优势。体系意识与"人类文明新形态"构建的内在关联通过人类命运共同体的实践进入彼此确证、相互推进的历史进程,形成了融为统一整体且敞显建构性意义的世界观,这一全新世界观的形成是对马克思主义世界观和传统建构理论的重大突破与创新。习近平总书记从对现实发展需要的研判到建构性实践导向的认识有其发展的必然逻辑,在当代具体实践中洞悉整个人类社会的基本趋势和持续发展的可能,体现了促使历史主体的价值需要转化为新时代发展内在动力的理论选择,彰显了以面向世界历史的宏大视野审视社会现实并把握时代脉络的建构性原则,这一原则在关切人类发展命运的理性自觉中又创新和丰富了体系意识与"人类文明新形态"构建相互推进的世界观意义。

----

① 《习近平谈治国理政》第三卷,外文出版社 2020 年版,第 76 页。

② 刘同舫:《构建人类命运共同体对历史唯物主义的原创性贡献》,《中国社会科学》2018 年第 7 期。

四、哲学使命与哲学意义融会贯通的时代价值

当代中国马克思主义将追求中华民族的伟大复兴和执守人民现实幸福视为自身的重大历史使命,这一使命与维系人类文明赓续的历史任务密切相连,在一种开放的境遇中把握人与世界和谐关系的生成,体现了中国共产党探求人类社会共同存在和发展方式的哲学使命。哲学作为人类思想史上的精华,肩负着时代赋予的在认识世界中改变世界、在改造旧理论中创造新思想的使命。当代中国马克思主义正是在改造一切旧的社会生产方式和治理体系中承担了为新时代打造全新的发展格局提供思想武器的哲学使命。当代中国马克思主义面临双重哲学使命:一是促使自身实现现代化重构与世界性突破,即推动中国特色社会主义现代化建设实现理论现代化在哲学层面的转型,在世界性的理论框架和话语系统中生成直接应对现代化潮流的独创性理念,同时逐渐形成世界性哲学发展的视野并展开对现代化实践的哲学重建,从而促使全人类共同探索世界历史未来发展的走向;二是回应新时代要求拓展世界性视野以完成中国现代化任务的历史使命,中国在世界范围内以现实实践为依托而形塑的重构世界性哲学的目标,包含着创新和发展当代中国马克思主义的内在要求,即必须深刻阐明中国道路的历史实践与世界历史的辩证关系,进而为新时代中国道路的创新发展构建完整的哲学叙事范式。当代中国马克思主义的哲学使命使得自身的历史观、方法论和世界观的意义得到进一步凸显,才能将对社会有机体的透视与对人类社会整体的历史说明有机结合。中国共产党始终围绕人类社会整体文明进步的基本命题,结合马克思主义经典论断将"时代之问"转换为自身的现实课题,并将现实课题置于"两个大局"中予以反思与追问,彰显了其构成中国特色社会主义理论体系内核的哲学意义,也体现了其在新时代坚持与发展马克思主义的价值观意蕴。习近平新时代中国特色社会主义思想对哲学使命的认识与履行,依托于现实环境中不断深化的实践方式,旨在生存论的实践中寻求世界的辩证统一,其过程势必展现思想依次递进和丰富深化的哲学意义,哲

学使命与哲学意义形成了彼此映照、相辅相成的深层关联。中华民族的伟大复兴和中国特色社会主义道路在世界运行的浪潮中除了受到生产方式和交往秩序等共同因素的必然影响,也势必受到各民族文化和现实境况等个性因素的塑造,这决定了哲学使命与哲学意义之间融会贯通的过程必定蕴含具体性和多元性的现实取向。哲学使命与哲学意义的内在融贯开启了一种全新的思想境域,它昭示着创造和改变世界的实践活动将人类命运与共的本质意识确证出来的前提依据,厘定了基于新时代历史方位的基本生存境遇和与之相伴映现的价值旨趣。这种对隐匿于新时代深处的时代价值的发现和确立,为马克思主义的新时代阐释和发展开辟了全新理路,在根本上确保人民作为现实实践主体的同时展现其价值中心地位,从而揭示中国社会历史的发展是紧密围绕这一价值中心辩证展开的历史进程。

哲学使命与哲学意义的融会贯通不仅构成了新时代中国特色社会主义理论和实践共同发展的哲学基础,而且为马克思主义在新时代中国的发展提供新的思想活力。立足于中国特色社会主义建设进程中的理想性与现实性、个体性与社会性之间的辩证运动,当代中国马克思主义对现实生存和普遍交往的过程进行整体性考察,对"建设新世界"的伟大壮举进行系统性指导,展示了统摄各领域和多方面的逻辑结构。习近平总书记对经济、外交、生态文明、法治和强军思想的科学论述,从不同领域和视角回答了新时代坚持和发展中国特色社会主义的相关问题以及需要完成的现实任务,总体呈现出内涵丰富、逻辑严整的科学系统。新时代所面临的新任务显示了哲学使命与哲学意义在现实历史中的契合性,是对新时代中国共产党在历史发展中体现的价值追求的辩证认识。从中国共产党确证的现实任务中省思哲学使命与哲学意义的深层结合,能够在总体上把握未来世界和历史的变化与发展趋势,使得当代中国马克思主义在指导人类社会未来发展中显露出系统的开放性、多元性可能。

习近平总书记对经济、生态文明、外交、法治和强军等领域的思想阐述内含丰富的使命观和实践论旨趣,明确了当代中国理应担负起的历史使命,蕴含了理解中国特色社会主义实践生成过程的哲学使命思维。党的十八大以来,中国共产党多次郑重申明马克思主义关于人类文明生存与发展的走向在当代社会呈现的新特征以及亟待完成的历史使命,"我们所做的一切都是为人民谋幸福,为民族谋复兴,为世界谋大同"①。中国共产党在履行自身发展的时代任务时始终秉持为人类社会整体进步贡献力量的自觉意识,以实现中国治理与全球治理相行并进的"辩证综合"。哲学使命体现于中国特色社会主义理论体系的时代任务中,也依附于当代中国马克思主义历史使命的推演进程中,显现出治国理政的丰富内容与实践导向辩证统一的使命观。在经济领域,"必须看到,决胜全面建成小康社会的艰巨任务、实现中华民族伟大复兴的历史使命,对我们党提出了前所未有的新挑战新要求"②,明晰了实现中国特色社会主义经济发展的基本使命指向;在生态文明领域,"生态环境是关系党的使命宗旨的重大政治问题,也是关系民生的重大社会问题"③;在外交领域,"我们应该志存高远、敢于担当,着眼本国和世界,着眼全局和长远,自觉担负起时代使命"④,以民族复兴和国家发展为根本使命推动大国外交的实践进程;在法治领域,"要以严格的执纪执法增强制度刚性,推动形成不断完备的制度体系、严格有效的监督体系,加强理想信念教育,提高党性觉悟,夯实不忘初心、牢记使命的思想根基"⑤;在强军领域,习近平总书记阐述了坚定的使命意识对于军队建设发展的关键作用,认为"全面提高我军加强党的领导和党的建设工作质量,为实现党在新时代的强军目标、完成好新时代军队使命任务提供坚强政治保证"⑥。这些领域的历史任务,不仅凸显了党在推进国家治理发展上的宏大叙事,而且反映了当代中

---

① 《习近平会见联合国秘书长古特雷斯》,《人民日报》2018 年 4 月 9 日。
② 《习近平谈治国理政》第三卷,外文出版社 2020 年版,第 71 页。
③ 《习近平谈治国理政》第三卷,外文出版社 2020 年版,第 359 页。
④ 《习近平谈治国理政》第三卷,外文出版社 2020 年版,第 435 页。
⑤ 《习近平谈治国理政》第三卷,外文出版社 2020 年版,第 549 页。
⑥ 《习近平谈治国理政》第三卷,外文出版社 2020 年版,第 383 页。

国马克思主义将其哲学使命融入实践的崭新境界。

当代中国马克思主义的哲学使命与一般哲学使命的不同之处在于，它是贯穿于新时代历史使命和现实任务展开全过程的基本线索，能够通过超越现状、面向未来的思维方式与实践方法来展示自身的哲学使命。习近平总书记所阐述的经济、生态文明、外交、法治和强军等领域的历史任务中蕴含着探求人类解放以及人与世界相处模式等深刻哲学命题的使命。这一哲学使命与历史任务的相互确证，构成社会现实展开的双重维度，是改变现实、改造世界实践活动的价值旨趣的凸显。习近平总书记对中华民族伟大复兴和人类社会持续进步的历史任务的自觉认识与实践遵循彰显了独特的哲学使命观。在引领中国发展和民族复兴层面，习近平总书记提出，"全面建成社会主义现代化强国、实现中华民族伟大复兴，是新时代中国共产党的历史使命"①，以加强治国理政来推动中国现代化进程，提升人民的物质生活水平和精神境界，在根本上契合马克思主义关于人类解放的价值诉求。在促进人类社会发展层面，习近平总书记指出："中国共产党人和中国人民完全有信心为人类对更好社会制度的探索提供中国方案。"②在面临世界百年未有之大变局时，习近平总书记不仅自觉回应西方世界普遍通行的消极理论和发展模式，而且科学解释和先行探索了不同发展道路之间更为和谐的相处方式，开辟了将中华民族复兴之路与人类文明持续发展之路共融同行的新局面。习近平总书记对中国与世界共同发展历史任务的理性认识和价值选择，将一切关涉人类解放以及人与世界关系的哲学话语都内嵌于对现实生活的规范性价值诉求中，蕴含着一种超越人类现存实在并趋向应然解放状态的价值指向，在实践进程中凝结人与世界和谐共生的统一关系，这在根本上继承和践行了马克思主义的哲学使命。

---

① 习近平：《在党的十九届一中全会上的讲话》（2017 年 10 月 25 日），《求是》2018 年第 1 期。

② 习近平：《在庆祝中国共产党成立 95 周年大会上的讲话》，人民出版社 2016年版，第 14 页。

当代中国马克思主义紧紧围绕实现中华民族伟大复兴和为人民谋福祉的历史任务展开,在对人民群众生存与发展需要的深层关切中展现出追寻自由和解放的哲学意义。人的自由全面发展和解放以及人与世界的和谐关系是人类社会的永恒主题,只有在不断探寻解放的生存方式过程中,人的自我超越能力才得以持存和发展。中国特色社会主义的实践指向符合人的生存和发展需要的方式,它基于现实的实践过程理解人类解放以及人与世界关系的走向等问题,既代表了中国共产党和中国人民探索方式的特色和优越性,又体现了中国特色社会主义实践蕴含着与人的本质内在相关的价值意义。"中国特色社会主义道路是当代中国大踏步赶上时代、引领时代发展的康庄大道"①,中国共产党致力于对中国发展道路的进一步整合,逐渐汇集形成了"八个明确"的核心要义和"十四个坚持"的基本方略,它们来源于社会生活的诸多领域,逐渐汇合并构成了有机统一的新时代社会发展理论。在中国共产党所凝练的价值共识的引领下,中国人民形成了维护中国道路发展的自信和自觉所汇聚的思想合力,呈现出推动世界历史性生成和发展的宏大视野与思想活力。中国特色社会主义的理论与实践将一切益于拓展人类自由和解放的力量凝聚起来,在世界交往中以平等、宽容的态度和"合作共赢"原则协调处理与"他者"的关系,并切实将这种原则意识与信念落实为人们自觉的生活方式和价值观念。

习近平新时代中国特色社会主义思想的哲学使命与哲学意义在深入开展中国特色社会主义的建设实践中融会贯通、相互生成,是中国道路的构建实践上升为当代中国马克思主义的真理光芒与其时代价值相统一的必经环节。价值与真理的辩证统一是人类社会进步的内在条件,也是辩证唯物主义的基本原理。"真理原则与价值原则的根本一致性和总体上的统一性,总是在人们的具体的历史活动中实现并表现出来的。真理和价值之间具体的历史的统一,突出地表现为二者的相互贯通、相互引导和

---

① 《习近平谈治国理政》第三卷,外文出版社 2020 年版,第 184 页。

检验标准的一体化。"①哲学使命与哲学意义相互生成的过程揭示了当代中国马克思主义的哲学思维,即思想的真理性透过现实实践彰显出与之相统一的价值性。这既是对中国共产党领导的中国社会发展理论与实践的经验总结,也是对中国特色社会主义进入新时代随之展开新实践历程的真理性把握的内在要求,形成了在认识历史总体规律和基本趋势的基础上展开客观实践的价值性指向。在习近平总书记的思想阐释中,哲学使命与哲学意义在对共产党执政规律、社会主义建设规律和人类社会发展规律的深化认识中相互融合,其融合方式打破了以主客体二元对立的认识活动为特征的狭隘性,并且植根于中国与世界之间愈益开放性的实践活动中。习近平总书记坚信,"在实践中求真知,在探索中找规律,不断形成新经验、深化新认识、贡献新方案"②。追求人的解放以及实现人与世界和谐共处的哲学使命并非单纯的主观对象性活动,且在追求哲学使命中显现契合人类生存与发展真实需要的哲学意义也并非指向主体对客体的消融,这两者需要通过实践的现实生成和变革来推动其意义的生发与丰富。习近平总书记对中国与世界共同发展的基本规律的探索和整体认识,是基于其对规律的科学真理性运用而达到现实实践成效的肯定,在深层意义上凝练成遵循历史客观规律与发挥人民主体性自觉高度统一的过程,从而揭示了当代中国马克思主义的真理性和价值性的统一在哲学使命与哲学意义中的融会贯通。

哲学使命与哲学意义的融合对当代中国马克思主义发展的作用在于促使其内含的时代价值得到明确界定和深刻彰显。当代中国马克思主义兼具理想性与现实性的双重维度,它们之间的相互设定与互促关系在新时代中国社会主义现代化建设实践中充分显现。中国共产党对当代中国马克思主义的理解和建构诉诸现实的实践范式,将其与中国特色社会主

---

① 萧前、李秀林、汪永祥主编:《辩证唯物主义原理》(第三版),北京师范大学出版社 2012 年版,第 314 页。

② 习近平:《在庆祝海南建省办经济特区 30 周年大会上的讲话》,人民出版社 2018 年版,第 7 页。

义建设实践经验和理论体系关联起来,为确证当代中国马克思主义理想性和现实性的双重维度奠定了基础。哲学使命与哲学意义的融会贯通展现的是当代中国马克思主义的实践论与价值论的深度结合,使其成为推动当代中国马克思主义的理想性与现实性在新时代实现内在统一的"集大成者"。新时代明确了中国社会主要矛盾的历史性变化,从而超越了脱离实践的纯粹理性思维而赋予当代中国马克思主义以具体、丰富的现实性维度。现实性维度总是以鲜活的形式与理想性维度保持适度张力,探寻二者之间的连接点成为构建当代中国马克思主义的主要路向。哲学使命与哲学意义相互融贯的过程,促使中国社会着力建立与人民群众本质力量相一致的存在方式和社会状态的路径得以澄明,廓清了新时代构建人们对美好生活需要的价值旨趣,使当代中国马克思主义关于人的全面自由发展的理想性维度与建立高度发展的生产实践的现实性维度达到具体的、历史的统一。

立足于新时代中国特色社会主义发展阶段所面临的新形势及人民日益增长的美好生活需要,中国共产党带领全国人民展开了中国道路的建设实践,逐渐形成了新的思想观点和实践范式,不断拓展和丰富了当代中国马克思主义理论体系。思想观点的转变推动实践范式的变革,习近平总书记对世界历史和全球趋势的理性认识,包含了对现实问题深层结构的规律性认识和整体性把握,促使作为人们的内在本质力量的实践主体性从社会生活中生发出来。在从问题意识与问题导向、实践范式与思维变革、体系意识与"人类文明新形态"构建相互融合的过程中,内蕴于习近平新时代中国特色社会主义思想中的历史观、方法论、世界观和价值论的哲学境界不断彰显出来,这种哲学境界通过现实实践的确证展示出宏大的哲学视野与思想的真理性和科学性,使实践因具有哲学真理力量的指引而凸显其超越现存境况的价值性意蕴。中国道路的理论阐释与实践指向澄明了当代中国马克思主义的哲学境界,向人们昭示了在人与世界相互作用的张力关系中寻求辩证共存的中国智慧。发掘当代中国马克思主义的哲学境界具有深刻的启示性意义:深入学习习近平新时代中国特色社会主义思想,必须立足于更高的哲学立场,以探寻中国特色社会主义建设的理论与实践和当代中国马克思主义的内在关联及其整合思路,在掌握具体的理论体系与思维方法基础上领悟、贯通并运用其中的真理和智慧,使其真正内化为人的自由和解放的本质意识与推动社会发展的现实动力。

附 录 四

笔者学术成果要目

一、著作题录

[1]《历史哲思与未来想象》,社会科学文献出版社 2022 年版。独著。

[2]《青年马克思政治哲学思想研究》(第 2 版),中国社会科学出版社 2022 年版。第一作者。

[3]《马克思主义的时代表达》,中国人民大学出版社 2021 年版,"十三五"国家重点出版物出版规划项目。独著。

[4]《马克思人类解放思想史》,人民出版社 2019 年版。独著。

[5]《马克思的哲学主题》,人民出版社 2017 年版。独著。

[6]《马克思的哲学立场》,人民出版社 2017 年版。独著。

[7]《技术的当代哲学视野》,人民出版社 2017 年版。独著。

[8]《马克思人类解放理论的演进逻辑》,人民出版社 2011 年版。独著。

[9]《理想与现实之间的人类解放境界》,人民出版社 2013 年版。独著。

[10]《马克思的解放哲学》,中山大学出版社 2015 年版。独著。

[11]《青年马克思政治哲学思想研究》,中国社会科学出版社 2018

年版,入选"国家哲学社会科学成果文库"。第一作者。

[12]《马克思对个性解放的探索之路》,广东人民出版社 2015 年版。第二作者。

[13]《马克思的晚年岁月》,人民出版社 2022 年版。第一译者。

[14]《自由与平等——从孟德斯鸠到托克维尔的法国政治思想》,中山大学出版社 2018 年版。第二译者。

[15]《青年马克思——德国哲学、当代政治与人类繁荣》,中山大学出版社 2017 年版。第一译者。

[16]《马克思主义基本原理》,人民出版社 2006 年版。主编。

[17]《马克思主义哲学原理简明教程》,华南理工大学出版社 2009 年版。独立编著。

[18]《简明哲学原理》,华南理工大学出版社 2004 年版。独立编著。

[19]《马克思主义基本原理概论》,现代教育出版社 2013 年版。主编。

[20]《马克思主义基本原理教程》,广西师范大学出版社 2010 年版。第一主编。

二、主要论文题录

[1]《当代中国马克思主义的哲学境界》,《中国社会科学》2021 年第 9 期。独撰。

[2]《马克思唯物史观叙事中的劳动正义》,《中国社会科学》2020 年第 9 期。独撰。

[3]《构建人类命运共同体对历史唯物主义的原创性贡献》,《中国社会科学》2018 年第 7 期。独撰。

[4]《启蒙理性及现代性:马克思的批判性重构》,《中国社会科学》2015 年第 2 期。独撰。

[5]《马克思人类解放理论的叙事结构及实现方式》,《中国社会科学》2012 年第 8 期。独撰。

[6]《西方马克思主义的理论性质与中国意义》,《中国社会科学》2010 年第 5 期。独撰。

[7]《人类解放的进程与社会形态的嬗变》,《中国社会科学》2008 年第 3 期。独撰。

[8]《Enlightenment Reason and Modernity:Marx's Critical Reconstruction》,《中国社会科学》英文版 2016 年第 3 期。独撰。

[9]《The Course of Human Emancipation and the Evolution of Social Forms》,《中国社会科学》英文版 2008 年第 3 期。独撰。

[10]《马克思主义哲学研究中的三重解释张力及其认知变化》,《哲学研究》2019 年第 9 期。独撰。

[11]《技术可选择还是现代性可选择? ——对芬伯格现代性理论前提与内在矛盾的批判》,《哲学研究》2016 年第 7 期。独撰。

[12]《从显性到隐性的主奴辩证法——〈精神现象学〉与〈1844 年经济学哲学手稿〉关系注解》,《哲学研究》2014 年第 1 期。独撰。

[13]《激进民主的理性重建与技术转化的微政治学——芬伯格的技术政治学评析》,《哲学研究》2008 年第 8 期。独撰。

[14]《政治解放、社会解放和劳动解放——马克思人类解放思想再探析》,《哲学研究》2007 年第 3 期。独撰。

[15]《海德格尔面向思的教育及其理论困境》,《教育研究》2016 年第 12 期。第二作者。

[16]《康德道德观及其对现实道德教育困境的开解》,《教育研究》2014 年第 4 期。独撰。

[17]《罗尔斯教育公正理论情结及方法论原则批判》,《教育研究》2012 年第 1 期。独撰。

[18]《人类解放视域中的教育价值合理性探析》,《教育研究》2010 年第 8 期。独撰。

[19]《中国奇迹"奇"在哪里? ——访浙江大学马克思主义学院院长刘同舫教授》,《马克思主义研究》2020 年第 4 期。独撰。

[20]《列宁的辩证唯物主义和历史唯物主义思想及其当代意义》，《马克思主义研究》2010 年第 12 期。独撰。

[21]《在应对当代各种社会思潮的挑战中发挥马克思主义的威力》，《马克思主义研究》2010 年第 3 期。独撰。

[22]《积极打造人类卫生健康共同体》，《人民日报》理论版 2020 年 4 月 14 日。独撰。

[23]《建立践行初心使命的长效机制》，《人民日报》理论版 2020 年 1 月 23 日。独撰。

[24]《以重大庆典活动厚植爱国主义情怀》，《人民日报》理论版 2019 年 10 月 10 日。独撰。

[25]《凝心聚力的一面旗帜》，《人民日报》理论版 2019 年 5 月 10 日。独撰。

[26]《新时代的中国人民更加自信》，《人民日报》理论版 2018 年 10 月 9 日。独撰。

[27]《在增进文化认同中坚定文化自信》，《人民日报》理论版 2018 年 4 月 25 日。独撰。

[28]《理解中国式现代化新道路需要把握的几对重要关系》，《光明日报》2021 年 8 月 20 日。独撰。

[29]《小康目标与中国现代化进程——访浙江大学马克思主义学院院长刘同舫》，《光明日报》2021 年 3 月 26 日。独撰。

[30]《马克思主义经典著作百年研究历程与经验启示》，《光明日报》理论版 2020 年 11 月 16 日。独撰。

[31]《"绿水青山就是金山银山"理念的科学内涵与深远意义》，《光明日报》理论版 2020 年 8 月 14 日。独撰。

[32]《把握疫情防控与经济社会发展的辩证法》，《光明日报》理论版 2020 年 3 月 6 日。独撰。

[33]《继往开来开创马克思主义中国化新境界》，《光明日报》理论版 2019 年 9 月 11 日。独撰。

[34]《深刻认识改革开放的历史必然性及其实践价值》,《光明日报》理论版 2018 年 8 月 13 日。独撰。

[35]《"伟大社会革命"论的马克思主义理论逻辑》,《光明日报》理论版 2018 年 4 月 3 日。独撰。

[36]《文化建设的向度》,《光明日报》理论版 2017 年 10 月 18 日。独撰。

[37]《人类命运共同体的价值超越》,《光明日报》理论版 2017 年 9 月 23 日。独撰。

[38]马克思文本解读的价值反思与方法论自觉》,《马克思主义与现实》2021 年第 3 期。独撰。

[39]《马克思早期共产主义的构思逻辑——对〈1844 年经济学哲学手稿〉"私有财产和共产主义"一节的解读》,《哲学动态》2013 年第 12 期。第二作者。

[40]《英国文化马克思主义:人道主义与结构主义之辩》,《哲学动态》2011 年第 9 期。第二作者。

[41]《哲学作为一种救赎方式——马克思〈博士论文〉的政治哲学思想解读》,《哲学动态》2009 年第 3 期。第二作者。

[42]《在挑战当代社会思潮中发展马克思主义》,《中国社会科学内部文稿》2009 年第 5 期。独撰。

[43]《卢卡奇对实证主义方法的双重批判及其内在冲突》,《自然辩证法研究》2020 年第 3 期。第二作者。

[44]《怨恨的滋生与技术合理性秩序的建构》,《自然辩证法研究》2009 年第 2 期。独撰。

[45]《社会学视野中的网络犯罪与综合治理》,《自然辩证法研究》2006 年第 2 期。独撰。

[46]《网络文化:技术与文化的联姻》,《自然辩证法研究》2004 年第 7 期。独撰。

[47]《科学优于人文？——对"第三种文化"本质与边界观的质

疑》,《自然辩证法通讯》2021 年第 10 期。第二作者。

[48]《文化背后隐性系统的存否——福柯自科学话语分析而始的回答》,《自然辩证法通讯》2019 年第 6 期。第二作者。

[49]《科学与文化样态的关联:福柯对科学权力性的消解》,《自然辩证法通讯》2016 年第 4 期。第二作者。

[50]《工具与文化之间的数学品格——模式观的数学本体论下对数学意义的探讨》,《自然辩证法通讯》2013 年第 1 期。第二作者。

[51]《现代技术文化之拯救与超越——以海德格尔的技术文化观为基点》,《自然辩证法通讯》2010 年第 3 期。第二作者。

[52]《版面费:学术自由的悖论》,《自然辩证法通讯》2009 年第 4 期。独撰。

[53]《构筑科学与人文的和谐》,《自然辩证法通讯》2008 年第 1 期。独撰。

[54]《怨恨对技术合理性的反叛》,《自然辩证法通讯》2007 年第 3 期。独撰。

[55]《现代教育技术化发展倾向的反思》,《自然辩证法通讯》2006 年第 1 期。独撰。

[56]《论技术与思想的内在关联性》,《自然辩证法通讯》2005 年第 3 期。独撰。

[57]《技术的边界与人的底线——技术化生存的人学反思》,《自然辩证法通讯》2004 年第 3 期。独撰。

[58]《理想主义的限度与超越——基于马克思对〈斯考尔皮昂和费利克斯〉自我评价的考察》,《浙江大学学报(人文社会科学版)》2020 年第 3 期。第一作者。

[59]《对理性从坚定到怀疑——〈莱茵报〉时期马克思遭遇"物质利益难题"的前后》,《浙江大学学报(人文社会科学版)》2019 年第 1 期。第二作者。

[60]《中国共产党百年历程中的哲学智慧》,《四川大学学报(哲学

社会科学版)》2021 年第 3 期。独撰。

[61]《人类命运共同体对全球治理体系的历史性重构》,《四川大学学报(哲学社会科学版)》2020 年第 5 期。独撰。

[62]《马克思主义哲学中国化 70 年及其历史贡献》,《四川大学学报(哲学社会科学版)》2019 年第 4 期。独撰。

[63]《公共危机治理中社会动员的功能边界和优化策略》,《武汉大学学报(哲学社会科学版)》2020 年第 3 期。第二作者。

[64]《技术进步与正义困境》,《社会科学战线》2021 年第 5 期。独撰。

[65]《技术进步中正义困境的生发与消解》,《江海学刊》2021 年第 4 期。独撰。

[66]《从继承到建构:马克思以解放为轴心的哲学革命》,《江海学刊》2016 年第 3 期。独撰。

[67]《穿越幻象:齐泽克意识形态批判及其解放态度》,《教学与研究》2018 年第 11 期。第一作者。

[68]《百年马克思主义中国化的发展动力》,《国外社会科学》2021 年第 1 期。独撰。

[69]《海德格尔对马克思劳动观的误读》,《国外社会科学》2020 年第 3 期。第二作者。

[70]《新工业革命与意识形态消失论》,《天津社会科学》2017 年第 2 期。第一作者。

[71]《马克思对资本逻辑的批判及其边界意识》,《天津社会科学》2015 年第 5 期。第二作者。

[72]《马克思主义历史哲学:在史学与哲学之间》,《天津社会科学》2013 年第 2 期。第二作者。

[73]《马克思文化解放的维度及其政治旨趣》,《天津社会科学》2011 年第 3 期。独撰。

[74]《中国语境的现代性及其现实意义》,《天津社会科学》2010 年

第 1 期。独撰。

　　[75]《网络文化的精神实质》,《天津社会科学》2005 年第 6 期。独撰。

　　[76]《马克思对鲍威尔的批判角度及其哲学定位》,《学术研究》2016年第 6 期。第二作者。

　　[77]《人性问题与马克思的人性解放意蕴》,《学术研究》2013 年第 2期。独撰。

　　[78]《马克思人类解放理论的理想性与现实性》,《学术研究》2009年第 3 期。独撰。

　　[79]《意义、真理与二值原则——后现代视野中实在论与反实在论之争》,《学术研究》2006 年第 3 期。独撰。

　　[80]《中国现代化实践对"历史终结论"的终结及其意义》,《社会科学研究》2019 年第 6 期。第二作者。

　　[81]《鲍德里亚消费异化批判的视角及其理论局限》,《社会科学研究》2018 年第 5 期。第二作者。

　　[82]《从欧洲到全球:马克思理论视域的拓展》,《社会科学研究》2016 年第 1 期。第二作者。

　　[83]《文化革命:列斐伏尔日常生活的解放方案》,《社会科学研究》2015 年第 1 期。第二作者。

　　[84]《马克思博士论文中的哲学拯救与宗教批判》,《社会科学研究》2012 年第 5 期。第一作者。

　　[85]《思想分歧何以成为马克思与卢格走向决裂的根源》,《山东社会科学》2021 年第 4 期。第二作者。

　　[86]《实现宏伟目标必须统筹好发展与安全的关系》,《思想理论教育导刊》2021 年第 1 期。独撰。

　　[87]《在比较中彰显中国特色社会主义道路的优越性》,《思想理论教育导刊》2020 年第 4 期。独撰。

　　[88]《思想政治理论课教学亟须解决的五个问题》,《思想理论教育

导刊》2019 年第 7 期。独撰。

[89]《坚决打赢疫情防控的人民战争》,《红旗文稿》2020 年第 6 期。独撰。

[90]《将构建人类命运共同体思想落到实处》,《红旗文稿》2018 年第 21 期。独撰。

[91]《恩格斯晚年所作序言对社会主义称谓的思考》,《浙江学刊》2018 年第 2 期。第二作者。

[92]《市民社会研究范式的历史转换》,《浙江学刊》2015 年第 6 期。独撰。

[93]《海德格尔对马克思人的学说的三个误判》,《广东社会科学》2019 年第 1 期。第二作者。

[94]《象征交换:鲍德里亚超越符号消费社会的解放策略》,《广东社会科学》2016 年第 4 期。独撰。

[95]《哲学的命运与无产阶级的救赎》,《广东社会科学》2013 年第 6 期。第一作者。

[96]《哈维对"空间解放"的构思及其价值审视》,《学术界》2021 年第 8 期。第二作者。

[97]《超越"中西文化之争":从"比较式对话"到"合作式对话"》,《学术界》2020 年第 4 期。第二作者。

[98]《马克思对古典自由主义的反思与建构——基于〈黑格尔法哲学批判〉的考察》,《学术界》2019 年第 1 期。第一作者。

[99]《从风险社会到命运共同体:基于现代性理论的审视》,《学术界》2018 年第 3 期。第二作者。

[100]《中国共产党现代化事业的百年历程与经验》,《北京师范大学学报(社会科学版)》2021 年第 4 期。第二作者。

[101]《马克思主义哲学作为"看家本领"的逻辑必然》,《重庆大学学报(社会科学版)》2021 年第 5 期。第一作者。

[102]《论海德格尔对马克思"人的规定"的误判》,《华中科技大学

学报(社会科学版)》2020 年第 6 期。第二作者。

[103]《人类命运共同体：全球化发展的公正逻辑》，《华南师范大学学报(社会科学版)》2019 年第 3 期。第二作者。

[104]《新时代社会主要矛盾背后的必然逻辑》，《华南师范大学学报(社会科学版)》2017 年第 6 期。独撰。

[105]《托克维尔的人道主义及其马克思哲学审视》，《华南师范大学学报(社会科学版)》2017 年第 2 期。第二作者。

[106]《精神魅力与学术尊严中的哲学人生——刘同舫教授学术访谈录》，《华南师范大学学报(社会科学版)》2015 年第 2 期。第一作者。

[107]《马克思论证"人类解放何以可能"的维度》，《华南师范大学学报(社会科学版)》2015 年第 2 期。独撰。

[108]《西方马克思主义辩证法的理论特色及其局限》，《华南师范大学学报(社会科学版)》2014 年第 6 期。第二作者。

[109]《人的解放与福柯的反抗权力策略》，《华南师范大学学报(社会科学版)》2013 年第 5 期。第一作者。

[110]《马克思市民社会范畴的逻辑演进》，《华南师范大学学报(社会科学版)》2012 年第 4 期。独撰。

[111]《马克思主义中国化进程与党的执政理念演进》，《华南师范大学学报(社会科学版)》2011 年第 5 期。独撰。

[112]《人的本质解放：马尔库塞的艺术与审美之解放美学》，《华南师范大学学报(社会科学版)》2011 年第 1 期。第一作者。

[113]《拉克劳、墨菲的激进多元民主与人类解放》，《华南师范大学学报(社会科学版)》2009 年第 2 期。独撰。

[114]《科学技术的发展与人类解放的进程——基于恩格斯〈自然辩证法〉的新思考》，《华南师范大学学报(社会科学版)》2009 年第 6 期。第一作者。

[115]《马克思主义基本问题的辨与思》，《南京师大学报(社会科学版)》2021 年第 1 期。独撰。

[116]《恩格斯对哲学基本问题的认识及其当代价值》,《南京师大学报(社会科学版)》2019 年第 4 期。独撰。

[117]《马克思对西方传统正义观的辩证批判》,《福建师范大学学报(哲学社会科学版)》2021 年第 1 期。第二作者。

[118]《恩格斯思想的历史地位与伟大贡献》,《福建师范大学学报(哲学社会科学版)》2020 年第 4 期。独撰。

[119]《马克思对近代社会契约论的价值规范性批判》,《福建师范大学学报(哲学社会科学版)》2019 年第 3 期。第二作者。

[120]《马克思学说中的哲学与马克思学说的解释框架》,《社会科学辑刊》2011 年第 1 期。独撰。

[121]《海德格尔对马克思历史观的三重误读》,《福建论坛(人文社会科学版)》2020 年第 7 期。第二作者。

[122]《全球现代性问题与人类命运共同体智慧》,《福建论坛(人文社会科学版)》2019 年第 9 期。独撰。

[123]《马克思早期的"跨越"设想及其现实走向》,《福建论坛(人文社会科学版)》2019 年第 8 期。第二作者。

[124]《"尘世"如何创造"天国"——马克思的宗教批判原则与逻辑演绎》,《福建论坛(人文社会科学版)》2016 年第 1 期。第二作者。

[125]《物化与总体性:卢卡奇延伸马克思解放思想的关键语》,《福建论坛(人文社会科学版)》2014 年第 10 期。第二作者。

[126]《马克思人类解放视域中的社会形态理论》,《福建论坛(人文社会科学版)》2012 年第 5 期。独撰。

[127]《英国新左派思想家对历史唯物主义研究的拓展》,《福建论坛(人文社会科学版)》2011 年第 5 期。第二作者。

[128]《马克思人类解放阶段论》,《福建论坛(人文社会科学版)》2008 年第 5 期。独撰。

[129]《马克思主义中国化百年进程的实践理路与趋势展望》,《浙江社会科学》2021 年第 6 期。独撰。

[130]《鲍曼对"人的解放"的构思是否成立?》,《浙江社会科学》2020年第11期。第二作者。

[131]《新中国成立以来关于社会主要矛盾的理论争鸣》,《浙江社会科学》2019年第8期。独撰。

[132]《坚守还是修正——回应福山再论"历史终结"的争议》,《浙江社会科学》2019年第6期。第二作者。

[133]《限度与超越:马克思对黑格尔哲学批判的两次飞跃》,《浙江社会科学》2018年第9期。第二作者。

[134]《〈人类学笔记〉文本群内外关联性多重解读》,《浙江社会科学》2017年第1期。第二作者。

[135]《重置交往理性:哈贝马斯人类解放思想的逻辑主线》,《浙江社会科学》2011年第8期。第一作者。

[136]《技术发展的非人性效应及其克服》,《浙江社会科学》2005年第4期。独撰。

[137]《黑格尔对古典自由主义批判的辩与思》,《江苏社会科学》2020年第2期。第二作者。

[138]《现代国家的解放限度与历史命运——马克思〈论犹太人问题〉释义》,《人文杂志》2016年第1期。第一作者。

[139]《在何种意义上区分马克思文本与恩格斯文本——基于〈关于费尔巴哈的提纲〉之思》,《人文杂志》2012年第1期。第一作者。

[140]《感性个体与社会存在的分离及融合——马克思论新社会组织、私有制和个体死亡》,《求是学刊》2016年第1期。第一作者。

[141]《马克思共同体思想的现实超越性》,《河海大学学报(哲学社会科学版)》2017年第5期。第二作者。

[142]《从"文明优越"到"文明共生"——破解"西方中心论"》,《理论视野》2021年第2期。第二作者。

[143]《西方现代民主的政治逻辑和理论困境——基于马克思政治哲学的批判性考察》,《中共中央党校学报》2016年第6期。第二作者。

[144]《马克思的总体性叙事对辩证法形态的澄清》,《江汉论坛》2021 年第 6 期。第二作者。

[145]《马克思哲学观的自我转变及其阶段性》,《江汉论坛》2014 年第 9 期。第二作者。

[146]《自由全面发展:人类解放的最高境界与必然归宿》,《江汉论坛》2012 年第 7 期。独撰。

[147]《马克思实践人学及其当代境遇》,《江汉论坛》2010 年第 4 期。第二作者。

[148]《马克思实践人学及其政治旨趣》,《江汉论坛》2009 年第 4 期。第二作者。

[149]《论交往与人的全面发展》,《江汉论坛》2008 年第 2 期。第二作者。

[150]《多重矛盾下公共危机的治理潜能及其转化性开发》,《贵州社会科学》2020 年第 2 期,第二作者。

[151]《黑格尔哲学对马克思人类解放理论的形成意义》,《贵州社会科学》2012 年第 10 期。独撰。

[152]《唯物史观视域中的人类命运共同体与新型全球化》,《甘肃社会科学》2019 年第 4 期。第二作者。

[153]《历史深处的未来想象——马克思从〈1844 年经济学哲学手稿〉到〈德意志意识形态〉理论立场的转变》,《甘肃社会科学》2014 年第 1 期。第一作者。

[154]《习近平推动哲学社会科学体系构建的"中国特色"》,《宁夏社会科学》2021 年第 2 期。独撰。

[155]《恩格斯晚年在何种程度上推进了唯物史观》,《宁夏社会科学》2020 年第 5 期。第二作者。

[156]《马克思主义哲学的创新之路》,《求索》2008 年第 1 期。独撰。

[157]《马克思哲学本体论:阐释与创新》,《江西社会科学》2008 年

第 1 期。独撰。

[158]《一以贯之推进党的建设新的伟大工程——基于党的建设发展历史逻辑的考察》,《中国特色社会主义研究》2019 年第 5 期。第二作者。

[159]《"中国模式"与马克思人类解放理论的现实性运用》,《中国特色社会主义研究》2009 年第 5 期。独撰。

[160]《恩格斯对马克思主义哲学的理论贡献》,《思想理论教育》2020 年第 8 期。独撰。

[161]《现代性场域下高校辅导员身份重构》,《思想教育研究》2016 年第 6 期。第二作者。

[162]《社会主义核心价值观的人权意蕴》,《思想教育研究》2015 年第 1 期。第二作者。

[163]《马克思主义是照亮新中国 70 年发展道路的理论之光》,《思想理论教育》2019 年第 10 期。独撰。

[164]《习近平新时代中国特色社会主义思想对马克思主义哲学的继承与发展》,《思想理论教育》2018 年第 8 期。第二作者。

[165]《科学发展观对马克思人类解放理论之升华》,《毛泽东思想研究》2013 年第 1 期。独撰。

[166]《科学发展观的科学性》,《毛泽东邓小平理论研究》2011 年第 6 期。独撰。

[167]《德里达对马克思精神的捍卫与解构实质》,《理论探索》2012 年第 3 期。独撰。

[168]《中国模式与思想解放》,《理论探讨》2010 年第 3 期。独撰。

[169]《技术的理性与非理性——关于技术合理性的思考》,《云南社会科学》2007 年第 2 期。独撰。

[170]《马克思的解放理论与费尔巴哈的人本学及人类学》,《学海》2016 年第 1 期。独撰。

[171]《技术的本质与技术发展的界域》,《学海》2006 年第 4 期。

独撰。

[172]《回到葛兰西——领导权理论的人类解放意蕴》,《社会科学家》2016 年第 6 期。独撰。

[173]《人类解放何以必要——马克思以人类生存境遇为着眼点的论证》,《社会科学家》2015 年第 10 期。独撰。

[174]《伏尔泰:灵魂问题的探寻》,《社会科学家》2004 年第 1 期。独撰。

[175]《从应然到实然:马克思社会批判的价值取向转变》,《南京政治学院学报》2015 年第 2 期。独撰。

[176]《找准"双一流"建设的关键着力点》,《教育家》2018 年第 6 期。独撰。

[177]《我们的时代坐标与历史使命》,《中国教育报》2021 年 1 月 7 日。独撰。

[178]《新时代建设一流学科应抓住"两点一线"》,《中国教育报》2018 年 1 月 2 日。独撰。

[179]《"虚实并举"提高教学质量》,《中国教育报》2017 年 9 月 25 日。独撰。

[180]《百年马克思主义经典著作研究进路》,《中国社会科学报》2021 年 1 月 14 日。独撰。

[181]《把握社会主义现代化远景目标中的四对关系》,《中国社会科学报》2020 年 12 月 11 日。独撰。

[182]《全面落实立德树人根本任务 系统提升高校思想政治工作质量》,《中国社会科学报》2020 年 4 月 2 日。独撰。

[183]《学术话语体系创新的五个维度》,《中国社会科学报》2019 年 8 月 22 日。独撰。

[184]《解放构成马克思哲学轴心问题》,《中国社会科学报》2015 年 8 月 27 日。独撰。

[185]《马克思文化解放的立场》,《中国社会科学报》2014 年 8 月 15

日。独撰。

[186]《人类解放:〈资本论〉的第一时代主题》,《中国社会科学报》2014 年 1 月 14 日。第二作者。

[187]《信仰之源与信仰的力量》,《中国社会科学报》2013 年 1 月 11 日。独撰。

[188]《治学心声》,《中国社会科学报》2013 年 1 月 9 日。独撰。

[189]《带着问题做研究》,《中国社会科学报》2012 年 6 月 29 日。独撰。

[190]《"全民学术"是一种理念、一种品格》,《中国社会科学报》2011 年 12 月 29 日。独撰。

[191]《挑战与建构:马克思主义理论发展的一个重要路径》,《中国社会科学报》2009 年 9 月 22 日。独撰。

[192]《真正的民主为人民共有共用共享》,《文汇报》2021 年 1 月 20 日。独撰。

[193]《学理性阐释中国道路的力作》,《学习时报》2020 年 9 月 2 日。独撰。

[194]《意识形态建设研究的新探索——评〈意识形态功能提升新论〉》,《学习时报》2018 年 5 月 9 日。

[195]《开创中国特色社会主义理论体系新境界》,《学习时报》2016 年 9 月 26 日。独撰。

[196]《发展马克思主义重在构建当代文化认同》,《社会科学报》2018 年 8 月 23 日。第一作者。

[197]《知之深则行愈达》,《浙江日报》理论版 2020 年 3 月 20 日。独撰。

[198]《哲学社会科学的时代使命》,《浙江日报》理论版 2019 年 7 月 31 日。独撰。

[199]《中国与世界的关系如何再出发》,《新华日报》2020 年 7 月 7 日。独撰。

[200]《中国抗疫彰显人类命运共同体理念》,《新华日报》2020 年 5 月 26 日。独撰。

三、主要转载题录

[1]《马克思唯物史观叙事中的劳动正义》,《新华文摘》2021 年第 2 期全文转载。独撰。

[2]《马克思主义哲学中国化 70 年及其历史贡献》,《新华文摘》2019 年第 21 期全文转载。独撰。

[3]《新时代社会主要矛盾背后的必然逻辑》,《新华文摘》2018 年第 5 期全文转载。独撰。

[4]《从继承到建构:马克思以解放为轴心的哲学革命》,《新华文摘》2016 年第 17 期全文转载。独撰。

[5]《启蒙理性及现代性:马克思的批判性重构》,《新华文摘》2015 年第 13 期全文转载。独撰。

[6]《马克思人类解放理论的叙事结构及实现方式》,《新华文摘》2012 年第 24 期全文转载。独撰。

[7]《西方马克思主义的理论性质与中国意义》,《新华文摘》2010 年第 24 期全文转载。独撰。

[8]《人类解放的进程与社会形态的嬗变》,《新华文摘》2008 年第 16 期全文转载。独撰。

[9]《海德格尔对马克思劳动观的误读》,《国外社会科学》2020 年第 3 期,《中国社会科学文摘》2020 年第 9 期全文转载。第二作者。

[10]《构建人类命运共同体对历史唯物主义的原创性贡献》,《中国社会科学文摘》2018 年第 11 期全文转载。独撰。

[11]《社会主义核心价值观的人权意蕴》,《中国社会科学文摘》2015 年第 6 期全文转载。第二作者。

[12]《马克思文化解放的维度及其政治旨趣》,《中国社会科学文摘》2011 年第 7 期全文转载。独撰。

[13]《"中国模式"与马克思人类解放理论的现实性运用》,《中国社会科学文摘》2010 年第 3 期全文转载。独撰。

[14]《拉克劳、墨菲的激进多元民主与人类解放》,《中国社会科学文摘》2009 年第 7 期全文转载。独撰。

[15]《激进民主的理性重建与技术转化的微政治学——芬伯格的技术政治学评析》,《中国社会科学文摘》2008 年第 12 期全文转载。独撰。

[16]《政治解放、社会解放和劳动解放——马克思人类解放思想再探析》,《中国社会科学文摘》2007 年第 3 期全文转载。独撰。

[17]《网络文化的精神实质》,《中国社会科学文摘》2006 年第 1 期全文转载。独撰。

[18]《马克思唯物史观叙事中的劳动正义》,《高等学校文科学术文摘》2020 年第 6 期全文转载。独撰。

[19]《全球现代性问题与人类命运共同体智慧》,《高等学校文科学术文摘》2019 年第 6 期全文转载。独撰。

[20]《构建人类命运共同体对历史唯物主义的原创性贡献》,《高等学校文科学术文摘》2018 年第 5 期全文转载。独撰。

[21]《启蒙理性及现代性:马克思的批判性重构》,《高等学校文科学术文摘》2015 年第 3 期全文转载。独撰。

[22]《马克思人类解放理论的叙事结构及实现方式》,《高等学校文科学术文摘》2012 年第 5 期全文转载。独撰。

[23]《坚守还是修正——回应福山再论"历史终结"的争议》,《社会科学文摘》2019 年第 7 期全文转载。第二作者。

[24]《马克思对西方传统正义观的辩证批判》,中国人民大学《复印报刊资料·哲学原理》2021 年第 5 期全文转载。第二作者。

[25]《百年马克思主义中国化的发展动力》,中国人民大学《复印报刊资料·马克思列宁主义研究》2021 年第 5 期全文转载。独撰。

[26]《马克思唯物史观叙事中的劳动正义》,中国人民大学《复印报刊资料·哲学原理》2021 年第 2 期全文转载。独撰。

[27]《马克思主义是照亮新中国70年发展道路的理论之光》，中国人民大学《复印报刊资料·马克思列宁主义研究》2020年第2期全文转载。独撰。

[28]《马克思主义哲学中国化70年及其历史贡献》，中国人民大学《复印报刊资料·哲学原理》2020年第1期全文转载。独撰。

[29]《中国现代化实践对"历史终结论"的终结及其意义》，中国人民大学《复印报刊资料·中国特色社会主义理论》2020年第1期全文转载。第二作者。

[30]《全球现代性问题与人类命运共同体智慧》，中国人民大学《复印报刊资料·哲学文摘》2020年第1期全文转载。独撰。

[31]《新中国成立以来关于社会主要矛盾的理论争鸣》，中国人民大学《复印报刊资料·中国特色社会主义理论》2019年第11期全文转载。独撰。

[32]《思想政治理论课教学亟须解决的五个问题》，中国人民大学《复印报刊资料·高校思想政治理论课教学研究》2019年第6期全文转载。独撰。

[33]《西方现代民主的政治逻辑和理论困境——基于马克思政治哲学的批判性考察》，中国人民大学《复印报刊资料·政治学》2017年第3期全文转载。第二作者。

[34]《技术可选择还是现代性可选择？——对芬伯格现代性理论前提与内在矛盾的批判》，中国人民大学《复印报刊资料·科学技术哲学》2016年第10期全文转载。独撰。

[35]《现代国家的解放限度与历史命运——马克思〈论犹太人问题〉释义》，中国人民大学《复印报刊资料·哲学原理》2016年第4期全文转载。第一作者。

[36]《从应然到实然：马克思社会批判的价值取向转变》，中国人民大学《复印报刊资料·马克思列宁主义研究》2015年第7期全文转载。独撰。

[37]《从显性到隐性的主奴辩证法——〈精神现象学〉与〈1844 年经济学哲学手稿〉关系注解》,中国人民大学《复印报刊资料·哲学原理》2014 年第 7 期全文转载。独撰。

[38]《康德道德观及其对现实道德教育困境的开解》,中国人民大学《复印报刊资料·教育学》2014 年第 7 期全文转载。独撰。

[39]《马克思人类解放理论的叙事结构及实现方式》,中国人民大学《复印报刊资料·马克思列宁主义研究》2012 年第 11 期全文转载。独撰。

[40]《科学发展观的科学性》,中国人民大学《复印报刊资料·中国特色社会主义理论》2011 年第 10 期全文转载。独撰。

[41]《西方马克思主义的理论性质与中国意义》,中国人民大学《复印报刊资料·马克思列宁主义研究》2011 年第 1 期全文转载。独撰。

[42]《挑战与建构:马克思主义理论发展的一个重要路径》,中国人民大学《复印报刊资料·马克思列宁主义研究》2009 年第 11 期全文转载。独撰。

[43]《哲学作为一种救赎方式——马克思〈博士论文〉的政治哲学思想解读》,中国人民大学《复印报刊资料·哲学原理》2009 年第 6 期全文转载。第二作者。

[44]《激进民主的理性重建与技术转化的微政治学——芬伯格的技术政治学评析》,中国人民大学《复印报刊资料·哲学原理》2008 年第 11 期全文转载。独撰。

[45]《意义、真理与二值原则——后现代视野中实在论与反实在论之争》,中国人民大学《复印报刊资料·外国哲学》2006 年第 5 期全文转载。独撰。

[46]《虚拟实在——网络社会新范畴对传统哲学的挑战》,中国人民大学《复印报刊资料·哲学原理》2002 年第 4 期全文转载。独撰。

[47]《道德建设的全新领域》,中国人民大学《复印报刊资料·精神文明建设》2000 年第 12 期全文转载。独撰。

［48］《百年马克思主义经典著作研究进路》,《马克思主义文摘》2021年第 2 期全文转载。独撰。

［49］《恩格斯思想的历史地位与伟大贡献》,《马克思主义文摘》2020年第 5 期全文转载。独撰。

［50］《中国现代化实践对"历史终结论"的终结及其意义》,《马克思主义文摘》2020 年第 1 期全文转载。第二作者。

后　　记

　　本书经过两次修订:第一次是 2019 年出版的《马克思人类解放思想史》对《马克思人类解放思想的演进逻辑》(人民出版社 2011 年版)进行的修订,本次是第二次修订,将书名《马克思人类解放思想史》更名为《马克思人类解放思想论》,进一步完善了论证细节,增加了论证内容,是《马克思人类解放思想史》的升级版。《马克思人类解放思想的演进逻辑》是我主持的国家社会科学基金项目"马克思人类解放思想的演进逻辑研究"(项目批准号:10BKS020)的最终成果,该书以本人的博士论文为基础撰写而成;第一次修订出版的《马克思人类解放思想史》获"浙江省第三十一届哲学社会科学优秀成果"一等奖。

　　本书以及《马克思人类解放思想史》《马克思人类解放思想的演进逻辑》的出版,离不开对我学术成长作出重要贡献与支持帮助的各位师长和亲朋好友!

　　感谢我的博士生导师欧阳康教授。能结识导师并直接受诲于他,是我人生中的一大幸事,我十分珍惜,倍感骄傲。欧阳康老师是一位集人格魅力与理论魅力于一身的学者,他思想底蕴深厚、学识渊博、治学严谨、授教精到、为人谦逊,执着于以学术为业的人生追求,以一己之力倾注、奉献于国家的教育事业。即便行政职务繁忙,欧阳康老师依然见缝插针专注于论文写作、学术报告、理论宣讲、电视采访等,竭力为提升马克思主义理论学科品质、宣传先进思想文化做贡献。在卸下行政职务之后,欧阳康老师仍不停歇,不辞辛苦耗费心力创办国家治理研究院,带领团队积极响应"推动国家治理体系和治理能力现代化"的号召,致力于国家治理和中国未来发展的重大理论和实践问题研究,以推进中国特色新型智库建设。欧阳康教授潜心学术的求真品质和胸怀国家建设、心系教育发展的奉献精神让我敬佩不已,并深深地感染了我。我更感恩于导师在繁忙的行政事务、学术交流之余,总以平等的学术情怀与我交流各种意见和见解。从博士论文的提纲到初稿再到定稿,欧阳康老师时常鼓励我,循循善诱指导我,给予我宝贵的建议。与欧阳康老师往来的电子邮件成了我弥足珍贵的"墨宝",与老师交流探讨问题的短暂时光亦成了我最美好的回忆。

我的博士论文曾得到多位专家的指导和建议,他们是:武汉大学政治与公共管理学院原院长丁俊萍教授,武汉大学马克思主义学院石云霞教授,中国地质大学马克思主义学院原院长吴东华教授,华中科技大学哲学系系主任张廷国教授,华中科技大学马克思主义学院原院长洪明教授、原副院长刘家俊教授、副院长黄长义教授,这些专家从不同的角度对论文提出了许多宝贵的建议,我受到了启发,得到了灵感,在此一并表示感谢。

我要感谢北京大学马克思主义学院原院长陈占安教授、清华大学马克思主义学院院长艾四林教授、中国人民大学哲学院原院长郝立新教授、中国社会科学院哲学研究所原所长李景源研究员、中国政法大学人文学院荣誉院长李德顺教授,他们作为我的博士论文的评阅人,在评语中给予高度的评价、殷切的鼓励与期望。

我要感谢相关报纸杂志的责任编辑,他们给予了我真心的扶持帮助与切实肯定,使书中主体章节内容能够以公开发表的论文形式面世,并且产生了一定的学术影响。各章中公开发表的论文如下。

《自序》:《精神魅力与学术尊严中的哲学人生——刘同舫教授学术访谈录》,载于《华南师范大学学报(社会科学版)》2015 年第 2 期;《马克思主义基本问题的辨与思》,载于《南京师大学报(社会科学版)》2021 年第 1 期。

第一章:《论马克思人类解放的深度理论背景》,载于《唯实》2012 年第 6 期;《黑格尔哲学对马克思人类解放理论的形成意义》,载于《贵州社会科学》2012 年第 10 期;《马克思的解放理论与费尔巴哈的人本学及人类学》,载于《学海》2016 年第 1 期;《从继承到建构:马克思以解放为轴心的哲学革命》,载于《江海学刊》2016 年第 3 期。

第二章:《人类解放的进程与社会形态的嬗变》,载于《中国社会科学》2008 年第 3 期;《马克思市民社会范畴的逻辑演进》,载于《华南师范大学学报(社会科学版)》2012 年第 4 期。

第三章:《政治解放、社会解放和劳动解放——马克思人类解放思想再探析》,载于《哲学研究》2007 年第 3 期;《马克思文化解放的维度及其政治旨趣》,载于《天津社会科学》2011 年第 3 期;《马克思人类解放理论的叙事结构及实现方式》,载于《中国社会科学》2012 年第 8 期。

第四章:《马克思人类解放视域中的社会形态理论》,载于《福建论坛(人文社会科学版)》2012 年第 5 期;《马克思共同体思想的现实超越性》,载于《河海大学学报(哲学社会科学版)》2017 年第 5 期(合撰);《自由全面发展:人类解放的最高境界与必然归宿》,载于《江汉论坛》2012 年第 7 期;《技术进步与正义困境》,载于《社会科学战线》2021 年第 5 期。

第五章:《物化与总体性:卢卡奇延伸马克思解放思想的关键语》,载于《福建论坛(人文社会科学版)》2014 年第 10 期(合撰);《回到葛兰西——领导权理论的人类解放意蕴》,载于《社会科学家》2016 年第 6 期;《人的本质解放:马尔库塞的艺术与审美之解放美学》,载于《华南师范大学学报(社会科学版)》2011 年第 1 期(合撰);《文化革命:列斐伏尔日常生活的解放方案》,载于《社会科学研究》2015 年第 1 期(合撰);《象征交换:鲍德里亚超越符号消费社会的解放策略》,载于《广东社会科学》2016 年第 4 期;《重置交往理性:哈贝马斯人类解放思想的逻辑主线》,载于《浙江社会科学》2011 年第 8 期(合撰);《人类解放的道路选择及其实现——布洛赫的希望哲学思想探寻》,载于《南京政治学院学报》2012 年第 4 期;《鲍曼对"人的解放"的构思是否成立?》,载于《浙江社会科学》2020 年第 11 期(合撰);《人的解放与福柯的反抗权力策略》,载于《华南师范大学学报(社会科学版)》2013 年第 5 期(合撰);《德里达对马克思精神的捍卫与解构实质》,载于《理论探索》2012 年第 3 期;《拉克劳、墨菲的激进多元民主与人类解放》,载于《华南师范大学学报(社会科学版)》2009 年第 2 期;《激进民主的理性重建与技术转化的微政治学——芬伯格的技术政治学评析》,载于《哲学研究》2008 年第 8 期;《哈维对"空间解放"的构思及其价值审视》,载于《学术界》2021 年第 8 期(合撰);《穿越幻象:齐泽克意识形态批判及其解放态度》,载于《教学与研究》2018 年第 11 期(合撰);《西方马克思主义的理论性质与中国意义》,载于《中国社会科学》2010 年第 5 期。

第六章:《马克思人类解放理论的叙事结构及实现方式》,载于《中国社会科学》2012 年第 8 期;《构建人类命运共同体对历史唯物主义的原创性贡献》,载于《中国社会科学》2018 年第 7 期;《马克思人类解放理论的理想性与现实性》,载于《学术研究》2009 年第 3 期;《中国模式与思想解放》,载于《理论探讨》2010 年第 3 期;《"中国模式"与马克思人类解放理论的现实性运用》,载于《中国特色社会主义研究》2009 年第 5 期;《人类命运共同体的价值超越》,载于《光明日报》理论版 2017 年 9 月 23 日。

结语:《人类解放视域中的教育价值合理性探析》,载于《教育研究》2010 年第 8 期。

上述论文绝大部分由我本人独立撰写,少部分与我的硕士、博士研究生合作完成。凡是合作完成的论文,我都对论文作出过实质性的智力贡献。与我合撰论文的学生是:黄炬、黄漫、韩淑梅、史英哲、丁浩。

我要感谢广西师范大学马克思主义学院王进芬教授、江西师范大学马克思主义学院郑争文副教授对完善拙著提出的具体意见;感谢我的博士后钟慧容、张娥、周泉以及我的研究生尹健、李艳、张旭、杨韵韵、叶惠琪、闵超在誊清初稿、核对引文、协助排版等工作中所付出的辛勤劳动。

　　我要感谢给予我极大支持与帮助的单位领导、同事以及我的家人,他们以各种形式给了我许多支持,并为我创造了宽松的学术环境和良好的工作氛围。

　　最后,我还要感谢该书责任编辑为书稿的顺利出版所付出的心血。

2022 年金秋　于杭州

责任编辑：赵圣涛
封面设计：王欢欢
责任校对：吕 飞

图书在版编目（CIP）数据

马克思人类解放思想论/刘同舫 著. —北京：人民出版社，2022.9
ISBN 978－7－01－024243－9

Ⅰ.①马… Ⅱ.①刘… Ⅲ.①马克思主义哲学-研究 Ⅳ.①B0-0

中国版本图书馆 CIP 数据核字（2022）第 016445 号

马克思人类解放思想论

MAKESI RENLEI JIEFANG SIXIANG LUN

刘同舫 著

人民出版社 出版发行
（100706 北京市东城区隆福寺街 99 号）

北京盛通印刷股份有限公司印刷 新华书店经销

2022 年 9 月第 1 版 2022 年 9 月北京第 1 次印刷
开本：710 毫米×1000 毫米 1/16 印张：47.25
字数：800 千字

ISBN 978－7－01－024243－9 定价：159.00 元

邮购地址 100706 北京市东城区隆福寺街 99 号
人民东方图书销售中心 电话 （010）65250042 65289539